Procédures civiles d'exécution

8e édition

En France, la collection « Paradigme » accompagne l'étudiant en droit du début de ses études jusqu'à l'accès à sa profession.

Paradigme – Manuels

Rédigés dans un langage accessible, les « Manuels Paradigme » couvrent les différents concepts juridiques enseignés de la Licence 1 au Master 1 en France. Ils sont systématiquement mis à jour chaque année.

Conformes aux programmes de licence et de master, ils fournissent également une excellente préparation aux concours administratifs (catégories A et B) et aux examens professionnels (ENM, CRFPA, ENSP, EOGN, PJJ, SPIP...).

Sous la direction de François Fourment, *professeur de droit privé à l'Université de Tours* et Gilles Dumont, *professeur de droit public à l'Université de Nantes, directeur de l'Université numérique juridique francophone.*

Déjà parus :

Christophe Albiges, *Introduction au droit*, 5e éd., 2018

Christian Beaudet, *Introduction générale et historique à l'étude du Droit*, 2000

Christian Beaudet, *Institutions, vie politique et faits sociaux de 1789 à 1958*, 2000

Vincent Bonnet, *Droit de la famille*, 7e éd., 2018

Anne-Sophie Brun-Wauthier, *Régimes matrimoniaux et régimes patrimoniaux des couples non mariés*, 8e éd., 2018

Marjorie Brusorio Aillaud, *Droit des obligations*, 9e éd., 2018

Marjorie Brusorio Aillaud, *Droit des personnes et de la famille*, 9e éd., 2018

Olivier Cachard, *Droit international privé*, 6e éd., 2017

Cécile Dubernet et Michel Drain, *Relations internationales*, 23e éd., 2018

François Duquesne, *Droit des sociétés commerciales*, 5e éd., 2018

Philippe Foillard, *Finances publiques*, 15e éd., 2017

Philippe Foillard, *Droit administratif*, 4e éd., 2015

Philippe Foillard, *Droit constitutionnel et institutions politiques*, 24e éd., 2018

Thierry Fossier, *Droit pénal spécial – Affaires, entreprises et institutions publiques*, 3e éd., 2015

François Fourment, *Procédure pénale*, 14e éd., 2013

Thierry Garé, *Droit pénal spécial. Personnes et biens*, 5e éd., 2018

Franck Héas, *Droit du travail*, 6e éd., 2018

Dimitri Houtcieff, *Droit des contrats*, 4e éd., 2018

Olivier Le Bot, *Contentieux administratif*, 5e éd., 2018

Christophe Lescot, *Organisations européennes. Union européenne, Conseil de l'Europe et autres organisations*, 20e éd., 2018

Gérard Mémeteau, *Droit des biens*, 11e éd., 2018

Harold Renout, *Droit pénal général*, 18e éd., 2013

Florent Roemer, *Contentieux fiscal*, 4e éd., 2018

Marie-Christine Rouault, *Droit administratif et institutions administratives*, 4e éd., 2017

Christophe Roux et Éric Savaresse, *Science politique*, 2e éd., 2018

Yves Strickler, *Procédure civile*, 8e éd., 2018

Béatrice Thomas-Tual, *Droit de la fonction publique*, 2015

Procédures civiles d'exécution

Philippe Hoonakker

8e édition

bruylant

Collection
Paradigme

Pour toute information sur nos fonds et nos nouveautés dans votre domaine de spécialisation, consultez nos sites web via www.larciergroup.com.

Éditions Bruylant
Rue Haute, 139/6 - 1000 Bruxelles

8e édition

Imprimé en Belgique

Dépôt légal :
Bibliothèque nationale, Paris : novembre 2018
Bibliothèque royale de Belgique, Bruxelles : 2018/0031/395

ISSN 2294-3323
ISBN : 978-2-39013-219-6

LISTE DES PRINCIPALES ABRÉVIATIONS

act. jurispr.	actualité de jurisprudence (rubrique du JCP)
act.	actualités
AJDA	*Actualité juridique de droit administratif*
al.	alinéa
anc[t]	anciennement
art.	article
BODACC	*Bulletin des annonces civiles et commerciales*
Bull. civ.	*Bulletin des arrêts de la Cour de cassation (chambres civiles)*
Bull. crim.	*Bulletin des arrêts de la Cour de cassation (chambre criminelle)*
C. civ.	Code civil
C. com.	Code de commerce
C. cons.	Code de la consommation
C. env.	Code de l'environnement
C. rur.	Code rural
C. trav.	Code du travail
CA	(arrêt d'une) cour d'appel (suivi du ressort de la cour d'appel concernée)
CASF	Code de l'action sociale et des familles
Cass.	(arrêts de la) Cour de cassation
— Ass. plén.	Assemblée plénière
— Ch. mixte	chambre mixte
— Ch. réun.	chambres réunies
— Civ.	chambre civile
— Com.	chambre commerciale
— Crim.	chambre criminelle
— Req.	chambre des requêtes
— Soc.	chambre sociale
CCH	Code de la construction et de l'habitation
CE	(arrêt du) Conseil d'État
CEDH	Cour européenne des droits de l'homme
CGCT	Code général des collectivités territoriales

CGI	Code général des impôts
CGPPP	Code général de la propriété des personnes publiques
chron.	chronique
CJA	Code de la justice administrative
CJUE	Cour de justice de l'Union européenne
CMF	Code monétaire et financier
CNIL	Commission nationale de l'informatique et des libertés
COJ	Code de l'organisation judiciaire
comm.	commentaire
concl.	conclusions
Cons. const.	Conseil constitutionnel
Contrats, conc. consom.	*Contrats, concurrence, consommation*
CP	Code pénal
CPC	Code de procédure civile
CPCE	Code des procédures civiles d'exécution
CPCL	Code de procédure civile local
CPI	Code de la propriété intellectuelle
CPP	Code de procédure pénale
crit.	critique
CSP	Code de la santé publique
CSS	Code de la sécurité sociale
D.	*Recueil Dalloz (Dalloz-Sirey depuis 1965)*
DC	décision du Conseil constitutionnel
décis.	décision
décr.	décret
DGFP	Direction générale des finances publiques
DP	*Recueil périodique Dalloz (années antérieures à 1941)*
Dr. et patrimoine	*Revue Droit et patrimoine*
Dr. et procéd.	*Droit et procédures – La revue des huissiers de justice (depuis 2000)*
EIRL	Entreprise individuelle à responsabilité limitée
EJT	Éditions juridiques et techniques
et s.	et suivants
Gaz. Pal.	*Gazette du Palais*
ibid.	*ibidem*, au même endroit
IR	Informations rapides
JCl.	*Jurisclasseur*

JCP E	*Semaine juridique, édition entreprise et affaires*
JCP G	*Semaine juridique, édition générale*
JCP	*Jurisclasseur périodique (La Semaine juridique)*
JO	*Journal officiel de la République française*
L.	Loi
LEDB	*L'essentiel Droit bancaire*
Loyers et copr.	*Revue des loyers et de la copropriété*
LPA	*Les Petites Affiches*
LPF	*Livre des procédures fiscales*
not.	notamment
nouv.	nouveau
NP	non publié
obs.	observations
op. cit.	*opus citatum*, ouvrage précité
ord.	ordonnance
OTD	opposition à tiers détenteur
pan.	panorama
préc.	précité
Procédures	*Revue des procédures*
QPC	Question prioritaire de constitutionnalité
rapp.	rapport
RD bancaire et fin.	*Revue de droit bancaire et financier*
Rec. CE	*Recueil Lebon (recueil des arrêts du Conseil d'État)*
réf.	références
Rev. crit. DIP	*Revue critique de droit international privé*
Rev. huissiers	*Revue des huissiers de justice (avant 2000)*
Rev. proc. coll.	*Revue des procédures collectives*
Rev. soc.	*Revue des sociétés*
RDL	*Revue de droit local*
RLDA	*Revue Lamy Droit des affaires*
RJDA	*Revue de jurisprudence de droit des affaires*
RTD Civ.	*Revue trimestrielle de droit civil*
RTD Com.	*Revue trimestrielle de droit commercial*
S.	*Recueil Sirey*
SATD	*Saisie administrative à tiers détenteur*
somm. comm.	sommaire commenté

somm.	sommaire
spéc.	spécialement
TGI	(jugement d'un) tribunal de grande instance
voy.	voyez

SOMMAIRE

INTRODUCTION

1 ***Mal aimées mais indispensables.*** Les voies d'exécution sont traditionnellement mal aimées. Mal aimées des étudiants qui redoutent leur technicité, du législateur qui les a longtemps négligées et de la population dont le sentiment commun est relayé par les œuvres littéraires et artistiques, lesquelles dressent des portraits peu flatteurs des huissiers de justice. Ainsi, par exemple, Daumier[1] fait dire à un écrivain public interrogé par un débiteur : « Attendrir un huissier !... vous n'êtes donc pas Français, mon brave homme ? ». Et pourtant, elles sont indispensables à tout système juridique car elles visent à assurer l'effectivité des droits qu'il engendre.

Toute la difficulté est alors de trouver un juste équilibre entre l'exigence d'effectivité et le souci d'humanité. Tel est l'objectif poursuivi par les procédures civiles d'exécution. Mais avant de les présenter (C), il y a lieu de préciser certaines notions essentielles qui sont utiles à leur compréhension (A) et de retracer succinctement l'évolution historique dont elles sont issues (B).

A) Les notions essentielles

Toute la matière repose sur trois notions essentielles : les procédures civiles d'exécution elles-mêmes qu'il convient d'abord de définir (1), la contrainte qui en est l'objet (2) et les mesures qui en sont les moyens (3).

1. Les procédures civiles d'exécution

2 ***Procédures civiles d'exécution ou voies d'exécution ?*** Il s'agit de deux expressions synonymes. Les procédures civiles d'exécution sont la dénomination légale actuelle, mais l'expression ancienne « voies d'exécution », parfois associée à « procédures de distribution[2] » demeure encore très employée tant en pratique qu'en doctrine. Elles désignent l'ensemble des moyens légaux mis à la disposition des créanciers pour leur permettre d'obtenir, par la contrainte, ce qui leur est dû. Autrement dit, il s'agit d'imposer au débiteur l'exécution d'une obligation qu'il n'a pas remplie spontanément par une exécution volontaire.

Prenons un exemple. Jean a vendu un tableau à Jacques pour 1 000 euros.

1re hypothèse : Jacques paie volontairement le prix à Jean. L'obligation s'éteint et toute voie d'exécution sera inutile. C'est le mode normal d'exécution des obligations.

2e hypothèse : Jacques refuse de payer. Jean doit alors disposer des moyens de le contraindre. Mais dans un État de droit, tous les moyens ne sauraient être

1. L. Delteil, planche n° 5 du 17 avril 1845, n° 1341.
2. Elles en constituent le complément nécessaire en cas de pluralité de créanciers.

admis, car « nul ne peut se faire justice à soi-même[3] », et ce d'autant plus que le débiteur désigné peut avoir des motifs légitimes de s'opposer aux prétentions de son créancier supposé. Jean devra alors procéder par étapes successives :

- il devra d'abord obtenir un titre exécutoire et, pour ce faire, il lui appartiendra d'introduire une instance devant le tribunal compétent qui devra vérifier la créance invoquée et condamner Jacques s'il la juge bien fondée ;
- si cette procédure aboutit à un jugement de condamnation, Jean pourra, dans un second temps, lorsque le jugement sera devenu exécutoire, recourir aux procédures civiles d'exécution.

3 ***Procédures civiles d'exécution et procédure civile.*** La nouvelle désignation des voies d'exécution traduit leur parenté avec la procédure civile, qu'il faut préciser en envisageant ce qui les distingue et ce qui les rapproche.

Elles se **distinguent** essentiellement par leurs méthodes et par leur finalité[4]. Au niveau des **méthodes, la procédure civile relève du domaine de la *jurisdictio*** car elle oppose deux parties, le demandeur et le défendeur, qui doivent être entendues en leurs prétentions respectives sur un pied d'**égalité**. Le procès civil est ainsi tissé de droits et d'obligations mutuels pour assurer cette égalité. À l'inverse, **le droit de l'exécution relève du domaine de l'*imperium***, c'est un droit d'autorité fondé sur la contrainte nécessaire pour vaincre la résistance du débiteur[5]. À ce stade, le droit du créancier est consacré, il s'agit de l'imposer au débiteur récalcitrant. La relation créancier-débiteur est donc fondamentalement **inégalitaire** et l'objet des procédures civiles d'exécution n'est pas de l'effacer. Au contraire, il consiste à l'organiser et à la contrôler pour éviter des abus et, en particulier, des atteintes intolérables à la liberté individuelle. Au niveau de la **finalité**, la procédure civile a pour office de trancher un litige et par là de dire le droit, alors que les procédures civiles d'exécution interviennent en aval pour faire passer dans les faits le droit ainsi dit.

Mais cette opposition des finalités permet aussi de comprendre ce qui **rapproche** ces deux branches du droit procédural : leur **complémentarité**. En effet, les voies d'exécution constituent le prolongement nécessaire de la procédure civile. Sans elles, le jugement rendu risquerait de rester lettre morte. Elles permettent au créancier d'obtenir effectivement satisfaction.

4 ***Rôle des procédures civiles d'exécution.*** Les procédures civiles d'exécution servent ainsi d'abord les *intérêts individuels* de chaque créancier, en lui offrant l'instrument indispensable à l'effectivité de ses droits. Mais, de ce fait, elles jouent aussi un rôle essentiel au niveau général de la justice et de l'économie.

Au niveau de la **justice**, car il serait inacceptable qu'une partie puisse se soustraire à l'autorité judiciaire en refusant d'exécuter la décision prononcée à son encontre au nom de la République française. Il y va de la crédibilité de la justice.

---

3. Sur cet adage, voy. J. Béguin, « L'adage "nul peut se faire justice à soi-même" », in *Travaux Capitant*, t. XVIII, Paris, LGDJ, 1969, p. 41.
4. Sur l'ensemble de la question, voy. R. Perrot et Ph. Théry, *Procédures civiles d'exécution*, 3e éd., Paris, Dalloz, 2013, n° 2.
5. Sur les notions de *jurisdictio* et d'*imperium*, voy. not. C. Atias, « Une menace de perdition du judiciaire », *D.*, 2013, p. 1232.

Au niveau de l'**économie**, car les voies d'exécution sont indispensables au crédit. En effet, qui accepterait de consentir un prêt s'il lui était impossible de contraindre l'emprunteur à payer sa dette ? Or, le crédit est l'outil incontournable de toute économie libérale.

Pour pouvoir remplir ce triple rôle, les procédures civiles d'exécution doivent autoriser et organiser le recours à la contrainte.

2. La contrainte

5 ***Contrainte sur la personne ou sur les biens ?*** Sans la contrainte, les procédures civiles d'exécution ne seraient que pure illusion. Mais faut-il que la contrainte s'exerce *sur la personne* du débiteur ou seulement sur ses biens ? La réponse à cette question récurrente a évolué avec le temps et dépend toujours de l'obligation à exécuter, selon qu'elle est monétaire (b) ou non monétaire (a).

a) En cas d'obligations non monétaires

6 ***Exécution* manu militari.** Pour les obligations non monétaires, l'exécution **sur la personne** peut s'avérer indispensable, tout particulièrement pour les obligations de faire. Elle est dite *manu militari* car elle consiste à contraindre le débiteur avec l'aide de la force publique, police ou gendarmerie. Mais en raison des dangers qu'elle comporte pour la liberté individuelle, elle n'est admise qu'à titre exceptionnel. On la rencontre essentiellement en matière immobilière pour la libération des lieux occupés sans droit, ni titre, sous la forme de l'expulsion (voy. *infra*, n°s 262 et s.). Mais elle est possible aussi en matière de remise d'enfants en l'absence d'exécution volontaire de la décision qui l'ordonne[6].

En dehors de ces hypothèses, aucune obligation non monétaire ne peut entraîner une exécution sur la personne du débiteur. Mais faut-il alors renoncer à toute exécution en nature et se résigner à une exécution par équivalent ? Et si une exécution en nature est possible, quelles en seront les modalités ?

7 ***Exécution en nature ou par équivalent ?*** L'exécution en nature consiste dans l'exécution effective de l'obligation et l'exécution par équivalent dans l'allocation de dommages et intérêts au créancier pour réparer le préjudice qu'il subit du fait de l'inexécution. À l'origine, l'article 1142 du Code civil posait le principe de l'exécution en nature, en ces termes : « Toute obligation de faire ou de ne pas faire se résout en dommages et intérêts en cas d'inexécution de la part du débiteur ». Mais très tôt, la jurisprudence avait restreint la portée de ce texte en posant pour principe que le créancier d'une obligation de faire ou de ne pas faire peut demander l'exécution en nature lorsque celle-ci est possible[7].

---

6. Traditionnellement elle était fondée sur l'article 5 du titre VIII de la loi des 16 et 24 août 1790 relative à l'organisation judiciaire, mais ce texte a été abrogé par l'article 10-1° de l'ordonnance n° 2006-673 du 8 juin 2006 qui a procédé à la refonte du Code de l'organisation judiciaire et il n'a pas été remplacé à ce jour. En revanche, il existe des textes en matière de déplacement illicite international d'enfants : L. 95-125 du 8 février 1995, art. 34-1 (anc^{t} L. 91-650 du 9 juillet 1991, art. 12-1 introduit par L. 2010-1609 du 22 décembre 2010, art. 8) et CPC, art. 1210-6 (issu du décr. 2012-98 du 27 janvier 2012, art. 1er).

7. Voy. en dernier lieu : Civ. (3e ch.), 16 janvier 2007, n° 06-13893, *Bull. civ.* III, n° 19 ; *JCP G*, 2007. I. 161, spec. n°s 6 et s., obs. M. Mekki ; *D.*, 2007, p. 1119, note O. Gout ; Procédures, 2007, comm. n° 84, obs. R. Perrot ; Civ. (3e ch.), 11 mai 2005, n° 03-21136,

Elle n'était donc exclue qu'en cas d'impossibilité, qui pouvait être morale[8], matérielle[9] ou juridique[10].

La réforme du droit des contrats, opérée par l'ordonnance n° 2016-131 du 10 février 2016 entrée en vigueur le 1er octobre 2016, a partiellement consacré cette jurisprudence. Ainsi le nouvel article 1221 dispose que : « Le créancier d'une obligation peut, après mise en demeure, en poursuivre l'exécution en nature sauf si cette exécution est impossible ou s'il existe une disproportion manifeste entre son coût pour le débiteur de bonne foi[11] et son intérêt pour le créancier ». Ce texte appelle deux séries d'observations. D'une part, son domaine est étendu à toutes les obligations, quelles qu'elles soient, étant précisé que la réforme a abandonné la distinction séculaire entre les obligations de donner, de faire et de ne pas faire. Mais, en réalité, elle reste sous-jacente, notamment dans ce texte, au moins pour les deux dernières obligations[12]. D'autre part, ce texte confirme le droit positif antérieur, sous réserve d'une nouveauté. Comme auparavant **l'exécution en nature est autorisée sauf lorsqu'elle est impossible** et, sur ce point, il suffira de faire application des solutions jurisprudentielles antérieures. Mais désormais, elle est exclue aussi en cas de **disproportion manifeste** entre son coût pour le débiteur de bonne foi et son intérêt pour le créancier[13]. Ce n'est donc que dans ces cas que l'exécution par

---

Bull. civ. III, n° 103 ; *JCP G*, 2005. II. 109152, note S. Bernheim-Desvaux ; sur l'ensemble de la question, voy. not., J.W. Jeandidier, « L'exécution forcée des obligations contractuelles de faire », *RTD Civ.*, 1976, pp. 700 et s.

8. Elle correspond à l'idée de protection de la personne physique, de sa liberté individuelle, et joue essentiellement dans le domaine artistique ; l'exemple classique est celui de l'exécution d'un tableau par un peintre.

9. V. not. en matière de construction: Civ. (3e ch.), 16 juin 2015, n° 14-14612, où la possibilité matérielle avait été relevée par un expert judiciaire ; ou en matière locative : Civ. (3e ch.), 1er avril 2009, n° 08-15929, *Bull. civ.*, n° 72.

10. Elle tient principalement à la protection de droits acquis par des tiers de bonne foi ; voy. not., Civ. (1re ch.), 27 novembre 2008, n° 07-11282, à propos d'un logement dont la relocation rendait la délivrance juridiquement impossible à un précédent locataire.

11. La bonne foi a été ajoutée par la loi de ratification n° 2018-287 du 20 avril 2018.

12. Les obligations de donner divisaient la doctrine et ne présentaient guère d'utilité ; en ce sens, voy. not., Ph. Simler, Commentaire de la réforme du droit des contrats et des obligations, coll. Actualité, Paris, LexisNexis, 2016, n° 55.

13. Ce contrôle divise la doctrine. Certains auteurs y sont favorables en soulignant qu'à l'origine la Cour de cassation reconnaissait aux juges du fond le pouvoir d'apprécier l'opportunité de l'exécution en nature, que ce contrôle existe déjà dans bien d'autres domaines et qu'il n'est qu'une application particulière de la théorie de l'abus de droit ; en ce sens, voy. not. : P. Grosser, « L'exécution forcée en nature », *AJCA*, mars 2016, p. 119 ; Y.-M. Laithier, « Le droit à l'exécution en nature : extension ou réduction ? », in *Réforme du droit des contrats et pratique des affaires* (Ph. Stoffel-Munck, dir.), Paris, Dalloz, 2015, p. 97 ; D. Mazeaud, « L'exécution forcée en nature dans la réforme du droit des contrats », *D.*, 2016, p. 2477, n° 12. D'autres auteurs la critique essentiellement car elle porterait atteinte à l'effet obligatoire des contrats ; en ces sens : H. Lecuyer, « L'inexécution du contrat », *Contrats*, conc., mai 2016, p. 38 ; M. Mekki, « Fiche pratique : l'exécution forcée "en nature", sauf si », *Gaz. Pal.*, 2016, p. 2102 et « Les remèdes à l'inexécution dans le projet d'ordonnance portant réforme du droit des obligations », *Gaz. Pal.*, 2015, p. 1338. En tout cas, la portée de cette exclusion de l'exécution en nature a été limitée par l'exigence de bonne foi du débiteur, qui pour un auteur n'est qu'une « simple précision » car ce principe général figurant à l'article 1104 du Code civil aurait été applicable de « toute évidence » : M. Mekki, « La loi de ratification de l'ordonnance du 10 février 2016 – Une réforme de la réforme ? », *D.*, 2018, p. 900, spéc. n° 31. Sur la notion de bonne foi ainsi requise, voy. not., D. Mazeau,

équivalent s'impose au créancier : si le débiteur ne s'exécute pas volontairement, il ne pourra pas réclamer une exécution en nature. En revanche, dans tous les autres cas, le créancier a le **choix entre l'exécution par équivalent et l'exécution en nature**. De plus, s'il opte pour l'exécution en nature, il peut toujours obtenir **aussi des dommages et intérêts** en réparation du préjudice subsistant (C. civ. 1217, *in fine*[14]). L'existence et l'étendue de ce préjudice dépendent des modalités de l'exécution en nature.

8 ***Modalités de l'exécution en nature.*** Lorsque l'exécution en nature est ordonnée, toute la difficulté pour le créancier, qui l'a demandée, est de savoir comment y parvenir alors que la contrainte sur la personne du débiteur est exclue. Le droit positif connaît plusieurs moyens. Comme nous le verrons, il a institué une mesure d'exécution forcée spécifique dans le cas particulier où l'obligation inexécutée porte sur la remise d'un bien meuble corporel. Il s'agit alors d'une exécution directe sur un bien, appelée la **saisie-appréhension** (voy. *infra*, n°s 299 et s.). Sous cette réserve, le droit positif recourt à des *solutions palliatives* permettant d'aboutir à une exécution en nature, soit par le débiteur lui-même, soit par un tiers :

- par le **débiteur** lui-même grâce à la technique de l'astreinte dont l'objectif est d'exercer une menace, incitative ou dissuasive selon l'objet de l'obligation inexécutée (voy. *infra*, n°s 233 et s.) ;
- par un **tiers** en vertu des nouveaux articles 1222 et 1223 du Code civil, qui reprennent, en les simplifiant, les anciens articles 1143 et 1144; comme auparavant ils ouvrent au créancier une double faculté ; soit de faire exécuter une obligation qui est par hypothèse une obligation de faire ; soit de faire détruire ce qui a été fait en violation d'une obligation qui est par hypothèse une obligation de ne pas faire ; mais alors que dans ce dernier cas, une autorisation judiciaire préalable est toujours nécessaire, le créancier en est dispensé pour les obligations de faire ; pour ces obligations, il lui suffira de mandater un tiers dans un délai et à un coût raisonnables après une mise en demeure restée infructueuse ; dans tous les cas, le créancier peut non seulement demander au débiteur le remboursement des sommes engagées, mais aussi obtenir en justice que le débiteur avance les sommes nécessaires[15] ; de plus, il pourra toujours se faire allouer des dommages et intérêts pour réparer le préjudice subsistant (C. civ., art. 1217, *in fine*)[16].

Dans toutes ces hypothèses, comme en cas d'exécution par équivalent, il se substitue ou s'ajoute à l'obligation non monétaire inexécutée, une obligation monétaire dont l'exécution s'opère aujourd'hui exclusivement sur les biens du débiteur.

« Quelques mots sur la réforme de la réforme du droit des contrats », *D.*, 2018, p. 912, spéc. n° 12.

14. Ce texte, issu de l'ordonnance du 10 février 2016, confirme aussi la jurisprudence antérieure.

15. Il a été jugé sous l'empire des textes anciens, mais cette solution est transposable aux textes actuels, que le bailleur, qui a avancé les frais de remise en état sur ce fondement, peut demander la condamnation du créancier de l'obligation à exécuter les travaux ainsi financés : Civ. (3e ch.), 21 décembre 2017, n° 15-24430, *Gaz. Pal.*, 2018, p. 438, obs. M. Parmentier.

16. Sur ce nouveau régime, voy. not., D. Mazeaud, « L'exécution forcée en nature dans la réforme du droit des contrats », *D.*, 2016, p. 2477, n°s 14 et s.

b) En cas d'obligations monétaires

9 *Exécution sur la personne.* Les obligations monétaires sont les obligations de sommes d'argent. Dans l'ancienne Rome, 400 ans avant notre ère, leur exécution était poursuivie sur la personne du débiteur par une procédure ritualisée, appelée la *manus injectio*. Le créancier pouvait se faire adjuger son débiteur par le juge et le garder enchaîné chez lui durant 60 jours. Pendant ce délai, il devait le présenter au Forum à trois marchés successifs pour y proclamer sa dette et faire appel à la solidarité des parents ou du voisinage afin qu'ils payent pour lui. À défaut, il pouvait vendre son débiteur comme esclave, mais seulement hors de Rome car la délicatesse du droit romain s'opposait à ce qu'un citoyen fût dégradé en esclave là où il avait vécu en homme libre[17]. La personne même du débiteur constituait ainsi le gage du créancier. Sous cette forme, l'exécution forcée a disparu dès le dernier siècle de la République romaine. Mais la personne du débiteur continue encore à intervenir de deux manières dans le recouvrement des créances monétaires.

En premier lieu par la **contrainte judiciaire**, autrefois appelée « contrainte par corps », qui peut être définie comme l'incarcération du débiteur défaillant pour le contraindre à payer sa dette. Elle résulte de **la loi du 9 mars 2004** portant adaptation de la justice aux évolutions de la criminalité qui l'a inscrite aux articles 749 à 762 du Code de procédure pénale. Mais elle n'est **applicable qu'en matière pénale** pour l'inexécution volontaire de certaines amendes[18]. L'incarcération peut durer entre 20 jours et trois mois selon le montant de l'amende impayée. Mais elle cessera immédiatement en cas de paiement. À défaut, le débiteur sera libéré au terme fixé et il ne pourra plus être réincarcéré, même s'il reste évidemment tenu de sa dette.

En second lieu, la personne du débiteur intervient aussi dans les hypothèses où le non-paiement d'une créance monétaire est érigé en **infraction pénale**, punie d'une peine d'emprisonnement. Mais là encore, il ne s'agit que d'un moyen de pression exercé sur la personne du débiteur et ces cas sont rares. On peut citer essentiellement deux exemples. D'une part, le délit d'**abandon de famille** qui punit le fait, pour le débiteur d'une pension alimentaire, de l'avoir laissé impayée pendant plus de deux mois (CP, art. 227-3[19]). D'autre part, le délit d'**organisation frauduleuse d'insolvabilité** qui punit le fait, pour un débiteur, d'avoir organisé ou aggravé son insolvabilité pour se soustraire à l'exécution d'une condamnation de nature patrimoniale prononcée par une juridiction répressive ou d'une condamnation prononcée par une juridiction civile en matière délictuelle, quasi-délictuelle ou d'aliments (CP, art. 314-7). Il ne joue donc jamais en matière contractuelle.

---

17. Voy. not. J. Carbonnier, *Flexible droit. Pour une sociologie du droit sans rigueur*, 10e éd., Paris, LGDJ, 2001, p. 328.

18. Il s'agit des amendes fiscales ou douanières ainsi que de celles prononcées en matière criminelle et en matière correctionnelle pour des délits punis d'une peine d'emprisonnement (CP, art. 749 qui prévoit deux ans d'emprisonnement et 15 000 euros d'amende). À l'origine, le Code civil de 1804 avait largement admis la contrainte par corps. Puis, son domaine a été progressivement réduit (voy. not. J.-Ph. Lévy et A. Castaldo, *Histoire du droit civil*, 2e éd., coll. Précis, Paris, Dalloz, 2010, nos 676 et s.).

19. Modifiée en dernier lieu par les lois de simplification 2009-526 du 12 mai 2009 (voy. not. F. Gauvin, « À propos du délit d'abandon pécuniaire de famille », *JCP G*, 2010, 141) et 2011-525 du 17 mai 2011.

Mais dans tous ces cas, la personne du débiteur n'intervient que de manière très indirecte, comme moyen de pression pour l'amener à payer sa dette. À défaut, la contrainte ne peut s'exercer directement que sur ses biens.

10 ***Exécution sur les biens.*** C'est le principe posé par les articles 2284 et 2285 du Code civil qui font des biens du débiteur, présents et à venir, mobiliers comme immobiliers, le **gage commun** de ses créanciers de sommes d'argent, appelées aussi créances monétaires. Ainsi, c'est sur les biens que porte l'essentiel des mesures prévues et organisées pour mettre en œuvre la contrainte consubstantielle aux procédures civiles d'exécution.

3. Les mesures

11 ***Diversité et traits communs.*** Il existe deux types de mesures qui permettent de mettre en œuvre la contrainte : les mesures d'exécution forcée et les mesures conservatoires. Elles se distinguent par leur finalité, mais elles sont soumises toutes deux à des délais et à un formalisme rigoureux destinés à encadrer la contrainte qu'elles exercent.

12 ***Mesures d'exécution forcée.*** Sous réserve de l'expulsion, qui est une mesure d'exécution forcée portant sur la personne, toutes les autres portent sur les biens. Elles sont plus communément ***appelées saisies*** car elles consistent à placer sous main de justice un ou plusieurs biens du débiteur en vue de satisfaire le créancier, soit par leur remise, soit par leur vente.

En l'état actuel du droit positif, un bien saisi n'est **remis au créancier** que dans deux hypothèses. D'une part, en cas de saisie-appréhension qui porte sur un bien meuble corporel qu'un débiteur est tenu de livrer ou de restituer. D'autre part, lorsqu'il s'agit de recouvrer une créance de somme d'argent par la saisie d'une créance de même nature dont dispose le débiteur contre un tiers. La créance saisie est alors attribuée au créancier saisissant à concurrence des montants qui lui sont dus.

Mais pour tous les autres biens saisis en vue du recouvrement d'une créance monétaire, aucune attribution n'est possible. Seule la **vente** est prévue pour permettre au créancier d'être payé sur le prix et, en cas de pluralité de créanciers, il sera distribué entre eux.

Il existe ainsi, selon la nature de l'obligation à exécuter ou du bien à saisir, des mesures d'exécution forcée **avec vente** et des mesures d'exécution forcée **sans vente**, auxquelles s'ajoutent des mesures **mixtes**, avec ou sans vente, voire les deux. Mais toutes ces mesures supposent que le créancier dispose d'un titre exécutoire, ce qui peut prendre du temps. Le créancier court alors le risque que les biens du débiteur disparaissent dans l'intervalle, ce qui rendra illusoire toute saisie le moment venu. C'est la raison pour laquelle il existe une seconde catégorie de mesures d'exécution, appelées **mesures conservatoires**.

13 ***Mesures conservatoires.*** Elles confèrent au créancier des garanties judiciaires[20] dans l'attente du titre exécutoire. Elles peuvent revêtir deux formes :

- d'une part, les **saisies conservatoires** qui ont pour objet de rendre indisponibles des biens du débiteur en les plaçant sous main de justice ;

20. Ainsi désignées par opposition aux garanties légales ou conventionnelles.

– d'autre part, les **sûretés judiciaires** qui confèrent au créancier un droit de suite et de préférence sur certains biens du débiteur.

14 ***Délais.*** Toutes ces mesures, qu'elles soient d'exécution forcée ou conservatoires, sont enfermées dans des délais impératifs, qui sont tantôt des délais d'attente, tantôt des délais d'action.

Les **délais d'attente** instituent des périodes d'interdiction de toute exécution, qu'elle soit déjà en cours ou seulement envisagée, sous peine de nullité des actes accomplis. Ils peuvent présenter un caractère général[21] ou spécifique à certaines mesures[22], et dans ce cas ils sont parfois périodiques[23].

Les **délais d'action** sont tantôt imposés au créancier, tantôt au débiteur. Lorsqu'ils sont imposés au créancier, les délais d'action, par leur sanction, leur diversité et leur brièveté, transforment souvent les voies d'exécution en un véritable parcours du combattant, inutilement complexe et dangereux. Quant aux délais d'action imposés au débiteur, ils permettent d'élever une contestation ou d'exercer une option ouverte par la mesure d'exécution pratiquée.

Les délais concourent ainsi, avec le formalisme, à l'encadrement de la contrainte.

15 ***Formalisme.*** Le formalisme, caractéristique de toutes les mesures, quelles qu'elles soient, est tantôt préventif, tantôt défensif.

Le **formalisme préventif** est celui qui est imposé avant toute mesure pour protéger d'office le débiteur contre une menace pesant sur ses droits. Il s'agit par exemple des formalités préalables imposées à l'huissier de justice pour pénétrer dans un local privé (voy. *infra*, n°s 192 et s.) ou de l'autorisation préalable du juge de l'exécution pour permettre au créancier de participer à une saisie (voy. *infra*, n° 35).

Le **formalisme défensif** est celui qui est contemporain ou postérieur à la mise en œuvre d'une mesure. Il consiste à apporter au débiteur une information claire et précise sur ses droits et obligations pour lui permettre de se défendre, en tant que de besoin. Il se traduit essentiellement par une multitude de mentions obligatoires imposées à peine de nullité. Mais comme il s'agit d'une nullité pour vice de forme, elle ne sera prononcée qu'en cas de grief qu'il appartiendra au débiteur d'établir (CPC, art. 114, al. 2[24]).

Tout ce formalisme est justifié par la volonté de **protéger le débiteur**, la forme étant, comme l'a écrit Ihéring, « la sœur jumelle de la liberté ». Mais il peut aussi être source de complexité et donc d'inefficacité. Le tout est de trouver la juste mesure : cette recherche caractérise toute l'évolution historique des voies d'exécution.

---

21. Par exemple, la prohibition de toute exécution la nuit ainsi que les dimanches et jours fériés (CPCE, art. L. 141-1).

22. Par exemple, le délai de huit jours courant à compter du commandement de payer préalable à la saisie-vente (CPCE, art. R. 322-10).

23. Il s'agit essentiellement de l'interdiction d'expulser d'un local d'habitation en hiver (CPCE, art. L. 412-6).

24. Selon l'article 649 du CPC, « la nullité des actes d'huissier de justice est régie par les dispositions qui gouvernent la nullité des actes de procédure », c'est-à-dire par les articles 112 à 121 du même code. Sur une analyse de ce texte appliqué à la matière de l'exécution, voy. S. Poisson, « Pour une approche procédurale de la nullité des actes d'exécution forcée », *Dr. et procéd.*, 2013, p. 78.

B) L'évolution historique

16 ***Humanisation et civilisation.*** Toute l'histoire du droit de l'exécution est marquée par un souci d'**humanisation** qui a conduit, dès la fin de la République romaine, à l'abandon de la *manus injectio*. L'exécution sur la personne pour le recouvrement des créances monétaires s'est alors transformée en moyen de pression, essentiellement sous la forme de la contrainte par corps qui, à son tour, s'est réduite comme peau de chagrin. Mais ce souci d'humanisation a conduit aussi à une **complexification** croissante des voies d'exécution sur les biens. À cet égard, il est significatif de citer l'exposé des motifs du Code de procédure civile de 1806, rapporté par le baron Locré[25]. On peut y lire que le droit intermédiaire, issu de la loi du 11 Brumaire An VII, avait « simplifié à l'excès » l'exécution forcée sur les immeubles, au point que « le propriétaire pouvait être aussi facilement dépouillé d'un domaine que d'un meuble ». Mais l'exécution sur les meubles, corporels comme incorporels, n'a pas été épargnée non plus, si bien qu'il était généralement admis, dans les années 1980, que le droit de l'exécution était devenu complexe, obsolète et inefficace. Autrement dit, le souci d'humanité avait fini par absorber l'exigence d'efficacité.

Une réforme était donc nécessaire pour rééquilibrer les droits en présence et éviter que la protection de l'une des parties ne se fasse systématiquement au détriment de l'autre. C'est cette recherche d'un juste équilibre qui peut être qualifiée de **civilisation** de l'exécution forcée. Pourquoi ? Car la civilisation est une notion consubstantielle à l'**idée de progrès pour tous**. Rapportée à l'exécution forcée, elle implique la prise en considération non seulement des intérêts du débiteur par une humanisation des procédures, mais aussi de ceux du créancier par un renforcement de leur efficacité. La civilisation peut ainsi se concevoir, en la matière, comme une équation mettant en balance ces deux exigences opposées, mais non irréductibles, qu'il faut soigneusement soupeser à tous les stades de la procédure pour trouver le juste équilibre recherché[26].

Tel fut l'objectif poursuivi par chacune des deux réformes qui se sont succédé : celle générale et mobilière des années 1991-1992, et celle complémentaire de 2006 qui a porté sur la saisie immobilière[27].

17 ***Réforme générale et mobilière.*** Jusqu'à la première réforme, les sources des voies d'exécution, seule appellation alors en usage, étaient à la fois anciennes et dispersées. L'essentiel était contenu dans le livre V de la partie I du Code de procédure civile de 1806, inspiré de l'ordonnance de Colbert de 1667. Mais à la suite de réformes successives et partielles, certaines de ces dispositions avaient été abrogées et remplacées par des textes non codifiés. De surcroît, en Alsace et en Moselle restaient en vigueur des textes datant de l'Empire allemand, inscrits dans le Code de procédure civile local.

---

25. *Esprit du Code de procédure civile ou Conférence du Code de procédure civile avec les discussions du Conseil, les observations du Tribunat, les exposés de motifs, les discours des orateurs du Tribunat, les dispositions des autres Codes, etc.*, L'Aîné, 1816.

26. Voy. Ph. Hoonakker, « La civilisation de l'exécution forcée », in *Le droit de l'exécution forcée : entre mythe et réalité*, actes du colloque organisé à la Cour de cassation par la revue *Droit et procédures – La revue des huissiers de justice* les 27 et 28 avril 2007, EJT, 2007, pp. 63 et s.

27. Cet objectif d'un juste équilibre est inscrit aussi dans la recommandation en matière d'exécution des décisions de justice adoptée par le Comité des ministres de l'Union européenne le 9 septembre 2003 : *Rec. CE*, 17, III-1-g.

La réforme tant attendue a été engagée en 1983 par la création de la Commission de réforme du droit des voies d'exécution placée sous la présidence du professeur Roger Perrot. Elle a rédigé deux avant-projets de textes soumis à la concertation des professionnels en 1987. Il en est résulté la loi n° 91-650 du 9 juillet 1991 portant réforme des procédures civiles d'exécution et son décret d'application n° 92-755 du 31 juillet 1992. C'est donc de cette réforme que date la nouvelle appellation de procédures civiles d'exécution, substituée à celle de voies d'exécution, jugée trop « guerrière ». Selon l'exposé des motifs de la loi de 1991, cette réforme avait essentiellement pour lignes directrices, caractéristiques de la civilisation de l'exécution forcée : l'efficacité des procédures civiles d'exécution par une « revalorisation du titre exécutoire » et le « souci d'humanisation en faveur des débiteurs de bonne foi ».

Mais l'œuvre accomplie fut incomplète car, devant les difficultés rencontrées, la Commission Perrot avait renoncé à faire des propositions touchant à l'exécution forcée immobilière. En conséquence, cette réforme a porté sur les dispositions communes à toutes les procédures civiles d'exécution, sur les mesures d'exécution forcée applicables exclusivement aux biens mobiliers et sur les mesures conservatoires intéressant, quant à elles, tant les meubles que les immeubles.

18 ***Réforme immobilière.*** Seule avait donc été laissée de côté l'exécution forcée sur les immeubles, qui demeurait régie par les textes anciens, à savoir :

- en vieille France, les articles 673 et suivants du Code de procédure civile régissant la saisie immobilière et la procédure d'ordre ;
- en Alsace-Moselle, les articles 141 à 170 de la loi civile d'introduction du 1er juin 1924 désignant cette saisie : « exécution forcée immobilière ».

Ce n'est finalement qu'en décembre 2004, et contre toute attente, que le ministère a soumis aux professionnels, pour consultation, un projet de réforme des procédures de saisie immobilière et d'ordre. Ce projet était issu des réflexions d'un groupe de travail qui s'était réuni à la Chancellerie de juillet 1996 à mai 1997 autour du recteur Serge Guinchard et de la direction des affaires civiles. Il comportait une partie législative et une partie réglementaire. Il en est résulté, après concertation, la réforme tant attendue de la saisie immobilière[28], réalisée par deux textes :

- d'une part, l'ordonnance n° 2006-461 du 21 avril 2006 qui a réformé le titre XIX du livre III du Code civil, intitulé alors « De la saisie et de la distribution du prix de vente de l'immeuble », et constitué des articles 2190 à 2216 ;
- d'autre part, le décret d'application n° 2006-936 du 27 juillet 2006, modifié la veille de son entrée en vigueur par l'article 9 du décret n° 2006-1805 du 23 décembre 2006, publié le 31 décembre 2006.

Selon le rapport au président de la République relatif à l'ordonnance du 21 avril 2006, cette seconde réforme s'est aussi fixé pour objectif de « garantir l'équilibre entre les droits du débiteur et les intérêts de ses créanciers ». C'est donc bien le souci de civilisation qui caractérise les procédures actuelles, issues de ces réformes.

---

28. Mais elle n'est pas applicable en Alsace-Moselle où demeure en vigueur la procédure de droit local de l'exécution forcée immobilière ; voy. not. Ph. Hoonakker, in S. Guinchard et T. Moussa (dir.), *Droit et pratique des voies d'exécution*, coll. Dalloz Action, 2015/2016, nos 135 et s.

C) Les procédures actuelles

19 ***Code des procédures civiles d'exécution.*** À la création du nouveau Code de procédure civile, devenu le Code de procédure civile[29], il avait été prévu de consacrer un livre V aux voies d'exécution. Mais l'article 96 de la loi de 1991 a décidé de la création d'un nouveau code pour intégrer tous les textes de nature législative et réglementaire concernant les procédures civiles d'exécution. Cependant, il a été laissé en suspens dans l'attente de la réforme de la saisie immobilière. Celle-ci ayant été réalisée en 2006, plus rien ne s'y opposait sinon la complexité de la tâche.

C'est finalement l'ordonnance n° 2011-1895 du 19 décembre 2011, prise en vertu de l'habilitation prévue par la loi dite *Béteille* du 22 décembre 2010[30], qui a adopté la partie législative du Code des procédures civiles d'exécution (CPCE)[31]. Complété par la partie réglementaire résultant du décret n° 2012-783 du 30 mai 2012, ce nouveau code est entré en vigueur le 1er juin 2012. Pour l'essentiel, les textes anciens, abrogés à compter de la même date, ont été repris[32].

E 1 **La signification par voie électronique des actes d'huissier de justice[33]**

1. L'introduction dans le CPCE

La signification par voie électronique des actes d'huissier de justice a été créée par le décret n° 2012-366 du 15 mars 2012 pris en application du titre XXI du livre Ier du Code de procédure civile relatif à la communication par voie électronique (art. 748-1 à 748-7). Il a introduit notamment ce nouveau mode de signification dans les procédures civiles d'exécution en modifiant certaines dispositions du décret du 31 juillet 1992. Mais son entrée en vigueur a été fixée au même jour que celle d'un arrêté du garde des Sceaux, prévu au plus tard pour le 1er septembre 2012, appelé à définir, en application de l'article 748-6 du Code de procédure civile, les garanties que doivent présenter les procédés utilisés.

Comme cet arrêté n'avait pas encore été pris au moment du décret de codification, ces modifications n'ont pas été introduites immédiatement dans le Code des procédures civiles d'exécution entré en vigueur le 1er juin 2012. Mais elles ont été inscrites à l'article 13 de ce décret qui en a fixé l'entrée en vigueur à compter de la publication de l'arrêté ministériel attendu.

Finalement, cet arrêté portant application des dispositions du titre XXI du livre Ier du Code de procédure civile aux huissiers de justice a été signé le 28 août 2012 et publié au **JO** du 31 août. Depuis cette date, la signification par voie électronique a donc fait son entrée dans le Code des procédures civiles d'exécution au travers des articles R. 162-1, R. 211-3, R. 211-4, R. 223-2 et R. 223-3 dans leur rédaction issue de l'article 13 du décret de codification du 31 mai 2012. Ils concernent deux mesures d'exécution forcée que nous retrouverons : la saisie-attribution et la saisie des véhicules terrestres à moteur.

---

29. Article 26 de la loi 2007-1787 du 20 décembre 2007 relative à la simplification du droit qui a parallèlement abrogé le Code de procédure civile, désormais véritablement l'ancien Code de procédure civile.
30. Loi n° 2010-1609 du 22 décembre 2010 relative à l'exécution des décisions de justice, aux conditions d'exercice de certaines professions réglementées et aux experts judiciaires, article 7.
31. La partie législative a été ratifiée par l'art. 11-I de la loi de modernisation et de simplification n° 2015-177 du 16 février 2015.
32. Les articles 2 de l'ordonnance et du décret de codification prévoient que les références à des dispositions abrogées sont remplacées par les dispositions correspondantes du CPCE.
33. Sur l'ensemble de la question, voy. not. les actes du colloque XIe de la revue *Droit et procédures* qui s'est tenu à Biarritz le 14 juin 2013, sur le thème « L'huissier de justice au cœur de la communication électronique » (*Dr. et procéd.*, supplément, à paraître).

2. Les règles essentielles

Au plan juridique, la signification par voie électronique obéit aux règles essentielles suivantes[34] :

- elle n'est possible qu'à l'égard des personnes ayant accepté expressément l'utilisation de ce mode de signification (CPC, art. 748-2) ; la déclaration d'acceptation est adressée par voie électronique à la chambre nationale des huissiers de justice, qui dresse et tient à jour la liste de ses destinataires, le tout selon les modalités fixées par l'article 9 du décret du 15 mars 2012 et l'arrêté du 22 mai 2012 fixant la liste des pièces justifiant de l'identité de l'auteur de la déclaration[35] ;
- elle est une signification faite **à personne** si le destinataire de l'acte en a pris connaissance le jour de la transmission de l'acte ; à défaut, il s'agit d'une signification faite **à domicile** (CPC, art. 662-1, al. 3) ;
- l'article 748-7 du CPC prévoit une **cause de prorogation de délai** dans les termes suivants : « Lorsqu'un acte doit être accompli avant l'expiration d'un délai et ne peut être transmis par voie électronique le dernier jour du délai pour une cause étrangère à celui qui l'accomplit, le délai est prorogé jusqu'au premier jour ouvrable suivant. »

Au plan technique, la signification par voie électronique des actes d'huissier de justice est effectuée par l'utilisation d'un procédé de raccordement à un réseau indépendant privé opéré sous la responsabilité de la chambre nationale des huissiers de justice, dénommé « Réseau privé sécurisé huissiers » (RPSH), et à travers la plate-forme de services de communication électronique sécurisée dénommée « e-huissier », dans les conditions fixées par l'arrêté du 28 août 2012.

---

20 ***Ordre public.*** Toutes ces dispositions sont d'ordre public. Il en résulte que les parties ne peuvent y déroger en principe. Ce caractère est généralement justifié par le souci de protéger à la fois le débiteur et ses autres créanciers. Le **débiteur** contre lui-même, car placé dans une situation d'infériorité, il est à craindre que sa volonté ne soit pas totalement libre. Les **autres créanciers**, car ils disposent tous d'un droit de gage général sur les biens de leur débiteur auquel il pourrait être porté atteinte par un accord dérogatoire passé avec l'un d'eux.

Mais certains aménagements conventionnels peuvent aussi constituer des solutions alternatives intéressantes, permettant d'échapper à la lourdeur des voies d'exécution sans compromettre nécessairement les intérêts en présence. Tel peut être l'objet de la clause de voie parée et du pacte commissoire qui, pour cette raison, ne sont pas systématiquement prohibés[34].

21 ***Clause de voie parée.*** Il s'agit de la convention par laquelle le créancier est autorisé par le débiteur, en cas de non-paiement de sa dette, à **faire vendre** un bien désigné lui appartenant sans respecter les formes de la saisie qui devraient s'appliquer. Elle a toujours été prohibée par la loi et cette solution a été maintenue par les réformes des sûretés (ordonnance du 23 mars 2006) et de la saisie immobilière (ordonnance du 21 avril 2006). Elle est désormais inscrite

34. Sur une étude d'ensemble de la place de la volonté dans le droit de l'exécution, voy. E. Botrel, *Les conventions relatives à l'exécution forcée – Contribution à l'étude de la notion d'exécution forcée*, thèse, Nantes, 2011.

35. Sur la compétence territoriale des huissiers de justice pour procéder à ces significations, voy. *infra*, n° 112.

36. Ce mode de signification a donc essentiellement vocation à s'appliquer aux administrations et aux professionnels. Ainsi, la chambre nationale des huissiers de justice a d'ores et déjà conclu une convention avec le Ministère de l'Intérieur prévoyant l'accès par voie électronique au service d'immatriculation des véhicules (SIV), qui a permis de simplifier la mise en œuvre de la saisie des véhicules terrestres à moteur (voy. *infra*, n°s 742 et s.). Par ailleurs, de tels accords pourraient aussi être conclus avec des établissements bancaires, ce qui permettrait de leur signifier les actes de saisie-attribution par voie électronique (voy. *infra*, n° 327).

en matière mobilière à l'article 2346 du Code civil et en matière immobilière aux articles L. 311-3 du CPCE (anc[t] C. civ., art. 2201) et 2458 du Code civil.

Mais la jurisprudence s'est toujours montrée compréhensive en limitant la nullité aux seules clauses conclues au moment de la naissance de l'obligation, c'est-à-dire, en pratique, lors de la conclusion de la sûreté garantissant le créancier, ce qui les rend possibles postérieurement[37]. En revanche, depuis la réforme des sûretés, cette distinction n'est plus utile pour le pacte commissoire.

22 ***Pacte commissoire.*** Il s'agit de la convention qui permet au créancier de **devenir propriétaire** d'un bien du débiteur du seul fait du non-paiement de sa dette. Il était prohibé en matière mobilière par l'article 2078 du Code civil et sa validité était discutée en matière immobilière, du moins pour l'hypothèque, car il n'était expressément interdit que pour l'antichrèse[38] par l'article 2088 du Code civil[39]. De plus, comme pour la clause de voie parée, la jurisprudence ne sanctionnait que les pactes conclus concomitamment à la naissance de l'obligation contractée par le débiteur.

Mais toutes ces incertitudes ont été levées par l'ordonnance relative aux sûretés qui a expressément autorisé le pacte commissoire tant en matière mobilière (C. civ., art. 2346) qu'en matière immobilière (C. civ., art. 2459)[40].

23 ***Principe de territorialité.*** Les procédures civiles d'exécution, aujourd'hui régies par le code éponyme, ne sont applicables qu'en France en vertu du principe de territorialité de l'exécution. Ce principe s'explique par la contrainte qu'elles mettent en œuvre. Comme celle-ci relève du monopole des États souverains, elle ne peut s'exercer que sur le territoire de chacun d'eux. Il en résulte les deux conséquences suivantes. D'une part, le domicile ou la résidence du débiteur est indifférent, il suffit qu'il détienne un bien en France sur lequel la contrainte peut s'exercer. D'autre part, si des biens sont situés à l'étranger, ni le droit de l'exécution français, ni le juge français n'ont vocation à intervenir[41]. Ainsi, en la matière, il est dérogé aux articles 14 et 15 du Code civil, de sorte qu'un juge français ne saurait connaître de demandes relatives à des voies d'exécution pratiquées hors de France, même si une ou toutes les parties sont de nationalité française[42].

37. Voy. par exemple, en matière immobilière, Civ., 25 mars 1903, *DP*, 1904, 1, 273, note Guénée ; *S.*, 1906, 1, 321, note Wahl ; en matière mobilière : Com., 5 octobre 2004, n° 01-00863, *Bull. civ.*, IV, n° 176.

38. Rebaptisée en gage immobilier par l'article 10 de la loi de simplification et de clarification du droit du 12 mai 2009.

39. Sur cette question, voy. not. Ph. Hoonakker, « Panorama des solutions alternatives », in *L'exécution immobilière en Europe : entre tradition et modernité, quelle saisie immobilière pour demain ?*, actes du colloque organisé par la revue *Droit et procédures – La revue des huissiers de justice* les 1er et 2 avril 2005, EJT, 2005, n° 231, p. 106 et les réf. cit.

40. Sauf pour l'immeuble qui constitue la résidence principale du débiteur ; l'article 2459 est applicable à l'hypothèque ainsi qu'au gage immobilier par renvoi de l'article 2388 ; voy. not. S. Hébert, « Le pacte commissoire après l'ordonnance du 23 mars 2006 », *Chron. D.*, 2007, p. 2052.

41. Civ. (2e ch.), 21 janvier 2016, n° 15-10193, à paraître au Bull., à propos de l'autorisation donnée par un juge français de pratiquer des mesures conservatoires sur un compte bancaire en Espagne.

42. Voy., en dernier lieu, Civ. (1re ch.), 14 avril 2010, n° 09-11909, *Bull. civ.*, I, n° 91, *Dr. et procéd.*, 2010, p. 234, obs. E. Guinchard, à propos d'une saisie d'un compte bancaire pratiquée à l'étranger où le créancier de nationalité française avait engagé une action en responsabilité contre le tiers saisi devant une juridiction française sur le fondement de l'article 14 du Code civil.

Pour l'application du principe de territorialité de l'exécution, la localisation des biens est donc essentielle. Aucun problème ne se pose pour les biens corporels, mobiliers ou immobiliers, où il suffit de se référer à leur localisation effective. En revanche, la question est plus complexe pour les biens incorporels. S'ils sont soumis à publicité, ils sont localisés au lieu de l'organisme compétent. Par exemple, l'INPI pour les brevets ou les marques. S'agissant des parts sociales, la saisie s'opère toujours auprès de la société émettrice, qui devra donc avoir son siège social en France. En revanche, pour les valeurs mobilières, il faut tenir compte du lieu où elles sont inscrites en compte depuis leur dématérialisation opérée par la loi de finances du 30 décembre 1981. Selon le cas, il s'agit de la société émettrice elle-même, d'un mandataire ou d'un intermédiaire habilité. Enfin, pour les créances monétaires, la localisation s'opère au lieu du domicile du débiteur. La saisie sera donc possible en France si le tiers saisi y est domicilié. Mais en matière de saisie des comptes bancaires, la deuxième chambre civile a admis un assouplissement de la règle pour les établissements de crédit ayant leur siège social en France et des succursales à l'étranger. La saisie est alors possible au siège social même pour les comptes ouverts à l'étranger à condition que la succursale qui les tient n'ait pas la personnalité morale[43].

24 ***Présentation générale et plan.*** Le droit de l'exécution fait l'objet des nouvelles procédures civiles d'exécution désormais inscrites dans le Code des procédures civiles d'exécution, dont les parties législative et réglementaire sont divisées en six livres aux intitulés identiques. Ces procédures sont régies par trois séries de dispositions :

- les dispositions communes à toutes les procédures civiles d'exécution qui constituent le **droit commun**, prévues aux livres I ;
- les dispositions propres aux **mesures d'exécution forcée**, prévues aux livres II à IV ;
- les dispositions propres aux **mesures conservatoires**, prévues aux livres V[44].

Bien qu'en pratique les mesures conservatoires précèdent nécessairement les mesures d'exécution forcée, il vaut mieux les étudier en dernier lieu, car bon nombre des règles qui les gouvernent renvoient aux mesures d'exécution forcée qu'elles sont destinées à garantir. Nous envisagerons donc successivement :

- le droit commun (Partie 1) ;
- les mesures d'exécution forcée (Partie 2) ;
- les mesures conservatoires (Partie 3).

---

43. Civ. (2e ch.), 14 février 2008, n° 05-16167, *D.*, 2008, p. 686, obs. Voy. Avenat-Robardet ; *JCP E*, 2008, 1307, note G. Huchet ; *Gaz. Pal.*, 2008, p. 3543, obs. C. Brenner ; *Procédures*, 2008, comm. n° 140, obs. R. Perrot ; *Dr. et procéd.*, 2008, p. 331, obs. O. Salati ; *RLDA*, juin 2008, p. 29, obs. G. Cuniberti.

44. Les livres VI sont consacrés aux dispositions relatives à l'outre-mer.

PARTIE 1

Le droit commun

25 ***Objet du droit commun.*** Toutes les procédures civiles d'exécution mettent nécessairement en présence des personnes physiques ou morales, directement ou indirectement intéressées aux poursuites, que l'on peut appeler les **sujets**. Mais comme leur objet est de mettre en œuvre la contrainte indispensable à la satisfaction du créancier, elles ne peuvent se dérouler sans l'intervention d'**autorités** chargées de leur réalisation ou de leur contrôle. Enfin, si les **opérations d'exécution** sont, dans le détail, propres à chaque type de saisie, il existe aussi quelques règles communes à toutes les procédures civiles d'exécution.

Le droit commun des procédures civiles d'exécution porte ainsi sur les sujets qu'elles concernent (Chapitre I), les autorités qui y concourent (Chapitre II) et les opérations d'exécution qui les mettent en œuvre (Chapitre III).

CHAPITRE I

Les sujets

26 ***Parties et tiers.*** Toute procédure civile d'exécution oppose nécessairement les deux parties à l'obligation inexécutée : d'une part, le créancier qui prend l'initiative de la procédure, appelé le saisissant (Section I), et d'autre part, le débiteur contre lequel elle est engagée, appelé le saisi (Section II).

Mais il arrive aussi que certaines procédures intéressent des personnes, tiers à la dette, dont le rôle est tantôt passif, tantôt actif (Section III).

SECTION I

Le saisissant

Quelle que soit la personne du saisissant (§ 1), il bénéficie d'un véritable droit à l'exécution (§ 2).

§1. La personne du saisissant

La qualité de saisissant revient au titulaire de la créance à exécuter qui est le créancier ou son ayant cause (A). Mais celui-ci n'agit pas toujours lui-même, il se fait parfois représenter (B).

A) Le créancier ou l'ayant cause

27 ***Créancier.*** Le créancier peut faire pratiquer une saisie, qu'il soit chirographaire ou bénéficiaire d'un droit de préférence (privilégié, hypothécaire, gagiste, nanti, etc.). Mais sa créance doit répondre à des conditions de fond et de forme qui varient selon la nature de la mesure envisagée, conservatoire ou d'exécution forcée, et qui relèvent donc des règles propres à ces mesures.

28 ***Ayant cause.*** Si la créance est transférée à un tiers, appelé l'ayant cause, c'est à lui que revient le droit de saisir, aux lieu et place de son auteur. Mais il doit justifier de sa qualité et pour ce faire, il faut distinguer entre l'ayant cause universel et l'ayant cause particulier.

L'**ayant cause universel** est l'héritier légal ou le légataire universel ou à titre universel (celui qui se voit léguer une quote-part du patrimoine). Pour établir sa qualité, il doit notifier l'acte de décès ainsi que l'acte de notoriété pour l'héritier[45] et une copie du testament pour le légataire. Mais en

45. Il s'agit du mode de preuve le plus commode issu de la pratique notariale et inscrit aux articles 730-1 à 730-5 du Code civil par la loi du 3 décembre 2001 relative aux droits des conjoints survivants et des enfants adultérins et modernisant diverses dispositions de droit

Alsace et en Moselle, il s'agit du certificat d'héritier délivré par le tribunal d'instance[46].

L'**ayant cause particulier** est celui qui ne recueille qu'un bien déterminé, en l'occurrence, dans le cas qui nous occupe, une créance inexécutée. Pour établir sa qualité, il doit notifier son titre. S'il s'agit d'une cession de créance conclue à compter du 1er octobre 2016[47], il suffit de faire application du formalisme allégé issu de l'ordonnance n° 2016-131 du 10 février 2016 et inscrit au nouvel article 1324 du Code civil (notification par tout moyen ou prise d'acte de la cession, sauf consentement à la cession où toute notification est inutile). De même, en cas de donation ou de legs particuliers, aucune forme particulière n'est prévue.

29 ***Capacité d'exercice.*** Sous ces réserves de preuve, la situation du créancier et de l'ayant cause est identique. En particulier, l'un et l'autre doivent disposer de la capacité d'administrer (CPCE, art. L. 111-9), sauf pour la saisie immobilière qui requiert la capacité de disposer (CPCE, art. R. 321-1). Il s'ensuit les solutions suivantes :

- le mineur émancipé (entre 16 et 18 ans, par mariage ou décision du juge des tutelles), le majeur sans régime de protection et le majeur sous sauvegarde de justice peuvent pratiquer librement toutes les procédures civiles d'exécution, quelles qu'elles soient ;
- de même, le majeur en curatelle peut recourir seul à ces procédures sous réserve de la saisie immobilière qui requiert toujours l'assistance du curateur ;
- ni le mineur, ni le majeur en tutelle ne disposent de la capacité de pratiquer une saisie, ils devront toujours se faire représenter[48] ;

---

successoral. Mais il n'est pas obligatoire car le principe posé à l'article 730 du Code civil est celui de la preuve par tous moyens et il ne fait foi que jusqu'à preuve du contraire.

46. Il est prévu aux articles 74 à 77 de la loi d'introduction civile du 1er juin 1924 et vaut présomption simple à l'égard des personnes qu'il désigne (voy. not., W. Nonnenmacher, « Certificat d'héritier Alsacien-Mosellan – Certains aspects de son contenu », *RDL*, décembre 2015, p. 21). Il est obligatoire pour l'inscription d'un droit au livre foncier (article 42, décret du 18 novembre 1924 relatif à la tenue du livre foncier dans les départements du Bas-Rhin, du Haut-Rhin et de la Moselle, modifié par le décret 2005-563 du 20 mai 2005). Mais pour les autres droits, et notamment le droit de créance, il n'est que facultatif et rien n'interdit de recourir aux règles générales des articles 730 et suivants du Code civil (en ce sens : Civ. (1re ch.), 10 mai 2007, 05-12140, *Gaz. Pal.*, 2008, p. 411). Il ne faut pas le confondre avec le certificat d'hérédité qui est applicable sur tout le territoire et peut être délivré par le maire de la commune de la résidence de l'héritier ou celle du défunt. Son objet est strictement limité car il autorise seulement le paiement des sommes dues par les collectivités et établissements publics dans la limite d'un plafond fixé périodiquement.

47. Pour les cessions conclues jusqu'au 30 septembre 2016, les formalités prescrites par l'ancien article 1690 du Code civil continuent à s'appliquer : signification ou acceptation dans un acte authentique. Mais il avait déjà été jugé qu'elles sont inutiles si le débiteur a eu connaissance de la cession et l'a acceptée sans équivoque : Civ. (2e ch.), 17 octobre 2013, n° 12-25967, *Dr. et procéd.*, 2014, p. 285, obs. F. Vinckel.

48. Pour l'habilitation familiale, instituée par l'ordonnance n° 2015-1288 du 15 octobre 2015, il faut distinguer selon son étendue car elle conditionne les pouvoirs accordés au proche habilité (voy. not., G. Raoul-Cormeil, « L'habilitation familiale : une tutelle adoucie, en la forme et au fond », *D.*, 2015, p. 233). Il peut s'agir d'une habilitation spéciale limitée à certains actes expressément désignés ou d'une habilitation générale où le majeur protégé doit être représenté pour tous les actes portants sur ses biens (C. civ., art. 494-1 et 494-6). Dans ce dernier cas, il ne dispose jamais de la capacité de pratiquer une saisie.

– pour le débiteur en procédure collective, tout dépend de la procédure ouverte ; s'il s'agit d'une liquidation judiciaire, seul le liquidateur pourra pratiquer une saisie ; s'il s'agit d'une sauvegarde ou d'un redressement judiciaire, il faut distinguer selon la mission conférée à l'administrateur judiciaire : surveillance, assistance ou représentation[49].

B) Le représentant

30 ***Pouvoir.*** Le représentant est la personne qui agit au nom et pour le compte du créancier ou de son ayant cause. Il peut donc pratiquer une saisie dans les mêmes conditions s'il y est habilité, c'est-à-dire s'il détient le pouvoir nécessaire pour le faire[50]. À cet égard, il faut distinguer selon que la représentation est légale ou conventionnelle.

31 ***Représentation légale.*** Elle intervient dans les hypothèses où c'est la loi qui investit une personne ou un organe du pouvoir d'agir pour le compte d'autrui. Les cas les plus courants sont :

– les personnes physiques incapables où le pouvoir appartient généralement aux parents titulaires de l'autorité parentale pour les mineurs non émancipés et au tuteur pour les majeurs sous tutelle[51] ;
– les personnes morales qui agissent toujours par leurs dirigeants que la loi investit d'un pouvoir général de représentation, sauf dispositions particulières[52] ;
– les personnes en liquidation judiciaire qui sont totalement dessaisies de l'exercice de leurs droits patrimoniaux et sont obligatoirement représentées par leur liquidateur.

32 ***Représentation conventionnelle.*** En cas de représentation conventionnelle, c'est le créancier ou l'ayant cause qui choisit de se faire représenter. À cette fin, il doit consentir un mandat de représentation. En principe, un **mandat général** suffit puisque les mesures d'exécution constituent des actes d'administration. Mais il faut excepter la saisie immobilière où un **pouvoir spécial** est nécessaire car elle est considérée comme un acte de disposition. Dans tous les

---

49. En cas de surveillance, le débiteur peut pratiquer seul une saisie ; à l'opposé, en cas de représentation, seul l'administrateur judiciaire peut agir, sauf si la représentation est limitée à des actes n'incluant pas les procédures civiles d'exécution ; en cas d'assistance, le débiteur doit agir de concert avec l'administrateur judiciaire : Com., 31 mai 2016, n° 14-28056, à paraître au *Bull.*, *Gaz. Pal.*, 2016, p. 2764, obs. O. Salati, à propos d'une saisie-attribution pratiquée par le débiteur en redressement judiciaire alors que l'administrateur avait une mission générale d'assistance.

50. À défaut, la demande est irrecevable et cette fin de non-recevoir peut être soulevée au stade d'une procédure civile d'exécution, même si elle ne l'a pas été au cours de la procédure ayant abouti au jugement de condamnation mis à exécution : Civ. (2e ch.), 17 octobre 2013, n° 12-26624, *D.*, 2014, p. 578, obs. E. de Leiris.

51. Voire le proche habilité lorsque l'habilitation familiale prononcée par le juge est générale (voy., *supra*, n° 29 en note).

52. Ainsi, selon l'article 55, décret 67-223 du 17 mars 1967, le syndic de copropriété ne peut agir en justice sans l'autorisation préalable de l'assemblée générale des copropriétaires, mais cette autorisation n'est pas nécessaire pour la mise en œuvre des voies d'exécution à l'exception de la saisie en vue de la vente d'un lot ; voy., par exemple, Civ. (3e ch.), 6 décembre 2006, n° 04-14175, *Bull. civ.*, III, n° 208 ; *D.*, 2007, p. 407, note Chr. Atias.

cas, le mandat doit être donné, antérieurement aux poursuites, par la personne ayant qualité[53].

Le représentant, quel qu'il soit, exerce toujours les droits du créancier ou de l'ayant cause qu'il représente et, en l'occurrence, le droit à l'exécution dont bénéficie tout saisissant.

§ 2. Le droit à l'exécution du saisissant

Le droit à l'exécution a été consacré en droit interne et en droit européen (A). Mais il ne faut pas se méprendre sur sa portée, qui est loin d'être absolue (B).

A) La consécration

33 ***Droits interne et européen.*** C'est l'article 1er de la loi de 1991, devenu l'article L. 111-1 du Code des procédures civiles d'exécution, qui, pour la première fois, a institué le droit à l'exécution, en ces termes : « Tout créancier peut, dans les conditions prévues par la loi, contraindre son débiteur défaillant à exécuter ses obligations à son égard »[54]. Mais ce faisant, **la loi n'a fait que consacrer un droit préexistant** dont personne n'a jamais douté, même si traditionnellement l'accent était plutôt mis sur le devoir d'exécuter du débiteur que sur le droit à l'exécution du créancier[55].

Plus novatrice est sa consécration en droit conventionnel européen qui lui donne une assise supranationale supérieure au droit interne. C'est l'arrêt *Hornsby* rendu le 19 mars 1997 par la Cour de Strasbourg qui a érigé le droit à l'exécution en un droit de l'homme, sur le fondement de l'article 6-1 de la Convention européenne[56]. Il en a fait un droit autonome faisant partie intégrante de l'exigence d'un procès équitable, à côté du droit au juge et du droit à une bonne justice[57]. Par la suite, la Cour de Strasbourg s'est aussi fondée sur la violation de l'article 1er du premier protocole additionnel proclamant le res-

---

53. En ce sens : CA Aix-en-Provence, 2 juillet 2010, *JCP G*, 2010, 989, à propos d'un commandement de quitter les lieux délivré à la requête de l'ancien propriétaire de l'immeuble après sa vente et avant le mandant consenti par le nouveau propriétaire.

54. Ce droit à l'exécution a aussi été inscrit au nouvel article 1341 du Code civil, en des termes très semblables, par l'ordonnance du 10 février 2016 portant réforme du droit des contrats, du régime général et de la preuve des obligations.

55. Voy. L. Cadiet, « L'exécution des jugements entre tensions et tendances », in *Mélanges offerts à Pierre Julien. La justice civile au XXIe siècle*, Givors, Edilaix, 2003, p. 49.

56. CEDH, 19 mars 1997, *Hornsby c/ Grèce*, req. n° 18357/91, *D.*, 1998, p. 74, note N. Fricéro ; *JCP G*, 1997, II, 22949, note O. Dugrip et F. Sudre ; *RTD Civ.*, 1997, p. 1009, obs. J.-P. Marguénaud et J. Raynard ; *AJDA*, 1997, doctr., p. 977, obs. J.-F. Flauss, où le titre exécutoire était une décision de justice. Mais l'article 6-1 n'est applicable qu'aux décisions définitives, c'est-à-dire celles qui ne sont pas ou plus susceptibles d'une voie de recours suspensive ; en ce sens : CEDH, 18 avril 2002, *Ouzounis c/ Grèce*, *D.*, 2002, somm. n° 2572, obs. N. Fricéro.

57. C'est ce qui explique que la solution ait été étendue aux actes notariés : CEDH, 21 avril 1998, *Estima Jorge c/ Portugal*, req. n° 24550/94, *D.*, 1998, somm. n° 369-370, obs. N. Fricéro. Sur l'ensemble de la question, voy. N. Fricéro, « Le droit européen à l'exécution des jugements », *Dr. et procéd.*, 2001, n° 1, I.01, p. 6. De même, pour cette raison, l'appréciation du délai raisonnable, exigé par le même texte, doit tenir compte de la durée de l'exécution : CEDH, 14 septembre 2017, *Bozza c/ Italie*, n° 17739/09.

pect des biens, qu'il s'agisse d'un bien corporel[58] ou d'un bien incorporel tel le droit de créance[59]. Plus généralement, l'inexécution d'un jugement peut aussi être sanctionnée aujourd'hui au titre de la violation de tout autre droit garanti par la Convention européenne qu'il consacre[60]. Cette consécration européenne commande directement la portée du droit à l'exécution.

B) La portée

34 ***Pas un droit absolu.*** Le droit à l'exécution signifie le droit de recourir à la contrainte. Mais il ne peut s'agir d'un droit absolu, car il faut aussi tenir compte des intérêts du débiteur contre lequel elle est dirigée[61].

C'est la raison pour laquelle, si ce droit a vocation à s'appliquer à toutes les obligations sans distinction, monétaires, de faire ou de ne pas faire, la contrainte ne peut s'exercer que dans les conditions prévues par la loi. Le droit **à** l'exécution s'inscrit donc nécessairement dans le droit **de** l'exécution.

35 ***Encadrement légal.*** C'est de cet encadrement légal que résultent les limites apportées au droit à l'exécution. Ainsi, un créancier ne peut jamais pratiquer lui-même une saisie, ni même y participer, sauf lorsque les modalités de l'appréhension l'exigent et avec l'autorisation préalable du juge (CPCE, art. R. 141-3). Il doit donc toujours s'adresser à l'autorité compétente, en principe l'huissier de justice, qui est chargée de mettre en œuvre les mesures autorisées dans les conditions fixées par la loi.

Mais comme le droit à l'exécution relève désormais de la Convention européenne des droits de l'homme, **ces limites doivent rester raisonnables**, de manière à ne pas porter atteinte à la substance même de ce droit, et les limites qui en résultent doivent rester proportionnelles aux buts légitimes

---

58. À propos des biens immobiliers, voy. not. CEDH, 21 janvier 2010, *Fernandez et autres c/ France*, req. n° 18440/05, et *Barret et Sirijean*, req. n° 13829/03, *Dr. et procéd.*, mars 2010, p. 9, n° 5, obs. G. Mecarelli et N. Fricéro.

59. CEDH, 15 novembre 2002, *Cau c/ Italie*, req. n° 34819/97, *Dr. et procéd.*, 2003, p. 87, obs. N. Fricéro et B. Menut ; voy. aussi, à propos de la qualité de bien du droit de créance en droit interne, Cons. const., 10 juin 2010, n° 2010-607 DC, *JO*, 16 juin 2010, p. 10988, *RTD Civ.*, 2010, p. 584, obs. Th. Revet ; voy. aussi, CEDH, 3 décembre 2015, *Kantarelis c/ Grèce*, n° 6314/12, *Dr. et procéd.*, 2017, p. 11, obs. N. Fricéro.

60. Voy. not., à propos du droit à la liberté d'expression garanti par l'article 10 de la Convention, CEDH, 10 mai 2012, *Frasila et Ciocirian c/ Roumanie*, req. n° 25329/03, *Dr. et procéd.*, 2012, cahier « Droit des procédures internationales », p. 10, obs. N. Fricéro ; déjà en ce sens : CEDH, 26 mai 2009, *Kenedi c/ Hongrie*, req. n° 31475/05 ; à propos de l'inexécution d'une décision de retour de deux enfants en Grande-Bretagne auprès de leur mère constituant une violation de l'article 8 de la Convention : CEDH, 7 mars 2013, *Raw et autres c/ France*, req. n° 10131/11, *Dr. et procéd.*, 2013, cahier « Droit des procédures internationales », p. 17, n° 13, obs. N. Fricéro.

61. Plus généralement, la Cour de Strasbourg admet que des considérations d'intérêt général peuvent aussi autoriser l'État à différer le concours de la force publique nécessaire, le cas échéant, à l'exécution d'un jugement ; voy. not. CEDH, 11 juillet 2013, *Sofiran et BDA c/ France*, req. n° 63684/09, *Dr. et procéd.*, 2013, cahier « Droit des procédures internationales », p. 16, n° 11, obs. N. Fricéro, où il est admis que « des motivations d'ordre social dans le domaine du droit du logement ou d'accompagnement social pouvaient justifier que l'État diffère le concours de la force publique ».

poursuivis[62]. Tout est question d'équilibre entre, d'une part, le droit du créancier et, d'autre part, les intérêts légitimes du débiteur, le saisi.

SECTION II
Le saisi

36 ***Questions.*** Le droit commun des procédures civiles d'exécution relatif au saisi répond à deux questions :

- contre qui une telle procédure peut-elle être engagée ? C'est la question de la personne du saisi (§ 1) ;
- sur quoi peut-elle porter ? C'est la question des biens saisissables (§ 2).

§1. La personne du saisi

37 ***Principes.*** Deux principes régissent la détermination de la personne du saisi : tout débiteur peut être saisi (A) et seul le débiteur peut être saisi (B). Mais compte tenu des intérêts en présence, aucun de ces principes n'est absolu.

A) Tout débiteur peut être saisi

38 ***Fondements et étendue.*** Ce principe est dicté par le droit à l'exécution du saisissant qui s'exerce nécessairement contre le débiteur de l'obligation inexécutée. Il a pour pendant le devoir d'exécuter, inscrit à l'article 2284 du Code civil, selon lequel : « Quiconque s'est obligé personnellement est tenu de remplir son engagement [...] ».

Il s'applique à **toutes les personnes tenues par une dette**, qu'elles l'aient contractée directement ou qu'elles en soient tenues par l'effet d'une solidarité légale. Ainsi, les couples mariés répondent solidairement des dettes ménagères, c'est-à-dire des dettes contractées par l'un d'eux pour l'entretien du ménage ou l'éducation des enfants, sauf pour les dépenses manifestement excessives, les achats à tempérament et les emprunts[63] (C. civ., art. 220). De même, les couples « pacsés » sont tenus solidairement des dettes contractées par l'un

---

62. Ainsi, il a été jugé, dans une espèce où le débiteur faisait systématiquement obstacle à l'exécution de toute décision de justice et avait organisé son insolvabilité, que l'article L. 30 du Code des pensions de retraite des marins français du commerce, de pêche ou de plaisance, dont il bénéficiait, porte une atteinte non justifiée par un but légitime poursuivi au droit de propriété du créancier, qui est garanti par la Convention européenne, en prescrivant à l'époque, pour les créances à recouvrer, l'insaisissabilité totale de ces pensions : Civ. (2e ch.), 3 mai 2007, n° 05-19439, *Bull. civ.*, II, n° 121 ; *D.*, 2007, p. 2344, obs. V. Vigeau ; *RTD Civ.*, 2007, p. 643, obs. R. Perrot (sur la modification ultérieure de ce texte, voy. *infra*, encadré E8).

63. À « moins que ces derniers ne portent sur des sommes modestes nécessaires aux besoins de la vie courante et que le montant cumulé de ces sommes, en cas de pluralité d'emprunts, ne soit pas manifestement excessif eu égard au train de vie du ménage » ; la réserve tenant à la pluralité d'emprunts a été ajoutée par la loi n° 2014-344 du 17 mars 2014, dite loi *Hamon* ; voy. J. Lasserre Capdeville et E. Naudin, « La modification de l'article 220 du Code civil par la loi du 17 mars 2014 », *D.*, 2014, p. 1606.

d'eux « pour les besoins de la vie courante », sous les mêmes réserves (C. civ., art. 515-4, al. 2[64]).

Mais certains débiteurs ne peuvent être saisis car ils bénéficient exceptionnellement d'une interdiction de saisie qui peut être temporaire (1) ou permanente (2).

1. Les interdictions temporaires

39 ***Protection du débiteur.*** Il s'agit d'hypothèses dans lesquelles un débiteur est soustrait aux poursuites individuelles de ses créanciers pendant un temps déterminé, qui emporte suspension de toutes les procédures civiles d'exécution. Elles sont justifiées par le souci de protéger le débiteur et peuvent être légales (a) ou judiciaires (b).

a) Les interdictions légales

40 ***Cas.*** Les interdictions légales temporaires sont réservées à certains débiteurs qui en bénéficient de plein droit dans les cas prévus par la loi. Ils intéressent la matière successorale, les procédures collectives et le surendettement.

41 ***Succession.*** En matière successorale, il s'agit d'une innovation inscrite au nouvel article 792-1 du Code civil par la loi du 23 juin 2006 portant réforme des successions et des libéralités. Selon ce texte, la **publication de la déclaration d'acceptation à concurrence de l'actif net**[65], désignée sous l'acronyme ACAN, arrête ou interdit toute voie d'exécution de la part des créanciers de la succession, sur les meubles comme sur les immeubles qui en relèvent.

Cette interdiction joue pendant le **délai de 15 mois** ouvert aux créanciers pour déclarer leur créance sous peine d'extinction, si elle n'est pas assortie d'une sûreté[66]. Mais les créanciers ayant pratiqué une saisie antérieurement sont considérés comme titulaires d'une sûreté et ne devraient donc pas perdre leur créance à défaut de déclaration.

42 ***Procédures collectives.*** Pour les procédures collectives, l'interdiction des poursuites est prévue actuellement à l'article L. 622-21-II du Code de commerce[67].

---

64. La loi *Hamon* du 17 mars 2014 a ajouté à l'article 515-4 le même complément qu'à l'article 220 (voy. note préc.). En revanche, il n'existe toujours aucune solidarité légale entre concubins, ce qui peut être regretté ; en ce sens, voy. L. Lauvergnat, « Le concubinage et l'impayé : pour une solidarité des dettes ménagères », *Dr. et procéd.*, 2011, p. 205.

65. Substituée à l'ancienne acceptation sous bénéfice d'inventaire.

66. Cette extinction bénéficie aussi aux coobligés, aux cautions et aux bénéficiaires d'une garantie autonome. Pour éviter cette extinction, le créancier, même porteur d'un jugement exécutoire, doit impérativement déclarer sa créance dans le délai de 15 mois courant à compter de la publication au BODACC de l'ACAN, par la notification de son titre au domicile élu qui y figure ; aussi, une notification anticipée est sans portée car la déclaration des créances a aussi pour fonction de hiérarchiser les créanciers qui sont payés dans l'ordre des déclarations : Civ. (1re ch.), 31 mars 2016, n° 15-10799, à paraître au Bull., *Gaz. Pal.*, 2016, p. 2692, obs. Q. Guiguet-Schielé ; il en va de même d'une notification directe à l'héritier et non au domicile élu : Civ. (1re ch.), 8 mars 2017, n° 16-14360 (FS-P+B).

67. Relatif à la sauvegarde et applicable respectivement au redressement et à la liquidation judiciaires sur renvoi des articles L. 631-14 et L. 641-3. En revanche, l'interdiction des poursuites ne s'applique pas au rétablissement professionnel créé par l'ordonnance n° 2014-326 du 12 mars 2014 portant réforme de la prévention des entreprises en difficulté et des procédures collectives, car il ne s'agit pas d'une procédure collective (voy. not. P.-M. Le Corre, « Premiers regards sur l'ordonnance du 12 mars 2014

Selon ce texte, dans sa rédaction issue de l'ordonnance du 18 décembre 2008 portant réforme du droit des entreprises en difficulté[68], le jugement d'ouverture arrête ou interdit « toute procédure d'exécution de la part de ces créanciers tant sur les meubles que sur les immeubles ainsi que toute procédure de distribution n'ayant pas produit un effet attributif avant le jugement d'ouverture ». Ce texte s'applique ainsi à deux types de procédures :

- aux **procédures d'exécution**[69], qui sont interdites ou arrêtées, selon le cas ; l'interdiction vise toute nouvelle procédure[70] ; l'arrêt s'applique aux procédures engagées antérieurement, qui n'ont pas produit d'effet attributif[71] et qui sont encore en cours au moment de l'ouverture de la procédure collective[72] ;

---

réformant le droit des entreprises en difficultés », *D.*, 2014, p. 733, n° 41). Quant à la procédure de sauvegarde accélérée instituée par le même texte, elle ne produit d'effet qu'à l'égard des créanciers soumis à l'obligation de déclaration de leurs créances ainsi que des cocontractants de droit commun et du bailleur des locaux professionnels (C. com., art. L. 628-6). Mais la sauvegarde financière accélérée, qui est devenue une variante de la sauvegarde accélérée, reste circonscrite aux seuls créanciers financiers (membres du comité des établissements de crédit et obligataires ; C. com., art. L. 628-9 ; voy. P.-M. Le Corre, « Premiers regards sur l'ordonnance du 12 mars 2014 réformant le droit des entreprises en difficultés », *op. cit.*, n°s 24 et 25).

68. Pour les modifications apportées en droit des procédures civiles d'exécution, voy. Ph. Roussel Galle, « Les retouches apportées aux règles de l'interdiction des poursuites individuelles et de l'arrêt des voies d'exécution », *Gaz. Pal.*, 2009, p. 806.

69. L'expression, substituée par l'ordonnance du 18 décembre 2008 à celle désuète de voies d'exécution, désigne toutes les procédures civiles d'exécution sans distinction, c'est-à-dire tant les mesures d'exécution forcée que les mesures conservatoires.

70. Depuis l'ordonnance du 12 mars 2014, les biens acquis postérieurement à la liquidation judiciaire par succession sont exclus du périmètre de cette procédure. Mais les nouveaux textes suscitent la controverse sur l'interdiction des poursuites. Pour certains auteurs, elle serait écartée de sorte qu'un créancier antérieur déjà titulaire d'un titre exécutoire pourrait pratiquer sur ces biens des procédures civiles d'exécution (en ce sens : P.-M. Le Corre, « Premiers regards sur l'ordonnance du 12 mars 2014 réformant le droit des entreprises en difficultés », *op. cit.*, n° 37 ; F. Reille, *Dr. et procéd.*, avril 2014, cahier « Droit des entreprises en difficulté », p. 5, n° 17 ; J.-L. Vallens, « Une réforme efficace et mesurée du livre VI du Code de commerce », *RLDA*, mai 2014, p. 26) ; pour d'autres, elle jouerait aussi à l'égard de ces biens et les créanciers ne retrouveraient leur droit de poursuite qu'après la clôture de la liquidation judiciaire pour insuffisance d'actif, conformément au nouvel article L. 643-11-I-1° (en ce sens : P. Roussel Galle, « La réforme des entreprises en difficulté par l'ordonnance du 12 mars 2014 », *Rev. sociétés*, 2014, p. 351, spéc. n° 36 ; D. Voinot, « Les modifications intéressant la liquidation judiciaire issues de l'ordonnance du 12 mars 2014 », *Gaz. Pal.*, 2014, p. 1264, spéc. p. 1267).

71. Il s'agit des saisies-attribution (voy. *infra*, n° 343) et des saisies spéciales de créances monétaires qui produisent le même effet attributif (voy. *infra*, n°s 450 et s.).

72. En principe, une saisie *s'achève* avec la vente du bien, de sorte qu'elle doit être levée si la vente n'a pas encore eu lieu au jour de l'ouverture de la procédure collective : Com., 21 septembre 2010, n° 09-15117, *Procédures*, 2010, comm. n° 410, obs. B. Rolland, à propos d'une saisie-vente de biens meubles corporels ; Civ. (2e ch.), 28 janvier 2016, n° 15-13222, *D.*, 2016, p. 743, obs. H. Adida-Cassac, T. Vasseur et E. de Leiris, à propos d'une saisie de droits d'associés et de valeurs mobilières. En matière mobilière, ce moment se situe au jour de l'adjudication en cas de vente forcée et en cas de vente amiable, il devrait correspondre au versement du prix entre les mains de l'huissier de justice qui seul emporte transfert de propriété (voy. *infra*, n° 518). En matière immobilière, l'adjudication doit être définitive (sur cette notion, voy. *infra*, n° 702) avant l'ouverture de la procédure collective (Com., 4 mars 2014, n° 13-10534, *RJDA*, 2014, n° 546) et, en cas de vente amiable, l'achèvement de la saisie devrait se situer au jour du constat judiciaire (voy. *infra*, n° 677). À défaut de vente définitive, la saisie immobilière n'est que suspendue, et non arrêtée comme les autres saisies en cours, car elle pourra être reprise en cas de liquidation judiciaire au titre la vente isolée de ce bien conformément à l'article L. 642-18 du code de commerce : voy. not., Ph. Hoonakker,

– aux **procédures de distribution**, qui sont celles ouvertes pour répartir le prix de vente d'un bien saisi entre les créanciers en concours ; ainsi, même lorsque la saisie est achevée par la vente du bien, l'interruption se reporte sur la procédure de distribution ouverte consécutivement si elle est encore en cours ; selon l'article R. 622-19 du Code de commerce, elle est alors caduque[73] et les fonds doivent être remis au mandataire judiciaire[74].

Cependant cette **interdiction des poursuites** ne vaut que pour certaines créances de sommes d'argent. Avant la réforme des procédures collectives, il s'agissait exclusivement des **créances antérieures** au jugement d'ouverture, si bien que le droit de saisir subsistait selon les règles de droit commun pour toutes les créances postérieures. Mais depuis la réforme issue de la loi de sauvegarde des entreprises, il faut ajouter aux créances antérieures, **certaines créances postérieures** à l'ouverture de la procédure collective, selon la distinction opérée entre les créances élues (ou méritantes) et les créances exclues (voy. *infra*, encadré E2).

E2 **Créances postérieures soumises à l'interdiction des poursuites**

C'est la loi de sauvegarde du 26 juillet 2005 qui a étendu l'interdiction des poursuites à certaines créances postérieures. Elles peuvent être qualifiées de créances exclues, par opposition aux créances élues (ou méritantes) qui continuent à relever du droit de poursuite des créanciers.

Les créances élues varient selon la procédure collective ouverte. En cas de sauvegarde ou de redressement judiciaire, il s'agit de toutes les créances postérieures nées pour les besoins de la procédure (frais de justice et honoraires, par exemple) ou en contrepartie d'une prestation fournie au débiteur (C. com., article L. 622-17 relatif à la sauvegarde et applicable au redressement judiciaire par renvoi de l'article L. 631-14). En cas de liquidation judiciaire, les créances élues sont définies à l'article L. 641-13 du Code de commerce, modifié par l'ordonnance n° 2014-326 du 12 mars 2014. Il s'agit des créances postérieures suivantes : celles nées pour les besoins du déroulement de la procédure ou du maintien provisoire de l'activité ; celles nées en contrepartie d'une prestation fournie au débiteur pendant le maintien d'activité ou en exécution d'un contrat en cours décidée par le liquidateur et celles nées des besoins de la vie courante du débiteur, personne physique (les deux dernières catégories de créances élues ont été ajoutées par l'ordonnance du 12 mars 2014)[75]. En cas de conversion en liquidation judiciaire, il faut y ajouter toutes les créances élues régulièrement nées pendant la procédure de sauvegarde ou de redressement judiciaire antérieurement ouverte. Toutes ces créances doivent être payées à l'échéance et, à défaut, le créancier peut en poursuivre le recouvrement selon les règles de droit commun. De plus, il bénéficie d'un privilège général, appelé le privilège de la procédure, à condition qu'il ait informé les organes de la procédure de l'existence de sa créance dans le délai d'un an ou de six mois fixé au point IV des articles L. 622-17 et L. 641-13.

« La saisie immobilière et les procédures collectives », in J.-M. Le Corre (ss dir.), *Mesures d'exécution et procédures collectives – Confrontation des règles de l'exécution et du droit des entreprises en difficulté*, Bruxelles, Bruylant 2012, pp. 63 à 83.

73. Cette caducité est aussi applicable aux séquestres conventionnels encore en cours au moment de l'ouverture de la procédure collective. Voy., à propos d'un séquestre conventionnel du prix de vente d'un fonds de commerce, Com., 8 juin 2008, n°s 09-68591 et 09-68594, *Bull. civ.*, IV, n° 109 ; *Procédures*, 2010, comm. n° 318, obs. B. Rolland ; Com., 22 mars 2011, n° 09-17528, *RJDA*, 2011, n° 944.

74. Cette remise ne saurait avoir vocation à financer une poursuite d'activité car elle n'est faite qu'aux fins de répartition des fonds entre les créanciers selon les règles de la procédure collective ouverte : Com., 17 novembre 2015, n° 14-19504, *RJDA*, 2016, n° 465.

75. Voy. not. D. Voinot, « Les modifications intéressant la liquidation judiciaire issues de l'ordonnance du 12 mars 2014 », *Gaz. Pal.*, 2014, p. 1264.

Les créances exclues sont toutes les autres créances postérieures. Celles-ci sont désormais assimilées à des créances antérieures. En conséquence, comme celles-ci, elles ne peuvent être ni payées, ni faire l'objet de poursuites et, *a fortiori,* de procédures civiles d'exécution. Mais il faut excepter les créances alimentaires qui ne sont pas frappées de l'interdiction de paiement selon l'article L. 622-7 du Code de commerce (relatif à la sauvegarde et applicable au redressement et à la liquidation judiciaires sur renvoi des articles L. 631-14 et L. 641-3). Elles devraient donc aussi pouvoir faire l'objet de poursuites, et notamment de voies d'exécution[76]. Mais un doute subsiste, que les ordonnances des 18 décembre 2008 et 12 mars 2014 n'ont pas levé, car l'article L. 622-21 n'exclut expressément de l'interdiction qu'il prescrit que les créances élues définies à l'article L. 622-17.

---

43 ***Surendettement.*** La loi n° 2010-737 du 1er juillet 2010 portant réforme du crédit à la consommation a étendu le champ de l'interdiction légale des poursuites en matière de surendettement[76]. Désormais, elle joue dès la **décision de recevabilité** de la Commission de surendettement[77]. Selon l'article L. 722-2 du Code de la consommation, cette décision emporte suspension et interdiction des procédures d'exécution diligentées à l'encontre des biens du débiteur ainsi que des cessions de rémunération portant sur les dettes autres qu'alimentaires[78]. En revanche, les mesures d'expulsion ne peuvent faire l'objet que d'une suspension judiciaire (voy. *infra*, n° 45). Cette interdiction des poursuites joue jusqu'à l'issue de la procédure[79], sans pouvoir excéder deux ans (C. cons., art. L. 722-3)[80]. À l'issue de la procédure, tout dépend de la solution adoptée[81].

En cas de plan judiciaire de redressement[83], l'article L. 733-16 prend le relais en prévoyant que les créanciers auxquels sont opposables les mesures imposées par la Commission ou décidées par le juge ne peuvent exercer de

---

76. L'ordonnance n° 2016-301 du 14 mars 2016 ayant procédé, à droit constant, à une nouvelle codification de la partie législative du code de la consommation, entrée en vigueur le 1er juillet 2016, tous les textes sont cités avec leur nouvelle numérotation.

77. Auparavant, l'interdiction légale ne jouait qu'à compter de la saisine du juge aux fins de rétablissement personnel (voy. E. Putman, « Le sort des procédures civiles d'exécution en cas de surendettement », *Dr. et procéd.*, 2007, p. 248).

78. Mais en cas de saisie immobilière, si la vente forcée a déjà été ordonnée, le report de la date d'adjudication ne peut être décidé que pour causes graves et dûment justifiées par le juge de l'exécution en charge de cette procédure, saisi par la commission (C. cons., art. L. 722-4).

79. Durant toute cette période, le créancier nanti d'un titre exécutoire est dans l'impossibilité d'engager l'une de ces procédures d'exécution de sorte que le délai de prescription de l'exécution forcée est suspendu sur le fondement de l'article 2234 du Code civil : Civ. (2e ch.), 28 juin 2018, n° 17-17481 (FS-P+B).

80. Les créanciers doivent informer les personnes chargées du recouvrement de la recevabilité de la demande et de ses conséquences (C. cons., art. L. 722-15).

81. Les règles applicables ont été modifiées par la loi n° 2016-1547 du 18 novembre 2016 de modernisation de la justice du XXIe siècle, dite « J21 » et son décret d'application n° 2017-896 du 9 mai 2017 ; cette réforme a renforcé le rôle de la commission qui est désormais investie d'un pouvoir décisionnel très élargi, simplement placé sous le contrôle du juge dont le rôle devient ainsi essentiellement subsidiaire ; voy. not., S. Piédelièvre, « Droit du surendettement dans la loi de modernisation de la justice du XXIe siècle », *JCP G.*, 2016, doctr. 1329.

82. En ce sens : Ph. Roussel Galle, « Les retouches apportées aux règles de l'interdiction des poursuites individuelles et de l'arrêt des voies d'exécution », *Gaz. Pal.*, 2009, p. 806.

83. Si le plan est conventionnel, les créanciers sont liés par les mesures acceptées et ne retrouvent pas leur droit de poursuite individuel tant qu'il est en vigueur.

procédure d'exécution à l'encontre des biens du débiteur pendant la durée d'exécution de ces mesures[84].

En cas de rétablissement personnel, il faut distinguer :

- en cas de rétablissement personnel **sans liquidation judiciaire**, imposé par la commission et non contesté (C. cons., art. L. 741-2), confirmé par le juge en cas de contestation (C. cons., art. L. 741-6) ou prononcé par lui en cas de contestation des mesures imposées par la commission (C. com., art. L. 741-7), toutes les dettes non professionnelles sont effacées à l'exception de celles visées à l'article L. 741-2 ; pour les dettes effacées, les mesures d'exécution deviennent sans objet, pour les autres, elles peuvent reprendre ;
- en cas de rétablissement personnel **avec liquidation judiciaire**, le jugement d'ouverture **prolonge et étend** l'interdiction des poursuites attachée à la décision de recevabilité ; outre la suspension et l'interdiction des mêmes procédures d'exécution, il entraîne également la suspension des mesures d'expulsion du logement du débiteur (C. cons., art. L. 742-7)[85] ; en cas de clôture de la procédure pour insuffisance d'actif, les mesures d'exécution deviennent sans objet car elle emporte l'effacement des dettes non professionnelles, à l'exception de celles visées à l'article L. 742-22[86].

À côté de ces interdictions légales en matière de surendettement, il existe aussi des cas d'interdiction judiciaire.

E 3 **Interdictions circonstancielles : l'exemple des rapatriés**

Le législateur institue parfois des cas circonstanciels d'interdiction réservés à une catégorie particulière de débiteurs. Ainsi en est-il, par exemple, des rapatriés réinstallés dans des activités non salariées qui, depuis les années 1960, bénéficient de mesures successivement mises en place pour tenter de résorber le surendettement chronique dont ils souffrent. En dernier lieu, c'est l'article 100 de la loi de finances pour 1998 (n° 97-1269 du 30 décembre 1997) qui a prévu la suspension de plein droit de toutes les poursuites dirigées contre ces débiteurs à compter du dépôt d'une demande d'aide à la CONAIR (Commission nationale de désendettement des rapatriés réinstallés dans une profession non salariée instituée par le décret n° 99-469 du 4 juin 1999), et ce durant toute la durée d'instruction de la demande. À l'origine, cette suspension avait été limitée aux demandes déposées jusqu'au 31 juillet 1999. Mais l'article 77 de la loi n° 2002-73 de modernisation sociale du 17 juillet 2002 a rétroactivement déclaré recevable les demandes déposées entre le 1er août 1999 et le 28 février 2002[87].

---

84. Avant la loi n° 2016-1547 du 18 novembre 2016 de modernisation de la justice du XXIe siècle, dite « J21 », qui a supprimé les mesures recommandées, il avait été jugé que cette suspension n'a pas d'effet à l'égard des dettes nées postérieurement aux recommandations de la commission de surendettement (Civ. (2e ch.), 20 janvier 2011, n° 09-72828, *Bull. civ.*, II, n° 20).

85. À l'exception de celles fondées sur un jugement d'adjudication rendu en matière de saisie immobilière ainsi que de celles ordonnées en cours de saisie pour cause grave en vertu de l'article L. 321-2 du CPCE (l'art. L. 742-7 renvoie toujours à l'art. 2198 du Code civil devenu l'art. L. 321-2 du CPCE ; voy. *infra*, n° 623).

86. Il s'agit de celles dont le montant a été payé en lieu et place du débiteur par la caution ou le coobligé, personnes physiques.

87. Sur l'ensemble de la question, voy. Ph. Hoonakker, obs. sous Civ. (2e ch.), 18 septembre 2003, *Dr. et procéd.*, 2004, J.10, p. 43.

Si ces dispositions ont bénéficié à nombre de rapatriés, elles ont finalement été jugées incompatibles avec l'article 6-1 de la Convention européenne des droits de l'homme par un arrêt de l'assemblée plénière du 7 avril 2006, au motif qu'elles « organisent, sans l'intervention du juge, une suspension automatique des poursuites, d'une durée indéterminée, portant atteinte, dans leur substance même, aux droits des créanciers, privés de tout recours alors que le débiteur dispose de recours suspensifs devant les juridictions administratives[88] ».

Pour sauver ce dispositif, le gouvernement a alors ajouté, par décret n° 2006-1420 du 22 novembre 2006, un article 8-1 au décret du 4 juin 1999. Selon ce texte, tout juge saisi d'un litige entre un débiteur dont la demande est déclarée éligible et un de ses créanciers doit surseoir à statuer et saisir la CONAIR. Celle-ci dispose alors d'un délai de six mois pour accomplir sa mission, et ce n'est qu'en cas d'échec que l'instance est poursuivie. Mais ce texte n'a eu aucune incidence sur la jurisprudence de la Cour de cassation qui a maintenu l'inconventionnalité de ce dispositif[89].

Finalement, saisi d'une QPC, le Conseil constitutionnel a déclaré l'article 100 de la loi de finances pour 1998 contraire à la Constitution et l'a abrogé à compter de la publication de sa décision, au motif qu'elle porte une atteinte excessive à l'équilibre des droits des parties dans les procédures[90].

b) Les interdictions judiciaires

Le juge peut suspendre temporairement l'exercice des procédures civiles d'exécution, dans des cas exceptionnels, lorsque la situation du débiteur le justifie. Ces cas intéressent la procédure de rétablissement professionnel, la procédure de surendettement et les délais de grâce.

44 ***Rétablissement professionnel.*** La procédure de rétablissement professionnel a été instituée par l'ordonnance du 12 mars 2014 qui a réformé le droit des entreprises en difficulté (C. com., art. L. 645-1 à L. 645-12). Inspirée de la procédure de rétablissement personnelle, elle permet aux entrepreneurs individuels de bénéficier d'une procédure simplifiée d'apurement de leur passif, sans liquidation. Elle leur est ouverte s'ils n'ont employé aucun salarié au cours des six derniers mois et si leur actif déclaré est inférieur à 5 000 euros (C. com., art. R. 645-1[91]). Elle se traduit par une période d'enquête de quatre mois menée par un juge commis à cette fin, assisté d'un mandataire judiciaire. Sa clôture entraîne l'effacement des dettes antérieures connues[92], à l'exception des dettes salariales et alimentaires, pour l'essentiel[93]. Comme le rétablissement professionnel n'est pas une procédure collective, la règle de l'interdiction des poursuites ne joue pas. Mais si, au cours de la procédure, le débiteur est mis en demeure ou poursuivi par un créancier, le juge commis peut, à sa demande,

88. N° 05-11519, *Bull.*, n° 3 ; *D.*, 2006, IR, 1067.

89. Voy. not. Civ. (2e ch.), 26 juin 2008, n° 07-13245, *Bull. civ.*, II, n° 157 ; *RTD Civ.*, 2009, p. 85, obs. P. Deumier ; Com., 3 février 2009, n° 07-16903, *Procédures*, 2009, comm. n° 160, obs. B. Rolland ; Com., 11 avril 2012, n° 11-12014 ; sur l'ensemble de la question, voy. Ph. Soustelle, « Le maintien de l'inconventionnalité du dispositif de désendettement des rapatriés », *Dr. et procéd.*, 2010, p. 139.

90. Cons. const., 27 janvier 2012, n° 2011-213, *Dr. et procéd.*, 2012, p. 160, obs. A. Leborgne.

91. Issu du décret 2014-736 du 30 juin 2014 pris pour l'application de l'ordonnance du 12 mars 2014.

92. Il s'agit des dettes portées à la connaissance du juge commis par le débiteur et pour lesquelles le mandataire judiciaire a invité les créanciers à lui en communiquer le montant dans les conditions prévues à l'article L. 645-8 (C. com., art. L. 645-11).

93. Sur l'ensemble de la procédure, voy. not. Ph. Roussel Galle, « Le rétablissement professionnel : de l'effacement des dettes au rebond », *Gaz. Pal.*, 2014, p. 1213.

prendre les mesures prévues à l'article L. 645-6 du Code de commerce. Selon ce texte, il peut, dans la limite de quatre mois qui correspond à la durée de la procédure :

- reporter le paiement des sommes dues ;
- ordonner la suspension des procédures d'exécution engagées par le créancier.

45 ***Surendettement.*** Les interdictions judiciaires en matière de surendettement ont été affectées par les lois des 1er juillet et 22 décembre 2010. La dernière, dite loi *Béteille*, a transféré le contentieux du juge de l'exécution au juge du tribunal d'instance. La première a modifié le champ des interdictions judiciaires. Désormais, le juge compétent peut intervenir avant ou après la décision de recevabilité.

Avant la décision de recevabilité, le juge peut être saisi par la Commission à la demande du débiteur ou, en cas d'urgence, par son président ou son délégataire, ou par le représentant local de la Banque de France pour suspendre les procédures d'exécution visées à l'article L. 722-2, dans les mêmes conditions et selon les mêmes modalités (C. cons., art. L. 721-4 et L. 721-6)[94]. Le juge peut ainsi **anticiper l'interdiction légale** attachée à la décision de recevabilité dès la saisine de la Commission.

Après la décision de recevabilité, le juge peut aussi être saisi dans les mêmes conditions pour suspendre les mesures d'expulsion du logement du débiteur (C. cons., art. L. 722-6 et L. 722-7)[95]. Si la suspension est ordonnée[96], elle joue aussi longtemps que l'interdiction légale attachée à la décision de recevabilité (C. cons., art. L. 722-9)[97]. Le juge peut ainsi **élargir l'interdiction légale** qui n'affecte jamais les mesures d'expulsion (voy. *supra*, n° 43).

46 ***Délais de grâce.*** En toute matière, mais **à l'exception des dettes d'aliments**[98] **et si des biens du débiteur ont déjà été saisis par d'autres créanciers**[99], le

94. Mais en cas de saisie immobilière, si la vente forcée a déjà été ordonnée, le report de la date d'adjudication ne peut être décidé que pour causes graves et dûment justifiées par le juge de l'exécution en charge de cette procédure, saisi par la commission (C. cons., art. L. 721-7).

95. À l'exception de celles fondées sur un jugement d'adjudication rendu en matière de saisie immobilière ainsi que de celles ordonnées en cours de saisie pour cause grave en vertu de l'article L. 321-2 du CPCE (C. cons., art. L. 722-8, qui renvoie toujours à l'art. 2198, al. 3, C. civ. devenu l'art. L. 321-2 du CPCE ; voy. *infra*, n° 623).

96. Selon l'article L. 722-8 C. cons., le juge se prononce selon la situation du débiteur et la Cour de cassation a jugé qu'il s'agit du seul critère possible de sorte qu'il ne saurait subordonner la suspension au respect par l'occupant du paiement de l'indemnité d'occupation à sa charge : Civ (2e ch.), 19 octobre 2017, n° 16-12885, *Dr. et procéd.*, 2018, p. 7, obs. L. Choquet.

97. La Cour de cassation a refusé de renvoyer une QPC faisant valoir que cette disposition porterait des atteintes excessives au droit de propriété et à la liberté individuelle du propriétaire de l'immeuble : Civ. (3e ch.), 11 juillet 2012, n° 12-40043.

98. C. civ., art. 1343-5 (anc. 1244-1) ; parmi les créances alimentaires figure la prestation compensatoire car elle présente un caractère mixte, à la fois indemnitaire et alimentaire : Civ. (1re ch.), 29 juin 2011, n° 10-16096 ; *Gaz. Pal.*, 2011, p. 2416, obs. I. Copé-Be

99. CPC, art. 512 ; ce texte interdit aussi l'octroi de délais de grâce si le débiteur a, par son fait, diminué les garanties qu'il avait données par contrat à son créancier et s'il « est en état de règlement judiciaire ou de liquidation des biens ». Sur ce dernier point, outre qu'il faut sans doute lire sauvegarde, redressement ou liquidation judiciaire, cette interdiction ne peut valoir que pour les créances postérieures élues, car les autres (antérieures et postérieures exclues) se heurtent à l'interdiction des paiements et doivent être déclarées (voy. *supra*, n° 42 et encadré E2).

juge peut accorder un délai de grâce au débiteur en vertu de l'article 1343-5 du Code civil (anc. 1244-1 à 1244-3). Selon ce texte, il doit tenir compte de la situation du débiteur et des besoins du créancier. Il peut **reporter ou échelonner le paiement** des sommes dues **dans la limite de deux années**. Durant ce délai, les procédures d'exécution en cours sont suspendues et toute nouvelle mesure d'exécution forcée est interdite ; en revanche, les mesures conservatoires restent possibles (CPC, art. 513). Mais le juge peut aussi assortir sa décision d'une clause « cassatoire » qui privera le débiteur de plein droit du bénéfice du délai de grâce dès le premier impayé. Le créancier retrouvera alors immédiatement son droit de poursuite et le débiteur ne saurait obtenir un nouveau délai[100].

Ce texte est applicable aussi en cas d'ouverture d'une procédure de conciliation (C. com., art. L. 611-4 à L. 611-15 et R. 611-22 à R. 611-46). Depuis l'ordonnance du 12 mars 2014, le président ayant ouvert la procédure peut, à la demande du débiteur, faire application de l'article 1343-5 du Code civil (anc. 1244-1 à 1244-3) à deux moments :

- au cours de la procédure de conciliation lorsque le débiteur est mis en demeure ou poursuivi par un créancier (C. com., art. L. 611-7, al. 5)[101] ; le juge peut alors subordonner les délais accordés à la conclusion de l'accord de conciliation ;
- au cours de la durée d'exécution de l'accord de conciliation lorsque le débiteur est mis en demeure ou poursuivi par l'un des créanciers appelés à la conciliation dans le but d'obtenir le paiement d'une créance qui n'a pas fait l'objet de l'accord (autrement dit, un créancier qui n'a pas accepté l'accord proposé[102] ou a exclu certaines de ses créances) ; pour accorder ces délais, le juge saisi prend en considération les conditions d'exécution de l'accord, mais il ne pourra en aucun cas accorder plus de deux années (C. com., art. L. 611-10-1, al. 2)[103].

2. Les interdictions permanentes

47 ***Immunité d'exécution.*** Les interdictions permanentes correspondent aux hypothèses dans lesquelles le débiteur bénéficie d'une immunité d'exécution car, selon l'article L. 111-1 du Code des procédures civiles d'exécution, elle

100. Ainsi, en matière de baux commerciaux, si le locataire n'a pas respecté les modalités du délai de grâce accordé par une ordonnance de référé rendue antérieurement et passée en force de chose jugée, il ne saurait prétendre à un nouveau délai dans le cadre de la procédure de conciliation (où les mêmes règles s'appliquent) pour échapper à l'expulsion, la résolution judiciaire du bail étant devenue définitive : Civ. (3e ch.), 10 décembre 2008, n° 07-19899, *Bull. civ.*, III, n° 199 ; *Gaz. Pal.*, 2009, p. 1312, note P.-M. Le Corre ; *JCP E*, 2009, 1229, note Ph.-H. Brault.

101. En supprimant l'adverbe « si » au début de ce texte, l'ordonnance du 12 mars 2014 a rendu possible une telle demande que le créancier se soit manifesté avant l'ouverture de la procédure ou pendant son déroulement ; voy. not. T. Montéran, « L'ordonnance du 12 mars 2014 et la prévention », *Gaz. Pal.*, 2014, p. 1249, spéc. p. 1250.

102. En ce sens : P. Roussel Galle, « La réforme des entreprises en difficulté par l'ordonnance du 12 mars 2014 », *Rev. sociétés*, 2014, p. 351, spéc. n° 14.

103. Ces dispositions ne sont pas applicables aux créanciers publics (administrations financières et organismes sociaux) mentionnés à l'article L. 611-7, alinéa 3 ; voy. not. A. Lienhard, « Ordonnance de réforme : mesures de prévention des difficultés », *D.*, 2014, p. 661.

le soustrait à toute procédure civile d'exécution. Les immunités d'exécution portent ainsi une atteinte définitive au droit à l'exécution du créancier consacré par le même texte. C'est la raison pour laquelle elles sont nécessairement exceptionnelles et justifiées par des considérations d'intérêt général, tant au plan national (a) qu'au plan international (b).

a) Les immunités d'exécution au plan national

48 ***Domaine et justification.*** Au plan national, les personnes qui bénéficient d'une immunité d'exécution sont toutes les **personnes morales de droit public**, c'est-à-dire non seulement l'État, mais aussi les collectivités territoriales (régions, départements et communes) et leurs groupements ainsi que les établissements publics, même ceux à caractère industriel et commercial[104]. Ces immunités d'exécution sont **absolues** en ce sens qu'elles s'appliquent, quelle que soit la saisie, quels que soient les biens[105] et quel que soit le titre exécutoire, même s'il s'agit d'un jugement de condamnation prononcé par un juge administratif ou judiciaire. En revanche, elles ne bénéficient jamais à des organismes de droit privé, même s'ils sont chargés de la gestion d'un service public et disposent de fonds publics mis à leur disposition par l'État[106].

Elles sont généralement justifiées par les raisons suivantes :

- les biens publics doivent servir à l'intérêt général et non aux intérêts particuliers des créanciers impayés ;
- l'État et ses démembrements sont toujours solvables, même s'ils sont parfois mauvais payeurs ;
- ils ne peuvent payer que selon les règles de la comptabilité publique.

Mais il n'en demeure pas moins que cette immunité est souvent ressentie comme une grave **injustice** par le créancier qui, privé de tout recours à la contrainte, ne peut espérer qu'un paiement volontaire. Pour autant, il n'est pas totalement démuni car il existe des palliatifs destinés à inciter les débiteurs publics à s'exécuter volontairement.

49 ***Mesures palliatives.*** Le premier palliatif résulte de la loi du 16 juillet 1980 qui a permis au Conseil d'État de prononcer une **astreinte** contre toute administration ou établissement public qui n'exécute pas une décision rendue à son encontre par une juridiction administrative. Ce mécanisme a été renforcé et étendu par la loi du 8 février 1995. Elle a accordé à toutes les juridictions administratives de droit commun un pouvoir général d'injonction qu'elles peuvent assortir d'une astreinte, à l'égard de toute personne morale de droit public et de tout organisme de droit privé chargé de la gestion d'un service public[107]. Les règles ainsi applicables en cas d'inexécution d'un jugement ou

---

104. Voy. not. Civ. (1re ch.), 21 décembre 1987, n° 86-14167, *Bull. civ.*, I, n° 348, *RTD Civ.*, 1989, p. 145, obs. R. Perrot.

105. Voy. CGPPP, art. L. 2311-1.

106. Voy. not. Civ. (2e ch.), 15 novembre 1995, n° 93-13262, *Bull. civ.*, II, n° 284, *JCP*, 1995, I, 3942, n° 1, obs. Ph. Simler, à propos d'une caisse d'assurance-vieillesse.

107. Voy. not. E. Picard, « La loi du 8 février 1995, aspects administratifs », *JCP*, 1995, I, 3840.

d'un arrêt sont prévues actuellement aux articles L. 911-4 à L. 911-10 du Code de justice administrative[108].

Par ailleurs, l'État s'expose à des sanctions de la Cour de Strasbourg dans la mesure où le droit à une exécution effective des décisions de justice, qu'elle a consacré (voy. *supra*, n° 33), porte notamment sur les condamnations prononcées à son encontre[109].

b) Les immunités d'exécution au plan international

50 *Domaine et étendue.* Sans entrer dans le détail d'une matière qui relève du droit international privé, on peut retenir que ces immunités d'exécution bénéficient essentiellement aux personnes suivantes :

- les **agents diplomatiques** des États étrangers (ambassadeurs, conseillers et attachés d'ambassade) ainsi que leur conjoint et enfants mineurs, à moins qu'ils n'aient la nationalité française ; cette immunité, prévue par la Convention de Vienne du 18 avril 1961, est absolue car elle joue pour tous les rapports juridiques, même étrangers aux fonctions diplomatiques[110] ;
- les **banques centrales** et les **autorités monétaires étrangères**, selon l'article L. 153-1 du Code monétaire et financier, issu de la loi du 26 juillet 2005 pour la confiance et la modernisation de l'économie ; cette immunité porte sur les biens de toute nature, notamment les avoirs de réserves de change, qu'elles détiennent ou gèrent pour leur compte ou celui de l'État ou des États étrangers dont elles relèvent ; mais elle n'est pas absolue car elle peut être écartée par le juge de l'exécution pour les biens leur appartenant qui sont affectés à une activité principale relevant du droit privé[111] ;
- les **organisations internationales**, dont l'immunité d'exécution, qui est absolue[112], est généralement prévue par un accord international conclu avec l'État français, appelé « accord de siège » ;
- les **États étrangers**[113] ainsi que leurs dirigeants, **souverains ou chefs d'État** ; en l'absence de textes, il revenait traditionnellement à la jurispru-

108. Voy. not. L. Erstein et O. Simon, *L'exécution des décisions de la juridiction administrative*, Berger-Levrault, 2000.

109. Ainsi, dans l'affaire jugée par l'arrêt *Hornsby*, c'est l'État grec qui avait tardé à autoriser des professeurs de nationalité anglaise à ouvrir une école privée malgré les jugements rendus en leur faveur.

110. Une seconde Convention de Vienne du 24 avril 1963 a institué une immunité d'exécution au profit des consuls, mais pour les seuls actes liés à l'exercice de leurs fonctions.

111. Cette exception n'est applicable qu'aux biens appartenant à la Banque centrale étrangère et non à ceux qu'elle gère pour le compte de l'État étranger : CA Versailles, 7 janvier 2010, n° 08/04300, *D.*, 2010.1043, obs. H. Synvet. Quant à la l'affectation des fonds, la charge de la preuve pèse sur le créancier : CA Paris, 17 septembre 2009, n° 08/05950, *RD bancaire et fin.*, 2010, comm. n° 3, F. Crédot et T. Samin. Sur l'ensemble de cette immunité, voy. N. Micaud, « L'article L. 153-1 du Code monétaire et financier sur l'immunité d'exécution des biens des banques centrales étrangères », *Dr. et procéd.*, 2006, I, 04, p. 128.

112. En raison de ce caractère, le créancier, qui subit cette immunité d'exécution, dispose d'un recours en responsabilité contre l'État français : Civ. (1re ch.), 25 mai 2016, n° 15-1846, à paraître au *Bull.*, *Dr. et procéd.*, 2016, p. 142, obs. G. Cuniberti.

113. Y compris les organismes étrangers qui ne sont que des émanations de l'État étranger, c'est-à-dire qui ne bénéficient d'aucune indépendance organique, fonctionnelle et patrimoniale ; voy. not. Civ. (1re ch.), 6 février 2007, n° 04-13108, *Bull. civ.*, I, n° 53 ; *RJDA*, 2008, n° 848. Tel est le cas tout particulièrement des missions diplomatiques, qui bénéficient même d'une immunité autonome par rapport à celle de l'État qu'elles représentent :

dence de définir l'étendue de cette immunité[114] ; pour les dirigeants elle est absolue pendant toute la durée de leurs fonctions, mais pour les États eux-mêmes des limites avaient progressivement été introduites avant que le législateur n'en fixe finalement lui-même le régime applicable en France.

51 ***Limites à l'immunité des États étrangers.*** L'immunité d'exécution des États étrangers s'est considérablement compliquée ces dernières années en raison de l'extension de leurs activités. En effet, ils exercent de plus en plus des activités commerciales ou industrielles les rendant débiteurs de fournisseurs privés qui souhaitent être payés. Pour tenir compte de ces intérêts légitimes, la portée de ces immunités avait été progressivement limitée par la jurisprudence dans deux directions :

- celle de l'**activité** en cause, selon qu'il s'agit d'une activité de souveraineté[115] ou d'une activité de droit privé, économique, commerciale ou civile[116] ; les biens affectés à l'une de ces activités privées échappaient à

Civ. (1re ch.), 28 septembre 2011, n° 09-72057, *Gaz. Pal.*, 2012, p. 474, obs. Cl. Brenner ; *LEDB*, 2011, n° 160, obs. Ph. Hoonakker. En revanche, les organismes distincts de l'État étranger ne bénéficient d'aucune immunité d'exécution, du moins si leur activité principale relève du droit privé ; voy. not. Civ. (1re ch.), 1er octobre 1985, *Sontrach*, n° 84-13605, *Bull. civ.*, I, n° 236 ; *JCP*, 1986, II, 20566, concl. Gulphe, note H. Synvet ; 25 janvier 2005, n° 03-18176, *Bull. civ.*, I, n° 39 ; *D.*, 2005, p. 616, concl. av. gén. J. Saint-Rose. Mais il faut réserver le cas des organisations internationales auxquels les États sont parties et qui bénéficient de l'immunité de juridiction lorsqu'elle est prévue par un accord international ; voy., par exemple, à propos de l'accord conclu entre la France et la Ligue des États arabes, le 26 novembre 1997, Civ. (1re ch.), 14 octobre 2009, n° 08-14978, *Bull. civ.*, II, n° 206 ; *D.*, 2009, 2557, obs. V. Avena-Robardet ; *RD bancaire et fin.*, 2010, comm. n° 20, S. Piedelièvre.

114. En dernier lieu, la Cour de cassation se référait au « droit international coutumier » : Civ. (1re ch.), 13 mai 2015, n° 13-17751, dit « l'arrêt Commisimpex I », *D.*, 2015, p. 1936, note S. Bollée ; *JCP G*, 2015, p. 759, note M. Laazouzi ; *Dr. et procéd.*, 2015, p. 182, obs. G. Cuniberti ; *Gaz. Pal.*, 2015, p. 3075, obs. C. Brenner. Auparavant elle s'était fondée aussi sur la Convention des Nations unies du 2 décembre 2004 car elle refléterait le droit international coutumier : Civ. (1re ch.), 28 mars 2013 (3 arrêts), nos 11-10450, 11-13323 et 10-25938, note D. Martel, « Haro sur les clauses de renonciation à l'immunité d'exécution », *D.*, 2013, p. 1728 ; *ibid.*, p. 2294, obs. S. Bollée ; *LEDB*, juin 2013, n° 80, obs. Ph. Hoonakker. Mais outre que cette convention n'est pas entrée en vigueur faute d'un nombre suffisant de ratifications, il était difficile de considérer qu'elle puisse refléter le droit international coutumier. Cette référence a donc été justement abandonnée. Avant ces arrêts de 2013, la Cour de cassation s'était fondée sur la courtoisie internationale qui interdit de porter atteinte à la souveraineté et à l'indépendance de l'État étranger (Civ. (1re ch.), 2 novembre 1971, n° 69-14100, *Bull. civ.*, I, n° 278 ; *Rev. crit. DIP*, 1972, 310, note P. Bourel), puis sur les « principes généraux de droit international privé régissant les immunités des États étrangers » (Civ. (1re ch.), 14 mars 1984, n° 82-12462, *Bull. civ.*, I, n° 98, *Clunet*, 1984, 598, note B. Oppetit ; Civ. (1re ch.), 6 février 2007, n° 04-13108, *Bull. civ.*, I, n° 52, *RTD Com.*, 2008, 207, obs. Ph. Delebecque).

115. Ainsi constituent des fonds souverains, insaisissables, les redevances de navigation aérienne dues à un État étranger en raison de la souveraineté des États sur leur espace aérien et le survol de leur territoire : Civ. (1re ch.), 5 mars 2014, n° 12-22406, *Gaz. Pal.*, 2014, p. 2316, obs. A. Bolze ; *LEDB*, mai 2014, n° 64, obs. Ph. Hoonakker.

116. Voy. not. Civ. (1re ch.), 14 mars 1984, *Eurodiff*, n° 82-12462, *Bull.*, n° 98, *JCP*, 1984, II, 20205, concl. av. gén. Gulphe, *D.*, 1984.629, rapp. Fabre, note J. Robert ; Civ. (1re ch.), 1er octobre 1985, *Sontrach*, préc. ; Civ. (1re ch.), 19 novembre 2008, n° 07-10570, *Bull. civ.*, I, n° 266 ; *RJDA*, 2009, comm. n° 495.

l'immunité et étaient saisissables, mais la charge de la preuve pesait sur le créancier[117] ;

- celle de la **renonciation** de l'État étranger où la Cour de cassation avait beaucoup hésité sur les caractères requis ; elle s'était d'abord prononcée fermement pour une renonciation expresse[118] ; puis elle avait exigé qu'elle soit « ***expresse et spéciale***, en mentionnant les biens ou la catégorie de biens pour lesquels [elle] est consentie[119] », ce qui pouvait poser la question de la conformité de cette solution restrictive avec l'article 6-1 de la Convention européenne[120] ; mais finalement elle était revenue à la seule exigence d'une **renonciation expresse**[121].

Cette jurisprudence est aujourd'hui dépassée par la loi n° 2016-1691 du 9 décembre 2016 relative à la transparence, à la lutte contre la corruption et à la modernisation de la vie économique, dite « Sapin 2 »[122], qui a institué pour la première fois un régime légal de l'immunité d'exécution des États étrangers[123]. Celle-ci est renforcée par l'introduction de **freins et restrictions supplémentaires** aux poursuites des créanciers à l'encontre des États étrangers. Son régime est inscrit aux nouveaux articles L. 111-1-1 à L. 111-1-3 et R. 111-1 à R. 111-6 du CPCE. Ces textes prévoient pour l'essentiel les règles suivantes. **Au plan procédural**, une mesure d'exécution forcée ou une mesure conservatoire n'est possible sur un bien appartenant à un État étranger qu'avec l'autorisation préalable du juge donnée par ordonnance sur requête. Le juge

117. Civ. (1re ch.), 28 septembre 2011, n° 09-72057, préc., qui fait bénéficier les comptes bancaires d'une ambassade d'une double présomption : ils sont présumés affectés à l'accomplissement des fonctions de la mission diplomatique et ces fonctions sont présumées d'utilité publique.

118. Mais même expresse, il avait été jugé qu'elle était sans effet sur l'immunité d'exécution applicable aux avoirs de l'État étranger détenus ou gérés pour son compte par une banque centrale étrangère, prévue à l'article L. 153-1 du CMF : Jex Paris, 7 mars 2008, *RG*, n° 08-80538, et Jex Nanterre, 6 mai 2008, *RG*, n° 08-02116, cit. par C. Legros, « Affaire Noga : l'émergence d'une nouvelle immunité d'exécution ? L'immunité de l'article 153-1 du Code monétaire et financier », *Gaz. Pal.*, 2009, p. 375 ; inversement un arrêt avait admis la possibilité d'une renonciation tacite : Civ. (1re ch.), 6 juillet 2000, 98-19068, *Bull. civ.*, I, n° 207, *D.*, 2001, 2139, note J. Moury ; *JCP E*, 2001, jurispr., p. 223, note Ch. Kaplan.

119. Civ. (1re ch.), 28 mars 2013 (3 arrêts), nos 11-10450, 11-13323 et 10-25938, préc. ; déjà en ce sens, à propos de l'immunité d'exécution des missions diplomatiques, qualifiée d'autonome, où il était requis une renonciation expresse et spéciale : Civ. (1re ch.), 28 septembre 2011, n° 09-72057, préc. Mais seuls les créanciers auxquels une renonciation a été consentie peuvent s'en prévaloir et certainement pas les autres : Civ. (1re ch.), 5 mars 2014, n° 12-22406, préc.

120. Certes, deux des trois arrêts (nos 11-10450 et 11-13323) ont jugé, de manière générale, que cette exigence n'est pas excessive en se référant à des arrêts de la Cour de Strasbourg rendus à propos de l'immunité de juridiction, mais en oubliant que l'un de ces arrêts a condamné la France pour atteinte à la substance même du droit d'accès au juge dans l'espèce considérée (CEDH, 29 juin 2011, *Sabeh El Leil c/ France*, req. n° 43869/05). À cela s'ajoute que l'exigence posée allait bien au-delà de la Convention des Nations unies du 2 décembre 2004 à laquelle ces arrêts se réfèrent pourtant !

121. Civ. (1re ch.), 13 mai 2015, n° 13-17751, « Commisimpex I », préc.

122. Complétée par l'article 37 du décret n° 2017-892 du 6 mai 2017 portant diverses mesures de modernisation et de simplification de la procédure civile

123. Voy. not. : H. Herman et G. Hannotin, « Le nouveau régime applicable aux mesures conservatoires et mesures d'exécution forcée prises contre les États étrangers issu de la loi Sapin 2 », *Gaz. Pal.*, 2017, p. 1487 ; C. Kieffer, « Le nouveau régime de l'autorisation préalable en matière de mesures d'exécution et de mesures conservatoires sur les biens des États étrangers », *Dr. et procéd.*, 2017, p. 78.

compétent est le juge de l'exécution du tribunal de grande instance de Paris[124]. **Au fond**, cette autorisation ne peut être délivrée que si l'une des trois conditions suivantes est remplie :

- la première condition tient dans la possibilité pour l'État étranger de **consentir expressément** à une telle mesure ; elle suppose donc qu'il renonce à son immunité d'exécution et cette renonciation doit bien être expresse comme le jugeait la Cour de cassation en dernier lieu ; mais pour les biens affectés à l'exercice des fonctions de sa **mission diplomatique**, de ses missions spéciales ou de sa mission auprès des organisations internationales, la renonciation doit être « ***expresse et spéciale*** », selon l'article L. 111-1-3 qui revient ainsi, pour ces biens, à la solution antérieure de la Cour de cassation[125] ;
- la seconde condition tient dans la possibilité pour l'État étranger de **réserver ou affecter un ou plusieurs biens** à la satisfaction du créancier ; autrement dit, il ne renonce pas à son immunité d'exécution, mais il offre des biens en garantie de sa dette ;
- la troisième condition tient dans la possibilité pour le créancier, qui a obtenu un **jugement ou une sentence arbitrale** contre l'État étranger, de saisir tout bien spécifiquement utilisé ou destiné à être utilisé **autrement qu'à des fins de service public non commerciales** et qui entretient un **lien avec l'entité** de l'État étranger contre laquelle la procédure a été intentée[126] ; c'est la **condition résiduelle** qui a vocation à s'appliquer lorsque l'État étranger n'a pas renoncé à son immunité d'exécution, ni réservé ou affecté des biens à la satisfaction du créancier ou lorsque ceux-ci s'avèrent insuffisants ; pour son application, l'article L. 111-1-2 donne une **liste indicative** de biens spécifiquement utilisés ou destinés à être utilisés à des fins de service public non commerciales et **donc insaisissables** ; on y trouve notamment les biens affectés à l'exercice de la mission diplomatique, les biens de caractère militaire ou encore les créances fiscales ou sociales de l'État étranger.

---

124. Selon l'article R. 111-1 du CPCE, il est aussi compétent pour statuer « sur les contestations relatives aux mesures conservatoires et d'exécution forcée mobilières qu'il autorise, ainsi que pour connaître des procédures de saisie immobilière qu'il autorise, à l'exception des procédures d'exécution forcée sur les immeubles situés dans les départements du Bas-Rhin, du Haut-Rhin et de la Moselle ». Cette dérogation s'explique par le fait que les procédures d'exécution forcée immobilière dans ces trois départements sont régies par les articles 147 à 170 de la loi du 1er juin 1924 mettant en vigueur la législation civile française dans les départements du Bas-Rhin, du Haut-Rhin et de la Moselle, qui donnent compétence au tribunal d'instance statuant en qualité de tribunal d'exécution ; sur ces règles du droit local alsacien-Mosellan, voy. not., Ph. Hoonakker, in S. Guinchard et T. Moussa (dir.), *Droit et pratique des voies d'exécution*, coll. Dalloz Action, 2015/2016, nos 135 et s.

125. Et celle-ci, ressaisie dans l'affaire Commisimpex du pourvoi formé contre l'arrêt rendu après renvoi suite à la cassation prononcée par l'arrêt du 13 mai 2015 (préc.), est revenue « à la jurisprudence confortée par la loi nouvelle », que « l'objectif de cohérence et de sécurité juridique » impose « compte tenu de l'impérieuse nécessité, dans un domaine touchant à la souveraineté des États et à la préservation de leurs représentations diplomatiques, de traiter de manière identique des situations similaires » : Civ. 1ère, 10 janvier 2018, n° 16-22494, dit « l'arrêt Commisimpex II », *Gaz. Pal.*, 2018, p. 1552, obs. M. Nioche et p. 1669, obs. (crit.) C. Brenner, *RTD Civ.*, 2018, p. 353, obs. L. Usunier et P. Deumier et p. 474, obs. P. Théry ; voy. aussi, B. Haftel, « La cour de cassation, la cohérence et la sécurité juridique », *D.*, 2018, p. 541.

126. Cette condition, inscrite à l'article L. 111-1-2, est directement inspirée de la Convention des Nations unies de 2004 ; en ce sens, voy., L. d'Avout, « Droit du commerce international », *D.*, 2017, p. 2056.

Ceci étant, encore faut-il, en tout état de cause, que l'État étranger soit le débiteur, car seul le débiteur peut être saisi.

B) Seul le débiteur peut être saisi

52 ***Justification et signification.*** Le droit à l'exécution du saisissant n'est justifié qu'à l'égard du débiteur de l'obligation inexécutée. C'est ce qui explique le second principe selon lequel seul le débiteur peut être saisi et qui a pour corollaire que seuls les biens du débiteur peuvent être saisis (voy. *infra*, n° 58).

Pourtant certaines saisies sont parfois dirigées contre des personnes autres que le débiteur. Il s'agit des personnes suivantes :

- le **représentant** du débiteur car le débiteur comme le créancier peut, ou parfois doit, se faire représenter ; il s'agit alors du mandataire conventionnel ou du représentant légal contre lequel la saisie est formellement dirigée ;
- le **tiers saisi** qui est une personne détenant un bien du débiteur ; la saisie est alors dirigée contre le débiteur qui reste le saisi, mais elle est pratiquée entre les mains du tiers qui devient une partie à la procédure (voy. *infra*, n° 107).

Mais dans ces cas, il n'est nullement dérogé au principe car le débiteur reste bien le saisi. En revanche, il arrive que certaines saisies soient exceptionnellement dirigées contre des personnes autres que le débiteur, qui prennent alors la qualité de saisi.

53 ***Extensions.*** Ces extensions du droit de saisir sont justifiées par la nécessité de préserver l'effectivité du droit à l'exécution du créancier. Elles jouent en cas de décès du débiteur et de cession d'un bien grevé d'un droit de suite. Elles concernent donc les ayants cause universels et les tiers détenteurs.

Les **ayants cause universels** du débiteur sont les héritiers légaux et les légataires universels ou à titre universel, qui ont accepté la succession[127]. Dans la mesure où ils continuent la personne du défunt, ils répondent aussi de ses dettes et peuvent donc prendre la qualité de saisi à la suite de leur auteur. Mais ils n'engagent pas nécessairement leurs biens personnels, tout dépend de la nature de l'acceptation :

- en cas d'acceptation de la succession à **concurrence de l'actif net**, le successeur ne répond des dettes de son auteur que sur les biens de la succession ; il ne pourra donc être saisi qu'au titre des biens qu'il tient de son auteur[128] ;
- en revanche, en cas d'acceptation **pure et simple**, il répond des dettes du défunt aussi sur ses propres biens, présents et à venir ; il pourra alors être saisi pour tous ses biens, quels qu'ils soient[129] ; mais les poursuites ne pourront être engagées qu'à l'expiration d'un délai de huit jours à compter de la signification à l'héritier du titre exécutoire que détient le créancier contre le *de cujus* (C. civ., art. 877).

---

127. En cas de refus de la succession, ils ne peuvent évidemment être poursuivis. Du reste, c'est généralement l'existence d'un passif successoral, réel ou redouté, qui motive le refus.

128. Et seulement à l'expiration du délai de suspension des poursuites (voy. *supra*, n° 41).

129. Sous réserve de deux exceptions : celle relative aux legs de sommes d'argent prévue à l'article 785, al. 2, du Code civil et celle relative à la décharge d'une dette successorale prévue à l'article 786, al. 2, du Code civil.

Le **tiers détenteur** est l'ayant cause particulier d'un bien sur lequel le créancier dispose d'un droit de suite résultant d'une sûreté réelle (hypothèque, gage ou nantissement). S'il est impayé, il pourra saisir ce bien contre son propriétaire actuel bien qu'il ne soit pas son débiteur. Le tiers détenteur se distingue donc du tiers saisi dès lors qu'il est le propriétaire du bien saisi et qu'il endosse à ce titre la qualité de saisi.

La question de la personne du saisi est ainsi étroitement liée à celle des biens saisissables.

§ 2. Les biens saisissables

54 ***Divisions.*** Le principe posé par les textes est que tous les biens du débiteur sont **librement saisissables** (A). Mais ce principe est loin d'être absolu. Il y est dérogé par des cas d'insaisissabilité qui jouent tantôt à **titre accessoire** comme conséquence de l'incessibilité d'un bien (B), tantôt à **titre principal** en touchant des biens cessibles (C).

A) Le principe de la libre saisissabilité

55 ***Conséquences.*** Ce principe est directement fondé sur le droit à l'exécution du saisissant. Il a pour conséquences que tous les biens appartenant au débiteur sont normalement saisissables (1) et que le saisissant choisit librement tant les biens à saisir que l'ordre des saisies (2).

1. La saisissabilité de tous les biens du débiteur

56 ***Droit de gage général.*** Ce principe résulte du droit de gage général inscrit à l'article 2284 du Code civil, qui impose au débiteur de remplir toute obligation à laquelle il s'est obligé sur « tous ses biens mobiliers et immobiliers, présents et à venir ». Mais il faut réserver aujourd'hui l'entreprise individuelle à responsabilité limitée – EIRL – qui permet à l'entrepreneur individuel de constituer des patrimoines affectés réservés aux créanciers professionnels, par opposition au patrimoine personnel subsistant qui revient aux autres créanciers (voy. *infra*, n°s 100 et s.). Le droit de gage général des créanciers s'exerce alors, selon leur qualité respective, sur le patrimoine qui leur est affecté (CPCE, art. L. 161-2[130]).

Mais quel que soit le patrimoine considéré, ce principe ne joue pleinement que pour les biens qui appartiennent exclusivement au débiteur (a). En revanche, il soulève toujours des difficultés pour ceux qui ne lui appartiennent que partiellement (b).

a) Les biens appartenant exclusivement au débiteur

57 ***Nature des biens.*** La nature des biens est **indifférente**. Ils sont tous saisissables, qu'ils soient immobiliers ou mobiliers, qu'ils soient corporels ou incorporels. Parmi ces derniers figurent, en particulier, les créances monétaires dont le législateur

---

130. C'est la raison pour laquelle un auteur propose de distinguer entre la saisissabilité différenciée et la saisissabilité indifférenciée : O. Salati, in *Les obstacles à l'exécution forcée*, actes du colloque d'Aix-en-Provence du 24 avril 2009, organisé par la revue *Droit et procédures – La revue des huissiers de justice*, EJT, 2009, spéc. « Table ronde sur les saisissabilités », pp. 11-15.

a entendu privilégier la saisie car elle est la moins traumatisante. On parle alors de créance-objet de la saisie, par opposition à la créance-cause de la saisie dont elle doit toujours être soigneusement distinguée, car les conditions requises au regard des procédures civiles d'exécution ne sont pas les mêmes.

58 ***Propriété.*** Si la nature du bien est indifférente, il est en revanche **indispensable que le débiteur en soit le propriétaire**. À défaut, la saisie est nulle et le véritable propriétaire pourra agir en distraction. Cependant :

- il est dérogé à l'interdiction de saisir un bien d'autrui lorsque le créancier dispose d'un droit de suite car, dans ce cas, le bien grevé est saisissable contre le tiers détenteur ;
- il n'est pas nécessaire que le débiteur soit en possession du bien à saisir, il peut être saisi entre les mains d'un tiers, appelé le tiers saisi ;
- peu importe la date à laquelle le débiteur est devenu propriétaire, l'essentiel étant qu'il le soit au moment de la saisie, même si la créance est antérieure ; mais l'idéal est qu'il soit le seul propriétaire, car si le bien ne lui appartient que partiellement, il faudra faire application de règles particulières justifiées par le souci de protéger ceux qui partagent la propriété avec lui.

b) Les biens appartenant partiellement au débiteur

Il s'agit des biens communs et des biens indivis.

59 ***Biens communs.*** La première hypothèse à envisager est celle des biens communs. Le principe est qu'un débiteur marié sous un régime de communauté engage, par ses dettes personnelles, non seulement ses biens propres, mais aussi les biens communs selon l'article 1413 du Code civil. Ceux-ci pourront donc être saisis par ses créanciers, nonobstant les droits dont dispose son conjoint, non-débiteur par hypothèse.

Il est néanmoins dérogé à cette règle en cas d'emprunt et de cautionnement[131], pour lesquels l'article 1415 du Code civil introduit la distinction suivante[132] :

- si le **conjoint a expressément consenti**[133] à l'engagement contracté, emprunt[134] ou cautionnement, les biens communs sont engagés ; en revanche, ses biens propres ne le sont jamais[135] ;

---

131. Il s'agit exclusivement du cautionnement personnel, et non du « cautionnement réel », rebaptisé en « sûreté réelle consentie pour garantir la dette d'un tiers » par l'arrêt d'une chambre mixte de la Cour de cassation, rendu le 2 décembre 2005, qui a exclu l'application de l'article 1415 du Code civil (Ch. mixte, n° 03-18210, *Bull. civ.*, n° 7 ; *JCP G*, 2006, I, 1753, p. 853, obs. Ph. Simler ; *D.*, 2006, jurispr., p. 729, avis av. gén. J. Saint-Rose, note L. Aynès ; *Dr. et procéd.*, 2006, J.27, p. 113, obs. Y. Picod). Mais le dernier mot est revenu au législateur qui par l'ordonnance du 23 mars 2006 relative aux sûretés a ajouté un alinéa à l'article 1422 du Code civil pour préciser que les époux ne peuvent l'un sans l'autre affecter un bien commun à la garantie de la dette d'un tiers. À défaut, la garantie consentie sera nulle en vertu de l'article 1427 du Code civil.

132. Ce texte est applicable à tous les régimes de communauté, y compris la communauté universelle : Civ. (1re ch.), 5 octobre 2016, n° 15-24616 (FS-P+B), *D.*, 2016, p. 2507, note C. Simler.

133. Le consentement exprès du conjoint doit être donné lors de la souscription de l'engagement et non postérieurement : Civ. (1re ch.), 29 juin 2011, n° 10-11012 ; *Gaz. Pal.*, 2011, p. 2431, note J. Casey ; il ne saurait résulter du seul consentement donné à l'affectation hypothécaire d'un bien commun : Civ. (1re,ch.), 4 mars 2015, n° 14-11567, *Gaz. Pal.*, 2015, p. 1721, obs. C. Albiges.

134. Il peut s'agir d'un emprunt classique ou d'une simple autorisation de découvert en compte bancaire : Civ. (1re ch.), 5 octobre 2016, n° 15-24616 (FS-P+B), *D.*, 2016, p. 2507, note C. Simler.

135. S'agissant de ses gains et salaires, voy. encadré E4.

– si le **conjoint n'a pas consenti** à l'emprunt ou au cautionnement, les biens communs ne peuvent être saisis par le créancier[136] qui ne pourra être payé que sur les biens propres et les revenus de son cocontractant ; il s'agit tant des revenus de ses biens propres que de ses gains et salaires, car s'ils constituent des biens communs, ils sont soumis à un régime particulier (voy. *infra*, encadré E4).

E 4 **Saisissabilité des revenus des époux communs en bien**

Les revenus des époux mariés sous un régime de communauté se composent de leurs gains et salaires, et des revenus de leurs biens propres. Depuis la loi du 23 décembre 1985, il n'est plus discuté qu'il s'agit de biens communs. Mais leur saisissabilité obéit à des règles particulières tant au stade de leur perception qu'au stade de leur inscription en compte.

Au stade de leur perception, la personne du débiteur l'emporte sur la qualification de biens communs. C'est ainsi que les revenus de l'époux débiteur sont toujours saisissables, même si la dette résulte d'un cautionnement ou d'un emprunt contracté sans le consentement du conjoint[137]. En revanche, pour les revenus de ce dernier, il faut distinguer entre les revenus de ses biens propres et ses gains et salaires :

- les revenus des biens propres sont incontestablement des biens communs ordinaires et sont donc saisissables sous réserve des dispositions de l'article 1415 ;
- les gains et salaires sont normalement insaisissables par les créanciers de l'époux débiteur selon l'article 1414, alinéa 1er, du Code civil qui déroge ainsi à l'article 1413 ; mais il semblerait que cette dérogation ne soit pas applicable en cas de consentement donné à un engagement de caution ou à un emprunt, car les biens communs alors saisissables comprendraient les gains et salaires du conjoint consentant[138] ; autrement dit, le retour au principe, ou l'exception à l'exception, prévu par l'article 1415, exclurait l'exception de l'article 1414.

Au stade de leur inscription en compte, ces solutions diffèrent[139]. Il faut alors distinguer selon que le compte est alimenté par les revenus des deux époux ou d'un seul. Dans le premier cas, c'est la règle du tout ou rien : ou bien, les deux époux sont tenus solidairement et alors tout le compte est saisissable ; ou bien, un seul est débiteur et, dans ce cas, la totalité du compte est insaisissable car la jurisprudence fait peser sur le créancier la preuve quasi-impossible de l'origine des fonds saisis[140]. Lorsque le compte est alimenté par les revenus d'un seul des époux, tout dépend de sa qualité.

136. Les biens communs ne faisant pas partie de son gage, il ne pourra pas non plus invoquer la fraude paulienne à leur sujet : Com., 16 novembre 2010, n° 09-16674, *Gaz. Pal.*, 2011, p. 366, obs. J. Casey.

137. Pourtant la Cour de cassation a jugé que ces revenus ne sont plus saisissables en cas d'ouverture d'une procédure collective à l'encontre du conjoint du débiteur car ils seraient frappés, comme tous les biens communs, par l'effet réel que produit cette décision, oubliant totalement le régime particulier qui leur est applicable : Com., 16 novembre 2010, n° 09-68459, *Bull. civ.*, IV, n° 176 ; *Bull. Joly entr. diff.*, juin 2011, n° 52, note S. Cabrillac ; *Gaz. Pal.*, 2011, p. 369, obs. J. Casey ; *Dr. banc.*, 2011, comm. n° 24, obs. S. Piedelièvre.

138. En ce sens : Com., 22 février 2017, n° 15-14915, *D.*, 2017, p. 2123, obs. V. Brémond.

139. Sur l'ensemble de la question, voy. S. Tissot, « La saisie-attribution des comptes bancaires à l'épreuve des régimes matrimoniaux », *Dr. et procéd.*, 2013, p. 102.

140. Voy., en dernier lieu, Civ. (1re ch.), 3 avril 2001, n° 99-13733, *Bull. civ.*, I, n° 92 ; *JCP G*, 2002, I, 103, n° 13, obs. Ph. Simler, et II, 10080, note Bourdaire ; 14 janvier 2003, n° 00-16078, *Bull. civ.*, I, n° 2 ; *JCP G*, 2003, I, 124, n° 4, obs. Ph. Simler, et II, 10019, concl. Saint-Rose ; voy. aussi, à propos d'époux mariés sous le régime de la séparation des biens, Civ. (1re ch.), 20 mai 2009, n° 08-12922, *Dr. et procéd.*, 2009, p. 278, obs. F. Vinckel ; *RTD Civ.*, 2009, p. 578, obs. R. Perrot ; Civ. (1re ch.), 15 juin 2017, n° 16-20739, *D.*, 2017, p. 2122, obs. V. Brémond.

S'il s'agit du débiteur, le compte est normalement saisissable, sous réserve de l'application de l'article 1415 si les revenus sont devenus des acquêts de communauté, ce qui suppose qu'ils aient été placés et soient devenus indisponibles[141]. S'il s'agit du conjoint du débiteur, il faut à nouveau distinguer entre les revenus de ses biens propres et ses gains et salaires :

- les revenus des biens propres ne sont pas affectés par leur inscription en compte et sont donc traités comme des biens communs saisissables sous réserve de l'article 1415 du Code civil ;
- les gains et salaires sont soumis au régime particulier prévu à l'alinéa 2 de l'article 1414 du Code civil qui déroge à l'alinéa 1er en prescrivant leur saisissabilité dans les conditions fixées par décret ; celles-ci sont prévues à l'article R. 162-9 du Code des procédures civiles d'exécution qui laissent à la disposition du titulaire du compte, en cas de saisie par un créancier de son conjoint, une somme équivalente à un mois de salaire, correspondant soit au montant versé au cours du mois précédent, soit à la moyenne mensuelle des gains et salaires versés au cours des 12 derniers mois ayant précédé la saisie ; en revanche, le surplus est saisissable dans les conditions applicables aux biens communs ordinaires, sans qu'il soit besoin de recourir à la notion d'acquêts de communauté.

Un auteur a proposé d'étendre ce système plus protecteur de tous les intérêts en présence à tous les revenus inscrits en compte, quel que soit le conjoint commun en biens et quelle que soit la dette[142]. Mais pour l'heure, il n'a pas été entendu.

---

60 ***Biens indivis.*** L'indivision peut être conventionnelle ou légale. L'**indivision conventionnelle** résulte de la seule volonté des parties qui en fixent alors les modalités, et en particulier la durée, déterminée ou indéterminée. L'**indivision légale** résulte de la survenance d'un événement auquel la loi attache cet effet. Par exemple, le décès crée une indivision successorale entre les héritiers et la dissolution de la communauté, une indivision post-communautaire entre les anciens époux ou entre le survivant et les héritiers du prédécédé.

Mais dans tous les cas, l'indivision se caractérise par le fait que la propriété des biens sur laquelle elle porte est partagée entre ses membres, d'où toute la difficulté quant à la saisissabilité de ces biens. Pour y répondre, l'article 815-17 du Code civil invite logiquement à distinguer entre les créanciers de l'indivision et les créanciers personnels de chaque indivisaire[143].

Les créanciers de l'indivision sont ceux qui auraient pu agir sur les biens indivis avant l'indivision[144] et ceux dont les droits résultent de la conservation ou de la gestion des biens indivis (par exemple, l'entrepreneur qui a fait des travaux sur les biens indivis). **À leur égard, les biens indivis sont librement saisissables** selon l'alinéa 1er de l'article 815-17. Cette solution se comprend aisément dès lors que la créance concerne, par hypothèse, tous les indivisaires, soit à raison de leur auteur commun, soit à raison des biens eux-mêmes dont

---

141. Par exemple, sur un plan d'épargne logement ou sur un compte titres ; en ce sens : Civ. (1re ch.), 14 janvier 2003, préc.

142. Ph. Simler, « De quelques lacunes du dispositif législatif relativement à la saisissabilité des revenus des époux en régime de communauté », in *Études offertes à J. Béguin*, Paris, Litec, p. 689.

143. Ce texte régit l'indivision légale, mais il est aussi applicable à l'indivision conventionnelle par l'effet de l'article 1873-15 du C. civ., sauf dans un cas intéressant les créanciers personnels (voy. *infra*, encadré E5) ; ces textes n'ont pas été modifiés par la loi du 23 juin 2006 portant réforme des successions et des libéralités.

144. Voy., par exemple, Civ. (1re ch.), 4 juillet 2007, n° 06-13770, *RJDA*, 2007, n° 1298, à propos d'un prêt bancaire consenti à des époux avant la dissolution de la communauté.

ils détiennent ensemble la propriété[145]. Mais elle ne saurait valoir lorsqu'une créance ne concerne qu'un seul indivisaire, c'est-à-dire à l'égard des créanciers personnels de chaque indivisaire.

Pour **les créanciers personnels**, l'article 815-17, alinéa 2, pose le principe strictement inverse. Non seulement ils **ne sauraient saisir les biens indivis**, mais ils ne peuvent **pas même saisir la quote-part** que détient leur débiteur dans l'indivision. La raison en est qu'on ignore, jusqu'au partage, les biens qui seront attribués à chaque indivisaire. De plus, lorsque le partage est opéré, il produit un effet rétroactif, de sorte que tout se passe comme si aucun indivisaire n'avait jamais détenu de quote-part indivise. Mais cette justification explique aussi que ces créanciers ne soient pas totalement démunis face aux biens indivis (voy. *infra*, encadré E5).

E 5 **Les moyens à la disposition des créanciers personnels d'un indivisaire**

D'abord, toutes les mesures d'exécution ne sont pas interdites aux créanciers personnels d'un indivisaire. En effet, il a toujours été admis qu'ils peuvent inscrire une sûreté judiciaire sur la quote-part indivise de leur débiteur, telle une hypothèque judiciaire conservatoire, car elle ne produit aucun effet d'indisponibilité. En revanche, sont interdites toutes celles auxquelles un tel effet est attaché, c'est-à-dire les mesures d'exécution forcée et les saisies conservatoires[146].

Par ailleurs et surtout, les créanciers personnels sont protégés par la faculté qui leur est offerte de provoquer le partage au nom du débiteur ou d'intervenir dans le partage que celui-ci a provoqué[147]et de se payer sur les biens ou les fonds qui seront attribués à leur débiteur (C. civ., art. 815-17, al. 3[148]). Mais encore faut-il que celui-ci puisse lui-même demander le partage, car son créancier ne peut agir que par la voie oblique et ne dispose donc pas de plus de droit que son débiteur. C'est la raison pour laquelle il faut opérer la distinction suivante :

- lorsque chaque indivisaire peut à tout moment demander le partage, la quote-part indivise du débiteur reste insaisissable ; il en va ainsi en cas d'indivision légale et d'indivision conventionnelle à durée indéterminée ;
- en revanche, en cas d'indivision conventionnelle à durée déterminée, les indivisaires ne peuvent provoquer le partage avant le terme ; c'est alors que l'article 1873-15 du Code civil autorise exceptionnellement les créanciers personnels d'un indivisaire à saisir sa quote-part indivise[149].

Mais la décision de saisir appartient au seul créancier qui choisit librement les biens qu'il entend poursuivre.

---

145. L'ouverture d'une procédure collective à l'encontre d'un indivisaire est aussi sans conséquence sur les droits des créanciers de l'indivision. Ainsi, ils n'ont pas à déclarer leur créance et si une clause d'inaliénabilité est stipulée dans le plan de cession, elle leur est inopposable : Com., 7 février 2012, n° 11-12787, *RJDA*, 2012, n° 540.

146. Civ. (2e ch.), 4 octobre 2001, n° 00-11126, *RTD Civ.*, 2002, p. 250, obs. R. Perrot.

147. Cette faculté s'exerce sur le fondement de l'action oblique qui suppose que le créancier ait un intérêt à agir ; tel n'est pas le cas lorsque son débiteur est redevable envers l'indivision d'une somme supérieure au montant de ses droits dans le partage : Civ. (1re ch.), 1er avril 2015, n° 14-11554, *Gaz. Pal.*, 2015, p. 3199, obs. M. Galvez.

148. Mais selon ce texte, les coïndivisaires du débiteur peuvent toujours arrêter le cours de l'action en partage en acquittant l'obligation au nom et en l'acquit du débiteur, selon l'article 815-17, alinéa 3 ; voy. Civ. (1re ch.), 27 mai 2010, n° 09-11460, *Bull. civ.*, I, n° 123 ; *Dr. et procéd.*, 2010, n° 10, p. 19, n° 4, où le coïndivisaire débiteur était en liquidation judiciaire.

149. Sur les règles applicables, voy. Perrot et Théry, *Procédures civiles d'exécution*, 3e éd., Paris, Dalloz, 2013, n° 746.

2. La liberté de choix du saisissant

61 ***Principe.*** La liberté de choix du saisissant est la conséquence directe de son droit à l'exécution. Elle est affirmée à l'article L. 111-7 du CPCE en ces termes : « Le créancier a le choix des mesures propres à assurer l'exécution ou la conservation de sa créance ». Par voie de conséquence, il est **libre de choisir tant les biens** qu'il entend saisir **que l'ordre** dans lequel il veut opérer.

Mais ce principe n'est pas absolu, car dans le souci de protéger le débiteur, il est limité par le principe de proportionnalité (a) et surtout par la multiplication d'hypothèses de subsidiarité (b).

a) Le principe de proportionnalité

62 ***Abus.*** Il est posé par le même article L. 111-7 qui, dans le prolongement de la liberté qu'il consacre, prévoit que la mesure choisie « ne peut excéder ce qui est nécessaire pour obtenir le paiement de l'obligation[150] ». Autrement dit, les mesures choisies doivent rester **proportionnelles au montant de la créance** à recouvrer. À défaut, le créancier engage sa responsabilité et le juge de l'exécution pourra le sanctionner par la mainlevée des mesures abusives et l'allocation de dommages et intérêts au saisi[151].

Ce principe est applicable à toutes les procédures civiles d'exécution, quelles qu'elles soient. Mais en matière immobilière, il reçoit une application particulière en cas de saisie simultanée de plusieurs immeubles, qui a encore été enrichie par la réforme de la saisie immobilière (voy. *infra*, n° 612).

Ce principe n'est guère critiquable, car il ne s'agit que d'une application particulière à l'exécution forcée de la théorie générale de l'abus de droit pleinement justifiée en la matière. L'atteinte portée au principe du libre choix du créancier par le principe de proportionnalité est ainsi à la fois justifiée et limitée, ce qui n'est pas toujours le cas des hypothèses de subsidiarité.

b) Les hypothèses de subsidiarité

63 ***Étendue.*** Il s'agit d'hypothèses dans lesquelles la loi impose au créancier une hiérarchie entre les biens saisissables. Parfois, elles sont limitées à certaines saisies, parfois elles sont applicables à toutes les saisies.

64 ***Limitées à certaines saisies.*** Selon l'article L. 221-2 du CPCE, une **saisie-vente** sur des biens situés au domicile du débiteur ne peut être pratiquée pour le

---

150. La charge de la preuve de l'abus pèse sur le débiteur qui doit donc établir que la saisie pratiquée excédait ce qui était nécessaire pour obtenir le paiement de l'obligation : Civ. (2e ch.), 15 mai 2014, n° 13-16016 (F-P+B), *Dr. et procéd.*, 2014, p. 117, obs. S. Dorol ; *D.*, 2015, p. 554, note C. Hugon.

151. Voy., par exemple, Civ. (2e ch.), 10 mai 2007, n° 05-13628, *Procédures*, 2007, comm. n° 246, obs. R. Perrot, à propos d'un syndicat de copropriétaires qui a fait saisir et vendre l'appartement d'un copropriétaire redevable de charges impayées, alors qu'il avait fait pratiquer par ailleurs une saisie sur salaire ; voy. aussi Civ. (2e ch.), 18 juin 2009, n° 08-18379, *Dr. et procéd.*, 2009, p. 353, obs. F. Vinckel ; Jex Aix-en-Provence, 15 juin 2009, *Dr. et procéd.*, 2009, p. 289, obs. C. Scordopoulos ; en sens contraire, Civ. (2e ch.), 22 juin 2017, n° 16-16897, *RTD Civ.*, 2017, p. 731, obs. N. Cayrol, à propos d'une saisie-attribution pratiquée un 2 septembre alors que la signification du titre exécutoire était intervenue un 11 août où la cour d'appel est sanctionnée pour avoir retenu l'abus en se contentant de supposer que le débiteur aurait peut-être payé s'il y avait été invité hors la période estivale.

recouvrement d'une créance n'excédant pas 535 euros[152] qu'à titre subsidiaire, lorsque la saisie d'un compte bancaire ou des rémunérations du travail s'avère impossible (voy. *infra*, n° 498).

De même, la **saisie immobilière** n'est parfois admise qu'à titre subsidiaire, lorsque le débiteur est un incapable ou lorsque le créancier est nanti d'une hypothèque (voy. *infra*, n° 613).

65 ***Applicables à toutes les saisies.*** D'autres hypothèses de subsidiarité sont applicables à toutes les saisies. C'est alors une catégorie déterminée de biens qui ne peuvent être saisis qu'à titre subsidiaire.

La première catégorie a été instituée par la loi *Madelin* du 11 février 1994 qui a ajouté un article 22-1 à la loi de 1991, devenu l'article L. 161-1 du CPCE. Selon ce texte, un **entrepreneur individuel** peut demander à ses créanciers professionnels de poursuivre par priorité la saisie des biens nécessaires à l'exploitation de son entreprise s'ils sont de valeur suffisante. Cette disposition institue ainsi une sorte de patrimoine d'affectation permettant à un entrepreneur individuel de protéger ses biens privés à condition que ses biens professionnels soient suffisants.

La seconde a été inscrite au nouvel article 2025 du Code civil par la loi 2007-211 du 19 février 2007 instituant la **fiducie**. Il en résulte que les créanciers fiduciaires, c'est-à-dire ceux dont la créance est née à l'occasion de la gestion ou de la conservation du patrimoine fiduciaire, ne peuvent saisir les biens du constituant que si ce patrimoine est insuffisant pour les remplir de leurs droits.

Mais nonobstant toutes ces limites plus ou moins étendues, la liberté dont jouit le créancier ne peut s'exercer que sur les biens saisissables. Il faut donc toujours écarter les biens insaisissables, soit à titre accessoire (B), soit à titre principal (C).

B) L'insaisissabilité accessoire

66 ***Biens incessibles.*** L'article L. 112-2 CPCE, qui a repris l'article 14 de la loi de 1991, ajoute au 2° un nouveau cas d'insaisissabilité en prévoyant que ne peuvent être saisis « les biens que la loi rend incessibles à moins qu'il n'en soit disposé autrement ». Il s'agit de la consécration de l'insaisissabilité accessoire qui est la conséquence de l'incessibilité d'un bien. Comme **un créancier ne peut bénéficier de plus de droits que son débiteur**, il ne serait pas envisageable qu'il puisse poursuivre la saisie d'un tel bien alors que celle-ci doit conduire à sa vente, amiable ou forcée. C'est en ce sens que l'insaisissabilité de ces biens est accessoire à leur incessibilité.

Mais il ne faut pas confondre l'insaisissabilité accessoire avec la règle ancienne, toujours d'actualité, qui dit : **« Saisie sur saisie ne vaut »**. Certes, un bien saisi n'est plus aliénable, ce qui interdit une nouvelle saisie. Mais la règle n'est que d'ordre procédural. Elle signifie seulement que le bien déjà saisi ne peut plus faire l'objet d'une nouvelle saisie, indépendante de la première. En revanche, elle n'empêche pas que d'autres créanciers puissent s'associer à la saisie pratiquée et venir ainsi en concours avec le premier saisissant. Il ne s'agit donc pas d'une véritable insaisissabilité.

152. Somme fixée à l'article R. 221-2 du CPCE.

Sous cette réserve, l'insaisissabilité accessoire peut être la conséquence d'une incessibilité légale (1) ou d'une incessibilité volontaire (2).

1. Conséquence d'une incessibilité légale

67 ***Droits attachés à la personne du débiteur.*** Si l'on excepte les biens dotaux qui ne présentent plus qu'un intérêt historique car ils ont été supprimés par la loi du 13 juillet 1965, l'incessibilité légale touche essentiellement les droits attachés à la personne du débiteur. Sans prétendre à l'exhaustivité, on peut citer principalement les droits d'usage et d'habitation, l'usufruit légal des père et mère et les offices ministériels.

68 ***Droits d'usage et d'habitation.*** Il s'agit de droits réels consentis par le propriétaire sur son bien pour satisfaire les **besoins personnels du bénéficiaire**. Un droit d'habitation peut ainsi être conféré à un domestique sur une chambre de l'immeuble où il est employé ou un droit d'usage à un ouvrier agricole sur une vigne, ce qui lui permettra, au moment de la récolte, d'en cueillir et d'en consommer les raisins nécessaires à ses besoins et ceux de sa famille. Les articles 631 et 634 du Code civil interdisent expressément la cession de ces droits et fondent ainsi leur insaisissabilité accessoire.

69 ***Usufruit légal des père et mère.*** Il s'agit de l'usufruit des père et mère qui porte sur les biens de leurs enfants mineurs de moins de 16 ans (C. civ., art. 382 à 387). Cet usufruit est incessible et donc insaisissable car il est grevé de charges que seuls les père et mère sont habilités à remplir, tels l'entretien et l'éducation des enfants (C. civ., art. 385).

Les revenus de ces biens sont aussi insaisissables, mais seulement dans la mesure où ils sont nécessaires à ces charges. Pour le surplus, ils sont saisissables.

70 ***Offices ministériels.*** Les officiers ministériels sont les avocats au Conseil d'État et à la Cour de cassation, les greffiers des tribunaux de commerce, les huissiers de justice, les commissaires-priseurs judiciaires et les notaires[153]. Mais seul est incessible, et donc insaisissable, le **titre**, c'est-à-dire le droit d'exercer la fonction qui en constitue un élément nécessaire. En revanche, la **finance** est saisissable car elle représente la valeur patrimoniale du droit de présentation d'un successeur ouvert à ces officiers par l'article 91 de la loi du 28 avril 1816. Concrètement, la saisie pourra être pratiquée sur le prix que le successeur devra à l'officier en contrepartie de sa présentation au garde des Sceaux en vue de son agrément.

De même, lorsque ces officiers exercent en société, SCP ou SEL, les parts qu'ils détiennent sont cessibles et donc saisissables, faute de toute disposition législative en prescrivant l'insaisissabilité à titre principal. Cependant, elles ne pourront pas faire l'objet d'une vente forcée, car cette dernière a été jugée incompatible avec l'agrément préalable requis du ministère[154]. Mais en réalité, cette solution se justifie plutôt par le caractère essentiellement personnel du

153. Parmi cette liste figuraient aussi les avoués des cours d'appel qui ont été supprimés, à compter du 1er janvier 2012, par la loi n° 2011-94 du 25 janvier 2011 portant réforme de la représentation devant les cours d'appel.

154. Civ. (1re ch.), 4 novembre 2003, n° 99-13965, *Bull. civ.*, I, n° 222 ; *Dr. et procéd.*, 2004, J.21, p. 104, obs. Ph. Hoonakker.

droit de présentation institué par l'article 91 de la loi de 1816 au profit de tous les officiers ministériels. Quoi qu'il en soit, cette prohibition limite pour le moins la portée de la saisissabilité ainsi admise[155].

Dans toutes ces hypothèses, l'incessibilité, dont résulte l'insaisissabilité, est prescrite par la loi. Mais il peut arriver aussi qu'elle soit volontaire, c'est-à-dire décidée par le propriétaire du bien lui-même.

2. Conséquence d'une incessibilité volontaire

71 *Cas*. Traditionnellement, l'incessibilité volontaire ne pouvait résulter que d'une clause insérée dans un acte juridique translatif de propriété, appelée clause d'inaliénabilité (a). Mais, depuis la loi du 22 juin 2006 portant réforme des successions et des libéralités, elle peut découler aussi d'une libéralité graduelle (b).

a) La clause d'inaliénabilité

72 *Domaine*. Elle est prévue à l'article 900-1 du Code civil qui ne vise expressément que les **donations** et les **legs**. La question s'était donc posée de savoir si elle est possible aussi dans les **actes à titre onéreux**. Elle peut présenter un intérêt, par exemple, dans une vente avec rente viagère pour ménager une garantie au vendeur. La doctrine était divisée, car la jurisprudence qui l'avait admise était antérieure à la loi du 3 juillet 1971 ayant institué l'article 900-1[156]. Finalement, la Cour de cassation a renoué avec cette jurisprudence ancienne en décidant qu'une « clause d'inaliénabilité peut être stipulée dans un acte à titre onéreux », mais encore faut-il qu'elle remplisse les deux conditions posées par ce texte[157].

73 *Conditions*. Elles sont au nombre de deux : la clause doit être temporaire et elle doit être justifiée par un motif légitime et sérieux.

Le caractère **temporaire** suppose, selon la jurisprudence, que le nouveau propriétaire retrouve son droit de cession de son vivant. En conséquence, l'inaliénabilité prescrite pour toute la durée de vie du gratifié est nulle. En revanche, sont valables les clauses stipulées pour une durée déterminée (par exemple, jusqu'à tel âge du gratifié) ou même jusqu'au décès du gratifiant.

Le **motif légitime et sérieux** doit être établi par celui qui invoque le bénéfice de la clause[158]. Il peut s'apprécier dans l'intérêt de l'une des personnes suivantes :

- le disposant : par exemple, pour garantir une clause de retour conventionnel en cas de prédécès du donataire[159] ;

155. Mais elle ne lui retire pas tout intérêt. Outre que la vente amiable est toujours possible avec l'accord du saisissant (voy. *infra*, n° 574), la saisie rend indisponibles tous les droits pécuniaires attachés aux parts, et notamment les bénéfices distribuables (voy. *infra*, n° 566).

156. Voy., par exemple, en faveur de l'extension aux actes à titre onéreux, Ph. Simler, « Les clauses d'inaliénabilité », *D.*, 1971, comm. législatif, 416-1 et s. ; *contra* J. Huet, *Les principaux contrats*, 2e éd., Paris, LGDJ, n° 11147.

157. Civ. (1re ch.), 31 octobre 2007, n° 05-14238, *Bull. civ.*, I, n° 337 ; *RTD Civ.*, 2008, p. 126, obs. T. Revet.

158. Civ. (1re ch.), 15 juin 1994, n° 92-12139, *Bull. civ.*, I, n° 211 ; *D.*, 1995.342, note A. Leborgne ; *RTD Civ.*, 1995, 919, obs. F. Zénati.

159. Civ. (1re ch.), 15 juin 1994, préc.

- le gratifié : par exemple, pour protéger le gratifié contre lui-même en raison de son jeune âge ou de sa prodigalité ;
- un tiers : par exemple, lorsque la libéralité comporte à la charge du gratifié l'obligation de verser une rente viagère à une tierce personne que l'inaliénabilité protégera.

Lorsque ces conditions sont remplies, la clause est valable : le bien sera inaliénable et donc insaisissable par la volonté du disposant[160]. Mais le gratifié pourra échapper à cette incessibilité par une autorisation judiciaire.

74 ***Autorisation judiciaire.*** Le gratifié peut demander l'autorisation au juge d'aliéner le bien avant l'expiration de la durée stipulée par la clause, s'il établit que l'intérêt initial a disparu ou qu'un intérêt supérieur l'exige. La question s'est alors posée de savoir si un créancier du gratifié pouvait demander lui-même, par la voie de l'**action oblique**, cette autorisation pour rendre le bien aliénable et donc saisissable. La doctrine et les juges du fond étaient divisés. Mais finalement la Cour de cassation a refusé cette faculté au créancier en jugeant que **ce droit est exclusivement attaché à la personne du gratifié** et donc exclu de l'action oblique[161]. Pour la même raison, le liquidateur d'un débiteur en liquidation judiciaire ne peut agir, le débiteur conservant l'exercice des actions attachées exclusivement à sa personne[162].

En tout cas, cette question ne se posera pas pour la libéralité graduelle où l'incessibilité est absolue.

b) La libéralité graduelle

75 ***Incessibilité absolue.*** Elle est définie par l'article 1048 du Code civil comme la libéralité « grevée d'une charge comportant l'obligation pour le donataire ou le légataire de conserver les biens ou droits qui en sont l'objet et de les transmettre à son décès à un second gratifié, désigné dans l'acte ». L'incessibilité des biens transmis résulte de l'**obligation de conservation** imposée au premier gratifié, appelé le grevé. En conséquence et par accessoire, ils sont aussi insaisissables par les créanciers du grevé et cette insaisissabilité est absolue pour les raisons suivantes :

- l'obligation de conservation, et donc tant l'incessibilité que l'insaisissabilité, vaut durant **toute la vie** du grevé, car elle doit garantir la transmission au second gratifié ;
- mais elle vaudra aussi **à son décès** car, selon l'article 1051 du Code civil, « le second gratifié est réputé tenir ses droits de l'auteur de la libéralité[163] ».

---

160. Voy. not. Civ. (1re ch.), 8 février 2000, n° 97-20727, *Bull. civ.*, I, n° 43 ; *RTD Civ.*, 2000, p. 383, obs. Patarin, et p. 812, obs. J. Hausser.

161. Civ. (1re ch.), 3 juin 1998, n° 96-13372, *Bull. civ.*, I, n° 192 ; *JCP G*, 1998, II, 10167, J. Labey ; solution reprise depuis lors à maintes reprises et en dernier lieu : 8 mars 2005, n° 03-20968, *Bull. civ.*, I, n° 117.

162. Com., 9 novembre 2004, n° 02-18617, *Bull. civ.*, IV, n° 191 ; *D.*, 2004, p. 3068, obs. A. Lienhard.

163. Mais si le second gratifié décède avant le grevé ou renonce à la libéralité, les biens concernés réintègrent sa succession, sauf si l'acte prévoit expressément que les héritiers du second gratifié recueillent la libéralité ou s'il désigne un autre second gratifié (C. civ., art. 1056). Sous ces réserves, l'obligation de conservation et donc l'insaisissabilité disparaissent au prédécès du second gratifié ou en cas de renonciation.

Dans ces conditions, les biens ou droits qui sont l'objet d'une libéralité graduelle ne sont que de passage dans le patrimoine du grevé et ne seront donc jamais saisissables par ses créanciers, que ce soit durant sa vie ou après son décès. C'est sans doute l'insaisissabilité la plus étendue, car même l'insaisissabilité principale cesse généralement avec le décès du débiteur.

C) L'insaisissabilité principale

76 ***Légalité.*** L'insaisissabilité principale est celle qui frappe un bien cessible. Elle ne peut être prescrite que par la loi (Constitution, art. 34 et CPCE, art. L. 112-2-1°, anc[t] L. 1991, 14-1°). Mais celle-ci peut prescrire directement des cas d'insaisissabilité ou autoriser les parties à en prévoir dans les conditions qu'elle détermine. Comme l'insaisissabilité accessoire, l'insaisissabilité principale peut donc être légale (1) ou volontaire (2).

1. L'insaisissabilité légale

77 ***Justifications***

Les cas d'insaisissabilité légale sont essentiellement prévus à l'article L. 112-2 du CPCE. Mais pour préserver l'effectivité du droit à l'exécution, ils doivent rester strictement proportionnés au but légitime poursuivi. Ce but consiste généralement à protéger les intérêts du débiteur (b). Mais il arrive aussi que des intérêts étrangers au débiteur soient pris en considération (a).

a) La protection d'intérêts étrangers au débiteur

Par ordre décroissant, il peut s'agir de l'intérêt général (1), d'intérêts collectifs (2) ou plus exceptionnellement d'intérêts particuliers (3).

1) *L'intérêt général*

78 ***Rentes sur l'État.*** Il faut citer d'abord, au moins à titre historique, les rentes sur l'État dont l'insaisissabilité était justifiée par le souci de renforcer le crédit de l'État en attirant les souscripteurs. Mais du coup, elles risquaient aussi d'attirer les fraudeurs qui trouvaient ainsi un moyen d'échapper à leurs créanciers.

C'est la raison pour laquelle le juge judiciaire a très tôt limité cette insaisissabilité aux seuls arrérages et non aux titres eux-mêmes[164]. Mais l'administration, approuvée par le Conseil d'État[165], s'en est toujours tenue à une insaisissabilité totale, ce qui a rendu la solution judiciaire difficilement praticable. En effet, la cession des **rentes nominatives** n'est effective que si elle est transcrite. Or, l'administration s'y est refusé en raison de l'insaisissabilité. Cet obstacle n'a jamais joué pour les **rentes anonymes**, mais celles-ci étaient faciles à dissimuler et donc difficiles à saisir en pratique.

79 ***Effets de commerce.*** Il faut citer aussi l'insaisissabilité des effets de commerce, lettres de change, billets à ordre et chèques, justifiée par le souci de garantir le crédit en général[166].

---

164. Req., 2 et 16 juillet 1894, *S.*, 1895, I, 5, note LYON-CAEN.

165. CE, 8 juillet 1898, *S.*, 1900, 3, 94.

166. Voy., en dernier lieu, Com., 27 septembre 2005, n° 02-16902, *Bull. civ.*, IV, n° 182 ; *D.*, 2005, p. 2672, obs. X. DELPECH ; *ibid.*, 2006, p. 1614, note A. BOUJEKA ; *RTD Civ.*, 2006, p. 382, obs. R. PERROT.

80 ***Biens culturels.*** L'insaisissabilité instituée par l'article 61 de la loi 94-679 du 8 août 1994 portant diverses dispositions d'ordre économique et financier, en ces termes : « Les biens culturels prêtés par une puissance publique étrangère, destinés à être exposés au public en France, sont insaisissables pour la période de leur prêt à l'État français ou à toute personne morale désignée par lui ».

Mais cette insaisissabilité ne joue pas de plein droit, il faut, pour chaque exposition, un **arrêté interministériel** de la Culture et des Affaires étrangères, fixant la liste des biens culturels insaisissables, déterminant la durée du prêt, et donc de l'insaisissabilité, et désignant les organisateurs de l'exposition[167]. Cette insaisissabilité ne présente évidemment d'intérêt que lorsque le prêteur ne peut se prévaloir de l'immunité d'exécution du droit international public (voy. *supra*, n°s 50 et 51). Elle met ainsi ces biens culturels à l'abri des incertitudes qui entourent cette immunité.

2) *Des intérêts collectifs*

81 ***Syndicats professionnels.*** Aux termes de l'article L. 2132-4 du Code du travail, sont insaisissables « les meubles et immeubles nécessaires aux syndicats professionnels pour leurs réunions, bibliothèques et formations ».

82 ***Fonds à la Caisse des dépôts et consignations.*** Selon l'article L. 662-1 du Code de commerce, « toute opposition ou procédure d'exécution est interdite sur les sommes versées à la Caisse des dépôts et consignations dans le cadre d'une procédure collective ». Ce texte a connu une histoire mouvementée. De nature réglementaire, à l'origine, il avait été déclaré illégal par le Conseil d'État sur le fondement de l'article 34 de la Constitution[168]. Puis la Cour de cassation en avait tiré la conséquence que désormais toute saisie sur ces fonds était nulle[169]. À l'occasion de la recodification de la partie législative du Code de commerce, il avait été réinséré à l'identique à l'article L. 627-1. Le Conseil d'État, interrogé avant la ratification de l'ordonnance de codification alors que ce texte était encore de nature réglementaire, avait approuvé la légalité du procédé[170]. Cette ordonnance a ensuite été ratifiée par la loi n° 2003-7 du 3 janvier 2003

167. Voy., par exemple, l'arrêté du 25 juillet 2012, publié au *JO* n° O175 du 29 juillet 2012, portant sur le prêt de biens culturels par une dizaine d'États étrangers à la Réunion des musées nationaux – Grand Palais, organisatrice de l'exposition « Bohêmes », à Paris, du 26 septembre 2012 au 14 janvier 2013, qui prescrit leur insaisissabilité du 1er septembre 2012 au 14 février 2013.

168. C'est l'article 173 du décret du 27 décembre 1985 qui prescrivait ce cas d'insaisissabilité et qui avait été déclaré illégal par un arrêt du Conseil d'État du 9 février 2000 : *D. affaires*, 2000, n° 11, p. 136, obs. A. Lienhard ; *JCP G*, 2000, I, 10314, note H. Croze et T. Moussa.

169. Com., 26 avril 2000, n° 97-16953, *Bull. civ.*, IV, n° 85 ; *D. affaires*, 2000, n° 20, p. 247 ; *JCP E*, 2000, p. 1565, obs. P. Petel ; *Procédures*, 2000, comm. n° 166, obs. Chr. Laporte ; Com., 20 juin 2000, n°s 97-18152, 97-18154, 97-18155 et 97-19280, *RD bancaire et fin.*, 2000, comm. n° 162, obs. F.-X. Lucas ; Civ. (2e ch.), 5 juillet 2001, n° 99-21481, *Dr. et procéd.*, 2001, J.093, p. 384, obs. Ph. Hoonakker.

170. CE, 27 mai 2002 ; voy. X. Prétot, « Le gouvernement peut-il codifier une disposition déclarée illégale ? », *RJDA*, 2003, doctr., p. 3 ; de surcroît, et en tout état de cause, le juge judiciaire n'aurait pu refuser d'en faire application car il n'est pas juge de la légalité des actes réglementaires : Civ. (1re ch.), 13 novembre 2003, *D.*, 2003, jurispr., p. 2886, obs. A. Lienhard.

et ce texte repris par la loi de sauvegarde des entreprises du 26 juillet 2005 à l'article L. 662-1.

Ce cas d'insaisissabilité est justifié par l'intérêt collectif des créanciers et de l'entreprise. Mais plus exceptionnellement, il arrive aussi que de simples intérêts particuliers soient pris en considération.

3) *Des intérêts particuliers*

83 ***Patrimoine fiduciaire.*** Il s'agit de l'insaisissabilité du patrimoine fiduciaire inscrite à l'article 2025 du Code civil par la loi du 19 février 2007. Elle vise à protéger les intérêts particuliers des bénéficiaires de la fiducie. En conséquence, les biens mis en fiducie sont insaisissables par les créanciers du fiduciaire autres que ceux dont la créance est née de la conservation ou de la gestion de ces biens.

En dehors de ce cas récent, les seuls intérêts particuliers protégés par l'insaisissabilité légale principale sont ceux du débiteur lui-même.

b) La protection des intérêts du débiteur

84 ***Problématique.*** On retrouve ici toute la problématique des procédures civiles d'exécution résidant dans le souci de contrôler l'inégalité qui leur est inhérente en protégeant le débiteur contre les atteintes les plus graves. Elle se traduit par l'insaisissabilité de biens qui touchent à sa vie, à sa santé ou à son travail. Il s'agit tantôt de biens corporels (1), tantôt de créances monétaires (2).

1) *L'insaisissabilité de biens corporels*

85 ***Résidence principale de l'entrepreneur individuel.*** L'article 226 de la loi n° 2015-990 du 6 août 2015 pour la croissance, l'activité et l'égalité des chances économiques, dite *loi Macron*, a institué l'***insaisissabilité de droit*** de la résidence principale de l'entrepreneur individuel[171]. Auparavant elle ne pouvait être soustraite à la poursuite de ses créanciers que par l'effet d'une déclaration notariale d'insaisissabilité ou DNI (voy. *infra*, n°s 96 à 99). Elle est inscrite aux articles L. 526-1 à L. 526-5 du Code de commerce[172].

Lorsque la résidence principale est utilisée partiellement pour un usage professionnel, la partie non utilisée à cette fin est aussi de droit insaisissable sans qu'un état de division soit nécessaire[173]. Mais cette insaisissabilité de droit ne joue qu'à l'égard des **créanciers professionnels**, c'est-à-dire ceux dont les droits naissent à l'occasion de l'activité professionnelle de l'entrepreneur

171. Il s'agit de toute personne physique immatriculée à un registre de publicité légale à caractère professionnel ou exerçant une activité professionnelle agricole ou indépendante, c'est-à-dire essentiellement, les commerçants, artisans, agents commerciaux, agriculteurs et professions libérales, qui exercent en nom propre.

172. Ils constituent une section I qui, depuis la *loi Macron*, est intitulée « De l'insaisissabilité de la résidence principale », bien qu'elle continue à régir aussi la déclaration notariale d'insaisissabilité.

173. De même, la domiciliation de la personne dans son local d'habitation en application de l'article L. 123-10 du Code de commerce ne fait pas obstacle à ce que ce local soit de droit insaisissable, sans qu'un état descriptif de division soit nécessaire.

individuel[174] (C. com., art. L. 526-1, al. 1er). La résidence principale reste donc saisissable par tous les créanciers non professionnels, dits aussi domestiques[175].

La **durée** de cette insaisissabilité est régie par l'article L. 526-3 du Code de commerce. En cas de vente de la résidence principale, le prix obtenu demeure insaisissable à condition que l'entrepreneur individuel l'ait remployé, dans le délai d'un an, à l'acquisition d'une autre résidence principale. Pour le surplus, les règles applicables sont identiques à celles de la déclaration notariale d'insaisissabilité (voy. *infra*, n° 99). Ainsi, l'insaisissabilité subsiste en cas de décès jusqu'à la liquidation de la succession et, en cas de dissolution du régime matrimonial, si la résidence principale est attribuée à l'entrepreneur individuel. De même, celui-ci peut renoncer à tout moment à l'insaisissabilité pour tout ou partie de la résidence principale et à l'égard de tous les créanciers ou seulement d'un ou plusieurs d'entre eux. Il peut aussi révoquer ultérieurement sa renonciation, dans les mêmes conditions que celles applicables à la DNI. Enfin, sont transposables à l'insaisissabilité de droit de la résidence principale de l'entrepreneur individuel, les solutions dégagées par la jurisprudence à propos de l'opposabilité de la DNI à la procédure collective ouverte à son égard (voy. *infra*, encadré E9)[176].

86 ***Biens mobiliers nécessaires à la vie et au travail.*** Les biens mobiliers nécessaires à la vie et au travail du saisi et de sa famille sont visés à l'article L. 112-2-5° du CPCE. En application de cette disposition, l'article R. 112-2 du CPCE donne une liste exhaustive des biens mobiliers nécessaires à la vie qui sont insaisissables (voy. *infra*, encadré E6). En revanche, pour ceux nécessaires au travail, il se contente de prescrire l'insaisissabilité des « instruments de travail nécessaires à l'exercice personnel de l'activité professionnelle ». Il est vrai que la variété des situations rend difficile l'élaboration d'une liste exhaustive. Il appartient donc à la jurisprudence d'interpréter les deux critères retenus :

- **quant aux biens**, il doit s'agir de véritables instruments de travail[177] ; c'est la raison pour laquelle, par exemple, il a été jugé qu'un véhicule automobile reste saisissable s'il sert exclusivement aux trajets domicile/travail[178] ;

---

174. Pour la première fois, cette insaisissabilité jouera à l'égard des créanciers professionnels dont les droits sont nés après la publication de la *loi Macron*, c'est-à-dire après le 7 août 2015. Mais pour les créanciers professionnels antérieurs, l'entrepreneur individuel pourra profiter, le cas échéant, de la DNI souscrite auparavant, car elle continue de produire ses effets (L. 6 août 2015, art. 226-IV).

175. Ainsi que par l'administration fiscale à laquelle cette insaisissabilité est inopposable lorsque le déclarant a commis des manœuvres frauduleuses ou une inobservation grave et répétée de ses obligations fiscales, au sens de l'article 1729 du Code général des impôts (C. com., art. L. 526-1, al. 3).

176. L. Lauvergnat, « L'insaisissabilité de droit de la résidence principale de l'entrepreneur individuel », *Dr. et procéd.*, 2015, p. 110.

177. En principe, il devrait s'agir de biens corporels ; mais il est parfois admis qu'il pourrait aussi s'agir de biens incorporels, comme une licence de taxi (sur ce point, voy. *infra*, encadré E43).

178. Civ. (2e ch.), 15 décembre 2005, *Dr. et procéd.*, 2006, J.39, p. 170, obs. O. Salati, à propos d'un médecin dont les juges du fond ont jugé souverainement que le véhicule lui servait exclusivement à ses trajets domicile/travail car ses patients se rendaient à son cabinet ; déjà dans le même sens : CA Nancy, 16 janvier 2003, *JCP E*, 4, pan. n° 1524, p. 1661.

en revanche, un ordinateur utilisé pour la recherche d'un emploi a été assimilé à un instrument de travail[179] ;

- **quant aux personnes**, l'exigence d'un exercice personnel d'une activité professionnelle conduit à réserver ce cas d'insaisissabilité aux seules personnes physiques et à l'exclure pour les personnes morales[180].

E 6 **Liste des biens mobiliers nécessaires à la vie**

Selon l'article R. 112-2 du CPC (anc^{t} décr. 1992, art. 39), sont insaisissables car nécessaires à la vie du débiteur saisi et de sa famille :

- les vêtements ;
- la literie ;
- le linge de maison ;
- les objets et produits nécessaires aux soins corporels et à l'entretien des lieux ;
- les denrées alimentaires ;
- les objets de ménage nécessaires à la conservation, à la préparation et à la consommation des aliments ;
- les appareils nécessaires au chauffage ;
- la table et les chaises permettant de prendre les repas en commun ;
- un meuble pour abriter le linge et les vêtements et un meuble pour ranger les objets ménagers ;
- une machine à laver le linge ;
- les livres et autres objets nécessaires à la poursuite des études ou à la formation professionnelle ;
- les objets d'enfants ;
- les souvenirs à caractère personnel ou familial ;
- les animaux d'appartement ou de garde ;
- les animaux destinés à la subsistance du saisi, ainsi que les denrées nécessaires à leur élevage ;
- un poste téléphonique permettant l'accès au service téléphonique fixe ou mobile.

Mais l'insaisissabilité de ces biens n'est que **relative** car elle est écartée dans les cas suivants :

- pour le **paiement de leur prix**[181], le prix étant entendu comme les sommes dues au vendeur, au fabricant ou au prêteur de deniers pour l'achat, la fabrication ou la réparation ;
- lorsque ces biens se trouvent dans un **lieu autre** que celui où demeure ou travaille le saisi ;
- lorsqu'il s'agit de **biens de valeur** en raison de leur importance, de leur matière, de leur ancienneté ou de leur caractère luxueux ;
- s'ils perdent leur caractère de **nécessité** en raison de leur quantité ;
- s'ils constituent des éléments corporels d'un **fonds de commerce**.

87 ***Handicapés et malades.*** Sont également insaisissables aux termes de l'article L. 112-2-7° du CPCE, « les objets indispensables aux personnes handicapées ou destinés au soin des personnes malades ». **Cette insaisissabilité**, en revanche, **est absolue** car elle s'impose à tous les créanciers, quels qu'ils soient.

---

179. Civ. (2e ch.), 28 juin 2012, n° 11-15055, *D.*, 2012, p. 1941, obs. crit. L. Lauvergnat ; *Dr. et procéd.*, 2012, p. 210, obs. A. Leborgne.

180. Jex Lyon, 14 juin 1994, *D.*, 1995, 207, note J. Prévault.

181. Sauf lorsque ces biens sont la propriété des bénéficiaires de prestations d'aide sociale à l'enfance prévues par les articles L. 222-1 à L. 222-7 du Code de l'action sociale et des familles ; dans ces cas, ils sont insaisissables même pour le paiement de leur prix (CPCE, art. L. 112-2-6°).

2) L'insaisissabilité de créances monétaires

88 ***Créances nécessaires à la vie.*** Les créances monétaires insaisissables sont celles qui sont nécessaires à la vie du débiteur. Il s'ensuit deux conséquences.

D'une part, lorsque les fonds provenant d'une créance nécessaire à la vie sont versés sur un compte bancaire (ce qui est le cas le plus fréquent en pratique), leur insaisissabilité subsiste. Le titulaire du compte peut alors prétendre, en cas de saisie, à une mise à disposition des fonds correspondants. Mais tant le moment que le montant de la mise à disposition obéissent à des règles complexes et techniques qui sont étroitement liées à la saisie pratiquée. C'est la raison pour laquelle elles seront exposées au titre des règles particulières applicables à la saisie-attribution des comptes bancaires (voy. *infra*, n°s 365 et s.).

D'autre part, cette insaisissabilité frappe une très grande variété de créances monétaires, mais elle n'est généralement que partielle, dans la limite du but humanitaire poursuivi. La meilleure illustration en est fournie par les deux créances partiellement insaisissables, les plus fréquentes en pratique : les créances alimentaires et les rémunérations du travail.

89 ***Créances alimentaires.*** Selon l'article L. 112-2-3° du CPCE, sont insaisissables « les provisions, sommes et pensions à caractère alimentaire ». Il s'agit en particulier de toutes les **pensions alimentaires**, quelle que soit la personne du débiteur ou du créancier (parents, grands-parents, enfants, conjoints, etc.). La solution était discutée pour la prestation compensatoire en raison de son caractère mixte, indemnitaire et alimentaire. Ce débat a été tranché par la Cour de cassation qui s'est prononcée pour l'insaisissabilité globale de cette créance, sans distinction selon son caractère indemnitaire ou alimentaire[182].

Mais quelle que soit la créance alimentaire, son insaisissabilité est **doublement limitée** :

- d'une part, elle ne joue pas pour le paiement des aliments déjà fournis par le saisissant au saisi (CPCE, art. L. 112-2-3°) ; par exemple, en cas de fourniture volontaire pour suppléer la carence du débiteur d'une pension alimentaire ;
- d'autre part, elle ne joue pas sur toute la créance alimentaire, car celle-ci n'est insaisissable que pour la fraction fixée par le juge de l'exécution ; ce juge, saisi par le débiteur qui prétend que les sommes reçues par lui ont un caractère alimentaire, détermine si et dans quelle mesure elles ont un caractère alimentaire ; à cette fin, et en tant que de besoin, il fait application du barème fixé pour l'insaisissabilité des rémunérations du travail (CPCE, art. R. 112-4 ; voy. *infra*, encadré E7).

90 ***Rémunérations du travail.*** Il s'agit en pratique de la catégorie la plus importante des créances insaisissables (sur ces créances : voy. *infra*, n°s 376 et s.). Mais comme ces rémunérations constituent souvent l'essentiel des moyens dont dispose un débiteur, il n'était pas envisageable de les rendre totalement insaisissables, sous peine de porter atteinte à la substance même du droit à l'exécution du créancier. C'est la raison pour laquelle **les rémunérations du**

182. Civ. (2e ch.), 10 mars 2005, n° 02-14268, *Bull. civ.*, II, n° 66 ; *Dr. et procéd.*, 2005, J.51, p. 240, obs. C. Lefort ; *Procédures*, 2005, n° 128, obs. R. Perrot.

travail ne sont que partiellement insaisissables, par application d'un barème dont l'objectif est de laisser à la disposition du débiteur les fonds nécessaires à sa vie et à celle de ses proches, c'est-à-dire **la fraction qui présente un caractère alimentaire**. Aussi, plus la rémunération est faible, plus la fraction insaisissable est forte et inversement. Ce barème est prévu à l'article R. 3252-2 du Code du travail qui fixe la fraction saisissable par tranches annuelles de rémunération. Plus la tranche est élevée et plus la fraction saisissable est importante (voy. *infra*, encadré E7).

E7 **Barème de la fraction saisissable des rémunérations du travail**

Les tranches de ce barème, fixées à l'article R. 3252-2 du Code du travail, sont révisées annuellement par décret en fonction de l'évolution de l'indice INSEE des prix à la consommation des ménages urbains (C. trav., art. R3252-4). Les seuils de chaque tranche sont augmentés d'un montant par personne à la charge du débiteur saisi, sur justification qu'il présente (C. trav., art. 3252-3); ce montant est fixé annuellement par le même décret (C. trav., art. R. 3252-4).

En pratique, pour éviter des calculs fastidieux, les greffes des tribunaux d'instance, en charge des procédures de saisie des rémunérations du travail, adressent aux employeurs, tiers saisis, un tableau faisant apparaître la fraction mensuelle saisissable, en fonction du nombre de personnes à charge, pour des revenus mensuels allant de 450 euros à 2 260 euros, par tranches de 10 euros (450, 460, 470, 480, etc., 2 260).

Si un débiteur perçoit des rémunérations de plusieurs employeurs, il faut les ajouter pour déterminer la fraction saisissable (C. trav., art. L. 3252-4, al. 1er). Jusqu'à présent, il appartenait au juge de fixer les modalités des retenues à opérer. Mais depuis le 1er janvier 2013, cette mission incombe au greffier qui opère selon les mêmes règles, toujours fixées à l'article R. 3252-40[183] : il détermine les employeurs chargés d'opérer les retenues et si l'un d'eux est en mesure de verser la totalité de la fraction saisissable, la saisie peut être pratiquée entre ses mains.

91 ***Fraction absolument insaisissable.*** Traditionnellement, cette insaisissabilité était écartée en faveur des **créanciers d'aliments** qui pouvaient donc saisir l'intégralité des rémunérations du travail. Mais cette dérogation était lourde de conséquences pour les débiteurs les plus modestes qui pouvaient ainsi être privés de toutes ressources. De plus, elle produisait des effets pervers en décourageant le débiteur à travailler ou à tout le moins à percevoir une rémunération officielle. C'est dans ces conditions que la Cour de cassation avait fini par juger que, nonobstant la lettre des textes, il appartenait aux juges du fond de vérifier si la rémunération saisie par un créancier d'aliments ne revêtait pas pour le débiteur saisi lui-même un caractère alimentaire, en tout ou partie[184]. C'était la consécration du « minimum de survie » qui a directement inspiré la loi de 1991.

Celle-ci a institué une fraction des rémunérations absolument insaisissable, même par les créanciers d'aliments, inscrite aujourd'hui à l'article L. 3252-3, alinéa 2, du Code du travail et fixée par l'article R. 3252-5 du même code au **montant forfaitaire du RSA fixé pour un foyer composé d'une seule**

183. Dans sa rédaction issue du décret 2013-109 du 30 janvier 2013 relatif à la simplification de la procédure de saisie des rémunérations, qui a remplacé le mot « juge » par le mot « greffier ».

184. Civ. (2e ch.), 10 octobre 1984, n° 83-12653, *Bull. civ.*, II, n° 146 ; *RTD Civ.*, 1985, 218, R. Perrot.

personne[185]. En conséquence, il y a lieu désormais de distinguer trois parties dans la rémunération du travail :

- une partie **absolument insaisissable** qui s'impose à tous les créanciers, y compris les créanciers d'aliments ;
- une partie **normalement insaisissable** qui est inopposable aux créanciers d'aliments, lesquels peuvent la saisir dans la limite du terme échu de la pension alimentaire et des six derniers mois impayés (C. trav., art. L. 3252-5 ; voy. *infra*, n°s 413 et 415)[186] ;
- une partie **librement saisissable** ouverte à tous les créanciers et correspondant à la fraction saisissable fixée par le barème applicable.

E 8 **Autres créances insaisissables**

Il existe encore bien d'autres créances insaisissables, soit en raison de leur caractère alimentaire, soit en raison de leur caractère personnel au débiteur.

1. Le critère alimentaire qui justifie l'insaisissabilité d'une créance explique que cette insaisissabilité soit parfois totale, parfois partielle.

a) **L'insaisissabilité totale** frappe toute la créance, mais elle est tantôt absolue, tantôt relative.

L'insaisissabilité totale absolue est celle qui joue à l'égard de tous les créanciers, quels qu'ils soient. On peut citer par exemple :

- le revenu de solidarité active – RSA (CASF, art. L. 262-48) ;
- la créance d'allocation logement (CSS, art. L. 835-2) ;
- le pécule de libération des détenus (CPP, art. 728-1) ;
- l'indemnité en capital et les rentes versées en matière d'accident du travail (CSS, art. L. 434-1 et L. 434-18).

L'insaisissabilité totale relative est celle qui est écartée pour le recouvrement de certaines créances, généralement à caractère alimentaire, ou de l'indu en cas de fraude ou de déclaration mensongère. Il s'agit par exemple :

- des prestations en nature versées au titre de l'assurance-maladie, tels les remboursements des frais médicaux ou pharmaceutiques (CSS, art. L. 322-7) ;
- des prestations familiales (CSS, art. L. 553-4).

b) **L'insaisissabilité partielle** est celle qui ne joue que sur une fraction de la créance, en l'occurrence, selon une formulation identique reprise par les différents textes applicables, « dans les mêmes conditions et limites que les salaires ». On peut citer :

- les pensions de retraite et d'invalidité (CSS, art. L. 355-2 pour le régime général de la sécurité sociale[187] ; CSS, art. L. 634-2 pour les artisans, industriels et commerçants ; CSS, art. L. 623-1 pour les professions non agricoles ; C. rur. et pêche maritime, art. L. 725-11 pour les professions agricoles ; C. rur. et pêche maritime, art. L. 742-3 pour les salariés agricoles) ;
- les indemnités journalières versées au titre de l'assurance-maladie (CSS, art. L. 323-5 au titre du régime général ; C. rur. et pêche maritime, art. L. 742-3 au titre du régime applicable aux salariés agricoles ; CSS, art. L. 433-3 au titre des accidents du travail) ;

---

185. Le RSA est le revenu de solidarité active qui a succédé au RMI, revenu minimum d'insertion (CASF, art. L. 262-2).

186. Après une période probatoire dans certains départements, instaurée par l'article 27-V-2° de la loi n° 2014-873 du 4 août 2014 pour l'égalité réelle entre les femmes et les hommes, la loi de financement de la sécurité sociale pour 2016 (n° 2015-1702 du 21 décembre 2015) a porté ce plafond à 24 mois, à compter du 1er avril 2016 et sur tout le territoire, lorsque l'organisme débiteur des prestations familiales agit pour le compte du créancier des pensions alimentaires impayées.

187. Voy., par exemple, Civ. (2e ch.), 7 juin 2012, n° 11-19622 ; si ces pensions sont versées à un compte bancaire, elles bénéficient du report d'insaisissabilité applicable à toutes les créances insaisissables (sur ce point, voy. *infra*, n°s 365 et s.) : Civ. (2e ch.), 7 juin 2012, n° 11-19622, *Dr. et procéd.*, 2012, p. 267, obs. F. Vinckel.

- les allocations versées en faveur de travailleurs privés d'emploi, telles que l'allocation d'assurance chômage, l'allocation de chômage partiel et l'allocation de préretraite (C. trav., art. L. 5428-1).

Pour d'autres créances, la fraction insaisissable est détachée de celles des salaires. Ainsi en est-il par exemple pour :

- les revenus de l'auteur d'une œuvre de l'esprit où elle est fixée par le juge (CPI, art. L. 333-1 à L. 333-4) ;
- les pensions de retraite des marins français du commerce, de pêche ou de plaisance où elle est variable selon la nature de la créance, étant précisé que seuls certains créanciers peuvent les saisir (Code des pensions des marins français du commerce, de pêche ou de plaisance, anc^{t} art. L. 30) ; mais ce régime a été modifié, à compter du 1er décembre 2010, par l'ordonnance n° 2010-1307 du 28 octobre 2010 qui a intégré une bonne partie du Code des marins français dans le Code des transports ; ainsi, l'article L. 30 du Code des marins français a été transféré à l'article L. 5552-43 du Code des transports et ses dispositions ont été modifiées ; désormais, des règles particulières ne subsistent plus que pour le recouvrement de certaines créances (de l'État, du régime d'assurance-vieillesse des marins et celles privilégiées de l'article 2231 du Code civil) ; pour les autres, ces pensions sont saisissables dans les conditions des rémunérations du travail fixées par l'article L. 3252-2 du Code du travail[188].

2. D'autres créances sont déclarées insaisissables par la jurisprudence en raison de leur caractère personnel au débiteur. Il s'agit du contrat d'assurance-vie et des ouvertures de crédit.

a) Le contrat d'assurance-vie est insaisissable jusqu'à son terme, car tant qu'il est en cours, le souscripteur ne dispose que d'une faculté de rachat sans valeur patrimoniale qui a été jugée strictement personnelle et donc insaisissable[189]. Par dérogation à cette jurisprudence, la loi n° 2013-1117 du 6 décembre 2013 relative à la lutte contre la fraude fiscale et la grande délinquance économique et financière avait autorisé expressément la saisie des sommes versées au titre d'un contrat d'assurance rachetable, essentiellement les contrats d'assurance-vie, par l'État et les collectivités territoriales, au travers des saisies spéciales de créances monétaires qui leur étaient réservées. Cette dérogation a été reprise et même renforcée pour la saisie administrative à tiers détenteur, qui a été substituée à ces saisies spéciales (voy. *infra*, n° 433).

b) Les ouvertures de crédit sont insaisissables pour la partie non utilisée car celle-ci ne constitue qu'une promesse de prêt à une personne déterminée qui peut seule la lever sans pouvoir y être contrainte, notamment par un créancier[190].

---

188. Cette modification fait suite à l'arrêt de la Cour de cassation qui avait jugé, dans l'espèce qui lui était soumise, que l'article L. 30 du Code des pensions de retraite des marins français porte une atteinte non justifiée par un but légitime au droit de propriété garantie par l'article 1er du premier protocole additionnel à la CEDH : Civ. (2e ch.), 3 mai 2007, n° 05-19439, *Bull. civ.*, II, n° 121 ; *D.*, 2007, p. 2344, obs. V. Vigneau ; *RTD Civ.*, 2007, p. 643, obs. R. Perrot.

189. Com., 25 octobre 1994, n° 90-14316, *Bull. civ.*, IV, n° 311 ; Civ. (1re ch.), 28 avril 1998, n° 96-10333, *Bull. civ.*, I, n° 153 ; voy. not. Ph. Baillot, « L'insaisissabilité des contrats d'assurance-vie », *JCP E*, 2009, 1225 ; G. Eid, « Insaisissabilité de l'assurance-vie : moyen légal de contournement des droits des créanciers », *Dr. et procéd.*, 2008, p. 131 ; O. Salati, « Comptes et voies d'exécution », *Dr. et procéd.*, 2002, I, 07, p. 203, spéc. p. 205.

190. Civ. (2e ch.), 18 novembre 2004, n° 90-10693, *Bull. civ.*, II, n° 501 ; *D.*, 2005, pan., p. 1604, obs. G. Taormina ; pour une critique de cette jurisprudence, O. Cuperlier, « Réflexions critiques sur l'insaisissabilité d'une ouverture de crédit », *RTD Civ.*, 2007, p. 485 ; pour une approbation, H. François-Marsal, « Peut-on saisir des ouvertures de crédit ? », *RLDA*, juin 2008, p. 66.

2. L'insaisissabilité volontaire

92 ***Distinction.*** L'insaisissabilité volontaire est celle qui est décidée par le propriétaire du bien lui-même. Elle ne peut évidemment être abandonnée à sa discrétion sauf à condamner le droit à l'exécution du saisissant. Elle n'est donc possible qu'avec l'autorisation expresse de la loi qui la réserve aujourd'hui, dans les cas et conditions qu'elle définit, au donateur ou au testateur (a) et à l'entrepreneur individuel (b).

a) La volonté du donateur ou du testateur

93 ***Justification.*** Elle est prévue par l'article L. 112-2-4° qui prescrit l'insaisissabilité des « biens disponibles déclarés insaisissables par le testateur ou le donateur, sauf autorisation du juge et, pour la portion qu'il détermine, par les créanciers postérieurs à l'acte de donation ou à l'ouverture du legs ».

Ce texte est traditionnellement justifié par le fait que le donateur ou le testateur auraient pu s'abstenir de toute libéralité. En conséquence, les créanciers ne peuvent se plaindre de subir le moindre préjudice puisqu'ils ne pouvaient compter sur les biens entrés dans le patrimoine de leur débiteur du fait de la libéralité prescrivant l'insaisissabilité. Mais cette justification porte aussi en elle les limites apportées à cette insaisissabilité.

94 ***Limites.*** L'insaisissabilité que peut ainsi prescrire un donateur ou un testateur comporte trois limites dictées par cette justification :

- elle ne concerne que les **biens disponibles**, c'est-à-dire la quotité disponible dont l'auteur de la libéralité peut librement disposer ; en conséquence, elle ne peut porter sur la réserve qui reste toujours librement saisissable, ce qui se justifie parfaitement dès lors que les créanciers des réservataires étaient en droit de compter sur de tels biens ;
- elle ne dure que pendant la **vie du gratifié** et à condition qu'il demeure propriétaire du bien reçu ; autrement dit, les ayants cause du gratifié, quels qu'ils soient, ne sauraient profiter de plein droit de l'insaisissabilité qui avait été prescrite au profit de leur auteur ;
- elle n'est opposable qu'aux **créanciers antérieurs** à la libéralité ; s'agissant des créanciers postérieurs, ils ont parfaitement pu se fier aux apparences et donc compter sur l'ensemble des biens présents dans le patrimoine de leur débiteur ; c'est la raison pour laquelle ils peuvent obtenir du juge l'autorisation de saisir ces biens dans la proportion qu'il fixe librement.

b) La volonté de l'entrepreneur individuel

95 ***Deux mécanismes.*** L'entrepreneur individuel dispose de deux mécanismes pour mettre certains biens à l'abri des poursuites de ses créanciers : la déclaration notariale d'insaisissabilité ou DNI (1) et l'entreprise individuelle à responsabilité limitée – EIRL (2).

1) *La déclaration notariale d'insaisissabilité ou DNI*

96 ***Idée de patrimoine d'affectation.*** La déclaration d'insaisissabilité volontaire de l'entrepreneur individuel est inscrite aux articles L. 526-1 à L. 526-5, R. 526-1 et R. 526-2 du Code de commerce.

Elle est issue de l'article 8 de la loi du 1er août 2003 pour l'initiative économique, dite loi *Dutreil*, qui s'est inspirée directement de l'idée de patrimoine d'affectation en permettant à l'entrepreneur individuel de mettre sa résidence principale à l'abri de la poursuite de ses créanciers professionnels[191]. Elle contribue ainsi à l'objectif général de favoriser la création d'entreprises. Elle a été modifiée successivement par la loi du 4 août 2008 de modernisation de l'économie, dite *LME*[192] et par l'article 226 de la loi n° 2015-990 du 6 août 2015 pour la croissance, l'activité et l'égalité des chances économiques, dite *loi Macron*.

97 ***Domaine.*** Le domaine de la déclaration notariale d'insaisissabilité est circonscrit *ratione personae* et *ratione materiae*.

Ratione personae, cette déclaration est réservée aux **entrepreneurs individuels**, c'est-à-dire aux personnes physiques exerçant l'une des activités suivantes en nom propre : commerçant, artisan, agent commercial, agriculteur ou profession libérale.

Ratione materiae, elle ne pouvait porter, à l'origine, que sur l'immeuble où était fixée la **résidence principale** du déclarant[193]. Mais la *LME* y avait ajouté, de manière générale, **tout bien foncier bâti ou non bâti** que le déclarant n'a pas affecté à son usage professionnel. Cet élargissement du domaine subsiste, mais comme la *loi Macron* a créé l'insaisissabilité de droit de la résidence principale (voy. *supra*, n° 85), la DNI ne présente plus d'intérêt que pour les autres biens fonciers. En cas d'usage mixte, la partie non affectée à un usage professionnel peut faire l'objet d'une déclaration notariale d'insaisissabilité, à condition d'être désignée dans un état descriptif de division (C. com., art. L. 526-1, al. 2)[194].

98 ***Formalités.*** La déclaration notariale d'insaisissabilité doit être reçue par notaire sous peine de nullité et contenir la description détaillée des biens et l'indication de leur caractère propre, commun ou indivis[195]. Elle doit ensuite faire l'objet d'une double publication : d'une part, une **publication immobilière** s'opérant selon les règles de la publicité foncière ; d'autre part, une **publication professionnelle** s'opérant par inscription au registre où est immatriculé

---

191. Elle s'est inspirée aussi de la loi du 12 juillet 1909 sur la constitution d'un bien de famille insaisissable, qui était tombée en désuétude car la valeur du bien était restée fixée à la somme de 50 000 francs (soit 7 622,45 euros) et qui a finalement été abrogée par la loi n° 2011-1862 du 13 décembre 2011 sur la répartition des contentieux.

192. Voy. not. L. Lauvergnat, « De l'abolition du droit des créanciers professionnels : la loi du 4 août 2008 », *Dr. et procéd.*, 2009, p. 68 ; O. Salati, « Modifications apportées au dispositif d'insaisissabilité de la résidence principale de l'entrepreneur individuel par la loi de modernisation de l'économie », *Procédures*, 2008, focus n° 39.

193. Peu importe qu'il s'agisse d'un bien propre, d'un bien commun ou d'un bien indivis, sauf que dans ce dernier cas, elle ne vaudra pas pour les autres indivisaires, ce qui n'ira pas sans difficulté de mise en œuvre.

194. Mais en cas de domiciliation du déclarant dans son local d'habitation pour les besoins de son immatriculation, cet état n'est pas requis.

195. Voy. not. Y. Guilhaudis et J. Guirec Raffray, « Pratique de la déclaration notariée d'insaisissabilité », *JCP E*, 2005, 1056, p. 1182.

l'entrepreneur[196] et, à défaut, dans un journal d'annonces légales du département dans lequel est exercée l'activité professionnelle.

99 ***Effets.***

La déclaration rend **insaisissables** les biens immobiliers désignés[197]. Mais cet effet ne joue qu'à l'égard des créanciers professionnels dont les droits naissent après la publicité foncière (C. com., art. L. 526-1, al. 2) et à condition que la publication professionnelle ait aussi eu lieu[198]. Ces biens restent donc saisissables par les créanciers professionnels antérieurs et par tous les créanciers non professionnels, dits aussi domestiques, sans considération de date[199].

Quant à la **durée** de ces effets, elle est régie par les second et troisième alinéas de l'article L. 526-3 du Code de commerce. La règle nouvelle posée par *la loi Macron* est que les effets de la DNI subsistent après le décès du déclarant jusqu'à la liquidation de la succession[200]. En cas de dissolution du régime matrimonial, elle subsiste, comme auparavant, pour les biens attribués au déclarant. En revanche, en cas de cession des biens grevés de la DNI, il n'existe plus de possibilité d'en maintenir les effets[201].

De plus et à tout moment, le déclarant peut renoncer aux effets de la déclaration. La **renonciation** est soumise aux mêmes conditions que la déclaration elle-même et son objet peut être partiel, selon les précisions suivantes :

- d'une part, la renonciation peut porter sur tout ou partie des biens désignés ;
- d'autre part, elle peut toujours être limitée au bénéfice d'un ou plusieurs créanciers subissant l'insaisissabilité et, dans ce cas, la cession de la créance emportera transmission des effets de la renonciation au cessionnaire.

Depuis la *loi Macron*, la **renonciation peut être révoquée** à tout moment dans les mêmes conditions, mais la révocation n'aura d'effet qu'à l'égard des créanciers professionnels dont les droits naîtront postérieurement à sa publication (C. com., art. L. 526-3, al. 2).

Enfin, sous une réserve très rare en pratique, la déclaration d'insaisissabilité est opposable à la procédure collective ouverte contre le débiteur (voy.

---

196. Pour le registre du commerce et des sociétés, l'inscription se fait selon les modalités prévues aux articles R. 526-1 et R. 526-2 du Code de commerce.

197. Cette insaisissabilité interdit seulement de pratiquer une mesure d'exécution forcée et non d'inscrire une mesure conservatoire sur l'immeuble grevé : Com., 11 juin 2014, n° 3-13643, *D.*, 2014, p. 1610, obs. P. Crocq.

198. Car selon l'ancien article L. 526-2, alinéa 2, du Code de commerce, elle conditionne le droit du déclarant de se prévaloir de l'insaisissabilité ; voy. Ph. Hoonakker, « La double publication de la déclaration d'insaisissabilité », *D.*, 2013, p. 318.

199. Ainsi que par l'administration fiscale à laquelle la DNI est inopposable lorsque le déclarant a commis des manœuvres frauduleuses ou une inobservation grave et répétée de ses obligations fiscales, au sens de l'article 1729 du Code général des impôts (C. com., art. L. 526-1, al. 3).

200. Auparavant le décès emportait révocation de la DNI.

201. Avant la *loi Macron*, la DNI survivait dans les conditions suivantes : elle se reportait sur le prix de cession s'il était remployé dans le délai d'un an à l'acquisition par le déclarant d'un immeuble où était fixée sa résidence principale. Cette insaisissabilité du prix n'existe plus qu'en cas de cession de la résidence principale (voy. *supra*, n° 85).

infra, encadré E9), ce qui lui confère un attrait nouveau par rapport à l'EIRL instituée postérieurement.

E 9

L'opposabilité à une procédure collective

Malheureusement, le législateur n'a pas réglé la question controversée de l'opposabilité de la déclaration d'insaisissabilité à la procédure collective ouverte postérieurement à l'encontre du déclarant. Certes, l'article R. 622-4, alinéa 3, du Code de commerce oblige le débiteur non immatriculé au registre du commerce et des sociétés ou au répertoire des métiers à informer le mandataire judiciaire de la déclaration d'insaisissabilité à laquelle il a procédé. Mais il aurait été hâtif d'en déduire une opposabilité générale à la procédure collective.

Toute la difficulté vient de ce que la déclaration d'insaisissabilité engendre deux catégories de créanciers :

- les créanciers auxquels la déclaration est opposable, c'est-à-dire les créanciers professionnels postérieurs à la publication immobilière ;
- les créanciers auxquels la déclaration est inopposable, qui sont plus divers car il s'agit de tous les créanciers non professionnels ou domestiques, des créanciers professionnels antérieurs et des créanciers professionnels postérieurs bénéficiaires d'une renonciation du déclarant.

La réponse à la question posée est simple, **lorsqu'il n'existe qu'une seule catégorie de créanciers** :

- s'il s'agit de créanciers auxquels la déclaration est opposable, elle l'est aussi à la procédure collective et les immeubles désignés ne pourront pas être vendus dans le cadre de cette procédure ;
- s'il s'agit de créanciers auxquels la déclaration est inopposable, elle l'est aussi à la procédure collective, ce qui signifie que les biens désignés pourront être vendus à leur profit dans les conditions normales de cette procédure.

Mais, en pratique, de telles situations sont exceptionnelles car, dans l'immense majorité des cas, il existe des **créanciers relevant de ces deux catégories**. Or, dans ces cas, la réponse n'est pas évidente et la doctrine était divisée[202].

---

202. En faveur de l'inopposabilité, voy. not. F. Pérochon, « Le créancier et la renonciation à l'insaisissabilité de la résidence », in *Mélanges offerts à Saint-Alary*, p. 409 ; voy. aussi CA Orléans, 15 mai 2008, *JCP E*, 2009, 1008, obs. M. Cabrillac et Ph. Petel ; en sens contraire, voy. not. P.-M. Le Corre, *Droit et pratique des procédures collectives*, 6e éd., Paris, Dalloz, n° 582-13, et note sous Com., 3 février 2009, *Dr. et procéd.*, 2009, p. 206.

Finalement, la chambre commerciale de la Cour de cassation s'est prononcée, par référence aux règles du dessaisissement, **en faveur de l'opposabilité**. Elle interdit au liquidateur de céder l'immeuble déclaré insaisissable[203] et le juge commissaire qui l'autoriserait commettrait un excès de pouvoir, car il ne fait pas partie du gage commun, autrement dit, il est **hors de la procédure** collective[204]. Mais quel est alors le sort de l'immeuble déclaré insaisissable pendant la durée de la procédure collective ? Dans la mesure où il est ainsi hors de la procédure collective et pour éviter que cette insaisissabilité relative ne devienne absolue, il faudrait admettre que les créanciers auxquels la déclaration est inopposable, c'est-à-dire les créanciers domestiques et les créanciers professionnels antérieurs ou bénéficiaires d'une renonciation, puissent conserver leur droit de poursuite individuelle et donc le saisir selon les règles de droit commun[205]. C'est finalement la solution retenue par la Cour de cassation, d'abord implicitement[206], puis explicitement[207]. Et si ces créanciers ne sont pas encore titrés, ils pourront agir en recouvrement contre le débiteur en procédure collective pour obtenir un titre exécutoire constatant l'existence, le montant et l'exigibilité de leur créance, mais seulement « aux fins de sûreté ou de voie d'exécution sur cet immeuble »[208]. Rappelons que ces solutions valent aussi désormais pour la résidence principale de l'entrepreneur individuel à l'égard de ses créanciers domestiques car l'insaisissabilité légale, instituée par la loi « *Macron* », ne leur est pas opposable (voy. *supra*, n° 85).

203. Elle lui interdit aussi d'agir en partage de l'indivision et en licitation de l'immeuble indivis entre deux époux, objet d'une déclaration d'insaisissabilité régulièrement publiée avant le jugement d'ouverture prononcé à l'égard du mari : Com., 14 mars 2018, n° 16-27302 (F-P+B+I), *RJDA*, 2018, n° 446 ; *D.*, 2018, p. 1240, note A. Rabreau, *RTD Civ.*, 2018, p. 447, obs. W. Dross.

204. Com., 28 juin 2011, n° 10-15482, *D.*, 2011, 1751, obs. A. Lienhard ; *JCP E*, 2011, 1551, note F. Pérochon ; *LEDEN*, 2011, 7, n° 119, obs. F.-X. Lucas ; *Bull. dict. perm. diff. entr.*, n° 328, p. 1, obs. J.-P. Rémery, et p. 4, obs. P. Roussel Galle ; *Dr. et procéd.*, 2011, p. 234, obs. F. Vinckel ; voy. aussi L. Antoni-Cochin, « Le retour en grâce de la déclaration d'insaisissabilité », *Gaz. Pal.*, 2011, p. 2736 ; V. Legrand, « Déclaration d'insaisissabilité et EIRL : le couple parfait ? », *D.*, 2011, 2485 ; P. Martin, « Déclaration d'insaisissabilité et liquidation judiciaire », *Procédures*, 2011, étude n° 1 ; Com., 3 février 2009, n° 08-10303, *D.*, 2009, p. 494, obs. A. Lienhard ; *Dr. et procéd.*, 2009, p. 206 ; voy. aussi dans le même sens, mais sur le seul fondement de l'article L. 526-1 du Code de commerce : Com., 24 mars 2015, n° 14-10175, *D.*, 2015, p. 799, obs. A. Lienhard et p. 1302, note N. Borga ; *Gaz. Pal.*, 2015, p. 2285, obs. J. Théron.

205. En ce sens : L. Antoni-Cohin, « Le retour en grâce de la déclaration d'insaisissabilité », *op. cit.* ; A. Leborgne, « Droit de l'exécution », *D.*, mars 2011-février 2012, p. 1513 ; P.-M. Le Corre, « Les questions soulevées par la déclaration notariée d'insaisissabilité en cas de liquidation judiciaire », *Gaz. Pal.*, 2012, p. 761 ; F. Pérochon, « Le créancier et la renonciation à l'insaisissabilité de la résidence », *op. cit.* ; P. Roussel Galle, « La réforme des entreprises en difficulté par l'ordonnance du 12 mars 2014 », *op. cit.* ; *contra*, V. Legrand, « Déclaration d'insaisissabilité et EIRL : le couple parfait ? », *op. cit.* ; F.-X. Lucas, obs. sous Civ., 28 juin 2011, préc. ; F. Vinckel, obs. sous Civ., 28 juin 2011, préc. ; sur l'ensemble de la question, voy. P.-M. Le Corre, « Déclaration notariée d'insaisissabilité et liquidation judiciaire : questions-réponses », *Gaz. Pal.*, 2013, p. 2008.

206. Com., 5 avril 2016, n° 14-24640, *Gaz. Pal.*, 2016, p. 1637, note P.-M. Le Corre ; *D.*, 2016, p. 1296, note N. Borga.

207. Com., 12 juillet 2016, n° 15-17321, à paraître au Bull. ; *D.*, 2016, p. 1558, obs. A. Lienhard ; cette décision précise aussi que l'effet interruptif attaché à la déclaration de créance prend fin dès la décision statuant sur l'admission, et non à la clôture de la procédure collective, car le créancier auquel la déclaration d'insaisissabilité est inopposable n'est pas dans l'impossibilité d'agir sur l'immeuble grevé au sens de l'article 2234 du Code civil dès lors qu'il peut faire procéder à sa vente sur saisie.

208. Com., 13 septembre 2017, n° 16-10206, à paraître au Bull.

Mais encore faut-il que la DNI soit opposable et valable. Sur le premier point, la Cour de cassation avait d'abord jugé, par référence à la défense de l'intérêt collectif des créanciers, que le liquidateur n'est pas recevable à agir en inopposabilité d'une clause d'insaisissabilité irrégulièrement publiée[209], ni à exercer l'action paulienne[210], car ces actions n'intéressent qu'une catégorie de créanciers. Mais cette jurisprudence était critiquée car elle confondait intérêt collectif et intérêt commun. Aussi, en se fondant expressément sur son arrêt du 2 juin 2015 qui a assimilé l'intérêt collectif à « la protection et la reconstitution du gage commun des créanciers »[211], la chambre commerciale a abandonné cette solution et décidé que le liquidateur est recevable à contester la régularité d'une DNI car une telle action tend « à reconstituer le gage commun des créanciers »[212]. Sur le second point, l'ordonnance du 12 mars 2014 a créé un nouveau cas de nullité de droit de la période suspecte. Désormais, toute déclaration d'insaisissabilité faite durant cette période encourt de plein droit l'annulation (C. com., art. L. 632-1-I-12°) et, de plus, elle pourra être annulée si elle a été faite dans les six mois précédant la date de la cessation des paiements (C. com., art. L. 632-1-II)[213]. Ces actions en nullité, qui tendent aussi à la reconstitution du gage commun des créanciers, sont expressément réservées aux organes de la procédure collective (voy. *infra*, encadré E27).

---

2) *L'entreprise individuelle à responsabilité limitée – EIRL*

100 ***Patrimoines affectés.*** L'entreprise individuelle à responsabilité limitée ou EIRL a été instituée par la loi n° 2010-658 du 15 juin 2010, complétée par l'ordonnance n° 2010-1512 du 9 décembre 2010[214]. Elle est régie par les articles L. 526-6 à L. 526-21 et R. ou D. 526-3 à 526-24[215] du Code de commerce.

Elle consiste à créer un patrimoine affecté réservé aux créanciers professionnels, à côté du patrimoine personnel ou privé subsistant, qui revient aux autres créanciers. Il est même possible, depuis le 1er janvier 2013, de créer plusieurs patrimoines affectés si l'entrepreneur individuel exerce des activités professionnelles distinctes[216]. Sans entrer dans le détail de ce mécanisme qui révolutionne notre tradition séculaire du patrimoine unique et risque de poser

---

209. Com., 13 mars 2012, n° 11-15438, *D.*, 2012, p. 1460, note F. Marmoz ; *Gaz. Pal.*, 2012, p. 1526, obs. J. Théron ; voy. aussi J.-L. Vallens, « Efficacité de la déclaration d'insaisissabilité », *RLDA*, juin 2012, p. 19 ; mais cette solution était critiquable car en cas d'inopposabilité faute de publication régulière, comme en l'espèce, la DNI est inopposable à tous les créanciers et l'immeuble intègre le périmètre de la procédure collective.

210. Com., 23 avril 2013, n° 12-16035, *D.*, 2013, p. 1127, obs. A. Lienhard ; *Rev. soc.*, 2013, p. 377, obs. Ph. Roussel Galle.

211. Com., 2 juin 2015, n° 13-24714, *Bull. civ.*, IV, n° 94, *D.*, 2015, p. 1974, note P.-M. Le Corre, *D.*, 2015, p. 1977, note F.-X. Lucas, *JCP E*, 2015, p. 1422, note P. Pétel.

212. Com., 15 novembre 2016, n° 14-26287 (P+B+I), *D.*, 2016, p. 2333, obs. A. Lienhard, *Gaz. Pal.*, 2017, p. 1649, obs. J. Théron ; *RLDA*, mars 2017, 6172, p. 40, note Q. Némoz-Rajot.

213. Voy. not. P. Roussel Galle, « La réforme des entreprises en difficulté par l'ordonnance du 12 mars 2014 », *Rev. soc.*, 2014, p. 351, spéc. n° 49.

214. Sur les premiers commentaires, voy. not. B. Dondero, « L'EIRL ou l'entrepreneur fractionné – À propos de la loi du 15 juin 2010 », *JCP G*, 2010, 679 ; E. Dubuisson, « L'EIRL est adopté ! – En attendant l'entrée en vigueur... », *JCP E*, 2010, act. n° 303 ; D. Legeais, « EIRL : incidences de la loi relative à l'entrepreneur à responsabilité limitée », *RD bancaire et fin.*, 2010, comm. n° 13.

215. Créés par le décret 2010-1706 du 29 décembre 2010 et modifiés par le décret 2012-122 du 30 janvier 2012. Le dispositif est complété par des arrêts ministériels, codifiés aux articles A. 526-1 à A. 526-5, prévoyant notamment des modèles types.

216. Sur ce point, voy. not. Voy. Legrand, « L'EIRL à patrimoines multiples ou questionnaire à choix multiples », *D.*, 2012, p. 2402.

bien des difficultés en pratique, on se contentera d'exposer les règles essentielles intéressant directement les procédures civiles d'exécution. Elles sont relatives à la constitution de l'EIRL, aux obligations de l'entrepreneur individuel et au gage des créanciers.

101 ***Constitution de l'EIRL.*** Toute personne physique exerçant une activité professionnelle, commerciale, artisanale, agricole ou libérale, peut décider de constituer une entreprise individuelle à responsabilité limitée. Pour ce faire, elle doit affecter à son activité professionnelle un patrimoine séparé de son patrimoine personnel, sans création d'une personne morale. Cette affectation s'opère au moyen d'une déclaration constitutive détaillant et valorisant la composition du patrimoine affecté.

La **déclaration constitutive** est effectuée auprès du registre où est immatriculé l'entrepreneur individuel et, à défaut, auprès du registre spécial tenu au greffe du tribunal de commerce du lieu de son établissement principal[217] (R. 526-15 à R. 526-24). Elle doit comporter notamment la mention de l'objet de l'activité professionnelle à laquelle il est affecté et un état descriptif des éléments composant le patrimoine affecté[218] (C. com., art. R. 526-3).

S'agissant de la **composition du patrimoine affecté**, il faut distinguer les éléments qui y entrent obligatoirement, ceux qui peuvent y être ajoutés facultativement et les revenus :

- **obligatoirement**, il se compose de l'ensemble des biens, droits, obligations et sûretés nécessaires à l'activité professionnelle de l'entrepreneur individuel (C. com., art. L. 526-1, al. 2), c'est-à-dire, selon l'article R. 526-3-1 issu du décret du 30 janvier 2012, ceux qui, par nature, ne peuvent être utilisés que dans le cadre de cette activité[219] ;
- **facultativement**, l'entrepreneur individuel peut décider d'y adjoindre tout autre élément de même nature qu'il utilise pour l'exercice de son activité ; mais s'il décide de constituer plusieurs patrimoines affectés, un même bien, droit, obligation ou sûreté ne peut entrer que dans la composition de l'un d'entre eux (C. com., art. L. 526-1, al. 2) ;
- enfin, les **revenus professionnels** font aussi partie du patrimoine affecté, sous réserve de la part que détermine l'entrepreneur individuel pour être versée au patrimoine non affecté (C. com., art. L. 526-18).

---

217. En Alsace et en Moselle, ce registre spécial est tenu par les greffes des tribunaux d'instance (C. com., art. R. 526-15, al. 2).

218. La loi n° 2014-626 du 18 juin 2014, dite loi « Pinel », a introduit un second alinéa à l'article L. 526-8 du Code de commerce. Selon ce texte, l'état descriptif peut être remplacé, si l'entrepreneur individuel exerçait déjà son activité professionnelle antérieurement, par le dernier bilan clos depuis moins de quatre mois à la date du dépôt de la déclaration. Dans ce cas, l'ensemble des éléments figurant dans le bilan compose l'état descriptif et les opérations intervenues depuis la date du dernier exercice clos sont comprises dans le premier exercice de l'entrepreneur individuel à responsabilité limitée.

219. Par dérogation, l'entrepreneur individuel exerçant une activité agricole ne peut affecter à son activité professionnelle les terres dont il est propriétaire (C. com., art. L. 526-6, al. 3).

Tout élément d'actif, autre que les liquidités et dont la valeur déclarée[220] est supérieure à 30 000 euros (C. com., art. D. 526-5)[221], doit faire l'objet d'une **évaluation au vu d'un rapport** établi par un professionnel que désigne l'entrepreneur individuel[222]. Si la valeur déclarée est supérieure à celle proposée par le professionnel désigné, ou à la valeur réelle au moment de l'affectation à défaut de recours à un professionnel, l'entrepreneur individuel est responsable de l'excédent sur l'ensemble de son patrimoine, sans distinction (C. com., art. L. 526-10).

E 10 **Règles propres à certains biens**

Biens immobiliers L'affectation d'un bien immobilier doit être reçue par un acte notarié qui est publié au fichier immobilier tenu par les services de la publicité foncière ou au livre foncier en Alsace-Moselle. Si une partie seulement d'un ou plusieurs biens immobiliers est affectée, l'entrepreneur individuel doit la désigner dans un état descriptif (C. com, art. L. 526-9, al. 1er). Les documents attestant de l'accomplissement de ces formalités doivent être joints à la déclaration constitutive (C. com, art. L. 526-8-3°).

Biens communs ou indivis

L'affectation de biens communs ou indivis est subordonnée à deux conditions dont l'entrepreneur individuel doit justifier en joignant à la déclaration constitutive les documents correspondants (C. com, art. L.526-11, al. 1er et L. 526-8-3°) :

- l'accord exprès du conjoint ou des indivisaires ;
- leur information préalable sur les droits dont disposent les créanciers professionnels auxquels l'EIRL est opposable (voy. *infra*, n° 103).

---

102 ***Obligations de l'entrepreneur individuel.*** L'EIRL fait peser sur l'entrepreneur individuel des obligations inspirées du droit des sociétés. Ainsi, il doit :

- utiliser, pour l'exercice de son activité professionnelle, une **dénomination** intégrant son nom, précédé ou suivi immédiatement des mots « entrepreneur individuel à responsabilité limitée » ou de l'acronyme « EIRL » (C. com., art. L. 526-6, al. 4) ;
- tenir une **comptabilité autonome** dans les conditions prévues pour les commerçants[223] et **déposer le bilan établi**[224] chaque année au registre

---

220. Selon l'article L. 526-8-1°, dans sa rédaction issue de la loi n° 2016-1691 du 9 décembre 2016, dite « Sapin 2 », qui y a inscrit le complément qu'avait ajouté le décret du 30 janvier 2012 au 7° de l'article R. 526-3, il s'agit de la valeur vénale et, à défaut, de la valeur d'utilité.

221. Le rapport d'évaluation est aussi écarté lorsque l'entrepreneur individuel exerçait déjà antérieurement son activité professionnelle et qu'il n'a pas opté pour l'assimilation à une entreprise unipersonnelle à responsabilité limitée ; il peut alors déclarer la valeur nette comptable s'il était tenu à une comptabilité commerciale ou, à défaut, la valeur d'origine figurant au registre des immobilisations, selon le troisième alinéa de l'article L. 526-8 ajouté par la loi n° 2016-1691 du 9 décembre 2016, dite « Sapin 2 ».

222. Il peut s'agir d'un commissaire aux comptes, d'un expert-comptable, d'une association de gestion et de comptabilité ou d'un notaire, mais ce dernier ne peut intervenir que pour l'évaluation des biens immobiliers.

223. Il s'agit des obligations comptables prévues aux articles L. 123-12 à L. 123-23 du Code de commerce applicables à tous les commerçants et aux articles L. 123-25 à L. 123-27 du même code applicables aux commerçants personnes physiques placées sur option ou de plein droit sous le régime réel simplifié d'imposition.

224. À l'origine, tous les comptes annuels devaient être déposés, mais la loi *Pinel* du 18 juin 2014 a limité cette obligation au seul bilan établi par l'entrepreneur individuel ; sur l'ensemble des modifications, très limitées, apportées par cette loi au statut de l'EIRL, voy. V. Legrand,

qui a reçu sa déclaration constitutive (C. com., art. L. 526-13, al. 1er et L. 526-14, al. 1er)[225] ;

- ouvrir un ou plusieurs **comptes bancaires dédiés** à son activité professionnelle auprès d'un établissement de crédit (C. com., art. L. 526-13, al. 3).

En cas de dénomination irrégulière ou à défaut de dépôt des comptes annuels, le président du tribunal, statuant en référé à la demande de tout intéressé ou du Ministère public, peut lui enjoindre sous astreinte l'exécution de ces obligations (C. com., art. L. 526-20 et L. 526-14, al. 2).

103 ***Droit de gage des créanciers.*** Lorsque l'EIRL est opposable aux créanciers, leur droit de gage est normalement réduit.

L'EIRL est **opposable à tous les créanciers postérieurs**, c'est-à-dire à ceux dont les droits sont nés après le dépôt de la déclaration constitutive (C. com., art. L. 526-12, al. 1er). À l'origine, l'entrepreneur individuel pouvait aussi rendre son EIRL opposable aux créanciers antérieurs aux conditions qui étaient prévues[226]. Mais cette faculté a été supprimée par la loi du 9 décembre 2016, dite « Sapin 2 », si bien que l'EIRL n'est plus opposable qu'aux créanciers postérieurs.

Le **droit de gage** de ces créanciers est **réduit** comme suit :

- pour les **créanciers postérieurs professionnels**, c'est-à-dire ceux dont les droits sont nés à l'occasion de l'exercice de l'activité professionnelle déclarée, il ne s'exerce que sur le patrimoine affecté (C. com., art. L. 526-12, al. 6-1°) ;
- pour les **créanciers postérieurs non professionnels**, il ne s'exerce que sur le patrimoine non affecté (C. com., art. L. 526-12, al. 6-2°), lequel inclut les revenus professionnels déterminés par l'entrepreneur individuel (voy. *supra*, n° 101).

Mais **ce cloisonnement des patrimoines n'est pas absolument étanche**. D'abord, il est évidemment écarté pour les **créanciers antérieurs** (professionnels ou non) auxquels l'EIRL n'est pas opposable et qui conservent donc leur droit de gage général sur tous les biens de l'entrepreneur individuel. Ensuite, lorsque le **patrimoine non affecté est insuffisant**, les créanciers **postérieurs non professionnels** peuvent saisir le bénéfice réalisé par l'entrepreneur individuel lors du dernier exercice clos (C. com., art. L. 526-12, al. 4). Enfin,

---

« L'entreprise à patrimoine affectée sur la sellette ? », *D.*, 2014, p. 1458 ; S. Piedelièvre, « Un nouveau départ pour l'EIRL ? », *Gaz. Pal.*, 2014, p. 2917.

225. Mais les entrepreneurs individuels, visés aux articles 50-0, 64 et 102*ter* du Code général des impôts, bénéficient d'obligations comptables simplifiées prévues à l'article R. 526-10-1 du Code de commerce. Il s'agit des exploitants agricoles soumis au régime de l'évaluation forfaitaire, des micro-entrepreneurs et des professionnels non commerçants bénéficiaires du régime déclaratif spécial.

226. Il devait le mentionner dans la déclaration constitutive et en informer les créanciers concernés par lettre recommandée avec demande d'avis de réception dans le mois de la déclaration constitutive (anct C. com., art. L. 526-12, al. 2, R. 526-8 et D. 526-9). Ceux-ci pouvaient alors former opposition dans le mois suivant cette information (anct R. 526-10). Si l'opposition était admise, le juge saisi devait ordonner soit le remboursement, soit la constitution de garanties si l'entrepreneur individuel en proposait et si elles étaient jugées suffisantes. À défaut de remboursement ou de constitution des garanties ordonnées, l'EIRL n'était pas opposable au créancier opposant (anct C. com., art. L. 526-12, al. 3 et 4).

tous les créanciers postérieurs peuvent retrouver leur droit de gage général sur tous les biens, **à titre de sanction de l'entrepreneur individuel**. Ainsi, celui-ci est responsable sur la totalité de ses biens en cas de fraude ou de manquement grave aux règles gouvernant la composition du patrimoine affecté ou à ses obligations comptables[227] (C. com., art. L. 526-12, al. 3). De même, lorsque l'entrepreneur individuel a, par des manœuvres frauduleuses ou à la suite de l'inobservation grave et répétée de ses obligations fiscales, rendu impossible le recouvrement des impositions et des pénalités, ses créances fiscales peuvent être recouvrées sur le patrimoine non affecté si elles relèvent de l'exercice de l'activité professionnelle et sur le patrimoine affecté si elles y sont étrangères (LPF, art. L. 273 B)[228]. Cette extension au patrimoine non affecté joue aussi, dans les mêmes conditions, en matière de sécurité sociale pour le recouvrement des cotisations et des pénalités ou majorations afférentes, dues par l'entrepreneur individuel au titre de son activité professionnelle (CSS, art. L. 133-4-7 et C. rur. et pêche maritime, art. L. 725-12-1).

E 11 Extinction et transmission de l'EIRL

1. Extinction de l'EIRL

Les causes d'extinction de l'EIRL sont la renonciation et le décès. Elles sont mentionnées au registre ayant reçu la déclaration d'affectation, laquelle cesse alors de produire ses effets (C. com., art. L. 526-15, al. 1er et 2). Mais ce principe n'est pas absolu car le patrimoine d'affectation peut survivre dans certaines conditions.

En cas de renonciation, il faut distinguer selon le sort réservé à l'activité professionnelle. Si elle est cessée concomitamment à la renonciation, le droit de gage des créanciers demeure inchangé (C. com., art. L. 526-15, al. 1er). *A contrario*, la poursuite de l'activité professionnelle permet aux créanciers de retrouver leur droit de gage général sur tous les biens de l'entrepreneur individuel.

En cas de décès, le droit de gage des créanciers demeure toujours inchangé (C. com., art. L. 526-15, al. 1er). Mais, de plus, le patrimoine affecté peut continuer à produire ses effets au profit de l'héritier qui manifeste l'intention de poursuivre l'activité professionnelle. À cette fin, il doit faire mentionner son intention au registre qui a reçu la déclaration d'affectation dans un délai de trois mois à compter du décès, et il devra procéder au dépôt d'une déclaration de reprise du patrimoine affecté, le cas échéant après partage et vente de certains des biens affectés pour les besoins de la succession (C. com., art. L. 526-16).

---

227. Constitue un tel manquement, le fait pour un entrepreneur individuel de n'avoir mentionné aucun des éléments affectés à son activité professionnelle dans sa déclaration constitutive : Com., 7 février 2018, n° 16-24481 (FS-P+B+I), *RJDA*, 2018, n° 444 ; *D.*, 2018, p. 594, note S. Tisseyre.

228. La procédure relève de la compétence du président du tribunal de grande instance qui est saisi selon la procédure à jour fixe sans qu'il y ait lieu d'établir l'urgence (LPF, art. R. 273 B-1).

2. Transmission de l'EIRL

L'entrepreneur individuel peut transmettre sans liquidation l'intégralité du patrimoine d'affectation qui compose son EIRL, aux conditions fixées par l'article L. 526-17 du Code de commerce. Ce texte distingue selon que le bénéficiaire est une personne physique ou morale. La transmission à une personne physique peut s'opérer à titre onéreux, c'est-à-dire par voie de cession, ou à titre gratuit entre vifs, c'est-à-dire par voie de donation. Elle fait l'objet d'une déclaration de transfert déposé au registre initial et d'une publicité par avis au BODACC (C. com., art. L. 526-17-II, al. 1er et R. 526-13). La transmission à une personne morale s'opère par voie de cession ou d'apport en société. Elle fait l'objet de la publication d'un avis au BODACC (C. com., art. L. 526-17-II, al. 2 et R. 526-13). Lorsque ces conditions sont remplies, la transmission s'opère sans liquidation, ce qui signifie que tant les éléments d'actif que de passif sont transférés, à compter de l'accomplissement des formalités prévues, au cessionnaire, au donataire ou à la société ayant reçu l'apport, selon les cas. Il s'ensuit que ce bénéficiaire de la transmission devient débiteur des créanciers de l'entrepreneur individuel en ses lieu et place, sans que cette substitution de débiteur emporte novation à leur égard (C. com., art. L. 526-17-III, al. 3)[229]. Mais sur quels biens les créanciers pourront-ils faire valoir leur droit de gage ? Il faut à nouveau distinguer selon la personne bénéficiaire de la transmission :

- en cas de transmission à une personne morale, elle s'opère sans maintien de l'affectation du patrimoine transféré (C. com., art. L. 526-17-II, al. 2) ; il s'ensuit que le droit de gage des créanciers pourra s'exercer sur tous les biens de la personne morale, sans distinction ;
- en cas de transmission à une personne physique, elle s'opère avec maintien de l'affectation du patrimoine transféré à son profit (C. com., art. L. 526-17-II, al. 1er) ; il s'ensuit que le droit de gage des créanciers sera limité aux seuls biens compris dans le patrimoine affecté et non sur les biens personnels du cessionnaire ou du donataire.

Mais dans ce dernier cas, deux catégories de créanciers[230] bénéficient d'un droit d'opposition (C. com., art. L. 526-17-III, al. 4 à 6 et R. 526-14), comparable à celui prévu au stade de la création de l'EIRL (voy. *supra*, n° 103).

SECTION III

Les tiers

104 ***Notion.*** Les tiers sont les personnes, physiques ou morales, étrangères à l'obligation inexécutée, qui peuvent être amenées à jouer un rôle dans le déroulement de la procédure civile d'exécution. Ce rôle est plus ou moins actif selon qu'il s'agit de véritables tiers, appelés aussi *penitus extranei* (§ 1), ou de tiers parties aux procédures civiles d'exécution, qualifiés de tiers saisis (§ 2).

229. C'est ce qui explique que les dispositions de droit commun prévues aux articles L. 141-1 à L. 141-22 du Code de commerce ne sont pas applicables à la cession ou à l'apport en société d'un patrimoine affecté comprenant un fonds de commerce (C. com., art. L. 526-17-III, al. 2).

230. D'une part, les créanciers professionnels auxquels l'EIRL est opposable et dont la créance est antérieure à la publicité de la cession ou de la donation du patrimoine affecté ; d'autre part, les créanciers auxquels l'EIRL n'est pas opposable et dont la créance est antérieure à la déclaration constitutive, mais seulement en cas de donation du patrimoine affecté.

§1. Les *penitus extranei*

105 ***Devoirs.*** Il s'agit de personnes qui sont à la fois tiers à l'obligation inexécutée et à la procédure civile d'exécution pratiquée. C'est à ces personnes qu'est consacré l'alinéa 1er de l'article L. 123-1 du CPCE qui leur impose un double devoir.

D'une part, un **devoir d'abstention** qui est prévu en ces termes : « Les tiers ne peuvent faire obstacle aux procédures engagées en vue de l'exécution ou de la conservation des créances ». Autrement dit, ils doivent s'abstenir de toute action ou attitude qui seraient de nature à entraver le déroulement de la saisie engagée.

D'autre part, un **devoir d'action**, en leur imposant d'y apporter « leur concours lorsqu'ils en sont légalement requis ». Il s'agit alors de tiers auxquels la loi confie un rôle plus actif, sans pour autant en faire des parties à la procédure. Ainsi en est-il, par exemple, du serrurier sollicité pour ouvrir la porte de l'appartement dont l'occupant est absent ou refuse l'accès, d'un déménageur auquel il est demandé d'appréhender des meubles ou encore d'un garagiste chargé d'enlever un véhicule saisi sur la voie publique. Dès lors qu'ils en sont régulièrement requis, ils devront apporter leurs concours, sous peine des sanctions prévues par l'alinéa 2.

106 ***Sanctions.*** L'alinéa 2 de l'article L. 123-1 du CPCE dispose que « celui qui, sans motif légitime, se soustrait à ces obligations peut être contraint d'y satisfaire, au besoin à peine d'astreinte, sans préjudice de dommages et intérêts ». Ces sanctions visent tant le devoir d'abstention imposé à tous tiers que les obligations positives mises à la charge de certains d'entre eux. Mais elles sont évidemment renforcées pour ceux qui sont parties à la procédure, appelés les tiers saisis.

§2. Les tiers saisis

107 ***Notion et renvoi.*** Les tiers saisis sont les personnes entre les mains desquelles une saisie est pratiquée, sans pour autant qu'elles soient le débiteur contre lequel la procédure est dirigée et qui a toujours la qualité de saisi. Il s'agit de l'une des personnes suivantes : soit celle qui détient le bien corporel appartenant au débiteur, objet de la saisie ; soit celle contre laquelle le débiteur détient une créance qui fait l'objet de la saisie, c'est-à-dire le débiteur du débiteur saisi, tel l'employeur ou le banquier.

Il est aisé de comprendre que ces tiers, dont le rôle est indispensable à la réussite de la saisie, se voient imposer des obligations précises et contraignantes plus lourdement sanctionnées. C'est la raison pour laquelle l'article L. 123-1 du CPCE, alinéa 3, prévoit qu'outre les sanctions applicables à tous tiers (voy. *supra*, n° 106), ceux-ci peuvent « aussi être condamnés au paiement des causes de la saisie, sauf leur recours contre le débiteur[231] ». Ces obligations particulières et cette sanction spécifique relèvent des règles propres à chaque mesure d'exécution, qui seront étudiées plus loin.

231. Ce recours contre le débiteur est fondé sur l'enrichissement sans cause : Civ. (2e ch.), 8 décembre 2011, n° 10-23399 ; *Dr. et procéd.*, 2012, p. 78, obs. U. Schreiber.

CHAPITRE II

Les autorités

108 ***Intervention systématique ou éventuelle.*** La mise en œuvre d'une procédure civile d'exécution requiert presque toujours l'intervention de professionnels spécialement formés, dépositaires au moins d'une parcelle de l'autorité publique, qui peuvent être qualifiés d'autorités d'exécution (Section I). Il arrive aussi qu'il soit nécessaire de recourir à des autorités judiciaires, mais leur intervention n'est jamais systématique, elle n'est qu'éventuelle (Section II).

SECTION I

Les autorités d'exécution

109 ***Distinction.*** En principe, toutes les mesures d'exécution sont obligatoirement pratiquées par des agents chargés de l'exécution par la loi (§ 1). Mais leurs moyens peuvent se révéler insuffisants pour contraindre les débiteurs les plus récalcitrants. Il est alors nécessaire d'obtenir le concours de la force publique qui est commandée par l'autorité administrative (§ 2).

§ 1. Les agents chargés de l'exécution

110 ***Huissiers de justice.*** Ces agents sont presque exclusivement les huissiers de justice qui sont des officiers publics et ministériels dont le statut est prévu par l'ordonnance n° 45-2592 du 2 novembre 1945[232]. La loi leur confère un véritable monopole qui ne comporte que de rares exceptions (A) et qui rejaillit sur l'exercice de leur fonction en la matière (B).

A) Le monopole des huissiers de justice

111 ***Fondement.*** Il est consacré par l'article L. 122-1 du CPCE en ces termes : « Seuls peuvent procéder à l'exécution forcée et aux saisies conservatoires les huissiers de justice chargés de l'exécution ». Ce monopole de l'exécution est le prolongement naturel du monopole de la signification des actes et décisions judiciaires dont ils bénéficient par ailleurs. Il convient d'en préciser l'étendue qui n'est pas générale (1) et la portée qui n'est pas absolue (2).

---

232. L'ordonnance n° 2016-728 du 2 juin 2016, prise en vertu de l'habilitation inscrite à l'article 61-III de la loi du 6 août 2015, dite *loi Macron*, crée la profession de commissaire de justice qui regroupera les professions d'huissier de justice et de commissaire-priseur judiciaire à compter de son entrée en vigueur, fixée au 1er janvier 2022.

1. L'étendue du monopole

112 ***Étendue territoriale.*** Le monopole de l'exécution de chaque huissier de justice est circonscrit à un ressort territorial fixé par le décret n° 56-222 du 29 février 1956[233]. Traditionnellement, il s'agissait, sauf exceptions intéressant essentiellement la région parisienne, du ressort du tribunal d'instance du lieu de sa résidence professionnelle. Mais ce ressort a été progressivement élargi. Il a d'abord été porté au ressort du tribunal de grande instance[234] et, depuis le 1er janvier 2017, à celui de la **cour d'appel** dans les matières monolistiques[235]. Autrement dit, un huissier de justice ne peut accomplir un acte relatif à une procédure civile d'exécution que si cet acte est localisé dans le ressort territorial de la cour d'appel où il est établi[236].

Mais ce critère de compétence territoriale aurait été totalement inadapté en cas de signification de ces actes **par voie électronique**, car celle-ci s'opère depuis son bureau. C'est la raison pour laquelle le législateur a institué, dans ces hypothèses, des règles dérogatoires[237]. Pour les procédures civiles d'exécution, il en résulte qu'en général, les significations et les dénonciations sont faites concurremment par les huissiers de justice du ressort de la cour d'appel **où le débiteur a son domicile ou sa résidence**[238].

113 ***Étendue matérielle.*** Matériellement, le monopole de l'exécution ne couvre pas toutes les procédures civiles d'exécution. En effet, l'article L. 122-1 du CPCE ne vise pas les sûretés judiciaires qui peuvent être sollicitées et inscrites par le créancier lui-même ou tout autre mandataire, tel qu'un avocat. En revanche, il couvre toutes les saisies conservatoires et toutes les mesures d'exécution forcée, à l'exception de la saisie des rémunérations du travail[239] et de la vente forcée des biens saisis où l'huissier de justice ne dispose d'aucun monopole (voy.

---

233. Modifié en dernier lieu par le décret n° 2016-1875 du 26 décembre 2016 pour mettre en œuvre la nouvelle extension de la compétence territoriale à compter du 1er janvier 2017.

234. Par le décret 2007-813 du 11 mai 2007, entré en vigueur le 1er janvier 2009. À compter du 1er janvier 2015, pour les départements comportant plusieurs tribunaux de grande instance, il avait été étendu à l'ensemble des ressorts de ces tribunaux ; mais dans le ressort des Tribunaux de grande instance d'Angers, de Brive-la-Gaillarde, de Saumur, de Saint-Gaudens, de Toulouse et de Tulle, cette extension était entrée en vigueur dès le 1er septembre 2014 (Décret 2014-983 du 28 août 2014).

235. Les matières monolistiques portent précisément sur l'exécution forcée ainsi que sur la signification, pour l'essentiel. Pour les autres matières, et notamment l'établissement des constats, sa compétence est nationale depuis le 1er janvier 2017

236. L'incompétence territoriale de l'huissier de justice est sanctionnée selon le régime des nullités pour vice de forme : Civ. (2e ch.), 27 septembre 2012, n° 11-23159, *Gaz. Pal.*, 2013, p. 914, obs. L. Mayer.

237. Elles sont inscrites aux articles 5-2 et 5-3 du décret 56-222 du 29 février 1956 dans leur rédaction issue du décret n° 2016-1875 du 26 décembre 2016.

238. En effet, selon les articles 5-2 et 5-3 du décret de 1956, les significations aux parties sont faites par tout huissier de justice ayant sa résidence dans le ressort de la cour d'appel où l'un des destinataires a son domicile ou sa résidence, les significations à un tiers dans le cadre d'une procédure civile d'exécution sont faites concurremment par les huissiers de justice du ressort de la cour d'appel où le débiteur a son domicile ou sa résidence et la dénonciation d'un acte peut toujours être faite par l'huissier de justice compétent pour le signifier ou l'établir.

239. Elles relèvent de la compétence des greffiers des tribunaux d'instance.

infra, n° 524). Mais même pour ces mesures, le monopole des huissiers de justice n'est pas absolu car des dérogations sont admises.

2. La portée du monopole

114 ***Dérogations.*** Les dérogations au monopole de l'exécution sont prévues aux articles L. 122-3 et R. 122-2 du CPCE. Ils donnent compétence aux agents de la direction générale des finances publiques chargés du recouvrement des créances publiques. Il s'agit des inspecteurs des finances publiques auxquels les fonctions d'huissier sont attribuées[240]. Autrefois appelés les agents huissiers du Trésor, ils sont désignés aujourd'hui par **huissiers des finances publics**. Ils peuvent être chargés des mesures d'exécution forcée et des mesures conservatoires nécessaires au recouvrement des créances de l'État, des collectivités territoriales et des établissements publics dotés d'un comptable public. Ils appellent les deux observations suivantes :

- ils ne disposent d'**aucun monopole**, si bien que les personnes morales de droit public concernées peuvent toujours mandater un huissier de justice (LPF, art. L. 258 A) ;
- ils ne disposent **pas non plus de prérogatives particulières**, de sorte qu'il leur incombe de mettre en œuvre, tout comme l'huissier de justice, les mesures d'exécution dans les conditions prévues par le Code des procédures civiles d'exécution ; en revanche, comme il s'agit de fonctionnaires de l'État, l'exercice de leur fonction relève, pour l'essentiel, de leur statut propre[241] et non des règles applicables à l'huissier de justice, lesquelles se justifient par leur statut d'officier public et ministériel.

B) L'exercice de la fonction de l'exécution

L'huissier de justice exerce sa fonction de l'exécution en sa double qualité d'officier ministériel (1) et d'officier public (2)[242].

1. En qualité d'officier ministériel

115 ***Notion.*** L'huissier de justice est un officier ministériel car il est titulaire d'un office que lui confère l'autorité publique au travers du **garde des Sceaux**, ministre de la Justice, **qui procède à sa nomination**. Sauf en Alsace et en Moselle

240. Décret 2011-1501 du 10 novembre 2011, article 1er. Selon l'article 5 de ce décret, il peut s'agir aussi, lorsque les nécessités du service l'imposent, de contrôleurs des finances publiques auxquels le directeur départemental des finances publiques peut confier, à titre temporaire, l'exercice des poursuites nécessaires au recouvrement des créances publiques. Ils sont alors soumis aux mêmes conditions que les inspecteurs chargés des fonctions d'huissier.

241. Prévu par les décrets 2011-1501 du 10 novembre 2011 relatif à l'exercice des poursuites par les agents de la direction générale des finances publiques pour le recouvrement des créances publiques, et 2010-986 du 26 août 2010 portant statut particulier des personnels de catégorie A de la direction générale des finances publiques.

242. Sur ce point, voy. la réponse du garde des Sceaux, ministre de la Justice, à la question écrite n° 45573, *JOAN*, 7 avril 1997, p. 1806.

où la vénalité des charges n'existe pas[243], il dispose aussi du **droit de présenter son successeur**. C'est en cette qualité qu'il est soumis à un statut légal et réglementaire définissant notamment les modalités d'exercice de ses fonctions, parmi lesquelles figure celle de l'exécution.

Pour l'exercice de cette fonction, il doit toujours disposer d'un mandat du créancier dont découlent des obligations qui peuvent engager sa responsabilité.

116 ***Mandat.*** L'huissier de justice ne peut jamais procéder à une mesure d'exécution forcée ou à une mesure conservatoire sans qu'il en ait été **chargé par le créancier** ou son mandataire[244]. Sous réserve des actes qui nécessitent un pouvoir spécial[245], ce mandat d'exécution n'est soumis à aucune forme particulière et peut même résulter tacitement de la seule remise du titre exécutoire à l'huissier de justice selon l'article R. 141-1 du CPCE (anc[t] CPC, art. 507).

Mais en contrepartie du monopole dont il bénéficie, l'huissier de justice est **tenu de prêter son ministère**. Traditionnellement cette obligation jouait dans la limite du ressort territorial du monopole conféré à l'huissier de justice. Mais depuis l'extension du monopole au ressort de la cour d'appel (voy. *supra*, n° 112), elle a été **réduite au ressort du tribunal de grande instance** où l'huissier de justice requis est établi[246]. Celui-ci pourra toujours refuser son concours dans les deux cas prévus à l'article L. 122-1 du CPCE :

- lorsque la mesure requise par le créancier lui paraît revêtir un caractère **illicite**[247] ;
- lorsque le montant des frais paraît manifestement susceptible de **dépasser le montant de la créance** réclamée, à l'exception des condamnations symboliques que le débiteur refuse d'exécuter.

Comme l'appréciation de ces dérogations n'est pas toujours aisée, l'article R. 122-1 du CPCE autorise l'huissier de justice à en référer préalablement au

---

243. Dans les départements du Bas-Rhin, du Haut-Rhin et de la Moselle, les huissiers de justice sont nommés, sur les postes vacants que le procureur général publie immédiatement, par le garde des Sceaux, ministre de la Justice, parmi les deux ou trois candidats (selon le nombre de candidatures), proposés par la Commission de présentation aux offices vacants prévue aux articles 49-4 à 49-6 du décret 73-1202 du 28 décembre 1973, qui les classe par ordre de préférence (décr. 75-770 du 14 août 1975, art. 49 à 52).

244. En pratique, il s'agit souvent de son avocat dont le mandat couvre de plein droit l'exécution du jugement obtenu si elle est entreprise moins d'un an après qu'il est passé en force de chose jugée (CPC, art. 420).

245. Sous réserve de la saisie immobilière, aucune procédure civile d'exécution ne requiert de pouvoir spécial. En revanche, un tel pouvoir est nécessaire pour tous les actes non prévus par la loi, comme la conduite de négociations ou l'acceptation de délais de paiement.

246. Selon l'article 15 du décret 56-222 du 29 février 1956 dans sa rédaction issue du *décret* n° 2016-1875 du 26 décembre 2016. Dans les départements comportant plusieurs tribunaux de grande instance, ce texte prévoit désormais que l'obligation de prêter son concours joue dans les limites du ressort des tribunaux de grande instance dont le siège est situé dans le même département que le tribunal de grande instance au sein duquel l'huissier de justice requis a établi sa résidence.

247. Par exemple, il n'a pas de titre exécutoire ou le titre transmis est irrégulier, nul ou caduc ; voy. not. Civ. (2e ch.), 13 septembre 2007, n° 06-14730, *Bull. civ.*, II, n° 218 ; *Dr. et procéd.*, 2008, p. 30, obs. C. Lefort, à propos de l'illicéité d'une demande de pratiquer une saisie conservatoire sur le fondement d'une ordonnance d'injonction de payer non encore signifiée.

juge de l'exécution s'il l'estime nécessaire. Il appartiendra alors à ce juge de se prononcer sur le caractère illicite ou disproportionné et d'autoriser, le cas échéant, l'huissier de justice à refuser son ministère.

117 ***Obligations.*** Lorsque le mandat est accepté, l'huissier de justice doit **accomplir personnellement** les actes d'exécution qui relèvent de sa compétence exclusive et il ne peut donc les déléguer à un clerc assermenté. Il a ainsi été jugé qu'il ne peut se contenter de préparer un acte de saisie-attribution et de charger son clerc assermenté de le signifier au tiers saisi ; il doit y procéder lui-même sous peine de nullité de la saisie[248]. Il en va de même de la signification des actes de conversion d'une saisie conservatoire[249]. En revanche, la dénonciation des actes de saisie[250], tout comme le commandement de payer préalable à une saisie-vente[251], ne sont pas considérés comme des actes d'exécution et peuvent donc être délivrés par un clerc assermenté.

Sous réserve de cette obligation légale justifiée par le monopole de l'huissier de justice, celui-ci assume à l'égard du créancier toutes les **obligations contractuelles** d'un mandataire. Il s'agit principalement des obligations de renseignement, de conseil et de diligence qui sont susceptibles d'engager sa responsabilité contractuelle.

118 ***Responsabilité contractuelle ou délictuelle.*** À l'égard du créancier, la responsabilité de l'huissier de justice est de nature contractuelle dès lors qu'elle repose sur un manquement à ses obligations contractuelles découlant directement du mandat qui lui est confié[252]. En conséquence, la réparation due au créancier est limitée au dommage prévisible au sens de l'article 1231-3 du Code civil (anc. 1150). Ainsi en est-il en cas d'inexécution, d'exécution tardive ou d'exécution défectueuse de sa mission.

Mais sa responsabilité était traditionnellement jugée de nature délictuelle en cas de manquement à ses obligations légales et, en particulier, en cas de nullité des actes d'exécution qu'il a accomplis, car il agit alors en sa qualité d'officier public.

---

248. Civ. (2e ch.), 28 juin 2006, n° 04-17514, *Bull. civ.*, II, n° 178 ; *D.*, 2007, pan., p. 1388, obs. P. Julien ; Civ. (1re ch.), 18 février 2003, n° 99-20672, *RD bancaire et fin.*, 2003, n° 83, obs. J.-M. Dellici ; dans le même sens, à propos de la saisie-exécution d'un navire : Com., 17 décembre 2003, n° 02-14840, *Bull. civ.*, IV, n° 207, *D.*, 2004, somm., p. 1491, obs. P. Julien ; mais le clerc assermenté peut remettre en mairie un acte de saisie de droits d'associé établi sur place par l'huissier de justice et qu'il n'a pu signifier à la personne du tiers saisi : Civ. (2e ch.), 4 octobre 2007, n° 06-17879, *Bull. civ.*, II, n° 225 ; *Dr. et procéd.*, 2008, p. 42, obs. C. Lefort.

249. Civ. (2e ch.), 25 septembre 2014, n° 13-23552, *D.*, 2015, p. 1342, obs. A. Leborgne, à propos d'un acte de conversion d'une saisie conservatoire en saisie-attribution signifié par un clerc assermenté.

250. Civ. (2e ch.), 14 février 2008, n° 05-14494, *Bull. civ.*, II, n° 35 ; *Procédures*, 2008, comm. n° 106, obs. R. Perrot ; Civ. (2e ch.), 12 octobre 2006, n° 05-10850, *Bull. civ.*, II, n° 272 ; *Dr. et procéd.*, 2007, p. 48, obs. E. Putman ; déjà dans ce sens : CA Angers, 9 novembre 2004, *Dr. et procéd.*, 2005, p. 103, obs. B. Menut.

251. Civ. (2e ch.), 13 mai 2015, n° 14-12089 (FS-P+B+R+I), *D.*, 2016, p. 1285, obs. A. Leborgne ; voy. aussi *infra*, nos 500.

252. Voy., à propos du devoir de conseil, E. Bazin, « Regards sur le devoir de conseil de l'huissier de justice », *Dr. et procéd.*, 2016, p. 187.

2. En qualité d'officier public

119 *Notion.* L'huissier de justice est aussi un officier public, car il est **dépositaire d'une parcelle de l'autorité publique**. À ce titre, il dispose de prérogatives de puissance publique qui lui sont déléguées par la loi et il bénéficie d'une protection particulière. Mais en contrepartie, l'huissier de justice doit scrupuleusement respecter toutes les obligations légales qui conditionnent la validité des actes qu'il accomplit sous peine d'engager sa responsabilité.

120 *Prérogatives.* L'huissier de justice dispose de **moyens légaux de contrainte** indispensables à l'accomplissement de sa mission. **En amont**, il peut rechercher des informations pour localiser le débiteur ou certains de ses biens. À ce titre, ses prérogatives ont considérablement été renforcées par la loi dite *Béteille* du 22 décembre 2010, qui a supprimé la médiation du Ministère public (voy. *infra*, n°s 188 et s.).

En aval, il dispose de nombreuses prérogatives pour contraindre le débiteur. Nous les retrouverons en étudiant les différentes procédures civiles d'exécution. Pour l'essentiel, il s'agit du pouvoir de pénétrer dans un local en cas de refus ou d'absence de l'occupant et de requérir à cette fin l'une des personnes désignées par la loi, de saisir les biens du débiteur et de les enlever en vue de leur vente, voire parfois de les vendre lui-même aux enchères publiques, d'immobiliser un véhicule du débiteur en tout lieu où il se trouve, y compris sur la voie publique, ou encore plus généralement de requérir le concours de la force publique.

121 *Protection.* Mais il est aisé de comprendre que la mise en œuvre de ces prérogatives n'est jamais facile en pratique car les débiteurs se réjouissent rarement de rencontrer un huissier de justice et peuvent même se montrer violents, en gestes ou en paroles. Il a donc fallu instituer une protection particulière, au moins pour dissuader les débiteurs récalcitrants de recourir à la violence et, le cas échéant, pour les sanctionner durement. Il existe ainsi au moins deux infractions pénales dont l'huissier de justice peut se prévaloir dans l'exercice de sa fonction d'officier public[253] :

- la **rébellion**, consistant à opposer une résistance violente à toute personne dépositaire de l'autorité publique, punie d'un an d'emprisonnement et de 15 000 euros d'amende (CP, art. 433-6 et 433-7) ;
- l'**outrage**, résultant de paroles, gestes, menaces, écrits ou images de nature à porter atteinte à la dignité ou au respect dus à la fonction exercée, qui est puni de six mois d'emprisonnement et de 7 500 euros d'amende lorsqu'il est adressé à une personne dépositaire de l'autorité publique (CP, art. 433-5).

Par ailleurs, la Commission de certaines infractions sur la personne d'un officier public en exercice constitue une **circonstance aggravante** qui alourdit les peines encourues[254].

253. La réponse ministérielle susvisée cite aussi un jugement du Tribunal de grande instance de Paris qui a retenu des imputations visant un huissier de justice comme constitutives d'une diffamation publique envers une personne dépositaire de l'autorité publique au sens de l'article 31 de la loi du 29 juillet 1881.

254. Ainsi, en cas de violences ayant entraîné une incapacité inférieure ou égale à huit jours, les peines prévues sont de trois ans d'emprisonnement et de 45 000 euros d'amende (CP,

Mais l'huissier de justice n'est pas lui-même à l'abri de toute sanction car les prérogatives dont il dispose sont soumises à des obligations légales précises qu'il doit respecter sous peine d'engager sa responsabilité.

122 ***Obligations légales.*** Si la contrainte est indispensable à l'effectivité du droit à l'exécution du créancier, il n'est pas moins nécessaire de veiller aussi à la protection des droits du débiteur. C'est la raison pour laquelle toutes ces prérogatives confiées à l'huissier de justice sont soumises à des délais stricts, d'attente ou d'action, et encadrées par un formalisme rigoureux, préventif ou défensif[255]. À ce dernier titre, la loi prévoit, par exemple, à la charge de l'huissier de justice, outre l'obligation d'accomplir personnellement les actes d'exécution, un devoir d'information du débiteur sur ses droits et obligations, sous forme de mentions obligatoires dans les actes qu'il établit et de réitérations verbales. L'huissier de justice doit respecter le **secret professionnel** qui couvre toutes les informations qu'il obtient dans le cadre de l'exécution[256] et se montrer tout particulièrement attentif au respect de la vie privée à laquelle il ne doit pas porter d'atteintes illicites[257]. Sur le fondement des articles 1*bis*, A, de l'ordonnance n° 45-2592 du 2 novembre 1945 et 6-1 CEDH, la Cour de cassation impose aussi à l'huissier de justice, agissant en qualité d'officier public, une **obligation statutaire d'impartialité et d'indépendance** sanctionnée par la nullité des actes accomplis[258].

Le respect de toutes ces obligations incombe à l'huissier de justice qui, selon l'article L. 122-2 du CPCE, assume la **responsabilité de la conduite des opérations d'exécution**. Aussi, la Cour de cassation a-t-elle jugé que l'huissier de justice est « **garant de la légalité des poursuites** »[259]. C'est la raison pour laquelle il est habilité à solliciter directement des autorités judiciaires compétentes les autorisations requises ou les mesures nécessaires. De plus, s'il survient une difficulté mettant en cause la régularité de l'exécution poursuivie, comme par exemple, une contestation sur la validité du titre exécutoire ou la saisissabilité d'un bien, il peut lui-même saisir le juge de l'exécution pour la trancher (CPCE, art. R. 151-1 à R. 151-4). Il dispose ainsi du moyen de se prémunir contre une action en responsabilité.

---

art. 222-13) et elles passent à cinq ans et à 75 000 euros lorsque l'incapacité est supérieure à huit jours (CP, art. 222-12).

255. Sur ces notions, voy. *supra*, n°s 14 et 15.

256. Civ. (1re ch.), 22 mars 2012, n° 10-25811, *Bull. civ.*, I, n° 65, *Dr. et procéd.*, 2012, p. 154, obs. O. Salati et F. Tommasone.

257. Sur l'ensemble de la question, voy. not. F. Denjean, L. Choquet, M. Lefebvre, O. Dunaud et O. Salati, « La pratique de l'huissier de justice face au respect de la vie privée », *Dr. et procéd.*, 2009, p. 313.

258. Civ. (1re ch.), 1er juin 2016, n° 15-11417, *D.*, 2016, p. 1262 ; *Dr. et procéd.*, 2016, p. 164, obs. T. Guinot, à propos d'un huissier de justice ayant délivré une assignation aux fins d'expulsion et de paiement d'une indemnité d'occupation pour le compte de la chambre des huissiers de justice de Paris dont il est le trésorier, membre du bureau chargé de la gestion du patrimoine et des intérêts financiers.

259. Civ. (1re ch.), 28 septembre 2016, n° 14-29776, *D.*, 2017, p. 1389, obs. A. Leborgne, à propos d'une saisie-vente pratiquée par un huissier de justice alors que le débiteur avait formé une opposition à contrainte postérieurement au commandement préalable et que celle-ci s'opposait à l'exécution forcée du titre.

123 ***Responsabilité.*** L'huissier de justice engage sa responsabilité en cas de manquements à ses obligations légales et, tout particulièrement, s'ils entraînent l'annulation d'un acte d'exécution qu'il a pratiqué. Cette responsabilité joue à l'égard de toute victime, débiteur, créancier ou tiers. Elle est toujours de nature délictuelle à l'égard du débiteur et des tiers[260]. En conséquence, la réparation due porte sur l'intégralité du préjudice subi[261]. Traditionnellement, il était aussi jugé que la responsabilité de ce chef est délictuelle à l'égard du créancier[262]. Mais cette jurisprudence a été remise en cause par la Cour de cassation à l'occasion d'actions en garantie exercées par des créanciers contre l'huissier de justice instrumentaire où pour juger que la compétence revient aux juridictions de droit commun et non au juge de l'exécution, elle considère qu'une telle action repose sur « une faute dans l'exécution de son mandat » (voy. *infra*, n° 165). Désormais, la responsabilité de l'huissier de justice serait donc toujours contractuelle à l'égard du créancier, même en cas de manquements à ses obligations légales d'officier public.

Inversement, si l'acte accompli est régulier, il produit pleinement ses effets et met normalement l'huissier de justice à l'abri d'une action en responsabilité, sauf circonstances particulières, comme un abus de saisie, par exemple[263]. Mais il ne suffit pas toujours à contraindre un débiteur récalcitrant et l'huissier de justice doit alors demander le concours de la force publique à l'autorité administrative.

§ 2. L'autorité administrative : le concours de la force publique

124 ***Principes.*** Le concours de la force publique consiste à mettre à la disposition de l'huissier de justice des **agents de police ou de gendarmerie** pour contraindre les débiteurs les plus récalcitrants. À défaut, les voies d'exécution resteraient bien souvent lettre morte et, pire encore, elles ne réussiraient même pas à produire un effet dissuasif. Il est donc indispensable à l'effectivité du droit à l'exécution. C'est la raison pour laquelle l'article L. 153-1 du CPCE pose le principe selon lequel « l'État est tenu de prêter son concours à l'exécution des jugements et des autres titres exécutoires ».

Mais l'octroi du concours étant une mesure grave, il est subordonné à des conditions restrictives (A). Cependant, même lorsque ces dernières sont toutes remplies, le préfet peut le refuser, mais l'État engage alors automatiquement sa responsabilité (B).

---

260. Voy., par exemple, Civ. (1re ch.), 13 janvier 1987, *Bull. civ.*, I, n° 12, à propos de la responsabilité d'un huissier de justice à l'égard de l'adjudicataire d'un bien qu'il a vendu aux enchères publiques.

261. Au minimum, l'huissier de justice doit supporter les frais des actes annulés qui sont à sa charge selon l'article 698 du CPC.

262. En ce sens : Civ. (1re ch.), 2 mars 1966, *Bull. civ.*, I, n° 155 ; *JCP G*, 1966, II, 14622.

263. Dans une telle hypothèse, la procédure d'exécution diligentée était certainement injustifiée, de sorte que nonobstant les dommages et intérêts pouvant être mis à la charge de l'huissier de justice, celui-ci devra supporter les dépens afférents à ces procédures (CPC, art. 698).

A) L'octroi du concours

L'octroi du concours de la force publique est soumis à des conditions de fond et de forme, et peut parfois engager la responsabilité de l'État.

125 ***Conditions de fond.*** Le concours de la force publique n'est possible que si le créancier dispose d'un titre exécutoire et si l'huissier de justice se heurte à une impossibilité d'exécuter.

L'exigence d'un **titre exécutoire** limite le concours de la force publique aux seules mesures d'exécution forcée et l'exclut donc pour les mesures conservatoires. De plus, le titre détenu doit être adapté à la mesure envisagée. Ainsi, l'expulsion n'est-elle possible que sur le fondement de certains titres exécutoires (voy. *infra*, n° 231). *A fortiori*, le créancier devra-t-il se prévaloir de l'un d'eux pour pouvoir prétendre au concours de la force publique.

L'**impossibilité d'exécuter** ne peut consister en une simple contrariété. Elle doit être dirimante et suppose toujours des diligences préalables de l'huissier de justice qui se sont avérées infructueuses. Ainsi, la seule absence de l'occupant d'un local privé ou son refus d'ouvrir la porte sont insuffisants car l'huissier de justice dispose de moyens propres qui devraient normalement lui permettre d'y pénétrer (voy. *infra*, n° 194). L'impossibilité n'est constituée qu'en cas de résistance active ou de risque sérieux pour la sécurité des personnes, et notamment de l'huissier de justice, et donc **d'atteinte à l'ordre public**. Si de telles situations sont plutôt rares en cas d'exécution sur les biens, elles sont plus fréquentes en cas d'exécution sur la personne. C'est la raison pour laquelle le concours de la force publique est obligatoire en matière d'expulsion dès que les occupants sont absents ou refusent l'accès de l'huissier de justice aux locaux à libérer (voy. *infra*, n° 277). L'expulsion constitue ainsi le domaine de prédilection du concours de la force publique, qui est aussi soumis à des conditions de forme précises.

126 ***Conditions de forme.*** C'est à l'huissier de justice qu'il appartient de demander le concours de la force publique (CPCE, art. L. 153-2)[264] et, pour ce faire, il doit adresser une **réquisition au préfet** conforme aux dispositions des deux premiers alinéas de l'article R. 153-1 du CPCE.

Elle doit contenir une copie du dispositif du titre exécutoire. Cette prescription se situe dans le prolongement de l'article R. 123-1 du CPCE qui interdit de porter à la connaissance d'un tiers saisi les motifs du jugement servant de fondement aux poursuites[265].

Elle doit aussi être accompagnée d'un exposé des diligences auxquelles l'huissier de justice a procédé et des difficultés qu'il a rencontrées. Ces informations ne sont pas requises pour permettre au préfet de porter une appréciation sur la nécessité du concours, qui relève de la seule responsabilité de l'huissier de justice, mais seulement pour l'éclairer sur la situation et mesurer

---

264. Mais il a été jugé que l'huissier de justice ne bénéficie d'aucun monopole en la matière et que le concours de la force publique peut aussi être valablement demandé par le créancier lui-même : CE, 10 février 2014, n° 350265, *D.*, 2014, p. 1473, obs. A. Leborgne, à propos d'un propriétaire qui a requis le concours de la force publique suite à une ordonnance de référé ayant ordonnée l'expulsion des occupants de son logement.

265. Mais, en pratique, certaines préfectures persistent à exiger une copie intégrale du titre exécutoire !

les risques de troubles à l'ordre public[266]. En conséquence, l'absence de la mention de ces diligences n'a pas pour effet de rendre irrégulière la réquisition[267].

127 ***Responsabilité de l'État.*** Lorsque le concours de la force publique est accordé, l'État n'est pas toujours à l'abri de toute action en responsabilité. En effet, il peut engager sa responsabilité **à l'égard du débiteur ou des tiers** selon le régime applicable aux opérations de police administrative. **Une faute lourde doit** donc **être établie**. Elle peut résulter du comportement abusif des agents de la force publique qui ont apporté leur concours à l'huissier de justice. Elle a ainsi été retenue à propos de fonctionnaires de police ayant « agi avec un excès de précipitation et un défaut de précautions que ni la nécessité d'une action rapide, ni la personnalité de la requérante ne justifiaient[268] ».

En revanche, **à l'égard du créancier**, l'État peut engager sa responsabilité en cas de simple retard dans la mise en œuvre du concours de la force publique accordée par le préfet. Mais comme l'huissier de justice assume lui-même la responsabilité de la conduite des opérations d'exécution, ce retard n'engage la responsabilité de l'État qu'à partir du quinzième jour suivant les diligences matérielles qu'il a accomplies en vue d'obtenir le concours effectif autorisé par le préfet[269].

B) Le refus du concours

128 ***Ordre public.*** Le préfet dispose du pouvoir d'apprécier l'opportunité du concours sollicité et peut le refuser pour deux types de motifs qui jouent alors même que toutes les conditions en sont remplies : le premier, classique, tient à l'existence d'un risque de troubles graves à l'ordre public ; le second, ajouté plus récemment en matière d'expulsion[270], est tiré de la survenance de circonstances postérieures à la décision faisant apparaître que son exécution serait de nature à porter atteinte à la dignité de la personne humaine. Ce refus peut être exprès ou tacite et comme tout acte administratif, il peut être licite ou illicite. Mais dans tous les cas, la responsabilité de l'État peut être engagée.

129 ***Refus exprès ou tacite.*** Le **refus exprès** doit être notifié dans les deux mois de la réquisition et être motivé (CPCE, art. R. 153-1, al. 3), comme du reste toute décision administrative faisant grief conformément au principe général posé par la loi n° 79-587 du 11 juillet 1979. À défaut de réponse dans ce délai, le silence gardé par l'administration vaut **refus tacite**. Par hypothèse, une telle décision n'est pas motivée, mais l'administration devra en communiquer les motifs dans le mois de la demande qui pourra lui être présentée par le créancier, conformément à l'article 4 de la loi de 1979, sous peine d'illégalité de sa décision implicite.

---

266. CE, 25 novembre 2009, n° 323359, *Dr. et procéd.*, 2010, p. 127, obs. A. Leborgne.

267. CE, 14 novembre 2011, n° 343908 ; voy. L. Choquet et A. Léon, « La demande de réquisition de la force publique en matière de réquisition : un assouplissement confirmé des conditions de recevabilité », *Dr. et procéd.*, 2012, p. 91.

268. CE, 16 octobre 1987, *Dame Tribier*, n° 51152, *Rec. CE*, 1987, p. 316.

269. CE, 27 janvier 2010, n° 320642, *Dr. et procéd.*, 2010, p. 181, obs. A. Léon.

270. CE, 30 juin 2010, n° 332259, Rec. CE.

Qu'il soit exprès ou tacite, le refus doit être porté à la connaissance du créancier par l'huissier de justice (CPCE, art. R. 153-1, al. 4)[271], ce qui lui permettra d'en tirer toutes les conséquences, qui ne sont pas les mêmes selon que le refus est illicite ou licite.

130 ***Refus illicite.*** Comme toute décision administrative, le refus peut être entaché d'illicéité pour des motifs de légalité externe ou interne. À ce dernier titre, il peut s'agir tant d'un manquement aux conditions légales que d'une appréciation erronée des nécessités de l'ordre public.

Dans tous les cas, le créancier pourra former un **recours pour excès de pouvoir** afin d'obtenir l'annulation du refus et une **injonction au préfet** de prêter le concours de la force publique. De plus, il pourra toujours solliciter la condamnation de l'État à lui payer des **dommages et intérêts** en réparation du préjudice subi. Mais il peut aussi se contenter de mettre en cause la responsabilité sans faute de l'État car, si celle-ci joue lorsque le refus est licite, elle peut *a fortiori* être engagée si le refus est illicite.

131 ***Refus licite.*** Selon l'article L. 153-1 du CPCE, « le refus de l'État de prêter son concours ouvre droit à réparation ». Mais il ne faut pas se méprendre sur la portée de ce texte qui ne signifie pas que toute décision licite de refus ouvrirait une action en responsabilité de l'État. En effet, si elle est motivée par la violation des conditions légales, le créancier ne saurait s'en plaindre pour réclamer une réparation. Cette responsabilité de l'État ne peut donc être mise en cause que si le refus est justifié par l'un des motifs admis (voy. *supra*, n° 28). Elle obéit alors aux règles suivantes :

- il s'agit d'une **responsabilité sans faute** fondée sur le principe d'égalité de tous les citoyens devant les charges publiques ; le créancier[272] n'a donc pas à démontrer une faute de l'administration ; mais *a fortiori* si cette faute existe, ce qui est le cas si le refus est illicite, cette responsabilité doit pouvoir jouer (qui peut le plus, peut le moins) ;
- elle peut être engagée dès l'expiration du délai de **deux mois** courant à compter de la réquisition de l'huissier de justice car le silence gardé par le préfet équivaut alors à un refus ; si le concours est accordé postérieurement, le créancier aura droit à l'indemnisation de ce retard[273] ;
- cette **indemnisation doit toujours couvrir l'intégralité du préjudice** subi ; ainsi en cas de refus de prêter le concours à l'expulsion d'un occupant sans droit ni titre, elle doit correspondre au moins à la perte de

271. Ce texte a été modifié par le décret n° 2017-892 du 6 avril 2017. Auparavant, le refus devait aussi être porté à la connaissance du procureur de la République, chargé de veiller à l'exécution des titres exécutoires, pour lui permettre d'intervenir auprès du préfet s'il jugeait son refus inopportun. Mais comme cette notification restait sans suite en pratique, elle a été supprimée par souci de simplification de la procédure.

272. Il peut s'agir du bénéficiaire de la décision de justice inexécutée ou de la personne investie ultérieurement de ses droits : CE, 2 septembre 2009, n° 297126, *Dr. et procéd.*, 2010, p. 24, obs. J.-J. Bourdillat.

273. La demande d'indemnisation doit toujours être formée dans le délai quadriennal de prescription prévu par la loi du 31 décembre 1968, qui commence à courir le 1er janvier de l'année suivant celle où le préjudice a été subi : CE, 23 septembre 2013, *Dr. et procéd.*, 2013, p. 280, obs. L. Choquet.

loyers subie à compter du refus[274], sous réserve du délai de grâce dont peut bénéficier l'occupant[275] ;
- le juge compétent est le **tribunal administratif** dans le ressort duquel siège le préfet ; mais une telle action doit toujours être précédée d'une demande préalable adressée à l'administration ;
- enfin, l'indemnisation ne suffit pas à exonérer l'État de toute responsabilité car la Cour européenne des droits de l'homme lui impose, dans tous les cas, d'agir pour parvenir dans un délai raisonnable à une exécution effective de la décision de justice ; à défaut, le refus de prêter le concours de la force publique risque « d'aboutir à une sorte d'expropriation privée », même si le propriétaire « s'est vu allouer des indemnités qui ont effectivement été versées »[276] ; dans le prolongement de cette jurisprudence européenne, le Conseil d'État a jugé que, si après un premier refus justifié du concours de la force publique, la décision est restée inexécutée pendant une durée manifestement excessive, l'État doit accomplir les diligences appropriées pour rechercher toute mesure de nature à mettre fin à l'inexécution de la décision[277].

La responsabilité de l'État illustre ainsi parfaitement le rôle du juge dans les procédures civiles d'exécution. Son intervention n'est pas systématique, mais elle est parfois indispensable. Ceci étant, celle du juge administratif n'est qu'exceptionnelle car les mesures d'exécution font essentiellement intervenir des autorités judiciaires.

274. Mais qu'en est-il si le bailleur a renoncé, par transaction, à sa dette locative, en contrepartie de la libération amiable des lieux par l'ancien locataire, devenu occupant sans droit ni titre et condamné à être expulsé ? Le Conseil d'État a jugé que cette transaction pouvait être opposée par l'État au bailleur pour lui refuser toute indemnisation faute de préjudice : CE, 29 septembre 2003, n° 228051, *Dr. et procéd.*, 2004, J.19, p. 99, obs. J.-J. Bourdillat. Cette décision n'est pas à l'abri de la critique car la renonciation ne fait disparaître que la créance contre l'ancien locataire, et non le préjudice subi. Au contraire, celui-ci est définitivement établi dès lors que la renonciation apparaît comme le prix que le bailleur a été obligé de payer pour obtenir la libération des lieux, rendue impossible par la force en raison justement du refus opposé par l'administration.

275. Si un délai de grâce est accordé à l'occupant après le refus, implicite ou explicite, le principe de l'indemnisation reste acquis, mais son point de départ est reporté au jour où l'expulsion pourra être poursuivie : CE, 11 avril 2014, n° 359575, *RJDA*, 2014, 824 ; *D.*, 2015, p. 1347, obs. A. Leborgne.

276. CEDH, 31 mars 2005, *Mathéus c/ France*, n° 62740/00 ; dans le même sens : CEDH, 2 décembre 2010, *Sud Est Réalisations c/ France*, n° 6722/05.

277. CE, 27 novembre 2015, n° 376208, *Sté Usine de Marin*, *Rec.* CE ; *Gaz. Pal.*, 2016, p. 368, obs. S. Roussel.

La responsabilité sans faute de l'administration est d'origine prétorienne. Elle a été consacrée pour la première fois par l'arrêt *Couitéas* du Conseil d'État rendu le 30 novembre 1923[278]. Dans cette espèce, le sieur Couitéas avait obtenu du Tribunal civil de Sousse le maintien en possession de parcelles de terrain du domaine de Tabia et Houbira en Tunisie, d'une superficie d'environ 38 000 hectares, avec droit d'en faire expulser tous les occupants. Mais une telle expulsion n'aurait pas manqué de causer des troubles graves à l'ordre public car les 8 000 indigènes environ concernés par cette décision s'estimaient être des occupants légitimes depuis des temps immémoriaux. Le concours de la force publique a donc été refusé et ce refus est approuvé au motif que « le gouvernement n'a fait qu'user des pouvoirs qui lui sont conférés en vue du maintien de l'ordre et de la sécurité publique dans un pays de protectorat ».

Mais le Conseil d'État reconnaît un droit à réparation enfermé dans les limites suivantes : « Le justiciable nanti d'une sentence judiciaire dûment revêtue de la formule exécutoire est en droit de compter sur l'appui de la force publique pour assurer l'exécution du titre qui lui a été ainsi délivré ; que si, comme il a été dit ci-dessus, le gouvernement a le devoir d'apprécier les conditions de cette exécution et le droit de refuser le concours de la force armée, tant qu'il estime qu'il y a danger pour l'ordre et la sécurité, le préjudice qui peut résulter de ce refus ne saurait, s'il excède une certaine durée, être regardé comme une charge incombant normalement à l'intéressé, et qu'il appartient au juge de déterminer la limite à partir de laquelle il doit être supporté par la collectivité ».

Par la suite, cette jurisprudence a toujours été maintenue sur la faculté de l'administration de refuser le concours de la force publique pour les nécessités du maintien de l'ordre public. Mais la limitation du droit à réparation a été abandonnée, ce qui a conduit à la responsabilité sans faute fondée sur le principe d'égalité des citoyens devant les charges publiques, aujourd'hui consacrée par l'article L. 153-1 du CPCE.

SECTION II
Les autorités judiciaires

Les autorités judiciaires qui peuvent être amenées à intervenir dans une procédure civile d'exécution sont pour l'essentiel le Ministère public (§ 1) et le juge de l'exécution (§ 2).

§ 1. Le Ministère public

132 ***Rôles.*** Le Ministère public est chargé d'une mission spécifique consistant à assurer la surveillance de l'exécution (A). Mais il peut aussi être amené à exercer sa mission générale en engageant des poursuites (B).

A) La surveillance de l'exécution

133 ***Prérogatives.*** La loi de 1991 a conservé en son article 11, devenu l'article L. 121-5 du CPCE, le rôle traditionnellement dévolu au Ministère public de veiller « à l'exécution des jugements et des autres titres exécutoires ». À ce titre,

278. N°s 38284 et 48688 ; *DP*, 1923, 3, 59, concl. Rivet ; *S.*, 1923, 3, 57, note Hauriou.

il dispose toujours de prérogatives importantes en amont ayant pour finalité de provoquer l'exécution si nécessaire. En revanche, celles qui visaient à la faciliter en aval ont été supprimées.

134 ***Faciliter l'exécution.*** L'huissier de justice chargé de l'exécution d'un titre peut se heurter à des difficultés que les moyens dont il dispose ne lui permettent pas de surmonter. Il pouvait alors solliciter l'entremise du procureur de la République. Ainsi, en cas de refus du concours de la force publique, il devait l'en aviser pour lui permettre d'intervenir auprès du préfet s'il l'estimait opportun. Mais comme cette information restait sans suite en pratique par manque de temps et de moyens, elle a été supprimée (voy. *supra*, n° 129 en note). De même, l' intervention du Ministère public n'est plus nécessaire dans la recherche des informations indispensables à l'exécution (voy. *infra*, n° 187).

Mais encore faut-il qu'un huissier de justice ait accepté le mandat d'exécution du créancier et qu'il s'y emploie avec diligence. À défaut, le Ministère public pourra toujours intervenir pour provoquer l'exécution.

135 ***Provoquer l'exécution.*** L'article L. 121-6 du CPCE prévoit expressément, au titre de la mission de surveillance de l'exécution du procureur de la République, qu'il peut « enjoindre à tous les huissiers de justice de son ressort de prêter le concours de leur ministère ». Ce texte vise d'abord les hypothèses de refus et l'huissier de justice ne pourra alors résister à une **injonction du Ministère public** que s'il justifie de l'une des deux circonstances prévues par l'article L. 122-1, alinéa 2, du CPCE (mesure illicite ou coût disproportionné sauf condamnation de principe ; voy. *supra*, n° 116). Mais il peut s'appliquer aussi en cas de carence d'un huissier de justice qui a accepté de prêter son concours.

Dans tous les cas, le refus injustifié d'un huissier de justice de déférer à une telle injonction l'expose à des poursuites disciplinaires que le Ministère public pourra aussi provoquer.

B) Les poursuites

Outre les poursuites disciplinaires contre un huissier de justice que le procureur de la République peut lui-même provoquer, il peut aussi et surtout engager directement des poursuites pénales.

136 ***Poursuites pénales.*** Comme la contrainte est au cœur de toutes les procédures civiles d'exécution, il est aisé de comprendre qu'elles peuvent être l'occasion de la Commission d'infractions pénales qu'il revient naturellement au Ministère public de poursuivre. Selon les circonstances, il peut s'agir d'infractions commises au préjudice de l'huissier de justice, du créancier ou du débiteur que la loi doit protéger également contre tout abus (voy. *infra*, encadré E13).

E 13 **Les principales infractions applicables aux opérations d'exécution**

Sans prétendre à l'exhaustivité, on peut citer les principales infractions suivantes applicables aux opérations d'exécution que le Ministère public peut être amené à poursuivre.

Quant à la protection de l'huissier de justice, il s'agit essentiellement du délit d'outrage puni de six mois d'emprisonnement et de 7 500 euros d'amende (CP, art. 433-5), de rébellion puni d'un an d'emprisonnement et de 15 000 euros d'amende (CP, art. 433-6) ou de violences, étant rappelé que le fait qu'elles soient commises sur la personne d'un huissier de justice constitue une circonstance aggravante (CP, art. 222-12 et 222-13-4°).

Quant à la protection du créancier, il s'agit essentiellement des délits de détournement d'objet saisi puni de trois ans d'emprisonnement et de 375 000 euros d'amende (CP, art. 314-6), d'organisation frauduleuse d'insolvabilité puni de trois ans d'emprisonnement et de 45 000 euros d'amende (CP, art. 314-7) ou encore d'abandon de famille puni de deux ans d'emprisonnement et de 15 000 euros d'amende (CP, art. 227-3).

Quant à la protection du débiteur, il s'agit essentiellement du délit d'usurpation des fonctions, des signes ou du titre de l'huissier de justice commis pour procéder à une exécution puni d'un an d'emprisonnement et de 15 000 euros d'amende (CP, art. 433-13-1°, 433-14-2° et 433-17)[279], d'entrave à la liberté des enchères puni de six mois d'emprisonnement et de 22 500 euros d'amende (CP, art. 313-6) ou de violation de domicile punie d'un an d'emprisonnement et de 15 000 euros d'amende (CP, art. 226-4). Cette dernière infraction menace tout particulièrement l'huissier de justice qui s'introduit au domicile du débiteur sans respecter les formalités impératives prévues par la loi.

---

137 ***Poursuites disciplinaires.*** Tout manquement d'un huissier de justice à ses obligations professionnelles ou déontologiques et, plus généralement, tout fait contraire à la probité, à l'honneur ou à la délicatesse l'exposent à des **sanctions disciplinaires** pouvant aller du simple rappel à l'ordre à la destitution, en passant par la censure (simple ou devant la chambre assemblée), la défense de récidiver et l'interdiction temporaire d'exercer (ord. 45-1418 du 28 juin 1945, art. 2 et 3). Comme le procureur de la République est chargé de la surveillance des huissiers de justice de son ressort, il peut être amené lui-même à provoquer des poursuites disciplinaires, selon les distinctions suivantes :

- **lorsqu'il a connaissance de faits répréhensibles**, il peut inviter le syndic (membre élu pour exercer les fonctions de poursuites) à les dénoncer à la chambre[280] (ord. du 28 juin 1945, art. 6) ou citer directement l'huissier de justice devant le tribunal de grande instance statuant disciplinairement (ord. du 28 juin 1945, art. 10) ;
- **lorsque le syndic exerce des poursuites** devant la chambre sans l'intervention préalable du procureur de la République, il doit lui notifier la citation délivrée à l'huissier de justice ; le Ministère public peut alors décider de porter les poursuites devant le tribunal de grande instance statuant disciplinairement, ce qui aura pour effet de dessaisir la chambre (ord. du 28 juin 1945, art. 6-1).

§ 2. Le juge de l'exécution

138 ***Justification.*** L'une des causes principales de l'archaïsme, de la complexité et de l'inefficacité des voies d'exécution, sous l'empire de l'ancien Code de procédure civile, tenait sans doute à l'intervention judiciaire, car elle était imposée et dispersée :

- **imposée** alors même que le créancier disposait déjà d'un titre exécutoire ;

279. Voy., par exemple, Crim., 9 avril 2002, n° 01-85076, *Bull. crim.*, n° 83 ; *Dr. et procéd.*, 2002, p. 321, à propos d'un agent privé de recherches qui a sciemment effectué des actes relevant notamment de la compétence des huissiers de justice.

280. Il s'agit, depuis la loi dite *Béteille* du 22 décembre 2010, de la chambre régionale siégeant en chambre de discipline (ord. 45-2592 du 2 novembre 1945, art. 6) ; voy. N. Fricéro et G. Eid, « Le procès équitable devant la chambre de discipline des huissiers de justice », *Dr. et procéd.*, 2013, p. 262.

- **dispersée** entre de multiples juridictions dont les compétences respectives n'étaient pas toujours clairement délimitées : tribunal de grande instance, statuant parfois à juge unique, tribunal d'instance, tribunal paritaire des baux ruraux, cour d'appel, ainsi que le juge des référés de ces juridictions[281].

L'objectif de civilisation poursuivi par le législateur l'a conduit à répondre à ces deux lacunes par la déjudiciarisation et la centralisation :

- la **déjudiciarisation** des procédures civiles d'exécution qui a permis de revaloriser le titre exécutoire en évitant un recours systématique au juge, sans pour autant compromettre les intérêts du débiteur qui pourra toujours le saisir en cas de difficultés ;
- la **centralisation** du contentieux de l'exécution entre les mains d'une seule juridiction qui a permis de mettre fin à la dispersion passée de ce contentieux, dans l'intérêt de toutes les parties.

C'est dans ce contexte que se situe l'institution du juge de l'exécution par la loi du 9 juillet 1991, désigné en pratique sous l'acronyme *jex*. Il se caractérise par le choix délibéré de l'unicité tant au niveau de la juridiction elle-même (A) que de ses attributions (B).

A) La juridiction

139 *Ordre judiciaire.* Il s'agit d'une nouvelle juridiction de l'ordre judiciaire dont il convient de préciser la composition et le fonctionnement (1). Quant aux règles de procédure (2) et de compétence (3), il faut faire application des dispositions communes à toutes les juridictions judiciaires, sous réserve des règles particulières instituées par la partie réglementaire du Code des procédures civiles d'exécution.

1. Composition et fonctionnement

140 *Composition.* L'article L. 213-5 du Code de l'organisation judiciaire[282] prévoit que les fonctions du juge de l'exécution sont remplies par le **président du tribunal de grande instance**. Mais il n'est pas obligé de les exercer lui-même, il peut les **déléguer** « à un ou plusieurs juges de ce tribunal ». Il fixe alors la durée et l'étendue territoriale des fonctions de juge de l'exécution qu'il leur confie. Cette délégation peut jouer d'abord au profit de magistrats du siège exerçant leurs fonctions au sein même du tribunal de grande instance[283]. Mais le président peut aussi déléguer ces fonctions **à des juges des tribunaux d'instance** situés dans le ressort de sa juridiction[284]. Dans ces cas, la délégation

281. Il fallait cependant excepter la situation en Alsace et en Moselle où le contentieux de l'exécution relevait déjà du seul tribunal d'instance.

282. Issu de la recodification de la partie législative de ce code par l'ordonnance 2006-673 du 8 juin 2006 et qui a pris la place de l'ancien article L. 311-12 introduit par l'article 7 de la loi 1991.

283. Ce qui correspond, par exemple, à la pratique parisienne qui a même institué une chambre de l'exécution regroupant tous les juges de l'exécution.

284. En effet, comme ces juridictions n'ont plus d'effectif propre depuis la loi n° 70-613 du 10 juillet 1970, elles sont composées exclusivement de magistrats du tribunal de grande instance chargés du service du tribunal d'instance.

est généralement circonscrite au ressort territorial des différents tribunaux d'instance[285].

Le **greffe** du juge de l'exécution est celui du tribunal de grande instance (COJ, art. R. 212-17). Mais en cas de délégation au juge chargé de l'instance, le greffe compétent est celui du tribunal d'instance, sauf pour la saisie immobilière qui relève toujours du greffe du tribunal de grande instance (COJ, art. R. 222-8).

141 ***Fonctionnement.*** Si le juge de l'exécution est un juge unique, toute idée de collégialité n'a pas été gommée des textes. En effet, le juge de l'exécution peut toujours décider de renvoyer une affaire dont il est saisi à la formation collégiale du tribunal de grande instance (COJ, art. L. 213-7). Cette faculté existe aussi en faveur du juge des référés (CPC, art. 487), mais la pratique montre qu'elle est très peu utilisée. *A fortiori*, en est-il ainsi du juge de l'exécution, surtout lorsque la fonction est exercée par un juge d'instance qui est accoutumé à statuer seul.

Ceci étant, en cas de renvoi, le juge initialement saisi fait partie de la formation collégiale (COJ, art. R. 311-29-3) et celle-ci statue comme juge de l'exécution en appliquant les règles de compétence et de procédure applicables devant cette juridiction.

2. Règles de procédure

142 ***Règles communes et particulières.*** À l'exception des articles 484 à 492-1 relatifs à la procédure de référé, expressément exclue par l'article R. 121-5 du CPCE, toutes les dispositions communes du livre Ier du Code de procédure civile ont vocation à s'appliquer.

Mais des règles particulières sont prévues aux articles R. 121-6 à R. 121-24, R. 151-1 à R. 151-4 et R. 442-2 à R. 442-4 du CPCE, qui instituent deux types de procédure devant le juge de l'exécution : la procédure sur requête (a) et la procédure ordinaire (b).

a) La procédure sur requête

143 ***Assistance et représentation.*** La procédure sur requête est une procédure non contradictoire qui n'est ouverte que dans les cas spécifiés par la loi ou lorsque les circonstances exigent qu'une mesure urgente ne soit pas prise contradictoirement (CPCE, art. R. 121-23, al. 1er). Elle obéit aux règles communes relatives aux **ordonnances sur requête** (CPC, art. 493 à 498), sous réserve de l'assistance et de la représentation des parties. En droit commun, la requête doit obligatoirement être présentée au président du tribunal de grande instance par un avocat admis à postuler devant cette juridiction (CPC, art. 813). Mais devant le juge de l'exécution, elle peut l'être « par le requérant ou tout mandataire » (CPCE, art. R. 121-23, al. 2). Le requérant, pour l'essentiel le créancier, dispose donc d'une grande liberté. Il peut, en particulier, désigner l'huissier de justice pour le représenter.

Celui-ci peut même agir de son propre chef lorsqu'il est chargé d'une opération d'exécution pour laquelle il doit obtenir l'autorisation du juge de

285. Cette pratique est largement suivie en Alsace et en Moselle où elle a permis de perpétuer la situation ancienne.

l'exécution. En effet, dans ces cas, l'huissier de justice est habilité à le saisir directement par voie de requête (CPCE, art. R. 121-24).

b) La procédure ordinaire

144 ***Règles dérogatoires.*** La procédure ordinaire est une **procédure contradictoire** qui doit être choisie dans tous les cas où aucun texte n'autorise expressément la procédure sur requête. Les règles dérogatoires y sont plus nombreuses. Elles touchent à l'assistance et la représentation (1), à la demande (2) et à l'issue de l'instance (3).

1) *L'assistance et la représentation*

145 ***Règles du tribunal d'instance.*** Selon l'article L. 121-4 du CPCE, les règles applicables à l'assistance et à la représentation des parties sont celles en vigueur devant le tribunal d'instance[286]. C'est la raison pour laquelle l'article R. 121-7 du CPCE reprend les termes de l'article 828 du Code de procédure civile applicable devant cette juridiction.

Il s'ensuit que les parties peuvent se défendre elles-mêmes ou se faire assister ou représenter par un avocat, leur conjoint, leur concubin ou leur partenaire « pacsé », leurs parents ou alliés en ligne directe ou en ligne collatérale jusqu'au quatrième degré inclusivement ainsi que les personnes attachées à leur service ou à leur entreprise[287]. S'il n'est pas avocat, le représentant doit justifier d'un pouvoir spécial.

2) *La demande*

Les règles particulières touchent tant l'introduction de la demande que son instruction.

146 ***Introduction.*** Elle se fait en principe par voie d'**assignation** qui reproduit, à peine de nullité, les articles R. 121-6 à R. 121-10 du CPCE et doit être délivrée au défendeur pour la première audience utile (CPCE, art. R. 121-11)[288]. Mais en cas d'urgence, il peut être autorisé à assigner d'heure à heure par le juge de l'exécution statuant sur requête (CPCE, art. R. 121-12). Aucun délai de comparution n'est imposé, mais il appartient au juge de s'assurer, dans tous les cas, qu'il s'est écoulé un délai suffisant entre l'assignation et l'audience (CPCE, art. R. 121-13). Comme pour toutes les juridictions, la signification de l'assignation ne suffit pas à saisir le juge de l'exécution, encore faut-il procéder à son enrôlement, c'est-à-dire à son dépôt au greffe. Mais aucun délai n'est imposé à peine de caducité, l'essentiel étant que cette formalité soit accomplie avant l'audience.

---

286. Sous réserve des dispositions particulières applicables à la saisie des immeubles, navires, aéronefs et bateaux de navigation intérieure d'au moins 20 tonnes.

287. Quant à l'État, aux collectivités territoriales et aux établissements publics, ils peuvent se faire représenter ou assister par un fonctionnaire ou un agent de leur administration.

288. Normalement le demandeur devrait choisir librement la date d'audience, mais comme pour la procédure de référé, de plus en plus de greffes imposent aux parties de prendre date, c'est-à-dire de solliciter préalablement une date d'audience sous peine de refus de la formalité de l'enrôlement.

Le juge de l'exécution peut aussi être saisi par une demande adressée ou présentée au greffe (CPCE, art. 442-2 à R. 442-4). Mais cette **forme simplifiée** n'est applicable qu'aux demandes relatives à l'exécution d'une décision ordonnant une **expulsion**[289]. À réception de la demande, le greffe fixe la date de l'audience et y convoque le défendeur, soit verbalement contre émargement, soit par lettre recommandée avec demande d'avis de réception[290]. Le demandeur en est avisé par tous moyens et, conformément à l'article 748-8 du CPC, il peut s'agir, s'il y a consenti, d'un courriel ou d'un texto[291].

Enfin, l'huissier de justice peut aussi décider lui-même de saisir le juge de l'exécution lorsqu'il se heurte à une **difficulté d'exécution** entravant le cours de ses opérations[292]. Pour ce faire, il adresse une déclaration écrite au greffe, accompagnée d'une présentation du titre et de la difficulté rencontrée. Mais dans ce cas, c'est à l'huissier de justice qu'il appartient d'informer les parties intéressées de la difficulté rencontrée et des lieu, jour et heure de l'audience à laquelle cette difficulté sera examinée (CPCE, art. R. 151-1 à R. 151-4).

147 ***Instruction.*** L'instruction de la demande obéit aux mêmes règles, quels que soient la personne qui l'a introduite ou le mode de saisine employé. Elle s'opère selon les **règles de droit commun de la procédure orale**. C'est dire qu'en principe les parties présentent leurs moyens et prétentions oralement à l'audience. Mais depuis le décret n° 2010-1165 du 1er octobre 2010, qui a réformé la procédure orale devant toutes les juridictions, il peut être dérogé à l'oralité selon les règles suivantes.

Lorsque l'affaire ne peut être plaidée à la première audience, ce qui correspond à l'hypothèse la plus fréquente en pratique, le juge de l'exécution peut instituer une **mise en état écrite** consistant à fixer un calendrier pour l'échange des conclusions et des pièces, sans que les parties n'aient à comparaître aux dates fixées (CPC, art. 446-2). Les parties ne comparaissent alors qu'à la fin de l'instruction pour les débats, sauf lorsqu'elles en sont dispensées, par le juge ou de plein droit.

Lorsque le juge organise la mise en état, il peut aussi dispenser les parties qui le demandent de comparaître. Si cette **dispense judiciaire de comparution**

---

289. C'est-à-dire pour solliciter des délais de grâce ou contester les opérations d'expulsion. À l'origine, ce mode de saisine était applicable à toutes les demandes. Mais pour endiguer l'engorgement dont cette juridiction avait rapidement été victime, le décret du 18 décembre 1996 l'avait supprimée. C'est finalement le décret d'application du 30 octobre 1998 pris en application de la loi d'orientation du 9 juillet 1998 relative à la lutte contre les exclusions qui l'a réintroduite en matière d'expulsion.

290. Le décret 2015-282 du 11 mars 2015 a supprimé la lettre simple qui devait être expédiée le même jour. En revanche, si la lettre recommandée n'a pu être remise au défendeur, le demandeur doit toujours en être avisé par le greffe et il devra alors procéder par voie de signification dans les conditions prévues à l'article 670-1 du CPC.

291. Ces nouveaux moyens d'information du demandeur résultent du décret 2015-282 du 11 mars 2015, qui a créé l'article 748-8 du CPC et modifié l'article R. 442-4 du CPCE.

292. Il peut s'agir d'un obstacle matériel ou d'une difficulté juridique ; voy., par exemple, Civ. (1re ch.), 22 mars 2012, n° 10-25811, *Bull. civ.*, I, n° 65, *D.*, 2013, p. 1576, obs. A. Leborgne, à propos d'une incertitude sur la portée rétroactive d'une ordonnance d'un conseiller de la mise en état ayant assorti de l'exécution provisoire des mesures accessoires prononcées par un jugement de divorce ; CA Aix-en-Provence, 30 janvier 2008, *Dr. et procéd.*, 2008, p. 220, obs. A. Leborgne, à propos de fonds virés à un huissier de justice sur instruction d'un débiteur à la suite d'un commandement de payer dont la banque réclamait la restitution au motif qu'elle aurait été victime d'une escroquerie.

est accordée, la communication entre les parties doit se faire par lettre recommandée avec demande d'avis de réception ou par notification entre avocats et il doit en être justifié auprès du juge de l'exécution dans les délais qu'il impartit (CPCE, art. R. 121-9 et CPC, art. 446-1). La partie bénéficiaire n'aura pas alors à se présenter à l'audience des débats pour soutenir ses écritures, qui prennent effet à la date de leur communication.

À défaut de dispense judiciaire, une partie peut toujours, en cours d'instance devant le juge de l'exécution, **exposer ses moyens par une lettre** qu'elle lui adresse, à condition de justifier que l'adversaire en a eu connaissance avant l'audience par lettre recommandée avec demande d'avis de réception. La partie qui use de cette faculté est **dispensée de plein droit** de comparaître à l'audience pour présenter ses moyens et prétentions (CPCE, art. R. 121-10 et CPC, art. 446-1)[293].

En cas de dispense, judiciaire ou de plein droit, la décision, qui marque l'issue de l'instance, sera rendue sans débats préalables.

3) *L'issue de l'instance*

Les règles particulières applicables à l'issue de l'instance intéressent tant la décision elle-même que les voies de recours.

148 ***Décision.*** Sauf lorsque le juge statue sur une difficulté d'exécution à la demande de l'huissier de justice (CPCE, art. R. 151-4), sa décision bénéficie de **l'autorité de la chose jugée au principal** (CPCE, art. R. 121-14). Il tranche donc les litiges qui lui sont soumis au fond en rendant une décision dépourvue de tout caractère provisoire.

Dans tous les cas, cette décision est **notifiée directement par le greffe** au moyen d'une lettre recommandée avec demande d'avis de réception. Mais la signification reste toujours possible et elle est même obligatoire lorsque la lettre de notification du greffe n'a pu être remise à son destinataire ou à toute personne munie d'un pouvoir à cet effet (CPCE, art. R. 121-15).

Lorsqu'elle prononce la **mainlevée** d'une mesure d'exécution, elle emporte la suspension des poursuites dès son prononcé et la suppression de tout effet d'indisponibilité à compter de sa notification (CPCE, art. R. 121-18).

149 ***Voies de recours exclues.*** À l'origine deux voies de recours étaient expressément exclues : l'opposition et le contredit.

S'agissant de l'**opposition**, qui était exclue par l'article 27 du décret de 1992, ce texte était inutile, car cette voie de recours ordinaire n'est ouverte que contre les jugements rendus par défaut. Or, comme les décisions du juge de l'exécution sont toujours appelables, cette qualification est impossible, ce qui exclut nécessairement l'opposition. L'article 27 avait donc été abrogé[294], mais l'opposition reste tacitement fermée par l'ouverture de l'appel.

S'agissant du **contredit**, qui était le recours de droit commun ouvert contre les décisions statuant sur la compétence, il avait été exclu par l'article 9-1 du décret de 1992, ajouté par le décret du 18 décembre 1996 et devenu l'article

293. Aucune autorisation du juge n'est donc nécessaire : Civ. (2e ch.), 13 mars 2014, n° 13-16450, *Gaz. Pal.*, 2014, p. 1734, obs. C. Bleery, à propos des juridictions de la sécurité sociale où la dispense légale joue dans les mêmes termes selon l'article R. 142-20-2 du CSS.

294. Par l'article 11 du décret 96-1130 du 18 décembre 1996.

R. 121-3 du CPCE. Ces décisions du juge de l'exécution devaient donc être frappées d'appel dès cette période[295]. Mais comme le contredit a été supprimé par le décret n° 2017-891 du 6 mai 2017, l'article R. 121-3 est devenu inutile à son tour et a donc été abrogé par le même décret. Ceci étant, quelles sont les modalités de l'appel ouvert contre les décisions du juge de l'exécution statuant sur la compétence ? *A priori*, il faudrait distinguer selon l'objet du jugement rendu :

- s'il a statué sur la compétence sans statuer au fond, l'appel ouvert devrait obéir aux nouvelles règles de droit commun prévues aux articles 83 à 89 du CPC, issus du décret du 9 mai 2017 et entrés en vigueur le 1er septembre 2017 ;
- s'il a statué sur la compétence et sur le fond, l'appel ouvert devrait obéir aux règles particulières applicables devant cette juridiction.

150 ***Appel.*** Selon l'article R. 121-18, « la décision du juge de l'exécution peut être frappée d'appel, à moins qu'il ne s'agisse d'une mesure d'administration judiciaire[296] ». Il s'ensuit que l'appel est ouvert dès le premier euro et qu'il n'existe pas de taux du ressort devant le juge de l'exécution. En revanche, les autres limitations de l'appel s'appliquent. Il est donc exclu contre les décisions qui constituent une mesure d'administration judiciaire comme le prévoit le texte. Mais il est aussi retardé contre celles rendues avant dire droit, sauf autorisation du premier président lorsqu'elles ordonnent un sursis à statuer ou une expertise[297].

Quant au régime de l'appel, il est formé, instruit et jugé selon les règles ordinaires de la représentation obligatoire (CPCE, art. R. 121-20, al. 2)[298]. Il doit donc être formé au greffe de la cour par avoué[299]. Mais sur deux points, il est dérogé aux règles de droit commun :

- **le délai** d'appel **n'est que de 15 jours**, et non d'un mois, courant à compter de la notification de la décision (CPCE, art. R. 121-20, al. 1er) ;
- l'appel ne produit **pas d'effet suspensif** si bien que les décisions du juge de l'exécution sont exécutoires dès leur prononcé (CPCE, art. R. 121-21) ; cependant le premier président, saisi en référé[300], peut ordonner un **sursis**

---

295. Mais si la cour d'appel était saisie par la voie du contredit, qui était plus contraignante, elle n'en demeurait pas moins saisie et devait se prononcer alors selon les règles de l'appel : Civ. (2e ch.), 31 mars 2011, n° 10-15794 ; *Procédures*, 2011, comm. n° 199, obs. R. Perrot.

296. Le décret de codification du 30 mai 2012 a supprimé l'adverbe « toujours », qui pouvait prêter à confusion.

297. Voy. not., à propos du sursis à statuer, Civ. (2e ch.), 18 févier 1999, n° 97-11374, *Bull. civ.*, II, n° 33 ; *Procédures*, 1999, comm. n° 119, obs. R. Perrot.

298. À l'origine, la représentation n'était obligatoire que lorsque le montant de la créance en cause était supérieur à 30 000 francs en principal (le décret de 1992 avait retenu comme critère la valeur du litige, puis le décret 93-911 du 15 juillet 1993 y avait substitué le montant de la créance). Mais dans le souci de limiter le flot des appels, le décret du 18 décembre 1996 avait rendu la représentation obligatoire dans tous les cas.

299. Sauf en Alsace et en Moselle où il est formé par un avocat inscrit auprès de la cour d'appel compétente.

300. L'ordonnance de référé rendue par le premier président n'est pas susceptible de pourvoi en cassation (CPCE, art. R. 121-22, al. 5, ajouté par le décr. 2014-1338 du 6 novembre 2014).

à exécution s'il existe des moyens sérieux[301] d'annulation ou de réformation (CPCE, art. R. 121-22)[302] ; de plus, pour conférer à cette faculté toute l'efficacité qu'elle requiert, la demande adressée au premier président produit elle-même un effet suspensif jusqu'au prononcé de l'ordonnance présidentielle ; aussi, elle suspend les poursuites si la décision attaquée les a maintenues et elle proroge les effets attachés à la saisie si sa mainlevée a été prononcée[303] ; en cas de sursis à exécution, ces effets de la demande se poursuivront jusqu'à la décision de la cour d'appel[304].

3. Règles de compétence

151 ***Règles dérogatoires.*** Les règles dérogatoires prévues aux articles R. 121-1 à R. 121-4 se caractérisent par la diversité des règles de compétence territoriale (a) et l'exclusivité des règles de compétence matérielle (b).

a) La compétence territoriale

152 ***Diversité.*** L'alinéa 1er de l'article R. 121-2 du CPCE pose le principe d'une **option de compétence** offerte au demandeur entre le juge de l'exécution du lieu où demeure le débiteur et celui du lieu d'exécution de la mesure. Mais il ne joue que sous réserve de dispositions contraires.

L'une s'imposait. C'est l'hypothèse du débiteur demeurant à l'étranger[305] ou dont le domicile est inconnu. Dans ces cas, l'alinéa 2 de l'article R. 121-2 prévoit logiquement la seule compétence du juge du lieu de situation des biens. Malheureusement, il existe encore bien d'autres dispositions dérogatoires qui sont tellement nombreuses qu'elles réduisent à néant le principe posé. Il serait trop fastidieux de les citer ici car elles intéressent quasiment toutes les procédures civiles d'exécution, qui seront étudiées plus loin.

À cette diversité des règles de compétence territoriale s'oppose l'exclusivité de la compétence matérielle.

---

301. Il peut évidemment s'agir tant de moyens de procédure que de fond : Civ. (2e ch.), 28 juin 2012, n° 10-13884, *RTD Civ.*, 2012, p. 774, obs. R. Perrot.

302. Dans sa rédaction issue du décret du 18 décembre 1996, l'article 32 limitait le sursis aux seules « mesures ordonnées par le juge de l'exécution ». Mais cette rédaction avait suscité bien des incertitudes auxquelles il est mis fin par l'article R. 121-22 qui l'étend désormais aux « décisions prises par le juge de l'exécution », sans distinction, y compris celles de débouté : Civ. (2e ch.), 14 novembre 2013, n° 12-25526, *RTD Civ.*, 2014, p. 165, obs. R. Perrot.

303. Civ. (2e ch.), 7 juillet 2005, n° 03-15469, *Bull. civ.*, II, n° 185 ; *Procédures*, 2005, comm. n° 228, obs. R. Perrot, à propos d'une demande de sursis à exécution d'une décision ayant ordonné la mainlevée de mesures conservatoires qui restent donc en vigueur jusqu'à l'ordonnance du premier président.

304. Com., 2 juin 2015, n° 14-12230 (F-P+B), *D.*, 2016, p. 1284, obs. A. Leborgne, à propos du sursis à exécution d'un jugement ayant prononcé la nullité d'une saisie-vente pratiquée contre un débiteur en liquidation judiciaire au titre de créances postérieures élues (sur cette notion, voy. *supra*, encadré E2), où il est jugé que l'indisponibilité des biens saisis se poursuit et qu'en conséquence le juge commissaire ne pouvait en autoriser la vente de gré à gré.

305. À condition évidemment qu'il dispose de biens situés en France en vertu du principe de territorialité de l'exécution (voy. *supra*, n° 23).

b) La compétence matérielle

153 ***Exclusivité et office du juge.*** Conformément à l'objectif de centralisation du contentieux de l'exécution, le juge de l'exécution a été investi de chefs de compétence exclusive soumis à un régime largement dérogatoire au droit commun. Il faut rappeler sur ce point qu'en vertu de l'article 76 (anc[t] 92) du Code de procédure civile, un juge ne peut soulever d'office son incompétence matérielle (ou d'attribution) qu'en cas de violation d'une règle d'ordre public ou lorsque le débiteur ne comparaît pas. En revanche, pour la compétence matérielle du juge de l'exécution, les règles sont les suivantes :

- **le juge de l'exécution peut toujours relever d'office son incompétence** (CPCE, art. R. 121-1, al. 3) ; peu importe donc la nature de la règle de compétence méconnue, ce qui permet à ce juge de se concentrer sur les chefs de compétence qui lui sont spécialement attribués en refusant de connaître de tout autre contentieux ;
- **tout autre juge doit soulever d'office son incompétence** ; cette règle inscrite à l'alinéa 1er de l'article R. 121-1 du CPCE figurait antérieurement à l'article 8 du décret de 1992 ; mais ce texte ne se référait qu'aux attributions prévues à l'article L. 213-6 du COJ, de sorte qu'il était généralement admis que cette règle dérogatoire n'était applicable qu'à ces attributions, lesquelles constituaient ainsi un bloc de compétence impératif pour le juge et les parties ; en revanche, l'article R. 121-1 rend cette règle applicable « en matière de compétence d'attribution », sans distinction, et de plus, l'article L. 213-6 comporte désormais un nouvel alinéa 5, issu de l'ordonnance de codification, qui prévoit expressément que le juge de l'exécution exerce aussi les compétences particulières prévues par le Code des procédures civiles d'exécution ; il faut donc en déduire que, désormais, toutes les attributions du juge de l'exécution, quelles qu'elles soient, sont impératives et qu'en conséquence tout autre juge saisi à tort doit relever d'office son incompétence.

B) Les attributions

154 ***Centralisation du contentieux.*** Les attributions confiées au juge de l'exécution répondent à l'objectif de centralisation du contentieux. Mais cet objectif n'est pas pleinement atteint pour deux raisons :

- d'une part, l'une des mesures d'exécution forcée, la saisie des rémunérations du travail, relève toujours de la compétence du juge du tribunal d'instance (voy. *infra*, n° 381)[306] ;

306. En revanche, la compétence du juge de l'exécution a été entendue à la saisie immobilière par la réforme opérée en 2006 et, suite à la proposition n° 8 du rapport de la Commission Guinchard sur la répartition des contentieux, elle devrait être étendue à la saisie des biens quasi-immobiliers (sur ces biens, voy. *infra*, n° 495 en note). Elle a déjà été instituée par la loi dite *Béteille* du 22 décembre 2010 pour les mesures conservatoires à côté de celle du président du tribunal de commerce (C. com., art. L. 721-7) et pour l'exécution forcée sur les bateaux de navigation intérieure d'au moins 20 tonnes (L. du 22 décembre 2010, art. 9 et 10). Parallèlement, l'ordonnance n° 2010-1307 du 28 octobre 2010 relative à la partie législative du Code des transports a inscrit la compétence du juge de l'exécution pour la saisie conservatoire et la saisie exécution des navires ainsi que pour la saisie conservatoire des aéronefs, respectivement aux articles L. 5114-21 et L. 6123-2 de ce code. Il ne reste donc

– d'autre part, l'autorisation des mesures conservatoires est parfois partagée avec le président du tribunal de commerce (voy. *infra*, n° 803).

Sous ces réserves, le contentieux de l'exécution relève désormais de la compétence exclusive et impérative du juge de l'exécution. En pratique, le chef de compétence qui suscite la jurisprudence la plus abondante est celui portant sur les difficultés relatives aux titres exécutoires (1) qu'il convient donc de distinguer des autres attributions (2).

1. Les difficultés relatives aux titres exécutoires

155 ***Limitations.*** Ce chef de compétence est prévu à l'alinéa 1er de l'article L. 213-6 du Code de l'organisation judiciaire, qui est ainsi rédigé : « Le juge de l'exécution connaît, de manière exclusive, des difficultés relatives aux titres exécutoires et des contestations qui s'élèvent à l'occasion de l'exécution forcée, même si elles portent sur le fond du droit à moins qu'elles n'échappent à la compétence des juridictions de l'ordre judiciaire ».

Comme la détention d'un titre exécutoire constitue la condition *sine qua non* de toute mesure d'exécution forcée, cette attribution est pleinement justifiée, comme l'est la faculté de connaître, à cette occasion, des contestations **portant sur le fond du droit**. En effet, celle-ci permet d'éviter toute nouvelle dispersion du contentieux. Mais, de ce fait, cette juridiction a vu affluer un contentieux de fond totalement étranger à sa compétence, qui menaçait de l'asphyxier[307]. C'est dans ces conditions que la Cour de cassation a été amenée très rapidement à préciser les limites qui encadrent cette compétence : une limite *ratione temporis* (a) et des limites *ratione materiae* (b)[308].

a) La limite *ratione temporis*

156 ***Mesures en cours.*** Dans son avis du 16 juin 1995[309], la Cour de cassation a estimé, à propos d'un acte notarié, que le juge de l'exécution ne peut connaître d'une difficulté relative à un titre exécutoire « qu'à l'occasion de contestations **portant sur les mesures d'exécution forcée** engagées ou opérées sur le fondement de ce titre ». Cette solution ne s'imposait pas d'évidence car l'article L. 213-6, alinéa 1er, du Code de l'organisation judiciaire aurait aussi pu être interprété en ce sens qu'il institue deux chefs de compétence autonomes : l'un portant sur les difficultés relatives aux titres exécutoires et l'autre sur celles relatives à la mise en œuvre des mesures d'exécution forcée. Mais dans le souci de limiter la compétence du juge de l'exécution, qui était alors menacé d'asphyxie, la Cour de cassation a opté pour l'interprétation la plus restrictive. Ainsi, elle « ressoude les deux éléments du texte[310] », en décidant qu'une exécution forcée doit être en cours pour saisir le juge de l'exécution d'une difficulté relative au titre exécutoire qui sert de fondement aux poursuites. Cet avis a

---

que la vente forcée des aéronefs qui relève toujours de la compétence du tribunal de grande instance (Code de l'aviation civile, articles R. 123-1 à R. 123-6).

307. Voy. not. R. Perrot, « Juge de l'exécution. Compétence d'attribution : les limites et les dérives », *RTD Civ.*, 1995, p. 191.

308. Voy. not. L. Camensuli-Feuillard, « La connaissance par le juge de l'exécution des titres exécutoires », *Dr. et procéd.*, 2010, p. 7.

309. Cass. (avis), n° 09-50008, *Bull. civ.*, avis n° 9 ; *RTD Civ.*, 1995, 691, obs. R. Perrot.

310. R. Perrot, *op. cit.*

ensuite été fidèlement appliqué par la deuxième chambre civile, tant à propos de décisions judiciaires[311] que d'actes notariés[312].

Il en résulte que le juge de l'exécution ne peut être saisi que lorsque l'exécution forcée est déjà en cours et, à défaut, cette compétence revient au juge de droit commun[313]. Ce chef de compétence débute donc par le premier acte d'exécution forcée pratiquée sur le fondement du titre exécutoire en cause. Aucune difficulté ne se pose pour les actes produisant tous les effets d'une saisie, qu'ils soient délivrés au débiteur lui-même ou à un tiers saisi. Mais qu'en est-il des commandements ? Depuis la réforme de la saisie immobilière, la question ne se pose plus en la matière car le commandement vaut saisie. Quant au commandement de payer préalable à la saisie-vente de biens meubles corporels, c'est la Cour de cassation qui a mis fin aux incertitudes passées en jugeant que cette saisie est en cours à compter de la signification du commandement[314]. En revanche, tout autre commandement, délivré en dehors de toute procédure civile d'exécution, ne saurait suffire à déclencher la compétence du juge de l'exécution[315]. Corrélativement, cette compétence cesse lorsque l'exécution forcée est achevée. Ainsi en est-il lorsque le débiteur s'exécute après le commandement de payer préalable à la saisie-vente, en payant les montants réclamés, car la procédure n'est plus alors en cours[316].

Sans remettre en cause cette limitation temporelle, la deuxième chambre civile de la Cour de cassation l'a étendue aux hypothèses où une difficulté relative à un titre exécutoire s'élève « à l'occasion des **mesures conservatoires**[317] ». La Cour de cassation ressoude ainsi aussi le premier élément de l'alinéa 1er de l'article L. 213-6 avec le second de l'alinéa 2. Mais ce chef de compétence n'a vocation à s'appliquer que dans les cas, rares en pratique, où une mesure conservatoire est pratiquée sur le fondement d'un titre exécutoire (sur ce point, voy. *infra*, n° 798).

En tout cas, il est désormais acquis que le juge de l'exécution peut être saisi de difficultés relatives à un titre exécutoire **dès l'instant où une mesure est engagée ou opérée sur son fondement**, qu'elle soit d'exécution forcée ou

311. Civ. (2e ch.), 11 juin 1997, n° 94-18263, *Bull. civ.*, II, n° 183 ; Civ. (2e ch.), 21 septembre 2000, n° 98 21279, *Dr. et procéd.*, 2001, J.033, p. 118, obs. Ph. Hoonakker.

312. Civ. (2e ch.), 9 juillet 1997, n° 94-16194, *Bull. civ.*, II, n° 227.

313. Ainsi en matière de saisie-vente où il est désormais jugé qu'elle est en cours à compter de la signification du commandement préalable, c'est cet acte qui marquera le point de départ de la compétence du juge de l'exécution pour connaître des difficultés relatives au titre exécutoire : Civ. (2e ch.), 16 décembre 1998, n° 96-18255, *Bull. civ.*, II, n° 301 ; *Gaz. Pal.*, 1999, somm., p. 596, obs. M. Véron ; Civ. (2e ch.), 3 juin 1999, n° 97-14889, *Bull. civ.*, II, n° 110. Mais si le débiteur s'exécute après le commandement en payant les montants réclamés, la procédure n'est plus en cours et le juge de l'exécution perd alors sa compétence : Civ. (2e ch.), 11 décembre 2008, n° 07-19411, *Bull. civ.*, II, n° 264 ; *Procédures*, 2009, comm. n° 45, obs. R. Perrot.

314. Civ. (2e ch.), 16 décembre 1998, n° 96-18255, *Bull. civ.*, II, n° 301 ; *Gaz. Pal.*, 1999, somm., p. 596, obs. M. Véron ; Civ. (2e ch.), 3 juin 1999, n° 97-14889, *Bull. civ.*, II, n° 110.

315. Civ. (2e ch.), 22 juin 2017, n° 16-17277, *Dr. et procéd.*, 2018, p. 13, obs. F. Vinckel, à propos d'un simple commandement de payer.

316. Civ. (2e ch.), 11 décembre 2008, n° 07-19411, *Bull. civ.*, II, n° 264 ; *Procédures*, 2009, comm. n° 45, obs. R. Perrot.

317. Civ. (2e ch.), 31 janvier 2013, n° 11-26992, *Dr. et procéd.*, 2013, p. 114, obs. F. Vinckel.

conservatoire, mais toujours dans le respect des limites *ratione materiae* applicables par ailleurs.

b) Les limites *ratione materiae*

Au plan matériel, la compétence du juge de l'exécution est limitée au regard de la nature des difficultés qui peuvent lui être soumises (1) et au regard de la nature des titres exécutoires auxquelles elles se rapportent (2).

1) *Au regard de la nature des difficultés*

Selon l'article L. 213-6 du Code de l'organisation judiciaire, le juge de l'exécution peut connaître de **questions de fond**. Mais il ne s'agit que de questions de fond incidentes, et encore pas toutes.

157 ***Seulement des questions de fond incidentes.*** Le principe posé par l'article L. 213-6, alinéa 1er, du Code de l'organisation judiciaire est que les questions de fond de la compétence du juge de l'exécution sont celles posées par une difficulté relative à un titre exécutoire. Elles ne sauraient donc, sur ce fondement, lui être soumises à titre principal pour lui demander de délivrer lui-même un titre exécutoire. Ainsi, par exemple, il ne pourrait être saisi d'une demande en résolution d'un bail et/ou en expulsion d'un occupant sans droit ni titre d'un immeuble.

Les questions de fond ne peuvent **relever de la compétence du juge de l'exécution**, à titre principal, **que sur le fondement d'un texte exprès**. Il s'ensuit qu'il ne peut délivrer lui-même un titre exécutoire « hors les cas prévus par la loi »[318]. Ainsi, il peut statuer, par voie d'injonction, sur la remise d'un bien meuble corporel (voy. *infra*, nos 311 et s.) ou encore prononcer une condamnation à des dommages et intérêts en cas d'exécution ou d'inexécution dommageable de mesures d'exécution forcée ou de mesures conservatoires (voy. *infra*, n° 165). Sous ces réserves exceptionnelles, le juge de l'exécution ne peut connaître que de questions de fond incidentes. Mais si cette condition est nécessaire, elle n'est pas suffisante, car toutes les questions incidentes ne relèvent pas de sa compétence.

158 ***Pas toutes les questions de fond incidentes.*** L'article L. 213-6, alinéa 1er, du Code de l'organisation judiciaire écarte lui-même les questions de fond incidentes qui échappent à la compétence des juridictions de l'ordre judiciaire. Si une telle question est soulevée par une difficulté relative à un titre exécutoire, le juge de l'exécution ne peut la trancher lui-même, il doit surseoir à statuer[319].

Par ailleurs et surtout, il faut tenir compte de l'interdiction de « connaître de demandes tendant à remettre en cause le titre dans son principe ou dans

---

318. Civ. (2e ch.), 25 septembre 2014, n° 13-20561 (F-P+B), *D.*, 2015, p. 521, obs. H. Adida-Canac, T. Vasseur et E. de Leiris ; *RTD Civ.*, 2015, p. 192, obs. (crit.) Ph. Théry ; dans le même sens : Civ. (2e ch.), 3 décembre 2015, n° 13-28177, à paraître au Bull., *Gaz. Pal.*, 2016, p. 1826, obs. C. Brenner.

319. Civ. (2e ch.), 14 octobre 1999, n° 97-19189, *Bull. civ.*, II, n° 156, à propos d'une difficulté relative à un arrêt du Conseil d'État qui a prononcé une condamnation sans l'assortir des intérêts de retard ; une saisie-attribution ayant été pratiquée pour recouvrer des intérêts de retard, elle a été contestée devant un juge de l'exécution ; mais comme la question des intérêts de retard relève de la compétence du Conseil d'État, elle ne pouvait être tranchée par le juge de l'exécution qui aurait donc dû surseoir à statuer.

la validité des droits et obligations qu'il constate » que la Cour de cassation avait posée en principe par son avis du 16 juin 1995 (voy. *supra*, n° 156). Mais, depuis lors, cette intangibilité du titre exécutoire a été assouplie, si bien qu'il faut désormais distinguer selon la nature du titre exécutoire en cause.

2) *Au regard de la nature du titre exécutoire*

159 ***Intangibilité du titre exécutoire.*** Les types de difficultés pouvant être soumises au juge de l'exécution dépendent de la question de l'intangibilité du titre exécutoire qu'elles concernent, laquelle dépend elle-même de la nature de ce titre : jugement, acte notarié ou autre titre exécutoire.

160 ***Jugements.*** Appliquée aux jugements, la limitation posée par l'avis du 16 juin 1995 (voy. *supra*, n° 158) ne pose aucune difficulté de principe. Elle est ***imposée par l'autorité de chose jugée*** et déclinée à l'alinéa 2 de l'article R. 121-1 du CPCE, qui prévoit que « le juge de l'exécution ne peut ni modifier le dispositif de la décision de justice qui sert de fondement aux poursuites, ni en suspendre l'exécution [...] ». Mais il n'est pas aisé d'en circonscrire exactement la portée. D'une part, elle ne saurait évidemment empêcher le juge de l'exécution de se prononcer sur l'efficacité du titre exécutoire invoqué à l'appui des poursuites. D'autre part, et surtout, toute modification et toute suspension ne sont pas systématiquement prohibées.

S'agissant de l'**efficacité du titre**, la Cour de cassation a décidé que « le juge de l'exécution est compétent pour dire si un acte constitue un titre exécutoire au sens de l'article 3 de la loi du 9 juillet 1991 et s'il porte une obligation susceptible d'exécution[320] ». Il s'ensuit qu'il lui incombe de vérifier que **toutes les conditions posées sont remplies**, qu'elles soient propres au titre invoqué ou communes à tous les titres exécutoires (voy. *infra*, n°s 228 et s.). En particulier, il lui appartient de se prononcer sur l'existence et l'étendue de l'exécution provisoire dont peut être assorti un jugement[321] ou une sentence arbitrale[322]. De même, il peut connaître de toutes les **circonstances postérieures** au jugement de nature à remettre en cause son efficacité, sans porter atteinte à l'autorité de la chose jugée. On peut citer notamment la caducité[323], la prescription

320. Civ. (1re ch.), 4 juillet 2007, n°s 05-16605 et 05-16586, *Bull. civ.*, n° 252.

321. Civ. (2e ch.), 18 juin 2009, n° 08-12760, *JCP E*, 2009, 1786, à propos d'un jugement mis à exécution pendant le délai d'appel alors qu'il était non assorti de l'exécution provisoire ; voy. aussi, à propos de l'absence de la moyenne des trois derniers mois de salaire dans un jugement prud'homal, Soc., 17 juillet 1996, n° 94-19589, *Bull. civ.*, V, n° 294 ; Soc., 7 janvier 1998, n° 97-40266, *Bull. civ.*, V, n° 3 ; CA Lyon, 6 juillet 1993, *Gaz. Pal.*, 1994, somm. n° 218.

322. Civ. (1re ch.), 4 juillet 2007, préc.

323. Résultant, par exemple, du défaut de notification dans le délai de six mois d'un jugement rendu par défaut ou réputé contradictoire selon l'article 478 du CPC : Civ. (2e ch.), 11 octobre 1995, n° 93-14326, *RTD Civ.*, 1996, p. 107, obs. R. Perrot ; en revanche, un juge de l'exécution ne saurait évidemment prononcé l'annulation d'une décision de justice, pour quelque motif que ce soit : Civ. (2e ch.), 28 septembre 2017, n° 15-26640.

ayant couru après le jugement[324], un paiement[325], une novation ou encore une compensation[326].

S'agissant de la **modification**, elle est seulement prohibée lorsqu'elle conduirait le juge de l'exécution à méconnaître l'autorité de la chose jugée. C'est la raison pour laquelle il est admis que le juge de l'exécution peut toujours interpréter le jugement invoqué à l'appui des poursuites[327], à condition de ne pas méconnaître l'autorité de chose jugée attachée à la décision interprétée[328]. Mais la question est beaucoup plus controversée au sujet des ajouts, fréquents en pratique (voy. *infra*, encadré E14).

S'agissant de la **suspension**, comme le juge de l'exécution est le garant de l'effectivité du droit à l'exécution, elle est logiquement exclue par l'article R. 121-1 du CPCE. Ainsi, un juge de l'exécution ne saurait arrêter l'exécution provisoire attachée au jugement invoqué à l'appui des poursuites ou autoriser la consignation des sommes auxquelles une partie a été condamnée en attendant l'issue du pourvoi en cassation qui a été formé[329]. Mais par dérogation, le juge de l'exécution est expressément autorisé à accorder des **délais de grâce** conformément aux règles de droit commun, dès l'instant où l'exécution forcée est en cours (voy. *infra*, n° 170).

---

324. Civ. (2e ch.), 21 mars 2002, n° 00-16866, *Bull. civ.*, II, n° 50 ; *Dr. et procéd.*, 2002, p. 294, obs. Ph. Hoonakker.

325. Civ. (2e ch.), 31 mai 2001, n° 99-19329, *Procédures*, 2001, comm. n° 191, obs. R. Perrot ; il peut même, s'il constate à cette occasion un trop payé, connaître d'une demande en répétition de l'indu : Civ. (2e ch.), 19 décembre 2002, n° 00-20274, *Bull.*, II, n° 293 ; *Dr. et procéd.*, 03, p. 179, obs. Ph. Hoonakker.

326. Com., 21 février 2012, n° 11-18027, *D.*, 2012, p. 678 ; Civ. (2e ch.), 15 novembre 2007, n° 06-20057, *D.*, 2008, p. 654, obs. J.-M. Sommer et C. Nicoletis ; Civ. (2e ch.), 16 décembre 2004, n° 03-13117, *Bull. civ.*, II, n° 533 ; mais encore faut-il que l'exception de compensation n'ait pas déjà été tranchée par le jugement invoqué car, dans ce cas, elle se heurterait à l'autorité de la chose jugée et à l'interdiction corrélative de modifier le jugement rendu : Civ. (1re ch.), 16 novembre 2004, n° 01-03102, *Bull. civ.*, I, n° 271 ; Civ. (2e ch.), 31 janvier 2002, n° 00-17042, *Procédures*, 2002, comm. n° 90, obs. R. Perrot ; de plus, la contre-créance doit exister car il n'appartient pas au juge de l'exécution de la constater en délivrant, à ce titre et sur demande reconventionnelle, un titre exécutoire au débiteur : Civ. (2e ch.), 25 septembre 2014, n° 13-20561 (F-P+B), *D.*, 2015, p. 521, obs. H. Adida-Canac, T. Vasseur et E. de Leiris ; *RTD Civ.*, 2015, p. 192, obs. (crit.) Ph. Théry, à propos d'une demande reconventionnelle en responsabilité formée contre une banque ayant pratiqué une saisie immobilière en vue d'opérer une compensation avec sa créance constatée dans le jugement irrévocable servant de fondement aux poursuites.

327. Civ. (2e ch.), 9 juillet 1997, n° 94-18320, *Bull. civ.*, II, n° 226 ; *RTD Civ.*, 1997, p. 998, obs. R. Perrot ; Civ. (2e ch.), 6 novembre 2008, n° 07-18465, *Procédures*, 2009, comm. n° 14, obs. R. Perrot ; mais cette compétence ne prive pas le juge qui s'est prononcé, ni la cour en cas d'appel, de leur pouvoir d'interprétation : Civ. (2e ch.), 11 décembre 2008, n° 07-19046, *Bull. civ.*, II, n° 265 ; *RTD Civ.*, 2009, p. 173, obs. R. Perrot.

328. Civ. (2e ch.), 24 juin 2010, n° 09-15710, *Bull. civ.*, II, n° 123 ; *Dr. et procéd.*, 2010, p. 296, obs. L. Choquet, où la violation est retenue à propos d'un jugement ayant prononcé la résolution d'une vente et condamné au remboursement du prix sans ordonner la restitution simultanée du véhicule vendu si bien que le juge de l'exécution ne pouvait annuler le commandement aux fins de saisie-vente délivrée au titre du remboursement, à défaut de restitution du véhicule ; Civ. (2e ch.), 7 avril 2016, n° 15-17398, qui écarte la violation de la chose jugée à propos d'un jugement ayant condamné au paiement d'une somme d'argent « outre les intérêts », où le juge de l'exécution est approuvé de les avoir qualifiés de légaux car le juge de la condamnation n'était pas tenu par le taux d'intérêt conventionnel.

329. Civ. (2e ch.), 16 octobre 2003, n° 01-02245, *Bull. civ.*, II, n° 308 ; *Gaz. Pal.*, 04, somm. et note, p. 1386, obs. C. Brunner.

E 14 **La question des ajouts au jugement**

En droit, les seuls ajouts envisageables sont ceux qui ne portent pas atteinte à l'autorité de la chose jugée. Mais en pratique, la frontière n'est pas toujours aisée à tracer. Il ne fait pas de doute que le juge de l'exécution peut procéder à un ajout dans le cadre du pouvoir d'interprétation du jugement qui lui est reconnu. Il a ainsi été admis qu'il peut décider, par exemple, que la condamnation prononcée doit être augmentée de la TVA[330]. De même, il peut se prononcer sur les accessoires légaux attachés de plein droit à une condamnation, comme les intérêts légaux[331]. Mais il ne peut pas prononcer une condamnation nouvelle sur une question qui n'avait pas été soumise au juge, fût-elle utile à l'exécution de la décision rendue[332]. *A fortiori*, ne saurait-il indemniser la partie victime de l'inexécution d'une obligation de faire à laquelle l'autre partie a été condamnée par le jugement invoqué devant lui[333]. En revanche, il peut prendre les mesures propres à en assurer l'exécution effective[334].

161 ***Actes notariés.*** L'interdiction de remettre en cause le titre exécutoire a été formulée par la Cour de cassation à propos d'un acte notarié[335]. Elle a donc été fidèlement appliquée, dans un premier temps, à ces titres exécutoires[336]. Mais cette solution n'était pas satisfaisante pour au moins deux raisons, l'une théorique, l'autre pratique :

- **en théorie**, aucun texte ou principe n'empêche de remettre en cause les actes notariés, bien au contraire ; il s'agit, en effet, de conventions qui, nonobstant leur caractère authentique, ne bénéficient d'aucune autorité de chose jugée ; elles restent donc soumises aux conditions de validité de droit commun des contrats et peuvent toujours être remises en cause devant la juridiction compétente ;
- **en pratique**, la limitation décidée par la Cour de cassation obligeait le débiteur à saisir le juge du contrat, ce qui risquait « d'engendrer des questions préjudicielles en chaîne, lesquelles sont toujours une source

330. Civ. (2e ch.), 9 novembre 2006, n° 05-12860, *Bull. civ.*, II, n° 314 ; *Dr. et procéd.*, 2007, p. 88, obs. C. Lefort.

331. À propos de l'application des articles 1153 et 1153-1 du C. civ., devenus respectivement les articles 1344-1 et 1231-7 : Civ. (2e ch.), 17 juin 1999, n° 97-15151, *Bull. civ.*, II, n° 121 ; *Procédures*, 1999, comm. n° 195, obs. R. Perrot ; Civ. (2e ch.), 23 septembre 2004, n° 02-20943, *Bull. civ.*, II, n° 416 ; à propos de la majoration de cinq points prévue par l'article 3 de la loi du 11 juillet 1975, devenu l'article L. 313-3 du CMF : Civ. (2e ch.), 4 avril 2002, n° 00-19822, *Bull. civ.*, II, n° 69 ; *Dr. et procéd.*, 2002, p. 298, obs. Ph. Hoonakker.

332. Civ. (2e ch.), 13 septembre 2007, n° 06-13 672, *Bull. civ.*, II, n° 219 ; *Dr. et procéd.*, 2008, p. 39, obs. O. Salati, à propos de frais de gardiennage d'un véhicule dont le jugement à exécuter avait ordonné la restitution sans se prononcer sur ce point.

333. Civ. (2e ch.), 8 avril 2004, n° 01-17557, *Bull. civ.*, II, n° 172 ; *Procédures*, 2004, comm. n° 143, obs. R. Perrot, *RTD Civ.*, 2004, p. 544, obs. Ph. Théry ; Civ. (3e ch.), 23 mars 2005, n° 03-19071, *Bull. civ.*, II, n° 72 ; *Dr. et procéd.*, 2006, p. 88, obs. Ph. Hoonakker.

334. Civ. (3e ch.), 26 septembre 2006, n° 06-15805, *Bull. civ.*, n° 156 ; *Dr. et procéd.*, 2008, p. 39, obs. O. Salati, à propos de la condamnation sous astreinte prononcée par un juge de l'exécution de signer un document d'arpentage de mise en conformité avec le plan cadastral dont l'établissement avait été ordonné par le jugement à exécuter ; Civ. (2e ch.), 1er octobre 2009, n° 08-18478, *Bull. civ.*, II, n° 231 ; *Dr. et procéd.*, 2010, p. 29, obs. A. Leborgne.

335. Dans l'espèce qui a donné lieu à l'avis du 16 juin 1995, la validité de l'acte notarié invoqué à l'appui des poursuites était contestée pour insanité d'esprit.

336. Civ. (1re ch.), 16 octobre 2001, n° 99-14711, *Bull. civ.*, I, n° 258 ; *RTD Civ.*, 2002, p. 351, note J. Normand, à propos d'une irrégularité de forme ; Civ. (2e ch.), 18 février 1999, n° 96-21045, *Bull. civ.*, II, n° 35, à propos d'une procédure d'inscription de faux.

de complication et de lenteur[337] » ; or, cette solution n'était pas non plus dictée par le moindre texte ou principe ; au contraire, l'article L. 213-6, alinéa 1er, du Code de l'organisation judiciaire aurait pu fonder la solution inverse dès lors qu'il autorise le juge de l'exécution à trancher toute question de fond lorsqu'il est saisi d'une difficulté relative à un titre exécutoire.

Sensible à ces critiques, la Cour de cassation a finalement opéré un **revirement de jurisprudence** en décidant que le juge de l'exécution peut connaître de la validité de l'acte notarié invoqué à l'appui d'une mesure d'exécution forcée[338]. Désormais, le débiteur pourra donc faire valoir directement devant le juge de l'exécution la nullité de l'acte notarié invoqué à l'appui d'une mesure d'exécution forcée pratiquée à son encontre, que ce soit pour un motif de fond ou de forme[339].

De plus, et comme auparavant, le juge de l'exécution reste compétent, *a fortiori*, pour vérifier l'efficacité de l'acte notarié et, en particulier, pour connaître de faits postérieurs à sa formation de nature à remettre en cause l'exécution forcée[340], et ce même si une procédure est déjà pendante devant un juge du fond dès lors que la difficulté soulevée conditionne l'étendue de la saisie contestée devant le juge de l'exécution[341]. À l'inverse, il demeure incompétent

337. R. Perrot, *RTD Civ.*, 1995, p. 691, à propos de l'avis du 16 juin 1995.

338. Civ. (2e ch.), 18 juin 2009, n° 08-10843, *Bull. civ.*, II, n° 165 ; *D.*, 2009, p. 1768, obs. V. Avena-Robardet ; *Procédures*, 2009, comm. n° 273, obs. R. Perrot ; *Dr. et procéd.*, 2009, p. 281, obs. C. Lefort, à propos d'un acte notarié dont la nullité pour dol était invoquée par le débiteur au soutien de sa contestation de la saisie-attribution pratiquée ; voy. aussi ultérieurement Civ. (2e ch.), 31 janvier 2013, n° 11-26992, *Dr. et procéd.*, 2013, p. 114, obs. F. Vinckel ; *Gaz. Pal.*, 2013, p. 2367, obs. A. Bolze.

339. Il agira par la voie de l'exception de nullité qui n'est perpétuelle que si l'acte notarié n'a pas encore été exécuté ; à défaut, elle est soumise au délai de prescription de l'action en nullité : Civ. (1re ch.), 15 janvier 2015, nos 13-25512 et 13-25513, à paraître au Bull.

340. Ainsi en est-il du paiement ou de la compensation ayant éteint totalement ou partiellement la créance qu'il constate : Civ. (2e ch.), 25 février 2010, n° 09-13909, *Procédures*, 2010, comm. n° 176, obs. R. Perrot ; il en va de même de la prescription : Civ. (2e ch.), 9 septembre 2010, n° 09-16538, *Bull. civ.*, II, n° 149 ; *Procédures*, 2010, comm. n° 373, obs. R. Perrot ; *Dr. et procéd.*, 2010, p. 325, obs. Ph. Hoonakker ; la Cour de cassation a admis aussi qu'il revient au juge de l'exécution de se prononcer sur la remise des fonds après la conclusion d'un prêt bancaire en la forme authentique : Civ. (2e ch.), 8 novembre 2001, n° 00-11797, *Dr. et procéd.*, 2002, p. 158, obs. Ph. Hoonakker ; ou encore de la mise en œuvre d'une clause résolutoire stipulée dans un acte notarié pour vérifier l'exigibilité de la créance dont l'une des parties poursuit le recouvrement contre l'autre : Civ. (2e ch.), 26 novembre 1997, n° 95-18138, *Bull. civ.*, II, n° 284 ; *JCP G*, 1998, II, 10061, note E. du Rusquec ; voy. aussi P. Bordessoule de Bellefeuille et N. Rolf-Pedersen, « Jex et bail d'habitation notarié : une récente avancée des droits des bailleurs ? », *Gaz. Pal.*, 1999, doctr., p. 178 ; de même, le juge de l'exécution est compétent pour connaître d'une demande de modération d'une clause pénale stipulée dans un acte notarié : Civ. (2e ch.), 5 juin 2014, n° 13-16053 (FS-P+B).

341. Civ. (2e ch.), 17 mai 2018, n° 16-25917, à propos d'une saisie-attribution pratiquée sur le fondement d'un acte notarié de prêt où la cour d'appel, qui avait prononcé le cantonnement de la saisie au capital des montants restant dû car une procédure en déchéance du droit aux intérêts conventionnels était pendante devant un tribunal de grande instance, est censurée au motif que « la cour d'appel, statuant avec les pouvoirs du juge de l'exécution, devait, pour se prononcer sur la demande de cantonnement de la saisie-attribution au seul capital restant dû, trancher la contestation portant sur la déchéance du droit aux intérêts conventionnels qui lui était soumise, dont dépendait l'étendue de la saisie, peu important qu'un tribunal de grande instance ait été saisi d'une demande de déchéance du

pour connaître de la procédure d'inscription de faux, qui relève de la compétence exclusive du tribunal de grande instance (COJ, art. R. 211-4-12°).

162 ***Autres titres exécutoires.*** Le revirement opéré par la Cour de cassation pose la question de l'intangibilité des autres titres exécutoires. Il s'agit d'abord des accords auxquels un juge a conféré force exécutoire par leur homologation. Par un arrêt rendu le 28 septembre 2017[342], la deuxième chambre civile a jugé que « l'homologation d'un accord transactionnel qui a pour seul effet de lui conférer force exécutoire ne fait pas obstacle à une contestation de la validité de cet accord devant le juge de l'exécution ». Autrement dit, l'homologation ne fait pas perdre à l'accord transactionnel son caractère contractuel de sorte que la solution adoptée pour les actes notariés est transposable à ces titres exécutoires.

Il devrait en aller de même pour les titres émis directement par les huissiers de justice en matière de chèques impayés, ce qui devrait conduire la Cour de cassation a abandonné la règle de l'intangibilité posée dans le prolongement de l'avis de 1995[343].

Par contre, le juge de l'exécution demeure incompétent pour remettre en cause les titres émis par des personnes morales de droit public[344].

2. Les autres attributions

Pour répondre à l'objectif de centralisation du contentieux, le juge de l'exécution connaît aussi du contrôle de l'exécution (a), et peut être amené à intervenir dans sa conduite (b) et parfois à sa périphérie (c).

a) Les attributions dans le contrôle de l'exécution

163 ***Domaine.*** Il revient au juge de l'exécution de contrôler les mesures, qu'il s'agisse de **mesures d'exécution forcée ou de mesures conservatoires**. Ce contrôle s'exerce à deux niveaux : en amont, au niveau de leur mise en œuvre qui peut susciter toutes sortes de contestations (1) et, en aval, au niveau de leurs conséquences, qui peuvent être dommageables et fonder des demandes en réparation (2).

1) *Les contestations*

164 ***De forme ou de fond.*** Ce chef de compétence est prévu à l'alinéa 1er de l'article L. 213-6 du Code de l'organisation judiciaire pour les mesures d'exécution forcée et à l'alinéa 2 pour les mesures conservatoires. Il porte sur toutes les contestations qui peuvent s'élever ***à l'occasion de la mise en œuvre*** de ces mesures. Il peut donc conduire, selon les cas, à la nullité ou à la caducité des mesures querellées et, corrélativement, à leur mainlevée. La sanction applicable dépend de la contestation élevée, qui peut porter sur la forme ou sur le fond.

---

droit aux intérêts conventionnels avant l'engagement de la mesure d'exécution et la saisine du juge de l'exécution ».

342. Civ. (2e ch.), 28 septembre 2017, n° 16-19184, *Dr. et procéd.*, 2017, p. 256, obs. Gorchs-Gelzer ; *D.*, 2018, p. 1226, obs. A. Leborgne ; *Gaz. Pal.*, 2018, p. 1671, obs. J.-J. Ansault.

343. Civ. (2e ch.), 5 avril 2005, n° 99-14756, *Bull. civ.*, II, n° 75.

344. Civ. (2e ch.), 8 avril 2004, n° 02-11625, *Bull. civ.*, II, n° 189.

Sur la **forme**, le juge de l'exécution connaît du respect de toutes les règles de mise en œuvre de la mesure pratiquée, sanctionnée tantôt par la nullité, tantôt par la caducité : délais, forme et contenu des actes, notification, dénonciation, etc.

Au **fond**, il connaît de toutes les conditions de validité des mesures, nécessairement sanctionnées par la nullité. Il s'agit essentiellement de la créance-cause[345] et de la saisissabilité ou de la propriété des biens saisis. À cette occasion, le juge de l'exécution peut trancher toutes les questions de fond qui se posent, à moins qu'elles n'échappent à la compétence des juridictions de l'ordre judiciaire.

Mais l'irrégularité ainsi sanctionnée peut aussi avoir occasionné un préjudice, qui peut alors faire l'objet d'une demande en réparation.

2) *Les demandes en réparation*

165 ***Responsabilité civile de l'exécution.*** Les demandes en réparation attribuées au juge de l'exécution sont celles qui sont fondées sur ***l'exécution ou l'inexécution dommageables*** des mesures d'exécution forcée ou des mesures conservatoires[346], selon l'article L. 213-6, alinéa 4, du Code de l'organisation judiciaire. Elles intéressent donc le contentieux de la responsabilité civile de l'exécution. Mais il faut distinguer selon la personne poursuivie.

Le juge de l'exécution est certainement compétent pour connaître des demandes en réparation dirigées **à l'encontre du débiteur** à raison de l'inexécution dommageable. À ce titre, il peut le condamner à des dommages et intérêts en cas de résistance abusive (CPCE, art. L. 121-3)[347]. De même, il est compétent pour statuer sur de telles demandes dirigées **contre le créancier** à raison de l'exécution dommageable d'une mesure d'exécution[348]. Mais qu'en est-il de l'huissier de justice qui conduit les opérations d'exécution sous sa responsabilité (CPCE, art. L. 122-2) ?

Par un arrêt rendu le 24 juin 1998, la deuxième chambre civile avait admis la compétence du juge de l'exécution pour connaître d'une action en responsabilité dirigée **par le débiteur contre l'huissier de justice** instrumentaire « sur le fondement du droit commun[349] ». Une doctrine autorisée en avait

345. En matière d'exécution forcée, cette contestation revient à soulever une difficulté relative au titre exécutoire invoqué à l'appui de la mesure contestée (voy. *supra*, n°s 156 et s.).

346. Sans qu'il y ait lieu de distinguer suivant que les mesures critiquées sont encore en cours, ou ne le sont plus, au jour où le juge de l'exécution est saisi : Civ. (2e ch.), 27 février 2014, n° 13-11788. En revanche, le juge de l'exécution n'est pas compétent pour connaître d'une action en responsabilité qui n'est pas fondée sur l'exécution ou l'inexécution dommageable d'une procédure civile d'exécution, même si elle est présentée au soutien d'une exception de compensation : Com., 22 mars 2017, n° 15-15742 (F-P+B+I), *D.*, 2017, p. 1393, obs. A. Leborgne, à propos d'une caution d'un contrat de crédit-bail qui a demandé la mainlevée d'une saisie-attribution pratiquée par la banque créancière sur le fondement d'une ordonnance de référé en invoquant une créance de dommages et intérêts fondée sur la négligence reprochée à la banque dans la récupération du bien objet du contrat de crédit-bail.

347. Sur le cumul de ces dommages et intérêts avec la liquidation d'une astreinte pour la violation de la même obligation, voy. *infra*, n° 241.

348. Voy., par exemple, Civ. (3e ch.), 5 janvier 2012, n° 10-12741, *RJDA*, 2012, n° 645, à propos d'une demande dirigée par un preneur expulsé contre un bailleur.

349. Civ. (2e ch.), 24 juin 1998, n° 96-22851, *Bull. civ.*, II, n° 222 ; *RTD Civ.*, 1998, p. 753, obs. R. Perrot ; dans le même sens : Civ. (2e ch.), 14 mai 2009, n° 08-15879, *Procédures*,

déduit que le juge de l'exécution était compétent pour connaître de tout le contentieux de la responsabilité professionnelle des huissiers de justice, quelle que soit la personne du demandeur[350]. Mais par un arrêt postérieur, la même chambre a **exclu** de cette compétence la demande en réparation **formée par le créancier** car elle était fondée « sur l'exécution fautive du mandat » qu'il a donné à l'huissier de justice[351]. Cette solution est justement critiquée car elle conduit à une dispersion regrettable du contentieux de la responsabilité des huissiers de justice que rien ne justifie dès lors que la question posée est strictement la même, quelle que soit la personne qui agit[352].

b) Les attributions dans la conduite de l'exécution

166 ***Déjudiciarisation.*** Compte tenu de l'objectif de déjudiciarisation qui a été poursuivi, ces chefs de compétence ont été limités au strict minimum[353]. Ils seront examinés à l'occasion de l'étude des diverses mesures d'exécution. À ce stade, on se contentera d'une présentation schématique, en observant que le juge de l'exécution est amené à intervenir dans la conduite de l'exécution, tantôt en l'absence de toute contestation, tantôt en cas de contestation.

167 ***En l'absence de contestation.*** Dans ces cas, l'intervention du juge de l'exécution est parfois imposée, parfois seulement proposée. Elle est **imposée**, par exemple, pour autoriser une saisie en dehors des heures légales (voy. *infra*, n° 199) ou l'assistance du créancier aux opérations de saisie (voy. *supra*, n° 35). Elle est simplement **proposée**, par exemple, à l'huissier de justice qui a un doute sur le caractère illicite ou disproportionné de la mesure à pratiquer (voy. *supra*, n° 116) ou encore aux parties pour la distribution du prix de vente d'un bien saisi à défaut d'accord amiable (voy. *infra*, n°s 597 et s. en matière mobilière, et n°s 725 et s. en matière immobilière).

168 ***En cas de contestation.*** Il s'agit pour le juge de l'exécution de régler le sort d'une mesure en cours au moment où survient une contestation, et ce jusqu'à ce qu'elle soit tranchée. Les règles prévues ne sont pas les mêmes selon la nature de la saisie contestée. Ainsi, par exemple, le cours de la saisie-vente des biens meubles corporels n'est pas normalement affecté par une contestation alors que la saisie-attribution est provisoirement paralysée. Mais aucun de ces principes n'est absolu et, dans tous les cas, c'est au juge de l'exécution qu'il revient de prendre les mesures dérogatoires qui apparaissent nécessaires.

2009, comm. n° 272 ; Civ. (2e ch.), 2 décembre 2010, n° 09-65951, *Bull. civ.*, II, n° 194 ; *Procédures*, 2011, comm. n° 55, obs. R. Perrot.

350. R. Perrot, *op. cit.*

351. Civ. (2e ch.), 21 février 2008, n° 07-10417, *Bull. civ.*, II, n° 43 ; *Procédures*, 2008, comm. n° 267, obs. R. Perrot ; *RTD Civ.*, 2008, p. 546, obs. Ph. Théry ; dans le même sens : Civ. (3e ch.), 5 janvier 2012, n° 10-12741, *RJDA*, 2012, n° 645.

352. En revanche, il n'est pas contestable que le juge de l'exécution ne saurait connaître d'une action en responsabilité notariale : Civ. (2e ch.), 8 janvier 2015, n° 13-21044 (F-P+B), *RTD Civ.*, 2016, p. 183, obs. N. Cayrol, à propos d'une saisie immobilière rendue possible car le notaire avait omis de purger l'immeuble des inscriptions le grevant lors de sa revente.

353. Sauf pour la saisie immobilière où le juge de l'exécution est omniprésent car elle reste fortement judiciarisée (voy. *infra*, n°s 608 et s.).

c) Les attributions à la périphérie de l'exécution

Le juge de l'exécution est compétent en amont de l'exécution en matière d'astreinte et en aval pour accorder des délais de grâce ou statuer sur la majoration des intérêts légaux.

169 ***Astreinte.*** En amont, le juge de l'exécution est compétent **pour prononcer** l'astreinte. Mais cette compétence n'est que subsidiaire, car la compétence de principe revient au juge qui ordonne l'exécution d'une obligation de faire ou de ne pas faire. Ce n'est donc qu'à défaut qu'il peut assortir d'une astreinte une décision rendue par un autre juge (CPCE, art. L. 131-1).

Il est compétent aussi **pour la liquider**. Mais dans ce cas, sa compétence est de principe car le juge ayant prononcé l'astreinte n'est compétent que s'il s'en est expressément réservé le pouvoir ou s'il reste saisi (CPCE, art. L. 131-3). De plus, ces règles de compétence sont impératives pour tout juge saisi à tort, y compris le juge de l'exécution, le cas échéant (CPCE, art. R. 131-2).

170 ***Délais de grâce et majoration des intérêts légaux.*** En aval, le juge de l'exécution est compétent pour accorder des **délais de grâce**. Mais il partage cette attribution avec deux autres juridictions, selon les règles prévues par l'article 510 du Code de procédure civile[354]. La compétence de principe revient à la juridiction qui prononce la condamnation. Ce n'est donc qu'à défaut que ces délais de grâce pourront être sollicités postérieurement du juge des référés ou du juge de l'exécution, selon les critères suivants :

- le juge des référés est compétent en cas d'urgence ;
- le juge de l'exécution est seul compétent après la signification d'un commandement ou d'un acte de saisie.

Ainsi, après le prononcé de la condamnation, la répartition de compétence se fait autour de l'exécution forcée : dès lors qu'elle est engagée, seul le juge de l'exécution est compétent[355] ; auparavant, la demande ne peut être portée que devant le juge des référés et à condition qu'il y ait urgence[356].

En aval, le juge de l'exécution est aussi compétent pour statuer sur la majoration des **intérêts légaux**. Il faut savoir que selon l'article L. 313-3 du CMF, les intérêts légaux, en cas de condamnation pécuniaire, sont majorés de cinq points à l'expiration d'un délai de deux mois courant à compter du jour où la décision de justice est devenue exécutoire. Mais à la demande du débiteur ou même du créancier (ce qui est exceptionnel en pratique), le juge de l'exécution peut, en considération de la situation du débiteur, exonérer celui-ci de cette majoration ou en réduire le montant. Il dispose, à ce titre, d'un pouvoir souverain d'appréciation qui lui permet notamment d'accorder une exonération totale, y compris pour la période antérieure à sa saisine[357].

---

354. Sur l'ensemble de la question, voy. Ph. Soustelle, « Le retour de la compétence du juge des référés pour octroyer un délai de grâce », *D.*, 1999, doctr., p. 517.

355. Civ. (2e ch.), 18 septembre 2003, n° 01-16019, *Bull. civ.*, II, n° 285 ; *Procédures*, 2003, comm. n° 253, obs. R. Perrot, à propos de l'incompétence du juge des référés après la délivrance d'un commandement d'avoir à libérer les lieux.

356. Civ. (2e ch.), 16 septembre 2003, n° 01-10909, *Bull. civ.*, II, n° 262 ; *Procédures*, 2003, comm. n° 253, obs. R. Perrot, à propos de l'incompétence du juge de l'exécution avant tout commandement de payer et tout acte d'exécution.

357. Civ. (2e ch.), 6 juin 2013, n° 12-20129, *D.*, 2013, p. 1486 ; *D.*, 2014, p. 1471, obs. A. Leborgne.

Lorsque le juge de l'exécution méconnaît les limites de ses attributions, commet-il un excès de pouvoir ou statue-t-il hors de sa compétence ? La question n'est pas simplement théorique car elle a des implications pratiques importantes pour les parties. En effet, l'excès de pouvoir est sanctionné par une fin de non-recevoir qui peut être soulevée en tout état de cause et même pour la première fois en appel. À l'inverse, l'incompétence doit être invoquée *in limine litis* et surtout si en appel la cour retient l'incompétence du premier juge, elle doit néanmoins statuer au fond, en vertu de sa plénitude de juridiction, lorsque le jugement entrepris est appelable en toutes ses dispositions et qu'elle est la juridiction d'appel du juge de première instance qui était compétent (CPC, art. 79, al. 1er).

En théorie, la distinction est simple, mais sa mise en œuvre pose plus de difficultés. La compétence est habituellement définie comme « l'aptitude d'une juridiction à exercer son pouvoir de juger de préférence à une autre », alors que le pouvoir de juger est considéré comme « l'aptitude de la juridiction considérée en elle-même à trancher un litige par application des règles de droit »[358]. Autrement dit, la compétence concerne « la répartition des litiges entre des juridictions dotées des mêmes pouvoirs » et le pouvoir de juger porte « tantôt [...] sur le fait qu'aucun juge ne peut faire ce qui lui est demandé [...] tantôt sur le fait que certaines juridictions [...] ne peuvent statuer que si certaines conditions sont remplies »[359]. Sur ce dernier point, l'exemple type est celui de la juridiction des référés qui, en particulier, ne peut accorder une provision au créancier que si l'existence de l'obligation n'est pas sérieusement contestable. En conséquence, la plénitude de juridiction est écartée et une cour d'appel ne saurait statuer sur la créance au motif qu'elle serait la juridiction d'appel du juge du fond qui aurait dû être saisi. Selon la formule consacrée, « la cour d'appel, saisie de l'appel d'une ordonnance de référé, ne peut statuer que dans les limites des pouvoirs de celui-ci ».

Qu'en est-il devant le juge de l'exécution ? Pour l'heure, les chambres civiles de la Cour de cassation étaient divisées. Ainsi, les deuxième et troisième chambres s'étaient prononcées en sens contraire dans des circonstances analogues où le juge de l'exécution avait accepté de statuer sur une demande d'indemnisation de l'inexécution d'une obligation de faire, à laquelle le défendeur avait été condamné par le jugement invoqué devant lui. Alors que la troisième chambre a retenu l'excès de pouvoir[360], la deuxième chambre s'est prononcée pour l'incompétence du juge de l'exécution et a approuvé la cour d'appel d'avoir néanmoins statué au fond en vertu de sa plénitude de juridiction, car elle était la juridiction d'appel du juge qui aurait dû être saisi en première instance[361]. Mais finalement la deuxième chambre s'est alignée sur la troisième en optant aussi pour l'excès de pouvoir par son arrêt rendu le 8 janvier 2015[362].

Pourtant l'exception de compétence semblait plus conforme à l'article L. 213-6 du Code de l'organisation judiciaire car ce dernier intéresse plutôt la répartition des litiges entre des juges dotés des mêmes pouvoirs. N'est-ce pas, en effet, pour consacrer cette égalité des pouvoirs et éviter toute discussion sur ce point que ce texte a pris le soin de préciser que le juge de l'exécution peut trancher toutes les difficultés relatives à un titre exécutoire et toutes les contestations relatives à une mesure, d'exécution forcée

358. L. Cadiet et E. Jeuland, *Droit judiciaire privé*, 4e éd., Paris, Litec, 2004, n° 135.

359. Ph. Théry, *RTD Civ.*, 2004, p. 546, obs. sous Civ. (2e ch.), 8 avril 2004.

360. Civ. (3e ch.), 23 mars 2005, n° 03-19071, *Bull. civ.*, II, n° 72 ; *Dr. et procéd.*, 2006, p. 88, obs. Ph. Hoonakker.

361. Civ. (2e ch.), 8 avril 2004, n° 01-17557, *Bull. civ.*, II, n° 172 ; *Procédures*, 2004, comm. n° 143, obs. R. Perrot, *RTD Civ.*, 2004, p. 544, obs. Ph. Théry ; dans le même sens : Civ. (1re ch.), 16 octobre 2001, n° 99-14711, *Bull. civ.*, I, n° 258, p. 163, *RTD Civ.*, 2002, p. 351, obs. J. Normand, à propos d'un acte notarié de prêt irrégulier soumis à un juge de l'exécution ; Civ. (2e ch.), 26 juin 2014, n° 13-15932 (FS-P+B), *D.*, 2014, p. 1456, à propos d'une exception de compensation ne relevant pas, en l'espèce, de la compétence du juge de l'exécution.

362. Civ. (2e ch.), 8 janvier 2015, n° 13-21044 (F-P+B), *RTD Civ.*, 2016, p. 183, obs. N. Cayrol, à propos d'une action en responsabilité notariale portée devant un juge de l'exécution à l'occasion d'une saisie immobilière.

ou conservatoire, « même si elles portent sur le fond du droit » ? Mais en réalité, la solution est sans doute plus nuancée car il faut réserver les cas où le juge de l'exécution commet incontestablement un excès de pouvoir. Il en va ainsi s'il méconnaît l'autorité de la chose jugée. C'est alors bien du pouvoir de juger dont il s'agit car tout autre juge se heurterait à la même interdiction. Dans ces cas, la demande soumise au juge de l'exécution doit incontestablement être déclarée irrecevable et la cour d'appel ne saurait elle-même statuer au fond en vertu de sa plénitude de juridiction. Mais désormais ce sera aussi la solution à retenir dans les autres cas depuis l'alignement de la 2e chambre par l'arrêt du 8 janvier 2015.

CHAPITRE III

Les opérations d'exécution

171 ***Notion.*** Les opérations d'exécution sont les **actes juridiques ou matériels de mise en œuvre de la contrainte** sur la personne ou les biens du débiteur. Elles s'inscrivent dans les mesures provisoires lorsqu'il s'agit de garantir les droits du créancier et dans les mesures d'exécution forcée lorsqu'il s'agit de lui donner effectivement satisfaction.

Si elles relèvent pour l'essentiel des règles propres à ces mesures, elles soulèvent aussi des questions communes qui intéressent la recherche des informations indispensables à leur réalisation (Section I) et leur réalisation elle-même (Section II).

SECTION I

La recherche des informations

172 ***Nécessité et obstacles.*** La réalisation de toute opération d'exécution nécessite des informations sur la personne du débiteur et sur la composition de son patrimoine. Au minimum, il faut **connaître son adresse** et pouvoir **localiser des biens** lui appartenant, voire celui qu'il doit remettre en particulier. De telles informations concourent directement à l'effectivité du droit à l'exécution.

Pourtant, ces informations ne sont pas aisément accessibles car elles se heurtent **au droit à l'intimité de la vie privée** dans son acception large, défendue traditionnellement en droit français. Il s'ensuit qu'aucune obligation de déclaration ne pèse sur le débiteur, contrairement à bien des législations étrangères[363]. De même, la publicité du patrimoine est très fragmentaire, ce qui empêche toute transparence. Le résultat en est que la majorité des informations nécessaires aux opérations d'exécution sont protégées et donc difficilement accessibles (§ 2) alors que les informations libres sont peu nombreuses (§ 1).

---

363. Par exemple, l'article 807 du Code allemand de procédure civile qui impose à tout débiteur, suite à une tentative infructueuse d'exécution forcée, de déclarer sur l'honneur à l'huissier de justice instrumentaire, sous peine de sanctions pénales, le détail de son patrimoine ; voy. aussi à propos de l'Espagne : C. Delcasso, « La transparence patrimoniale en Espagne », *Dr. et procéd.*, 2010, p. 170. Mais une harmonisation est à l'étude qui pourrait aboutir notamment à une déclaration de patrimoine européenne ; voy. P. Safar, « La transparence du patrimoine : une exigence pour l'efficacité de l'exécution forcée en Europe », *Dr. et procéd.*, 2009, n° 2, p. 2, à propos du livre vert du 6 mars 2008 sur l'exécution effective des décisions judiciaires dans l'Union européenne ; S. Grayot-Dirx, « Synthèse de la table ronde "Transparence du patrimoine et efficacité des titres exécutoires" », *RLDA*, février 2012, p. 99.

§1. Les informations libres

173 *Notion.* Les informations libres sont celles qui sont accessibles au public. Toute personne et, en particulier, tout créancier ou l'huissier de justice agissant pour son compte peuvent donc en prendre librement connaissance. Mais leur domaine est très limité, qu'elles concernent les biens (A) ou, *a fortiori*, les personnes (B).

A) Les informations libres relatives aux biens

174 *Publicité.* Les informations libres relatives aux biens sont assurées par la publicité à laquelle sont soumis les immeubles (1) et quelques meubles (2)[364].

1. Quant aux immeubles

La publicité relative aux immeubles est assurée par deux catégories de services administratifs : les services du cadastre et les services chargés de publicité foncière.

175 *Cadastre.* Le cadastre est un service assuré par l'administration fiscale qui remplit notamment une mission foncière. Il gère au niveau de chaque commune, trois types de documents régulièrement mis à jour :

- le **plan cadastral** qui reproduit à différentes échelles les biens immobiliers, bâtis et non bâtis, situés sur le territoire de la commune ;
- les **états de section** qui permettent une consultation sélective du plan cadastral car la section est une fraction du territoire communal divisée en parcelles et chaque état fournit, pour chacune d'elles, sa contenance, son identifiant et celui de son propriétaire ;
- la **matrice cadastrale** qui récapitule, pour chaque propriétaire dûment identifié, les biens immobiliers qu'il possède dans la commune avec l'indication de leur contenance et de leur valeur.

Tous ces documents sont accessibles au public et permettent donc au créancier, ou à l'huissier de justice, de recueillir des informations utiles sur le débiteur. Mais comme le cadastre n'est pas centralisé, il est indispensable de connaître les communes où le débiteur est susceptible de disposer de biens immobiliers. Il est vrai qu'il existe aujourd'hui sur internet le SCPC (Service de consultation du plan cadastral). Mais les usagers ne peuvent y obtenir que certaines informations descriptives des parcelles, car la CNIL (Commission nationale de l'informatique et des libertés) a considéré que la diffusion du nom du propriétaire contrevenait à la protection des données personnelles et de la vie privée.

176 *Publicité foncière.* Depuis le 1er janvier 2013, les services de la publicité foncière[365] ont succédé aux conservations des hypothèques[366]. Chaque service

---

364. Sur l'ensemble de la question, voy. A. Leborgne, *Voies d'exécution et procédures de distribution*, 2e éd., coll. Précis, Paris, Dalloz, 2014, nos 509 et s.

365. Ils relèvent de la direction générale des finances publiques.

366. Ord. 2010-638 du 10 juin 2010 portant suppression du régime des conservateurs des hypothèques. Le rapport annuel 2008 de la Cour des comptes avait relevé l'anachronisme

tient notamment le **fichier immobilier** où sont répertoriés, par commune, sous le nom de chaque propriétaire et par immeuble, les extraits de tous les documents publiés au fur et à mesure de leur dépôt. Il permet ainsi de connaître la situation juridique actuelle de chaque immeuble.

Sous réserve de disposer des références cadastrales précises, toute personne peut accéder à ces documents et informations sans avoir à justifier d'un intérêt particulier. À ce titre, il peut être sollicité notamment une **fiche personnelle** qui permettra de connaître tous les biens immobiliers appartenant à la personne concernée. Mais ces informations sont toujours limitées au ressort territorial de chaque service chargé de la publicité foncière car il n'existe pas de service central regroupant l'ensemble des informations foncières par propriétaire. Il faut donc que le créancier dispose d'informations préalables ou au moins d'indices sur les lieux où son débiteur est susceptible de détenir des biens immobiliers.

2. Quant aux meubles

177 ***Immatriculation.*** À l'inverse des immeubles, la publicité relative aux meubles n'est pas systématique, mais les informations qu'elle fournit sont parfois plus aisément accessibles. Elle joue au travers de l'immatriculation qui est imposée à certains biens corporels ou incorporels.

178 ***Biens corporels.*** Tous les **biens quasi-immobiliers** (navires, bateaux de navigation intérieure[367] et aéronefs) doivent être immatriculés sur des registres spéciaux tenus par l'autorité administrative compétente.

Tous ces registres sont publics, de sorte que toute personne peut obtenir des copies certifiées conformes permettant notamment de connaître l'identité des propriétaires des biens immatriculés. Mais outre que le seul registre national est celui des aéronefs, leur utilité pratique est pour le moins limitée compte tenu de la nature des biens sur lesquels ils portent. Il est vrai que les véhicules terrestres à moteur, d'un intérêt pratique sans commune mesure, sont aussi soumis à immatriculation. Mais l'accès à ces registres est strictement encadré, car les informations qu'ils contiennent sont protégées (voy. *infra*, n° 742).

179 ***Biens incorporels.*** Tous les **droits de propriété industrielle** (brevets, marques, certificats d'obtention végétale, dessins et modèles ainsi que les logiciels) doivent être enregistrés auprès de l'Institut national de la propriété industrielle. Ce registre est librement accessible et permet ainsi à tout créancier de savoir si son débiteur est propriétaire de tels biens.

Mais l'intérêt pratique de ce registre demeure limité car il ne concerne pour l'essentiel que les débiteurs professionnels[368].

---

du statut des conservateurs datant de la Révolution française. Il s'agissait de fonctionnaires payés par les usagers qui leur versaient des « salaires ». En contrepartie, ils engageaient leur responsabilité personnelle garantie par un cautionnement qu'ils devaient fournir. Mais cette modification ne concerne pas l'Alsace-Moselle où la publicité foncière reste assurée par le livre foncier dont l'accès est plus simple, et ce d'autant plus qu'il a été informatisé.

367. Il s'agit de tout bateau de marchandises d'au moins 20 tonnes et de tout autre bateau dont le déplacement est d'au moins dix mètres cubes : Code des transports, art. L. 4111-1.

368. Il existe aussi un registre de la cinématographie et de l'audiovisuel dont l'intérêt pratique est encore plus limité ; voy. not. A. Leborgne, *op. cit.*, n°s 543 et s.

B) Les informations libres relatives aux personnes

180 ***Registres nominatifs.*** Disposer d'un fichier nominatif, national et public, recensant des données personnelles essentielles, comme l'identité et l'adresse des individus, serait un moyen précieux pour renforcer l'effectivité du droit à l'exécution. Mais il se heurterait au droit à **l'intimité de la vie privée**. C'est la raison pour laquelle les traitements automatisés des données à caractère personnel sont normalement soumis à l'autorisation de la CNIL et, lorsqu'un fichier est autorisé, il est rarement accessible au public.

Pour l'essentiel, il n'existe que deux catégories de fichiers nominatifs et publics qui peuvent présenter un intérêt pour les créanciers, même s'il est limité : les listes électorales et le registre du commerce et des sociétés.

181 ***Listes électorales.*** Les listes électorales, qui comportent notamment **l'identité et l'adresse** des électeurs inscrits, sont tenues et conservées par les communes. En vertu de la loi n° 78-753 du 17 juillet 1978 dont le titre Ier est relatif à la liberté d'accès aux documents administratifs, tout individu peut en demander la communication, en tout ou partie.

Mais l'intérêt pour les créanciers est limité car il n'existe aucune obligation d'inscription, la seule sanction étant la privation de l'exercice du droit de vote. Un débiteur peut donc aisément demeurer dans l'ombre s'il le souhaite.

182 ***Registre du commerce et des sociétés.*** Le registre du commerce et des sociétés est tenu par le greffier de chaque tribunal de commerce. Tous les commerçants personnes physiques et les sociétés civiles et commerciales doivent s'y immatriculer et déclarer les événements essentiels de la vie de leur entreprise. Mais depuis le décret n° 2007-750 du 9 mai 2007, il ne comporte plus d'indication sur la situation matrimoniale, le conjoint et le régime matrimonial des commerçants personnes physiques.

Sous cette réserve que l'on peut regretter, ce registre comporte **des informations aisément accessibles**, qui sont utiles aux créanciers. En effet, toute personne peut interroger non seulement le registre tenu par chaque greffe, mais aussi le registre national tenu par l'INPI, qui constitue la réplique parfaite de tous les registres locaux. Mais encore faut-il que le débiteur soit une personne assujettie à l'immatriculation. À défaut, le créancier n'aura souvent d'autre solution que de recourir aux informations protégées, dont l'accès est strictement limité.

§ 2. Les informations protégées

183 ***Accès strictement limité.*** Les informations protégées sont celles détenues par un tiers, administration, organismes sociaux ou établissements financiers qui, en raison de leur caractère personnel, sont couvertes par le **secret professionnel**. Un créancier ne peut donc jamais y accéder directement même si elles s'avèrent indispensables à l'effectivité de son droit à l'exécution.

Pour préserver ce droit, il fallait, à tout le moins, accorder un accès direct à l'huissier de justice (B). Mais cette prérogative ne lui a été accordée qu'au terme d'une longue évolution historique (A).

A) L'évolution historique

L'évolution historique, qui a conduit à l'accès direct dont bénéficie l'huissier de justice aujourd'hui, s'est faite en quatre étapes sur près de 38 années.

184 ***Première étape : loi du 2 janvier 1973.*** C'est la loi du 2 janvier 1973 relative au paiement direct de la pension alimentaire qui a organisé pour la première fois un accès direct de l'huissier de justice à des informations protégées. Selon son article 7, l'huissier de justice chargé par un créancier d'aliments de former une demande de paiement direct[369] pouvait interroger directement les administrations de l'État et des collectivités publiques ainsi que les organismes de sécurité sociale et de gestion de prestations sociales pour obtenir les renseignements dont elles disposaient ou pouvaient disposer permettant de déterminer :

- l'adresse du débiteur ;
- l'identité et l'adresse de l'employeur ;
- l'identité et l'adresse de tout tiers débiteur ou dépositaire de sommes liquides et exigibles ; parmi ces personnes figurent tout particulièrement les établissements bancaires détenant des comptes ouverts au nom du débiteur d'aliments.

185 ***Deuxième étape : la réforme de 1991.*** À l'occasion de la réforme opérée en 1991, il avait été suggéré d'étendre ces prérogatives à l'ensemble de l'exécution forcée pour mieux garantir l'effectivité du droit à l'exécution, expressément consacré. Mais elles ont été jugées trop attentatoires à l'intimité de la vie privée. C'est la raison pour laquelle le législateur avait opté pour la **médiation du Ministère public**, à laquelle il n'était dérogé qu'en matière d'exécution forcée sur les **véhicules terrestres à moteur**[370]. Cette dérogation avait été inscrite à l'article 164 du décret de 1992, qui a été codifié à l'article R. 223-1 du CPCE. Selon ce texte, l'autorité administrative doit communiquer à l'huissier de justice, qui en fait la demande, les mentions portées sur le registre prévu à l'article 2 du décret du 30 septembre 1953 relatif à la vente à crédit des véhicules automobiles[371], ainsi que tous renseignements relatifs aux droits du débiteur sur ce véhicule[372].

Mais sous cette réserve, l'huissier de justice ne pouvait s'adresser directement aux administrations et aux personnes morales de droit public pour obtenir l'adresse du débiteur ou de son employeur, ni aux établissements bancaires pour localiser les comptes bancaires du débiteur. Il devait obligatoirement s'adresser au Ministère public auquel le secret professionnel ne pouvait être opposé. De plus, il devait justifier avoir préalablement mené lui-même des recherches, qui s'étaient avérées infructueuses. Ce mécanisme lourd et peu

369. Sur cette saisie spéciale de créances monétaires, voy. *infra*, n°s 410 et s.

370. Sur ces mesures mixtes, voy. *infra*, n°s 740 et s.

371. Seule disposition maintenue en vigueur *a priori*, les autres ayant été abrogées par l'ordonnance du 23 mars 2006 relative aux sûretés qui a introduit le gage automobile aux articles 2351 à 2353 du Code civil ; sur ce régime rénové, voy. D. Legeais, « Le nouveau droit du gage portant sur un véhicule automobile », *JCP E*, 2007, 1482.

372. Ces renseignements sont d'autant plus utiles que le certificat d'immatriculation, appelé carte grise jusqu'au décret 2009-136 du 9 février 2009, n'est qu'un titre de circulation et en aucun cas un titre de propriété ; il est donc possible que la personne désignée sur ce document administratif ne soit pas le propriétaire du véhicule ; voy., par exemple, CA Paris, 14 septembre 2000, *D.*, 2000, IR, 265, à propos d'une carte grise établie au nom de la mère pour des raisons tenant à l'assurance alors que le véhicule immatriculé était la propriété du fils qui l'avait acquis et financé.

efficace était généralement critiqué, tout particulièrement par la profession des huissiers de justice, qui n'a cessé de revendiquer l'instauration d'un accès direct aux informations protégées.

186 ***Troisième étape : loi du 11 février 2004.*** Devant les lenteurs et les échecs de la médiation du Ministère public, la loi n° 2004-130 du 11 février 2004 avait introduit aux articles 39 et 40 de la loi de 1991 un nouvel accès direct de l'huissier de justice en matière bancaire[373]. Selon ces textes, il pouvait obtenir directement de l'administration fiscale l'adresse des organismes auprès desquels un compte était ouvert au nom du débiteur. Pour ce faire, l'huissier de justice devait adresser au Service central gestionnaire du fichier des comptes bancaires et assimilés, désigné en pratique sous l'acronyme de **FICOBA**, une requête contenant l'énonciation du titre exécutoire. Mais pour le surplus, la médiation du Ministère public avait été maintenue.

187 ***Quatrième étape : loi dite Béteille du 22 décembre 2010.*** Ce n'est finalement que la loi n° 2010-1609 du 22 décembre 2010 relative à l'exécution des décisions de justice, dite loi *Béteille*, qui a généralisé et même étendu l'accès direct de l'huissier de justice aux informations protégées[374]. Cet accès direct avait été inscrit aux articles 39 et 41 de la loi de 1991[375], qui ont été repris aux articles L. 152-1 à L. 152-3 du CPCE.

B) L'accès direct de l'huissier de justice

188 ***Accès généralisé.*** L'accès direct instauré par la loi dite *Béteille* du 22 décembre 2010 est toujours ouvert à l'huissier de justice « chargé de l'exécution », c'est-à-dire pour les **besoins de l'exécution forcée**. Et désormais, il vaut pour toute mesure d'exécution forcée, sans distinction. C'est la raison pour laquelle l'article 7 de la loi de 1973, qui prévoyait un accès particulier en matière de recouvrement des pensions alimentaires (voy. *supra*, n° 184), a été abrogé. En revanche, il ne peut être utilisé pour pratiquer une mesure conservatoire[376], sauf lorsqu'elle est fondée sur un titre exécutoire (voy. *infra*, n° 798)[377].

373. Voy. not. J.-Cl. Belot, « À propos d'une loi attendue », *Dr. et procéd.*, 2004, p. 128 ; R. Perrot, « L'huissier de justice et la chasse au trésor », *Procédures*, 2004, chron. n° 4, p. 3.

374. Voy. not. F. Calvet, L. Choquet, A. Léon, T. Guénot, L. Lauvergnat et P. Safar, « Aperçu de la loi n° 2010-1609 du 22 décembre 2010 relative à l'exécution des décisions de justice, aux conditions d'exercice de certaines professions réglementées et aux experts judiciaires », *Dr. et procéd.*, 2011, p. 58.

375. Comme toute référence à la médiation du Ministère public avait disparu, l'article 40, devenu inutile, avait été corrélativement abrogé.

376. Il est vrai que la loi de modernisation et de simplification n° 2015-177 du 16 février 2015 a supprimé l'exigence que l'huissier de justice doit être porteur d'un titre exécutoire (art. 11-III) et l'expression « chargé de l'exécution », qui subsiste, pourrait viser aussi, dans un sens très large, les mesures conservatoires. Mais en réalité, cette modification se justifie uniquement par la volonté de mettre un terme aux divergences d'interprétation des services administratifs, dont certains exigeaient sur ce fondement que l'huissier de justice produise une copie du titre exécutoire à l'appui de sa requête. De plus, l'article L. 151 A-I du LPF institue expressément l'accès au FICOBA « aux fins d'assurer l'exécution d'un titre exécutoire » et, plus généralement, les renseignements obtenus par l'un quelconque des moyens ouverts ne peuvent être utilisés que pour les besoins de « l'exécution du ou des titres pour lesquels ils ont été demandés » (CPCE, art. L. 152-3).

377. Il doit s'agir d'un titre exécutoire autorisant l'exécution forcée, c'est-à-dire constatant une créance liquide et exigible (voy. *infra*, n°s 242 et s.). Il s'ensuit que l'autorisation judicaire de pratiquer

Comme auparavant, l'huissier de justice ne devra utiliser les informations obtenues que pour l'exécution du ou des titres invoqués. Il ne pourra davantage les communiquer à des tiers[378], ni s'en servir pour créer un fichier d'informations nominatives. À défaut, il encourt les peines du délit prévu à l'article 226-21 du Code pénal (CPCE, art. L. 152-3).

Ces informations, l'huissier de justice peut les obtenir soit auprès des administrations ou des personnes publiques, soit auprès des établissements bancaires[379].

189 ***Auprès des administrations ou des personnes publiques.*** L'accès direct auprès des administrations et des personnes publiques est prévu à l'article L. 152-1 du CPCE. Leur liste est restée inchangée. L'huissier de justice peut donc s'adresser directement, comme auparavant le Ministère public, aux administrations de l'État, des régions, des départements et des communes, aux entreprises concédées ou contrôlées par l'État, aux régions, aux départements et aux communes, ainsi qu'aux établissements publics ou organismes contrôlés par l'autorité administrative. Mais les informations qu'il peut obtenir ont été étendues à la matière immobilière. Il peut donc désormais solliciter :

- **l'adresse du débiteur** ;
- l'identité et l'adresse de **son employeur** ou de **tout autre débiteur ou dépositaire** de sommes liquides ou exigibles ; cette dernière information, reprise de l'ancien article 7 de la loi de 1973, vise en particulier les données détenues par le FICOBA, que l'huissier de justice pourra donc continuer à interroger directement[380] ;
- la composition de son **patrimoine immobilier** ; cette information nouvelle devrait permettre, à terme, un accès dématérialisé de l'huissier de justice au Serveur professionnel de données cadastrales (SPDC), qui est actuellement réservé aux notaires et aux géomètres-experts.

Pour toutes ces informations, le secret professionnel ne pourra être opposé à l'huissier de justice. Mais cette liste étant limitative, il ne saurait solliciter et obtenir toute autre information.

190 ***Auprès des établissements bancaires.*** L'accès direct auprès des établissements bancaires est prévu à l'article L. 152-2 du CPCE. Selon ce texte, l'huissier de justice peut s'adresser directement aux établissements habilités par la loi à tenir des comptes de dépôt. Mais les informations qu'il peut obtenir restent inchangées. Il s'agit de savoir :

- si un ou plusieurs comptes, comptes joints ou fusionnés sont ouverts au nom du débiteur ;
- le cas échéant, les lieux où ces comptes sont tenus.

---

une saisie conservatoire ne saurait constituer le titre exécutoire nécessaire à l'interrogation du FICOBA quand bien même cette ordonnance y autoriserait l'huissier de justice : Civ. (2e ch.), 16 mars 2017, n° 16-11314, à paraître au Bull., *Dr. et procéd.*, 2017, p. 69, obs. F. Vinckel.

378. La Cour de cassation retient une notion large du tiers englobant le créancier l'ayant mandaté : Civ. (1re ch.), 22 mars 2012, n° 10-25811, *Bull. civ.*, I, n° 65, *D.*, 2013, p. 1576, obs. A. Leborgne, *Dr. et procéd.*, 2012, p. 154, obs. O. Salati et F. Tommasone, à propos de la transmission de la fiche FICOBA du débiteur par l'huissier de justice instrumentaire à la personne qui l'a requis.

379. Selon l'article R. 152-1 du CPCE, il doit les saisir pour obtenir les informations autorisées.

380. Depuis le 15 octobre 2010, il bénéficie d'un accès dématérialisé, qui perdure évidemment.

Les établissements bancaires ne sauraient donc opposer le secret professionnel à l'huissier de justice. Mais cette liste étant aussi limitative, il ne saurait obtenir d'autres informations et, en particulier, la position des comptes détenus.

En tout cas, c'est grâce à ces informations, même limitées, que l'huissier de justice pourra effectivement réaliser des opérations d'exécution.

SECTION II

La réalisation des opérations

191 ***Dispositions communes.*** Si, pour l'essentiel, la réalisation des opérations d'exécution relève des dispositions propres aux mesures d'exécution auxquelles elles se rapportent, il existe aussi quelques dispositions communes relatives au lieu (§ 1), au temps (§ 2), aux effets (§ 3) et aux frais (§ 4) des opérations.

§ 1. Le lieu des opérations

192 ***Local privé.*** L'effectivité du droit à l'exécution requiert qu'une mesure puisse être pratiquée en tout lieu où se trouve un bien à saisir. Mais s'il s'agit d'un local privé, ce qui est souvent le cas en pratique, il faut veiller aussi au droit à l'intimité de l'occupant. C'est la raison pour laquelle des règles protectrices ont été instituées. Certaines sont applicables à tout local privé (A), d'autres au seul local d'habitation (B).

A) L'exécution dans tout local privé

193 ***Présence et accord de l'occupant.*** Aucun texte n'envisage expressément l'hypothèse où l'occupant est présent et accepte de recevoir l'huissier de justice. C'est que, dans ce cas, et sous réserve des règles particulières aux locaux d'habitation, la pénétration ne se heurte à aucune difficulté particulière.

Mais cela ne signifie pas qu'elle serait inconditionnelle. En effet, il ne faut pas perdre de vue que la présence de l'huissier de justice ne se justifie que par la mesure d'exécution qu'il est chargé de pratiquer sous son entière responsabilité. Il devra donc veiller au respect des **conditions propres à la mesure envisagée**. Ainsi, dans le cas le plus fréquent où il entend pratiquer une saisie-vente de biens meubles corporels, il devra être porteur d'un titre exécutoire préalablement notifié et avoir signifié un commandement de payer au moins huit jours plus tôt (voy. *infra*, n°s 500 et s.). Mais les conditions propres à chaque procédure civile d'exécution sont insuffisantes en cas d'absence ou de refus de l'occupant.

194 ***Absence ou refus de l'occupant.*** En ces cas, l'huissier de justice doit souvent commencer par **requérir un serrurier** pour procéder matériellement à l'ouverture forcée des portes. Mais au plan juridique, il ne peut pénétrer régulièrement dans les lieux que dans les conditions prévues par l'article

L. 142-1 du CPCE. Selon ce texte, l'huissier de justice chargé de l'exécution doit agir en présence de l'une des personnes qu'il désigne. Il s'agit d'une **autorité** municipale[381], de police ou de gendarmerie ou, à défaut, de **deux témoins** requis par l'huissier de justice qui ne sont ni à son service, ni à celui du créancier. De plus, si l'huissier de justice a instrumenté en l'absence de l'occupant, il devra encore assurer la fermeture du local avant son départ (CPCE, art. L. 142-2 ; anc[t] L. 1991, art. 30). Cette **assistance obligatoire** de l'une des personnes désignées par la loi, en cas d'absence ou de refus de l'occupant, ne doit pas être confondue avec le concours de la force publique que l'huissier de justice ne doit requérir qu'en cas de risque d'atteinte à l'ordre public ou lorsqu'elle est imposée d'office (voy. *supra*, n° 125).

E 16 **La question du titre exécutoire**

Il est généralement enseigné que l'accès aux locaux privés requiert la détention d'un titre exécutoire. Cette exigence est parfois fondée sur l'idée même d'effraction qui la postulerait nécessairement[382], parfois sur l'article L. 142-1 du CPCE qui en visant « l'huissier de justice chargé de l'exécution », l'imposerait implicitement[383]. Elle ne pose aucune difficulté pour l'exécution forcée où le titre exécutoire constitue une condition *sine qua non* (voy. *infra*, n° 207). Mais ce n'est pas la seule condition et elles doivent évidemment toutes être respectées, quel que soit le lieu où la mesure d'exécution forcée est pratiquée. Autrement dit, il faut et il suffit pour permettre à l'huissier de justice de pénétrer dans un local privé que les conditions de la mesure d'exécution forcée envisagée soient remplies et qu'en cas d'absence ou de refus passif de l'occupant, sans risque d'atteinte à l'ordre public, il recourt à l'assistance légale de l'article L. 142-1 du CPCE.

Mais qu'en est-il des mesures conservatoires qui peuvent être pratiquées sans titre exécutoire avec une autorisation judiciaire préalable, voire dans les cas de dispense, sans aucune autorisation (voy. *infra*, n°s 796 et s.) ? Exiger un titre exécutoire pourrait conduire à interdire la réalisation d'une mesure conservatoire dans un local privé en cas d'absence ou de refus de l'occupant. Pour contourner cette difficulté, certains auteurs proposent d'assimiler le titre exécutoire, qui serait requis, à l'autorisation judiciaire préalable et, dans les cas de dispense, de subordonner l'accès à une autorisation spéciale du juge de l'exécution[384]. Pour d'autres auteurs, une telle autorisation serait nécessaire dans tous les cas[385]. Pour l'heure, la Cour de cassation ne s'est pas encore prononcée et les juges du fond sont divisés. Certains exigent une autorisation spéciale à défaut de titre exécutoire[386] et d'autres refusent de la délivrer car elle n'est prévue par aucun texte[387].

Force est de constater qu'en effet, aucun texte ne subordonne l'accès aux locaux privés à un titre exécutoire et, *a fortiori*, à une autorisation spéciale du juge pour y suppléer. Seuls deux textes évoquent l'une ou l'autre de ces conditions, mais ils manquent de pertinence :

- l'article L. 142-3 du CPCE subordonne l'accès aux locaux d'habitation à un titre exécutoire, mais il requiert aussi un commandement de payer demeuré infructueux dans un délai de huit jours (voy. *infra*, n° 196) ; or celui-ci est

---

381. Maire, conseiller municipal ou fonctionnaire municipal désigné par le maire.
382. Voy. not. R. Perrot et Ph. Théry, *op. cit.*, n° 297.
383. Voy. not. A. Leborgne, *op. cit.*, n° 767.
384. R. Perrot et Ph. Théry, *op. cit.*, n° 297.
385. A. Leborgne, *op. cit.*, n° 767 ; L. Lauvergnat, « La pénétration forcée en matière de saisie conservatoire : le laxisme des uns fait le leurre des autres », *Procédures*, 2012, étude n° 5.
386. CA Paris, 12 mars 2009, *JurisData*, 2009, n° 376716.
387. TGI Marseille, 26 février 1993, *Rev. huissiers*, 1993, n° 28, p. 26.

- totalement incompatible avec les mesures conservatoires, quelles qu'elles soient ;
- l'article L. 221-1, alinéa 3, requiert une autorisation spéciale du juge pour accéder aux locaux d'habitation d'un tiers saisi, mais il n'est applicable qu'à la saisie-vente et aucun texte comparable n'est prévu pour les mesures conservatoires (voy. *infra*, n° 197).

Dans ces conditions, et en l'état des textes, qui n'ont pas été modifiés à l'occasion de la codification des procédures civiles d'exécution, ne faudrait-il pas admettre que l'accès aux locaux privés ne requiert pas, de manière générale, que l'huissier de justice soit porteur d'un titre exécutoire ? Les seules conditions requises seraient celles expressément prévues, en l'occurrence :
- les conditions propres à la mesure envisagées dans les locaux privés, qui ne prévoient le titre exécutoire que pour les mesures d'exécution forcée ;
- l'assistance légale en cas d'absence ou de refus de l'occupant[388].

Ces modalités sont applicables à tout local, en cas d'absence ou de refus de l'occupant, car ni l'article L. 142-1, ni l'article L. 142-2 ne font de distinction. Mais s'il s'agit d'un local servant à l'habitation, elles sont parfois insuffisantes.

B) L'exécution dans un local d'habitation

195 *Textes applicables.* Le logement familial étant souvent considéré comme une sorte de sanctuaire, on aurait pu s'attendre à ce que les conditions auxquelles l'huissier de justice peut y accéder soient plus restrictives. Mais les deux seules dispositions consacrées à cette question sont pour le moins source d'incertitudes, voire inutiles. Il s'agit des articles L. 142-3 et L. 221-1, alinéa 3, du CPCE.

196 *Article L. 142-3 du CPCE.* Selon ce texte, l'huissier de justice ne peut pénétrer dans un local servant à l'habitation qu'à l'expiration d'un délai de huit jours après la signification d'un commandement de payer et sur justification d'un titre exécutoire. Mais ce texte est à la fois trop extensif et trop restrictif :

- **trop extensif** car il laisse entendre que la pénétration dans un local ne servant pas à l'habitation serait possible sans titre exécutoire, ni commandement de payer préalable ; or, comme il a été démontré plus haut, l'huissier de justice n'est jamais dispensé du respect des conditions propres à chaque mesure envisagée et parmi celles-ci figure toujours le titre exécutoire, du moins lorsqu'il s'agit d'une mesure d'exécution forcée ;
- **trop restrictif** car pris à la lettre il interdirait toute saisie conservatoire dans un local servant à l'habitation ; en effet, celle-ci ne requiert ni titre exécutoire, ni commandement préalable ; or, ces saisies conservatoires se pratiquent quotidiennement au domicile des débiteurs, et avec raison (sur la question du titre exécutoire, voy. *supra*, encadré E16).

En définitive, l'article L. 142-3 ne se comprend qu'au travers des travaux parlementaires, dont il résulte que l'article 20 de la loi de 1991, qu'il a repris, n'a été conçu que pour la saisie-vente. Mais il est alors **inutile** car cette mesure d'exécution forcée est toujours subordonnée, quel que soit le lieu où elle est pratiquée, à cette double condition du titre exécutoire et du commandement préalable de payer.

---

388. Si le concours de la force publique est nécessaire, la question du titre exécutoire ressurgit ; voy. *supra*, n° 125.

197 ***Article L. 221-1, alinéa 3, du CPCE.*** En revanche, l'article L. 221-1, alinéa 3, n'est pas inutile, mais la règle qu'il prévoit est malheureusement incomplète. Il **subordonne la saisie des biens détenus par un tiers** dans ses locaux d'habitation **à l'autorisation préalable du juge de l'exécution**. Mais il n'est applicable qu'à la saisie-vente et un seul autre texte prévoit une règle identique. Il s'agit de l'article L. 322-2 du CPCE relatif à la saisie immobilière qui subordonne à la même autorisation l'établissement du procès-verbal de description dans des lieux occupés par un tiers en vertu d'un droit opposable au débiteur (voy. *infra*, n° 631). Aucun autre texte n'impose cette formalité pour les autres saisies qui peuvent être pratiquées dans le local d'habitation d'un tiers saisi et, en particulier, pour la saisie conservatoire.

En revanche, toute saisie, quelle qu'elle soit, doit toujours être pratiquée durant les périodes autorisées. C'est la question du temps de l'exécution qui est régie de manière plus précise et plus satisfaisante.

§ 2. Le temps des opérations

198 ***Règles légales.*** L'article L. 141-1 du CPCE interdit toute procédure civile d'exécution les dimanches et jours fériés ainsi que toutes les nuits entre 21 h et 6 h. Mais ces règles légales ne sont pas absolues car des dérogations judiciaires sont possibles.

199 ***Dérogations judiciaires.*** En cas de nécessité, le juge de l'exécution peut toujours autoriser une mesure d'exécution un dimanche ou un jour férié. De même, il peut autoriser l'huissier de justice à instrumenter de nuit en cas de nécessité, mais seulement dans les locaux qui ne servent pas à l'habitation. Autrement dit, **l'interdiction des saisies nocturnes est absolue dans les locaux d'habitation**.

Toute saisie qui serait pratiquée au mépris de ces interdictions serait nulle et ne pourrait donc produire le moindre effet.

§ 3. Les effets des opérations

Les effets des opérations d'exécution sont prévus à l'article L. 141-2 du CPCE.

200 ***Indisponibilité.*** Selon l'alinéa 1er de l'article L. 141-2, tout acte de saisie rend indisponibles les biens qui en sont l'objet. Il s'ensuit que le saisi est privé de l'*abusus*, c'est-à-dire de la faculté de disposer du bien saisi dont il est le propriétaire.

Il s'ensuit que la vente conclue en violation de l'indisponibilité est entachée d'une cause de nullité. Mais cette sanction est sans grande portée en matière mobilière car le cessionnaire de bonne foi y est protégé par la règle selon laquelle « la possession vaut titre » (C. civ., art. 2276). Quant à la matière immobilière, elle y est, pour l'essentiel, absorbée par le mécanisme de la publicité foncière qui commande l'opposabilité aux tiers (voy. *infra*, nos 625 et s.). C'est la raison pour laquelle l'indisponibilité est aussi et surtout sanctionnée au plan pénal par le délit de **détournement d'objet saisi** puni de trois ans d'emprisonnement et 375 000 euros d'amende (CP, art. 314-6).

À cet effet général qui joue pour tous les biens saisis, s'ajoutent des effets particuliers selon que la saisie porte sur un meuble corporel ou une créance de somme d'argent.

201 ***Biens meubles corporels.*** Lorsque la saisie porte sur un bien meuble corporel, il ne suffit pas d'interdire la cession, encore faut-il aussi en assurer la conservation jusqu'à l'issue de la saisie. C'est la raison pour laquelle le débiteur saisi, ou le cas échéant, le tiers saisi, est **réputé gardien** sous les sanctions du délit de détournement d'objet saisi prévues à l'article 314-6 du Code pénal (CPCE, art. L. 141-2, al. 2).

202 ***Créances monétaires.*** Lorsque la saisie porte sur une créance monétaire, elle produit généralement un **effet attributif** qui rend l'indisponibilité inutile car la créance saisie entre immédiatement dans le patrimoine du saisissant. Mais comme le paiement est différé, il faut éviter qu'elle ne s'éteigne par l'écoulement du temps. C'est la raison pour laquelle l'alinéa 3 de l'article L. 141-2 prévoit que la saisie portant sur une créance en **interrompt la prescription**.

§4. Les frais des opérations

203 ***Distinction.*** L'article L. 111-8 du CPCE distingue entre les frais de l'exécution forcée à la charge du débiteur et les frais du recouvrement amiable à la charge du créancier.

204 ***Frais de l'exécution forcée.*** Les frais de l'exécution forcée sont tous les frais engendrés par les opérations d'exécution forcée. Selon l'alinéa 1er de l'article L. 111-8, ils sont **à la charge du débiteur** sous réserve des deux dérogations qu'il prévoit[389].

La **première dérogation** tient aux « **droits proportionnels de recouvrement ou d'encaissement** qui peuvent être mis partiellement **à la charge des créanciers** dans des conditions fixées par décret en Conseil d'État[390] ». Ces conditions sont prévues par l'article 10 du décret n° 96-1080 du 12 décembre 1996 portant fixation du tarif des huissiers de justice en matière civile et commerciale. Ce texte institue un **droit proportionnel dégressif** calculé sur les sommes recouvrées ou encaissées par l'huissier de justice, qui est **à la charge du créancier**. Mais cette règle n'est pas absolue car le créancier est libéré de cette charge dans les cas suivants :

- le droit proportionnel de l'article 10 est **à la charge des contrefacteurs** condamnés dans une procédure de contrefaçon (décr. du 12 décembre 1996, art. 10-1) ; dans ces cas, c'est donc le débiteur qui supporte exceptionnellement ces frais ;
- le droit proportionnel de l'article 10 n'est **pas dû** lorsque le recouvrement ou l'encaissement est effectué sur le fondement de l'un des titres

389. Les frais des mesures conservatoires sont avancés par le créancier. Mais il pourra en obtenir remboursement au stade de l'exécution forcée sur le fondement du titre exécutoire qui pourra y condamner le débiteur.

390. Sur l'ensemble de la question, voy. B. MENUT, *Tarifs des huissiers de justice*, coll. Passerelle, EJT, 2009, nos 91 et s.

exécutoires suivants : les titres administratifs[391] et ceux constatant une créance née de l'exécution d'un contrat de travail ou une créance alimentaire[392] (décr. du 12 décembre 1996, art. 11) ;
- dans les litiges opposant **un consommateur et un professionnel**, le juge peut, même d'office, pour des raisons tirées de l'équité ou de la situation économique du professionnel condamné, mettre **à la charge du professionnel** l'intégralité du droit proportionnel de l'article 10 (C. cons., art. L. 141-6).

La **seconde dérogation** tient **aux frais injustifiés**, c'est-à-dire ceux dont « il est manifeste qu'ils n'étaient pas nécessaires au moment où ils ont été exposés » (CPCE, art. L. 111-8, al. 1er). Selon l'article 698 du CPCE, ces frais sont « à la charge des auxiliaires de justice qui les ont faits », en l'occurrence de l'huissier de justice.

205 ***Frais du recouvrement amiable***

Les frais du recouvrement amiable, c'est-à-dire ceux entrepris sans titre exécutoire, restent **à la charge du créancier**. De plus, cette règle est **impérative**, toute stipulation contraire étant réputée non écrite (CPCE, art. L. 111-8, al. 2). Mais elle n'est pas absolue non plus. Deux dérogations sont prévues, l'une légale, l'autre judiciaire.

La **dérogation légale** porte sur les frais concernant un acte dont l'accomplissement est **prescrit par la loi** (CPCE, art. L. 111-8, al. 2). Ces frais sont alors **à la charge du débiteur**. Ils sont plutôt rares. On peut citer, par exemple, le commandement préalable imposé par la loi pour la mise en œuvre d'une clause résolutoire stipulée dans un bail d'habitation (L. du 6 juillet 1989, art. 24) ou un bail commercial (C. com., art. L. 145-41). En revanche, il ne s'agit pas du coût de la lettre de mise en demeure imposée aux sociétés de recouvrement par l'article L. 124-4 du CPCE (anct décret du 18 décembre 1996, art. 4), car le créancier n'est jamais obligé de recourir aux services de ces prestataires[393].

La **dérogation judiciaire** est prévue à l'alinéa 3 de l'article L. 111-8 du CPCE. Selon ce texte, « le créancier qui justifie du caractère nécessaire des démarches entreprises pour recouvrer sa créance peut demander au juge de l'exécution de laisser tout ou partie des frais ainsi exposés à la charge du débiteur de mauvaise foi ». Cette dérogation est donc soumise à deux conditions cumulatives : la nécessité des démarches entreprises et la mauvaise foi du débiteur. Lorsqu'elles sont réunies, le juge détermine la proportion des frais exposés mise à la charge du débiteur.

Toutes ces règles sont des règles communes applicables à chacun des deux types de procédures civiles d'exécution, les mesures d'exécution forcée et les mesures conservatoires, sous réserve des dispositions qui leur sont propres.

391. Énumérés au 6° de l'article 3 de la loi de 1992, devenu l'article L. 111-3 du CPCE.

392. Il a été jugé que ce texte ne serait applicable qu'aux créances exclusivement alimentaires et qu'il faudrait donc écarter la prestation compensatoire car elle présente un caractère mixte, indemnitaire et alimentaire : CA Colmar, 23 septembre 2010, *Dr. et procéd.*, 2011, p. 42, obs. B. Menut.

393. Civ. (2e ch.), 20 mai 2010, n° 09-67591, *Bull. civ.*, II, n° 99 ; *D.*, 2010, p. 2107, obs. J.-M. Sommer et L. Leroy-Gissinger ; *RJDA*, 2010, n° 874 ; *Procédures*, 2010, comm. n° 313, obs. R. Perrot.

PARTIE 2

Les mesures d'exécution forcée

206 ***Avec ou sans vente ?*** Dans l'imagerie populaire, les mesures d'exécution forcée sont généralement associées à la vente de biens aux enchères publiques. Mais le droit positif est plus nuancé. Outre que désormais la vente amiable peut toujours se substituer à la vente forcée, il existe aussi des mesures sans vente, que ce soit pour exécuter une obligation de faire ou pour recouvrer une créance monétaire. Il existe même des mesures mixtes qui ont été conçues avec ou sans vente, voire les deux, selon le titre à exécuter.

Mais quelle que soit leur issue, toutes les mesures d'exécution forcée requièrent un titre exécutoire qu'il convient d'envisager (Chapitre I), avant d'aborder chacune de ces trois grandes catégories de mesures d'exécution forcée : les mesures sans vente (Chapitre II), les mesures avec vente (Chapitre III) et les mesures mixtes (Chapitre IV).

CHAPITRE I

Le titre exécutoire

207 ***Condition* sine qua non.** Le titre exécutoire peut être défini comme un acte délivré au nom de la République française qui donne pouvoir à son titulaire de poursuivre l'exécution forcée de l'obligation qu'il constate. Il a toujours été une condition *sine qua non* de toute mesure d'exécution forcée. Mais sous l'empire de l'ancien Code de procédure civile, cette condition n'était pas toujours suffisante car le créancier devait parfois, nonobstant son titre exécutoire, solliciter une autorisation de saisir, puis diligenter une instance en validité. Le législateur de 1991 a supprimé ces entraves conformément à son **objectif de revalorisation du titre exécutoire**.

Pour autant, la seule détention de l'un des titres exécutoires énumérés par la loi n'est pas suffisante, car **tout titre exécutoire n'autorise pas toute exécution forcée**. Il faut donc un titre exécutoire qui autorise la mesure pratiquée, c'est-à-dire **un titre exécutoire efficace**. Il s'ensuit que deux séries de conditions doivent être remplies :

- des **conditions propres** à chacun des titres exécutoires, qui sont à l'image de la diversité de ces titres (Section I) ;
- des **conditions communes** à tous les titres exécutoires, qui sont nécessaires à l'efficacité du titre invoqué à l'appui des poursuites (Section II).

SECTION I

La diversité des titres exécutoires

208 ***Liste exhaustive et conditions propres.*** L'article L. 111-3 du CPCE donne une liste de six catégories de titres exécutoires. Cette liste est exhaustive car elle est précédée de ces mots : « Seuls constituent des titres exécutoires [...]. ». En conséquence, tout autre titre ne peut fonder une mesure d'exécution forcée[394].

Pour être exécutoire, chacun de ces titres doit remplir des conditions qui lui sont propres. À cet égard, un regroupement peut être opéré selon que ce caractère requiert (§ 2) ou non (§ 1) le recours à une procédure d'*exequatur*.

§1. Les titres non soumis à *exequatur*

Il s'agit des titres judiciaires (A), des titres extrajudiciaires (B) et des titres administratifs (C).

394. Voy. not. Com., 2 mai 2001, n° 97-19536, *Bull. civ.*, IV, n° 82 ; *RJDA*, 2001, n° 906, à propos d'un état des créances revêtu du visa du juge-commissaire.

A) Les titres judiciaires

209 *Deux catégories.* Les titres judiciaires sont des titres qui émanent d'un juge. Il en existe deux catégories : les décisions juridictionnelles (1) et les actes assimilés (2).

1. Les décisions juridictionnelles

210 *Conditions.* Elles sont visées au 1° de l'article L. 111-3 en ces termes : « Les décisions des juridictions de l'ordre judiciaire ou de l'ordre administratif lorsqu'elles ont force exécutoire [...] ». Ce texte appelle plusieurs observations.

Les juridictions concernées par cette première catégorie de titres sont exclusivement les **juridictions françaises**. Peu importe l'ordre judiciaire ou administratif dont les décisions émanent et peu importe aussi leur nature, qu'il s'agisse de jugements, d'arrêts ou d'ordonnances, qu'elles soient contentieuses ou gracieuses, qu'elles soient provisoires ou définitives.

Mais toutes ces **décisions doivent être exécutoires**[395] et, à cet égard, l'ordre des juridictions et la nature de la décision ne sont pas indifférents. Sans entrer dans le détail de cette question qui relève du droit des procédures civile et administrative, il suffira de quelques rappels.

Les jugements rendus par une juridiction de **l'ordre administratif** sont en principe exécutoires **dès leur prononcé**, car les voies de recours ouvertes n'ont **pas d'effet suspensif**, sauf sursis à exécution ordonné en référé.

Pour les décisions de **l'ordre judiciaire**, la solution est au moins théoriquement inverse car l'appel et l'opposition produisent, en principe, un **effet suspensif**. C'est la raison pour laquelle l'article 501 du Code de procédure civile prévoit qu'un jugement est exécutoire à partir du moment où il est **passé en force de chose jugée**, ce qui suppose qu'il n'est pas ou plus susceptible d'une voie de recours suspensive[396]. Mais en pratique, les décisions de l'ordre judiciaire sont aussi exécutoires dès leur prononcé dans l'immense majorité des cas, car elles bénéficient, quasiment systématiquement, de **l'exécution provisoire** qui neutralise l'effet suspensif (voy. *infra*, encadré E17).

Enfin, il était traditionnellement admis qu'une décision juridictionnelle doit prononcer une **condamnation du débiteur** à exécuter l'obligation qu'elle constate. Ainsi, il avait été jugé qu'une décision se contentant de fixer le montant d'une créance monétaire, sans condamner le débiteur à la payer, ne constitue pas un titre exécutoire[397]. Mais cette solution était contraire à la lettre de l'article 2 de la loi de 1991, devenu l'article L. 111-2 du CPCE, qui ne requiert qu'un titre exécutoire « constatant une créance liquide et exigible ». De plus, elle défavorisait le jugement par rapport à d'autres titres exécutoires comme les

---

395. Cette condition, toujours admise, avait été expressément ajoutée à l'article 3 de la loi de 1991, devenu l'article L. 111-3 du CPCE, par l'ordonnance n° 2011-1540 du 16 novembre 2011.

396. Il en est ainsi en cas d'acquiescement au jugement rendu, mais encore faut-il que toutes les parties acquiescent et le jugement ne sera exécutoire qu'au jour du dernier acquiescement en date : Civ. (2e ch.), 31 mars 2010, n° 09-12770, *Bull. civ.*, II, n° 79 ; *RTD Civ.*, 2010, p. 618, obs. R. Perrot.

397. Civ. (2e ch.), 21 mars 2002, n° 00-19051, *Bull. civ.*, II, n° 56 ; *Dr. et procéd.*, 2002, p. 306, obs. A. Leborgne, à propos d'un jugement ayant fixé une indemnité d'occupation sans condamner les occupants à la payer.

actes notariés. C'est sans doute les raisons pour lesquelles la Cour de cassation a finalement décidé en 2009 qu'un **jugement constatant une créance liquide et exigible** constitue un titre exécutoire qui permet le recours à l'exécution forcée[398]. Mais encore faut-il que le jugement servant de fondement aux poursuites constate effectivement une créance, liquide et exigible, entre personnes identifiées (sur ces conditions communes à tous les titres exécutoires, voy. *infra*, nos 229, 244 et 245)[399].

E 17 L'exécution provisoire

L'exécution provisoire se définit comme la faculté accordée à la partie gagnante – ou créancier – de poursuivre, à ses risques et périls, l'exécution immédiate du jugement qui en est assorti, malgré l'effet suspensif attaché au délai de la voie de recours ouverte ou à son exercice. Elle déroge donc à l'effet suspensif des voies de recours ordinaires, appel et opposition, et autorise ainsi l'exécution forcée de jugements qui ne sont pas investis de la force de chose jugée. Elle doit donc être examinée tant au regard du créancier pour lequel elle a été instituée qu'au regard du débiteur qui en pâtit.

Au regard du créancier

L'exécution provisoire peut être légale ou judiciaire. L'exécution provisoire légale, appelée aussi de droit, est attachée automatiquement par la loi aux catégories de décisions qu'elle définit. Elle peut être totale ou partielle. Elle est totale lorsqu'elle est attachée à une décision dans sa globalité et s'applique donc à tous les chefs de condamnation, quels qu'ils soient. L'exemple caractéristique est celui des ordonnances de référé[400]. Elle est partielle lorsqu'elle n'est attachée qu'à certains chefs de condamnation expressément définis. Il en est ainsi des décisions prud'homales qui prononcent une condamnation au paiement de salaires dans la limite de neuf mois de salaire, calculés sur la moyenne des trois derniers mois. Au-delà de ce plafond, l'exécution provisoire ne peut jouer que si elle est judiciaire. L'exécution provisoire judiciaire est celle qui est accordée par le juge. Il dispose d'un pouvoir quasi-discrétionnaire puisqu'il peut l'ordonner, pour tout ou partie de son jugement, s'il l'estime simplement nécessaire, à la seule condition qu'elle ne soit pas incompatible avec la nature de l'affaire et pas interdite par la loi.

À l'origine, l'exécution provisoire avait été instituée pour lutter contre les manœuvres dilatoires du débiteur. Mais devant l'allongement chronique des délais de procédure, elle est devenue un instrument d'efficience de la justice pour contribuer à lui rendre la crédibilité qu'elle a perdue. Aussi a-t-elle été généralisée à un point tel qu'elle a fini par absorber le principe auquel elle devait simplement déroger. Mais, du coup, le danger s'est déplacé du côté du débiteur qui est très peu protégé.

Au regard du débiteur

L'exécution provisoire peut être aménagée par des garanties imposées au créancier pour assurer au débiteur le remboursement des sommes versées en cas d'anéantissement du jugement sur appel ou opposition. Mais ces modalités de l'exécution provisoire sont délaissées, tant par les parties qui n'en réclament quasiment jamais le bénéfice, que par le juge qui ne les prescrit pas alors qu'il pourrait le faire d'office. L'autre moyen de protection du débiteur, plus radical, est l'arrêt de l'exécution provisoire. Il peut être demandé au premier président en cas d'appel ou au juge qui a rendu la décision en cas d'opposition. C'est la solution idéale pour le débiteur

---

398. Civ. (2e ch.), 19 novembre 2009, n° 08-14325, *Bull. civ.*, II, n° 277 ; *D.*, 2010, p. 538, obs. J.-M. Sommer et L. Leroy-Gissinger ; *Gaz. Pal.*, 2010, p. 997, obs. C. Brenner ; *Dr. et procéd.*, 2010, p. 91, obs. C. Lefort ; voy. aussi S. Poisson, « L'exigence d'une condamnation explicite dans le titre exécutoire », *Dr. et procéd.*, 2011, p. 86.

399. Ainsi, un jugement qui constate la créance d'une indivision (successorale et post-communautaire) sur un indivisaire ne vaut pas titre exécutoire au profit des coïndivisaires, car ceux-ci ne sont pas identifiés et l'indivision est dépourvue de la personnalité morale : Civ. (2e ch.), 15 novembre 2012, n° 11-22273, *Gaz. Pal.*, 2013, p. 1041, obs. Cl. Brenner.

400. En ce sens : Civ. (2e ch.), 24 juin 1998, n° 96-22851, *Bull. civ.*, II, n° 222 ; *D.*, 1999.746, note Ph. Hoonakker.

condamné, mais elle a été conçue de manière très restrictive par le législateur, que l'exécution provisoire soit judiciaire ou légale :

- l'exécution provisoire judiciaire ne peut être arrêtée que si la partie condamnée établit qu'elle risque d'entraîner des conséquences manifestement excessives, lesquelles s'apprécient exclusivement au plan économique en comparant les situations respectives des parties ;
- en cas d'exécution provisoire légale, tout arrêt était exclu jusqu'au décret du 20 août 2004 qui l'a enfin admis, du moins en cas d'appel[401] ; mais les conditions posées sont encore plus restrictives : non seulement l'appelant doit établir un risque de conséquences manifestement excessives, mais en plus il doit démontrer une violation manifeste du principe du contradictoire ou de l'article 12 du Code de procédure civile[402].

Réforme
Devant l'hégémonisme ainsi progressivement imprimé à l'exécution provisoire, le gouvernement avait finalement proposé, en avril 2002, de supprimer purement et simplement l'effet suspensif de l'appel par l'instauration de l'exécution immédiate. Paradoxalement, ce projet aurait plutôt permis d'améliorer la situation en redonnant de la cohérence au droit à l'exécution, fondé sur un principe réel et concret, plutôt que théorique et illusoire, et en renforçant la protection du débiteur, placé en première ligne. Mais, devant la vive polémique qu'il avait suscitée, ce projet de réforme globale de la matière a été abandonné, au profit des errements habituels du législateur consistant à procéder par touches et retouches successives, sans aucune vue d'ensemble[403]. C'est dans ce cadre que se situe la dernière réforme opérée par le décret du 28 décembre 2005 qui a institué l'obligation d'exécuter sous peine de radiation de l'appel[404]. En tout cas, cette réforme est favorable au créancier qui dispose ainsi d'un moyen de pression efficace pour contraindre son débiteur à payer sans recourir à l'exécution forcée.

2. Les actes assimilés

211 *Pas de véritables décisions juridictionnelles.* Il s'agit d'actes d'un juge qui ne constituent pas de véritables décisions juridictionnelles car elles ne disent pas le droit et ne tranchent aucun litige. Mais ils comportent un caractère exécutoire. Ces actes sont au nombre de deux : certains accords (a) et les procès-verbaux de conciliation (b).

a) Certains accords

212 *Force exécutoire.* Selon l'article L. 111-3-1° *in fine*, constituent aussi des titres exécutoires « les accords auxquels ces juridictions ont conféré force exécutoire[405] ». Cette rédaction correspond à celle que l'ordonnance n° 2011-1540 du 16 novembre 2011 avait conférée, en dernier lieu, au 1° de l'article 3 de la loi de 1991. Auparavant, ce texte ne visait que les « transactions soumises au

401. Voy. not. Ph. Hoonakker, « L'arrêt de l'exécution provisoire de droit enfin consacré par le législateur ! », *D.*, 2004, p. 2314.
402. Sur cette condition, voy. not. Ph. Hoonakker, « Retour sur l'arrêt de l'exécution provisoire de droit : un espoir déçu », in *Justice et droit du procès : du légalisme procédural à l'humanisme processuel, mélanges offerts à Serge Guinchard*, à paraître.
403. Voy. not., sur ces questions, Ph. Hoonakker, « L'exécution immédiate ou la protection renforcée du perdant », *LPA*, 2002, n° 247, p. 13 ; *L'exécution immédiate ou de l'incohérence à la cohérence du droit à l'exécution, mélanges offerts à Pierre Julien*, Aix-en-Provence, Edilaix, 2004, pp. 209 et s.
404. Voy. not. Ph. Hoonakker, « Dernières réformes de l'exécution provisoire : raison et déraison », *D.*, 2006, p. 754.
405. Sur l'ensemble de la question, voy. M. Foulon et Y. Strickler, « Accords et force exécutoire en France », *Gaz. Pal.*, 2014, p. 2842.

président du tribunal de grande instance lorsqu'elles ont force exécutoire ». Il faisait écho à l'article 1441-4 du Code de procédure civile qui disposait que « le président du TGI, saisi sur requête par une partie à la transaction, confère force exécutoire à l'acte qui lui est présenté ». Mais cette formulation était insuffisante dès lors que la liste de l'article 3 était exhaustive et qu'il a toujours existé bien d'autres accords auxquels un juge peut conférer force exécutoire. La nouvelle rédaction de ce texte, reprise au 1° de l'article L. 111-3, permet ainsi de réparer cette lacune en visant désormais tous les accords, sans distinction, auxquels une juridiction de l'ordre judiciaire ou administratif peut conférer force exécutoire. On peut regrouper ces accords dans les trois catégories suivantes.

213 ***Médiation et conciliation conventionnelles – Procédure participative.*** L'article L. 111-3-1° est applicable à tous les **accords homologués** qui sont trouvés par les parties dans le cadre d'une médiation ou d'une conciliation conventionnelles ou d'une procédure participative[406]. L'homologation, qui leur confère force exécutoire, est régie par les articles 1565 et 1566 du Code de procédure civile.

Elle relève du juge compétent pour connaître du contentieux dans la matière considérée[407]. Il est saisi sur requête et statue sans débat, à moins qu'il estime nécessaire d'entendre les parties. La décision d'homologation peut être déférée au juge qui l'a rendue par tout intéressé[408]. Celle qui la refuse peut faire l'objet d'un appel formé par déclaration au greffe de la cour et jugé selon les règles de la procédure gracieuse. En aucun cas, le juge ne peut modifier l'accord qui lui est soumis (CPC, art. 1565, al. 2). Mais comme il peut refuser l'homologation, il faut admettre qu'il exerce un contrôle dont l'étendue n'est précisée par aucun texte. Cette question sera abordée à propos des transactions où elle se pose dans les mêmes termes (voy. *infra*, n° 214).

214 ***Transactions.*** Comme auparavant, les transactions constituent des titres exécutoires dès qu'elles sont homologuées par le juge compétent[409]. Mais leur homologation ne relève plus de l'article 1441-4 du Code de procédure civile

---

406. Ces modes alternatifs de règlement des litiges sont régis par le livre V du Code de procédure civile, institué par le décret 2012-66 du 20 janvier 2012 pris en application de l'ordonnance n° 2011-1540 du 16 novembre 2011 qui a transposé la directive européenne 2008/CE/52 du 21 mai 2008 sur certains aspects de la médiation en matière civile et commerciale ; voy. not. B. Gorchs-Gelzer, « Le décret du 20 janvier 2012 relatif à la résolution amiable des différends – Une cote mal taillée entre changement des mentalités et continuité des pratiques », *Dr. et procéd.*, 2012, p. 117 ; A. Guillemain, « Réflexions sur la qualification de l'homologation judiciaire – Commentaire du décret 2012-66 relatif à la résolution amiable des litiges », *Gaz. Pal.*, 2012, p. 1337.

407. Sauf pour la conciliation conventionnelle où l'article 1541 donne compétence indistinctement au juge d'instance.

408. Mais si l'homologation prononcée a été demandée par toutes les parties à l'accord, aucun recours en rétractation n'est ouvert : Civ. (2e ch.), 1er septembre 2016, n° 15-22915, à paraître au Bull., *RTD Civ.*, 2016, p. 883, obs. P.-Y. Gautier, *Gaz. Pal.*, 2016, p. 3429, obs. S. Amrani-Mekki, à propos de l'homologation d'une transaction à la demande de l'une des parties mandatée par l'autre.

409. Mais la force exécutoire résultant de l'homologation ne joue qu'à l'égard des parties à la transaction : Civ. (2e ch.), 8 janvier 2015, n° 13-27377 (F-P+B), *D.*, 2015, p. 1034, note P. Barban ; *Dr. et procéd.*, 2015, p. 37, obs. N. Fricéro et p. 74, obs. O. Salati, à propos d'une transaction contenant un engagement de caution où il est jugé que son homologation

qui a été abrogé[410]. Désormais, elle obéit aux dispositions communes des articles 1565 et 1566, sur renvoi de l'article 1567. Elle n'est donc plus de la compétence du président du tribunal de grande instance, mais du juge compétent pour connaître du contentieux dans la matière considérée. Ce juge est saisi par la partie la plus diligente ou par l'ensemble des parties (CPC, art. 1567). Les règles de procédure applicables sont identiques à celles exposées précédemment (voy. *supra*, n° 213).

De même, se pose la question de l'étendue du pouvoir de contrôle dont le juge compétent est investi. Sous l'empire de l'article 1441-4, la Cour de cassation avait jugé que le contrôle du président du tribunal de grande instance, qui statuait selon les règles de la procédure des ordonnances sur requête[411], ne pouvait porter que sur la nature de l'accord et sa conformité avec l'ordre public et les bonnes mœurs[412]. Mais sera-t-elle maintenue sous l'empire des textes actuels alors que la compétence revient au juge du fond et que celui-ci peut entendre les parties s'il l'estime nécessaire et ainsi provoquer un débat contradictoire ? La doctrine dominante est favorable au maintien d'un contrôle léger limité à la nature et l'existence de la convention ainsi qu'à sa conformité à l'ordre public et aux bonnes mœurs[413]. Dans un premier temps, la Cour de cassation a jugé, au visa de l'article 1565 du CPC, « qu'il entre dans les pouvoirs du juge de refuser de rendre exécutoire une transaction dont il a constaté **l'absence de formation** »[414]. Puis, elle a clairement décidé que le juge de l'exécution peut connaître de la validité d'un accord transactionnel homologué (voy. *supra*, n° 162), au motif que l'homologation « a pour seul effet de lui conférer force exécutoire »[415]. Elle a ainsi admis implicitement mais nécessairement que l'homologation ne peut donner lieu à un contrôle de validité.

215 ***Autres accords.*** L'article L. 111-3-1° est aussi applicable à tous les autres accords auxquels un juge peut conférer force exécutoire. Sans prétendre à l'exhaustivité, on peut citer les exemples suivants.

En matière administrative, le juge peut, depuis l'ordonnance du 16 novembre 2011, homologuer et donner force exécutoire aux accords issus de la

---

est sans effet à l'égard de la caution car celle-ci ne figurait pas parmi les parties à la transaction.

410. Par l'article 45 du décret du 20 janvier 2012 ; voy. H. Croze et C. Laporte, « Mais où est donc passé l'article 1441-4 du Code de procédure civile ? », *Gaz. Pal.*, 2012, p. 703.

411. Civ. (2e ch.), 24 mai 2007, n° 06-11259, *Bull. civ.*, II, n° 133 ; *D.*, 2008, p. 129, note P. Julien ; *Dr. et procéd.*, 2007, p. 342, obs. Y. Desdevises.

412. Civ. (2e ch.), 26 mai 2011, n° 06-19527 ; *D.*, 2011, p. 2152, obs. J.-M. Sommer et L. Leroy-Gissinger ; *RTD Civ.*, 2011, p. 559, obs. P.-Y. Gautier, et p. 593, obs. R. Perrot ; *Dr. et procéd.*, 2011, p. 215, obs. O. Salati.

413. S. Amrani Mekki et Y. Strickler, *Procédure civile*, coll. Thémis droit, Paris, PUF, 2014, n° 152 ; F. Marchandier, « L'attribution de la force exécutoire à la transaction extrajudiciaire après le décret du 20 janvier 2012 », *Gaz. Pal.*, 2012, p. 3245 ; L. Mayer, « Précisions sur le contrôle « léger » exercé par le juge homologateur d'une transaction », *Gaz. Pal.*, 2015, p. 1544.

414. Civ. (1re ch.), 10 septembre 2014, n° 13-11843 (P + B), *JCP G*, 2014, 1232, n° 6, obs. R. Libchaber ; *D.*, 2015, p. 293, obs. N. Fricéro, à propos d'une transaction assortie d'une condition suspensive d'agrément des administrateurs de la personne morale contractante, dans les 48 heures de la signature, dont il n'était pas justifié de la réalisation.

415. Civ. (2e ch.), 28 septembre 2017, n° 19-19184, *Dr. et procéd.*, 2017, p. 256, obs. B. Gorsch-Gelzer ; *D.*, 2018, p. 1226, obs. A. Leborgne ; *Gaz. Pal.*, 2018, p. 1671, obs. J.-J. Ansault.

médiation ouverte pour les **différends transfrontaliers** relevant de sa compétence (CJA, art. L. 771-3-2). La jurisprudence admet aussi l'homologation des transactions conclus pendant l'instance ou à titre exceptionnel hors de toute instance[416]. Dans tous les cas, le contrôle exercé porte sur l'existence du consentement, la licéité de l'objet et la conformité à l'ordre public, ce qui consiste notamment à vérifier que la transaction ne constitue pas une libéralité pour la collectivité publique[417]. La loi n° 2016-1547 du 18 novembre 2016 de modernisation de la justice du XXIe siècle, dite loi « J21 », a institué une procédure de médiation tant devant les tribunaux administratifs et les cours d'appel administratives (CJA, art. L. 213-1 et s.) que devant le Conseil d'État (CJA, art. L. 114-1, qui renvoie pour les modalités aux art. L. 213-1 et s.). Selon le nouvel article L. 213-4, la juridiction peut, saisie de conclusions en ce sens, homologuer et donner force exécutoire à tout accord trouvé à l'issue d'une médiation menée à l'initiative des parties ou du juge.

En matière judiciaire, le juge de l'exécution donne force exécutoire à l'accord trouvé entre les créanciers et le débiteur en matière de **distribution amiable du prix de vente d'un immeuble saisi** (CPCE, art. R. 332-6 et R. 332-8). De même, le juge chargé du contrôle des opérations d'expertise peut donner force exécutoire à l'**accord de conciliation trouvé sous l'égide de l'expert** (CPC, art. 281, al. 2) et le tribunal d'instance à celui trouvé **sous l'égide du conciliateur de justice** qu'il a désigné dans le cadre de la tentative préalable de conciliation (CPC, art. 131, al. 2, et 833). Mais ces cas de conciliation ne doivent pas être confondus avec la conciliation judiciaire qui fait l'objet d'un procès-verbal de conciliation.

b) Les procès-verbaux de conciliation

216 *Conciliation judiciaire.* Cette catégorie de titres exécutoires est prévue au 3° de l'article L. 111-3 qui cite « les extraits des procès-verbaux de conciliation signés par le juge et les parties ». Ce texte reprend ainsi littéralement l'article 131, alinéa 1er, du Code de procédure civile qui prévoit que les extraits du procès-verbal constatant la conciliation « valent titre exécutoire ».

Mais il ne concerne que la conciliation judiciaire, c'est-à-dire celle qui est constatée directement par le juge, au cours d'une instance, qu'elle intervienne à son initiative ou à celle des parties (CPC, art. 127 à 130). Elle se distingue donc, par son régime, de la conciliation obtenue sous l'égide d'un expert ou d'un conciliateur de justice, soit dans le cadre d'une tentative de conciliation devant le tribunal d'instance, soit en dehors de toute procédure judiciaire, laquelle est qualifiée de conventionnelle (CPC, art. 1530 ; voy. *infra*, nos 213 et 215).

B) Les titres extrajudiciaires

217 *Officiers publics.* Il s'agit de titres qui n'émanent pas d'un juge, mais d'officiers publics auxquels la loi a délégué le pouvoir d'établir des titres exécutoires dans les conditions qu'elle détermine. Pour autant ces titres ne bénéficient **jamais des attributs d'un jugement** et, en particulier, de l'autorité de la chose

416. CE, avis, 6 décembre 2002, n° 249153.
417. CE, 10 février 2014, n° 350265, *RJDA*, 2014, n° 809.

jugée[418].Cette catégorie comprend les actes notariés (1), les plus fréquents en pratique, et les titres établis par les huissiers de justice (2).

1. Les actes notariés

218 ***Droit général et droit local.*** Ils sont visés au 4° de de l'article L. 111-3 qui pose pour seule condition, du reste commune à tous les titres exécutoires (voy. *infra,* n° 248), qu'ils soient « **revêtus de la formule exécutoire** ». Elle est apposée par le notaire lui-même qui confère ainsi force exécutoire aux actes authentiques qu'il reçoit, sans condition particulière[419]. Mais il faut excepter les actes authentiques reçus par un notaire établi en Alsace ou en Moselle, car ils ne sont exécutoires que si deux conditions sont remplies (CPCE, art. L. 111-5-1°). D'une part, l'acte doit porter sur une somme d'argent déterminée ou la fourniture d'une quantité déterminée d'autres choses fongibles ou de valeurs mobilières[420]. D'autre part, le débiteur doit se soumettre expressément à l'exécution forcée dans l'acte. Il faut donc une clause spéciale dont l'absence pourrait engager la responsabilité du notaire. C'est la raison pour laquelle cette **clause de soumission à l'exécution forcée** est devenue une clause de style. En tout cas, ce n'est que si ces deux conditions sont remplies qu'un notaire pourra, en Alsace-Moselle, apposer la formule exécutoire sur un acte qu'il a reçu et le rendre ainsi exécutoire.

Mais dans tous les cas, il faut que les **conditions de l'authenticité** soient remplies, c'est-à-dire, selon l'article 1369 du Code civil (anc. 1317), que l'acte ait été reçu par un officier public compétent et avec les solennités requises, qui correspondent aux conditions de forme prévues par le décret n° 71-941 du 26 novembre 1971. À défaut, l'acte signé par les parties n'est pas nul, mais il

418. Comme de surcroît aucune disposition légale n'interdit à un créancier de disposer de deux titres exécutoires pour la même créance, la 2e chambre civile de la Cour de cassation en a tiré la conséquence que la détention d'un acte notarié, mais la solution devrait valoir aussi pour les titres émis par l'huissier de justice, n'empêche pas le créancier d'assigner son débiteur en paiement de la même créance : Civ. (2e ch.), 18 février 2016, n° 15-13991, 15-15778 et 15-13945 (FS-P+B), *Dr. et procéd.*, 2016, p. 64, obs. F. Vinckel ; *D.*, 2016, p. 1281, obs. A. Leborgne. En revanche, la 1ère chambre civile avait jugé qu'un créancier, d'ores et déjà détenteur d'un acte notarié, ne peut assigner son débiteur pour interrompre la prescription, il doit impérativement, à cette fin, mettre en oeuvre une procédure civile d'exécution sur le fondement de l'acte notarié qu'il détient (sur cette question de la prescription, voy. *infra*, n° 260 en note) : Civ. (1re ch.), 16 octobre 2013, n° 12-21917 (P + B), *JCP G*, 2013, p. 2265, note H. Croze ; *D.*, 2014, p. 801, obs. N. Fricéro ; *Dr. et procéd.*, 2013, p. 283, obs. O. Salati ; voy. aussi : F. Vinckel, « La portée du "privilège d'action parée", ou l'articulation du droit à l'exécution et du droit d'action, lors de l'exécution du titre exécutoire notarié », *Dr. et procéd.*, 2014, p. 158. Mais finalement elle s'est ralliée à la position de la 2e chambre : Civ. (1re), 1er mars 2017, n° 15-28012, à paraître au Bull., *Gaz. Pal.*, 2017, p. 1823, obs. O. Salati.

419. La solution figurait déjà à l'article 19 de la loi 25 Ventôse an XI. L'objet d'un acte notarié peut consister en une transaction mettant fin à un litige qui opposait les parties. Celle-ci bénéficie alors de la force exécutoire du fait de l'*instrumentum* qui la constate, sans qu'elle n'ait à être homologuée : Civ. (2e ch.), 21 octobre 2010, n° 09-12378, *Bull. civ.*, II, n° 173 ; *D.*, 2010, p. 493, note S. Chassagnard-Pinet ; *Dr. et procéd.*, 2011, p. 19, obs. E. Putman.

420. Pour certains actes, comme les ouvertures de crédit, cette condition ne peut être remplie à la date de leur signature ; c'est la raison pour laquelle la pratique recourt au mandataire commun désigné dans l'acte qui est chargé de déterminer le moment venu le montant dû et cette pratique est admise par la jurisprudence ; voy. not. Civ. (1re ch.), 18 octobre 1989, n° 88-16401, *Bull. civ.*, II, n° 181.

est **disqualifié en acte sous seing privé** (C. civ., art. 1370, anc. 1318), ce qui signifie qu'il ne bénéficie d'aucun des attributs de l'authenticité et, en particulier, qu'il est privé de la force exécutoire[421]. De même, l'acte contresigné par avocat, inscrit aujourd'hui à l'article 1374 du Code civil[422], ne constitue pas un titre exécutoire. En effet, comme les avocats ne disposent d'aucune délégation de puissance publique, ces actes ne peuvent bénéficier de l'authenticité. Mais il faut réserver désormais les actes de divorce réalisés sous cette forme et déposés au rang des minutes d'un notaire (voy. *infra*, n° 218 *bis*).

Nonobstant leur caractère authentique, les actes notariés conservent leur nature contractuelle. Ils peuvent donc toujours faire l'objet de modifications, notamment par des avenants établis sous la forme d'actes sous seing privé. De tels avenants n'affectent pas le caractère exécutoire de l'acte notarié modifié s'ils n'opèrent pas novation[423]. Cet effet novatoire se produit notamment en cas d'inscription en compte courant du solde d'un prêt bancaire notarié[424], ce qui explique que le créancier ne puisse plus alors invoquer l'acte notarié d'origine pour recouvrer ce solde[425].

218*bis* ***Divorce par acte d'avocats déposé au rang des minutes d'un notaire.*** Aux actes notariés, il faut assimiler désormais les actes de divorce sous signature privée contresignés par avocat et déposés au rang des minutes d'un notaire, prévus

---

421. Ainsi en est-il, par exemple, d'un acte dépourvu de la signature du notaire : Civ. (1re ch.), 28 septembre 2011, n° 10-13733, *Bull. civ.*, I, n° 154, *RJDA*, n° 168. En revanche, mettant fin à une divergence qui avait opposé la première et la deuxième chambre civile de la Cour de cassation, une chambre mixte a jugé qu'un acte notarié, signé par le mandataire d'une partie, ne perd pas son caractère authentique si le notaire a omis de faire figurer la procuration en annexe à l'acte ou de la déposer au rang de ses minutes : Ch. mixte, 21 décembre 2012, nos 11-28688 et 12-15063, *D.*, 2013, p. 1576, obs. A. Leborgne ; *Gaz. Pal.*, 2013, p. 1042, obs. Cl. Brenner. ; voy. aussi postérieurement, Civ. (1re ch.), 10 septembre 2015, n° 14-13237, *Dr. et procéd.*, 2015, p. 189, obs. S. Dorol ; *D.*, 2016, p. 1281, obs. A. Leborgne. De même, le sceau du notaire ne figure pas parmi les solennités requises si bien que son omission ne fait pas perdre à l'acte son caractère authentique et en particulier sa force exécutoire : Civ. (2e ch.), 1er février 2018, n° 16-25097, *D.*, 2018, p. 1224, obs. A. Leborgne, *Gaz. Pal.*, 2018, p. 1668, obs. C. Brenner.

422. Il a été institué par la loi n° 2011-331 du 28 mars 2011 de modernisation des professions judiciaires ou juridiques et certaines professions réglementées qui l'avait inscrit aux articles 66-3-1 à 66-3-3 de la loi n° 71-1130 du 31 décembre 1971, dont seul l'article 66-3-1 subsiste.

423. Civ. (2e ch.), 6 mai 2010, n° 09-67058, *Bull. civ.*, II, n° 90 ; *Dr. et procéd.*, 2010, p. 240, obs. A. Leborgne.

424. L'inscription en compte d'une créance produit pour effet de l'incorporer au solde de ce compte et corrélativement de l'éteindre. Selon la métaphore de Thaller, le compte courant est un « creuset » où viennent se fondre les créances qui y sont inscrites. La doctrine admet unanimement ce phénomène de fusion et d'extinction, mais elle est divisée sur son explication juridique. La majorité des auteurs se réfère à la novation (Th. Bonneau, *Droit bancaire*, Domat Montchrestien, 10e éd., 2013, n° 437), à l'effet novatoire (Ch. Gavalda et J. Stoufflet, *Droit bancaire*, LexisNexis, 9e éd. 2015 ; L.-M. Martin, *Banques et Bourses*, *Traité de droit commercial*, M. de Juglart et B. Ippolito, n° 198), ou encore au processus de novation (P. Bouteiller, Compte-courant, J.-Cl. Banque, *Crédit et Bourse*, Fasc. 201, n° 20). D'autres auteurs invoquent plutôt un mécanisme financier particulier (G. Ripert et R. Roblot, *Droit commercial*, Paris, LGDJ, 2000, par Ph. Delebecque et M. Germain).

425. Civ. (2e ch.), 13 novembre 2014, n° 13-15193 (F-P+B), *RJDA*, 2015, n° 380 ; *Gaz. Pal.*, 2015, p. 3076, obs. C. Brenner ; *LEDB*, 2015, n° 10, obs. Ph. Hoonakker.

au 4° *bis* de l'article L. 111-3 du CPCE[426]. Ils correspondent au nouveau cas de divorce par consentement mutuel institué par loi n° 2016-1547 du 18 novembre 2016 de modernisation de la justice du XXIe siècle, dite « J21 », à côté du cas classique désormais qualifié de « judiciaire ». Dénommé « divorce par consentement mutuel par acte sous signature privée contresigné par avocats, déposés au rang des minutes d'un notaire », il est régi aux nouveaux articles 229-1 à 229-4 du Code civil.

Selon ces textes, les époux, qui s'entendent sur la rupture de leur mariage et ses effets, peuvent constater leur accord dans une convention établie dans les conditions prévues à l'article 1374 du Code civil et signée par chacun d'eux ainsi que contresignée par chacun de leur avocat[427]. Cette convention doit comporter les mentions et annexes prescrites à l'article 229-3 et ne peut être signée pas chacun des époux, à peine de nullité, avant l'expiration d'un délai de réflexion de 15 jours courant à compter de la réception de la lettre recommandée avec demande d'avis de réception par laquelle son avocat lui notifie le projet de convention (C. civ., art. 229-4). Elle est ensuite contresignée par chacun des avocats, puis déposée au rang des minutes d'un notaire. C'est ce dépôt qui confère à la convention date certaine et force exécutoire. Mais avant d'accepter le dépôt, le notaire doit contrôler le respect des exigences formelles de l'article 229-3 et du délai de réflexion de l'article 229-4 (C. civ., art. 229-1).

2. Les titres établis par les huissiers de justice

219 ***Chèques impayés et petites créances.*** Cette catégorie est prévue au 5° de l'article L. 111-3. À l'origine, il ne visait que les titres établis en matière de chèques impayés. Mais l'article 208 de la loi du 6 août 2015, dite *loi Macron*, y a ajouté les titres établis en matière de petites créances.

Les conditions auxquelles un huissier de justice peut établir lui-même un titre exécutoire en matière de **chèques impayés** sont fixées par l'article L. 131-73 du Code monétaire et financier[428]. Ce texte prévoit un mécanisme en trois temps :

- établissement d'un **certificat de non-paiement** par la banque dans les conditions suivantes : lorsqu'un chèque est impayé faute de provision suffisante, le tireur dispose d'un délai d'un mois à compter de la première présentation pour le payer ou constituer une provision suffisante ; à défaut, la banque délivre au porteur, sur sa demande, un certificat de

426. Créé par l'article 50-II de la loi n° 2016-1547 du 18 novembre 2016 de modernisation de la justice du XXIe siècle, dite loi « J21 » ; voy. not., W. Nonnenmacher, « De quelques aspects de la force exécutoire du divorce non judiciaire », *RDL*, n° 82, janvier 2018, p. 18.

427. Le recours à ce cas de divorce nécessite impérativement que chacun des époux constitue son propre avocat et il est exclu dans deux cas : d'une part, si un enfant mineur demande à être entendu par le juge ; d'autre part, lorsque l'un des époux est placé sous un régime de protection.

428. Ces titres ne constituent pas des décisions de justice si bien que la majoration des intérêts légaux prévue à l'art. L. 131-73 du CMF ne leur est pas applicable : Civ. (2e ch.), 7 janvier 2016, n° 14-26449, *D.*, 2016, p. 1281 obs. A. Leborgne. De même, ils ne peuvent autoriser l'inscription de l'hypothèque judiciaire définitive attachée aux jugements par l'article 2396 du code civil : Civ. (2e ch.), 21 janvier 2016, n° 14-24795 (FS-P+B), *D.*, 2016, p. 1281, obs. A. Leborgne.

non-paiement si une nouvelle présentation du chèque au-delà de ce délai s'est avérée infructueuse ;

- **notification** de ce certificat au tireur ; cette notification doit être « effective », c'est-à-dire que l'acte doit être remis à la personne même du tireur et, à défaut, il devra lui être signifié par ministère d'huissier de justice[429] ; dans tous les cas, la notification vaut commandement de payer ;
- délivrance par l'huissier de justice d'un **titre exécutoire** faute de paiement du chèque et des frais dans un délai de 15 jours à compter de ce commandement.

La procédure simplifiée de recouvrement des **petites créances** est prévue aux articles L. 125-1[430] et R. 125-1 à R. 125-8 du CPCE[431]. Réservée aux huissiers de justice, elle s'applique aux créances de nature contractuelle ou résultant d'une obligation de caractère statutaire, dont le montant en principal et intérêts n'excède pas 4.000 € (CPCE, art. R. 125-1). Elle doit se dérouler dans un délai d'un mois courant à compter de l'envoi par l'huissier de justice d'une lettre recommandée avec demande d'avis de réception invitant le débiteur à participer à cette procédure et dont le contenu est détaillé à l'article R. 125-2. L'accord du débiteur, constaté par l'huissier de justice, suspend la prescription et celle-ci, en cas d'échec de la procédure, recommence à courir pour une durée d'au moins six mois (C. civ., art. 2238, mod. par la *loi Macron*). De plus, à compter de cet envoi, aucun paiement ne peut plus avoir lieu avant que l'huissier de justice n'ait constaté l'issue de la procédure. En cas de succès, c'est-à-dire si un accord a pu être trouvé entre le débiteur et le créancier sur le montant de la créance due et les modalités de son paiement, l'huissier de justice pourra, « sans autre formalité » (CPCE, art. L. 125-1), délivrer un titre exécutoire, « qui récapitule les diligences effectuées en vue de la conclusion de cet accord » (CPCE, art. R. 125-6)[432].

---

429. En cas de décès ou d'incapacité du tireur, cette notification doit être délivrée à son ayant droit : Com., 3 juillet 2012, n° 11-14227, *Gaz. Pal.*, 2012, p. 2722, note J. Lassere Capdeville.

430. À l'origine, ces dispostions nouvelles avaient été inscrites par l'article 208 de la loi Macron dans un nouvel article 1244-4 du Code civil. Mais l'ordonnance du 10 février 2016 portant réforme du droit des contrats, du régime général et de la preuve des obligations les a transférées, à effet du 1er octobre 2016, dans cette disposition qui constitue le nouveau chapitre V du titre II du livre 1er de la partie législative de ce code, qu'elle a créé.

431. Intégrés dans un nouveau chapitre V de la partie règlementaire ajouté au titre II du livre 1er de ce code par le décret n° 2016-285 du 9 mars 2016 relatif à la procédure simplifiée de recouvrement des petites créances, qui en a fixé la date d'entrée en vigueur au 1er juin 2016. Sur l'ensemble de la procédure, voy. not., C. Bléry, « Procédure simplifiée de recouvrement des petites créances (PSRPC) : et une procédure de plus! », *Gaz. Pal.*, 2016, p. 1481.

432. L'ajout apporté au 5° de l'article L. 111-3 du CPCE citait le titre exécutoire délivré par l'huissier de justice « en cas d'homologation de l'accord entre le créancier et le débiteur dans les conditions prévues à l'article L. 125-1 ». Il fallait donc en déduire que ce titre exécutoire résultait de l'homologation, par l'huissier de justice lui-même, de l'accord trouvé entre les parties dans le cadre de la procédure simplifiée de recouvrement qu'il initie et conduit. Mais finalement la loi n° 2016-1547 du 18 novembre 2016 de modernisation de la justice du XXIe siècle, dite loi « J21 », a supprimé toute référence à l'homologation.

C) Les titres administratifs

220 ***Privilège du préalable.*** Selon le 6° de l'article L. 111-3, constituent aussi des titres exécutoires « les titres délivrés par les personnes morales de droit public qualifiés comme tels par la loi, ou les décisions auxquelles la loi attache les effets d'un jugement ». Il s'agit essentiellement des titres émis par l'État, les collectivités territoriales et les établissements publics dotés d'un comptable public conformément au privilège du préalable dont ils bénéficient[433]. Selon ce privilège, **les personnes morales de droit public peuvent émettre elles-mêmes un titre exécutoire à leur profit**, sans contrôle préalable d'un juge ou l'intervention d'un officier ministériel. Cela ne signifie pas qu'ils seraient soustraits à tout contrôle, mais celui-ci ne s'exercerait qu'*a posteriori* selon des modalités qui varient en fonction du titre administratif en cause. La très grande diversité des titres exécutoires émis par des personnes morales de droit public interdit toute exhaustivité[434]. Mais pour l'essentiel, ils peuvent être regroupés en trois grandes catégories qui se distinguent par le régime propre qui leur est applicable : les titres fiscaux, les titres de perception, les titres de recette et les arrêtés de débet (voy. *infra*, encadré E18).

Il faut y ajouter les décisions auxquelles la loi attache les effets d'un jugement dont le dernier exemple en date est celui relatif aux accords amiables fixant une **contribution à l'entretien et à l'éducation de l'enfant (CEEE)**. Ainsi, les couples ayant mis fin à leur concubinage ou ayant procédé à la dissolution de leur pacte civil de solidarité (PACS) peuvent, aux conditions fixées par l'article L. 582-2 du CSS[435], présenter une demande conjointe au **directeur de l'organisme débiteur des prestations familiales** afin qu'il donne force exécutoire à l'accord qu'ils ont trouvé pour fixer la CEEE. Ce titre prend la forme d'un courrier du directeur auquel la demande conjointe est annexée. Il acquiert force exécutoire à la date de sa signature par le directeur. Mais il cessera de produire effet à compter de toute décision judiciaire exécutoire, postérieure à ce titre et modifiant ou supprimant la CEEE[436].

---

433. Elles bénéficient aussi du privilège de l'exécution d'office (voy. *infra*, n° 248). Ces privilèges ont été jugés conforme à la Constitution : Civ. (2e ch.), 12 octobre 2011, n° 11-40060 ; *Gaz. Pal.*, 2011, p. 3158.

434. Pour une étude plus détaillée, voy. C. Lefort, *Droit et pratique des voies d'exécution*, *op. cit.*, nos 126.00 et s.

435. Dans sa rédaction issu de la loi n° 2016-1827 du 23 décembre 2016 de financement de la sécurité sociale pour 2017, complétée par les décrets d'application n° 2018-655 et 2018-656 du 24 juillet 2018 et l'arrêté ministériel du même jour.

436. Selon l'art. R. 582-3 CSS créé par le décret n° 2018-655 du 28 juillet 2018.

E 18 **Principaux titres administratifs**

Les **titres fiscaux** sont tous les titres émis par l'État ou les collectivités territoriales pour le recouvrement des impôts et taxes. Le contentieux du recouvrement relève de la compétence du juge de l'impôt pour les contestations de fond (existence de l'obligation et montant de la dette) et du juge de l'exécution pour les contestations portant sur la régularité en la forme des actes de poursuite. Mais dans tous les cas, le juge ne peut être saisi qu'après l'échec d'une phase gracieuse, préalable et obligatoire, introduite par une demande adressée au comptable public chargé du recouvrement (LPF, art. L. 281). Pour le surplus, il faut distinguer selon le titre fiscal en cause, entre les avis d'imposition et les avis de mis en recouvrement :

- les **avis d'imposition** correspondent à des extraits nominatifs du rôle émis en matière d'impôts sur le revenu et d'impôts directs locaux, ainsi qu'en matière d'impôt de solidarité sur la fortune (LPF, art. L. 253[437]) ; leur recouvrement relevait traditionnellement des comptables du Trésor, auxquels seront substitués les comptables de la direction générale des finances publiques (voy. *infra*, encadré E32) ;
- les **avis de mis en recouvrement** sont émis en matière d'impôts recouvrés sans rôle, tels que TVA, droits d'enregistrement et de timbre, impôt sur les sociétés et droits de douane (LPF, art. L. 256) ; leur recouvrement relevait traditionnellement des comptables de la direction générale des impôts, auxquels seront substitués les comptables de la direction générale des finances publiques (voy. *infra*, encadré E32).

Les poursuites fondées sur des titres fiscaux doivent, selon les cas, être précédées d'une lettre de relance suivie d'une mise en demeure ou seulement d'une mise en demeure (LPF, art. L. 257-0 A et L. 257-0 B ; voy. *infra*, n° 438).

Les **titres de perception** sont des ordres de recette émis pour le recouvrement de **créances publiques de l'État**, non fiscales et non éligibles aux arrêtés de débet (décr. 2012-1246 du 7 novembre 2012 relatif à la gestion budgétaire et comptable publique, art. 112-1°, qui renvoie à l'article L. 252 A du LPF). Ils sont soumis à un régime commun de contestations, qualifiées d'oppositions, prévu par le décret n° 92-1369 du 29 décembre 1992 (art. 117 à 119). Il distingue l'opposition à exécution, qui porte sur l'existence de la créance, son montant ou son exigibilité et relève de la compétence des juridictions administratives, et l'opposition à poursuites, qui porte sur la régularité formelle des actes de poursuite et relève de la compétence du juge de l'exécution. Mais comme en matière fiscale, le juge compétent ne peut être saisi qu'après une demande adressée au comptable public chargé du recouvrement.

Les **titres de recettes**, qui peuvent être individuels ou collectifs, sont les titres exécutoires émis par les **collectivités territoriales** ainsi que les établissements publics locaux et les établissements de santé pour le recouvrement de leurs créances (CGCT, art. L. 1617-5 ; voy. *infra*, n° 452).

Les **arrêtés de débet** sont des ordres de recette « émis par les ministres à l'encontre d'un comptable public, d'un titulaire de marché public ou d'une personne tenue de rendre compte soit de l'emploi d'une avance reçue, soit de recettes destinées à l'État » (décr. du 7 novembre 2012, art. 112-2°). Leur contestation relève de la compétence exclusive des juridictions administratives et elle ne produit aucun effet suspensif car les arrêtés de débet sont exécutoires par provision (décr. du 7 novembre 2012, art. 122).

§2. Les titres soumis à *exequatur*

221 ***Justification.*** L'*exequatur* est la décision par laquelle une autorité nationale déclare exécutoire un titre en France[438]. Compte tenu du **principe de souveraineté**, l'*exequatur* se justifie d'abord pour tous les titres exécutoires étrangers, c'est-à-dire ceux

437. Dans sa rédaction issue de la loi n° 2011-900 du 29 juillet 2011.

438. Mais l'*exequatur* ne constitue pas en lui-même un acte d'exécution de sorte que le débiteur ne saurait invoquer l'immunité d'exécution dont il bénéficie pour s'y opposer : Civ. (2e ch.), 14 octobre 2009, n° 08-14978, *Bull. civ.*, II, n° 206 ; *D.*, 2009.2557, obs. V. Avena-Robardet ; *RD bancaire et fin.*, 2010, comm. n° 20, S. Piedelivre.

rendus au nom d'un État étranger. Mais *a fortiori*, elle se justifie aussi pour toutes les décisions émanant de personnes privées, quelle que soit leur nationalité, qui ne bénéficient d'aucune délégation de puissance publique, ce qui vise les sentences arbitrales. Tous ces titres sont prévus au 2° de l'article L. 111-3 du CPCE.

Mais dans la mesure où l'*exequatur* ne relève pas directement du droit des procédures civiles d'exécution, seuls les grands principes seront rappelés tant pour les titres étrangers (A) que pour les sentences arbitrales (B).

A) Les titres étrangers

222 ***Espace judiciaire européen.*** Il s'agit tant des jugements rendus par des juridictions étrangères que des actes émanant d'officiers publics étrangers, comme des notaires, par exemple. Ces titres ne sont exécutoires en France que s'ils ont fait l'objet d'une décision d'*exequatur*. Mais il est aisé de comprendre que les règles applicables sont bien plus souples dans l'espace judiciaire européen (2) qu'en dehors de cet espace (1).

1. Hors de l'espace judiciaire européen

223 ***Droit national et conventions internationales.*** En droit français, la procédure d'*exequatur* relève de la compétence du tribunal de grande instance statuant à juge unique (COJ, art. R. 212-8-2°). Elle est soumise aux règles de droit commun de la procédure contentieuse, sous réserve de celles relatives à l'exécution provisoire qui semblent exclues par l'article L. 111-3-2° du CPCE. En effet, ce texte requiert expressément une décision d'*exequatur* « non susceptible d'un recours suspensif d'exécution ».

Au fond, depuis l'arrêt de principe *Cornelissen* rendu le 20 février 2007[439], le contrôle opéré par le juge français de l'*exequatur* porte encore sur les trois points suivants : la compétence indirecte du juge étranger fondée sur le rattachement du litige au pays saisi[440], la conformité à l'ordre public de fond et de procédure[441] et l'absence de fraude[442].

---

439. Civ. (1re ch.), n° 04-14082, *Bull. civ.*, I, n° 68 ; *D.*, 2007, p. 1115, note L. d'Avout et S. Bollée ; *Rev. crit. DIP*, 2007, p. 420, note B. Ancel et H. Muir Watt ; voy. aussi M.-L. Niboyet, « L'abandon du contrôle de la compétence législative indirecte (le "grand arrêt" *Cornelissen* du 20 février 2007) », *Gaz. Pal.*, 2007, p. 1387 ; E. Agostinin, « L'*exequatur* : capilotade ou peau de chagrin », *D.*, 2008, p. 1110.

440. Voy., par exemple, Civ. (1re ch.), 30 janvier 2013, n° 11-10588, *D.*, 2013, p. 1577, obs. A. Leborgne, *RJDA*, 2013, n° 682, qui écarte le moyen d'incompétence en relevant que les parties avaient conclu une clause attributive de compétence et que l'incompétence n'avait pas été soulevée devant le juge étranger.

441. Voy., par exemple, Civ. (1re ch.), 19 septembre 2007, n° 06-17096, jugeant que la contrariété à l'ordre public de procédure suppose la violation des principes fondamentaux de la procédure ayant compromis objectivement les intérêts d'une partie, ce qui n'est pas le cas lorsque les parties ont pu exercer leurs droits dans le respect du principe du contradictoire ; dans le même sens : Civ. (1re ch.), 30 janvier 2013, n° 11-10588, préc. ; en revanche, la violation de l'ordre public international de procédure a été retenue dans une espèce où le jugement à exécuter n'était pas motivé, la motivation ayant été incluse dans deux jugements interprétatifs rendus après la saisine du juge de l'*exequatur* : Civ. (1re ch.), 7 novembre 2012, n° 11-23871, *D.*, 2012, p. 2671.

442. Il faut par exemple que la juridiction étrangère, dont l'*exequatur* du jugement est demandé, ait été saisie pour faire échec à une décision ou une procédure engagée en France : Civ. (1re), 4 mai 2017, n° 16-13645 (FS-P+B), *D.*, 2017, p. 1283, note D. Sindres.

Mais il faut toujours réserver l'existence de conventions internationales qui peuvent modifier ces règles, qu'elles portent sur la procédure d'*exequatur* ou sur l'étendue du contrôle confié au juge national. C'est sur ce fondement que s'est développé précisément le droit de l'Union européenne qui, en la matière, tend à créer un véritable espace judiciaire européen.

2. Dans l'espace judiciaire européen

224 ***Objectif.*** L'objectif de l'espace judiciaire européen est la libre circulation des jugements et actes émanant des États membres de l'Union européenne. C'est dans cette perspective que la procédure d'*exequatur* a d'abord été considérablement simplifiée (a)[443], avant d'être supprimée dans des domaines de plus en plus nombreux (b).

a) L'*exequatur* simplifié

225 ***Procédure en deux phases.*** La procédure d'*exequatur* faisait l'objet en droit communautaire de deux règlements : d'une part, le 44/2001 du 22 décembre 2000 applicable en matière civile et commerciale (anc^t^ *Bruxelles I*)[444] ; d'autre part, le 2201/2003 du 27 novembre 2003 applicable en matière matrimoniale (anc^t^ *Bruxelles II*). Mais depuis le 10 janvier 2015, il ne subsiste plus que le second, car le premier a été remplacé par le règlement (UE) n° 1215/2014 du 12 décembre 2012, dit *Bruxelles I bis*, qui a supprimé la procédure d'exequatur (voy. *infra*, n° 226 et encadré E19). Les dispositions nationales prises en application de ces textes ont été introduites aux articles 509-2 à 509-7 du Code de procédure civile par le décret 2004-836 du 20 août 2004[445]. Il en résulte une procédure d'*exequatur* simplifiée qui joue en deux phases : l'une obligatoire et unilatérale, et l'autre facultative et contradictoire.

La **phase obligatoire et unilatérale** débute par une requête qui est présentée au président du tribunal de grande instance[446]. Il procède de manière non contradictoire, au seul vu des pièces produites par le créancier, à un simple contrôle de l'authenticité du titre et de son caractère exécutoire dans l'État dont il émane. S'il accorde l'*exequatur*, sa décision sera notifiée au débiteur[447]

---

443. Dans un communiqué du 14 décembre 2010, la Commission européenne a même proposé de supprimer tout *exequatur* dans l'espace judiciaire européen : *Procédures*, 2011, alerte n° 6.

444. Ses règles avaient été étendues à la circulation des décisions judiciaires entre les États de l'Union européenne, la Suisse, la Norvège et l'Islande, par la Convention de Lugano du 30 octobre 2007.

445. Modifiés par l'article 15 du décret 2010-1165 du 1er octobre 2010 pour y inclure la Convention de Lugano, puis par l'article 2 du décret 2014-1633 du 16 décembre 2014 pour le mettre en harmonie avec le nouveau règlement *Bruxelles I bis* (voy. *infra*, encadré E19).

446. C'est la solution prévue en matière matrimoniale par le règlement *Bruxelles II*. Sous l'empire du règlement *Bruxelles I*, cette compétence revenait en matière civile et commerciale au greffier en chef du tribunal de grande instance du domicile du débiteur (où elle n'avait pas à être présentée par un avocat : Civ. (2e ch.), 29 septembre 2011, n° 10-14968, *Bull. civ.*, II, n° 178), sauf pour les actes notariés où elle relevait du président de la chambre des notaires.

447. Il n'est pas nécessaire de notifier aussi la requête car il a été jugé que les règles de droit commun de l'article 495 du CPC ne sont pas applicables en la matière : Civ. (2e ch.), 30 janvier 2014, n° 12-27821, *D.*, 2014, p. 377.

qui disposera d'un délai d'un mois pour interjeter appel[448]. À défaut d'appel, la décision sera définitive et l'exécution forcée pourra être poursuivie. En cas d'appel, la seconde phase débutera.

La **seconde phase facultative et contradictoire** correspond à la procédure suivie devant la cour d'appel à l'initiative du débiteur. Cette procédure est nécessairement contradictoire, mais son objet est limité à la régularité de la notification de la demande initiale au défendeur, s'il était défaillant, et à la conformité du titre à l'ordre public, de fond et procédural[449]. En tout cas, comme l'appel est une voie de recours suspensive, le titre étranger n'est jamais exécutoire immédiatement en France car il faut que la décision d'*exequatur* soit passée en force de chose jugée (CPCE, art. L. 111-3-2°). Il ne le sera donc qu'à défaut d'appel dans le délai d'un mois ou en cas de rejet de l'appel interjeté[450].

b) L'*exequatur* supprimé

226 ***Titres européens et règlement Bruxelles I bis.*** À l'origine, seuls étaient concernés les titres européens[451]. Ils correspondent à des jugements ou des actes nationaux qui, délivrés dans les conditions fixées, sont exécutoires dans tous les États européens, sans aucune procédure d'*exequatur*. Ils sont au nombre de trois.

En premier lieu, le titre exécutoire européen – **TEE** – créé par le règlement CE 805-2004 du 21 avril 2004, entré en vigueur le 21 octobre 2005, concerne les seules créances incontestées résultant d'un jugement, d'une transaction judiciaire ou d'un acte notarié, dont la certification[452] par un juge de l'État d'origine permettra son exécution forcée dans les États membres[453].

En second lieu, la procédure européenne d'injonction de payer – **IPE** – créée par le règlement 1896/2006 du 12 décembre 2006, entré en vigueur le

---

448. S'il demeure dans un État membre autre que celui où l'*exequatur* est demandé, ce délai est de deux mois, sans aucune prorogation à raison de la distance (règl. (CE) 44/2001, art. 43-5).

449. A ainsi été jugé contraire à l'ordre public international de procédure un jugement de la *High Court* de Londres car il n'était pas motivé et les documents de nature à servir d'équivalents à la motivation défaillante n'étaient pas produits : Civ. (1re ch.), 22 octobre 2008, n° 06-15577, *Bull. civ.*, I, n° 234 ; *D.*, 2009, p. 59, note D. Motte-Suraniti ; *Procédures*, 2008, comm. n° 332, obs. C. Nourissat.

450. Ce rejet peut résulter d'une ordonnance du conseiller de la mise en état déclarant l'appel irrecevable : Civ. (2e ch.), 9 octobre 2008, n° 07-15328, *Procédures*, 2008, comm. n° 329, obs. R. Perrot.

451. Nonobstant le caractère limitatif de l'art. L. 111-3 du CPCE (voy. *supra*, n° 208) où ces titres n'étaient pas visés. C'est la raison pour laquelle la loi de modernisation et de simplification n° 2015-177 du 16 février 2015 a complété le 2° de ce texte par ces mots : « sans préjudice des dispositions du droit de l'Union européenne applicables ».

452. Il a été jugé que la certification ne peut être accordée à une décision judiciaire prononcée sans que le débiteur ait été informé de l'adresse de la juridiction à laquelle il convient d'adresser la réponse, devant laquelle comparaître ou, le cas échéant, auprès de laquelle un recours peut être formé : CJUE (7e ch.), 28 février 2018, aff. C-289/17.

453. Mais le TEE perdra sa force exécutoire en cas d'annulation de la décision certifiée par la juridiction étrangère, même si la certification elle-même n'a pas été retirée : Civ. (2e ch.), 6 janvier 2012, n° 10-23518 ; *Dr. et procéd.*, 2012, p. 137, obs. G. Cuniberti. En revanche, les contestations portant sur la décision étrangère certifiée sont irrecevables devant le juge de l'exécution : Civ. (2e ch.), 22 février 2012, n° 10-28379 ; *D.*, 2012, p. 1464, note L. Maurin ; sur les règles particulières applicables lorsque le débiteur est un consommateur, voy. not. CJCE, 5 décembre 2013, *Walter Vapenik c/ Josf Thurner*, aff. C-508/112, *Dr. et procéd.*, 2014, p. 59, obs. G. Cuniberti.

12 décembre 2008, constitue une procédure applicable aux créances incontestées dans les litiges transfrontaliers, ce qui suppose qu'au moins l'une des parties demeure dans un État membre, autre que celui de la juridiction saisie.

En troisième lieu, la procédure de règlement des petits litiges – **RPL** – créée par le règlement 861/2007 du 11 juillet 2007, entré en vigueur le 1er janvier 2009[454], représente une procédure uniforme applicable devant toutes les juridictions de l'Union européenne en matière civile et commerciale, dans les litiges transfrontaliers, pour le recouvrement de créances, même contestées, n'excédant pas 5 000 euros[455]. La décision rendue est exécutoire dans tous les États sans *exequatur*.

Mais depuis l'application du règlement *Bruxelles I bis*, l'*exequatur* est supprimé aussi, de manière plus générale, en matière civile et commerciale où les jugements, les transactions judiciaires et les actes authentiques d'un État de l'Union sont désormais exécutoires directement dans les autres États de l'Union sur la base d'un simple certificat attestant du caractère exécutoire délivré par une autorité nationale (voy. *infra*, encadré E19). Il s'agit de la consécration, tant attendue, de la **libre circulation des titres exécutoires dans l'Union européenne**, du moins en matière civile et commerciale. Elle pourrait bien sonner le glas des titres européens, déjà peu utilisés en pratique.

E 19 **Règlement (UE) 1215/2012 du 12 décembre 2012, dit *Bruxelles I bis***

Le règlement (UE) 1215/2012 du 12 décembre 2012 du Parlement européen et du Conseil concernant la compétence judiciaire, la reconnaissance et l'exécution des décisions en matière civile et commerciale a procédé à la refonte du règlement (CE) 44/2001[456]. Comme ce règlement était dit *Bruxelles I*, le nouveau est surnommé *Bruxelles I bis*. Il est applicable depuis le 10 janvier 2015. Sa principale innovation tient dans la suppression de la procédure d'*exequatur* inscrite à l'article 39 dans les termes suivants : « Une décision rendue dans un État membre et qui est exécutoire dans cet État membre jouit de la force exécutoire dans les autres États membres sans qu'une déclaration constatant la force exécutoire soit nécessaire ».

Ainsi, tout jugement rendu dans un État membre en matière civile ou commerciale et exécutoire dans cet État pourra être exécuté, de plein droit, dans tous les autres États membres selon les règles internes qui y sont applicables, et donc en particulier en France, selon les règles du Code des procédures civiles d'exécution[457]. Pour ce faire, le jugement étranger ainsi que le certificat attestant de son caractère exécutoire, délivré par la juridiction étrangère[458], devront être notifiés préalablement au débiteur. Celui-ci pourra demander, s'il est domicilié dans un État membre autre que l'État d'origine, une traduction de la décision dans une langue officielle de cet État ou dans une langue qu'il comprend.

---

454. Voy. not. F. Ferrand, « La procédure de règlement des petits litiges, concurrente des procédures nationales ? – Comparaison avec les procédures française et allemande », *Dr. et procéd.*, novembre 2010, p. 51.

455. Il s'agit du nouveau plafond fixé par le règlement (UE) 2015/2421 du 16 décembre 2015, entré en vigueur le 14 juillet 2017, qui modifie notamment sur ce point la procédure de règlement des petits litiges. À l'origine, ce plafond était de 2 000 €.

456. Voy. not. G. Cuniberti, « La réforme du règlement *Bruxelles I* », *Dr. et procéd.*, 2013, p. 26 ; E. Guinchard (dir.), *Le nouveau règlement* Bruxelles I bis, Bruxelles, Bruylant, 2014.

457. Les règles nouvelles sont applicables aux jugements rendus dans les actions judiciaires engagées à compter du 1er janvier 2015.

458. Pour la décision française qui doit être exécutée dans un autre État membre, ce certificat est délivré par le greffier en chef de la juridiction qui l'a rendue (CPC, art. 509-1).

Tant que cette traduction ne lui sera pas notifiée, l'exécution forcée sera impossible, seules des mesures conservatoires pourront être pratiquées.
Le débiteur peut aussi s'opposer à l'exécution en formant une demande de refus d'exécution devant la juridiction déclarée compétente par l'État requis[459]. Cependant, il ne pourra faire valoir que l'un des motifs autorisés, qui correspondent à ceux de l'ancienne procédure d'*exequatur, repris à l'article 45 du règlement Bruxelles I bis* (voy. *supra*, n° 225 à propos de la matière matrimoniale où cette procédure subsiste). Mais alors que ce contrôle s'exerçait *a priori*, il ne joue plus qu'*a posteriori* et seulement en cas de recours du débiteur. Ce recours ne produit aucun effet suspensif, mais la juridiction saisie peut, à la demande de la partie contestante, suspendre totalement ou partiellement l'exécution de la décision, subordonner l'exécution à la constitution d'une sûreté qu'elle détermine ou limiter l'exécution à des mesures conservatoires.
Les actes authentiques et les transactions judiciaires, intervenus à compter du 10 janvier 2015, bénéficient aussi de l'abolition de la procédure d'*exequatur* selon des règles qui sont pour l'essentiel identiques. Mais leur exécution ne pourra être refusée, en cas de recours du débiteur, que s'ils sont manifestement contraires à l'ordre public de l'État requis (art. 58 à 60).

B) Les sentences arbitrales

227 ***Arbitrage interne ou international.*** Comme les titres étrangers, les sentences arbitrales ne sont exécutoires en France qu'en vertu d'une décision d'*exequatur*, non susceptible d'un recours suspensif d'exécution, conformément à l'article L. 111-3-2° du CPCE. La procédure d'arbitrage, régie par les articles 1442 à 1527 du Code de procédure civile, a été réformée par le décret n° 2011-48 du 13 janvier 2011[460]. Ces textes distinguent entre l'arbitrage interne et l'arbitrage international, l'arbitrage international étant celui qui met en cause des intérêts du commerce international (CPC, art. 1504)[461]. Cette distinction est importante car les règles applicables à l'*exequatur* ne sont pas les mêmes, sous réserve de quelques points communs.

Dans les deux cas, la procédure est **non contradictoire** et l'*exequatur* ne peut être accordé si l'exécution est manifestement contraire à l'**ordre public** (CPC, art. 1487, 1488, 1514 et 1516, al. 2). Pour le surplus, il faut distinguer selon le type d'arbitrage.

En arbitrage interne[462], les règles sont les suivantes :

- l'*exequatur* relève de la compétence du **TGI** dans le ressort duquel la sentence a été rendue (CPC, art. 1487), statuant à juge unique (COJ, art. R. 212-8, 2°) ;

---

459. En France, il s'agit du juge de l'exécution pour les demandes formées à la suite d'une mesure d'exécution forcée sauf la saisie des rémunérations où la compétence revient au tribunal d'instance. La décision rendue sur la demande de refus d'exécution peut être frappée d'appel et l'arrêt de la cour d'un pourvoi en cassation (https://e-justice.europa.eu/content_brussels_i_regulation_recast-350-fr-fr.do?member=1).

460. Voy. not. E. Gaillard et P. de Lapasse, « Le nouveau droit de l'arbitrage interne et international », *D.*, 2011, p. 175 ; C. Nourissat, « Le nouveau droit français de l'arbitrage », *Procédures*, 2011, étude n° 3.

461. Ce critère économique est rempli dès lors que « le litige soumis à l'arbitre porte sur une opération qui ne se dénoue pas économiquement dans un seul État, et ce indépendamment de la qualité ou de la nationalité des parties, de la loi applicable au fond ou à l'arbitrage, ou encore du siège du tribunal arbitral » : Civ. (1re ch.), 26 janvier 2011, n° 09-10198, *Bull. civ.*, I, n° 15 ; *D.*, 2011, p. 312 ; *JCP E*, 2011, 1219, note C. Asfar Cazenave.

462. Régi par les articles 1442 à 1503, l'*exequatur* étant prévu aux articles 1487, 1488, 1499 et 1500.

– **aucun recours** n'est ouvert contre la décision qui accorde l'*exequatur*, mais le **recours en annulation ou l'appel contre la sentence**[463] emporte de plein droit, dans les mêmes limites, recours contre la décision d'*exequatur* ou, le cas échéant, dessaisissement du juge saisi à cette fin (CPC, art. 1499)[464] ; en la matière, le recours contre la sentence produit un **effet suspensif**, mais les arbitres peuvent toujours prononcer **l'exécution provisoire** (CPC, art. 1484 et 1496) ; il s'ensuit que l'*exequatur* devrait être paralysé par le recours en annulation ou l'appel formé contre la sentence, sauf si cette dernière est assortie de l'exécution provisoire car celle-ci neutralise l'effet suspensif de ce recours, lequel vaut aussi contre la décision accordant l'*exequatur*.

En arbitrage international[465], il faut distinguer selon le lieu où la sentence est rendue (CPC, art. 1516) :

– si la sentence est **rendue en France**, l'*exequatur* relève, comme en arbitrage interne, de la compétence du **TGI** dans le ressort duquel la sentence a été rendue (CPC, art. 1516, al. 1er), statuant à juge unique (COJ, art. R. 212-8, 2°) ; **aucun recours** n'est ouvert contre la décision accordant l'*exequatur*, sauf en cas de renonciation des parties au recours en annulation ouvert contre la sentence (CPC, art. 1524, al. 1er) ; dans ce cas, la décision d'*exequatur* peut être frappée d'**appel**[466] ; inversement, si un **recours en annulation est formé contre la sentence**, il emporte de plein droit, dans les mêmes limites, recours contre la décision d'*exequatur* ou, le cas échéant, dessaisissement du juge saisi à cette fin (CPC, art. 1524, al. 2) ;
– si la sentence est **rendue à l'étranger**, la compétence revient au **TGI de Paris** (CPC, art. 1516, al. 1er), statuant à juge unique (COJ, art. R. 212-8, 2°) et la décision d'*exequatur* peut être frappée d'**appel** dans le mois de sa signification (CPC, art. 1525)[467].

---

463. L'appel n'est ouvert que si les parties en conviennent (CPC, art. 1490) ; à défaut, seul le recours en annulation est ouvert (CPC, art. 1491), dans les cas prévus à l'article 1492. Mais il a été jugé que la requête en *exequatur* et la signification, le moment venu, d'un commandement de payer emportent acquiescement à la sentence arbitrale, ce qui rend irrecevable tout recours : CA Paris, 28 octobre 2014, n° 13/14346, *Gaz. Pal.*, 2015, p. 1064, obs D. Bensaude.

464. Si le juge statue néanmoins, un appel-nullité n'est pas possible car la décision d'*exequatur* peut être attaquée par la voie de recours ouverte contre la sentence : Civ. (1re ch.), 6 novembre 2013, n° 11-17739, *Gaz. Pal.*, 2014, p. 989, obs. D. Bensaude.

465. Régi par les articles 1504 à 1517, l'*exequatur* étant prévu aux articles 1514 à 1517 et 1522 à 1527. Ces dernières règles sont toujours applicables aux sentences rendues à l'étranger, qu'elles relèvent de l'arbitrage interne ou international : CA Paris, 24 novembre 2011, n° 10/16525, *Gaz. Pal.*, 2012, p. 358, obs. D. Bensaude.

466. Dans le mois de la notification de la sentence revêtue de l'*exequatur* pour les mêmes motifs que ceux du recours en annulation ouvert contre la sentence, prévus à l'article 1520 (CPC, art. 1522, al. 2 et 3).

467. Ces juridictions judiciaires sont seules compétentes et les jurdictions de l'ordre admsnitratif n'ont aucune compétence pour accorder l'*exequatur* : Civ. (1re ch.), 8 juillet 2015, n° 13-25846 (FS-P+B+R+I), *D.*, 2015, p. 2031, obs. L. d'Avout et p. 2598, obs. T. Clay ; Procédures, 2015, Étude 9, L. Weiller ; *JCP*, 2015, p. 1004, § 9, obs C. Nourissat et p. 1164, note T. A. Brabant et M. Desplats ; voy. cep. : CE, 19 avril 2013, n° 352750 et 362020, *D.*, 2013, p. 1069, obs. M.-C. Montecler, 1445, note P. Cassia, 2293, obs. L. d'Avout et 2936, obs. T. Clay, à propos d'une sentence arbitrale rendue à l'étranger au sujet d'un marché public.

Mais tant le recours en annulation contre la sentence rendue en France que l'appel contre la décision d'*exequatur* ne produisent **aucun effet suspensif** (CPC, art. 1526, al. 1er). Il s'ensuit que dans le cadre de l'arbitrage international, la sentence est exécutoire dès qu'elle est revêtue de l'*exequatur*, quels que soient les recours exercés. Toutefois, le premier président ou, dès sa saisine, le conseiller de la mise en état[468] peut arrêter ou aménager l'exécution de la sentence si elle est susceptible de léser gravement les droits de l'une des parties (CPC, art. 1526, al. 2)[469].

Si la détention de l'un de ces titres exécutoires est nécessaire à l'exécution forcée, elle n'est pas suffisante, car il faut aussi que toutes les conditions de son efficacité soient remplies.

SECTION II
L'efficacité du titre exécutoire

228 ***Conditions communes.*** Un titre exécutoire efficace est un titre qui permet effectivement de pratiquer les mesures d'exécution forcée nécessaires à la satisfaction du créancier. Cette efficacité est subordonnée à des conditions communes à tous les titres exécutoires. Ces conditions jouent à deux niveaux :

- au niveau du **contenu du titre exécutoire** où elles déterminent les mesures d'exécution forcée autorisées (§ 1) ;
- au niveau de la **force exécutoire** qui est indispensable à toute mesure d'exécution forcée (§ 2).

§1. Quant au contenu du titre exécutoire

229 ***Double identification.*** Tout titre exécutoire n'autorise de poursuites qu'à l'encontre **du ou des débiteur(s) qu'il identifie** précisément[470]. Il ne sau-

468. Sa compétence est exclusive de sorte qu'une telle demande ne peut plus être présentée devant le premier président après la saisine du conseiller de la mise en état : CA Paris, 26 septembre 2013, *Gaz. Pal.*, 2014, p. 345, obs. D. Bensaude.

469. Cette condition ne saurait s'apprécier au regard des chances de succès de la voie de recours exercée : CA Paris (ord.), 27 mars 2014, n° 13/24165, *D.*, 2015, p. 259, obs. Th. Clay ; elle s'apprécie uniquement au plan économique et peut résulter notamment d'un risque de cessation des paiements en cas d'exécution de la sentence : CA Paris (ord.), 3 avril 2014, n° 13/22288 et 4 juillet 2014, n° 14/12102, *D.*, 2015, p. 260, obs. Th. Clay ; *contra* CA Paris, (ord.), 13 juillet 2012, *Gaz. Pal.*, 2012, p. 2918, obs. D. Bensaude.

470. Ainsi, une décision qui se contente de fixer une créance d'honoraires, sans en désigner le débiteur, ne peut constituer un titre exécutoire : Civ. (2e ch.), 9 janvier 2014, n° 12-28220, *D.*, 2014, p. 1469, obs. A. Leborgne, à propos d'une ordonnance de taxe d'un bâtonnier infirmée par un premier président en tant qu'elle avait désigné le débiteur, les parties étant renvoyées à saisir la juridiction compétente sur ce point. Le débiteur garanti doit aussi être identifié dans un acte notarié de caution hypothécaire pour autoriser l'exécution forcée contre le tiers qui a consenti une hypothèque sur son immeuble pour garantir sa dette : Civ. (2e ch.), 25 mars 2010, n° 09-12127, *Bull. civ.*, II, n° 74 ; *Dr. et procéd.*, 2010, p. 212, obs. E. Putman.

rait donc valoir contre d'éventuels coobligés qu'il ne désigne pas. Ainsi, un jugement rendu exclusivement contre une société de personnes ne saurait être exécuté contre ses associés qui répondent du passif social[471]. *A fortiori*, il ne saurait autoriser des poursuites contre des débiteurs du débiteur identifié[472].

De la même manière, il doit **identifier l'obligation** dont le débiteur désigné est redevable et celle-ci doit être susceptible d'une exécution forcée. Or, tel n'est pas le cas de toutes les obligations, seules les obligations monétaires étant largement ouvertes aux mesures d'exécution forcée (B), contrairement aux obligations non monétaires (A).

A) Les obligations non monétaires

230 ***Exécution forcée directe et astreinte.*** Deux obligations non monétaires seulement sont directement susceptibles d'une exécution forcée (1). Pour toutes les autres, elle n'est envisageable qu'au travers de l'astreinte dont elles peuvent être assorties (2).

1. Les obligations non monétaires susceptibles d'exécution forcée

À l'obligation de libérer un immeuble qui a toujours été susceptible d'exécution forcée (a) s'ajoute aujourd'hui l'obligation de remise d'un bien meuble corporel (b).

a) L'obligation de libération d'un immeuble

231 ***Expulsion.*** Lorsqu'une personne occupe un immeuble sans droit, ni titre, son propriétaire peut obtenir sa condamnation à le libérer de corps et de biens. Si l'occupant ne s'exécute pas volontairement, le propriétaire pourra l'y contraindre par une mesure d'exécution forcée spécifique : l'expulsion. Il s'agit de la seule mesure qui s'exerce encore sur la personne du débiteur. Pour cette raison, elle est entourée d'un luxe de précautions, surtout si l'immeuble à libérer sert à son habitation.

Ainsi, s'agissant du titre exécutoire, qui seul nous intéresse pour l'instant[473], l'expulsion n'est possible qu'en vertu d'un jugement ou d'un procès-verbal de conciliation (CPCE, art. L. 411-1). Cette restriction est applicable

---

471. Voy. not. Civ. (2e ch.), 19 mai 1998, n° 96-12944, *Bull. civ.*, II, n° 161 ; *D.*, 1998.405, concl. av. gén. Tatu ; *RTD Civ.*, 1998.750, obs. R.P., à propos des époux Tapie qui étaient associés de la SNC FIBT ; Com., 26 octobre 1999, n° 97-17823, *RJDA*, 2000, n° 85 ; *RTD Civ.*, 2000, 167, obs. R. Perrot, à propos d'une autre SNC ; Civ. (2e ch.), 28 octobre 1999, n° 97-20071, *Bull. civ.*, II, n° 163 ; *RTD Civ.*, 2000, à propos d'une dette ménagère à laquelle l'un des époux a été condamné ; Civ. (2e ch.), 15 janvier 2004, n° 02-14547, *Bull. civ.*, II, n° 9, à propos d'un GIE ; voy. cependant Civ. (2e ch.), 23 octobre 2008, n° 07-20035, *Bull. civ.*, II, n° 224 ; *D.*, 2008, p. 2802, obs. I. Gallmeister ; *Dr. et procéd.*, 2009, p. 96, obs. S. Poisson, à propos d'un jugement qualifié de titre exécutoire à l'encontre de cautions alors qu'il n'a condamné expressément que le seul débiteur et qu'il s'est contenté de relever que les cautions sont engagées à son égard par un cautionnement simple.

472. Civ. (2e ch.), 6 mai 2010, n° 09-13469, *Bull. civ.*, II, n° 89 ; *Procédures*, 2010, comm. n° 269, obs. R. Perrot.

473. Sur le régime général de l'expulsion, voy. *infra*, nos 262 et s.

quelle que soit la destination de l'immeuble à libérer, y compris les locaux commerciaux, et elle exclut tout autre titre exécutoire, quel qu'il soit[474]. En revanche, elle est sans objet pour l'autre obligation de faire susceptible directement d'exécution forcée, l'obligation de remise d'un bien meuble corporel.

b) L'obligation de remise d'un bien meuble corporel

232 ***Saisie-appréhension.*** Lorsqu'un titre exécutoire, quel qu'il soit, constate à la charge d'un débiteur qu'il désigne l'obligation de remettre un meuble corporel, il peut désormais faire l'objet d'une mesure d'exécution forcée spécifique, instituée par la loi de 1991 : la saisie-appréhension (voy. *infra*, n°s 299 et s.).

Mais c'est la seule obligation de faire dont l'exécution forcée peut ainsi être poursuivie directement sur un bien du débiteur. Pour toutes les autres, même si elles sont constatées dans un titre exécutoire, une exécution forcée n'est envisageable que si elles sont assorties d'une astreinte.

2. Les obligations non monétaires assorties d'une astreinte

233 ***Exécution en nature.*** Sous réserve des cas d'impossibilité ou de disproportion (voy. *supra*, n° 7), le débiteur d'une obligation non monétaire peut être condamné à l'exécuter en nature. Mais à part l'expulsion et la saisie-appréhension, le créancier ne dispose d'aucune mesure d'exécution forcée pour l'y contraindre, car celle-ci devrait nécessairement porter sur la personne du débiteur.

Pour obtenir l'exécution par le débiteur lui-même[475], le seul moyen est alors de recourir à l'astreinte. D'origine prétorienne[476], elle a été régie pour la première fois par la loi du 5 juillet 1972[477]. Elle est définie par la Cour de cassation comme « une mesure réservée aux tribunaux pour assurer l'exécution de leurs décisions »[478], de sorte qu'elle est **toujours judiciaire** et ne peut donc être conventionnelle[479]. Pour autant, elle n'est pas indifférente au contrat

---

474. Cass. (avis), 20 octobre 2000, n° 02-00013, *Bull.*, avis n° 9 ; *Dr. et procéd.*, 2001, p. 122, obs. J.-J. Bourdillat.

475. Le débiteur peut aussi faire exécuter l'obligation méconnue par un tiers dans les conditions prévues aux articles 1222 et 1223 du Code civil (voy. *supra*, n° 8).

476. Voy., A. Esmein, « L'origine et la logique de la jurisprudence en matière d'astreintes », *RTD Civ.*, 1903, p. 5.

477. Voy. not., F. Chabas, « La réforme de l'astreinte », *D.*, 1972, Chron. 271 ; J. Boré, « La collaboration du juge et du législateur dans l'astreinte judiciaire », in *Mélanges Ancel*, t. 1, Paris, Pédone, 1975, p. 293.

478. Civ. (1re ch.), 9 mars 1977, n° 75-14270, *Bull. civ.*, I, n° 126.

479. Aussi, sont systématiquement requalifiées de clauses pénales celles stipulant des « astreintes » pour sanctionner le contractant qui ne s'exécute pas (voy. not., D. Mazeau, « La notion de clause pénale », préf. F. Chabas, Paris, LGDJ, 1992, spéc. 605 et s.). Le juge ne peut donc en contrôler le montant que dans les conditions prévues à l'article 1231-5 du Code civil introduit par l'ordonnance n° 2016-131 du 12 février 2016. Ce texte a repris le pouvoir d'augmentation ou de modération de l'ancien article 1152 qui joue lorsque les montants dus sont manifestement excessifs ou dérisoires et a ajouté un pouvoir de diminution en cas d'exécution partielle selon l'intérêt qu'elle a procuré au créancier. De plus, si une telle clause est stipulée dans un acte notarié, elle bénéficie de sa force exécutoire et permet donc au créancier d'en poursuivre l'exécution forcée : Civ. (2e ch.), 3 septembre 2015, n° 14-20431, à paraître au Bull., *D.*, 2015, p. 1961 ; *RTD Civ.*, 2016, p. 102, obs. H. Barbier ; *D.*, 2016, p. 1284, obs. A. Leborgne.

car elle est aussi une **mesure accessoire** destinée à assurer l'exécution d'une condamnation fondée sur une obligation contractuelle que le débiteur refuse d'exécuter volontairement ; elle doit donc disparaître si le contrat est ultérieurement annulé[480].

Cette mesure judiciaire accessoire est régie aujourd'hui aux articles L. et R. 131-1 à 131-4 du CPCE. Son objectif étant d'amener le débiteur, par son **caractère comminatoire**, à s'exécuter volontairement, elle joue toujours en deux temps : celui du prononcé où elle constitue une simple menace (a) et celui de la liquidation où elle devient une sanction pécuniaire susceptible d'exécution forcée (b)[481].

a) Le prononcé de l'astreinte

234 ***Juge compétent.*** La compétence principale revient au **juge qui prononce la condamnation** à une obligation de faire ou de ne pas faire. Tout juge est compétent et il dispose même d'un **pouvoir d'office** (CPCE, art. L. 131-1, al. 1er). Il peut aussi prononcer une astreinte après son dessaisissement, car les décisions, en tant qu'elles statuent sur le prononcé de l'astreinte, n'ont pas l'autorité de chose jugée[482]. Ainsi, il peut assortir d'une astreinte la décision précédemment rendue à l'occasion d'un recours en interprétation dont il est saisi[483].

Mais après son dessaisissement, cette compétence revient aussi au **juge de l'exécution** qui, conformément à l'alinéa 2 de l'article L. 131-1 du CPCE, peut « assortir d'une astreinte une décision rendue par un autre juge si les circonstances en font apparaître la nécessité[484] ».

Quel que soit le juge compétent, il dispose d'un pouvoir discrétionnaire pour fixer le taux et les modalités de l'astreinte. En revanche, ses pouvoirs sont plus limités quant au point de départ et quant aux types d'astreinte.

235 ***Taux et modalités.*** Le taux de l'astreinte doit être le plus élevé possible afin que l'astreinte constitue une véritable menace. Mais il dépendra toujours de ses modalités, qui ne sont pas les mêmes selon l'objet de l'obligation à exécuter.

En cas d'obligation de faire ou de donner, l'astreinte doit être **incitative**. C'est la raison pour laquelle elle est généralement fixée par jour de retard, de

---

480. Civ. (2e ch.), 24 septembre 2015, n° 14-14977, à paraître au Bull., *D.*, 2015, p. 1961; *RTD Civ.* 2016, p. 102, obs. H. Barbier. Dans cette espèce, le débiteur d'un pacte de préférence avait été condamné sous astreinte en référé à le respecter. Mais ce pacte ayant été ultérieurement annulé au fond, la Cour de cassation approuve la condamnation du créancier à rembourser le montant de l'astreinte car le pacte « est réputé n'avoir jamais existé de sorte qu'elle a perdu son fondement juridique ».

481. Voy. not., Ph. Hoonakker, « Prévenir les difficultés d'exécution : l'astreinte », rapport présenté aux Septièmes rencontres de procédure civile organisées par la deuxième chambre civile de la Cour de cassation et l'Institut de Recherche Juridique de la Sorbonne, le 2 décembre 2016 à la Cour de cassation, consacrées à « L'exécution forcée : des procès dans le procès ? », à paraître.

482. Qu'elle soit accordée (Civ. (2e ch.), 30 avril 2002, n° 00-13815, *Bull. civ.*, II, n° 83, *Procédures*, 2002, comm. n° 113, obs. R. Perrot) ou rejetée (Civ. (2e ch.), 17 novembre 2005, n° 03-20157, *Bull. civ.*, II, n° 296 ; Civ. (2e ch.), 4 juin 2009, n° 08-11129, *Bull. civ.*, II, n° 139).

483. Civ. (2e ch.), 15 novembre 2012, nos 08-11061 et 08-11165, *Dr. et procéd.*, 2013, p. 37, obs. Ph. Hoonakker.

484. Sur la question de savoir si cette compétence est exclusive, voy. obs. sous Civ. (2e ch.), 15 novembre 2012, préc., spéc. nos 4 et 5.

sorte que le risque de sanction sera d'autant plus grand que le débiteur tardera à s'exécuter. Son taux tiendra compte de cette fréquence journalière et sera généralement plus faible qu'en cas d'obligation de ne pas faire où les modalités sont différentes.

En cas d'obligation de ne pas faire, l'astreinte doit être **dissuasive**. Elle est alors généralement fixée par infraction constatée. En conséquence, elle n'augmentera pas avec le temps, mais avec le nombre de manquements commis. Son taux devra donc être suffisamment élevé pour dissuader le débiteur dès son point de départ.

236 ***Point de départ.*** Le point de départ de l'astreinte, qui fera tourner le compteur du temps ou du nombre d'infractions, est fixé par le juge. Mais il ne dispose pas d'une totale liberté. En effet, selon l'article R. 131-1, la date fixée ne peut être « antérieure au jour où la décision portant obligation est **devenue exécutoire** »[485]. La solution est conforme à l'office de l'astreinte car il serait injustifié que le débiteur encourt une sanction tant qu'il n'est pas tenu d'exécuter l'obligation principale.

En revanche, si cette obligation est **déjà exécutoire**, le jour où intervient l'astreinte, elle pourra prendre effet dès son prononcé. Mais rien n'y contraint le juge qui pourra toujours décider d'en différer le point de départ de manière à laisser un ultime délai au débiteur[486].

237 ***Types d'astreinte.*** Le juge ne dispose pas non plus d'une totale liberté quant aux types d'astreinte qu'il prononce. Il faut préciser sur ce point que l'astreinte peut être provisoire ou définitive. L'**astreinte provisoire** est celle dont le juge peut toujours réviser le montant au moment de sa liquidation. En revanche, l'**astreinte définitive** est celle qui lie le juge si bien qu'il ne peut en modifier le montant que dans des circonstances exceptionnelles. En raison de la gravité de l'astreinte définitive, celle-ci est subordonnée à trois conditions cumulatives (CPCE, art. L. 131-2, al. 2 et 3) :

- elle ne peut être prononcée qu'après une astreinte provisoire ;
- sa durée doit être fixée par la décision qui la prononce ;
- celle-ci doit la qualifier expressément.

À défaut de l'une seule de ces conditions, l'astreinte sera toujours qualifiée de provisoire avec toutes les conséquences qui s'y attachent au niveau de sa liquidation.

---

485. Il s'ensuit, en particulier, que la décision de condamnation à l'obligation doit avoir été signifiée (voy. *infra*, n°s 249 et 250). Mais en cas d'arrêt confirmatif, il suffit que celui-ci ait été signifié, peu important que la décision confirmée ne l'ait pas été : Civ. (2e ch.), 26 juin 2014, n° 13-16899 (F-P+B), *D.*, 2014, p. 1457.

486. En tout cas, la décision du juge devra toujours être scrupuleusement respectée. Ainsi, lorsqu'il fixe le point de départ de l'astreinte au jour de la signification de la décision, elle ne peut commencer à courir à compter de la notification par le greffe : Civ. (2e ch.), 1er février 2018, n° 17-11321, *Dr. et procéd.*, 2018, p. 74, obs. L. Choquet.

b) La liquidation de l'astreinte

238 ***Décision de liquidation.*** La liquidation de l'astreinte consiste à en fixer le montant et à condamner le débiteur à le payer. Elle est nécessaire que l'astreinte soit provisoire ou définitive afin de concrétiser la menace qu'elle comporte[487].

Elle relève de la **compétence du juge de l'exécution**, sauf lorsque le juge qui l'a ordonnée reste saisi ou qu'il s'en est expressément réservé le pouvoir (CPCE, art. L. 131-3)[488]. De surcroît, tout juge saisi à tort, y compris le juge de l'exécution, doit relever d'office son incompétence (CPCE, R. 131-2, al. 1er)[489]. Mais le juge compétent ne peut jamais se prononcer d'office, il doit toujours être saisi par le créancier qui agira selon ses intérêts en fonction de l'attitude du débiteur. Rien ne l'empêchera de former plusieurs demandes successives si le débiteur persiste à méconnaître ses obligations[490].

239 ***Condition de la liquidation.*** Une astreinte ne peut être liquidée que si le **débiteur a méconnu l'obligation** lui incombant à partir du jour où elle a commencé à courir. C'est que l'astreinte présente aussi un **caractère personnel** qui explique que la liquidation doive être demandée contre le débiteur[491].

---

487. Voy. not. sur l'ensemble de la question, C. Lefort, « La liquidation de l'astreinte provisoire », *D.*, 2017, p. 1850.

488. Quel que soit le juge, y compris le juge des référés : Civ. (2e ch.), 27 février 2014, n° 13-12493, *Dr. et procéd.*, 2014, p. 93, obs. D. Cholet, à propos d'une demande de liquidation « définitive » présentée au juge du fond alors que l'astreinte avait déjà été liquidée par le juge des référés qui l'avait prononcée et s'était réservé le pouvoir de la liquider ; Civ. (2e ch.), 21 février 2008, n° 06-43046, *D.*, 2008, p. 698, à propos de la formation de référé d'un Conseil de prud'hommes. Cette jurisprudence témoigne des difficultés qu'avait suscitées la rédaction de l'article 491 du CPC car elle conférait au juge des référés le pouvoir de liquider l'astreinte qu'il avait prononcée « à titre provisoire ». C'est la raison pour laquelle le décret n° 2017-892 du 6 mai 2017 a modifié la rédaction de ce texte pour étendre au juge des référés le droit commun de l'astreinte. Ainsi, il prévoit désormais que « le juge des référés qui assortit sa décision d'une astreinte peut s'en réserver la liquidation ». Encore faut-il que la réserve soit expresse car elle ne peut résulter de la simple mention qu'il en sera référé au juge en cas de difficulté : Civ. (2e ch.), 15 janvier 2009, n° 07-20955, *Procédures*, 2009, comm. n° 113, obs. R. Perrot. Mais quel est le juge compétent en cas d'appel de la décision qui a prononcé l'astreinte et a réservé le pouvoir du juge de la liquider ? Dans un premier temps, la chambre sociale de la Cour de cassation avait jugé que le pouvoir reste au premier juge et n'est donc pas transféré au juge d'appel : Soc., 9 mai 2007, nos 05-46029 à 05-46041, *D.*, 2008, p. 585, note crit. M. Foulon et Y. Strickler ; *Procédures*, 2007, comm. n° 247, obs. R. Perrot. Elle a finalement abandonné cette solution en jugeant que par l'effet dévolutif de l'appel, la cour exerce les pouvoirs du premier juge et peut donc liquider elle-même l'astreinte conformément à la réserve qu'il avait décidée : Soc., 20 octobre 2015, n° 14-10725, à paraître au *Bull.*, *Gaz. Pal.*, 2016, p. 3882, obs. V. Orif.

489. Traditionnellement, cette décision pouvait faire l'objet d'un contredit sauf lorsqu'elle émanait d'une cour d'appel, selon le second alinéa de l'article R. 131-2. Mais comme le contredit a été supprimé par le décret n° 2017-891 du 6 mai 2017, ce texte ouvre désormais l'appel dans les conditions prévues par le CPC sous la même réserve.

490. Civ. (2e ch.), 8 décembre 2011, n° 10-25719 ; *Dr. et procéd.*, 2011, p. 42, obs. E. Putman ; *Gaz. Pal.*, 2012, p. 471, obs. C. Brenner.

491. Mais il ne faut pas exagérer la portée de ce caractère car il n'interdit pas toute poursuite de la liquidation contre une personne venant aux droits du débiteur. Ainsi, la liquidation peut être poursuivie contre l'héritier du débiteur, mais uniquement pour la période antérieure à son décès : Civ. (2e ch.), 10 septembre 2009, n° 08-19081, *Procédures*, 2009, comm. n° 348, obs. R. Perrot. La même solution a été retenue en cas d'absorption de la société débitrice, la liquidation pouvant alors être poursuivie contre la société absorbante, mais seulement au titre des faits commis par la société absorbée avant la date de publication de

En cas d'**obligation de faire**, il faut donc que le débiteur n'ait pas exécuté volontairement son obligation ou qu'il l'ait exécutée tardivement. Traditionnellement, il était jugé que la charge de la preuve pèse sur le créancier en sa qualité de demandeur[492]. Mais comme il est difficile d'établir un fait négatif, la deuxième chambre civile distingue désormais selon la nature de l'obligation. En cas d'**obligation de faire**, il appartient au débiteur de rapporter la preuve qu'il a exécuté l'obligation à laquelle il a été condamné[493]. En revanche, pour les **obligations de ne pas faire**, il revient toujours au créancier de prouver les manquements commis par le débiteur[494].

En tout cas, si la preuve du manquement est rapportée, le juge peut liquider l'astreinte. Mais ses pouvoirs ne sont pas les mêmes pour en fixer le montant selon le type d'astreinte.

240 ***Montant de la liquidation.*** En cas d'**astreinte définitive**, le principe posé par l'alinéa 2 de l'article L. 131-4 du CPCE est que son taux « ne peut jamais être modifié lors de la liquidation ». Le juge ne dispose donc plus d'aucun pouvoir d'appréciation à ce stade, la liquidation devra correspondre au calcul arithmétique du taux initial par le nombre de jours de retard ou le nombre d'infractions commises. Mais ce principe n'est pas absolu car, selon l'alinéa 3 du même texte, l'astreinte peut toujours être supprimée, totalement ou partiellement, si l'inexécution ou le retard provient d'une cause étrangère.

Ce texte est aussi applicable à l'**astreinte provisoire**, mais il est alors sans grand intérêt car le juge dispose d'un large pouvoir d'appréciation pour la liquider. En effet, selon l'article L. 131-4, alinéa 1er, du CPCE, le montant de l'astreinte provisoire est liquidé en tenant compte du comportement du débiteur[495] et des difficultés qu'il a rencontrées pour exécuter. Il s'ensuit que le juge a le pouvoir de réduire l'astreinte, voire de la supprimer, si le débiteur est en mesure d'apporter des justifications exclusives de toute faute, ce qui sera toujours le cas s'il établit la cause étrangère[496]. Mais inversement, s'il est démontré qu'il a eu un comportement fautif, en faisant preuve, par exemple, de mauvaise volonté, le juge pourra aussi liquider l'astreinte au taux initial.

---

la fusion-absorption : Civ. (2e ch.), 1er septembre 2016, n° 15-19524, *Dr. et procéd.*, 2016, p. 195, obs. F. Vinckel; *RTD Civ.*, 2016, p. 863, obs. H. Barbier.

492. Civ. (2e ch.), 11 janvier 1995, n° 93-14926, *Bull. civ.*, II, n° 5.

493. Civ. (1re ch.), 28 novembre 2007, n° 06-12897, *Bull. civ.*, I, n° 375 ; *Procédures*, 2008, comm. n° 34, obs. R. Perrot ; dans le même sens : Civ. (2e ch.), 17 mars 2016, n° 15-13122, à paraître au Bull., *D.*, 2016, p. 1283, obs. A. Leborgne.

494. Mais la preuve étant libre, le juge de la liquidation ne saurait imposer la preuve de "chaque infraction constatée", au sens de la décision ayant prononcé l'astreinte, par un constat émanant d'un huissier de justice ou de toute personne investie par la loi ou le règlement d'un pouvoir à cette fin : Civ. (2e ch.), 1er septembre 2016, n° 15-19524, *Gaz. Pal.*, 29 novembre 2016, p. 81, obs. L. Lauvergnat.

495. Ce comportement doit s'apprécier à compter du prononcé du jugement fixant l'injonction : Civ. (2e ch.), 9 janvier 2014, n° 12-25297 (F-P+B) ; dans le même sens : Civ. (2e ch.), 17 mars 2016, n° 15-13122, à paraître au Bull., *D.*, 2016, p. 1283, obs. A. Leborgne.

496. Les juges du fond dispose d'un pouvoir souverain d'appréciation, mais encore faut-il qu'ils caractérisent effectivement dans leur décision des faits de nature à justifier une réduction liés au comportement du débiteur ou aux difficultés qu'il a rencontrées : Civ. (2e ch.), 7 juin 2012, n° 10-24967, *Gaz. Pal.*, 2012, p. 2127, note M. Richevaux.

241 ***Dommages et intérêts.*** Mesure judiciaire accessoire (voy. *supra*, n° 233), l'astreinte apparaît, quant à sa finalité, comme une **peine privée**[497], destinée à sanctionner le débiteur récalcitrant[498]. Elle est donc à la fois comminatoire et personnelle[499]. Mais elle est aussi « **indépendante des dommages et intérêts** » (CPCE, art. L. 131-2, al. 1er). Il s'ensuit que rien ne s'oppose à ce que l'astreinte soit cumulée avec des dommages et intérêts alloués pour réparer le préjudice effectivement subi par le créancier du fait de la violation de son obligation[500].

En tout cas, une astreinte liquidée, tout comme l'allocation de dommages et intérêts, fait naître une obligation monétaire dont l'exécution forcée pourra être poursuivie.

E 20 **Astreinte et exécution provisoire**

L'article R. 131-4 du CPCE, reprenant l'article 37 de la loi de 1991, dispose que « la décision du juge est exécutoire de plein droit par provision ». Ce texte pose plusieurs difficultés, qui n'ont pas encore toutes été réglées.

Comme l'article 37 de la loi de 1991 se situait dans le prolongement de plusieurs articles consacrés à la liquidation de l'astreinte, on pouvait s'interroger sur son application à la décision prononçant cette mesure. Mais cette difficulté ne se pose plus avec l'article R. 131-4 qui fait suite à des dispositions traitant tant de la liquidation que du prononcé de l'astreinte.

Plus sérieusement, la question s'est posée de savoir si l'article 37 est aussi applicable aux décisions rendues par un juge de l'exécution alors que l'appel en la matière est privé d'effet suspensif (CPCE, art. 121-21). Interrogée à propos de la liquidation de l'astreinte, la Cour de cassation a dit pour avis que « distincte d'une mesure d'exécution forcée, elle obéit donc aux mêmes règles, quelle que soit la juridiction dont elle émane ». Elle en a tiré la conséquence que le sursis à exécution prévu à l'article 31 du décret de 1992, devenu l'article R. 121-22 du CPCE, n'est pas applicable en cas d'appel contre la

---

497. Elle est une peine car elle sanctionne une désobéissance au juge et est privée car elle profite au créancier ; en ce sens : R. Perrot, « L'astreinte – Ses aspects nouveaux », *Gaz. Pal.*, 1991, p. 801.

498. Mais ce n'est pas une peine au sens de l'article 8 de la Déclaration des droits de l'homme. Ce n'est qu'une mesure de contrainte destinée à garantir le droit à l'exécution du créancier. C'est la raison pour laquelle la Cour de cassation a refusé, avec raison, de renvoyer une QPC faisant valoir que l'astreinte portait atteinte à cette disposition de valeur constitutionnelle : Civ. (2e ch.), 4 janvier 2012, n° 11-40081, *Dr. et procéd.*, 2012, cahier « Droit du recouvrement », n° 1, obs. E. Putman.

499. Ce caractère ne s'oppose pas à ce que la liquidation soit poursuivie à l'encontre de la société absorbante pour des faits commis par la société absorbée antérieurement à la publication de la fusion-absorption, dès lors qu'elle tend à une condamnation pécuniaire : Civ. (3e ch.), 1er septembre 2016, n° 15-19524, à paraître au Bull.

500. Mais le juge de l'exécution peut-il à la fois liquider une astreinte pour non-exécution d'une obligation et condamner le débiteur à des dommages et intérêts pour résistance abusive à la même obligation ? Pour le cumul : Civ. (2e ch.), 11 février 2010, nos 08-21787 et 08-21788, *Bull. civ.*, II, n° 30 ; *Dr. et procéd.*, 2010, p. 151, obs. A. Leborgne ; *Procédures*, 2010, comm. n° 107, obs. R. Perrot. En sens contraire : Civ. (3e ch.), 29 avril 2009, n° 08-12952, *Procédures*, 2009, comm. n° 190, obs. R. Perrot. Cette hésitation est révélatrice du malaise que suscite la règle du cumul car elle conduit inévitablement à un enrichissement du créancier que l'équité réprouve. Aussi, s'inspirant de la procédure administrative (CJA, art. L. 911-8), le projet de loi issu des travaux de la commission Perrot avait prévu d'autoriser le juge judiciaire à affecter une partie de l'astreinte au Fonds d'action sociale. Malheureusement elle a été rejetée par le Sénat, comme à l'occasion du vote de la loi de 1972, qui prévoyait déjà le versement de la moitié de l'astreinte au Trésor public.

décision du juge de l'exécution ordonnant la liquidation d'une astreinte[501]. Puis, cette solution a été appliquée de manière constante par la deuxième chambre civile, tant à la liquidation de l'astreinte[502] qu'à son prononcé[503]. Mieux encore, elle a décidé de manière générale que ce sursis n'était pas applicable lorsque le juge de l'exécution « statue en matière d'astreinte, soit pour assortir une décision d'une astreinte, soit pour liquider une astreinte précédemment ordonnée, soit pour en modifier la nature ou le taux »[504]. Cette exclusion s'explique logiquement par l'alignement du régime des décisions rendues en matière d'astreinte, qu'elles émanent du juge de l'exécution ou des autres juridictions compétentes[505]. Il s'ensuit qu'elles sont toutes exécutoires de plein droit par provision conformément à l'article R. 131-4 du CPCE et que la procédure de sursis à exécution est incompatible avec une telle qualification[506]. Mais il faudrait admettre alors que les décisions rendues par le juge de l'exécution en matière d'astreinte puissent faire l'objet, à tout le moins, d'un référé en arrêt de l'exécution provisoire de droit, conformément au dernier alinéa de l'article 524 du Code de procédure civile. La Cour de cassation n'a pas encore eu l'occasion de se prononcer depuis que le décret du 20 août 2004 a autorisé l'arrêt de l'exécution provisoire de droit. En effet, la décision de la Cour de cassation du 10 février 2011, qui a été citée en ce sens, s'est contentée de rappeler que **l'article 524 n'était pas applicable au sursis à exécution** devant le juge de l'exécution[507], ce qu'elle avait déjà jugé en 1996[508].

B) Les obligations monétaires

242 *Caractères.* Les obligations monétaires correspondent, du côté du créancier, aux créances de même nature, c'est-à-dire aux créances de sommes d'argent. L'essentiel des mesures d'exécution forcée a été conçu pour le recouvrement de ces créances et le créancier a toujours le choix de la mesure la mieux adaptée pour obtenir satisfaction. Mais cela ne signifie pas qu'elles puissent être pratiquées sur le fondement de tout titre exécutoire constatant une créance monétaire. Encore faut-il qu'elle présente les caractères légaux requis.

Selon l'article 551 de l'ancien Code de procédure civile, il fallait que cette créance, dite créance-cause de la saisie, soit certaine, liquide et exigible. Mais l'article L. 111-2 du CPCE se contente aujourd'hui de prévoir que « le créancier muni d'un titre exécutoire constatant une créance liquide et exigible peut en poursuivre l'exécution forcée [...] ». Pour autant, il ne faudrait pas en conclure que le critère de certitude aurait disparu. En réalité, il est implicitement

501. Cass. (avis), 27 juin 1994, n° 09-40008, *Bull.*, avis n° 18.

502. Civ. (2e ch.), 14 juin 2001, n° 99-18082, *Bull. civ.*, II, n° 119 ; *Dr. et procéd.*, 2001, p. 379, obs. Ph. Hoonakker ; Civ. (2e ch.), 17 octobre 2002, n° 01-02054, *Bull. civ.*, II, n° 225 ; Civ. (2e ch.), 12 juin 2003, n° 01-13670, *Bull. civ.*, II, n° 183 ; Civ. (2e ch.), 10 février 2011, n° 10-14424, *Bull. civ.*, II, n° 29 ; *Procédures*, 2011, comm. n° 128, obs. R. Perrot.

503. Civ. (2e ch.), 25 juin 1997, n° 95-10537, *Bull. civ.*, II, n° 206.

504. Civ. (2e ch.), 10 février 2000, n° 98-13354, *Bull. civ.*, II, n° 28.

505. Il était parfois soutenu que cette exclusion se justifierait par la lettre de l'article 31 du décret de 1992 en ce qu'il visait « les mesures ordonnées par le juge de l'exécution », ce qui exclurait l'astreinte car elle n'est ni une mesure d'exécution forcée, ni une mesure conservatoire, mais une simple mesure de contrainte (en ce sens : R. Perrot, obs. sous Civ. (2e ch.), 10 février 2011, préc.). Mais outre que l'article 31 visait toutes les mesures, sans distinction, cette difficulté n'existe plus depuis l'avènement du CPCE, son article R. 121-22 étendant désormais le sursis aux « décisions prises par le juge de l'exécution », sans distinction.

506. V. cependant, en faveur d'une différenciation des régimes applicables selon que la liquidation est prononcée par le juge de l'exécution ou un autre juge, Ph. Gerbay, « Arrêt d'exécution provisoire ou sursis à exécution de l'astreinte liquidée ? », *Procédures*, 2009, étude n° 8.

507. Voy. *supra*, note 430.

508. Civ. (2e ch.), 20 juin 1996, n° 93-19320, *Bull. civ.*, II, n° 177 ; *Procédures*, 1996, comm. n° 205, obs. R. Perrot.

contenu dans l'exigence d'un titre exécutoire, de sorte que la créance monétaire doit toujours être certaine (1), liquide (2) et exigible (3).

1. Une créance certaine

243 ***Notion.*** La certitude de la créance résulte implicitement de l'exigence d'un titre exécutoire « constatant une créance liquide et exigible », dans la mesure où elle implique par elle-même que la créance est certaine[509]. Mais la certitude ainsi requise doit être bien comprise car elle n'est pas absolue.

Elle exclut sans doute toute mesure d'exécution forcée sur le fondement d'une créance dont l'existence est encore tributaire de la survenance d'un **événement incertain**. Tel peut être le cas, par exemple, d'un acte notarié affecté d'une condition suspensive, tant que celle-ci ne s'est pas réalisée.

En revanche, ce caractère ne signifie pas que la créance doit être incontestable. La raison se trouve à l'article L. 111-10 du CPCE qui autorise expressément l'exécution forcée sur le fondement « d'un titre exécutoire à titre provisoire ». Elle est donc possible en vertu d'un jugement exécutoire par provision contesté en appel ou d'une ordonnance de référé qui peut encore être contestée au fond. Il s'ensuit que la certitude doit exister au moment où une mesure d'exécution forcée est pratiquée, ce qui signifie que la créance invoquée doit être **actuelle**. Mais si ultérieurement ce titre est anéanti à la suite d'une contestation du débiteur, en appel ou au fond par exemple, elle devra être remise en cause (voy. *infra*, n° 252).

2. Une créance liquide

244 ***Condition nécessaire et suffisante.*** Selon l'article L. 111-6 du CPCE, une créance liquide est une créance évaluée en argent ou à tout le moins évaluable d'après les éléments contenus dans le titre exécutoire. En conséquence, si un titre ne consacre pas une créance déjà liquide, il doit comporter tous les éléments nécessaires à la détermination de son montant le jour où son exécution forcée devra être poursuivie[510]. À défaut, l'exécution forcée est interdite[511].

---

509. Voy. R. Perrot et Ph. Théry, *op. cit.*, n° 118 ; ces auteurs considèrent que prévoir expressément le caractère de certitude à l'article 2 de la loi de 1991 eut été un « pléonasme ».

510. Il a ainsi été jugé qu'est déterminable la créance fixée par le jugement d'un Conseil de prud'hommes ayant ordonné à l'employeur de « classer sa salariée... au niveau 7 de la convention collective, de reconstituer sa carrière selon ce classement et de lui verser le rappel de salaire sur les cinq années précédant la saisine de la juridiction prud'homale » : Civ. (2e ch.), 19 novembre 2008, n° 07-18987, *Bull. civ.*, II, n° 253 ; *Dr. et procéd.*, 2009, p. 107, obs. O. Salati ; de même, la condition de liquidité est remplie par un acte notarié de prêt libellé en francs suisses bien qu'il ne comporte aucune clause de conversion car la contrevaleur en euros peut être fixée sans difficulté : Civ. (2e ch.), 23 juin 2016, n° 15-12113, à paraître au Bull. Plus généralement, une décision de cassation, d'infirmation ou de rétractation vaut titre exécutoire pour le remboursement des sommes payées au titre de la décision censurée quand bien même ce remboursement n'a pas été expressément ordonné et chiffré ; voy. not., 16 septembre 2016, n° 15-21483 (F-P+B), *Gaz. Pal.*, 2016, p. 3456, obs. J.-J. Anqsault ; Civ. (2e), 21 octobre 2010, n° 09-70618, *RTD. civ.*, 2011, obs. R. Perrot. La même solution joue en cas de caducité : Civ. (2e ch.), 22 septembre 2016, n° 15-17041 (F-P+B), *RJDA*, 2016, n° 901 ; *Gaz. Pal.*, 2016, p. 3456, obs. J.-J. Ansault, à propos d'une décision ayant constaté la caducité à partir d'une certaine date, suite au remariage des époux précédemment divorcés, d'une prestation compensatoire payable sous forme de rente mensuelle.

511. Ainsi en est-il des intérêts prévus dans un titre qui n'en précise ni le taux, ni le point de départ, de sorte qu'ils ne peuvent faire l'objet d'une exécution forcée faute de pouvoir être liquidés à partir du seul titre : CA Paris, 27 février 2003, *D.*, 03, IR, p. 1268, à propos d'un acte notarié ne comportant aucun taux d'intérêt.

Cette condition nécessaire est aussi suffisante, en ce sens que le montant en argent de la créance importe peu, pourvu qu'il soit déterminé ou déterminable selon le titre exécutoire. Mais pour les créances de faible montant, le débiteur court le risque que le créancier, remplissant les conditions requises, ne saisisse des biens dont la valeur est sans commune mesure avec la créance à recouvrer. C'est la raison pour laquelle le législateur a posé le principe de proportionnalité, qui limite la liberté du créancier dans le choix des mesures d'exécution forcée ouvertes (voy. *supra*, n° 62).

3. Une créance exigible

245 ***Notion.*** Une créance exigible est une créance dont le paiement peut être réclamé, c'est-à-dire une créance venue à échéance. En conséquence, toute mesure d'exécution forcée est impossible :

- si la créance est **à terme**, tant que celui-ci n'est pas atteint ; tel est le cas des actes notariés qui portent sur une créance dont l'échéance est postérieure à leur établissement ; ils constituent donc des titres exécutoires dès lors qu'ils sont revêtus de la formule exécutoire, mais l'exécution forcée ne sera possible qu'à partir du moment où la créance qu'ils constatent sera exigible ;
- si le débiteur a obtenu conventionnellement des **délais de paiement** ou judiciairement des **délais de grâce**, car ils paralysent toujours l'exécution forcée (voy. *supra*, n° 46).

Lorsque toutes ces conditions tenant au contenu du titre sont remplies, le créancier peut pratiquer l'une des mesures d'exécution forcée autorisées s'il bénéficie, en plus, de la force exécutoire.

§2. Quant à la force exécutoire

246 ***Notion.*** La force exécutoire est consubstantielle à tout titre exécutoire, c'est elle qui autorise le recours à l'exécution forcée. Elle doit exister *ab initio*, c'est-à-dire dès la mise en œuvre d'une mesure d'exécution forcée (A). Mais elle doit aussi subsister sous peine de remettre en cause les mesures d'exécution forcée en cours, voire celles déjà achevées. Autrement dit, elle doit aussi être permanente (B).

A) L'existence de la force exécutoire

247 ***Conditions propres et communes.*** Pour exister, la force exécutoire requiert la réunion de deux séries de conditions auxquelles elle est subordonnée.

Elle relève d'abord des **conditions propres à chaque titre exécutoire** (voy. *supra*, n°s 208 et s.). Ainsi, par exemple, un jugement rendu par une juridiction de l'ordre judiciaire est exécutoire à partir du moment où il est passé en force de chose jugée à moins que le débiteur ne bénéficie d'un délai de grâce ou inversement le créancier de l'exécution provisoire (CPC, art. 501).

Mais à ces conditions propres s'ajoutent des **conditions communes** qui s'appliquent, en principe, à tous les titres exécutoires. Il s'agit de deux formalités préalables : l'apposition de la formule exécutoire (1) et la notification du titre exécutoire (2).

1. L'apposition de la formule exécutoire

248 ***Principe et exceptions.*** Aux termes de l'article 502 du Code de procédure civile, « nul jugement, nul acte ne peut être mis à exécution que sur présentation d'une expédition revêtue de la formule exécutoire, à moins que la loi n'en dispose autrement ». Cette expédition est qualifiée de copie exécutoire, mais la pratique l'appelle aussi la grosse[512], qui était sa dénomination sous l'ancien Code de procédure civile[513].

Elle est requise pour tous les titres exécutoires[514], sauf deux exceptions :

- les **titres administratifs** en raison du privilège de l'exécution d'office dont bénéficient les personnes morales de droit public à côté du privilège du préalable (voy. *supra*, n° 220) ; selon ce privilège, elles peuvent poursuivre directement l'exécution forcée des titres qu'elles se délivrent à elles-mêmes sans qu'ils ne soient revêtus de la formule exécutoire ; en revanche, cette formalité préalable est requise pour les jugements rendus par les juridictions de l'ordre administratif, à moins qu'ils ne soient exécutoires sur minute ;
- les **jugements exécutoires sur minute** sont ceux dont l'exécution forcée est poursuivie au vu de l'exemplaire original du jugement ; ils n'ont pas à être revêtus de la formule exécutoire car la minute est signée du juge et sa signature vaut ordre direct d'exécution ; mais l'exécution sur minute n'est possible que si un texte l'autorise expressément, le principe étant que la minute est conservée par le greffe et ne peut donc servir à l'exécution forcée ; il en va ainsi des ordonnances sur requête qui sont exécutoires sur minute de plein droit (CPC, art. 495, al. 2) ainsi que des ordonnances de référé (CPC, art. 489, al. 2) et des décisions du juge de l'exécution (CPCE, art. R. 121-17), qui le sont sur autorisation du juge.

---

512. Cette appellation s'explique par le fait qu'autrefois la copie exécutoire était reproduite dans une plus « grosse » écriture.

513. Sur l'ensemble de cette formalité, voy. « La formule exécutoire : instrument procédural ou clause de style ? », cinquième édition des Instituts de l'ENP, *Dr. et procéd.*, 2011, suppl. au n° 11.

514. Mais l'omission de la formule exécutoire sur la copie du jugement signifiée au débiteur ne constitue qu'une irrégularité de forme ; en conséquence, elle n'entraîne la nullité de la signification (et des actes subséquents) que si elle a causé un grief au débiteur : Civ. (2e ch.), 11 février 2010, n° 09-65404, *Bull. civ.*, II, n° 31 ; *Procédures*, 2010, comm. n° 116, obs. R. Perrot.

E 21 **Formule exécutoire**

La formule exécutoire est prévue par le décret n° 47-1047 du 12 juin 1947 en ces termes :
« En conséquence, la République française mande et ordonne à tous huissiers de justice, sur ce requis, de mettre ledit arrêt (ou ledit jugement, etc.) à exécution, aux procureurs généraux et aux procureurs de la République près les tribunaux de grande instance d'y tenir la main, à tous commandants et officiers de la force publique de prêter main-forte lorsqu'ils en seront légalement requis.
En foi de quoi, le présent arrêt (ou jugement, etc.) a été signé par [...] ».

2. La notification préalable

249 *Domaine.* L'article 503 du Code de procédure civile subordonne l'exécution forcée de tout jugement à sa notification préalable au débiteur contre lequel il doit être exécuté[515]. Comme ce texte ne vise expressément que les seuls jugements, des doutes subsistent sur son champ d'application.

S'agissant d'abord des **jugements**, il est admis que cette formalité s'applique à toutes les décisions juridictionnelles qu'elles émanent de l'ordre judiciaire ou de l'ordre administratif. Mais il faut excepter les deux cas prévus à l'article 503 où la notification préalable est écartée :

- celui des jugements **exécutoires sur minute** (voy. *supra*, n° 248) ;
- celui de l'**exécution volontaire** qui suppose une manifestation non équivoque de volonté de la partie condamnée[516] d'accepter l'exécution du jugement sans notification préalable[517].

S'agissant des **autres titres exécutoires**, la Cour de cassation a posé pour principe que « les titres exécutoires, émis par une personne morale de droit public, ne peuvent donner lieu à une mesure d'exécution forcée s'ils n'ont pas été préalablement notifiés au débiteur[518] ». Il ne fait donc pas de doute que la notification préalable est applicable à tous les **titres administratifs**, quels

515. Mais il ne faut pas confondre force exécutoire et caractère exécutoire. Le caractère exécutoire relève des conditions propres à chaque titre exécutoire et existe indépendamment de la force exécutoire qu'il conditionne toujours. Ainsi, un jugement est exécutoire dès l'instant où il remplit les conditions posées par l'article 501 du CPC (voy. *supra*, n° 247), même s'il n'a pas encore été signifié car cette formalité lui confère consécutivement la force exécutoire qui autorise le recours à l'exécution forcée : Civ. (2e ch.), 25 mai 2016, n° 15-10788, *RTD Civ.*, 2016, p. 933, obs. N. Cayrol.

516. En revanche, l'exécution volontaire ne requiert pas l'accord de l'autre partie au jugement, elle procède toujours unilatéralement de la partie condamnée : Civ. (2e ch.), 25 mai 2016, n° 15-10788, *RTD Civ.*, 2016, p. 933, obs. N. Cayrol.

517. Ainsi, des paiements effectués postérieurement à la signification d'un commandement de payer aux fins de saisie-vente ne peuvent être qualifiés de volontaires de sorte qu'est nulle la saisie-vente pratiquée ultérieurement, sans signification régulière et préalable du jugement : Civ. (2e ch.), 9 septembre 2010, n° 09-13525, *Bull. civ.*, II, n° 152 ; *Dr. et procéd.*, 2010, p. 330, obs. C. Lefort ; *Procédures*, 2010, comm. n° 404, obs. R. Perrot.

518. Civ. (2e ch.), 10 novembre 1998, n° 95-20139, *Bull. civ.*, II, n° 269, à propos des titres de recette émis par les collectivités et les établissements publics locaux ; cette solution a ensuite été reprise à l'identique à propos d'autres titres : Civ. (2e ch.), 1er juillet 1999, n° 97-13255, *Bull. civ.*, II, n° 130, à propos des titres émis par l'établissement national des invalides de la marine (ENIM) ; Civ. (1re ch.), 18 mars 2003, n° 00-21274, *Bull. civ.*, I, n° 82 ; *Dr. et procéd.*, 2003, p. 315, obs. C. Caille, à propos d'un titre émis par une Caisse de crédit municipal.

qu'ils soient. La question était controversée pour les actes notariés[519]. Mais la Cour de cassation a finalement écarté leur notification préalable dans les motifs d'une décision relative à des titres administratifs[520].

250 ***Modalités.*** Lorsque la notification est requise, elle se fait par voie de **signification**[521], sauf disposition contraire applicable au titre considéré. Ainsi, certains jugements peuvent être notifiés par lettre recommandée avec demande d'avis de réception à l'initiative du greffe[522]. De même, dans le silence des textes, la jurisprudence admet la notification des titres administratifs par voie postale, à condition qu'elle soit régulière, c'est-à-dire qu'elle mentionne les modalités de recours et qu'elle ait été réceptionnée par le destinataire[523]. À défaut, il faudra recourir à la signification.

Lorsque toutes ces conditions sont remplies, la force exécutoire existe et le créancier peut s'en prévaloir pour pratiquer toutes les mesures d'exécution forcée autorisées par le titre exécutoire qu'il détient. Mais encore faut-il qu'elle perdure, sous peine de remettre en cause l'exécution forcée en cours, voire celle déjà achevée. C'est la condition de permanence de la force exécutoire.

B) La permanence de la force exécutoire

251 ***Disparition de la force exécutoire.*** La force exécutoire peut disparaître pour deux causes dont les conséquences sur l'exécution forcée ne sont pas identiques : celle de l'anéantissement du titre exécutoire auquel la force exécutoire est attachée (1) et celle de l'écoulement du temps emportant la prescription de l'exécution forcée (2).

1. L'anéantissement du titre exécutoire

Il faut distinguer entre l'anéantissement du titre lui-même (a) et celle de son seul caractère exécutoire (b).

519. Pour la notification : JEX Strasbourg, 13 mars 2002, *Locabad c/ UCB*, inédit ; *contra* TGI Blois, 13 octobre 1995, *Rev. huissiers*, 1996, p. 271.

520. Civ. (2e ch.), 4 décembre 2003, n° 02-11353, *Bull. civ.*, II, n° 368, à propos de la saisie immobilière sous l'empire de l'article 673 ACPC ; mais la solution devrait valoir pour toutes les mesures d'exécution forcée ; en ce sens, R. Perrot et Ph. Théry, *op. cit.*, n° 150.

521. En cas de pluralité de débiteurs condamnés, la signification doit être délivrée par acte séparé à chacun d'eux, même en cas de condamnation solidaire et de domicile commun : Civ. (2e ch.), 15 janvier 2009, n° 07-20472, *Gaz. Pal.*, 2009, jurispr., p. 20, note L. Lauvergnat.

522. Pour l'essentiel, il s'agit des jugements rendus en matière gracieuse (CPC, art. 675, al. 2), de surendettement (C. consom., art. R. 331-9-4) et de saisie des rémunérations (C. trav., art. R. 3252-6), ainsi que par les Conseils de prud'hommes (C. trav., art. R. 1454-26), par les tribunaux de sécurité sociale (CSS, art. R. 142-27), par les tribunaux paritaires des baux ruraux (CPC, art. 891) et par les juges de l'exécution (CPCE, art. R. 121-15).

523. Civ. (2e ch.), 10 novembre 1998, préc. ; Civ. (2e ch.), 1er juillet 1999, préc. ; Civ. (1re ch.), 18 mars 2003, préc.

a) L'anéantissement du titre

252 ***Censure et caducité.*** Un titre exécutoire peut d'abord être censuré par voie d'**annulation**[524], d'**infirmation** ou de **rétractation**, et une telle censure, qui atteint le titre lui-même et corrélativement sa force exécutoire, produit toujours un effet rétroactif. Il s'ensuit que toutes les mesures d'exécution forcée, en cours ou achevées, doivent être anéanties. Tout doit se passer comme si aucune exécution forcée n'avait jamais eu lieu. Tous les frais devront donc être supportés par le créancier. Il devra aussi donner la mainlevée des saisies en cours. À défaut, celle-ci sera ordonnée en justice, avec, le cas échéant, des dommages et intérêts pour abus de saisie[525]. Quant aux saisies achevées, les fonds et biens devront être restitués, et si la restitution est impossible, le débiteur doit être indemnisé[526]. Enfin, si une astreinte avait été ordonnée et liquidée, elle devra donner lieu à remboursement[527].

Un titre exécutoire peut aussi être **frappé de caducité** à défaut d'accomplissement d'une formalité imposée dans un certain délai ou de survenance d'un événement déterminé[528]. Mais la Cour de cassation a jugé que « sauf disposition contraire, la caducité d'un titre exécutoire ne le prive pas de son efficacité pour la période antérieure à la caducité[529] ». En conséquence, l'exécution forcée n'est interdite que pour l'avenir et ne saurait être remise en cause pour le passé.

b) L'anéantissement du caractère exécutoire

253 ***Arrêt de l'exécution provisoire et sursis à exécution.*** Lorsqu'un jugement fait l'objet d'une voie de recours, généralement l'appel, son caractère exécutoire peut parfois être anéanti en attendant que la juridiction supérieure se prononce. Deux techniques sont possibles : d'une part, l'arrêt de l'exécution provisoire par le premier président en cas d'appel d'un jugement rendu par une juridiction judiciaire (voy. *supra*, encadré E17) ; d'autre part, le sursis à exécution applicable en procédure administrative (voy. *supra*, n° 210) et en

---

524. Par exemple, un acte notarié entaché de faux : Civ. (2e ch.), 13 mars 2008, n° 06-21105, *Bull. civ.*, II, n° 70.

525. En ce sens : Civ. (2e ch.), 28 juin 2001, n° 99-17972, *Bull. civ.*, II, n° 125.

526. Cette indemnisation peut être mise à la charge de l'huissier de justice qui a pratiqué une saisie en vertu d'une ordonnance de référé infirmée au jour de la saisie, même s'il ignorait l'existence de l'arrêt d'infirmation, car il est « garant de la légalité des poursuites » et, à ce titre, il devait « vérifier que le titre provisoire, en vertu duquel il pratiquait la saisie-attribution aux risques du créancier mandant, restait exécutoire au jour de l'acte de saisie » : Civ. (2e ch.), 13 mai 2014, n° 12-25511 (FS-P+B+I), *D.*, 2014, p. 1159 ; dans le même sens : Civ. (1re ch.), 28 septembre 2016, n° 14-29776, à paraître au *Bull.*

527. Civ. (2e ch.), 28 septembre 2000, n° 98-16175, *Bull. civ.*, II, n° 134 ; *JCP G*, 2000, II, 10591, note E. du Rusquec.

528. Ainsi en est-il, par exemple, de l'ordonnance de non-conciliation en cas de réconciliation ultérieure ou lorsque l'instance en divorce n'a pas été introduite dans un délai de 30 mois (CPC, art. 1113, al. 2).

529. Civ. (2e ch.), 6 mai 2004, n° 02-18985, *Bull. civ.*, II, n° 220, à propos d'une pension alimentaire fixée par une ordonnance de non-conciliation frappée de caducité faute d'assignation en divorce en temps utile ; solution reprise littéralement à propos d'une ordonnance de non-conciliation ayant attribué la jouissance du domicile commun à l'épouse, suivie d'un désistement d'instance de celle-ci : Civ. (1re ch.), 9 février 2011, n° 09-72653, *Bull. civ.*, I, n° 26 ; *Dr. et procéd.*, 2011, p. 125, obs. C. Lefort ; *RTD Civ.*, 2011, p. 591, obs. R. Perrot.

procédure civile pour les jugements du juge de l'exécution (voy. *supra*, n° 150), où les recours ouverts ne produisent pas d'effet suspensif.

Une telle décision, en supprimant le caractère exécutoire et donc la force exécutoire, interdit toute mesure d'exécution forcée. Mais cette interdiction **ne joue que pour l'avenir** et ne remet pas en cause les effets des actes d'exécution accomplis antérieurement. C'est du moins la solution expressément consacrée par la Cour de cassation pour l'ordonnance du premier président arrêtant l'exécution provisoire[530]. Mais elle devrait valoir, *a fortiori*, pour le sursis à exécution où la voie de recours ouverte ne produit aucun effet suspensif. En conséquence, les mesures d'exécution forcée en cours sont simplement **paralysées** en attendant que l'appel soit jugé au fond, et non anéanties comme en cas de prescription.

2. La prescription de l'exécution forcée

254 ***Effets.*** La prescription de l'exécution forcée[531] anéantit la force exécutoire attachée au titre détenu par le créancier et interdit ainsi toute mesure d'exécution[532]. Mais cet effet ne se produit qu'**à la demande du débiteur** car celui-ci peut toujours renoncer à la prescription acquise (C. civ., art. 2250) et le juge ne peut suppléer d'office ce moyen (C. civ., art. 2247)[533].

De plus, cet effet extinctif **ne joue que pour l'avenir** et ne remet donc pas en cause les mesures d'exécution forcée achevées antérieurement. En revanche, les mesures qui seraient encore en cours doivent être levées car l'anéantissement de la force exécutoire est définitif. *A fortiori*, toute nouvelle mesure d'exécution forcée serait nulle.

Mais toute la difficulté est de savoir à partir de quel moment ces effets peuvent se produire, c'est-à-dire de déterminer les délais de la prescription de l'exécution forcée.

255 ***Délais de prescription.*** Techniquement, deux solutions sont envisageables. La première consiste à faire application du délai de prescription de l'obligation dont l'exécution forcée est poursuivie ; c'est l'**unité des délais**. La seconde consiste à instaurer un délai spécifique applicable à l'exécution du titre qui sert de fondement aux poursuites ; c'est la **dualité des délais**.

Traditionnellement et dans le silence des textes, la jurisprudence faisait application de la dualité des délais pour les jugements par l'**interversion des prescriptions** : cette technique consistait à substituer à la prescription de l'obligation, par hypothèse plus courte, la prescription trentenaire de droit commun[534]. La solution était justifiée par cette idée que le jugement, en consa-

530. Voy., par exemple, Civ. (2e ch.), 13 juin 2002, n° 00-15852, *Bull. civ.*, II, n° 132 ; *Dr. et procéd.*, 2003, p. 29, obs. Ph. Hoonakker, à propos d'une saisie-attribution et d'une saisie-vente pratiquées avant l'arrêt de l'exécution provisoire ; les biens saisis restent indisponibles, mais le paiement des sommes et la vente des biens saisis sont suspendus jusqu'à l'arrêt de la cour d'appel sur le fond.

531. Il s'agit évidemment de la prescription extinctive.

532. Sur la question de l'extinction du droit substantiel, en l'occurrence de la créance constatée par le titre exécutoire, voy. not. Ph. Hoonakker, « La disposition de la prescription », *LPA*, 2009, n° 66, p. 19, spéc. nos 28 et s., et les réf. cit.

533. Sur ces points, voy. not. Ph. Hoonakker, *op. cit.*, nos 21 et s.

534. Voy., en dernier lieu, Com., 7 février 2012, n° 11-12787 ; *RJDA*, 2012, n° 540.

crant l'obligation, fait disparaître le risque de dépérissement des preuves et substitue l'ordre du juge à son fait générateur. Mais cette justification explique aussi que l'interversion des prescriptions ne pouvait être étendue aux autres titres exécutoires et, en particulier, aux actes notariés. C'est la raison pour laquelle la prescription de leur exécution relevait de la technique de l'unité des délais[535].

Mais avec la loi du 17 juin 2008 portant réforme de la prescription en matière civile[536], qui a réduit le délai de droit commun à cinq ans[537], l'interversion des prescriptions ne pouvait plus remplir son office. Pour préserver la dualité des délais, il fallait donc créer un délai spécifique plus long. Tel est l'objet de l'article L. 111-4 du CPCE (anc[t] L. 1991, art. 3-1[538]), qui institue un délai d'une durée de principe de dix ans[539]. Mais comme l'ancienne interversion des prescriptions, il est réservé à certains titres seulement. Il faut donc distinguer entre les titres éligibles au délai décennal (a) et les autres (b).

a) Les titres éligibles au délai décennal

256 ***Titres désignés.*** L'article L. 111-4 du CPCE n'est applicable qu'à l'exécution des titres mentionnés aux 1° à 3° de l'article L. 111-3 du même code. Ces dispositions visent deux catégories de titres exécutoires :

- les **titres judiciaires** incluant les décisions juridictionnelles (1°) et les actes assimilés (3°) (accords ayant force exécutoire et procès-verbaux de conciliation) ;
- les **titres soumis à *exequatur*** incluant les jugements et actes étrangers[540] ainsi que les sentences arbitrales (2°).

535. Solution expressément consacrée par une chambre mixte qui, mettant fin à une divergence au sein de la Cour de cassation, a jugé que la durée de la prescription est déterminée par la nature de la créance, à propos d'un acte notarié : Ch. mixte, 26 mai 2006, n° 03-16800, *Bull. ch. mixte*, n° 3 ; *Dr. et procéd.*, 2006, p. 273, obs. Douchy-Oudot ; *Procédures*, 2006, comm. n° 181, obs. R. Perrot ; dans le même sens : Civ. (1re ch.), 12 juillet 2007, n° 06-11369, *JCP E*, 2007, 1083, note G. Lamoril ; *Dr. et procéd.*, 2008, p. 35, obs. E. Putman.

536. Entrée en vigueur le lendemain de sa publication au *JO* (C. civ., art. 1er), soit le 19 juin 2008.

537. Sur cette réforme, voy. not. Cl. Brenner et H. Lecuyer, « La réforme de la prescription », *JCP E*, 2009, 1169 et 1197 ; N. Fricéro, « La nouvelle prescription : entre sécurité et modernité », *RLDA*, septembre 2008, n° 52, p. 64 ; voy. aussi « Les actes du colloque organisé par la faculté de droit de Strasbourg sur la réforme de la prescription », *LPA*, 2009, n° 66.

538. Introduit par l'article 23 de la loi du 17 juin 2008.

539. Voy. not. C. Lefort, « La prescription de l'exécution du titre exécutoire », *Dr. et prat.*, 2008, n° 175, p. 91 ; T. Moussa, « Prescription des titres exécutoires et prescription de l'action », *Dr. et procéd.*, 2011, p. 284 ; G. Rebecq et D. Tatoueix, « La prescription des titres exécutoires en matière judiciaire », *Dr. et procéd.*, 2010, p. 201 ; Ph. Hoonakker, « La prescription de l'exécution forcée depuis la loi n° 2008-561 du 17 juin 2008 », *Dr. et procéd.*, 2009, p. 15, et « L'harmonisation des prescriptions », actes du colloque organisé à Besançon le 25 septembre 2013 sur le thème « Le Code des procédures civiles d'exécution – Entre rénovation et conservation », *Dr. et patrimoine*, décembre 2013, p. 43.

540. La solution est critiquable pour ces actes reçus par des officiers publics étrangers car l'*exequatur* n'autorise que leur exécution forcée en France sans leur conférer d'autorité supérieure à ceux reçus par leurs homologues français. Or ces actes ne bénéficient pas du délai décennal (voy. *infra*, n° 260). La réforme introduit ainsi une discrimination entre des actes de même nature, qui est peut-être involontaire.

La prescription de l'exécution forcée fondée sur l'un de ces titres est soumise au délai institué par ce texte, dont il convient de préciser la durée et le régime[541].

257 ***Durée du délai.*** Le principe posé par l'article L. 111-4 est que l'exécution forcée fondée sur les titres qu'il désigne se prescrit par **dix ans**. Ce délai décennal se substitue ainsi au délai de prescription de la créance constatée dans le titre[542].

Mais, logiquement, cette substitution est écartée lorsque le délai de prescription de l'obligation constatée dans le titre est supérieur à dix ans[543]. Dans le silence du texte, c'est alors ce délai qui est applicable à la prescription de l'exécution forcée car c'est le seul envisageable[544].

---

541. Ces règles ne sont applicables qu'aux parties au jugement et non aux tiers : Soc., 8 septembre 2016, n° 15-12600, à paraître au Bull., à propos d'une action engagée par des salariés dans le prolongement d'une décision rendue suite à une procédure engagée par un syndicat ouvrier à laquelle ils n'étaient pas parties.

542. Ce délai devrait s'appliquer quelle que soit la nature de la créance constatée dans le titre éligible, dès lors que l'article L. 111-4 ne distingue pas. Mais la Cour de cassation continue à appliquer un régime particulier aux créances périodiques. Avant la réforme de la prescription, elle combinait le délai trentenaire, issu de l'interversion des prescriptions, avec le délai quinquennal de l'article 2277 du Code civil spécifique aux créances périodiques (Cass. ass. plén., 10 juin 2005, n° 03-18922). Ainsi, l'exécution d'un jugement constatant une créance périodique était possible pendant trente ans, mais le créancier ne pouvait recouvrer que les arriérés échus au cours des cinq dernières années. Du fait de la généralisation du délai quinquennal par la réforme de la prescription civile, l'article 2277 était devenu sans objet et n'a donc pas été repris dans sa rédaction ancienne. Dans ces conditions, la solution antérieure pouvait-elle continuer à s'appliquer ? La doctrine et les juges du fond étaient divisés (voy. not., Ph. Hoonakker, « L'articulation avec le Code civil : l'harmonisation des prescriptions », actes du colloque organisé à Besançon sous la direction de C. Tirvaudey sur le thème « Le Code des procédures civiles d'exécution – Entre rénovation et conservation », *Dr. et patrimoine*, décembre 2013, p. 43). Finalement la Cour de cassation s'est prononcée pour son maintien en reprenant mot pour mot la formulation de l'arrêt de 2005, sous réserve du délai de dix ans substitué au délai de 30 ans et de l'ancien article 2277 auquel elle a substitué le nouvel article 2224, et en prenant soin de préciser que le délai quinquennal n'est applicable qu'aux arriérés non échus à la date du jugement : Civ. (1re ch.), n° 8 juin 2016, n° 15-19614, à paraître au Bull., *D.*, 2016, p. 1310 et 1882, obs. I. Guyon-Renard ; *Gaz. Pal.*, 2016, p. 3455, obs. J.-J. Ansault ; solution reprise par : Cass., avis, 4 juillet 2016, n° 16-70004, à paraître au Bull., *D.*, 2016, p. 1558 ; Civ. (2e ch.), 26 janvier 2017, n° 15-28173, à paraître au Bull., *Gaz. Pal.*, 2017, p. 1824, obs. O. Salati). Autrement dit, le délai décennal de l'article L. 111-4 du CPCE est pleinement applicable au recouvrement forcé des arriérés de la dette périodique échus à la date du jugement. Mais pour les arriérés échus postérieurement, si leur recouvrement est possible pendant le délai décennal, ce n'est que dans la limite des termes échus au cours des 5 années précédant la mesure d'exécution forcée. Lorsque la créance périodique est consacrée par un jugement étranger, le délai décennal s'applique à la dette globale représentant le montant des arrérages capitalisés à la date de l'exequatur : Civ. (1re ch.), 4 novembre 2015, n° 14-11881, à paraître au Bull., *D.*, 2015, p. 2258 et *D.*, 2016, p. 1282, obs. A. Leborgne.

543. Tel est le cas, par exemple, du délai de 20 ans prévu par l'article 2226 du Code civil en cas de dommage corporel causé par des tortures ou des actes de barbarie, ou par des violences ou des agressions sexuelles commises contre un mineur ; ou encore du délai de 30 ans inscrit à l'article L. 152-1 du Code de l'environnement pour les obligations financières liées à la réparation des dommages causés à l'environnement.

544. Le délai décennal peut aussi être écarté par des règles spéciales prévues par d'autres lois, comme le prévoit l'article 2223 du Code civil. Ainsi, la Cour de cassation a dit pour avis que l'article L. 137-2 du code de la consommation, devenu l'article L. 218-2, prévoyant un délai de prescription de 2 ans, « ne distingue pas selon le type d'action, et notamment

258 ***Régime du délai.*** Quelle que soit sa durée, le délai de l'article L. 111-4 est soumis au **régime de droit commun** issu de la réforme de la prescription civile, sous réserve des règles propres à l'exécution forcée portant sur le point de départ, les causes d'interruption et le délai butoir.

Rien n'est dit du **point de départ**, mais il est vrai que les titres désignés sont essentiellement des titres judiciaires où la prescription de l'exécution forcée prend le relais de la prescription de l'action. Celle-ci commence donc logiquement à courir lorsque l'interruption de celle-là prend fin, c'est-à-dire lorsque le jugement est devenu irrévocable[545]. En revanche, pour les jugements étrangers, le délai décennal commence à courir à compter de la décision d'exequatur[546]

La prescription de l'exécution des titres exécutoires est spécialement **interrompue**, selon le nouvel article 2244 du Code civil, **par tout « acte d'exécution forcée »**. Cette nouvelle formulation posait la question du caractère interruptif du commandement de payer, préalable à une saisie-vente, car s'il marque le début de cette procédure, il ne produit aucun des effets de la saisie, caractéristiques des actes d'exécution forcée. Finalement la 2e chambre civile a décidé, par un arrêt de principe rendu en formation de section sous la présidence du Premier président de la Cour de cassation, que ce commandement, même s'il n'est pas un acte d'exécution forcée, interrompt néanmoins

---

pas entre les actions en paiement en vue d'obtenir un titre exécutoire et celles en recouvrement en vertu d'un tel titre » et « institue un régime de prescription dérogatoire au droit commun, applicable à toutes les actions engagées par un professionnel tendant au paiement des sommes dues pour les biens ou les services qu'il a fournis à un consommateur » (Cass., avis, 4 juillet 2016, n° 15-17321, à paraître au Bull., *D.*, 2016, p. 1558 ; voy. aussi, G. Poissonnier, « L'office du juge en droit de la consommation concerne également l'exécution des décisions de justice », *D.*, 2016, p. 1824). Elle en tire la conséquence, dans l'espèce qui lui était soumise pour avis, que les créances périodiques nées d'une créance en principal fixée par un titre exécutoire à la suite de la fourniture d'un bien ou d'un service par un professionnel à un consommateur, sont soumises au délai de prescription biennal de l'article L. 218-2. Mais compte tenu de la généralité des termes employés, on peut se demander si cette solution n'a pas vocation à s'appliquer à toute exécution forcée fondée sur un jugement exécutoire ayant pour objet une créance de l'article L. 218-2, qu'elle soit ou non périodique et, le cas échéant, qu'il s'agisse de termes échus avant ou après le jugement. On peut citer aussi la loi du 31 décembre 1968 relative à la prescription des créances sur l'État, les départements, les communes et les établissements publics. Selon son article 2, dernier alinéa, l'exécution du jugement constatant une telle dette publique est soumise à la prescription quadriennale qui commence à courir le premier jour de l'année suivant celle où il est passé en force de chose jugée. Le régime de ce délai est aussi dérogatoire. Ainsi, l'exception de prescription doit être soulevée avant que le juge saisi en première instance ne se soit prononcé sur le fond ; elle ne peut donc être soulevée pour la première fois en appel : Civ. (1re ch.), 20 mars 2013, n° 12-10200, *D.*, 2013, p. 841. Sur la conformité de ce régime avec la Constitution, voy. décis. n° 2012-256 QPC du 18 juin 2012, *Dr. et procéd.*, 2012, p. 237, obs. N. Fricéro, à propos de la minorité du créancier qui n'est pas une cause de suspension en la matière.

545. C'est la solution admise avant la réforme et qui peut se réclamer à présent du nouvel article 2242 du Code civil prévoyant que « l'interruption de la prescription résultant de la demande en justice produit ses effets jusqu'à l'extinction de l'instance », à condition de retenir une conception large de l'instance, incluant les voies de recours ; en ce sens, voy. not. L. Mayer, « Le point de départ du délai prévu pour l'exécution du jugement – À propos de l'article L. 111-4 du Code des procédures civiles d'exécution », *Gaz. Pal.*, 2012, p. 2656.

546. Civ. (1re ch.), 4 novembre 2015, n° 14-11881, à paraître au Bull., *D.*, 2015, p. 2258 et *D.*, 2016, p. 1282, obs. A. Leborgne.

la prescription car il engage la saisie-vente qui est une mesure d'exécution forcée[547] (voy. aussi *infra*, n° 501)[548].

Le délai butoir, prévu à l'article 2232 du Code civil, a pour objet de limiter la durée totale de la prescription extinctive à un maximum de 20 ans à compter du jour de la naissance du droit, toutes causes de report, de suspension et d'interruption confondues. Mais ce délai **n'est pas applicable à l'exécution forcée fondée sur les titres éligibles au délai décennal** (CPCE, art. L. 111-4, al. 2). La durée effective de ce délai de prescription peut donc dépasser le plafond de 20 ans par le jeu combiné de toutes les causes d'interruption et de suspension, ce qui n'est pas le cas pour les autres titres exécutoires.

b) Les autres titres exécutoires

Il s'agit des titres non désignés à l'article L. 111-4 du CPCE, c'est-à-dire les titres administratifs et les titres extrajudiciaires (CPCE, art. L. 111-3, 4° à 6°).

259 ***Titres administratifs.*** La prescription de l'exécution forcée fondée sur les titres administratifs fait l'objet de nombreux **textes particuliers** qui n'ont pas été touchés par la réforme. À titre d'exemple, la prescription de l'exécution forcée en matière fiscale est prévue par les articles L. 274 et L. 275 A du livre des procédures fiscales. Ces textes instituent un délai de prescription spécifique de quatre années[549] consécutives courant à compter de la mise en recouvrement du rôle ou de l'envoi de l'avis de mise en recouvrement[550].

Ce n'est donc qu'à défaut de tels textes que la prescription de l'exécution forcée fondée sur des titres administratifs, dès lors qu'elle est écartée du champ de l'article L. 111-4, obéit aux mêmes règles que la prescription applicable aux titres extrajudiciaires.

---

547. Civ. (2e ch.), 13 mai 2015, n° 14-16025 (FS-P+B+R+I), *Dr. et procéd.*, 2015, p. 104, obs. O. Salati ; *Gaz. Pal.*, 2015, p. 3079, obs. C. Brenner ; *D.*, 2016, p. 1285, obs. A. Leborgne.

548. Voy. not. A. Bédon, « Computation des délais et actes interruptifs de prescription », *Dr. et procéd.*, 2011, p. 279.

549. Selon le second alinéa ajouté par la loi n° 2013-1117 du 6 décembre 2013 relative à la lutte contre la fraude fiscale et la grande délinquance économique et financière, ce délai « est augmenté de deux années pour les redevables établis dans un État non-membre de l'Union européenne avec lequel la France ne dispose d'aucun instrument juridique relatif à l'assistance mutuelle en matière de recouvrement ayant une portée similaire à celle prévue par la directive 2010/24/UE du Conseil du 16 mars 2010 concernant l'assistance mutuelle en matière de recouvrement des créances relatives aux taxes, impôts, droits et autres mesures ».

550. De même, l'article L. 1617-5-3° du CGCT prévoit un délai de prescription de quatre ans en ces termes : « L'action des comptables publics chargés de recouvrer les créances des régions, des départements, des communes et des établissements publics locaux se prescrit par quatre ans à compter de la prise en charge du titre de recettes ». Mais ce texte n'est pas applicable aux créances civiles constatées par une décision juridictionnelle où il faut faire application du délai décennal de l'article L. 111-4 du CPCE : Com., 25 mars 2014, n° 13-10392, à propos d'une condamnation à des dommages et intérêts prononcée par un tribunal correctionnel.
En matière de cotisations sociales, la prescription de l'exécution forcée fondée sur la contrainte délivrée par l'organisme créancier (voy., *infra*, n° 475) est le délai de 3 ans applicable à ces cotisations et prévu respectivement aux articles L. 244-3 du CSS et L. 725-7-1 du C. rur. et pêche maritime : Civ. (2e ch.), 17 mars 2016 (2 arrêts), n° 14-22575 et 14-21747, à paraître au Bull. ; voy., L. Lauvergnat, « Exécution d'une contrainte de sécurité sociale : quel délai de prescription ? », *Dr. et procéd.*, 2016, p. 82 ; dans le même sens : Com., 31 mai 2016, n° 14-20075, à paraître au Bull., *RJDA*, 2016, n° 631.

260 *Titres extrajudiciaires.* Il s'agit des **actes notariés** et des **titres établis par les huissiers de justice**. Comme ces titres sont exclus de l'article L. 111-4, le seul délai de prescription applicable, à défaut de texte exprès, est celui de l'action relative à l'obligation constatée dans le titre. La dualité des délais s'efface alors au profit de l'**unité des délais** qui est beaucoup moins favorable au créancier, qu'il s'agisse de la durée ou du régime du délai applicable.

La **durée** est en principe celle **de droit commun** qui est désormais de **cinq ans**, sauf texte dérogatoire prévoyant une durée plus courte[551]. En vertu de l'article 2224 du Code civil, le délai de prescription devrait courir à compter du jour où le titre est délivré au créancier[552]. Puis il pourra faire l'objet de toutes les causes de suspension et d'interruption qui ont vocation à s'appliquer[553], dans la limite du délai butoir. En effet, comme les titres extrajudiciaires ne relèvent pas de l'article L. 111-4 du CPCE, le délai butoir a vocation à s'appliquer, sous réserve des cas d'exclusion prévus à l'alinéa 2 de l'article 2232 du Code civil. Parmi ces cas figure l'interruption causée par les actes d'exécution forcée. Mais cette solution est bien moins avantageuse pour le créancier que celle applicable aux titres éligibles au délai décennal où le délai butoir ne s'applique jamais, quelle que soit la cause de prorogation du délai (voy. *infra*, encadré E22).

---

551. En matière de chèque impayé, il pourrait s'agir d'un délai de 6 mois car selon l'article L. 131-59, al. 1er, du CMF, les actions cambiaires du porteur contre le tireur se prescrivent par six mois à compter de l'expiration du délai de présentation et celle-ci est sans objet au stade de l'exécution forcée. Mais la Cour de cassation a jugé qu'il résulte des alinéas 1 et 3 de ce texte que le porteur dispose toujours contre le tireur, qui n'a pas fait provision, d'un recours cambiaire spécifique si le défaut de provision a été constaté dans le délai d'un an de l'alinéa 2, courant à compter de l'expiration du délai de présentation : Com, 3 mai 2016, n° 14-23950 (P+B+R+I), *RLDA*, juin 2016, p. 13, note S. Piedelièvre ; *JCP G*, 2016, p. 611, obs. L. Dumoulin. En l'absence de toute précision fournie sur ce point par cet arrêt et à défaut de disposition dérogatoire, ce recours spécifique semble soumis au délai quinquennal de prescription de droit commun. Et ce délai devrait aussi s'appliquer alors à l'exécution forcée fondée sur le titre émis par l'huissier de justice car il est établi au profit du porteur contre le tireur et il suppose que ce dernier n'ait pas fait provision dans le mois de la première présentation (voy. *supra*, n° 219).

552. Pour les actes notariés, il devrait s'agir du jour de leur signature par les parties et le notaire. Quant aux chèques impayés, il faudrait retenir le jour où l'huissier de justice délivre le titre en vertu de l'article L. 131-73 du CMF, c'est-à-dire à défaut de paiement du chèque et des frais dans un délai de 15 jours à compter du commandement résultant de la notification du certificat de non-paiement au tireur.

553. Mais si le créancier dispose déjà d'un acte notarié qui remplit toutes les conditions d'un titre exécutoire, la 1ère chambre civile a jugé qu'il ne saurait engager une procédure en liquidation de la créance constatée dans ce titre à seule fin d'interrompre la prescription ; il doit, pour ce faire, pratiquer une mesure d'exécution forcée ou une mesure conservatoire : Civ. (1re ch.), 16 octobre 2013, n° 12-21917 (P + B), *JCP G*, 2013, p. 2265, note H. Croze ; *D.*, 2014, p. 801, obs. N. Fricéro ; *Dr. et procéd.*, 2013, p. 283, obs. O. Salati ; voy. aussi : F. Vinckel, « La portée du "privilège d'action parée", ou l'articulation du droit à l'exécution et du droit d'action, lors de l'exécution du titre exécutoire notarié », *Dr. et procéd.*, 2014, p. 158. En revanche, la 2e chambre civile a jugé que la détention d'un acte notarié n'empêche pas le créancier d'assigner son débiteur en paiement de la même créance, car les actes notariés ne sont pas revêtus des attributs du jugement et qu'aucune disposition légale n'interdit à un créancier de disposer de deux titres exécutoires pour la même créance : Civ. (2e ch.), 18 février 2016, n° 15-13991, 15-15778 et 15-13945 (FS-P+B), *Dr. et procéd.*, 2016, p. 64, obs. F. Vinckel ; *D.*, 2016, p. 1281, obs. A. Leborgne (sur ce point, voy. aussi, *supra*, n° 217).

La prescription de l'exécution forcée fondée sur des titres éligibles au délai décennal est donc bien plus favorable au créancier et cette solution se justifie pleinement. En effet, l'intensité du droit à l'exécution dont bénéficie le créancier n'est pas la même selon que son titre a été délivré par un juge ou une autre autorité qui, par hypothèse, ne procède à aucun contrôle de l'obligation dont l'exécution forcée est poursuivie.

E 22 **Deux exemples concrets de prescription**

Pour bien comprendre toute la différence qui sépare la prescription de l'exécution forcée selon qu'elle est fondée sur des titres exécutoires, qui sont ou non éligibles au délai décennal, le plus simple est de raisonner sur deux exemples concrets.

Prenons d'abord un **acte notarié** signé en 2008, après l'entrée en vigueur de la réforme, constatant une créance soumise au délai quinquennal de droit commun. Sa prescription sera acquise en 2013 (2008 + 5), sous réserve des causes de suspension ou d'interruption, mais dans la limite du délai butoir qui sera atteint en 2028 (2008 + 20). Imaginons que le créancier décède accidentellement en 2012, le jour même où naît son enfant unique et alors qu'il n'avait pas encore pratiqué d'acte d'exécution forcée. Le délai de prescription est alors suspendu au profit de son héritier durant toute sa minorité en vertu de l'article 2235 du Code civil. Mais à sa majorité, en 2030 (2012 + 18), la prescription de l'exécution forcée fondée sur l'acte notarié sera acquise depuis 2028 par l'effet du délai butoir que la minorité ne paralyse pas (en effet, l'article 2235 ne figure pas dans la liste des exclusions prévues à l'article 2232, alinéa 2). Il ne pourra y échapper que si son représentant légal fait pratiquer un acte d'exécution forcée avant 2028, car le délai butoir est alors exclu. Par exemple, une saisie en 2027 fera courir un nouveau délai quinquennal jusqu'en 2032.

Sa situation serait bien plus enviable si, à la place de l'acte notarié, son auteur avait bénéficié, à la même date, d'un **jugement** de condamnation portant sur une créance de même nature. Non seulement le délai de prescription de l'exécution forcée serait alors de dix ans (car nous avons pris pour hypothèse que la prescription de la créance est de cinq ans, donc inférieure à dix ans), mais celui-ci serait suspendu sans limitation pendant toute sa minorité. Ainsi, à sa majorité en 2030, il pourrait entreprendre l'exécution forcée pendant le délai restant. Comme à sa naissance en 2012, ce délai avait déjà couru contre son auteur depuis quatre ans, il resterait une durée de six ans à compter de sa majorité, soit jusqu'en 2036. De plus, ce délai serait interrompu par tout acte d'exécution forcée, sans qu'il y ait lieu de tenir compte du délai butoir. De cette manière, en cas de saisie en 2032, un nouveau délai décennal courrait jusqu'en 2042.

CHAPITRE II

Les mesures sans vente

261 ***Domaine.*** La vente étant l'issue privilégiée des mesures d'exécution forcée, elle n'est exclue que lorsque les circonstances l'imposent. Il en va ainsi soit à raison de la nature de l'obligation à exécuter, soit à raison de la nature du bien à saisir.

La **nature de l'obligation** exclut la vente lorsque l'exécution forcée porte sur une obligation de faire où la vente serait sans objet ou méconnaîtrait les droits du créancier (Section I).

En revanche, pour le recouvrement d'une créance monétaire, la vente est l'issue imposée qui n'est écartée qu'à raison de la **nature du bien à saisir**. Tel est le cas des saisies de créances monétaires que le débiteur détient contre un tiers et qu'il serait inutile de céder pour satisfaire le créancier (Section II).

SECTION I

L'exécution forcée d'obligations de faire

Il existe deux mesures d'exécution forcée sans vente pratiquées pour l'exécution d'obligations de faire. L'une s'exerce sur la personne du débiteur, c'est l'expulsion (§ 1), l'autre sur des meubles corporels, c'est la saisie-appréhension (§ 2).

§1. L'expulsion

262 ***Exécution forcée sur la personne.*** L'expulsion est la mesure d'exécution forcée qui a pour objet de libérer un immeuble des personnes qui l'occupent et des biens qui s'y trouvent. Elle est la plus traumatisante, surtout en matière d'habitation, car elle s'exerce directement sur la personne et heurte de front **le droit au logement**[554]. Mais elle est aussi la seule envisageable pour vaincre la résistance des occupants, sous peine de méconnaître l'effectivité du droit à l'exécution dont bénéficie le propriétaire. Le tout est de trouver un **juste équilibre** entre les intérêts en présence, dans la perspective de civilisation de l'exécution forcée voulue par le législateur. L'idéal serait de pouvoir éviter l'expulsion en obtenant **la libération volontaire**, car elle constitue l'issue la plus civilisée en satisfaisant l'un, sans traumatiser l'autre. À cette fin, le juge peut assortir

554. Consacré comme un « droit fondamental » par l'article 1er de la loi n° 89-462 du 6 juillet 1989 tendant à améliorer les rapports locatifs et portant modification de la loi n° 86-1290 du 23 décembre 1986 ; sur la nécessaire conciliation de ces deux droits, voy. F. ANDRIEUX, « État des expulsions : Don Quichotte ou l'impossible rêve... », *Dr. et procéd.*, 2009, p. 75.

sa condamnation de libération des lieux d'une astreinte, qui est soumise à un régime dérogatoire protecteur de l'occupant (voy. *infra*, encadré E23). Mais le législateur a aussi multiplié les mesures préventives pour favoriser le relogement des occupants menacés d'expulsion.

Ces **mesures préventives** se traduisent essentiellement par l'octroi de délais et l'information ou la saisine d'organismes de prévention ou d'aides. Elles jouent à deux niveaux. D'abord **en amont**, par la réglementation des clauses résolutoires stipulées dans les baux immobiliers et de la procédure judiciaire engagée en vue d'obtenir un titre exécutoire. Mais elles jouent aussi **en aval**, au stade de la procédure d'expulsion elle-même, telle qu'elle est régie aujourd'hui par les articles **L. 411-1 à L. 433-3 et R. 411-1 à R. 442-4 du CPCE**.

Ces textes fixent les conditions de l'expulsion (A) et déterminent les opérations d'expulsion (B). Traditionnellement, ils avaient vocation à s'appliquer à toute expulsion, quelle qu'en soit la cause et quelle que soit la nature des locaux, sous réserve de certaines règles particulières, plus protectrices lorsqu'ils sont affectés à l'habitation. Mais en cas d'abandon des locaux, ils étaient apparus totalement inadaptés. C'est la raison pour laquelle le législateur a institué des règles simplifiées de reprise des locaux abandonnés (C).

E 23 **Astreinte et expulsion**

L'astreinte fixée pour obliger l'occupant d'un local à quitter les lieux est soumise à un régime dérogatoire institué par la loi n° 49-972 du 21 juillet 1949, dont les dispositions ont été reprises aux articles L. 421-1 et L. 421-2 du CPCE. Ces textes prévoient deux séries de dérogations à l'article L. 131-2 du CPCE régissant le droit commun de l'astreinte (voy. *supra*, n°s 233 et s.) :

- l'astreinte est toujours **provisoire** et elle n'est liquidée qu'une fois la **décision d'expulsion exécutée** (CPCE, L. 421-1) ;
- la liquidation ne peut excéder la « **somme compensatrice du préjudice effectivement causé** » (CPCE, art. L. 421-2)[555].

Ces règles dérogatoires ne sont pas applicables aux occupants de locaux spécialement destinés aux logements d'étudiants lorsque ceux-ci ne remplissent plus les conditions requises (CPCE, art. L. 412-7, al. 2).

A) Les conditions de l'expulsion

263 ***Conditions plus rigoureuses.*** Compte tenu de la gravité de l'expulsion, les formalités préalables imposées par le législateur sont plus rigoureuses que pour les autres mesures d'exécution forcée (1). Par ailleurs, elle n'est pas possible à tout moment car il existe quantité de motifs pour la différer (2).

1. Les formalités préalables

Toute expulsion n'est possible que sur le fondement d'un titre exécutoire spécifique (a) et après la délivrance d'un commandement d'avoir à libérer les locaux (b).

555. Pour le surplus, l'article L. 421-2 rejoint les règles de droit commun dans la mesure où il prévoit qu'il est tenu compte des difficultés rencontrées par l'occupant et que l'astreinte n'est pas maintenue si celui-ci établit l'existence d'une cause étrangère qui ne lui est pas imputable et qui a retardé ou empêché l'exécution de la décision.

a) Le titre exécutoire

264 ***Rappels.*** Selon l'article L. 411-1 du CPCE, l'expulsion[556] ne peut être poursuivie qu'en vertu d'une **décision de justice**[557] **ou** d'un **procès-verbal de conciliation exécutoire** (voy. *supra*, n° 231). Elle suppose donc toujours l'engagement préalable d'une procédure judiciaire à l'encontre de l'occupant. Celle-ci est entourée, dans la plupart des cas, d'un luxe de précautions lui permettant de bénéficier de nombreux délais pour éviter la résiliation du bail ou retrouver un logement[558].

Dans tous les cas, le titre exécutoire qui sera obtenu devra être exécutoire, ce qui suppose à tout le moins sa notification à l'occupant. Mais, de surcroît,

---

556. La loi n° 2014-366 du 24 mars 2014 pour l'accès au logement et un urbanisme rénové, dite loi *Alur*, a supprimé l'évacuation de l'article L. 411-1 car elle correspond à des procédures dérogatoires à l'expulsion qui relèvent généralement de la compétence d'une autorité administrative ; voy. *infra*, encadré E24.

557. À condition qu'elle ait ordonné ou autorisé l'expulsion : Civ. (2e ch.), 7 mars 2002, n° 99-15782, *Bull. civ.*, II, n° 28 p. 25, *RTD Civ.*, 2002, p. 364, obs. R. Perrot, à propos d'un jugement d'adjudication rendu avant la réforme de 2006, laquelle a fait expressément de ce jugement, par dérogation à cette jurisprudence, un titre d'expulsion (voy. *infra*, n° 707).

558. Sans entrer dans le détail d'une matière qui relève du droit des baux, rappelons que la mise en œuvre d'une clause résolutoire, stipulée dans un bail d'habitation ou un bail commercial, est soumise à des règles protectrices et d'ordre public. Elles portent essentiellement sur les deux points suivants : d'une part, une telle clause ne produit effet qu'à l'expiration d'un délai courant à compter d'un commandement demeuré infructueux, qui est d'un mois pour les baux commerciaux et les baux d'habitation soumis à la loi de 1948 (C. com., art. L. 145-41 et la loi du 1er septembre 1948, art. 80) et de deux mois pour les baux d'habitation soumis à la loi de 1989 (loi du 6 juillet 1989, art. 24-I) ; d'autre part, ses effets sont suspendus par l'octroi de délais de grâce et si le locataire les respecte, la clause est réputée n'avoir jamais joué (depuis la loi *Alur* du 24 mars 2014, les délais de grâce peuvent être accordés dans la limite de trois années, au lieu des deux années prévues par l'article 1343-5 du Code civil (anc. 1244-1), pour les baux d'habitation soumis à la loi du 6 juillet 1989 selon son article 24-V ajouté par cette loi). De plus, depuis le 1er janvier 2015, lorsque le bailleur est une personne physique ou une société civile de famille (constituée exclusivement entre parents et alliés jusqu'au quatrième degré inclus) et que le montant ou l'ancienneté de la dette excède les seuils fixés par le préfet, le commandement doit être signalé par l'huissier de justice à la Commission de coordination des actions de prévention des expulsions locatives, par lettre recommandée avec demande d'avis de réception ou par voie électronique (loi du 6 juillet 1989, art. 24-I, al. 4, issu de la loi *Alur*). Enfin, les demandes, ayant pour objet de constater la résiliation de plein droit d'un bail d'habitation soumis à la loi de 1989 ou de prononcer sa résolution judiciaire motivée par l'existence d'une dette locative du preneur, sont subordonnées à des formalités préalables, qui ont été étendues par la loi *Alur*. Depuis le 1er janvier 2015, lorsque le bailleur est une personne morale autre qu'une société civile de famille, l'assignation en constat de la résiliation ou en résolution judiciaire ne peut être délivrée, sous peine d'irrecevabilité, avant l'expiration d'un délai de deux mois suivant la saisine de la Commission de coordination des actions de prévention des expulsions locatives (loi du 6 juillet 1989, art. 24-II et IV). Cette formalité nouvelle s'ajoute à la notification au préfet, qui subsiste dans tous les cas, de toute demande tendant à l'une de ces fins, principale ou reconventionnelle, au moins deux mois avant l'audience, par une lettre recommandée avec demande d'avis de réception ou par voie électronique, afin qu'il saisisse l'organisme compétent désigné par le plan départemental pour l'hébergement et le relogement des personnes défavorisées (loi du 6 juillet 1989, art. 24-III et IV). Plus généralement, l'huissier de justice, chargé d'une procédure d'expulsion, doit veiller à respecter les engagements inscrits dans la charte départementale pour la prévention de l'expulsion prévue par l'article 28 de la loi Alur et dont le contenu a été fixé par le D. n° 2016-393 du 31 mars 2016.

celle-ci devra être accompagnée ou suivie, selon les cas, d'un commandement d'avoir à libérer les locaux.

b) Le commandement d'avoir à libérer les locaux

265 ***Domaine et modalités.*** Le commandement d'avoir à libérer les locaux[559] est un acte d'huissier de justice qui est prévu à l'article L. 411-1 du CPCE. Comme ce texte ne distingue pas selon que le local est ou non affecté à un usage d'habitation, cette formalité préalable est **requise pour toutes les expulsions**, quel que soit l'immeuble à évacuer. En revanche, s'agissant de son contenu, prévu par les articles R. 411-1 et R. 412-1 du CPCE à peine de nullité du commandement[560], l'affectation de l'immeuble n'est pas indifférente.

Dans tous les cas, il doit comporter les mentions énumérées à l'article R. 411-1, qui sont les suivantes :

- l'indication du titre exécutoire en vertu duquel l'expulsion est poursuivie ;
- la désignation de la juridiction devant laquelle peuvent être portées les demandes de délais et toutes contestations relatives à l'exécution des opérations d'expulsion ;
- l'indication de la date à partir de laquelle les locaux devront être libérés ;
- l'avertissement qu'à compter de cette date il pourra être procédé à l'expulsion forcée du débiteur ainsi qu'à celle de tout occupant de son chef.

Lorsque l'expulsion porte sur un **local affecté à l'habitation principale** des personnes poursuivies, le commandement doit aussi reproduire, selon l'article R. 412-1, les dispositions des articles L. 412-1 à L. 412-6 du CPCE. Ces textes prévoient l'information du préfet, les délais d'attente et la trêve hivernale dont ces personnes peuvent bénéficier (voy. *infra*, n°s 266 et s.). Mais cette mention complémentaire est écartée pour l'expulsion d'un conjoint, concubin ou partenaire « pacsé » violent, prononcée sur le fondement de l'article 515-9 du Code civil (CPCE, art. R. 412-1, al. 3), car ces dispositions ne bénéficient pas à ces occupants (CPCE, art. L. 412-8). Quant à l'expulsion d'occupants de locaux spécialement destinés aux logements d'étudiants lorsque ceux-ci ne remplissent plus les conditions requises, le commandement ne reproduit que les articles L. 412-1 et L. 412-2 (CPCE, art. R. 412-1, al. 2), car les autres ne sont pas applicables (CPCE, art. L. 412-7, al. 1er).

266 ***Signification et information du préfet.*** Le commandement ainsi libellé doit être signifié à la personne expulsée[561], mais pour gagner du temps, cette

559. Ce terme doit être pris dans un sens large, éclairé par le début de l'article L. 411-1 qui vise l'expulsion « d'un immeuble ou d'un lieu habité ». Il s'agit donc non seulement de locaux dépendant d'un immeuble construit, mais aussi de tout autre lieu servant à l'habitation, tels que des caravanes ou des abris précaires pouvant constituer des bidonvilles.

560. Mais comme il s'agit d'une nullité pour irrégularité de forme, elle ne sera prononcée que si un grief est établi ; voy. not. Civ. (2e ch.), 8 février 2007, n° 05-20936, *Bull. civ.*, II, n° 25 ; *Dr. et procéd.*, 2007, p. 225, obs. O. Salati ; Civ. (2e ch.), 13 juillet 2006, n° 04-13248, *Bull. civ.*, II, n° 212.

561. Il s'agit de la personne dont l'expulsion est ordonnée et non l'occupant de son chef : Civ. (2e ch.), 23 juin 2016, n° 15-21408, à paraître au Bull., *D.*, 2017, p. 1397, obs. A. Leborgne.

signification[562] peut se faire **en même temps que celle du jugement d'expulsion** (CPCE, art. R. 411-1, al. 2)[563]. En tout cas, elle doit toujours être faite au domicile réel et non à un domicile élu (CPCE, art. R. 411-2). Mais lorsque l'expulsion vise des personnes non dénommées, le commandement est remis au parquet à toutes fins (CPCE, art. R. 411-3).

Si l'expulsion porte sur un local affecté à l'habitation principale des personnes poursuivies[564], l'huissier de justice doit accomplir des formalités complémentaires inscrites à l'article L. 412-5 du CPCE, qui ont été étendues par la loi n° 2014-366 du 24 mars 2014 pour l'accès au logement et un urbanisme rénové, dite loi *Alur*. Dès le commandement d'avoir à quitter les lieux, il doit en saisir le préfet afin qu'il en avise la Commission de coordination des actions de prévention des expulsions locatives[565] et informer le ménage locataire de la possibilité de saisir la Commission de médiation en vue d'une demande de relogement au titre du droit au logement opposable. Le défaut de saisine du préfet entraîne la suspension du délai légal (voy. *infra*, n°s 268 et 269), qui concourt à la détermination du moment de l'expulsion (CPCE, art. L. 412-5)[566].

2. Le moment de l'expulsion

Dans la plupart des cas, l'expulsion ne pourra pas avoir lieu dès la délivrance du commandement d'avoir à libérer les locaux, car de nombreux occupants peuvent bénéficier de délais d'attente (a) et de la trêve hivernale (b).

a) Les délais d'attente

267 ***Notion et juges compétents.*** Les délais d'attente sont des délais pendant lesquels l'expulsion des occupants qui en bénéficient est suspendue. La compétence pour en connaître revient au juge des référés jusqu'à la délivrance du commandement d'avoir à libérer les locaux et postérieurement au juge de l'exécution du lieu de situation de l'immeuble (CPCE, R. 412-4). Le juge de l'exécution statue selon les règles de la procédure ordinaire, mais il peut être saisi en la forme simplifiée par simple déclaration adressée ou remise au greffe (voy. *supra*, n° 146).

---

562. Cette signification emporte-t-elle interruption du délai de prescription de l'exécution forcée ? Par analogie avec le commandement de payer préalable à la saisie-vente (voy. *supra*, n° 258), on pourrait l'admettre, car même s'il n'est pas un acte d'exécution forcée, il engage incontestablement la mesure d'expulsion.

563. À condition qu'il soit exécutoire dès son prononcé (jugement assorti de l'exécution provisoire ou arrêt d'appel). À défaut, sa notification devra nécessairement précéder celle du commandement car elle sera nécessaire pour faire courir le délai de la voie de recours suspensive ouverte (appel ou opposition).

564. Les baux à usage professionnel ne comprenant aucun local d'habitation accessoire sont donc exclus : Civ. (2e ch.), 20 janvier 2005, n° 03-13138, *Bull. civ.*, II, n° 18. De plus, si un tel local existe, encore faut-il qu'il soit effectivement habité par la personne à expulser : Civ. (2e ch.), 23 juin 2011, n° 10-18551, *Gaz. Pal.*, 2012, p. 473, obs. C. Brenner.

565. Prévue à l'article 7-2 de la loi n° 90-449 du 31 mai 1990 visant à la mise en œuvre du droit au logement.

566. Ces formalités ne sont applicables ni à l'expulsion d'un conjoint, concubin ou partenaire « pacsé » violent prononcée sur le fondement l'article 515-9 du Code civil (CPCE, art. L. 412-8), ni à celle d'occupants de locaux spécialement destinés aux logements d'étudiants lorsque ceux-ci ne remplissent plus les conditions requises (CPCE, art. L. 412-7, al. 1er).

Il existe deux types de délais d'attente : le délai légal où le rôle du juge n'est qu'éventuel (1) et les délais judiciaires où il est principal (2).

1) *Le délai légal*

268 ***Durée.*** Ce délai d'attente est prévu par l'article L. 412-1 du CPCE. Il est d'une durée de **deux mois** qui court de plein droit à compter de la délivrance du commandement d'avoir à libérer les locaux. Mais **le juge** peut exceptionnellement le modifier, et ce dans les deux sens.

Il **peut le réduire ou le supprimer**, par une décision spéciale et motivée, notamment si les occupants sont entrés dans les lieux par voie de fait ou si la procédure de relogement a échoué du fait du locataire[567]. Inversement, le juge peut aussi **l'allonger d'une durée maximum de trois mois** lorsque l'expulsion aurait des conséquences d'une exceptionnelle dureté notamment du fait de la période de l'année considérée ou des circonstances atmosphériques (CPCE, art. L. 412-2).

269 ***Domaine.*** Mais ce délai ne joue que si l'expulsion porte sur un **lieu habité** (CPCE, art. L. 412-1, al. 1er)[568]. Le seul critère retenu est donc celui de l'habitation, peu important sa nature, principale ou secondaire, ou son cadre, une construction (immeuble ou partie d'immeuble) ou tous autres lieux tels que des caravanes ou des abris précaires pouvant constituer des bidonvilles[569]. En revanche, sont exclus les lieux et locaux affectés à un usage différent, tel un usage professionnel, commercial, industriel ou artisanal. De plus, ce délai ne joue pas, même s'il s'agit d'un lieu habité, lorsque l'expulsion a été ordonnée sur le fondement de l'article 515-9 du Code civil à l'encontre d'un conjoint, concubin ou partenaire « pacsé » violent (CPCE, art. L. 412-8).

Dans tous ces cas où le délai légal est exclu, l'expulsion peut être menée dès la délivrance du commandement d'avoir à libérer les locaux, sauf si les occupants bénéficient de délais judiciaires.

2) *Les délais judiciaires*

270 ***Notion.*** Les délais judiciaires sont prévus aux articles L. 412-3 et L. 412-4 du CPCE. Contrairement au délai légal, ils ne jouent **jamais de plein droit** car ils doivent être accordés par un juge. Le juge compétent est d'abord celui qui ordonne l'expulsion et qui peut même statuer d'office sur ce point (CPCE, art. R. 412-3). Postérieurement, la compétence revient au juge des référés ou au juge de l'exécution selon la distinction indiquée plus haut (voy. *supra*, n° 267).

Ils ne doivent pas être confondus avec les délais de grâce de l'article 1343-5 du Code civil (anc. 1244-1 à 1244-3), car leur régime est différent. Les délais de grâce peuvent être accordés **en amont** du titre exécutoire, pour permettre aux occupants d'exécuter leurs obligations et éviter ainsi le prononcé de l'expulsion. Mais **en aval** du titre, une fois l'expulsion ordonnée, ce sont ces délais

567. Il s'agit de la de la procédure prévue à l'article L. 442-4-1 du CCH.

568. À l'origine, le délai légal était réservé aux seuls locaux affectés à l'habitation principale. Il a été étendu à tout lieu habité par l'article 143 de la loi n° 2017-86 du 27 janvier 2017 relative à l'égalité et la citoyenneté.

569. En ce sens, voy. not., A. Leborgne, « Droit de l'exécution (avril 2017-avril 2018) », *D.*, 2018, p. 1223.

judiciaires qui prennent le relais, pour différer la date à laquelle les opérations pourront débuter, à défaut de libération volontaire des lieux. Ils peuvent ainsi s'ajouter aux délais de grâce antérieurement accordés. Mais encore faut-il que les occupants puissent y prétendre, ce qui n'est pas toujours le cas.

271 ***Domaine.*** Selon l'article L. 412-3 du CPCE, les délais judiciaires sont réservés aux « occupants de lieux habités ou de locaux à usage professionnel » :

- s'agissant des **lieux habités**[570], ils sont aussi éligibles au délai légal (voy. *supra*, n° 269), qui joue toujours de plein droit et qui se cumule donc avec les délais judiciaires, le cas échéant (CPCE, art. L. 412-1, al. 1er) ;
- s'agissant des **locaux à usage professionnel**, il était traditionnellement admis que seule une activité civile exercée dans les lieux ouvrait droit aux délais judiciaires et, en aucun cas, des activités commerciales, industrielles ou artisanales ; mais la Cour de cassation a retenu une interprétation beaucoup plus large, et pour le moins inhabituelle, en jugeant que ces délais pouvaient être accordés « à l'occupant d'un local à usage commercial[571] » ; une telle solution devrait conduire à faire bénéficier de ces délais judiciaires, toutes les activités professionnelles exercées dans les lieux à libérer, quelle que soit leur nature.

En revanche, ils restent exclus dans tous les cas où la loi le prévoit expressément. Ainsi en est-il lorsque le propriétaire exerce son droit de reprise en vertu de l'article 19 de la loi du 1er septembre 1948 ou lorsque la procédure de relogement a échoué du fait du locataire (CPCE, art. L. 412-3, al. 2)[572]. De même, ils ne sont pas applicables aux occupants des locaux spécialement destinés aux logements d'étudiants lorsque ceux-ci ne remplissent plus les conditions requises (CPCE, art. L. 412-7, al. 1er) et au conjoint, concubin ou partenaire « pacsé » violent dont l'expulsion a été ordonnée en vertu de l'article 515-9 du Code civil (CPCE, L. 412-8).

272 ***Durée et conditions.*** Contrairement aux délais de grâce qui ne peuvent excéder deux années (C. civ., art. 1343-5, anc. 1244-1), les délais judiciaires se situent **entre trois mois au minimum et trois ans au maximum**[573], et dans ces limites ils sont **toujours renouvelables** (CPCE, art. L. 412-3 et L. 412-4)[574].

Ils peuvent être accordés à « chaque fois que le relogement des intéressés ne pourra avoir lieu dans des conditions normales sans que lesdits occupants aient à justifier d'un titre de location à l'origine de l'occupation » (CPCE, art. L. 412-3, al. 1er). Mais si les **difficultés de relogement** constituent ainsi une condition nécessaire à l'octroi des délais judiciaires, celle-ci n'est pas suffisante. En effet, pour la fixation de ces délais, le juge doit aussi prendre en

570. À l'origine, les délais judiciaires étaient réservés aux locaux d'habitation. Ils ont été étendus à tout lieu habité par l'article 143 de la loi n° 2017-86 du 27 janvier 2017 relative à l'égalité et la citoyenneté.

571. Civ. (2e ch.), 4 juillet 2007, n° 06-14601, *Bull. civ.*, II, n° 202.

572. Il s'agit, comme pour la réduction ou la suppression du délai légal, de la procédure prévue à l'article L. 442-4-1 du CCH.

573. Délais issus de la loi *Alur* du 24 mars 2014 qui est revenu à la situation antérieure à la loi du 25 mars 2009, laquelle avait réduit ces délais respectivement à un mois et un an.

574. De plus, ils peuvent être demandés en tout état de cause, y compris pour la première fois en appel : Civ. (2e ch.), 10 juillet 2008, n° 07-13503, *Bull. civ.*, II, n° 182 ; *Procédures*, 2008, comm. n° 266, obs. R. Perrot.

considération, lorsque les difficultés de relogement sont établies, les critères prévus par l'article L. 412-4 du CPCE :

- la bonne ou la mauvaise volonté manifestée par l'occupant dans l'exécution de ses obligations ;
- les situations respectives du propriétaire et de l'occupant, notamment en ce qui concerne l'âge, l'état de santé, la qualité de sinistré par faits de guerre, la situation de famille ou de fortune de chacun d'eux, les circonstances atmosphériques ;
- les diligences que l'occupant justifie avoir faites en vue de son relogement ;
- le droit à un logement décent et indépendant, les délais liés aux recours en vue du relogement devant la Commission de médiation[575] et le délai prévisible de relogement[576].

Les délais judiciaires doivent donc être **justifiés objectivement** par des difficultés avérées de relogement et **subjectivement** par la situation personnelle de l'occupant et son attitude, tant passée dans l'exécution de ses obligations que présente dans la recherche d'un logement. À défaut, ils seront rejetés. Mais l'expulsion ne pourra pas nécessairement débuter car, outre le délai légal qui doit être expiré, la plupart des occupants peuvent bénéficier aussi de la trêve hivernale.

b) La trêve hivernale

273 ***Période et domaine.*** La trêve hivernale correspond à une période annuelle fixée invariablement par l'article L. 412-6 du CPCE **du 1er novembre** de chaque année **au 31 mars** de l'année suivante[577], pendant laquelle « il doit être sursis à toute mesure d'expulsion non exécutée [...], à moins que le relogement des intéressés soit assuré dans des conditions suffisantes respectant l'unité et les besoins de la famille ».

Le domaine de cette trêve n'est pas expressément défini[578]. Mais il est traditionnellement admis qu'elle doit être réservée aux seuls locaux d'habitation car ce texte vise expressément le « relogement[579] », ainsi que « l'unité et les besoins de la famille ». Comme la loi relative à l'égalité et la citoyenneté du 27 janvier 2017 a substitué, au second alinéa de l'article L. 412-6, le terme « lieux » à celui de « locaux » (voir ci-après), on peut admettre que la trêve hivernale s'applique plus généralement à **tout lieu habité** (sur cette notion, voy. *supra*, n° 269).

Mais il faut écarter les cas où la loi en exclut expressément le bénéfice, qui sont les suivants :

- si le relogement des intéressés est assuré dans des conditions suffisantes respectant l'unité et les besoins de la famille (CPCE, art. L. 412-6, al. 1er) ;

575. Prévus aux articles L. 441-2-3 et L. 441-2-3-1 du CCH.
576. Critères ajoutés par la loi *Alur* du 24 mars 2014.
577. La loi *Alur* du 24 mars 2014 a allongé la trêve au 31 mars alors qu'auparavant elle s'arrêtait le 15 mars de chaque année.
578. Ce qui est d'autant plus gênant que l'article L. 412-6 fait partie du chapitre II intitulé « Dispositions particulières aux locaux d'habitation ou à usage professionnel ».
579. En ce sens : R. PERROT et Ph. THÉRY, *Procédures civiles d'exécution*, 3e éd., Paris, Dalloz, 2013, n° 1091.

- pour l'expulsion d'occupants de locaux spécialement destinés aux logements d'étudiants lorsque ceux-ci ne remplissent plus les conditions requises (CPCE, art. L. 412-7) ;
- pour l'expulsion du conjoint, concubin ou partenaire « pacsé » violent, ordonnée en vertu de l'article 515-9 du Code civil (CPCE, art. L. 412-8).

À ces dérogations légales s'ajoute la faculté accordée au juge de supprimer le bénéfice de la trêve hivernale lorsque les personnes dont l'expulsion a été ordonnée sont entrées dans les lieux par voie de fait (CPCE, art. L. 412-6, al. 2)[580].

274 ***Effets.*** Lorsque la trêve hivernale s'applique, toute mesure d'expulsion est interdite du 1er novembre d'une année au 31 mars de l'année suivante, même si le délai légal ou les délais judiciaires dont bénéficiaient les occupants sont expirés ou viennent à expirer durant cette période. Mais la jurisprudence récente **limite** strictement les effets de cette interdiction **aux seules mesures d'exécution forcée**, en autorisant, pendant la trêve hivernale, tant sa préparation que les mesures incitatives à un départ volontaire.

Ainsi, le Conseil d'État a admis, revenant sur sa jurisprudence antérieure, que **le concours de la force publique peut être demandé** pendant la trêve hivernale[581]. Mais tant le concours effectif en cas d'acceptation que la responsabilité de l'État en cas de refus, explicite ou implicite, ne devraient pouvoir prendre effet qu'à compter du 1er avril de l'année en cours[582].

Quant à la Cour de cassation, elle a jugé qu'**une astreinte pouvait être ordonnée et liquidée** pendant la trêve hivernale, pour inciter le débiteur à se conformer à la décision d'expulsion rendue. À l'appui de sa décision, elle retient que l'astreinte n'est pas une mesure d'exécution forcée, qui seule est interdite pendant cette période[583]. Comme l'astreinte ne peut courir qu'à compter du jour où la décision est devenue exécutoire (voy. *supra*, n° 236), il faut en déduire que la période hivernale n'affecte pas ce caractère de la décision d'expulsion. En revanche, tel devrait être le cas du délai, légal ou judiciaire, dont pourrait profiter l'occupant et qui devrait donc empêcher l'astreinte de courir[584].

Ces délais, s'ils ne sont pas expirés à la date du 1er avril de l'année considérée, ou s'ils sont renouvelés postérieurement, empêcheront aussi les opérations d'expulsion. À défaut, elles pourront débuter.

---

580. Cette dérogation judiciaire a été introduite par la loi *Alur* du 24 mars 2014 alors qu'auparavant, la trêve hivernale était aussi écartée de plein droit dans ce cas. À l'origine, seuls les « locaux » étaient visés mais l'article 143 de la loi n° 2017-86 du 27 janvier 2017 relative à l'égalité et la citoyenneté a substitué à ce terme celui, plus général, de « lieux ».

581. CE, 27 avril 2007, n° 291410, *Procédures*, 2007, comm. n° 248, obs. R. Perrot. Telle était déjà la pratique parisienne suite à un arrêt de la Cour administrative d'appel de Paris du 10 avril 1990, *La paternelle*.

582. Dans l'espèce soumise au Conseil d'État (*op. cit.*), le concours de la force publique avait été demandé un 19 janvier, de sorte que la responsabilité de l'État, résultant du refus implicite né du silence gardé par l'administration pendant deux mois, a été engagée à compter du 19 mars de la même année.

583. Civ. (2e ch.), 4 juillet 2007, n° 05-15382, *Bull. civ.*, II, n° 183 ; *Procédures*, 2007, comm. n° 249, obs. R. Perrot ; *Loyers et copr.*, 2007, comm. n° 213, obs. B. Vial-Pedroletti.

584. En ce sens : B. Vial-Pedroletti, *op. cit.*

B) Les opérations d'expulsion

275 ***Règles de compétence et de procédure.*** Les opérations d'expulsion sont conduites par l'huissier de justice qui bénéficie du monopole de l'exécution forcée. Mais il agit toujours sous le contrôle du juge qui peut être saisi de toutes les contestations qui s'élèvent à l'occasion de ces opérations. Elles **relèvent du juge de l'exécution** dont la compétence est exclusive et impérative, tout autre juge devant relever d'office son incompétence. Territorialement, la compétence revient **au juge du lieu de situation de l'immeuble** (CPCE, art. R. 442-1) et les règles de procédure applicables sont celles de la **procédure ordinaire**. Mais le juge de l'exécution peut être saisi en la forme simplifiée **par simple déclaration** remise ou adressée au greffe (voy. *supra*, n° 146).

Le rôle du juge est de contrôler le respect des règles gouvernant les opérations d'expulsion qui ne sont pas les mêmes à l'égard des personnes (1) et à l'égard des biens (2).

1. À l'égard des personnes

276 ***Personnes pouvant être expulsées.*** Le principe est qu'un titre exécutoire ne peut être exécuté qu'à l'encontre des personnes qu'il désigne expressément. Mais en pratique, il est rare qu'un local ne soit occupé que par la personne désignée dans le jugement. C'est la raison pour laquelle les décisions ordonnent généralement l'expulsion de la **personne poursuivie et « de tout occupant de son chef »**[585]. Ces occupants peuvent alors faire l'objet des opérations d'expulsion alors qu'ils ne sont pas désignés nommément dans le jugement[586].

---

585. Mais cette formule n'est pas même nécessaire car la Cour de cassation a jugé que l'expulsion du locataire désigné dans le jugement entraîne celle de tous les occupants de son chef dès lors que ceux-ci ne possèdent pas un droit opposable au bailleur : Civ. (2e ch.), 4 décembre 2003, n° 02-10387, *Bull. civ.*, II, n° 366, p. 301, *Dr. et procéd.*, 2004, p. 164, obs. J.-J. Bourdillat ; voy. aussi CE, 25 juillet 2013, n° 347456, *Dr. et procéd.*, 2013, p. 248, obs. L. Choquet.

586. Mais de quelles personnes peut-il s'agir ? Dans la mesure où elles doivent se trouver dans les lieux du chef de la personne expulsée, il peut s'agir d'un parent, d'un ami ou même d'un sous-locataire (voy. en dernier lieu : Civ. (3e ch.), 30 novembre 2005, n° 04-18686, *Bull. civ.*, III, n° 229). En revanche, elles ne doivent en aucun cas détenir un droit propre, qu'il s'agisse d'un droit personnel à l'égard de l'expulsant (ainsi en est-il, par exemple, de toutes les hypothèses de cotitularité d'un bail ; le cas le plus fréquent en pratique est celui des locaux d'habitation occupés par deux époux ou deux partenaires « pacsés », car selon l'article 1751 du Code civil, dans sa rédaction issue de la loi *Alur* du 24 mars 2014, le droit au bail est réputé appartenir à l'un et à l'autre des époux ou à l'un et l'autre des partenaires si ces derniers en font la demande conjointement) ou d'un droit réel sur le local dont elles ont été expropriées (par exemple, la procédure d'expulsion d'un bien commun après une adjudication doit être dirigée contre les deux époux ; en ce sens : Civ. (2e ch.), 21 septembre 2000, n° 97-21906, *Bull. civ.*, II, n° 132 ; *D.*, 2001, p. 2934, obs. M. Nicod) ; toutes ces personnes ne peuvent être expulsées que si la procédure a été dirigée contre elles et si elles sont désignées dans le jugement. Mais encore faut-il que le locataire, seul signataire du bail, ait porté préalablement à la connaissance du bailleur l'existence de son conjoint ou partenaire « pacsé ». À défaut, les notifications et significations qui lui sont faites sont opposables à son conjoint ou partenaire. Cette condition ne devrait plus poser aucune difficulté aux partenaires « pacsés » car depuis la loi *Alur*, ceux-ci ne bénéficient de la cotitularité que s'ils en font conjointement la demande. Pour les époux, elle suppose une démarche active de sorte que l'information informelle que le bailleur peut avoir de la situation est insuffisante : Civ. (3e ch.), 29 octobre 2013, n° 12-23138 (F-P+B), *RJDA*, 2014, n° 11.

À cela s'ajoute que **toute personne expulsée, qui se réinstalle sans titre** dans les mêmes locaux, peut faire l'objet d'une nouvelle expulsion sur le fondement du même commandement et sans qu'il y ait lieu de réitérer l'information du préfet (CPCE, art. R. 441-1). De plus, cette réinstallation est constitutive d'**une voie de fait** (CPCE, art. R. 441-1), ce qui peut priver les occupants du bénéfice de la trêve hivernale (voy. *supra*, n° 273).

277 ***Pénétration dans le local.*** Aucune difficulté ne se pose si les occupants sont présents et acceptent que l'huissier de justice pénètre dans leur local. Mais que faire **s'ils sont absents ou refusent de libérer volontairement les lieux** ? Comme la loi d'orientation relative à la lutte contre les exclusions du 29 juillet 1998 a exclu le recours aux articles 20 et 21 de la loi de 1991, devenus les articles L. 142-3 et L. 142-1 (CPCE, art. L. 431-1), l'huissier de justice devra **obligatoirement solliciter le concours de la force publique**[587].

Le concours obligatoire de la force publique est ainsi conçu comme l'**ultime protection** que les occupants pourront encore espérer[588], car il peut toujours être refusé par le préfet, sauf que l'État devra alors indemniser le propriétaire (voy. *supra*, n°s 128 et s.)[589]. Du reste, la loi du 29 juillet 1998 était allée plus loin encore en prévoyant de subordonner le concours de la force publique au relogement des occupants, tout en précisant que ce motif de refus ne ferait pas obstacle à l'indemnisation du bailleur. Mais cette disposition a été annulée par le Conseil constitutionnel pour atteinte au principe de la séparation des pouvoirs[590]. En tout cas, elle témoigne, pour le moins, de la volonté du législateur de rendre obligatoire le concours de la force publique en matière d'expulsion de manière à laisser au préfet le dernier mot, à charge pour l'État d'indemniser, le cas échéant, la personne qui poursuit l'expulsion.

En pratique, pour établir l'absence ou le refus de l'occupant, les huissiers de justice dressent un **procès-verbal de tentative d'expulsion** avant de requérir le concours de la force publique. Certes, le Conseil d'État a jugé que la tentative matérielle d'expulsion n'est pas une condition légale de l'octroi du concours[591]. Mais elle reste utile car le concours ne peut être sollicité avant l'expiration du délai légal de deux mois suivant le commandement d'avoir à quitter les locaux et seulement s'il est resté sans effet[592].

---

587. Il ne serait pas raisonnable d'imaginer que l'expulsion, seule mesure d'exécution forcée s'exerçant contre la personne, soit plus souple qu'une exécution sur les biens ou la reprise de locaux abandonnés où ces textes de droit commun sont applicables (voy. *infra*, n°s 291 et 295) ; voy. cep., R. Perrot et Ph. Théry, *op. cit.*, n°s 1100 et 1101.

588. C'est tellement vari que depuis la loi « *Alur* » du 24 mars 2014, le fait de forcer un tiers à quitter le lieu qu'il habite sans avoir obtenu le concours de la force publique, à l'aide de manœuvres, menaces, voies de fait ou contraintes, constitue un délit pénal puni de 3 ans d'emprisonnement et de 30.000 € d'amende (CP, art. 226-4-2).

589. De plus, le refus du concours, implicite ou explicite, devrait constituer un « empêchement résultant de la loi » au sens de l'article 2234 du Code civil et ainsi emporter suspension de la prescription de l'exécution forcée, qui a commencé à courir avec le jugement autorisant l'expulsion.

590. Décision n° 98-403 DC du 29 juillet 1998, *JO*, 31 juillet 1998, p. 11710.

591. CE, 14 novembre 2011, n° 343908 ; voy. L. Choquet et A. Léon, « La demande de réquisition de la force publique en matière d'expulsion : un assouplissement confirmé des conditions de recevabilité », *Dr. et procéd.*, 2012, p. 91.

592. CE, 14 novembre 2011, préc. ; CE, 18 février 2010, n° 316987, *Dr. et procéd.*, 2010, p. 184, obs. J.-J. Bourdillat.

278 ***Procès-verbal d'expulsion.*** Une fois sur place, il appartiendra à l'huissier de justice de procéder à l'expulsion des occupants présents, ce qui n'est pas une tâche facile. Il devra faire preuve à la fois de **sang-froid** pour surmonter toutes les provocations et de **détermination** pour déjouer les ultimes manœuvres dilatoires, tout en témoignant aux occupants de l'humanité et de la compréhension qui s'imposent. C'est souvent la quadrature du cercle !

À la fin de ces opérations, il devra dresser un procès-verbal d'expulsion qui, **à peine de nullité**, doit comporter les mentions suivantes, prévues à l'article R. 432-1 du CPCE :

- la description des opérations auxquelles il a été procédé et l'identité des personnes dont le concours a été nécessaire[593] ;
- la désignation de la juridiction compétente pour statuer sur les contestations relatives aux opérations d'expulsion[594].

Ainsi établi, ce procès-verbal devra être remis ou signifié à la personne expulsée (CPCE, R. 432-2). De plus, comme l'expulsion peut être assimilée à un « déménagement furtif » au sens des articles 1687 et 1688 du CGI, l'huissier de justice devra aussi veiller, dans les trois mois, à donner avis au comptable public de ce déménagement, c'est-à-dire de l'expulsion. À défaut, le propriétaire sera tenu du paiement, selon la nature de l'occupation, de la taxe d'habitation ou de la cotisation foncière des entreprises. Cette information du comptable public est appelée, en pratique, la **décharge fiscale**.

En fonction des biens présents sur place, qu'il faut aussi évacuer, le procès-verbal d'expulsion devra comporter parfois des mentions complémentaires.

2. Les opérations d'expulsion à l'égard des biens

279 ***Évacuation des biens.*** Toute expulsion ayant pour objet la **libération complète** des locaux en cause, l'évacuation des biens qui s'y trouvent est tout aussi nécessaire que celle des personnes qui les occupent. Mais comme il s'agit de biens appartenant à la personne expulsée, il est normal qu'elle en conserve la maîtrise, à condition de ne pas compromettre les droits de l'expulsant. Tel est l'objet des articles L. 433-1 et L. 433-2 du CPCE qui s'appliquent à toutes les expulsions, sauf celle du conjoint, concubin ou partenaire « pacsé » violent, ordonnée en vertu de l'article 515-9 du Code civil, qui en est privé (CPCE, art. L. 433-3).

Sous cette réserve, ces textes donnent la priorité à la personne expulsée qui peut toujours désigner le lieu où elle souhaite que les biens soient remis le jour de l'expulsion (a). Mais à défaut, ils seront laissés sur place ou en un lieu approprié et leur sort dépendra alors de l'attitude ultérieure de la personne expulsée (b).

a) Biens remis en un lieu désigné par la personne expulsée

280 ***Biens antérieurement saisis.*** Comme les biens à évacuer sont la propriété de la personne expulsée, celle-ci peut indiquer librement à l'huissier de justice le lieu où elle souhaite qu'ils soient remis (CPCE, art. L. 433-1). Mais si des biens

593. Par exemple, le serrurier qui a procédé à l'ouverture des portes en l'absence des occupants.
594. En l'occurrence, le juge de l'exécution du lieu de situation de l'immeuble.

ont fait l'objet antérieurement d'une saisie, il faut aussi préserver les droits du saisissant. Il s'ensuit les règles suivantes, prévues à l'article R. 433-7 du CPCE.

Les biens saisis sont remis au lieu désigné par la personne expulsée, mais le procès-verbal d'expulsion doit **en dresser l'inventaire** et préciser ce lieu. Il est ensuite dénoncé au saisissant avec, le cas échéant, l'opposition du propriétaire des lieux qui entend se joindre à cette saisie. Celle-ci se poursuivra alors indépendamment des opérations d'expulsion.

281 ***Frais de la remise.*** Mais le transport des biens, saisis ou non, au lieu désigné par la personne expulsée, doit toujours se faire à ses frais (CPCE, art. L. 433-1). Or, en pratique, il est très rare qu'elle en ait les moyens. L'huissier de justice sera alors contraint de les laisser provisoirement sur place ou en un lieu approprié, avec toutes les conséquences qui s'y attachent pour la personne expulsée.

b) Biens laissés sur place ou en un lieu approprié

282 ***Idées directrices.*** Lorsque les biens ne peuvent être remis, le jour de l'expulsion, en un lieu désigné par la personne expulsée, le législateur a voulu lui laisser une dernière chance de les enlever lui-même. C'est la raison pour laquelle ils sont alors laissés sur place ou en un lieu approprié, tel un garage ou une cave, pour permettre à la personne expulsée de les retirer (CPCE, art. L. 433-1), dans un délai qui est fixé à un mois, non renouvelable (CPCE, R. 433-2). À défaut, ils seront **vendus ou déclarés abandonnés** sur décision du juge de l'exécution du lieu où ils sont situés (CPCE, art. L. 433-2 et R. 442-1).

Mais il faut toujours réserver les biens qui ont fait l'objet antérieurement d'une saisie[595]. Ces biens doivent être remis à un **séquestre**, faute de pouvoir être transportés en un lieu indiqué par la personne expulsée (CPCE, art. R. 433-7). La procédure de saisie de ces biens pourra alors se poursuivre sous la garde du séquestre.

283 ***Procès-verbal d'expulsion.*** S'il existe des biens antérieurement saisis, le procès-verbal d'expulsion devra en dresser l'inventaire et indiquer le lieu où ils seront transportés, en l'occurrence l'adresse du séquestre. À ce titre, il devra être dénoncé au saisissant avec, le cas échéant, l'opposition du propriétaire des lieux qui entend se joindre à cette saisie (CPCE, art. R. 433-7).

Quant aux biens laissés sur place ou en un lieu approprié, le procès-verbal doit comporter, à peine de nullité, les mentions suivantes, prévues aux 1° à 4° de l'article R. 433-1 du CPCE :

- l'inventaire de ces biens, avec l'indication qu'ils paraissent avoir ou non une valeur marchande (1°) ;
- la mention du lieu et des conditions d'accès au local où ils ont été déposés (2°) ;
- la sommation à la personne expulsée, en caractères très apparents, d'avoir à les retirer dans le délai d'un mois non renouvelable à compter de la signification de l'acte, faute de quoi les biens qui n'auront pas été retirés

595. En aucun cas, il ne peut s'agir de documents ou d'effets personnels car ils ne peuvent faire l'objet d'une saisie ; l'huissier de justice doit donc toujours veiller à ce qu'ils puissent effectivement être restitués au débiteur qui en fait la demande dans le délai d'un mois, sous peine d'engager sa responsabilité : Civ. (2e ch.), 11 avril 2013, n° 12-15948, *Bull. civ.*, II, n° 80, *AIDA*, 2013, 772, obs. F. de la Vaissière, *D.*, 2014, p. 1468, obs. A. Leborgne.

seront, sur décision du juge, vendus aux enchères publiques ou déclarés abandonnés selon le cas (3°) ;

– la convocation de la personne expulsée d'avoir à comparaître devant le juge de l'exécution du lieu de la situation de l'immeuble, à une date déterminée[596], afin qu'il soit statué sur le sort des biens qui n'auraient pas été retirés avant le jour de l'audience (4°)[597].

Pour saisir le juge de l'exécution, une copie du procès-verbal d'expulsion est déposée au greffe (CPCE, art. R. 433-3, al. 1er). Mais l'audience prévue ne se tiendra que si les biens ne sont pas enlevés dans l'intervalle.

284 ***Biens enlevés.*** Selon l'article R. 433-4 du CPCE, si tous les biens ont été retirés avant le jour prévu pour l'audience, le propriétaire des lieux doit en informer le juge par tout moyen écrit ou déclaration au greffe. L'audience est alors annulée et les opérations d'expulsion sont achevées.

Mais si tous les biens n'ont pas été enlevés, l'audience devra se tenir pour qu'il soit statué sur leur sort car ils ne peuvent demeurer sur place.

285 ***Sort des biens non enlevés : vente forcée ou déclaration d'abandon.*** À l'audience prévue dans le procès-verbal d'expulsion, le juge de l'exécution entend les parties présentes ainsi que l'huissier de justice, s'il le souhaite (CPCE, art. R. 433-3, al. 2). Ces débats portent sur la **valeur marchande** des biens non enlevés que le juge apprécie souverainement[598] et qui détermine leur sort.

En effet, pour tous les biens qui ont une valeur marchande, le juge doit ordonner leur **vente aux enchères publiques**, y compris ceux qui sont insaisissables par leur nature (CPCE, art. R. 433-5, al. 1er)[599]. Après inventaire, il est alors procédé à leur vente forcée comme en matière de saisie-vente. Quant au prix, il est consigné, après déduction des frais et des montants revenant au bailleur, au profit de la personne expulsée qui en est informée par l'agent chargé de la vente (CPCE, art. R. 433-5, al. 2 et 3)[600].

Mais dans la majorité des cas, les biens non enlevés sont sans valeur marchande et il appartient alors au juge de l'exécution de les **déclarer abandonnés, à l'exception des papiers et documents de nature personnelle**[601]. Sous

---

596. Qui ne peut être antérieure à l'expiration du délai imparti au 3°.

597. Comme le procès-verbal d'expulsion contient ainsi une convocation à comparaître devant un juge de l'exécution, il devra aussi reproduire les articles R. 121-6 à R. 121-10 du CPCE (anct décr. 1992, art. 11 à 14) qui déterminent les règles générales de procédure applicables devant cette juridiction.

598. En ce sens : Civ. (2e ch.), 4 octobre 2007, n° 06-16685, *Bull. civ.*, II, n° 224, *Procédures*, 2008, comm. n° 10, obs. R. Perrot.

599. Mais le juge de l'exécution n'a pas à se prononcer préalablement sur la question de la propriété des biens dès lors que la personne expulsée ne les a pas retirés après la sommation de l'huissier de justice : Civ. (2e ch.), 5 mars 2009, n° 07-20677, *Dr. et procéd.*, 2009, p. 221, obs. F. Vinckel ; *Procédures*, 2009, comm. n° 147, obs. R. Perrot.

600. Mais ces dispositions sont essentiellement théoriques car, en pratique, les biens qui ont une valeur marchande sont généralement saisis par d'autres créanciers et/ou le propriétaire des lieux, de sorte que le juge de l'exécution n'aura pas à statuer sur leur sort qui sera déterminé par la saisie pratiquée.

601. Ceux-ci doivent être placés sous enveloppe scellée et conservés pendant deux ans par l'huissier de justice. Il en avise la personne expulsée et, à défaut de récupération dans ce délai, il procède à leur destruction et dresse un procès-verbal faisant mention des documents officiels et des instruments bancaires détruits (CPCE, art. R. 433-6).

cette réserve, les biens déclarés abandonnés sont immédiatement transportés à une décharge. Mais en pratique, il est de plus en plus fréquent que le juge invite l'huissier de justice à les proposer d'abord à une association caritative[602].

C) La reprise des locaux abandonnés

286 ***Abandon des locaux.*** La reprise des locaux abandonnés a été instituée par la loi dite *Béteille* du 22 décembre 2010 qui a introduit un article 14-1 dans la loi n° 89-462 du 6 juillet 1989 et complété l'article 21-1 de la loi de 1991, devenu l'article L. 451-1 du CPCE. Ces textes ont été complétés par le décret d'application n° 2011-945 du 10 août 2011, dont l'article 9 a créé les nouveaux articles 208-1 à 208-4 du décret de 1992, devenus les articles R. 451-1 à R. 451-4 du CPCE.

Aucune définition légale de l'abandon n'est donnée. Mais on peut admettre qu'elle correspond à l'hypothèse où l'occupant quitte les locaux de manière clandestine et définitive. **Clandestine**, ou pour reprendre une expression plus familière « à la cloche de bois », cela signifie qu'il est parti sans prévenir le propriétaire et sans, *a fortiori*, lui remettre les clés. **Définitive**, en ce sens que l'occupant a quitté les locaux sans intention d'y revenir et non à titre temporaire pour des raisons professionnelles ou personnelles[603].

Cet abandon peut intervenir à deux moments envisagés à l'article R. 451-1 du CPCE, qui conditionnent les règles applicables à la reprise des locaux : en cours d'expulsion (1) ou en cours de bail (2).

1. L'abandon en cours d'expulsion

287 ***Libération après commandement.*** Cette hypothèse est prévue au 1° de l'article R. 451-1 du CPCE. Elle suppose que les occupants aient « volontairement libéré les lieux postérieurement à la signification du commandement prévu à l'article L. 411-1 ». Il s'ensuit que le propriétaire dispose déjà d'un titre exécutoire et qu'un huissier de justice a débuté la procédure d'expulsion en délivrant le commandement d'avoir à quitter les lieux, lequel fait courir, en principe, un délai de deux mois, pour permettre aux occupants de s'exécuter (voy. *supra*, n°s 265 et 268). Aucun problème ne se pose s'ils acceptent de le faire de **manière transparente**, en informant le propriétaire ou son mandataire. L'expulsion commencée s'achèvera alors par la **remise des clés**. Mais s'ils le font **clandestinement**, il faudra engager la **procédure de reprise**. Elle se substitue à la procédure d'expulsion que l'huissier de justice devait poursuivre antérieurement jusqu'à son terme, alors même qu'il avait été informé du départ des occupants.

À cette fin, il doit d'abord pouvoir **constater la libération des lieux**. Pour ce faire, et par dérogation à l'article L. 431-1 du CPCE, il peut procéder comme il est dit à l'article L. 142-1 (CPCE, art. L. 451-1). Il n'a donc pas à requérir le

602. Voy., par exemple, Civ. (2e ch.), 4 octobre 2007, préc.

603. Ainsi, il a été jugé que des locaux ne peuvent être considérés comme abandonnés si l'inoccupation, même pour une longue durée, résulte de l'hospitalisation du locataire ou de son hébergement chez des proches en raison des soins indispensables ou de la nécessité d'un soutien psychologique : CA Versailles, 11 février 2014, *Gaz. Pal.*, 2014, p. 893, note L. Lauvergnat.

concours de la force publique **pour pénétrer dans les lieux**, nonobstant l'absence des occupants (voy. *supra*, n° 277). Il lui suffit d'opérer selon les **règles de droit commun** prévues à l'article L. 142-1 du CPCE, en présence de l'une des autorités ou personnes citées par ce texte (voy. *supra*, n° 194). Une fois dans les lieux et s'il constate leur libération, il peut immédiatement procéder à leur reprise.

288 ***Reprise des lieux.*** Pour y procéder, l'huissier de justice dresse un **procès-verbal de reprise** dans les conditions prévues à l'article R. 432-1 qu'il signifie conformément aux dispositions de l'article R. 432-2 (CPCE, art. R. 451-2). Ainsi, à ce stade, il opère exactement **comme en matière d'expulsion** (voy. *supra*, n° 278), sous cette réserve qu'il n'est pas entré dans les lieux avec le concours de la force publique, mais selon les règles de droit commun. Rien n'est dit de l'hypothèse où les occupants auraient laissé des biens sur place, car il n'est renvoyé qu'aux articles R. 432-1 et R. 432-2. Mais on devrait admettre, par analogie, que les règles de l'expulsion sont alors applicables également (voy. *supra*, n°s 279 et s.).

En tout cas, pour procéder à la reprise, l'huissier de justice n'a pas besoin d'attendre l'expiration du délai fixé dans le commandement dès lors qu'il a constaté l'abandon des lieux postérieurement (CPCE, art. R. 451-2). Il est aisé de comprendre que la procédure est beaucoup plus complexe lorsque l'abandon survient en cours de bail.

2. L'abandon en cours de bail

289 ***Domaine.*** L'hypothèse est celle où les occupants abandonnent les locaux alors que le bail est encore en cours. Autrefois, le bailleur n'avait d'autre solution que de poursuivre la résiliation du bail et l'expulsion selon les règles de droit commun, ce qui était manifestement inadapté. C'est la raison pour laquelle la loi dite *Béteille* du 22 décembre 2010 a créé une **procédure simplifiée** de reprise de ces locaux abandonnés, inscrite à l'article 14-1 de la loi du 6 juillet 1989.

La localisation de ce texte en détermine le domaine d'application. Cette procédure ne peut jouer que pour les **baux soumis à la loi de 1989**, qui sont cités à son article 2. Il s'agit des baux de locaux d'habitation principale et de locaux à usage mixte, professionnel et habitation principale, y compris les locaux loués accessoirement par le même bailleur, tels que garages, places de stationnement et jardins[604]. La reprise de ces locaux, lorsqu'ils sont abandonnés en cours de bail par leurs occupants, peut désormais s'opérer selon la procédure prévue à l'article 14-1 de la loi de 1989, complété par les articles 1 à 8 du décret du 10 août 2011 et les articles R. 451-1 à R. 451-4 du CPCE[605]. Elle se déroule en trois temps : le constat de l'abandon (a), la résiliation du bail (b) et enfin la reprise des locaux (c).

604. En revanche, elle n'est pas applicable aux autres baux d'habitation (secondaire, à caractère saisonnier, ou meublé), ni aux baux de locaux commerciaux ou de fonds ruraux.

605. Voy. not. E. Bazin, « Le renforcement du rôle de l'huissier de justice en droit de la famille et en droit des baux d'habitation », *Dr. et procéd.*, 2012, p. 7, spéc. n°s 30 et s. ; L. Choquet et A. Léon, « La reprise des locaux abandonnés après le décret du 10 août 2011 : "heureux" propriétaires ? », *Dr. et procéd.*, 2011, p. 254.

a) Le constat de l'abandon

290 ***Mise en demeure.*** Selon l'article 14-1 de la loi de 1989, il doit exister des éléments laissant supposer que le logement est abandonné par ses occupants[606]. Il peut s'agir, par exemple, de témoignages de voisins, de volets clos en permanence, d'une boîte aux lettres pleine ou encore d'un jardin en friche. Autrement dit, la procédure ne peut être engagée qu'en cas de **suspicion d'abandon** des locaux.

Elle débute toujours par une mise en demeure du locataire d'avoir à justifier qu'il occupe le logement. Cette mise en demeure est faite **par acte d'huissier de justice** et peut être contenu dans un commandement visant la clause résolutoire aux fins de paiement ou de justification d'un contrat d'assurance[607]. Il appartiendra à l'huissier de justice, préalablement à cette formalité, de vérifier la suspicion d'abandon qui est requise. Si le locataire ne justifie pas de son occupation **dans le mois** de la signification de la mise en demeure, la procédure pourra se poursuivre par l'établissement du procès-verbal d'abandon.

291 ***Procès-verbal d'abandon.*** Pour établir l'état d'abandon du logement, l'huissier de justice peut **pénétrer dans les locaux** sans requérir le concours de la force publique, conformément aux **règles de droit commun** prévues aux articles L. 142-1 et L. 142-2 du CPCE[608] (voy. *supra*, n° 194). Une fois sur place, il lui appartient de **relever les indices** permettant d'établir que les locaux ont été abandonnés définitivement par leurs occupants (voy. *supra*, n° 296). Aucun doute ne sera permis s'ils sont vides de tout mobilier. Dans le cas contraire, il peut s'agir de l'absence de denrée consommable notamment dans le réfrigérateur, de vaisselle, de vêtements ou autres effets personnels, ou encore de la présence de poussière et toiles d'araignée en abondance ou d'odeur de renfermé. Mais il devra toujours se montrer particulièrement vigilent car même des locaux « dans un état indescriptible[609] » peuvent parfois encore être occupés.

Dans tous les cas, l'huissier de justice dresse un procès-verbal des opérations. Si le logement lui paraît abandonné, ce procès-verbal contient un **inventaire des biens laissés sur place**, avec l'indication qu'ils paraissent ou non avoir une valeur marchande[610]. C'est cet acte que l'on peut qualifier de

---

606. Sont visés tant le locataire que tous les occupants de son chef. Mais il ne faut pas confondre l'abandon des locaux avec l'abandon de domicile de l'article 14 de la loi de 1989. Ce dernier texte prévoit qu'en cas d'abandon du domicile par le locataire, le contrat de location continue avec l'un des proches qu'il désigne : conjoint, concubin, partenaire « pacsé », descendants et ascendants. Bien entendu, la nouvelle procédure ne remet pas en cause ce droit de continuation du bail, de sorte que la présence de l'un de ces proches, comme de tout occupant de son chef, empêchera tout autant la reprise des locaux ; en ce sens, voy. B. Vial-Pedroleti, « La loi du 22 décembre 2010 relative à l'exécution des décisions de justice, aux conditions d'exercice de certaines professions réglementées et aux experts judiciaires : incidences en matière de bail d'habitation », *Loyers et copr.*, 2011, alerte n° 1.

607. Il s'agit des commandements prévus respectivement aux articles 24 et 7 de la loi de 1989.

608. Après l'entrée en vigueur du CPCE, l'article 14-1 renvoyait toujours aux premier et deuxième alinéas de l'article 21 de la loi de 1991. Mais la loi *Alur* du 24 mars 2014 a réparé cet oubli en y substituant les articles L. 142-1 et L. 142-2 du CPCE.

609. L. Choquet et A. Léon, *op. cit.*, n° 9.

610. L'exigence du retrait du mobilier pour établir l'abandon définitif du logement paraît donc excessif ; voy. cep., CA Rouen, 20 août 2015, *Dr. et procéd.*, 2015, p. 161, obs. S. Dorol.

procès-verbal d'abandon et qui sera transmis au juge compétent aux fins de résiliation du bail.

b) La résiliation du bail

La procédure de résiliation du bail pour abandon des locaux loués est régie par les articles 1 à 8 du décret du 10 août 2011, qui portent sur la demande, l'ordonnance et l'opposition ouverte en cas de résiliation.

292 ***Demande.*** La demande est formée **par requête** adressée ou remise au greffe du tribunal d'instance, par le bailleur ou tout mandataire. En pratique, il s'agira généralement de l'huissier de justice qui a accompli les formalités préalables. Elle comporte les mentions prescrites par l'article 58 du Code de procédure civile et en annexe les pièces justificatives de nature à établir l'abandon et, tout particulièrement, le procès-verbal d'abandon.

Elle a pour objet de **faire constater la résiliation** du bail aux fins de reprise des locaux abandonnés en application de l'article 14-1 de la loi de 1989. Mais elle peut tendre aussi à la condamnation du locataire au **paiement des sommes dues** au titre du contrat de bail.

293 ***Ordonnance.*** Le juge du tribunal d'instance statue par voie d'ordonnance. Si les éléments fournis n'établissent pas de manière manifeste l'état d'abandon allégué, il rend une **ordonnance de rejet** qui est sans recours pour le bailleur, celui-ci devant alors procéder selon les voies de droit commun. Dans ce cas, la requête est restituée au demandeur avec les pièces produites.

Dans le cas contraire, le juge **constate la résiliation et ordonne la reprise des locaux**. Pour apprécier l'état d'abandon manifeste qui est requis, le juge prend en considération notamment le procès-verbal d'abandon et le défaut d'exécution par le locataire de ses obligations contractuelles. Le cas échéant, le juge statue aussi sur **le sort des biens laissés sur place**[611]. À ce titre, il autorise la vente aux enchères publique des biens ayant une valeur marchande et déclare abandonnés les autres, à l'exception des papiers et documents de nature personnelle qui sont placés sous enveloppe fermée et conservés pendant deux ans par l'huissier de justice. Enfin, le juge statue aussi, le cas échéant, sur la **demande en paiement**.

Une expédition de l'ordonnance faisant droit à la requête[612] doit être **signifiée dans les deux mois** de sa date au locataire et aux derniers occupants de son chef connus du bailleur. À défaut, elle est **non avenue**. La signification

---

611. À l'origine, le juge d'instance ne pouvait que déclarer abandonnés les biens sans valeur marchande et le sort des autres biens devait être réglé par le juge de l'exécution selon les règles de l'expulsion. Mais cette solution peu satisfaisante a été modifiée par la loi n° 2011-1862 du 13 décembre 2011 relative à la répartition des contentieux et à l'allègement de certaines procédures juridictionnelles, qui a ajouté un alinéa 5 à l'article 14-1 de la loi de 1989. Selon ce nouvel alinéa, le juge qui constate la résiliation du bail peut désormais autoriser la vente aux enchères publiques des biens de valeur marchande et déclarer abandonnés les autres biens. En conséquence, le décret du 10 août 2011 a été modifié par le décret de codification du 30 mai 2012. Voy. not. J.-D. Lachkar, « Vingt ans après… Libres propos », *Dr. et procéd.*, 2012, p. 170, n° 6.

612. La minute de cette ordonnance est conservée au greffe avec la requête et les pièces qui y demeurent provisoirement pour les besoins de l'opposition. Elles seront restituées au bailleur sur sa demande dès l'opposition ou, passé le délai d'opposition, sur justification de la signification de l'ordonnance.

comporte, à peine de nullité, les mentions prévues à l'article 5 du décret du 10 août 2011, qui sont relatives au sort des biens laissés sur place (voy. *infra*, n° 296) et à l'opposition ouverte.

294 ***Opposition.*** L'opposition est ouverte au locataire et à tout occupant de son chef dans un **délai d'un mois** suivant la signification de l'ordonnance. Elle est formée par déclaration remise ou adressée au greffe du tribunal d'instance. Tant le délai que l'opposition produisent un **effet suspensif**.

En cas d'opposition, le greffe avise sans délai l'huissier de justice qui a dressé le procès-verbal d'abandon et convoque à l'audience toutes les parties, même celles qui n'ont pas formé opposition, dans les conditions de la saisine par déclaration du tribunal d'instance prévues par l'article 844 du Code de procédure civile. L'opposition ainsi formée est tranchée selon les règles de la procédure ordinaire en vigueur devant le tribunal d'instance[613] et le jugement rendu se substituera à l'ordonnance. Mais si aucune des parties ne se présentent à l'audience, le tribunal constate l'extinction de l'instance, ce qui rend non avenue l'ordonnance.

À **défaut d'opposition** dans le délai d'un mois[614], l'ordonnance produit tous les effets d'un jugement passé en force de chose jugée[615]. La reprise des locaux sera alors possible.

c) La reprise des locaux

La reprise des locaux est régie par les articles R. 451-1, R. 451-2 et R. 451-4 du CPCE, qui portent sur les points suivants.

295 ***Procès-verbal de reprise.*** Selon l'article R. 451-1-2°, il ne peut être procédé à la reprise de locaux abandonnés que sur le fondement d'une décision de justice **passée en forcée de chose jugée** ayant constaté la résiliation du bail et ordonné corrélativement la reprise. Il s'agit de l'ordonnance du juge d'instance lorsqu'elle n'a pas été frappée d'opposition dans le délai d'un mois. En cas d'opposition, il s'agit du jugement rendu à défaut d'appel et de l'arrêt rendu par la cour en cas d'appel[616].

Le moment venu, l'huissier de justice dresse un **procès-verbal de reprise**. En aucun cas, ce procès-verbal ne saurait être établi sans le respect des formalités préalables imposées par la loi (mise en demeure et décision judiciaire, voy. *supra*, n°s 290 à 294). À défaut, la reprise est illicite et ouvre droit à réparation contre l'huissier de justice sans même que l'occupant n'ait à rapporter la preuve d'un préjudice matériel ou moral[617].

613. Elles sont prévues aux articles 845 à 845-7 du Code de procédure civile.

614. Mais un relevé de forclusion peut être formé dans les conditions prévues par l'article 540 du Code de procédure civile.

615. Il en va de même en cas de désistement de la partie qui a formé opposition.

616. Il ne servirait à rien de prononcer l'exécution provisoire du jugement statuant sur l'opposition du chef de la résiliation et de la reprise dès lors qu'il doit être passé en force de chose jugée pour pouvoir être exécuté sur ces points.

617. Civ. (2e ch.), 6 juillet 2017, n° 16-15752, *RTD Civ.*, 2017, p. 884, obs. P.-Y. Gautier, *D.*, 2018, p. 1231, obs. A. Leborgne, à propos d'une espèce où un huissier de justice a procédé à une saisie conservatoire des meubles garnissant un local d'habitation en l'absence du locataire, puis ayant appris que le logement a été vidé postérieurement, a cru pouvoir, sans autres formalités, dresser un procès-verbal de reprise et faire changer la serrure et où les

Ce procès-verbal est établi dans les conditions prévues à l'article R. 432-1 et signifié conformément aux dispositions de l'article R. 432-2 (CPCE, art. R. 451-2). Ainsi, l'huissier de justice opère exactement **comme en matière d'expulsion** (voy. *supra*, n° 278). Mais il faut admettre qu'à ce stade également, comme pour dresser le procès-verbal d'abandon (voy. *supra*, n° 291), il peut pénétrer dans les locaux abandonnés selon les règles de droit commun, sans requérir le concours de la force publique, bien qu'aucun texte ne le prévoie expressément.

296 ***Sort des biens laissés sur place.*** Le sort des biens laissés sur place suit aussi les **règles de la procédure d'expulsion**. La vente aux enchères publique des meubles de valeur, autorisée par le juge, a lieu dans les conditions prévues aux alinéas 2 et 3 de l'article R. 433-5. Quant aux papiers et documents de nature personnelle, qui ne peuvent être déclarés abandonnés, ils sont régis par l'article R. 433-6 (voy. *supra*, n° 285).

297 ***Réoccupation.*** **Si à l'occasion de la reprise**, il s'avère que le locataire ou un occupant de son chef s'est réinstallé dans les locaux, le bailleur n'aura d'autre solution que de poursuivre l'expulsion selon les règles de droit commun. Mais à cette fin, il n'aura plus à obtenir un nouveau titre d'expulsion, il pourra agir sur le fondement de la décision définitive de résiliation du bail et de reprise des locaux.

De même, si l'une de ces personnes occupe à nouveau les lieux sans titre, **après les opérations de reprise**, son expulsion devra être poursuivie selon les règles de droit commun. Mais la seule signification de la décision de résiliation et de reprise passée en force de chose jugée vaut commandement d'avoir à libérer les lieux (CPCE, art. R. 451-4-3°). De plus, cette réinstallation étant constitutive d'une **voie de fait**, le propriétaire est dispensé de la formalité d'information du préfet et de l'occupant pourra être privé du bénéfice de la trêve hivernale.

298 ***Contestations.*** Toutes les contestations relatives à la reprise des locaux abandonnés relèvent de la compétence du juge de l'exécution du lieu de la situation de l'immeuble, qui peut être saisi selon les règles simplifiées de la déclaration au greffe prévues en matière d'expulsion par les articles R. 442-2 à R. 442-4 du CPCE (CPCE, art. R. 451-4-4° ; voy. *supra*, n° 146).

---

juges du fond sont censurés pour avoir subordonné l'indemnisation réclamée par la locataire à la preuve du préjudice matériel ou moral que cette reprise illicite lui a fait subir.

L'évacuation

L'évacuation correspond à des procédures de libération d'immeubles, dérogatoires aux règles de l'expulsion, qui relèvent généralement de la compétence d'une autorité administrative. Elle se rencontre essentiellement pour les bâtiments menaçant ruine et les immeubles occupés par des squatteurs ou des gens du voyage.

• L'évacuation des bâtiments menaçant ruine

Les bâtiments menaçant ruine sont régis aux articles L. et R. 511-1 et s. du CCH. Sans entrer dans le détail de cette réglementation qui distingue selon que le bâtiment est ou non en copropriété, il suffira de retenir que le maire peut toujours prescrire la réparation ou la démolition de tout ou partie d'une construction si elle menace ruine et compromet la sécurité des occupants et/ou du public. Pour ce faire, il rend, à l'issue d'une procédure contradictoire, un **arrêté de péril** mettant le propriétaire en demeure de réaliser les travaux de réparation ou de démolition décidés.

Mais si l'état du bâtiment fait courir un **péril imminent**, il doit ordonner préalablement des mesures provisoires indispensables pour écarter ce péril, dans les conditions prévues à l'article L. 511-3. Selon ce texte, le maire demande à la juridiction administrative, après un avertissement adressé au propriétaire, la nomination d'un expert qui doit intervenir sur place dans les 24 heures. S'il conclut à l'existence d'un péril grave et imminent, le maire doit ordonner les mesures provisoires nécessaires pour garantir la sécurité, parmi lesquelles figure **l'évacuation de l'immeuble**. À défaut d'exécution dans le délai prescrit, **le maire fait exécuter d'office** les mesures prescrites, en particulier l'évacuation, en agissant en lieu et place du propriétaire, pour son compte et à ses frais. L'évacuation se fait alors directement avec le concours de la force publique requise par le maire, sans l'intervention d'un huissier de justice ou la moindre autorisation judiciaire.

• L'évacuation des squatteurs

Les squatteurs sont des personnes qui occupent un immeuble sans droit ni titre, dans lequel ils se sont introduits à l'aide de manœuvres, menaces, voies de fait ou de contrainte. Pour faire cesser cette **occupation illicite**, le propriétaire peut recourir à la procédure d'expulsion, mais elle n'est pas adaptée à ces situations car les occupants ne sont **quasiment jamais identifiés**. Certes dans ces cas, le commandement d'avoir à quitter les lieux peut être remis à parquet à toutes fins (voy. *supra*, n° 266). Mais encore faut-il que le propriétaire ait obtenu préalablement une décision de justice ordonnant l'expulsion. Or aucune mesure équivalente n'est prévue pour délivrer une assignation à cette fin. C'est la raison pour laquelle la loi n° 2007-290 du 5 mars 2007 instituant le droit au logement opposable et portant diverses mesures en faveur de la cohésion sociale a finalement institué, par son article 38, une **procédure d'évacuation plus simple et plus rapide que l'expulsion**. Selon ce texte, le propriétaire ou le locataire du logement occupé peut demander au préfet de mettre en demeure les occupants de quitter les lieux, après avoir accompli les démarches suivantes : déposé plainte, fait la preuve que le logement constitue son domicile et fait constater l'occupation illicite par un officier de police judiciaire. Cette mise en demeure, qui prescrit un délai d'exécution d'au moins 24 heures, est notifiée aux occupants et affichée en mairie et sur les lieux occupés. Si elle n'est pas suivie d'effet dans le délai fixé, le **préfet doit procéder à l'évacuation forcée du logement**. C'est dire qu'il fait intervenir directement la force publique placée sous son autorité, sans aucune autre formalité préalable et, en particulier, sans la moindre décision judiciaire.

• L'évacuation des gens du voyage

Les gens du voyage sont définis par l'article 1er de la loi n° 2000-614 du 5 juillet 2000 relative à l'accueil et à l'habitat des gens du voyage comme des personnes dont **l'habitat traditionnel est constitué de résidences mobiles**. Les articles 9 et 9-1 de cette loi organisent une procédure d'évacuation des terrains, publics ou privés, occupés illicitement par les gens du voyage. Elle est applicable dans les communes inscrites au schéma départemental d'accueil des gens du voyage qui ont rempli leurs obligations ou qui bénéficient d'un délai supplémentaire, ainsi qu'aux communes de moins de 5 000 habitants qui ne sont pas inscrites au schéma départemental et qui ne sont donc pas tenues de réaliser des aires d'accueil. Dans ces communes, le maire ou le propriétaire du terrain occupé illicitement par des gens du voyage peut demander au préfet, si le stationnement est de nature à porter atteinte à la salubrité, la sécurité ou la tranquillité publiques, de mettre les occupants en demeure de quitter les lieux. Cette mise en demeure, assortie d'un délai d'au moins 24 heures, est notifiée aux occupants et affichée en mairie et sur les lieux[618]. Lorsqu'elle n'a pas été suivie d'effet et qu'elle n'a pas fait l'objet d'un recours dans les conditions prévues aux articles R. 779-1 à R. 779-8 du Code de justice administrative, le préfet peut procéder à l'évacuation forcée des résidences mobiles. Cette procédure d'évacuation est ainsi similaire à celle applicable aux squatteurs, sauf qu'ici une simple faculté est laissée au préfet alors que pour les squatteurs une obligation d'évacuation lui est imposée.

Lorsque le terrain illicitement occupé par des gens du voyage est un terrain privé affecté à une activité à caractère économique, l'évacuation forcée n'est possible que si l'occupation est de nature à entraver cette activité. De plus, elle ne relève pas de la compétence du préfet, mais du président du tribunal de grande instance statuant en la forme des référés, à la requête du propriétaire du terrain. Ceci étant, lorsqu'elle est ordonnée, l'évacuation devrait s'opérer dans les mêmes conditions, avec le concours direct de la force publique, hors les règles de l'expulsion. En revanche, cette procédure de droit commun devra être utilisée à chaque fois qu'un terrain privé est occupé par des gens du voyage et que les conditions propres à la procédure d'évacuation ne sont pas remplies.

§2. La saisie-appréhension

299 ***Notion et domaine.*** Inspirée du droit local d'Alsace et de Moselle, la saisie-appréhension est régie par les articles **L. 222-1 et R. 222-1 à R. 222-16 du CPCE**. Elle est la mesure d'exécution forcée qui a pour objet la remise matérielle d'un meuble corporel détenu par autrui. Elle ne tend donc pas au recouvrement d'une créance monétaire, mais à **l'exécution d'une obligation de faire**, en l'occurrence **de livrer ou de restituer un bien**, selon l'article L. 222-1 du CPCE. Il s'ensuit que le créancier doit disposer d'un **droit réel** sur le bien à remettre qui lui permet de prétendre à sa livraison ou à sa restitution[619]. Il s'agira souvent du **droit de propriété** qui ouvre principalement la saisie-appréhension au déposant, à l'acheteur qui n'a pas reçu livraison du bien acquis ou inversement au vendeur qui a fait jouer la **clause de réserve de propriété** stipulée dans le contrat de vente. Mais il peut s'agir aussi du droit réel accessoire né du **gage sans dépossession**. Le créancier est alors le gagiste qui bénéficie d'une double obligation : celle de remise du bien grevé sur lequel portera la saisie-appréhension et celle de paiement de la créance monétaire garantie.

La saisie-appréhension n'est applicable qu'aux **biens meubles corporels**. Elle est donc exclue pour les biens immobiliers, y compris les immeubles par destination. Quant aux biens mobiliers, il faut écarter les biens incorporels et

618. Selon le quatrième alinéa de l'article 9-II, ajouté par l'article 150 de la loi n° 2017-86 du 27 janvier 2017 relative à l'égalité et à la citoyenneté, cette « mise en demeure reste applicable lorsque la résidence mobile se retrouve à nouveau, dans un délai de sept jours à compter de sa notification aux occupants, en situation de stationnement illicite sur le territoire de la commune ou de tout ou partie du territoire de l'intercommunalité concernée en violation du même arrêté du maire ou, s'il est compétent, du président de l'établissement public de coopération intercommunale prévu au I et de nature à porter la même atteinte à la salubrité, à la sécurité ou à la tranquillité publiques ».

619. Un droit personnel, comme celui résultant d'un contrat de bail, peut aussi faire naître une obligation de remise. Mais en visant les obligations de livraison et de restitution, l'article L. 222-1 du CPCE semble bien réserver la saisie-appréhension aux seules hypothèses où l'obligation de remise trouve sa source dans un droit réel dont dispose le créancier sur le bien à remettre. D'ailleurs les textes réglementaires ne visent que le propriétaire et le gagiste (CPCE, art. R. 222-5 et R. 222-6).

réserver les biens placés dans un coffre-fort et les véhicules terrestres à moteur qui font l'objet de mesures mixtes dont l'issue dépend du titre à exécuter : obligation de remise ou créance monétaire (voy. *infra*, n°s 739 et s.). Mais sous ces réserves, elle est applicable à tous les biens meubles corporels, sans distinction.

Comme toute mesure d'exécution forcée, elle ne peut être pratiquée qu'en vertu d'un titre exécutoire. Mais en la matière, le juge de l'exécution peut exceptionnellement le délivrer lui-même (CPCE, art. L. 222-1, al. 2), sous la forme d'une injonction. Il faut donc distinguer l'appréhension en vertu d'un titre exécutoire (A) et l'appréhension sur injonction du juge (B).

A) L'appréhension en vertu d'un titre exécutoire

300 ***Titre exécutoire.*** Le titre exécutoire requis est celui qui ordonne ou autorise la délivrance ou la restitution d'un bien meuble corporel en conséquence du droit réel qu'il constate au profit du créancier.

S'il porte sur un véhicule terrestre à moteur, son bénéficiaire peut pratiquer une saisie par immobilisation, qui est une mesure d'exécution forcée mixte. Mais dans ce cas, son appréhension ne peut se faire qu'en vertu des règles propres à cette saisie (CPCE, art. R. 222-1, al. 2 ; voy. *infra*, n°s 748 et s.).

Sous cette réserve, la remise d'un bien meuble corporel en vertu d'un titre exécutoire s'opère selon les règles de la saisie-appréhension prévues aux articles R. 222-2 à R. 222-10, qui distinguent selon que le bien se trouve entre les mains du débiteur de la remise (1), ou entre les mains d'un tiers qui le détient pour son compte (2).

1. L'appréhension entre les mains du débiteur

La saisie débute, en principe, par un commandement de délivrer ou de restituer qui est signifié au débiteur (a) et se poursuit toujours par un acte de constat de la remise (b), dont les suites sont conditionnées par la qualité du créancier (c).

a) Le commandement de délivrer ou de restituer

301 ***Modalités.*** Le commandement de délivrer ou de restituer est un acte d'huissier de justice qui doit comporter, **à peine de nullité**, les mentions prévues à l'article R. 222-2, alinéa 1er :

- la mention du titre exécutoire en vertu duquel la remise est exigée ;
- l'indication que la personne tenue de la remise peut, dans un délai de huit jours, transporter à ses frais le bien désigné en un lieu et dans les conditions indiquées ;
- l'avertissement qu'à défaut de remise dans ce délai, le bien pourra être appréhendé à ses frais ;
- l'indication que les contestations pourront être portées devant le juge de l'exécution du lieu où demeure le destinataire de l'acte.

Il est signifié au débiteur mais, pour gagner du temps, cette signification peut être faite en même temps que celle du titre exécutoire invoqué (CPCE, art. R. 222-2, al. 2).

302 ***Domaine.*** En principe, ce commandement doit toujours être délivré préalablement à la saisie-appréhension pour faire courir le délai de huit jours dans lequel le débiteur peut procéder lui-même à la remise du bien en le transportant à ses frais au lieu et dans les conditions qui lui sont indiquées.

Mais **si le débiteur est présent** et que, sur la question qui doit lui être posée par l'huissier de justice, il **n'offre pas de remettre volontairement le bien**, le commandement préalable devient inutile. C'est la raison pour laquelle l'article R. 222-3 du CPCE autorise alors l'huissier de justice à **appréhender immédiatement** le bien, sans commandement préalable. Dans ce cas, il établira directement l'acte de constat auquel il n'est jamais dérogé.

b) L'acte de constat

303 ***Modalités.*** Dans tous les cas, l'huissier de justice doit établir un acte constatant la remise du bien (CPCE, art. R. 222-4, al. 1er). Cette remise peut être volontaire ou forcée.

La **remise volontaire** est celle qui intervient du fait du débiteur dans un **délai de huit jours** du commandement, en principe. Dans ce cas, l'acte qui la constate doit comporter un état détaillé du bien qui peut aussi être photographié, la photographie étant annexée à l'acte (CPCE, art. R. 222-4, al. 2).

La **remise forcée** correspond à l'**appréhension** citée par le décret. L'huissier de justice y procède à défaut de remise volontaire. L'acte de constat comporte les mêmes mentions qu'en cas de remise volontaire. Mais, en outre, si elle a eu lieu sans commandement préalable, c'est-à-dire si le débiteur s'est refusé *ab initio* à sa remise volontaire, il devra aussi indiquer que les contestations sont portées devant le juge de l'exécution du domicile du débiteur (CPCE, art. R. 222-3, al. 2).

c) Les suites

304 ***Remise au propriétaire ou à un créancier gagiste.*** Les suites de l'acte de constat sont différentes selon que le bien a été appréhendé pour être remis à son propriétaire ou à un créancier gagiste.

En cas de remise **au propriétaire**, une copie de l'acte de constat est simplement remise ou notifiée au débiteur par lettre recommandée avec demande d'avis de réception (CPCE, art. R. 222-5).

En cas de remise à un **créancier gagiste**, les suites ne peuvent être les mêmes, car ce créancier dispose à la fois d'une créance de remise née de son gage et d'une créance monétaire garantie par cette sûreté. C'est la raison pour laquelle l'acte de constat vaut alors saisie du bien remis. Il est placé sous la garde du créancier qui pourra en poursuivre la vente dans les conditions de la saisie-vente (CPCE, art. R. 221-30 à R. 221)[620]. Cet effet se produit à compter de la remise ou de la signification au débiteur d'un acte spécifique qui doit comporter, à peine de nullité, les mentions prévues aux 1° à 5° de l'article R. 222-6 du CPCE. Elles peuvent être classées en trois rubriques :

620. Dans ce cas particulier, la saisie-appréhension se mue en une mesure mixte tendant à la fois à la remise et à la vente du bien saisi, à moins que le créancier gagiste n'ait opté pour l'attribution du bien, auquel cas elle ne tendra qu'à sa remise.

- celles **relatives à la remise du bien** : l'indication du lieu où le bien est déposé (2°) avec une copie de l'acte de constat, c'est-à-dire de remise ou d'appréhension, selon les cas (1°) ;
- celles **relatives aux sommes réclamées** : le décompte distinct en principal, frais et intérêts échus ainsi que l'indication du taux des intérêts (3°) ;
- celles **relatives à la vente** du bien : l'indication en caractères très apparents que le débiteur dispose d'un délai d'un mois pour procéder à la vente amiable du bien saisi, conformément aux dispositions des articles R. 221-30 à R. 221-32, qui sont reproduits (5°), et la date à partir de laquelle, à défaut de vente amiable dans ce délai, il pourra être procédé à la vente forcée aux enchères publiques (4°).

Ces suites valent aussi en cas d'appréhension d'un bien entre les mains d'un tiers, mais les conditions de la saisie sont plus restrictives.

2. L'appréhension entre les mains d'un tiers

305 *Situation du tiers.* Le tiers est celui qui détient le bien à remettre pour le compte du débiteur. Il est normal que l'appréhension puisse avoir lieu entre ses mains, faute de quoi il suffirait au débiteur de se dessaisir du bien au profit d'un tiers complice pour se soustraire à son obligation de remise. Mais encore faut-il que le tiers détienne effectivement le bien **pour le compte du débiteur**. Or, il peut arriver qu'il dispose lui-même d'un droit sur le bien qui s'oppose à sa remise au créancier. Il peut s'agir d'un droit d'usage ou même du droit de propriété. En effet, le tiers peut avoir acquis le bien de bonne foi du débiteur et il est alors protégé par l'article 2276 du Code civil selon lequel « en fait de meubles, la possession vaut titre ». Dans ces conditions, il est aisé de comprendre que le titre délivré au créancier ne saurait suffire à appréhender un bien entre les mains d'un tiers qui s'y oppose.

C'est ce qui explique les règles particulières prévues aux articles R. 222-7 à R. 222-10 du CPCE. Il s'ensuit que la saisie-appréhension entre les mains d'un tiers débute toujours par une sommation de remettre (a) et que la remise du bien est parfois subordonnée à une autorisation judiciaire (b). En revanche, les suites de la remise sont celles de l'appréhension entre les mains du débiteur (c).

a) La sommation de remettre

306 *Modalités.* L'article R. 222-7 du CPCE impose dans tous les cas une sommation de remettre qui doit être signifiée directement au tiers et dénoncée au débiteur par lettre recommandée avec demande d'avis de réception. **Elle doit comporter, à peine de nullité** :

- une copie du titre exécutoire en vertu duquel la remise est exigée et, s'il s'agit d'un jugement, du dispositif de celui-ci ;
- une injonction d'avoir, dans un délai de huit jours, soit à remettre le bien désigné, soit à communiquer à l'huissier de justice, sous peine de dommages et intérêts le cas échéant, les raisons pour lesquelles il s'oppose à la remise ;
- l'indication que les difficultés seront portées devant le juge de l'exécution du lieu où demeure le destinataire de l'acte.

La remise du bien au créancier dépend ensuite de l'attitude qu'adoptera le tiers qui peut l'accepter ou, au contraire, s'y opposer dès lors qu'il est étranger au titre délivré contre le débiteur.

b) La remise

307 ***Remise volontaire.*** En cas d'accord du tiers, la remise est volontaire et elle ne pose aucune difficulté particulière. Mais elle devra intervenir dans le délai de huit jours de la sommation, car sinon le tiers s'expose à une remise forcée.

308 ***Remise forcée.*** La remise forcée ou appréhension s'impose à chaque fois que le tiers s'oppose à la remise du bien, soit expressément, soit implicitement en ne procédant pas à sa remise volontaire. Mais elle n'est possible que **sur autorisation judiciaire**. La compétence revient au juge de l'exécution du domicile du tiers détenteur du bien, qui peut être saisi par le créancier ou le tiers lui-même (CPCE, art. R. 222-8, al. 1er).

Ce dernier, en effet, peut souhaiter sortir de l'incertitude créée par la sommation. Mais le principal intéressé est le créancier qui peut saisir le juge **dès l'expiration du délai de huit jours** courant à compter de la signification de la sommation, si le tiers n'a pas procédé à la remise volontaire du bien. Pour prendre sa décision, il a intérêt à connaître les **raisons du refus** du tiers. C'est la raison pour laquelle celui-ci doit les communiquer à l'huissier de justice dans les huit jours de la sommation, sous peine de dommages et intérêts, le cas échéant (CPCE, art. R. 222-7-2°). Cette sanction est encourue lorsque le silence du tiers a conduit le créancier à poursuivre inutilement la saisie et à exposer ainsi des frais qu'il aurait pu éviter. Ce risque est d'autant plus grand que le juge doit être saisi **au plus tard dans le mois** de la signification de la sommation, sous peine de caducité tant de celle-ci que des mesures conservatoires pratiquées antérieurement (CPCE, art. R. 222-8, al. 2).

Lorsque le juge ordonne la remise, l'appréhension du bien, c'est-à-dire sa remise forcée, s'opère sur simple présentation de la décision rendue, du moins s'il ne se trouve pas **dans les locaux servant à l'habitation** du tiers. En effet, dans ce dernier cas, **il faudra** en plus **une autorisation spéciale** du juge de l'exécution délivrée sur requête (CPCE, art. R. 222-9). Mais une fois la remise opérée, ses suites sont identiques à celles de l'appréhension entre les mains du débiteur.

c) Les suites

309 ***Acte de constat.*** Dans tous les cas, la remise du bien doit faire l'objet d'un acte de constat établi conformément à l'article R. 222-4 du CPCE (CPCE, art. R. 222-10, al. 1er). Il comporte donc les mentions prévues au second alinéa de ce texte (voy. *supra*, n° 303) et une copie en est remise ou adressée par lettre recommandée avec demande d'avis de réception au tiers (CPCE, art. R. 222-10, al. 1er). Puis la remise du bien est portée à la connaissance du débiteur.

310 ***Information du débiteur.*** Après l'enlèvement, le débiteur est informé de la remise du bien dans les conditions prévues aux articles R. 222-5 et R. 222-6 (CPCE, art. R. 222-10, al. 2). Il s'ensuit qu'il faudra procéder comme en cas d'appréhension entre les mains du débiteur, en distinguant

selon que la remise est intervenue au profit du propriétaire ou d'un créancier gagiste (voy. *supra*, n° 304).

B) L'appréhension sur injonction du juge

311 ***Pouvoir exceptionnel.*** Lorsque le créancier ne dispose pas encore de titre exécutoire, il peut choisir la procédure spéciale instituée par les articles R. 222-11 à R. 222-16 du CPCE. Ces textes confèrent au juge de l'exécution le pouvoir exceptionnel de **délivrer lui-même un titre exécutoire**, appelé l'injonction (1), qui rendra possible l'appréhension dans les conditions de droit commun, sous une réserve (2).

1. L'injonction

L'injonction est rendue par une ordonnance sur requête. Mais elle ne devient un titre exécutoire qu'à défaut d'opposition.

312 ***Ordonnance sur requête.*** La procédure relève de **la compétence du juge de l'exécution du lieu où demeure le débiteur** et cette compétence **est impérative**, de sorte que toute clause contraire est réputée non écrite et que tout autre juge doit relever d'office son incompétence (CPCE, art. R. 222-11, al. 2). Il est saisi par voie de requête à fin d'injonction d'avoir à délivrer ou restituer un bien meuble déterminé (CPCE, art. R. 222-11, al. 1er). À peine d'irrecevabilité, la requête doit désigner le bien dont la remise est demandée et être accompagnée de tout document justifiant cette demande (CPCE, art. R. 222-12).

Si le juge de l'exécution la considère bien fondée, il rend une ordonnance d'injonction qui est signifiée au débiteur. Mais cette signification doit comporter, à peine de nullité, selon l'article R. 222-13, la sommation d'avoir, dans un délai de 15 jours :

- soit à transporter à ses frais le bien désigné en un lieu et dans les conditions indiqués ;
- soit, si le détenteur du bien a des moyens de défense à faire valoir, à former opposition au greffe du juge qui a rendu l'ordonnance, par déclaration contre récépissé ou par lettre recommandée avec demande d'avis de réception, faute de quoi l'ordonnance sera rendue exécutoire.

Il s'ensuit que si le débiteur remet volontairement le bien dans le délai de 15 jours, le créancier aura obtenu satisfaction sans titre exécutoire. À défaut, l'ordonnance ne deviendra un titre exécutoire qu'en l'absence d'opposition.

313 ***Opposition.*** L'opposition est formée au greffe du juge de l'exécution qui a rendu l'ordonnance, dans un **délai de 15 jours** de la sommation, par déclaration contre récépissé ou par lettre recommandée avec demande d'avis de réception. Mais elle ne ressaisit pas le juge de l'exécution, **elle empêche seulement que l'ordonnance devienne un titre exécutoire**.

En effet, suite à l'opposition, **le créancier devra saisir lui-même le juge de droit commun** compétent pour obtenir le titre escompté. De plus, il devra agir **dans un délai de deux mois** à compter de la signification de l'ordonnance, sous peine de caducité de celle-ci et des mesures conservatoires prises antérieurement (CPCE, art. R. 222-14). C'est alors le jugement rendu sur cette demande qui constituera, le cas échéant, le titre exécutoire nécessaire au créancier pour pratiquer une saisie-appréhension dans les conditions de droit commun.

314 ***Titre exécutoire.*** L'ordonnance, quant à elle, ne pourra devenir un titre exécutoire qu'**à défaut d'opposition dans le délai de 15 jours**. À cette fin, il appartiendra au créancier de demander au greffe l'apposition de la formule exécutoire qui fera produire à l'ordonnance tous les effets d'un jugement contradictoire (CPCE, art. R. 222-15). Le créancier disposera alors du titre exécutoire qui lui permettra d'appréhender le bien.

2. L'appréhension

315 ***Renvoi.*** L'appréhension s'opère selon les règles de droit commun prévues aux articles R. 222-2 à R. 222-10 (CPCE, art. R. 222-16, al. 1er), qui varient selon que le bien se trouve entre les mains du débiteur ou d'un tiers (voy. *supra*, nos 300 et s.). Mais il faut réserver le cas où le **bien est entre les mains du débiteur**, car le commandement préalable n'est pas requis lorsque la saisie-appréhension est entreprise **moins de deux mois** après que l'ordonnance a été rendue exécutoire (CPCE, art. R. 222-16, al. 2).

En revanche, comme pour tout autre titre exécutoire (voy. *supra*, n° 300), si l'injonction porte sur un véhicule terrestre à moteur et que son bénéficiaire fait pratiquer une saisie par immobilisation, l'appréhension devra s'opérer en vertu des règles propres à cette mesure mixte (CPCE, art. R. 222-16, al. 3 ; voy. *infra*, nos 748 et s.).

Quelles que soient les règles applicables, le bien fera l'objet d'une remise, volontaire ou forcée, au créancier de l'obligation de restitution ou de livraison et s'il s'agit d'un créancier gagiste, il pourra ensuite en poursuivre la vente pour se payer sur le prix. Mais pour le recouvrement de créances monétaires, il existe aussi des mesures d'exécution forcée sans vente : les saisies de créances monétaires.

SECTION II
Les saisies de créances monétaires

316 ***Nature des biens saisis et créanciers saisissants.*** Les mesures d'exécution forcée sans vente tendant au recouvrement de créances monétaires sont celles qui portent sur une créance de même nature que le débiteur détient contre un tiers, appelé le tiers saisi. L'absence de vente se justifie alors par la nature des biens saisis et non par celle de l'obligation à exécuter.

Il en existe deux catégories selon la personne du saisissant. La première regroupe celles qui sont ouvertes à tous les créanciers munis d'un titre exécutoire et qui peuvent être qualifiées de **saisies générales**. Il s'agit de la saisie-attribution (§ 1) et de la saisie des rémunérations du travail (§ 2). La seconde regroupe les saisies réservées à certains créanciers, limitativement énumérés, qui correspondent aux **saisies spéciales** de créances monétaires (§ 3).

§ 1. La saisie-attribution

317 ***Notion.*** La saisie-attribution est une mesure d'exécution forcée qui a pour objet la saisie, par le créancier, de créances monétaires que détient le débiteur à l'encontre d'un tiers. Elle met donc en présence **trois personnes** et **deux créances** : le créancier saisissant, le débiteur saisi et le tiers saisi, d'une part ; la créance-cause de la saisie et la créance-objet de la saisie, d'autre part.

Ces composantes s'articulent selon le schéma suivant :

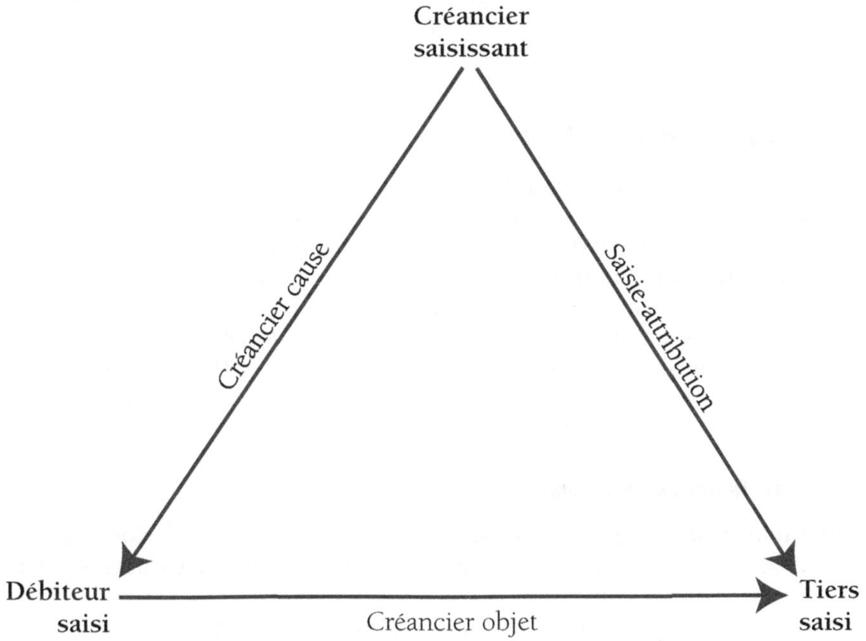

Le **créancier saisissant**, pour obtenir de son débiteur, qui est le **débiteur saisi**, le paiement de la créance constatée par son titre exécutoire, appelée la **créance-cause de la saisie**, se fait attribuer entre les mains d'un tiers, appelé le **tiers saisi**, la créance dont celui-ci est redevable au débiteur saisi, appelée la **créance-objet de la saisie**.

Autrement dit, par la saisie-attribution, le créancier saisissant est **substitué** au débiteur saisi dans ses relations avec le tiers saisi qui devra donc payer le premier aux lieu et place du second.

318 ***Saisie-arrêt.*** La saisie-attribution a pris la place de l'ancienne saisie-arrêt et ce seul changement de vocabulaire témoigne déjà des améliorations apportées par la réforme de 1991/1992. Alors que la saisie-arrêt nécessitait une instance en validité qui retardait d'autant le transfert de la créance saisie, cette instance a été supprimée de sorte que l'attribution s'opère dès le moment de la saisie. Ainsi **déjudiciarisée**, la saisie-attribution est beaucoup plus rapide et plus efficace que l'ancienne saisie-arrêt.

C'est ce que nous aurons l'occasion de vérifier en présentant son régime inscrit aux articles **L. et R. 211-1 et s. du CPCE**. Ces textes instituent d'abord des règles générales, applicables à toutes les créances saisies, qui portent sur la mise en œuvre de la saisie-attribution (A) et sur ses effets (B). Ils prévoient ensuite des règles particulières applicables à certaines créances saisies (C).

A) La mise en œuvre

La mise en œuvre de la saisie-attribution est subordonnée à des conditions de fond sanctionnées par la nullité (1) et à des règles de procédure qui en rythment le déroulement (2). Mais elle peut aussi se heurter à des contestations qui en perturberont le cours normal (3).

1. Les conditions de fond

319 ***Droit commun et conditions particulières.*** Les conditions de fond sont relatives aux personnes et aux créances que la saisie-attribution met en présence. Mais pour les parties habituelles, saisissant et saisi, il suffit de faire application du droit commun des procédures civiles d'exécution (voy. *supra*, n°s 27 et s.)[621]. Quant à la créance-cause de la saisie, elle relève des conditions communes à toutes les mesures d'exécution forcée, liées à l'exigence d'un titre exécutoire efficace (voy. *supra*, n°s 242 et s.). Il reste donc à envisager les conditions de fond particulières relatives au tiers saisi (a) et à la créance-objet de la saisie (b).

a) Quant au tiers saisi

320 ***Parties à la saisie.*** Le qualificatif de tiers pouvant prêter à confusion, il est important de préciser sa situation au regard de chacune des deux autres parties à la saisie.

Avec le **débiteur saisi**, le tiers saisi entretient nécessairement un rapport de droit puisqu'il est son débiteur d'une somme d'argent. Autrement dit, il est le débiteur du débiteur saisi[622]. En principe, peu importe à quel titre il est redevable d'une somme d'argent. Mais dans le cas particulier où il détient des fonds pour le compte du débiteur saisi, il doit être tenu d'une obligation de restitution[623], ce qui suppose normalement qu'il dispose d'un **pouvoir propre**

---

621. Ainsi, en cas de condamnation solidaire ou *in solidum* de plusieurs débiteurs, la saisie-attribution peut être pratiquée pour le tout à l'encontre d'un seul d'entre eux : Civ. (2e ch.), 7 septembre 2017, n° 16-11683, *Gaz. Pal.*, 2017, p. 3339, obs. O. Salati.

622. Mais encore faut-il choisir la bonne personne. Ainsi, en cas d'exercice d'une profession en SCP, c'est la société qui est débitrice et non chacun des associés : Civ. (2e ch.), 21 octobre 2004, n° 03-10131, *Bull. civ.*, II, n° 473, à propos d'une SCP de notaires où la saisie-attribution a été pratiquée à tort entre les mains de chacun des deux notaires associés. Ou encore en cas d'absorption d'une société, la saisie-attribution pratiquée entre les mains de la société absorbée après la publication de sa dissolution est affectée d'une irrégularité de fond sanctionnée par la nullité qui ne peut être régularisée par la mise en cause de la société absorbante : Com., 26 avril 2017, n° 14-12040, *RJDA*, 2017, n° 625.

623. Ainsi, une saisie-attribution ne peut être pratiquée entre les mains du gestionnaire d'une association syndicale libre dès lors qu'il n'est pas détenteur de fonds pour son compte et qu'il n'est tenu d'aucune obligation de restitution à son égard : Civ. (2e ch.), 13 novembre 2014, n° 13-25167 (F-P+B), *RJDA*, 2015, n° 381 ; *Gaz. Pal.*, 2015, p. 3081, obs. C. Brenner.

et autonome[624]. C'est la raison pour laquelle la saisie-attribution est exclue s'il existe un lien de subordination à l'égard du débiteur saisi. Elle ne peut donc être pratiquée entre les mains d'un salarié du débiteur, tel un caissier[625].

À l'égard du **créancier**, le tiers saisi est, dans l'immense majorité des cas, une personne totalement étrangère. Mais ce n'est pas là une condition de la saisie-attribution. Il pourrait aussi bien s'agir d'un salarié, d'un parent ou de toute autre personne ayant des liens avec le saisissant, quels qu'ils soient. Mieux encore, il pourrait aussi s'agir du saisissant lui-même, et on est alors en présence d'une saisie-attribution sur soi-même (voy. *infra*, encadré E25).

E 25 **La saisie-attribution sur soi-même**

Cette situation peut se rencontrer lorsque le débiteur saisi dispose d'une créance réciproque contre le créancier saisissant. Rien n'empêche alors celui-ci de saisir entre ses mains cette créance dont il est lui-même redevable. Mais en pratique, l'intérêt d'une telle saisie est limité car il ne faut pas perdre de vue que la créance du saisissant est nécessairement certaine, liquide et exigible. Dans ces conditions, de deux choses l'une :

- ou bien, la créance réciproque revêt les mêmes caractères, et dans ce cas la compensation légale jouera automatiquement, à due concurrence, de sorte que toute saisie sera inutile ;
- ou bien, la créance réciproque ne présente pas encore ces caractères et, dans ce cas, la saisie sur soi-même peut présenter un intérêt dans les cas suivants : elle permettra au créancier saisissant d'éviter, le moment venu, d'avoir à payer un ayant cause (par exemple, en cas de cession régulièrement notifiée par le débiteur de la créance qu'il détient contre le saisissant) ou un autre créancier de son débiteur (à la suite d'une saisie-attribution pratiquée dans l'intervalle sur cette créance), alors que le débiteur saisi lui reste encore redevable de sa créance ; elle lui permettra aussi de recouvrer progressivement sa créance par imputation sur celle à exécution successive dont il est réciproquement redevable ; si ces intérêts existent, c'est que précisément la créance-objet de la saisie n'a pas besoin de présenter les mêmes caractères que la créance-cause (voy. *infra*, n° 321).

---

624. Ainsi en est-il du dépositaire (par exemple, un banquier), du séquestre de fonds (Civ. (2e ch.), 26 mai 2011, n° 10-16343 ; *D.*, 2011, p. 2155, obs. J.-M. Sommer et L. Leroy-Gissinger, à propos d'un mandataire *ad hoc* désigné séquestre de prix de cession ; Civ. (2e ch.), 17 mars 2016, n° 14-16985 et 14-18692, à paraître au Bull., *Gaz. Pal.*, 2016, p. 1782, obs. O. Salati, à propos d'un bâtonnier désigné séquestre du prix d'adjudication d'un immeuble), du représentant légal (par exemple, un tuteur ou le dirigeant d'une société, tel que le liquidateur amiable : Civ. (2e ch.), 10 novembre 2010, n° 09-71609, *Bull. civ.*, II, n° 185 ; *Dr. et procéd.*, 2011, p. 46, obs. O. Salati ; *RD bancaire et fin.*, 2011, comm. n° 25, obs. S. Piedelièvre) ou d'un mandataire, qu'il soit judiciaire, comme le liquidateur ou l'administrateur judiciaire (Com., 13 mai 2003, n° 98-22741, *Bull. civ.*, IV, n° 72 ; *Procédures*, 2003, comm. n° 168, obs. R. Perrot, à propos d'un liquidateur judiciaire ; Com., 1er avril 2003, n° 99-18063, *Bull. civ.*, IV, n° 53 ; *D.*, 2003, p. 1093, obs. A. Lienhard, à propos d'un administrateur judiciaire) ou conventionnel, comme un avocat. Pour l'avocat, qui doit verser les fonds qu'il reçoit de son client ou pour son compte à la CARPA – Caisse des règlements pécuniaires des avocats, la saisie est pratiquée entre les mains de cette caisse : Civ. (2e ch.), 9 janvier 2003, n° 00-13887, *Bull. civ.*, II, n° 4 ; *Dr. et procéd.*, 2003, p. 251, obs. E. Putman. Mais il ne faut pas confondre la CARPA et l'ordre des avocats qui sont deux personnes morales distinctes : Com., 12 avril 2005, n° 03-19293, *Bull. civ.*, IV, n° 88 ; *Procédures*, comm. n° 159, obs. J. Junillian.

625. Les fonds qu'il détient devront faire l'objet d'une saisie-vente (voy. *infra*, n° 549).

b) Quant à la créance-objet de la saisie[626]

321 *Caractères.* Comme pour la créance-cause, la créance-objet de la saisie doit obligatoirement être une créance monétaire, c'est-à-dire une créance du débiteur « portant sur une somme d'argent », selon l'article L. 211-1 du CPCE. Mais il peut s'agir de toute créance monétaire, quelle que soit sa nature, **à l'exception des rémunérations du travail** qui relèvent de l'autre saisie générale (voy. *infra*, n°s 375 et s.). En revanche, elle n'a pas besoin de présenter les caractères requis de la créance-cause. Au contraire, l'alinéa 2 de l'article L. 112-1 du CPCE prévoit expressément la possibilité de saisir des créances conditionnelles, à terme ou à exécution successive, sauf que ces modalités s'appliqueront toujours au saisissant qui ne peut avoir plus de droits que le saisi lui-même (pour les créances à exécution successive, voy. *infra*, n°s 352 et s.).

En tout cas, cette créance **doit à tout le moins exister** dans le patrimoine du débiteur au jour de la saisie et, sur ce point, la jurisprudence se montre aujourd'hui plus sévère qu'hier. En effet, du temps de la saisie-arrêt, elle se contentait d'une créance simplement éventuelle, existant au moins « en germe » dans le patrimoine du débiteur[627]. Mais avec la saisie-attribution, la Cour de cassation est revenue sur cette jurisprudence[628] et exige désormais que la créance-objet soit déjà née à la date de la saisie-attribution. Ainsi, la créance de dividendes naît avec la décision de l'organe social compétent, généralement l'assemblée générale ordinaire, de distribuer des bénéfices aux associés ; auparavant elle n'est qu'éventuelle et ne peut donc faire l'objet d'une saisie-attribution[629]. Mais il n'est pas toujours facile, en pratique, de distinguer la créance conditionnelle, dont la saisie est expressément autorisée, de la créance éventuelle qui est ainsi exclue[630].

---

626. Civ. (2e ch.), 13 mai 2014, n° 12-25511 (FS-P+B+I), *D.*, 2014, p. 1159, à propos d'une saisie-attribution sur soi-même portant sur des créances réciproques d'approvisionnement échues et à échoir dont le saisissant s'est déclaré débiteur envers le saisi, où il est jugé que cette saisie sur soi-même, parfaitement licite, s'étend aux sommes échues en vertu de la créance à exécution successive saisie depuis la signification de l'acte de saisie jusqu'à ce que le créancier saisissant soit rempli de ses droits, c'est-à-dire jusqu'à l'extinction de la créance-cause, et dans la limite de ce que la saisissant doit au débiteur en tant que tiers saisi, c'est dans la limite de la créance-objet.

627. Voy., par exemple, Civ. (2e ch.), 14 novembre 1973, n° 72-14792, *Bull. civ.*, II, n° 297, à propos des honoraires qu'une caisse primaire de sécurité sociale versait périodiquement à un médecin au titre d'accidents du travail ou de l'assistance médicale gratuite dont la saisie-arrêt a été admise avant même que les soins à payer n'aient eu lieu.

628. Civ. (2e ch.), 25 mars 1998, n° 96-14706, *Bull. civ.*, II, n° 109, censurant une cour d'appel ayant admis la saisie d'une créance « en germe ».

629. Voy. l'arrêt de principe : Com., 13 septembre 2017, n° 16-13674 (FS-P+B+I), *D.*, 2017, p. 2237, note D. Gallois-Cochet, *Gaz. Pal.*, 2017, p. 2692, note R. Laher ; déjà en ce sens antérieurement, voy. en dernier lieu : Civ. (2e ch.), 11 mai 2017, n° 16-14139, *RTD Civ.*, 2017, p. 733, obs. N. Cayrol ; Com., 8 juin 2017, n° 15-19125, *RJDA*, 2017, n° 659 ; voy. aussi, P. Théry, « Regards sur les mesures d'exécution et le droit des sociétés », *RJDA*, 2018, p. 551, spéc. n° 5. En revanche, le capital social non encore libéré constitue toujours une créance de la société contre ses associés qui peut faire l'objet d'une saisie de la part d'un créancier de la société : Civ. (2e ch.), 12 mai 2016, n° 15-13833, à paraître au Bull., *Gaz. Pal.*, 2016, p. 3458, obs. J.-J. Ansault.

630. Voy. par exemple : Civ. (2e ch.), 11 mai 2000, n° 97-12362, *Bull. civ.*, II, n° 77, *D.*, 2001, somm., comm., p. 1138, obs. Ph. Delebecque, à propos de la saisie du prix de cession d'un office notarial avant l'agrément ministériel du cessionnaire, un élément légal de la convention faisant ainsi défaut, si bien que la créance du prix de vente n'était pas née encore ;

322 ***Saisissabilité et disponibilité.*** Si la créance-objet doit exister à la date de la saisie, elle doit aussi être **saisissable**, ce qui n'est pas discutable. Mais doit-elle aussi être disponible[631] ? Le doute vient de l'article L. 211-2 du CPCE qui prévoit que la saisie-attribution emporte attribution immédiate de la « créance saisie disponible ». Faut-il alors en déduire que seules les créances disponibles pourraient faire l'objet d'une saisie-attribution ? La deuxième chambre civile de la Cour de cassation a répondu par la négative en jugeant que la saisie-attribution est **possible sur les créances indisponibles**, sauf qu'elle est privée alors de tout effet attributif[632] (voy. *infra*, n° 341). Mais cette position ne semble pas partagée par la chambre commerciale, ce qui a été justement critiqué[633].

À ces conditions de fond s'ajoutent les règles de procédure qui rythment le déroulement de la saisie-attribution.

2. Le déroulement de la saisie

323 ***Étapes.*** Le déroulement de la saisie s'opère en trois temps qui intéressent successivement chacun de ses acteurs : l'acte de saisie qui relève de l'initiative du saisissant (a), la déclaration du tiers saisi (b) et la dénonciation au débiteur saisi (c).

a) L'acte de saisie

324 ***Modalités.*** Contrairement à la saisie-vente des biens meubles corporels (voy. *infra*, n° 500), la saisie-attribution peut être pratiquée immédiatement après la notification du titre exécutoire, sans commandement de payer préalable. Selon l'article R. 211-1 du CPCE, le créancier y procède « par un acte d'huissier de justice signifié au tiers ». L'acte de saisie est donc un acte d'huissier de justice

---

Com., 13 mars 2001, n° 98-12700, *Bull. civ.*, IV, n° 58 ; *Dr. et procéd.*, 2001, p. 250, obs. crit. J.-J. Bourdillat, à propos de la créance résultant d'une promesse unilatérale de cession d'un contrat de crédit-bail saisie avant la levée de l'option.

631. L'indisponibilité peut résulter, par exemple, d'une saisie conservatoire antérieure ou du délai d'opposition et de l'opposition elle-même pratiquée en cas de vente d'un fonds de commerce.

632. Civ. (2e ch.), 14 octobre 1999, n° 97-19502, *Bull. civ.*, II, n° 157 ; *RTD Civ.*, 2000, p. 169, obs. R. Perrot, à propos d'une saisie-arrêt qui était encore en cours à la date de la saisie-attribution ; dans le même sens : Civ. (2e ch.), 16 mars 2000, n° 98-14725, *Bull. civ.*, II, n° 49 ; *Procédures*, 2000, comm. n° 162, obs. R. Perrot, à propos de la saisie du prix de vente d'un fonds de commerce frappé d'opposition ; Civ. (2e ch.), 18 octobre 2001, n° 00-12369, *Bull. civ.*, II, n° 159 ; *Dr. et procéd.*, 2002, p. 118, obs. Cl. Brenner ; *Procédures*, 2001, comm. n° 231, obs. H. Croze, à propos de créances incluses dans une succession et frappées d'opposition.

633. Com., 14 février 2006, 03-457, *Bull.*, IV, n° 37 ; *D.*, 2007, p. 757, obs. D.-R. Martin, à propos d'une délégation de créance où il est jugé qu'un créancier du délégant ne peut saisir la créance déléguée au délégataire car elle est indisponible dans son patrimoine à compter de l'acceptation de la délégation ; voy. cependant Com., 29 avril 2002, n° 99-15072, *Bull. civ.*, IV, n° 77 ; *D.*, 2002, p. 2674, obs. Houtcieff, qui avait admis non seulement la validité d'un avis à tiers détenteur pratiqué sur une créance de loyer ayant fait l'objet antérieurement d'une délégation imparfaite, mais aussi son effet attributif (l'avis à tiers détenteur est une saisie spéciale de créances monétaires qui produit le même effet attributif que la saisie-attribution, voy. *infra*, n° 441) ; voy. aussi Ph. Simler, « L'énigmatique sort de l'obligation du délégué envers le délégant tant que l'opération de délégation n'est pas dénouée », in *Mélanges offerts à Aubert*, Paris, Dalloz, 2005, p. 395.

qui doit comporter, à peine de nullité[634], les mentions prévues aux 1° à 5° de ce texte. Elles peuvent être classées en trois rubriques :

- celles **relatives à la saisie** : l'identité du débiteur (1°), l'énonciation du titre exécutoire en vertu duquel la saisie est pratiquée (2°) et le décompte distinct des sommes réclamées en principal, frais et intérêts échus, majorées d'une provision pour les intérêts à échoir dans le délai d'un mois prévu pour élever une contestation (3°)[635] ;
- celles **relatives aux obligations du tiers saisi** : l'indication que le tiers saisi est personnellement tenu envers le créancier saisissant et qu'il lui est fait défense de disposer des sommes réclamées dans la limite de ce qu'il doit au débiteur (4°), avec la reproduction de l'alinéa 1er de l'article L. 211-2 dont résulte cette obligation, ainsi que des articles L. 211-3 et R. 211-5 prévoyant l'obligation de déclaration et sa sanction (5e ; voy. *infra*, nos 325 et s.) ;
- celle **relative au droit de contestation** : la reproduction des articles L. 211-4, alinéa 3[636], et R. 211-11 qui le régissent (5e ; voy. *infra*, nos 334 et s.).

De plus, l'acte doit indiquer **l'heure à laquelle il a été signifié** au tiers car c'est à ce moment-là que celui-ci doit faire une déclaration à l'huissier de justice qui peut être lourde de conséquences pour lui. Mais cette mention n'a pas été prescrite à peine de nullité[637].

b) La déclaration du tiers saisi

325 ***Obligation de renseignement.*** Selon l'article R. 211-4, alinéa 1er, du CPCE, « le tiers saisi est tenu de fournir sur-le-champ à l'huissier de justice les renseignements prévus à l'article L. 211-3 et de lui communiquer les pièces justificatives »[638]. La déclaration qui incombe ainsi au tiers saisi répond à l'obligation de renseignement prévue à l'article L. 211-3 du CPCE dont il convient de préciser les modalités (1) et les sanctions (2).

1) *Les modalités*

326 ***Contenu.*** Les renseignements prévus à l'article L. 211-3 portent sur les **obligations du tiers saisi** à l'égard du débiteur saisi dont il doit indiquer l'étendue, les modalités qui pourraient les affecter et, s'il y a lieu, les cessions, délégations ou saisies antérieures dont elles ont été l'objet. La déclaration qui incombe au tiers saisi est ainsi conçue très largement et la jurisprudence se montre plutôt exigeante.

---

634. Mais comme il s'agit d'une nullité pour vice de forme, la nullité ne sera encourue que si le saisi démontre un grief.

635. Lorsqu'un acte de saisie-attribution est délivré sur le fondement de plusieurs titres exécutoires, il doit, à peine de nullité, comporter un tel décompte distinct pour chacun de ces titres : Civ. (2e ch.), 23 février 2017, n° 16-10338, à paraître au Bull., *Gaz. Pal.*, 2017, p. 1822, obs. O. Salati.

636. La reproduction de ce texte ne figurait pas à l'article 56-5° du décret de 1992 ; sur ce texte à reproduire désormais, voy. *infra*, n° 336.

637. Sur l'intérêt de cette mention, voy. *infra*, n° 362.

638. Sur l'ensemble de cette obligation du tiers saisi, voy. not., C. Dupeyron et M. Cléry-Melin, « Saisie-attribution : les contours indistincts du devoir de coopération du tiers saisi », spéc. nos 5 et s., *RJDA*, 2016, p. 507.

De plus, le tiers saisi doit fournir à l'huissier de justice, selon l'article R. 211-4, alinéa 1er, **toutes les pièces** de nature à justifier sa déclaration, comme par exemple les procès-verbaux des saisies antérieures, les conventions ou les notifications.

327 ***Moment.*** Pour éviter toute collusion frauduleuse avec le débiteur saisi, ces informations doivent être fournies **sur-le-champ**, c'est-à-dire dès la signification de l'acte de saisie. C'est la raison pour laquelle il doit être fait mention de la réponse du tiers saisi dans l'acte de saisie (CPCE, art. R. 211-4, al. 1er et 2).

Mais lorsque l'acte de saisie a été signifié **par voie électronique**[639], le tiers saisi doit fournir ces informations, par la même voie, au plus tard **le premier jour ouvré** suivant cette signification[640] (CPCE, art. R. 211-4, al. 4).

À défaut, le tiers saisi encourt les sanctions énergiques prévues à l'article R. 211-5 du CPCE.

2) *Les sanctions*

328 ***Deux sanctions.*** L'article R. 211-5 du CPCE prévoit deux sanctions : l'une à l'alinéa 1er applicable au refus de collaboration et l'autre à l'alinéa 2 applicable à la collaboration déloyale ou insuffisante. Depuis l'origine, ces sanctions suscitent une jurisprudence abondante qui ne se tarit pas[641]. En aucun cas, elles ne peuvent se cumuler car leur domaine et leur régime sont nettement distincts, même si elles présentent un point commun.

329 ***Refus de collaborer.*** Le refus de collaborer est sanctionné par l'alinéa 1er en ces termes : « Le tiers saisi qui, sans motif légitime, ne fournit pas les renseignements prévus est condamné, à la demande du créancier, à payer les sommes dues à ce dernier, sans préjudice de son recours contre le débiteur ». C'est la sanction la plus énergique qui ne laisse qu'une faible marge d'appréciation au juge.

Elle est applicable à chaque fois que le tiers saisi n'a fourni aucun des renseignements requis, sur-le-champ[642], c'est-à-dire au moment de la signification de l'acte de saisie-attribution. Peu importe qu'ils soient fournis ultérieurement, fût-ce même le lendemain[643]. En revanche, une simple réponse d'attente, consistant à reconnaître l'existence d'une créance dont le montant serait déclaré ultérieurement, est suffisante à mettre le tiers saisi à l'abri de

---

639. En pratique, ce mode de signification devrait essentiellement intéresser la saisie-attribution pratiquée entre les mains des établissements bancaires (voy. *infra*, n° 357).

640. Sous réserve de la prorogation de délai prévue à l'article 748-7 du CPC (voy. *supra*, encadré E1). De même, lorsque la saisie est pratiquée entre les mains d'un comptable public, celui-dispose d'un délai de 24 heures pour fournir ces informations, selon le troisième alinéa de l'article R. 211-4 (anct décr. 93-977 du 31 juillet 1993, art. 5, al. 2).

641. Ainsi, la deuxième chambre civile a rendu une série de 13 arrêts le 5 juillet 2000 ; voy. not. R. Perrot et Ph. Théry, « Saisie-attribution : la situation du tiers saisi (les arrêts du 5 juillet 2000) », *D.*, 2001, doctr., p. 714.

642. Ou dans l'un des délais dérogatoires prévus en cas de signification de l'acte de saisie par voie électronique et au profit des comptables publics (voy. *supra*, n° 327 et en note).

643. En ce sens : Civ. (2e ch.), 2 avril 1997, n° 95-13567, *Bull. civ.*, II, n° 107 ; *RTD Civ.*, 1997, 752, obs. R. Perrot ; voy. aussi Civ. (2e ch.), 9 juillet 2009, n° 08-15192, *Dr. et procéd.*, 2009, p. 356, obs. L. Lauvergnat ; Civ. (2e ch.), 5 juillet 2001, n° 99-20616, *Bull. civ.*, II, n° 133 ; *Procédures*, 2001, comm. n° 169, obs. R. Perrot ; ces décisions assimilent expressément la déclaration tardive au défaut de déclaration.

cette sanction[644]. C'est donc la **carence totale** du tiers au moment de la saisie qui est sanctionnée par l'alinéa 1er.

Le seul moyen d'y échapper pour le tiers saisi est de justifier d'un **motif légitime** qui l'a empêché de fournir immédiatement les renseignements requis. De manière générale, un tel motif semble retenu lorsqu'il est justifié de circonstances extérieures à la volonté du tiers l'ayant empêché de se prononcer[645]. Il ne saurait donc invoquer, par exemple, la complexité ou un défaut d'organisation interne à son entreprise[646]. Dans la même perspective, peuvent être retenues les modalités de la signification[647]. Mais quel que soit le motif légitime invoqué, c'est toujours au tiers saisi de fournir les renseignements requis et non à l'huissier de justice de les quérir[648]. Et sa réponse devra être donnée dans un délai raisonnable, car le motif légitime ne saurait l'exonérer de son obligation, mais seulement justifier un retard[649]. Ce délai est apprécié souverainement par le juge et ne saurait lui être imposé par les parties[650]. Mais il peut excéder celui sollicité initialement par le tiers saisi dès lors que le temps

644. Civ. (2e ch.), 26 mai 2011, n° 10-16343 ; *D.*, 2011, p. 2155, obs. J.-M. Sommer et L. Leroy-Gissinger.

645. Par exemple, l'obligation pour la CARPA d'interroger l'avocat titulaire du sous-compte saisi : Civ. (2e ch.), 9 janvier 2003, n° 00-13887, *Bull. civ.*, II, n° 4, *Dr. et procéd.*, 2003, p. 251, obs. E. Putman.

646. Civ. (2e ch.), 2 avril 1997, préc. ; de même, une SCI dont le siège social est fixé au lieu donné en location ne peut invoquer le fait que son locataire ne lui remet pas le courrier, dès lors qu'il lui incombe de disposer d'une boîte aux lettres distincte : CA Paris, 3 juillet 2008, *JCP E*, 2008, 2231.

647. Voy. not. Civ. (2e ch.), 22 mars 2001, n° 99-14941, *Gaz. Pal.*, 2001, jurispr., p. 1802, note J.-Fr. Auduc, à propos d'une signification en mairie ; Civ. (2e ch.), 4 octobre 2001, n° 99-20653, *Bull. civ.*, II, n° 152 ; *D.*, 2002, p. 1304, note. X. Daverat, à propos de la remise à une secrétaire ; *a fortiori*, en est-il ainsi en cas de nullité de la signification : Civ. (2e ch.), 23 septembre 2004, n° 02-18252, *Bull. civ.*, II, n° 426 ; *Dr. et procéd.*, 2004, p. 39, obs. E. Putman ; *Procédures*, 2004, comm. n° 257, obs. R. Perrot, à propos d'une signification en mairie où la lettre simple prévue par l'article 658 du CPC a été expédiée à une adresse erronée.

648. Civ. (2e ch.), 20 mars 2014, n° 13-15056, à propos de la remise à une personne qui a déclaré être habilitée à recevoir l'acte de saisie, mais qui a invité l'huissier de justice à s'adresser directement au directeur administratif et financier pour obtenir les renseignements sollicités.

649. Civ. (2e ch.), 28 février 2006, n° 04-16396, *Bull. civ.*, II, n° 59 ; *Dr. et procéd.*, 2006, p. 279, obs. Ph. Hoonakker.

650. Ainsi, dans une espèce où le tiers saisi a répondu le troisième jour de la saisie alors que l'huissier de justice avait accepté de recevoir une réponse sous 48 heures, la Cour de cassation a approuvé les juges du fond d'avoir refusé de le sanctionner pour refus de collaborer, au motif que « les créancières avaient laissé à la société Carrefour un délai de 48 heures pour répondre et a pu retenir que le retard dans la réponse au-delà de 48 heures avait un motif légitime dès lors qu'un délai avait été accepté au lieu d'une réponse sur-le-champ » : Civ. (2e ch.), 8 septembre 2011, n° 10-17506 ; *Dr. et procéd.*, 2011, p. 267, obs. F. Vinckel ; *D.*, 2012, p. 420, note R. Perrot et Ph. Théry ; *Gaz. Pal.*, 2012, p. 477, obs. C. Brenner. Autrement dit, si le créancier peut renoncer à une réponse sur le champ, il ne saurait fixer d'avance, même avec l'accord du tiers saisi, un délai de réponse qui s'imposerait au juge. Cet arrêt sonnera sans doute le glas de cette pratique compréhensive pour le tiers saisi, consistant à lui laisser un délai de réponse alors que la loi impose une réponse sur-le-champ.

de réponse est justifié par les circonstances de l'espèce constitutives du motif légitime[651].

À défaut de motif légitime, le tiers saisi est obligatoirement condamné, à la demande du saisissant, aux sommes dues par le débiteur, c'est-à-dire au paiement de la créance-cause de la saisie. Il s'agit donc d'une **sanction automatique** dont le quantum échappe au pouvoir d'appréciation du juge, quel que soit le montant de la créance-objet de la saisie[652]. La seule dérogation admise est celle où ce montant est nul car lorsque la créance-objet est inexistante, la jurisprudence exclut cette sanction[653]. Mais c'est au créancier de prouver l'existence de la créance si elle est contestée par le débiteur saisi[654]. En tout cas, le tiers saisi condamné à payer la dette du débiteur saisi dispose toujours d'un recours contre ce dernier. Mais il est souvent illusoire en fait.

330 ***Collaboration déloyale ou insuffisante.*** La collaboration déloyale ou insuffisante est visée à l'alinéa 2 de l'article R. 211-5, en ces termes : « Il peut être condamné à des dommages et intérêts en cas de négligence fautive ou de déclaration inexacte ou mensongère[655] ». Dans ces cas, le tiers saisi a effectivement fourni des renseignements sur le champ, mais ils s'avèrent ultérieurement incomplets ou inexacts. Le juge retrouve alors tout son pouvoir d'appréciation, que ce soit au niveau du fait générateur de la responsabilité du tiers ou de la sanction applicable.

S'agissant du **fait générateur**, il lui appartient de caractériser une faute qui peut porter sur les informations fournies ou sur les pièces justificatives à

651. Civ. (2e ch.), 10 avril 2014, n° 13-12767, *RJDA*, 2014, n° 667, à propos d'une saisie-attribution pratiquée entre les mains d'une banque qui avait répondu dans un délai de sept jours alors qu'elle n'avait sollicité que 48 heures, car elle a dû procéder à des vérifications fastidieuses au sujet d'installations photovoltaïques fournies par le saisissant et installées chez des particuliers qui devaient établir une attestation de fin de travaux à remettre au banquier pour déclencher le financement.

652. C'est la raison pour laquelle sa compatibilité avec l'exigence d'un procès équitable au sens de l'article 6-1 du CEDH a été contestée ; mais le moyen a été rejeté au motif que l'automaticité ne joue qu'au niveau de la sanction et non au niveau du fait générateur qui suppose l'appréciation du motif légitime que le tiers saisi peut toujours invoquer : CE, 9 juin 2000, *AFB*, n° 198088, *Rec. CE*, 2000 ; Civ. (2e ch.), 4 octobre 2001, n° 99-11574, *D.*, 2002, 1304, note. X. Daverat.

653. Voy., en dernier lieu : Civ. (2e ch.), 11 mai 2017, n° 16-14139, *RTD Civ.*, p. 733, obs. N. Cayrol ; Com.,13 septembre 2017, n° 16-13674 (FS-P+B+I), *D.*, 2017, p. 2237, note D. Gallois-Cochet, *Gaz. Pal.*, 2017, p. 2692, note R. Laher ; Civ. (3e ch.), 6 décembre 2006, n° 04-14776, *Bull. civ.*, III, n° 246 ; Civ. (2e ch.), 24 mars 2005, n° 01-14212, *Bull. civ.*, II, n° 81 ; *Dr. et procéd.*, 2005, p. 244, obs. O. Salati. La même solution devrait s'appliquer en cas d'extinction de la créance-cause postérieurement à la saisie-attribution, pour quelque motif que ce soit, car le tiers saisi ne saurait être condamné aux causes de la saisie si celles-ci ont disparu ; voy. à propos de la collaboration insuffisante ou déloyale, *infra*, § 330, en note.

654. Civ. (2e ch.), 10 février 2011, n° 10-30008, *Bull. civ.*, II, n° 38 ; *Dr. et procéd.*, 2011, p. 128, obs. B. Menut ; *Procédures*, 2011, comm. n° 169, obs. R. Perrot ; *contra* : CA Paris, 3 juillet 2008, *JCP E*, 2008, 2231.

655. L'adverbe « aussi », qui figurait au second alinéa de l'article 60 du décret de 1992, n'a pas été repris car il pouvait prêter à confusion, les deux sanctions étant alternatives et non cumulatives.

remettre. Elle peut être involontaire, et résulter d'une simple négligence fautive[656], ou volontaire, et résulter d'un mensonge délibéré.

S'agissant de la **sanction**, elle consiste en des dommages et intérêts qu'il appartient au juge d'apprécier en fonction du préjudice[657] que la faute retenue a occasionné au créancier[658]. Il n'est donc pas question ici d'une sanction automatique, la Cour de cassation ayant clairement jugé que celle prévue à l'alinéa 1er n'est en aucun cas applicable dans cette hypothèse[659]. Ces sanctions sont donc **alternatives et non cumulatives**. Mais elles sont écartées l'une et l'autre en cas de disparition de la saisie-attribution ; c'est leur point commun.

331 ***Point commun.*** De manière constante, la Cour de cassation écarte ces deux sanctions tant en cas d'**annulation** que de **caducité** de la saisie-attribution, car elles produisent l'une et l'autre un effet rétroactif, de sorte que l'obligation de renseignement est censée n'avoir jamais existé[660].

Mais la solution est critiquable pour la caducité dès lors qu'elle sanctionne le défaut de dénonciation de la saisie au débiteur (voy. *infra*, n° 333). Or, il se peut que le créancier ait renoncé à dénoncer la saisie en raison des renseignements transmis. Dans ces conditions, s'il devait s'avérer ultérieurement que ces renseignements étaient inexacts ou mensongers, le débiteur n'a-t-il pas commis une **faute préjudiciable au créancier** ? Certes, à défaut d'application de l'article R. 211-5, alinéa 2, elle pourrait être sanctionnée sur le fondement des règles de droit commun rappelées à l'article L. 123-1. Mais ce détour ne sera peut-être pas nécessaire car la Cour de cassation semble avoir amorcé un revirement partiel de jurisprudence. En effet, elle a jugé que « l'efficacité de la saisie n'est pas une condition d'application de l'alinéa 2 de l'article 60 du décret[661] ». La caducité, contrairement à la nullité, pouvant être considérée comme une cause d'inefficacité, il pourrait être envisagé qu'à l'avenir elle n'exclut plus la sanction de l'alinéa 2 de l'article R. 211-5[662].

---

656. Par exemple, le tiers saisi ne saurait soustraire une facture au motif qu'elle serait litigieuse, il doit déclarer l'étendue de ses obligations ainsi que toutes les modalités qui pourraient les affecter, tels un terme ou un litige : Civ. (2e ch.), 8 septembre 2011, préc. ; voy. aussi à propos d'une saisie conservatoire de créance où les mêmes obligations et sanctions sont applicables : Civ. (2e ch.), 15 novembre 2012, n° 11-23883, *Dr. et procéd.*, 2013, p. 40, obs. F. Vinckel.

657. Si la créance cause est éteinte, ce préjudice est nul et le saisissant est alors privé de tout intérêt à agir en indemnisation contre le tiers saisi. Mais tel n'est pas le cas en cas d'omission de déclarer la créance cause dans la procédure collective ouverte contre le débiteur saisi, car depuis la loi de sauvegarde de 2005, une créance non déclarée n'est plus éteinte mais seulement inopposable à la procédure collective : Com., 8 septembre 2015, n° 14-15831, à paraître au Bull., *Gaz. Pal.*, 2016, p. 406, obs. I. Rohart-Messager.

658. Le juge doit donc toujours caractériser le lien de causalité entre la faute retenue et le préjudice allégué : Civ. (2e ch.), 3 juillet 2008, n° 07-13915, *Bull. civ.*, II, n° 164 ; *D.*, 2008, p. 2700, note C. Paul-Loubière ; *Dr. et procéd.*, 2008, p. 339, obs. L. Lauvergnat.

659. Civ. (2e ch.), 14 octobre 2010, n° 09-14182, *LEDB*, décembre 2010, p. 3, obs. Ph. Hoonakker ; Civ. (2e ch.), 5 juillet 2000, nos 97-19629 et 97-22407, *Bull. civ.*, II, nos 115 et 116.

660. Voy. not. Civ. (2e ch.), 6 décembre 2007, nos 06-15178 et 07-13964, *Bull. civ.*, II, n° 263 ; *Procédures*, 2008, comm. n° 76, obs. R. Perrot ; *Dr. et procéd.*, 2998, p. 160, obs. E. Putman ; Civ. (2e ch.), 21 décembre 2006, n° 04-16511, *Bull. civ.*, II, n° 372 ; *Dr. et procéd.*, 2007, J.41, obs. C. Lefort ; Civ. (2e ch.), 3 mai 2001, n° 99-13592, *Bull. civ.*, II, n° 89 ; *Dr. et procéd.*, 2001, p. 328, obs. J.-J. Bourdillat.

661. Civ. (2e ch.), 19 mars 2009, n° 08-11303, *RTD Civ.*, 2009, p. 371, obs. R. Perrot.

662. En ce sens, R. Perrot, *op. cit.*

c) La dénonciation au débiteur saisi

332 ***Modalités.*** Dans la première phase de la procédure, tout se passe entre le créancier et le tiers saisi, sans que le débiteur saisi n'en soit informé. La raison en est simple : il faut éviter toute manœuvre frauduleuse. Mais une fois la saisie réalisée, ce risque n'existe plus et il faut alors en informer le débiteur dans les meilleurs délais, afin qu'il puisse préserver ses droits. Tel est l'objet de la dénonciation prévue à l'article R. 211-3[663].

Il s'agit d'un acte d'huissier de justice qui doit comporter, à peine de nullité[664], les mentions suivantes, prévues par cette disposition :

- une copie du procès-verbal de saisie et la reproduction de la réponse du tiers saisi en cas de signification par voie électronique[665] ;
- en caractères très apparents, les conditions de recevabilité des contestations (délai, date d'expiration[666] et dénonciation à l'huissier de justice instrumentaire[667] ; voy. *infra*, n°s 336 et 337) ;
- la désignation de la juridiction devant laquelle les contestations pourront être portées (voy. *infra*, n° 337).

L'acte doit rappeler aussi au débiteur qu'il peut autoriser par écrit le créancier à se faire remettre, sans délai, par le tiers saisi, les sommes qui lui sont dues (voy. *infra*, n° 349). Mais cette mention n'est pas prescrite à peine de nullité.

Ainsi rédigé, cet acte doit être signifié au débiteur saisi dans le **délai de huit jours** de la saisie-attribution sous peine de caducité.

333 ***Caducité.*** La caducité joue à chaque fois que la saisie n'a pas été dénoncée régulièrement dans le délai de huit jours de la signification de l'acte de saisie-attribution. Il s'agit d'une sanction particulièrement grave car, selon la jurisprudence, elle produit un **effet rétroactif**. Il s'ensuit que la saisie est censée n'avoir jamais existé, et qu'en particulier, le tiers saisi est libéré de son obligation de renseignement. Mais la Cour de cassation semble avoir amorcé une évolution sur ce point (voy. *supra*, n° 331). Quoi qu'il en soit, encore faut-il que la caducité soit prononcée, ce qui suppose que la saisie ait été contestée dans les formes et délais requis.

---

663. Elle n'est requise qu'à l'égard du débiteur saisi et non des débiteurs solidaires contre lesquels la saisie-attribution n'est pas pratiquée : Civ. (2e ch.), 25 juin 2015, n° 14-21674, *Gaz. Pal.*, 2015, p. 2225, obs. S. Dorol.

664. Comme pour l'acte de saisie, la nullité n'est encourue que s'il est établi que l'omission a causé un grief, car il s'agit d'une nullité pour vice de forme.

665. Comme celui-ci dispose alors d'un délai pour sa réponse jusqu'au premier jour ouvrable suivant la signification (voy. *supra*, n° 327), la dénonciation ne pourra intervenir avant l'expiration de ce délai dans ce cas. Rien n'est prévu pour la saisie-attribution pratiquée entre les mains d'un comptable public qui dispose d'un délai de 24 heures pour faire sa déclaration. Par analogie, on pourrait admettre que la dénonciation comporte aussi la réponse du tiers saisi et qu'en conséquence elle ne peut être délivrée avant l'expiration du délai de réponse.

666. L'acte de dénonciation comportant une erreur sur la date d'expiration du délai de contestation est entaché de nullité au motif que l'irrégularité commise a eu nécessairement pour effet de persuader le débiteur qu'il était forclos pour agir : Civ. (2e ch.), 10 septembre 2009, n° 08-16828, *Dr. et procéd.*, 2010, p. 26, obs. L. Lauvergnat ; *Procédures*, 2009, comm. n° 356, obs. R. Perrot.

667. Cette mention a été ajoutée, elle ne figurait pas à l'article 58 du décret de 1992.

E 26 **Dénonciation de la saisie en cas de procédure collective**

En principe, la dénonciation est signifiée au débiteur. Mais la question se complique lorsqu'il est dessaisi totalement ou partiellement de l'administration de ses biens suite à l'ouverture d'une procédure collective. Une dénonciation est alors parfois nécessaire aux organes de la procédure collective (liquidateur judiciaire ou administrateur judiciaire ayant reçu une mission d'assistance ou de représentation et non de simple surveillance ; solution expressément inscrite à l'article L. 622-23 dans sa rédaction issue de l'ordonnance 2008-1345 du 18 décembre 2008[668]). Tout dépend du moment auquel survient cette procédure, trois hypothèses étant envisageables :

- si elle est ouverte plus d'un mois après la dénonciation au débiteur, c'est-à-dire lorsque le délai de contestation est expiré, aucune dénonciation aux organes de la procédure collective n'est requise ;
- si elle est ouverte avant l'expiration du délai d'un mois alors qu'elle avait déjà été dénoncée au débiteur encore *in bonis,* le délai de contestation est interrompu et un nouveau délai commencera à courir à compter de la notification de la saisie à l'organe de la procédure collective[669] ;
- si elle est ouverte dans les huit jours de la saisie-attribution, il faut sous-distinguer : si elle avait déjà été dénoncée au débiteur encore *in bonis*, aucune caducité n'est encourue, mais une dénonciation aux organes de la procédure collective sera nécessaire, comme dans le cas précédent, pour faire courir à nouveau le délai de contestation interrompu par le jugement d'ouverture[670] ; en revanche, si aucune dénonciation n'avait encore été délivrée au débiteur *in bonis*, la saisie devra être dénoncée à l'organe de la procédure avant l'expiration du délai de huit jours ; cette règle vaut même si la dénonciation a été faite au débiteur après le jugement d'ouverture dans l'ignorance légitime de l'identité des organes de la procédure collective[671] ; à défaut, la saisie est caduque. Mais cette jurisprudence qui écarte toute bonne foi du créancier saisissant n'est pas suivie par la cour d'appel de Paris[672].

3. Les contestations de la saisie

334 ***Moyens.*** Les contestations peuvent porter sur toutes les conditions de la saisie. Il peut s'agir des **conditions de fond** relatives notamment à la créance-cause (titre exécutoire, exigibilité, liquidité, etc.) ou à la créance-objet (saisissabilité, existence, etc.). Mais il peut s'agir aussi de toutes les **règles de procédure**, qu'elles soient sanctionnées par la nullité ou la caducité de la saisie (formalisme, délais, etc.).

Comme les contestations conditionnent le sort de la saisie (b), le législateur a imposé des règles strictes de recevabilité (a).

668. Voy. Ph. Roussel Galle, « Les retouches apportées aux règles de l'interdiction des poursuites individuelles et de l'arrêt des voies d'exécution », *Gaz. Pal.*, 2009, p. 806, spéc. n° 15.

669. Com., 19 janvier 1999, n° 96-18256, *Bull. civ.*, IV, n° 17 ; *D.*, 1999, p. 245, note F. Derrida.

670. À propos d'un jugement de redressement judiciaire ouvert dans les huit jours de la saisie : Civ. (2e ch.), 8 décembre 2011, n° 10-24420, *Bull. civ.*, II, n° 225 ; *JCP G*, 2012, 207, note L. Lauvergnat ; *Dr. et procéd.*, 2012, p. 44, obs. F. Vinckel ; *Gaz. Pal.*, 2012, p. 1067, obs. Ph. Roussel Galle ; Com., 10 juin 2008, n° 06-13054, *RTD Civ.*, 2008, p. 555, obs. R. Perrot ; v. aussi à propos d'un jugement de liquidation judiciaire où la caducité est écartée car la saisie-attribution avait été dénoncée au débiteur encore *in bonis*, mais curieusement l'arrêt relève que la procédure collective n'a pas été ouverte dans le délai de huit jours de la dénonciation au débiteur : Com., 2 octobre 2012, n° 11-22387, *D.*, 2012, p. 2385, obs. A. Lienhard ; *Gaz. Pal.*, 2013, p. 1044, obs. Cl. Brenner.

671. Com., 19 février 2002, n° 98-22727, *Bull. civ.*, IV, n° 37 ; *Dr. et procéd.*, 2002, p. 237, obs. Ph. Hoonakker ; voy. aussi Com., 4 mars 2003, n° 00-13020, *Bull. civ.*, IV, n° 34 ; *Dr. et procéd.*, 2003, p. 306, obs. E. Putman, *D.*, 2003, p. 907, obs. A. Lienhard.

672. Voy. not. CA Paris, 20 janvier 2005, *RTD Civ.*, 2005, p. 457, obs. R. Perrot.

a) La recevabilité des contestations

Pour être recevable, une contestation doit être élevée par une personne qui y a intérêt, dans le délai et les formes prévus.

335 ***Contestant.*** Seul le **débiteur** est expressément visé par l'article R. 211-11 du CPCE, peut-être parce qu'il a toujours intérêt à contester une saisie-attribution dirigée à son encontre.

Mais la jurisprudence semble admettre que la contestation puisse aussi être élevée par **toute autre personne justifiant d'un intérêt** et, en particulier, par le tiers saisi[673].

336 ***Délai.*** Le délai est d'**un mois** à compter de la dénonciation de la saisie au débiteur. À défaut, la contestation est irrecevable (CPCE, art. R. 211-11)[674]. Mais ce délai n'est applicable qu'aux contestations relatives à la saisie[675] et qui sont élevées par le débiteur lui-même[676].

Pour autant, les droits du débiteur ne sont pas totalement sacrifiés. Certes, la saisie-attribution devra se poursuivre jusqu'à son terme : le paiement. Mais le débiteur pourra toujours agir à ses frais en répétition de l'indu devant le juge du fond compétent, qui ne sera jamais le juge de l'exécution (CPCE, art. L. 211-4, al. 3).

337 ***Formes.*** Dans ce délai, les contestations doivent être portées devant le juge de l'exécution du lieu où demeure le débiteur (CPCE, art. R. 211-10[677]), selon les règles de la procédure ordinaire. Elles sont donc formées **par voie d'assigna-**

---

673. Par exemple, lorsqu'il est poursuivi pour manquement à son obligation d'information : Civ. (3e ch.), 6 décembre 2006, n° 04-14776, *Bull.*, III, n° 246 ; *Procédures*, 2006, comm. n° 166, obs. R. Perrot. Plus généralement sur le rôle du tiers saisi en cas de contestation, voy. not., C. Dupeyron et M. Cléry-Melin, « Saisie-attribution : les contours indistincts du devoir de coopération du tiers saisi », spéc. nos 16 et s., *RJDA*, 2016, p. 507.

674. À condition cependant que le délai et sa date d'expiration aient été correctement indiqués dans l'acte de dénonciation de la saisie, sinon la dénonciation est nulle et le délai n'aura pas commencé à courir : Civ. (2e ch.), 2 décembre 2004, n° 02-20622, *Bull. civ.*, II, n° 515 ; *Dr. et procéd.*, 2005, p. 173, obs. E. Putman.

675. Tel n'est pas le cas des demandes du saisissant contre le tiers saisi fondées sur sa déclaration, soit pour engager sa responsabilité (Civ. (2e ch.), 26 novembre 1998, n° 96-18350, *Bull. civ.*, II, n° 284 ; *RTD Civ.*, 1999, p. 208, obs. R. Perrot ; Civ. (2e ch.), 5 juillet 2000, n° 97-22287, *Bull. civ.*, II, n° 113 ; Civ. (2e ch.), 4 octobre 2001, n° 99-11574), soit pour en contester la sincérité (Civ. (2e ch.), 11 mars 1999, n° 92-22813, *Bull. civ.*, II, n° 49 ; *RTD Civ.*, 1999, p. 707, obs. crit. R. Perrot). *A fortiori*, ce délai ne saurait s'appliquer à la demande contre le tiers saisi qui refuse de payer, car elle suppose, au contraire, qu'aucune contestation n'ait été élevée dans ce délai ou que, le cas échéant, les contestations aient été rejetées ; voy. *infra*, nos 348 et s.

676. Il ne s'applique donc pas aux contestations relatives à la saisie soulevées par d'autres intéressés ; ainsi en est-il tout particulièrement du tiers saisi, et ce d'autant plus qu'il soulève généralement ces contestations comme moyens de défense à une action en responsabilité engagée contre lui par le saisissant : Civ. (2e ch.), 5 juillet 2000, nos 97-22512 et 98-17707, *Bull. civ.*, II, n° 112 ; Civ. (2e ch.), 22 mars 2001, n° 99-14941, *Dr. et procéd.*, 2001, p. 255, obs. E. Putman ; Civ. (2e ch.), 4 octobre 2001, n° 99-11574. De même, ce délai ne devrait pas s'appliquer à la contestation élevée par le véritable titulaire de la créance saisie ; en ce sens : R. Perrot et Ph. Théry, *op. cit.*, n° 398.

677. La règle est applicable aussi en cas de pluralité de saisies-attributions pratiquées contre des débiteurs distincts fondées sur un même titre exécutoire ; aussi, toutes les contestations ne pourront être portées devant l'un des juges de l'exécution territorialement compétents, mais chacun des débiteurs devra porter ses contestations, même si elles sont identiques

tion délivrée au créancier et c'est celle-ci qui doit être délivrée dans le délai d'un mois. En revanche, son dépôt au greffe, appelé **enrôlement** en pratique, peut intervenir postérieurement[678], mais au plus tard, le jour de l'audience **à peine de caducité** (CPCE, art. R. 211-11, al. 2).

De plus, le **jour même** de sa signification ou le **premier jour ouvrable suivant**[679], l'assignation **doit être dénoncée**[680], à peine d'irrecevabilité[681], par lettre recommandée avec demande d'avis de réception[682] à l'huissier de justice qui a pratiqué la saisie[683]. C'est cette formalité qui lui permettra de délivrer le certificat de non-contestation autorisant le paiement du saisissant (voy. *infra*, n° 349.

Parallèlement, elle est portée à la connaissance du **tiers par lettre simple** (CPCE, art. R. 211-11, al. 2). Mais cette formalité n'est assortie ni d'un délai, ni d'une sanction[684].

---

aux autres, devant le juge de l'exécution de son domicile : Civ. (2e ch.), 4 juillet 2007, n° 06-13840, *Bull. civ.*, II, n° 203 ; *Procédures*, 2007, comm. n° 251, obs. R. Perrot.

678. Cass. (avis), 15 juin 1998, n° 09-80004, *Bull.*, n° 8 ; *RTD Civ.*, 1998, p. 751, obs. R. Perrot.

679. C'est une souplesse introduite par le décret n° 2017-892 du 6 mai 2017. Auparavant, la dénonciation n'était possible que le jour même de l'assignation et la Cour de cassation s'était toujours montrée très exigeante en jugeant qu'elle ne peut être faite, ni avant l'assignation (Civ. [2e ch.], 20 mars 2003, n° 01-13746, *Bull. civ.*, II, n° 73 ; *Dr. et procéd.*, 2003, p. 316, obs. Ph. Hoonakker), ni après, fût-ce le lendemain (et même si un projet d'assignation avait été notifié au préalable : Civ. [2e ch.], 16 octobre 2003, n° 01-16766, *Bull. civ.*, II, n° 312 ; *Dr. et procéd.*, 2004, p. 102, obs. E. Putman ; *D.*, 2004, somm. comm., p. 1486, obs. G. Taormina). Désormais, la dénonciation le lendemain est possible, mais une dénonciation prématurée reste sans doute proscrite. Cet assouplissement était attendu car la dénonciation le même jour se heurtait en pratique aux horaires de la poste peu compatibles avec cette exigence : voy. not., L. Lauvergnat, « Le décret n° 892-2017 du 6 mai 2017 : le cadeau des procédures civiles d'exécution ? », *Gaz. Pal.*, 2017, p. 2420, spéc. n° 4

680. Une copie de l'assignation suffit car les modalités de signification n'ont pas à être dénoncées à l'huissier de justice instrumentaire : Civ. (2e ch.), 25 mars 2010, n° 09-14917, *Bull. civ.*, II, n° 73 ; *Dr. et procéd.*, 2010, p. 154, obs. O. Salati.

681. Ce moyen doit être soulevé d'office par le juge car il touche à la régularité de sa saisine : Civ. (2e ch.), 20 janvier 2011, n° 10-10768, *Bull. civ.*, II, n° 19.

682. Mais cette lettre n'est pas requise si l'huissier de justice instrumentaire a eu connaissance de la contestation par la signification de la demande faite entre ses mains en sa qualité de mandataire du créancier ayant élu domicile en son cabinet : Civ. (2e ch.), 31 mai 2001, n° 99-19367, *Bull. civ.*, II, n° 109 ; *Dr. et procéd.*, 2001, p. 387, obs. E. Putman. Lorsqu'elle est requise la preuve de son accomplissement relève du pouvoir souverain d'appréciation des juges du fond : Civ. (2e ch.), 19 mars 2015, n° 14-12876. Elle est généralement rapportée par la production du récépissé de dépôt délivré par les services postaux ou de l'avis de réception signé du destinataire. Mais la Cour de cassation a admis aussi que des juges du fond peuvent retenir une liste des LRAR, avec les numéros de recommandé attribués par la Poste, établi par l'huissier de justice instrumentaire car celui-ci accomplit cette formalité en qualité d'officier ministériel et non de mandataire : Civ. (2e ch.), 7 décembre 2017, n° 16-15935, *Gaz. Pal.*, 2018, p. 1676, obs. J.-J. Ansault, *Dr. et procéd.*, 2018, p. 75, obs. L. Choquet, *RJDA*, 2018, n° 357.

683. Et non à celui qui a dénoncé la saisie : CA Montpellier, 24 juillet 2002, *Dr. et procéd.*, 2003, p. 38, obs. C. Caille.

684. L'ordonnance de codification avait introduit au second alinéa de l'article R. 211-11, l'obligation de remettre une copie de cette lettre d'information du tiers au greffe du juge de l'exécution, au plus tard le jour de l'audience, à peine de caducité de l'assignation. Mais il s'agissait d'une maladresse de rédaction car cette formalité devait viser l'enrôlement de l'assignation. Elle a finalement été rectifiée par le décret n° 2017-892 du 6 mai 2017. Dans le prolongement de ce texte, la Cour de cassation a finalement admis aussi cette interprétation

b) Le sort de la saisie contestée

338 ***Effet suspensif partiel.*** Il appartient au juge de l'exécution ainsi saisi de trancher la contestation et ce n'est qu'en cas de rejet que le saisissant pourra être payé. **Le délai ouvert et la contestation** elle-même **produisent** ainsi **un effet suspensif**. Mais celui-ci n'est **que partiel** car il ne s'applique pas à tous les effets produits par la saisie-attribution. En effet, il ne s'oppose qu'à l'obligation de paiement incombant au tiers saisi et non à l'attribution de la créance saisie[685].

B) Les effets

339 ***Effets successifs.*** La saisie-attribution produit un effet immédiat : l'attribution de la créance saisie (1). En revanche, le paiement du saisissant est différé en attendant que les contestations élevées soient tranchées (2).

1. L'attribution immédiate de la créance saisie

340 ***Innovation.*** Selon l'alinéa 1er de l'article L. 211-2 du CPCE, « l'acte de saisie emporte, à concurrence des sommes pour lesquelles elle est pratiquée, attribution immédiate au profit du saisissant de la créance saisie, disponible entre les mains du tiers ainsi que de tous ses accessoires. Il rend le tiers personnellement débiteur des causes de la saisie dans la limite de son obligation ». Il s'agit de l'innovation la plus remarquable qui protège le créancier saisissant sans sacrifier les droits du débiteur saisi.

Pour s'en convaincre, il suffit de vérifier l'objet de cette attribution (a), sa conséquence qui réside dans le transfert de propriété (b), et sa limite qui se trouve dans l'interdiction de paiement du saisissant (c).

a) L'objet de l'attribution

341 ***Limites.*** L'attribution opérée par l'acte de saisie porte sur la créance-objet de la saisie dans les limites suivantes.

Quant **à la créance-cause** de la saisie, elle ne joue qu'à concurrence des sommes pour lesquelles la saisie est pratiquée[686]. En conséquence, si la créance-cause est inférieure à la créance-objet, l'excédent n'est pas attribué au saisissant et reste donc disponible entre les mains du débiteur saisi.

Quant à la **créance-objet**, il existe deux limites, l'une prétorienne, l'autre légale. D'une part, selon l'article L. 211-2, l'attribution porte sur la créance-objet « ainsi que tous ses accessoires ». Il était généralement admis qu'il s'agissait de

---

du texte initial, en faisant prévaloir son esprit sur sa lettre : Civ. (2e ch.), 7 décembre 2017, n° 16-15935, *Gaz. Pal.*, 2018, p. 1676, obs. J.-J. Ansault, *Dr. et procéd.*, 2018, p. 75, obs. L. Choquet, *RJDA*, 2018, n° 357.

685. Cet effet suspensif partiel joue tant que dure l'instance en contestation, même en cas de retrait du rôle : Civ. (2e ch.), 19 février 2015, n° 14-10439, *Gaz. Pal.*, 2015, p. 1796, obs. L. Lauvergnat.

686. Il s'agit du montant dont le décompte figure dans l'acte de saisie, en l'occurrence, le principal, les frais et les intérêts échus majorés éventuellement d'une provision pour les intérêts à échoir dans le délai d'un mois prévu pour élever une contestation (voy. *supra*, n° 324). Aussi, une nouvelle saisie-attribution peut être pratiquée ultérieurement pour des intérêts qui n'étaient pas compris dans le décompte et pour lesquels la saisie déjà pratiquée n'a pu produire aucun effet : Civ. (2e ch.), 28 juin 2018, n° 17-13967 (FS-P+B).

tous les accessoires, sans distinction, et notamment des sûretés personnelles et réelles. Mais la Cour de cassation a jugé que seuls les **accessoires « exprimés en argent**[687] » sont attribués au saisissant, ce qui est unanimement critiqué[688]. D'autre part, l'article L. 211-2 réserve expressément l'effet attributif à « la créance saisie, disponible entre les mains du tiers saisi ». Ainsi, lorsque la saisie-attribution est pratiquée sur une créance-objet **déjà indisponible**, l'effet attributif est exclu et le saisissant viendra en concours avec les créanciers bénéficiaires de cette indisponibilité, selon leurs rangs respectifs[689]. Il ne bénéficiera donc pas du transfert de propriété qui est la conséquence de l'attribution.

b) La conséquence de l'attribution : le transfert de propriété

342 ***Protection du saisissant.*** Comme l'attribution est immédiate, le transfert de propriété s'opère **automatiquement dès la signification de l'acte de saisie au tiers**. C'est donc dès cet instant que la créance saisie passe du patrimoine du débiteur saisi dans le patrimoine du créancier saisissant et que le tiers saisi devient le débiteur personnel de ce dernier. Il s'ensuit toutes les conséquences que l'article L. 211-2, alinéa 2, du CPCE énonce expressément et dont il résulte que le saisissant est à l'abri des autres créanciers, qu'il y ait procédure collective ou concours individuel, comme il l'est du débiteur lui-même.

E 27 **Régime de l'action en nullité facultative**

Selon l'article L. 632-4 du Code de commerce (relatif au redressement judiciaire et applicable à la liquidation judiciaire par renvoi de l'art. L. 641-14, al. 1er), l'action en nullité de la période suspecte ne peut être exercée que par « l'administrateur, le mandataire judiciaire, le commissaire à l'exécution du plan ou le Ministère public ». Il s'agit donc d'une action attitrée liée à l'ouverture d'une procédure collective dont l'objectif est de « reconstituer l'actif du débiteur ». C'est la raison pour laquelle le régime de cette action relève du droit des procédures collectives, quel que soit le cas de nullité considéré[690]. Il s'ensuit qu'en particulier, l'action en nullité d'une saisie-attribution fondée sur l'article L. 632-2, alinéa 2, du Code de commerce échappe au droit des procédures civiles d'exécution qu'il s'agisse des règles de compétence ou de procédure.

Au niveau de la **compétence**, l'action en nullité doit être portée devant le tribunal qui a ouvert la procédure collective et non devant le juge de l'exécution[691].

---

687. Tels les intérêts, le montant d'une clause pénale ou encore la TVA (déjà en ce sens bien qu'il s'agisse plutôt d'un accessoire de la dette : Civ. (2e ch.), 4 avril 2002, n° 00-13388, *Bull. civ.*, II, n° 70).

688. Civ. (2e ch.), 7 avril 2011, n° 10-15969 ; *JCP G*, 2011, 683, note C. Juillet ; *Dr. et procéd.*, 2011, p. 184, obs. A. Leborgne ; *RTD Civ.*, 2011, p. 594, obs. R. Perrot.

689. Voy. not. Civ. (2e ch.), 18 janvier 2007, n° 06-10598, *Bull. civ.*, II, n° 14.

690. Voy. not. P.-M. Le Corre, *Droit et pratique des procédures collectives*, coll. Dalloz Action, 2013/2014, nos 822.00 et s.

691. Com., 18 mai 2017, n° 15-23973 (F-P+B+I), à propos d'une nullité de droit, mais cette solution vaut aussi pour les nullités facultatives ; Com., 29 avril 2014, n° 13-13572 ; CA Limoges, 20 février 1996, *Rev. proc. coll.*, 1997, p. 35, obs. Canet ; déjà en ce sens avant la réforme des procédures civiles d'exécution de 1991 et celle des procédures collectives de 1985, à propos d'avis à tiers détenteur non encore définitifs à la date du jugement d'ouverture qui étaient contestés sur le fondement de la suspension des poursuites (sur ce point, voy. *infra*, n° 444) : Com., 15 mai 1984, nos 82-16664, 83-10536, 83-11507 et 83-12815, *Bull. civ.*, IV, nos 158-161 ; sur le maintien de cette solution sous l'empire des textes issus des réformes de 1991 et 1985, voy. not. F. Derrida, « L'incidence des nouvelles procédures civiles d'exécution sur le redressement et la liquidation judiciaires », *LPA*, n° spécial, 6 janvier 1993, p. 26, n° 5.

Au niveau de la **procédure**, l'action en nullité est une action attitrée qui ne peut être exercée que par l'une des personnes désignées à l'article L. 632-4 du Code de commerce. Elle est donc fermée au débiteur, au tiers saisi ou à toute autre personne qui aurait intérêt à contester la saisie-attribution. De même, elle n'est soumise à aucun délai particulier, sous la seule réserve que la procédure collective soit toujours en cours et l'organe qui agit encore en fonction. Cette solution s'impose d'autant plus que le délai d'un mois pour contester une saisie-attribution sera généralement écoulé au moment de l'ouverture d'une procédure collective à l'encontre du débiteur saisi.

Enfin, quant au **fond**, la nullité ne peut être prononcée que si les conditions posées sont remplies. Mais les juges du fond disposent, à ce titre, d'un pouvoir souverain d'appréciation et ils se montrent plutôt exigeants quant à la connaissance de la cessation des paiements par le saisissant, qui doit être certaine[692] et personnelle au débiteur[693]. Mais inversement, lorsque ces conditions sont réunies, le juge n'est pas tenu de prononcer la nullité, car celle-ci est facultative. Il dispose, à ce titre, d'un pouvoir souverain d'appréciation et non d'un pouvoir discrétionnaire car il doit motiver son choix[694].

---

343 ***Procédures collectives.*** L'attribution n'est pas remise en cause par l'ouverture d'une procédure collective après l'acte de saisi, qu'il s'agisse d'une sauvegarde,

---

692. Voy. not. CA Versailles, 18 juillet 2013, n° 13/00980, *RJDA*, 2013, n° 924, à propos de saisies-attributions où il est jugé que la consultation des comptes consolidés ou le fait que le débiteur ait fait savoir qu'il serait dans l'impossibilité de payer et qu'il aurait l'intention de solliciter l'ouverture d'une procédure collective si le créancier demandait l'exécution pure et simple de son titre ne suffisent pas à établir la connaissance par le saisissant de la cessation des paiements ; CA Paris, 19 novembre 2008, *RJDA*, 2009, n° 245, à propos d'une saisie-attribution où il est jugé que la charge de la preuve incombe au liquidateur et qu'elle ne peut résulter de la seule connaissance de factures impayées et de difficultés passagères de trésorerie ; CA Paris, 13 décembre 2007, *D.*, 2008, p. 221, obs. A. Lienhard ; *Dr. et procéd.*, 2008, p. 144, obs. L. Lauvergnat, infirmant le jugement rendu par le Tribunal de commerce de Bobigny le 25 octobre 2006 (*D.*, 2007, p. 228, obs. A. Lienhard ; *Gaz. Pal.*, 2007, somm., p. 1336, obs. Ph. Roussel Galle), à propos d'un avis à tiers détenteur où toute présomption de connaissance de la cessation des paiements est écartée et des preuves concrètes exigées ; v. aussi, à propos de la nullité facultative du paiement de dettes échues pendant la période suspecte qui est subordonnée à la même condition de la connaissance de l'état de cessation des paiements, prévue au premier alinéa de l'article L. 632-2 : Com., 5 mai 2015, n° 14-13551, *RJDA*, 2015, n° 594, où il est jugé que le seul non-respect d'un échéancier convenu entre le créancier et le débiteur ne saurait suffire à caractériser la connaissance de la cessation des paiements par le créancier ; Com., 19 novembre 2013, n° 12-25925, *Gaz. Pal.*, 2014, p. 372, obs. Ph. Roussel Galle, où il est jugé que la qualité de dirigeant ne suffit pas à elle seule à démontrer la connaissance de l'état de cessation des paiements, tout dépend des circonstances particulières de chaque espèce.

693. Com., 2 décembre 2014, n° 13-25705 (FS-P+B), *D.*, 2015, p. 1342, obs. A. Leborgne ; *Dr. et procéd.*, 2015, p. 16, obs. L. Camensuli-Feuillard et p. 119, obs. L. Pellizza ; *Gaz. Pal.*, 2015, p. 3078, obs. C. Brenner, à propos de la connaissance de la cessation des paiements par l'huissier de justice instrumentaire qui avait procédé, dans la même période, à des procédures civiles d'exécution pour une dizaine d'autres créanciers et qui, tenu par le secret professionnel, ne peut transmettre cette information à ses mandants ; Com., 19 novembre 2013, préc., où il est jugé aussi que la connaissance de la cessation des paiements doit être personnelle à chacun des défendeurs à l'action, la connaissance de l'un ne pouvant influer sur celle des autres.

694. Com., 12 janvier 2010, n° 09-11119, *Bull. civ.*, IV, n° 5 ; *RTD Civ.*, 2010, p. 102, obs. R. Perrot ; voy., en faveur du pouvoir discrétionnaire, P. Rubellin, « Les nullités facultatives », in *Mélanges offerts au doyen Philippe Simler*, Paris, Litec-Dalloz, 2006, p. 725, n°s 61-65.

d'un redressement ou d'une liquidation judiciaire[695]. Mais cette solution, résultant du transfert immédiat de propriété, est apparue tellement exorbitante du droit commun que la loi de sauvegarde du 26 juillet 2005 y a apporté une limite sérieuse. Elle a été introduite à l'article L. 632-2 du Code de commerce sous la forme d'un nouveau cas de **nullité facultative**. Désormais, toute saisie-attribution pratiquée à compter de la date de cessation des paiements, c'est-à-dire pendant la période suspecte, pourra être annulée si le créancier en avait connaissance[696] (voy. *infra*, encadré E27).

344 ***Concours individuels.*** En principe, le saisissant est aussi à l'abri de tout autre créancier qui régulariserait une saisie postérieurement, même s'il est privilégié et, le cas échéant, d'un meilleur rang[697]. Mais ce principe connaît deux exceptions :

- d'autre part, **les saisies-attributions pratiquées le même jour** sont réputées faites simultanément, quelle que soit l'heure à laquelle elles ont été signifiées (CPCE, art. L. 211-2, al. 3) ; en conséquence, les créanciers concernés viennent en concours et si les fonds saisis sont insuffisants, ils seront répartis entre eux au marc l'euro, sans tenir compte de leurs éventuels privilèges[698] ; l'explication tient au fait que dans ces cas l'effet attributif n'est pas supprimé, mais il doit profiter également aux saisissants du même jour ;
- d'autre part, **les saisies-attributions pratiquées sur une créance indisponible** qui, en revanche, ne produisent pas leur effet attributif, de sorte que les créanciers viennent alors en concours selon leur rang (voy. *supra*, n° 341).

À cela s'ajoute que si la première saisie-attribution pratiquée venait ultérieurement à être **privée d'effet** suite à une contestation, la saisie suivante produirait alors son effet attributif, et ainsi de suite (CPCE, art. L. 211-2, al. 4)[699].

345 ***Débiteur saisi.*** Le transfert immédiat de la propriété met aussi le saisissant à l'abri de son débiteur puisqu'il est démuni de la créance saisie. Certes, tout autre saisissant est aussi protégé contre le débiteur saisi par l'indisponibilité qui frappe tout bien saisi selon l'article L. 141-2 du CPCE (voy. *supra*, n° 200). Mais cet effet est sans objet pour la saisie-attribution car le débiteur est privé de tout pouvoir sur la créance par l'effet du transfert de propriété. Il ne peut donc plus de ce chef recevoir le moindre paiement, ni accomplir le moindre acte de disposition.

---

695. La sauvegarde, qui n'avait pas été ajoutée à l'article 43 de la loi de 1991, est à présent citée par l'article L. 211-2, alinéa 2, du CPCE.

696. Cette nullité joue aussi pour les saisies spéciales qui produisent le même effet : avis et oppositions à tiers détenteur (voy. *infra*, n°s 447 et 489).

697. Com., 13 novembre 2002, n° 00-11200, *Bull. civ.*, IV, n° 164 ; *RJDA*, n° 434.

698. Cass. (avis), 24 mai 1996, n° 09-60004, *Bull.*, avis n° 5.

699. De nouvelles saisies peuvent donc être pratiquées nonobstant l'effet attributif attaché à une première saisie-attribution, mais tant que cet effet joue, elles ne peuvent elles-mêmes produire le moindre effet : Civ. (2e ch.), 19 février 2015, n° 14-10439, *Gaz. Pal.*, 2015, p. 1796, obs. L. Lauvergnat, à propos d'une seconde saisie-attribution pratiquée par le premier saisissant lui-même alors que sa première saisie avait été contestée par le débiteur et que cette procédure avait fait l'objet d'un retrait du rôle.

Ce paiement doit désormais revenir au saisissant, mais pas immédiatement, c'est la limite apportée à l'attribution.

c) La limite de l'attribution : l'interdiction de paiement du saisissant

346 ***Tiers saisi.*** Nonobstant le transfert de propriété résultant de l'attribution de la créance, le créancier saisissant ne peut en obtenir immédiatement le paiement du tiers saisi. En effet, pour permettre au débiteur de faire valoir ses contestations, le paiement est différé et, en attendant, le tiers saisi doit conserver les fonds par-devers lui[700].

Mais cette obligation de conservation peut présenter des inconvénients, tant pour le tiers saisi que pour le créancier saisissant. Le tiers saisi peut préférer se libérer de sa dette pour échapper aux méandres de la procédure et arrêter le cours des intérêts. Quant au saisissant, il peut craindre l'insolvabilité du tiers saisi et l'ouverture d'une procédure collective dont il devra supporter toutes les conséquences[701]. C'est la raison pour laquelle il est possible de recourir à une mesure de séquestre.

347 ***Séquestre.*** La mesure de séquestre est prévue à l'article R. 211-2 du CPCE (anc. décr. de 1992, art. 57). Elle n'est justifiée que tant que dure l'interdiction de paiement faite au tiers saisi. Aussi, et dans le silence de l'ancien article 57 du décret de 1992, il avait été jugé qu'elle ne pouvait plus être demandée après l'expiration du délai de contestation[702] ou en l'absence de contestation[703]. Désormais, selon l'article R. 211-2, qui a complété sur ce point la disposition reprise, la demande doit être présentée **dans le délai d'un mois ouvert pour élever une contestation**. Mais cette réponse n'est pas satisfaisante car elle interdit la mise sous séquestre après l'expiration de ce délai et alors qu'une contestation a été formée. Or, c'est précisément dans ce cas que la mesure présente véritablement un intérêt. Il aurait donc mieux valu interdire la demande après l'expiration du délai de contestation et en l'absence de contestation.

Quoi qu'il en soit, la demande peut être formée **par tout intéressé** et le séquestre, entre les mains duquel les sommes saisies seront consignées, est désigné à défaut d'accord amiable sur requête par le juge de l'exécution. La consignation arrêtera le cours des intérêts dus par le tiers, et c'est le séquestre qui procédera alors au paiement différé de la créance saisie.

2. Le paiement différé de la créance saisie

348 ***Obligation de paiement.*** Le transfert de propriété de la créance saisie emporte l'obligation du tiers saisi de payer au créancier saisissant les sommes qu'il doit

700. Tant que dure cette interdiction, la saisie-attribution n'est pas consommée, ce qui permet au débiteur de demander encore l'arrêt de l'exécution provisoire en cas d'appel contre le jugement de condamnation. Mais si l'exécution provisoire est arrêtée, l'ordonnance du premier président ne produit aucun effet suspensif. Elle ne remet donc pas en cause les effets passés de la saisie-attribution et ne joue que pour l'avenir ; voy. Ph. Hoonakker, in S. Guinchard (dir.), *Droit et pratique de la procédure civile*, coll. Dalloz Action, Paris, Dalloz, 2014/2015, n° 432.70.

701. En particulier, la suspension des poursuites et l'obligation de déclarer : Com., 11 juin 2002, n° 99-17163, *Bull. civ.*, IV, n° 106 ; *D.*, 2002, p. 2256, obs. A. Lienhard.

702. Jex Bobigny, 25 novembre 1997, *Gaz. Pal.*, 1999, p. 112, obs. T. Moussa.

703. Jex Lyon, 10 février 1998, nos 97/13445 et 97/14295, inédit.

au débiteur saisi dans la limite de la créance-cause. Cette obligation obéit aux modalités et sanctions suivantes.

Celui qui a reçu paiement, généralement l'huissier de justice, en donne quittance au tiers saisi et en informe le débiteur (CPCE, art. R. 211-7).

Tant que le créancier n'a pas été payé, il conserve ses droits à l'encontre du débiteur saisi, sauf **si le défaut de paiement est imputable à sa négligence**[704]. Dans ce cas, **il perd ses droits** à l'encontre de son débiteur à concurrence des sommes dues par le tiers saisi (CPCE, art. R. 211-8)[705]. Le saisissant doit donc faire toute diligence et, en cas de refus de paiement, il lui appartient de porter la contestation devant le juge de l'exécution, qui peut alors **lui délivrer un titre exécutoire** contre le tiers saisi (CPCE, art. R. 211-9)[706].

Mais cette sanction n'est applicable qu'à partir du moment où l'obligation de paiement du tiers saisi devient exigible à l'égard du saisissant. Or, celui-ci est différé pour protéger le débiteur en lui permettant de faire valoir ses contestations. Il n'est donc pas le même selon que le débiteur élève (b) ou n'élève pas (a) de contestation.

a) En l'absence de contestation

349 ***Renonciation ou certificat de non-contestation.*** Le débiteur peut d'abord **renoncer expressément** à toute contestation. Cette renonciation, qualifiée en pratique d'acquiescement, doit être faite par écrit. Le paiement pourra alors intervenir immédiatement (CPCE, art. R. 211-6, al. 2).

Sinon, le paiement ne pourra intervenir qu'à défaut de contestation dans le délai ouvert sur présentation au tiers saisi d'un **certificat de non-contestation**. À l'origine, il était délivré exclusivement par le greffe du juge de l'exécution. Mais en raison de la surcharge de ces services, cette formalité était accomplie avec beaucoup de retard. C'est la raison pour laquelle le décret du 18 décembre 1996 a introduit les deux innovations suivantes :

- désormais la contestation formée par le débiteur doit être dénoncée le jour même à l'huissier qui a pratiqué la saisie (voy. *supra*, n° 337) ;
- comme il est ainsi nécessairement informé des contestations, au même titre que le greffe, il peut lui aussi établir le certificat de non-contestation et sur ce fondement obtenir paiement du tiers saisi (CPCE, art. R. 211-6, al. 1er).

b) En cas de contestation

350 ***Moment.*** Lorsque le débiteur a contesté la saisie, le paiement est normalement différé jusqu'à son règlement par le juge de l'exécution. Le paiement ne pourra

704. Aucune négligence ne peut être reprochée au saisissant tant que la contestation élevée par le débiteur est en cours, même si la procédure a été retirée du rôle : Civ. (2e ch.), 19 février 2015, n° 14-10439, *Gaz. Pal.*, 2015, p. 1796, obs. L. Lauvergnat.

705. Civ. (2e ch.), 21 octobre 2004, n° 02-16740, *Bull. civ.*, II, n° 474 ; *RTD Civ.*, 2005, p. 189, obs. R. Perrot, où la Cour de cassation a retenu que cette négligence peut résulter d'un simple retard, sans qu'il soit nécessaire de démontrer une carence avérée ayant rendu la saisie inefficiente en raison, par exemple, de l'insolvabilité ultérieure du tiers saisi.

706. Il appartient, à ce titre, au juge de l'exécution de trancher toutes les contestations élevées par le tiers saisi pour vérifier l'existence de la créance objet au jour de la saisie : Civ. (2e ch.), 5 mars 2009, n° 08-12560, *RTD Civ.*, 2009, p. 371, obs. R. Perrot.

alors intervenir que sur présentation au tiers saisi de la décision rejetant la contestation, préalablement notifiée au débiteur (CPCE, art. R. 211-13)[707].

351 ***Paiement provisionnel.*** La contestation produit ainsi un effet suspensif sur le paiement qui pourrait inciter le débiteur à former une contestation dans un but purement dilatoire, alors qu'il n'a pas de moyens sérieux à faire valoir. C'est la raison pour laquelle le juge de l'exécution, saisi de la contestation, peut autoriser un paiement provisionnel « pour la somme qu'il détermine » (CPCE, art. L. 211-5). Selon l'article R. 211-12, il faut distinguer entre les deux hypothèses suivantes :

- pour la **fraction non contestée** de la dette, le juge donne effet à la saisie et sa décision est exécutoire sur minute ; de plus, en cas d'appel, aucun sursis à exécution ne peut être demandé ; le paiement pourra donc intervenir dans cette limite sans délai ;
- pour la **fraction contestée**, le juge peut ordonner le paiement d'une somme qu'il détermine s'il apparaît que les contestations ne sont pas sérieuses ; mais ce paiement peut être subordonné à des garanties et, en tout cas, sa décision sur ce point n'est pas investie de l'autorité de la chose jugée, ce qui lui permettra de revenir sur son appréciation en tranchant la contestation au fond.

Toutes ces règles générales sont en principe applicables quelle que soit la créance saisie. Mais il faut réserver les règles particulières qui ont été instituées pour certaines créances.

C) Les règles particulières

Ces règles particulières concernent les créances à exécution successive (1) et les comptes bancaires (2).

1. Les créances à exécution successive

352 ***Saisissabilité.*** Une créance à exécution successive est parfaitement saisissable (CPCE, art. L. 112-1 ; voy. *supra*, n° 321). Mais comme le saisissant ne peut avoir plus de droits que le débiteur lui-même, le paiement d'une telle créance par le tiers saisi est nécessairement affecté tant en l'absence de contestation (a), qu'en cas de contestation (b) de la saisie-attribution.

a) Le paiement en l'absence de contestation

353 ***Paiements échelonnés.*** Sur présentation du certificat de non-contestation, toutes les sommes échues à cette date sont payées par le tiers saisi. Puis celui-ci se libère, au fur et à mesure des échéances postérieures, entre les mains du saisissant ou de son mandataire qui lui en donne quittance et en informe le débiteur (CPCE, art. R. 211-15). Ces paiements se poursuivent, soit **jusqu'à l'extinction de la créance-cause** dont le saisissant doit informer le tiers par lettre recommandée avec demande d'avis de réception, soit **jusqu'à ce que le**

---

707. Cette notification est toujours nécessaire, même si le débiteur avait incontestablement eu connaissance du jugement rendu et, à défaut, le paiement est irrégulier et les sommes devront être remboursées : Civ. (2e ch.), 19 septembre 2002, n° 00-20190, *Bull. civ.*, II, n° 184 ; *Dr. et procéd.*, 2003, p. 46, obs. Ph. Hoonakker.

tiers saisi cesse d'être tenu envers le débiteur, ce dont il doit informer le saisissant dans les mêmes formes (CPCE, art. R. 211-17)[708].

Tant qu'aucun de ces événements ne s'est produit, les paiements doivent continuer, **même si le débiteur fait l'objet d'une procédure collective**. En effet, mettant fin aux hésitations de la jurisprudence et de la doctrine, une chambre mixte de la Cour de cassation a jugé que le transfert de propriété de la créance saisie s'opère intégralement dans le patrimoine du saisissant, dès la saisie, nonobstant la date de ses échéances[709]. Il s'ensuit que tous les termes de la créance saisie, échus postérieurement à l'ouverture de la procédure collective, devront continuer à être payés au créancier saisissant jusqu'à l'extinction de la créance, cause ou objet[710].

b) En cas de contestation

354 ***Séquestre.*** En cas de contestation, le tiers saisi s'acquitte des sommes échues entre les mains d'un séquestre qui est désigné, à défaut d'accord amiable, sur requête par le juge de l'exécution (CPCE, art. R. 211-16, al. 1er). Dès que les sommes consignées suffisent à désintéresser le saisissant, le juge de l'exécution ordonne la mainlevée de la saisie (CPCE, art. R. 211-16, al. 2). Mais le tiers saisi pourra aussi cesser ses paiements plus tôt, dès l'extinction de sa dette dont il devra alors informer le saisissant par lettre recommandée avec demande d'avis de réception (CPCE, art. R. 211-17).

Les sommes ainsi consignées seront versées au saisissant en cas de rejet de la contestation dans les conditions de droit commun (voy. *supra*, n° 350). Pour

---

708. Il en va ainsi en cas d'extinction de la créance objet, notamment par suite de résiliation ou d'annulation du contrat à exécution successive. Le tiers saisi cesse alors certainement d'être tenu à l'égard du débiteur saisi et n'aura donc plus à payer le créancier saisissant (sur l'hypothèse de la vente d'un bien loué dont les loyers avaient été saisis par un créancier du vendeur, voy., notes suivantes).

709. Ch. mixte, 22 novembre 2002, n° 99-13935, *Bull. ch. mixte*, n° 7 ; *D.*, 2003, p. 445, note C. Larroumet et p. 3270, obs. A. Lienhard ; *JCP E*, 2003, jurispr., n° 397, p. 469, note D. Legeais. Un arrêt d'une chambre mixte a été nécessaire car une divergence opposait les chambres civiles et la chambre commerciale. À l'origine, la Cour de cassation s'était prononcée, par avis, pour le maintien des effets d'une saisie-attribution pratiquée sur des loyers après prononcé d'un jugement de liquidation judiciaire : Cass. (avis), 16 décembre 1994, n° 09-40021, *Bull.*, avis n° 24 ; *D.*, 1995, p. 166, note F. Derrida. Cette solution a été reprise ensuite par la deuxième chambre : Civ. (2e ch.), 10 juillet 1996, n° 94-19551, *Bull. civ.*, II, n° 209 ; *D.*, 1996, p. 625, note P. Ancel ; *RTD Civ.*, 1996, p. 716, obs. R. Perrot. Mais la chambre commerciale statuait en sens contraire : Com., 24 octobre 1995, n° 93-10351, *Bull. civ.*, IV, n° 255 ; *D.*, 1996, p. 155, note F. Derrida ; *JCP G*, 1996, II, 22578, note E. Putman. Elle s'est depuis lors alignée : Com., 8 juillet 2003, n° 00-13309, *Bull. civ.*, IV, n° 132 ; *D.*, 2003, act. jurispr., p. 2094, obs. A. Lienhard ; *Dr. et procéd.*, 2004, p. 31, obs. E. Putman ; Com., 5 novembre 2003, n° 99-20223, *Bull. civ.*, IV, n° 165 ; *Dr. et procéd.*, 2004, p. 108, obs. E. Putman.

710. Mais qu'en est-il en cas de vente d'un bien loué dont les loyers avaient été saisis par un créancier du vendeur ? Certes le locataire, tiers saisi, cesse alors d'être tenu envers le débiteur saisi, au sens de l'article R. 211-17 du CPCE, car il s'agit du vendeur. Mais dans la mesure où il est aujourd'hui de jurisprudence constante que la saisie-attribution transfère au saisissant la créance à exécution successive dans son intégralité, dès le jour de la saisie, nonobstant la date de ses échéances, ne pourrait-on pas admettre aussi qu'elle doit continuer à produire ses effets tant que le contrat lui-même produit ses effets, nonobstant la personne du cocontractant ? Autrement dit, l'article R. 211-17, lu à la lumière de cette jurisprudence, pourrait signifier que la saisie-attribution poursuit ses effets tant que le tiers saisi est tenu envers le débiteur saisi ou son ayant cause.

les échéances postérieures, il faudra procéder comme en l'absence de contestation (voy. *supra*, n° 353).

Des règles particulières sont aussi prévues lorsque la saisie-attribution est pratiquée sur des comptes bancaires.

2. Les comptes bancaires

355 ***Domaine.*** L'expression de comptes bancaires est utilisée par commodité. Mais pour éviter tout malentendu, il faut apporter les précisions suivantes sur chacun de ces deux termes.

Par **bancaire**, il faut entendre non seulement les banques proprement dites, mais plus généralement tous les établissements habilités par la loi à tenir des comptes de dépôt. Il s'agit des établissements de crédits agréés à cette fin, en l'occurrence, outre les banques classiques, les banques mutualistes ou coopératives, les caisses de crédit municipal et les caisses d'épargne (CMF, art. L. 511-9 et L. 512-88)[711], ainsi que la Banque de France, la Caisse de dépôts et consignations, et les centres de chèques postaux (CMF, art. L. 518-1 et L. 518-25).

Par **comptes**, il faut entendre exclusivement les comptes qui enregistrent des créances de sommes d'argent car ils sont les seuls à pouvoir faire l'objet d'une saisie-attribution. Il s'agit donc des **comptes d'espèces**, comme les comptes de dépôts, à vue ou à terme, rémunérés ou non, les comptes courants ou encore les comptes spéciaux, tels que les plans d'épargne logement ou les plans d'épargne populaire[712]. En revanche, il faut exclure les comptes de titres qui relèvent de la saisie des valeurs mobilières (voy. *infra*, n°s 555 et s.).

356 ***Règles particulières.*** Le principe posé par l'article R. 211-18 du CPCE est que les règles de la saisie-attribution sont applicables à la saisie de ces comptes bancaires sous réserve des règles particulières prévues aux articles R. 211-19 à R. 211-23 et R. 162-1, qui intéressent son déroulement (a) et ses effets (b).

Mais il faut y ajouter les dispositions relatives à la question du report de l'insaisissabilité des créances dont les sommes sont versées à un compte. Certes, il s'agit de règles communes qui ont vocation à s'appliquer à toute saisie d'un compte bancaire. Mais en pratique, elles concernent essentiellement la saisie-attribution, dont il est de surcroît indispensable de connaître le fonctionnement pour bien comprendre les mécanismes de mise à disposition des sommes insaisissables qu'ils instituent et qui sont susceptibles d'affecter les droits du saisissant (c).

---

711. En revanche, il ne peut s'agir des autres établissements de crédit, telles les sociétés d'affacturage : Civ. (2e ch.), 5 avril 2007, n° 05-14593, *Bull. civ.*, II, n° 88 ; *Dr. et procéd.*, 2007, p. 283, obs. C. Lefort ; *Gaz. Pal.*, 2007, p. 3442, obs. C. Brenner.

712. Les fonds déposés sur un tel compte doivent évidemment appartenir à son titulaire ; mais en cas de saisie, il incombe au titulaire du compte de rapporter la preuve qu'il était exclusivement dédié à un tiers et n'a fonctionné que pour lui, tant au débit qu'au crédit : Civ. (2e ch.), 15 mai 2014, n° 13-13878 (F-P+B), *RJDA*, 2014, n° 863 ; *Gaz. Pal.*, 2014, p. 3299, obs. A. Bolze, à propos de deux saisies-attributions pratiquées sur un compte bancaire ouvert au nom d'une agence immobilière, également syndic de copropriété, qui s'était opposée aux saisies en prétendant que les fonds déposés sur le compte appartenait à un syndicat de copropriétaires.

a) Le déroulement de la saisie

357 ***Signification par voie électronique.*** En pratique, cette saisie-attribution pourra se faire par voie électronique en cas d'acceptation de ce mode de signification par l'établissement bancaire, tiers saisi (voy. *supra*, encadré E1). Il faudra alors faire application des règles particulières prévues dans ce cas (voy. *supra*, n°s 327 et 332).

En outre et quel que soit le mode de signification de l'acte de saisie, le déroulement de la saisie-attribution est affecté lorsqu'elle porte sur un compte joint (1) et au niveau de la déclaration incombant au banquier en sa qualité de tiers saisi (2).

1) *La saisie d'un compte joint*

358 ***Dénonciation.*** Lorsqu'une saisie-attribution est pratiquée sur un compte joint, elle doit être dénoncée par l'huissier de justice à chacun des titulaires du compte, autres que le débiteur. S'il ignore leurs noms et adresses, il appartient au banquier lui-même, à la demande de l'huissier de justice, de les informer immédiatement de la saisie et du montant des sommes réclamées (CPCE, art. R. 211-22).

Comme aucune sanction n'est prévue, certains juges du fond avaient fait application, par analogie, de la caducité édictée par l'article 58 du décret de 1992, devenu l'article R. 211-3 du CPCE, pour sanctionner le défaut de dénonciation de la saisie-attribution au débiteur saisi (voy. *supra*, n° 333)[713]. Mais les cotitulaires d'un compte ne pouvant être assimilés au débiteur lui-même, ce raisonnement était pour le moins critiquable. Il a été logiquement écarté par la Cour de cassation qui a jugé que **l'omission de la dénonciation** aux autres titulaires du compte saisi **ne saurait être sanctionnée par la caducité de la saisie-attribution**[714]. Ainsi, elle ne pourrait faire l'objet que d'une action en responsabilité de droit commun dirigée contre l'huissier de justice ou le banquier, selon les cas[715].

2) *La déclaration du banquier*

359 ***Déclaration élargie.*** Dans tous les cas, le banquier entre les mains duquel une saisie-attribution est pratiquée doit déclarer la nature de tous les comptes d'espèces du débiteur ainsi que leur solde au jour de la saisie (CPCE, art. L. 162-1, al. 1er et R. 211-20)[716]. Cette déclaration élargie à tous les comptes s'explique par l'étendue des effets attachés à la saisie-attribution des comptes bancaires.

---

713. Voy. not. Jex Perpignan, 8 avril 2002, *Dr. et procéd.*, 2002, p. 308, obs. J.-J. Bourdillat ; en sens contraire : CA Paris, 7 novembre 2002, *Dr. et procéd.*, 2002, p. 167, obs. C. Caille.

714. Civ. (2e ch.), 7 juillet 2011, n° 10-20923 ; *D.*, 2011, p. 2453, note L. Lauvergnat ; *Dr. et procéd.*, 2011, p. 247, obs. U. Schreiber ; *Gaz. Pal.*, 2012, p. 476, obs. C. Brenner ; *LEDB*, 2011, n° 159, obs. Ph. Hoonakker.

715. Mais encore faut-il que le cotitulaire du compte parvienne à justifier d'un préjudice. Or cette démonstration sera difficile dans l'hypothèse la plus fréquente en pratique des comptes joints détenus par des époux communs en biens, car le saisissant doit identifier les fonds provenant de son débiteur pour pouvoir saisir le compte (voy. *supra*, encadré E4).

716. Cette déclaration doit être faite sur le champ sauf en cas de signification par voie électronique où le banquier dispose d'un délai jusqu'au premier jour ouvrable suivant la signification (voy. *supra*, n° 327).

b) Les effets de la saisie

360 ***Étendue de la saisie.*** Selon l'article R. 211-19, l'acte de saisie-attribution rend indisponible **l'ensemble des comptes d'espèces du débiteur** ouverts auprès du banquier, tiers saisi[717]. Mais l'effet attributif ne peut jouer que s'il existe une créance de somme d'argent du débiteur saisi contre le tiers saisi à la date de la saisie, c'est-à-dire que s'il existe **un solde créditeur**. C'est la raison pour laquelle le banquier doit déclarer la nature de tous les comptes et leur solde au jour de la saisie (CPCE, art. R. 211-20). Le moment venu, le paiement sera effectué en prélevant **en priorité les fonds disponibles à vue** à moins que le débiteur ne prescrive le paiement d'une autre manière (CPCE, art. R. 211-23).

361 ***Solde créditeur et opérations en cours.*** Mais le solde déclaré par le banquier au jour de la saisie ne correspond pas nécessairement au **solde réel** du compte à cette date, en raison du mécanisme propre des comptes bancaires. En effet, ces comptes enregistrent de manière successive des opérations débitrices et des opérations créditrices, lesquelles ne s'inscrivent pas sur le compte en temps réel. Il existe donc un **décalage entre la date des opérations et leur inscription en compte**, qui explique que le solde déclaré ne corresponde pas forcément au solde réel au jour de la saisie. C'est la raison pour laquelle le législateur a institué des règles particulières pour autoriser le banquier à régulariser les opérations en cours (1). Mais comme cette régularisation risque d'affecter le solde déclaré, et donc la somme attribuée au saisissant, il a été prévu une indisponibilité temporaire de l'intégralité du compte saisi (2).

1) *La régularisation des opérations en cours*

La régularisation des opérations en cours est prévue aux alinéas 2 à 4 de l'article L. 162-1 du CPCE, qui déterminent les opérations régularisables et les modalités de leur imputation sur le solde déclaré.

362 ***Opérations régularisables.*** Les opérations régularisables sont celles listées aux alinéas 2 et 3 de l'article L. 162-1 qui distinguent entre les opérations créditrices et les opérations débitrices.

Mais dans tous les cas, il s'agit toujours d'opérations antérieures à la saisie d'où l'intérêt d'en mentionner l'heure dans l'acte de saisie (sur ce point, voy. *supra*, n° 324).

Au crédit, il s'agit des **remises pour encaissement**, antérieures à la saisie, de chèques ou d'effets de commerce non encore portés en compte à la date de

717. Si la saisie est pratiquée dans une succursale d'un établissement bancaire, il s'agit de tous les comptes ouverts dans cette succursale ; mais si elle est pratiquée au siège social, il s'agit de tous les comptes ouverts en tous lieux, y compris dans une succursale située à l'étranger : Civ. (2e ch.), 14 février 2008, n° 05-16167, *D.*, 2008, p. 686, obs. Voy. Avenat-Robardet, *JCP E*, 2008, 1307, note G. Huchet ; *Gaz. Pal.*, 2008, p. 3543, obs. C. Brenner ; *Procédures*, 2008, comm. n° 140, obs. R. Perrot ; *Dr. et procéd.*, 2008, p. 331, obs. O. Salati ; *RLDA*, juin 2008, p. 29, obs. G. Cuniberti.

la saisie[718]. Mais cette régularisation devra intervenir **dans les 15 jours ouvrables**[719] qui suivent la saisie-attribution.

Au débit, il faut distinguer entre les opérations qui doivent être régularisées dans le même délai de 15 jours ouvrables et celles qui peuvent être régularisées dans le mois qui suit la saisie.

Dans les 15 jours ouvrables, il s'agit :

- des **chèques** remis à l'encaissement[720] ou portés au crédit antérieurement à la saisie et des revenus impayés ;
- des **retraits par billetterie** effectués antérieurement à la saisie et des **paiements par carte** à condition que les bénéficiaires aient été crédités effectivement avant la saisie.

Dans le mois, il s'agit de la **contre-passation des effets de commerce** remis à l'escompte et non payés à leur présentation ou à leur échéance lorsqu'elle est postérieure à la saisie.

363 ***Modalités d'imputation.*** Selon l'alinéa 2 de l'article L. 162-1, ces régularisations sont susceptibles d'affecter le solde déclaré « à l'avantage ou au préjudice du saisissant ». Mais comment s'imputent-elles concrètement sur ce solde ? Selon l'alinéa 4 de ce texte, les opérations régularisées s'imputent d'abord entre elles et ce n'est que le résultat de cette imputation qui pourra affecter le solde déclaré.

Si le résultat est positif[721], celui-ci doit profiter au saisissant et, en conséquence, le solde déclaré est augmenté de cette régularisation positive[722].

Si le résultat est négatif, il n'affectera les droits du saisissant que s'il est supérieur aux sommes non frappées par la saisie (CPCE, art. L. 162-1, al. 4). Il faut se souvenir, sur ce point, que la saisie-attribution ne joue que dans la limite de la créance-cause de la saisie et laisse donc disponible la partie de la créance saisie supérieure à cette créance. En conséquence, si la régularisation

---

718. Bien que le virement ne soit pas cité, la Cour de cassation a jugé qu'il doit aussi être imputé au crédit s'il a été opéré antérieurement à la saisie et non encore inscrit en compte à cette date : Civ. (2e ch.), 28 mai 2003, n° 01-12892, *Bull. civ.*, II, n° 166 ; *D.*, 2004, p. 1490, obs. G. Taormina ; *Dr. et procéd.*, 2003, p. 371, obs. E. Putman ; *Procédures*, 2003, comm. n° 169, obs. R. Perrot ; *Gaz. Pal.*, 2004, p. 31, obs. Cl. Brenner.

719. Il s'agit d'un délai propre au droit bancaire qui exclut les jours fériés et chômés de la computation.

720. Il s'agit des chèques émis par le débiteur avant la saisie et qui n'étaient pas encore portés au débit du compte à cette date. Mais pour qu'ils puissent être imputés au débit, il faut qu'ils aient été remis à l'encaissement avant la saisie ; cela signifie qu'ils aient été remis non à leur bénéficiaire, mais à l'établissement bancaire et présentés au paiement, c'est-à-dire présentés à une chambre de compensation selon l'article L. 131-34 du CMF : Civ. (2e ch.), 13 février 2003, n° 01-00543, *Bull. civ.*, II, n° 40, où l'imputation est refusée car la présentation à la Banque de France (chambre de compensation) a été faite après la saisie. Inversement, si la présentation est intervenue en temps utile, le solde créditeur est affecté en priorité au bénéficiaire du chèque et au détriment du saisissant : Civ. (2e ch.), 7 avril 2016, n° 15-11436, à paraître au Bull., *Gaz. Pal.*, 2016, p. 1783, obs. O. Salati ; *Gaz. Pal.*, 2016, p. 1831, obs. L.-L. Ansault ; *RTD Civ.*, 2016, p. 677, obs. N. Cayrol.

721. Ce qui est nécessairement le cas s'il n'y a eu que des opérations créditrices.

722. Cette solution est controversée en doctrine car l'article L. 162-1, alinéa 4, ne vise que l'imputation du solde négatif ; seulement l'exclusion du résultat positif priverait l'alinéa 2 de toute signification puisqu'il envisage expressément les opérations en cours tant à l'avantage qu'au préjudice du saisissant.

des opérations en cours fait apparaître un solde négatif, il s'imputera d'abord sur l'excédent au jour de la saisie et n'affectera donc les droits du saisissant que si celui-ci est insuffisant. Lorsque les droits du saisissant sont ainsi affectés, le banquier doit lui fournir un relevé de toutes les opérations effectuées sur le compte depuis le jour de la saisie, par lettre recommandée avec demande d'avis de réception ou par voie électronique lorsque l'acte de saisie a été signifié par cette voie, au plus tard huit jours après l'expiration du délai de contre-passation[723], qui est d'un mois (CPCE, art. R. 162-1). Mais encore faut-il que l'excédent non saisi ne permette pas l'imputation du résultat négatif d'où l'indisponibilité temporaire pour préserver les droits du saisissant.

E 28 **Exemples chiffrés**

• Exemple d'un résultat positif
Une saisie-attribution est pratiquée pour une créance-cause de 100 € et le solde créditeur déclaré au moment de la saisie est de 50 €. Si la régularisation des opérations en cours aboutit à un résultat positif de 20 €, la créance saisie passera à 70 € (50 + 20).

• Exemple d'un résultat négatif
Une saisie-attribution est pratiquée pour une créance-cause de 100 € et le solde créditeur déclaré au moment de la saisie est de 150 €, ce qui donne un excédent à cette date de 50 €. Si la régularisation des opérations en cours aboutit à un résultat négatif de 40 €, celui-ci pourra s'imputer sans problème sur l'excédent de 50 € et les droits du saisissant ne seront pas affectés. Mais si le résultat négatif est de 80 €, l'excédent sera insuffisant et les droits du saisissant seront affectés de 30 € (80 – 50). En conséquence, il ne subsistera plus qu'un solde créditeur de 70 € (100 – 30), auquel la créance saisie sera réduite.

---

2) *L'indisponibilité temporaire*

364 ***Protection du saisissant.*** En droit commun de la saisie-attribution, la créance saisie n'est immédiatement attribuée au saisissant que dans la limite de sa créance, de sorte que **l'excédent reste disponible** entre les mains du débiteur saisi. Mais si cette solution était appliquée à la saisie des comptes bancaires, **son titulaire pourrait librement disposer** de cet excédent et le résultat négatif de la régularisation des opérations en cours ne pourrait plus s'imputer que sur le montant de la créance attribuée.

C'est la raison pour laquelle **la saisie-attribution** pratiquée entre les mains d'un établissement bancaire **rend indisponible la totalité des comptes saisis** pendant les **15 jours ouvrables** suivant la saisie (CPCE, art. L. 162-1, al. 2). De la sorte, si la régularisation des opérations en cours aboutit à un résultat négatif, il pourra effectivement s'imputer sur l'excédent non attribué[724].

---

723. Sous réserve de la prorogation de délai prévue à l'article 748-7 du CPC en cas de signification par voie électronique (voy. *supra*, encadré E1). En cas de manquement du banquier à cette obligation, il n'encourt pas une condamnation aux causes de la saisie même dans la limite du solde créditeur déclaré, mais seulement au paiement de dommages et intérêts en réparation du préjudice effectivement subi par le saisissant : Civ. (2e ch.), 7 avril 2016, n° 15-11436, à paraître au Bull., *Gaz. Pal.*, 2016, p. 1783, obs. O. Salati ; *Gaz. Pal.*, 2016, p. 1831, obs. L.-L. Ansault.

724. Mais il faut réserver une éventuelle contre-passation d'un effet de commerce qui est toujours possible dans le mois de la saisie. Or à l'expiration du délai de quinzaine, l'indisponibilité cesse et le débiteur retrouve alors la libre disponibilité de l'éventuel excédent.

Si l'indisponibilité temporaire protège ainsi le saisissant, au moins dans la majorité des cas, elle est aussi **dangereuse pour le saisi** car elle peut le priver de toutes ressources. Or, le compte saisi est souvent alimenté par des sommes provenant de créances insaisissables. C'est la raison pour laquelle il a fallu instituer également des mécanismes de mise à disposition de ces sommes.

c) La mise à disposition des sommes insaisissables

365 ***Report d'insaisissabilité.*** L'essentiel des créances monétaires est aujourd'hui payé par virements bancaires ou par chèques. Il en va ainsi tout particulièrement des créances en tout ou partie insaisissables, comme les rémunérations du travail, les pensions de retraite, les allocations de chômage, les prestations sociales ou encore les allocations familiales. Mais la question se pose alors de savoir si les sommes provenant de telles créances conservent leur insaisissabilité lorsqu'elles sont versées sur un compte bancaire.

Traditionnellement, la jurisprudence se prononçait pour la disparition de l'insaisissabilité en se fondant logiquement sur les règles propres aux comptes courants. Mais le législateur était intervenu pour imposer le report de l'insaisissabilité de certaines créances inscrites en compte[725] et la Cour de cassation avait fini par en tirer une règle générale[726]. C'est la solution finalement consacrée par la loi du 9 juillet 1991 dont l'article 15, devenu l'article L. 112-4 du CPCE, pose pour principe que « **les créances insaisissables** dont le montant est versé sur un compte **demeurent insaisissables** dans les conditions prévues par un décret en Conseil d'État ». Ces conditions sont listées à l'article R. 112-5 qui renvoie aux articles R. 213-10 et R. 162-2 à R. 162-8 du CPCE[727].

366 ***Conditions d'application.*** Selon l'article R. 112-5, **l'insaisissabilité** d'une créance, dont le montant est versé sur un compte bancaire, **se reporte « à due concurrence sur le solde du compte »**. Si l'énoncé du principe est simple, sa mise en œuvre est plus complexe. Elle se traduit par la mise à disposition des fonds correspondant au titulaire du compte[728], dont les conditions sont détaillées aux articles R. 213-10 et R. 162-2 à R. 162-8 énumérés par l'alinéa 2 de l'article R. 112-5.

Ces textes organisent deux types de mécanismes qui peuvent se combiner : des mécanismes automatiques justifiés par l'urgence (1) et des mécanismes volontaires reposant sur une demande motivée du débiteur saisi (2).

---

725. Salaires en 1972 et prestations familiales en 1985, par exemple.

726. Civ. (2e ch.), 25 mai 1987, n° 86-11171, *Bull. civ.*, II, n° 119.

727. En réalité, l'article R. 112-5 renvoie aux articles R. 213-10 et R. 162-7 ainsi qu'au chapitre II du titre VI du livre Ier. Mais comme ce chapitre est constitué des articles R. 162-1 à R. 162-9 du CPCE, il inclut l'article R. 162-7, qu'il n'était donc pas utile de citer spécialement. Quant à l'article R. 162-1, il concerne la régularisation des opérations en cours (voy. *supra*, n° 363) et l'article R. 162-9, la saisissabilité des sommes versées à un compte provenant de gains et salaires d'un conjoint commun en biens (voy. *supra*, encadré E4).

728. Si la totalité des sommes inscrites au compte sont insaisissables, le titulaire peut demander la mainlevée pure et simple de la saisie, mais la charge de la preuve du caractère insaisissable lui incombe : Civ. (2e ch.), 7 juin 2006, n° 04-19205, *Procédures*, 2006, comm. n° 235, obs. R. Perrot.

1) *Les mécanismes automatiques*

367 ***Mécanisme initial.*** À l'origine, il n'existait que le mécanisme automatique inscrit aujourd'hui à l'article R. 213-10 (décr. de 1992, art. 47, puis art. 45). Selon ce texte, lorsqu'un compte alimenté par **des rémunérations du travail** fait l'objet d'une **demande de paiement direct d'une pension alimentaire** (voy. *infra*, n°s 410 et s.), le tiers saisi doit laisser à la disposition de son titulaire, sans qu'aucune demande ne soit nécessaire, une somme équivalente au montant forfaitaire du *RSA* fixé pour un allocataire seul[729].

Mais si le compte saisi par une telle demande reçoit d'autres créances insaisissables, ce mécanisme n'est pas applicable et le débiteur devra alors recourir à l'un des mécanismes volontaires s'il veut obtenir une mise à disposition de fonds (voy. *infra*, n° 371). En revanche, il ne devrait pas pouvoir bénéficier du *RSA bancaire*.

368 ***« RSA bancaire ».*** Comme les mécanismes volontaires applicables à toute saisie d'un compte bancaire peuvent être relativement longs (voy. *infra*, n° 371), le titulaire du compte saisi peut se retrouver privé de toute ressource dans l'immédiat, et ce d'autant plus que l'intégralité du compte est rendu indisponible temporairement (voy. *supra*, n° 364). Pour répondre à ces situations, le décret n° 2002-1150 du 11 septembre 2002 avait inscrit aux articles 46 et 46-1 du décret de 1992, un mécanisme d'urgence permettant au débiteur saisi d'obtenir la mise à disposition immédiate d'un montant égal au *RMI*. Mais ce mécanisme, contrairement au précédent dont il s'inspirait, ne jouait qu'à la demande du titulaire. Or, selon les associations de consommateurs, ces demandes étaient rarement formées par les personnes en situation de précarité, qui en ont le plus besoin. C'est la raison pour laquelle le législateur a finalement institué un mécanisme général et automatique que l'on peut qualifier de *RSA bancaire* et qui est qualifié aussi de « solde bancaire insaisissable » ou *SBI*. Il est inscrit aux articles L. 162-2, R. 162-2 et R. 162-3 du CPCE[730].

Quant au domaine, il ne peut plus faire de doute que le *RSA bancaire* a vocation à **s'appliquer à toute saisie pratiquée en compte bancaire**, quelle qu'elle soit, car tous les textes le régissant sont désormais classés parmi les dispositions communes. Mais il faut **réserver la demande de paiement di rect d'une pension alimentaire** dans la mesure où l'article R. 213-10, qui la concerne, a été maintenu alors qu'il aurait pu être abrogé. Pour donner du sens à cette disposition spéciale, il faut admettre qu'elle déroge au mécanisme

---

729. Substitué au RMI dans le nouvel article R. 3252-5 du Code du travail, auquel renvoie désormais l'article R. 213-10.

730. Ils sont issus respectivement de l'article 47-1 de la loi de 1991, introduit par loi n° 2009-526 du 12 mai 2009 de simplification et de clarification du droit et d'allègement des procédures, et des articles 46 et 46-1 du décret de 1992, modifiés par le décret d'application n° 2009-1694 du 30 décembre 2009. Voy. not. V. Avena-Robardet, « Saisie de compte bancaire : le *RSA bancaire* », *D.*, 2010, p. 140 ; L. Lauvergnat, « Brèves remarques sur le déclenchement d'office du solde bancaire insaisissable », *Dr. et procéd.*, 2009, p. 188, et « Le décret 2009-1694 du 30 décembre 2009 relatif à la mise à disposition automatique d'une somme à caractère alimentaire sur un compte saisi », *Dr. et procéd.*, 2010, p. 76 ; Ph. Hoonakker, « Le *RSA bancaire* ou la mise à disposition automatique d'une somme à caractère alimentaire sur un compte saisi », *D.*, 2010, 1890.

général du *RSA bancaire*. En conséquence, si un compte bancaire fait l'objet d'une demande de paiement direct d'une pension alimentaire, de deux choses l'une :

- ou bien, il est **alimenté par des rémunérations du travail** et alors le titulaire du compte a droit à la mise à disposition automatique de l'article R. 213-10 ;
- ou bien, il est **alimenté par d'autres créances insaisissables** et alors le titulaire du compte ne pourra que se tourner vers les **mécanismes volontaires**, car le *RSA bancaire* n'est pas applicable ; cette interprétation, restant à confirmer par la jurisprudence, est favorable au créancier d'aliments qui a toujours eu les faveurs du législateur.

Quant au régime, la caractéristique essentielle du *RSA bancaire* est son **automaticité** qui fait peser une obligation de mise à disposition sur le tiers saisi. Mais si le débiteur saisi n'a plus de demande à formuler, cela ne signifie pas qu'il peut employer discrétionnairement les sommes mises à sa disposition. Il faut donc envisager le régime de ce mécanisme tant du côté du tiers saisi au travers de l'obligation de mise à disposition (a) que du côté du débiteur saisi au travers de l'emploi des sommes mises à disposition (b).

a. Du côté du tiers saisi : l'obligation de mise à disposition

369 ***Modalités.*** Le tiers saisi doit laisser à la disposition du débiteur saisi, sans qu'aucune demande ne soit nécessaire et dès l'instant où le compte bancaire fait l'objet d'une saisie, une somme équivalente au *RSA* dû pour un allocataire seul[731]. Mais comme cette obligation ne pèse sur le tiers saisi qu'en sa qualité de teneur de compte et non à titre personnel, elle est **nécessairement limitée par le solde créditeur du compte saisi**. Il s'agit du solde créditeur « au jour de la saisie » (CPCE, art. L. 162-2). Ce plafond est donc déterminé sans tenir compte de la régularisation des opérations en cours, qui interviendra ultérieurement. Si la saisie porte sur plusieurs comptes, la mise à disposition s'opère **« au regard de l'ensemble des soldes créditeurs »** (CPCE, art. R. 162-2, al. 2), ce qui signifie que le *RSA bancaire* peut être atteint par l'addition de ces soldes.

Mais dans tous les cas, cette obligation de mise à disposition **ne joue qu'une seule fois au cours d'une période d'un mois**. Il s'ensuit que, si une nouvelle saisie est pratiquée moins d'un mois après la précédente, le débiteur saisi ne pourra pas bénéficier à nouveau du *RSA bancaire* à cette occasion (CPCE, art. R. 162-3, al. 1er).

b. Du côté du débiteur saisi : l'emploi des sommes mises à disposition

370 ***Limites à l'emploi.*** Du côté du débiteur saisi se pose la question de l'emploi des sommes ainsi mises à sa disposition. Selon l'article R. 162-3, alinéa 2, il dispose d'un **délai d'un mois pour les employer**. Passé ce délai, elles pourront

731. Mais si le débiteur est un entrepreneur individuel à responsabilité limité, le *RSA bancaire* n'est applicable qu'aux comptes afférents à son patrimoine non affecté (CPCE, art. L. 162-2, al. 2). Autrement dit, il ne bénéficie pas de ce mécanisme à l'égard de ses créanciers professionnels qui ne peuvent saisir que les comptes affectés à son activité professionnelle qu'il doit obligatoirement ouvrir (voy. *supra*, n° 102).

être incluses dans une nouvelle saisie. Mais toute la question est de savoir si cet emploi est laissé à sa discrétion. Une lecture rapide de l'article R. 162-2 pourrait le laisser penser. Mais ce serait oublier que ce texte s'intègre dans un chapitre II composé notamment des articles R. 162-3 à R. 162-8, dont il résulte des limites, explicites ou implicites, à l'emploi des sommes mises à disposition. **En premier lieu**, il ne faut pas perdre de vue que les sommes mises à disposition sont calculées sans tenir compte des **opérations en cours**. Mais le débiteur ne saurait employer des sommes dont il a déjà disposé avant la saisie et qui n'ont pas encore été inscrites en compte (voy. *infra*, encadré E29). À défaut, il encourrait le rejet des paiements effectués antérieurement avec toutes les conséquences du droit bancaire[732].

E 29 **Régularisation des opérations en cours : exemple chiffré**

Prenons l'exemple d'un compte bancaire présentant un solde créditeur de 800 s au jour de la saisie pratiquée pour une créance de 300 euros en 2014. Le débiteur retire la somme de 499,31 euros au titre du *RSA bancaire*, alors qu'il avait effectué antérieurement un paiement par CB de 600 s qui ne sera enregistré que dans le cadre de la régularisation des opérations en cours. Comme la somme restant en compte n'est que de 300,69 euros (800 – 499,31), la banque pourra rejeter le paiement pour provision insuffisante. Mais le créancier, qui est aussi lésé, ne saurait s'en plaindre dès lors que ce n'est que la conséquence de la régularisation des opérations en cours.

En second lieu, le débiteur ne saurait employer **des sommes auxquelles il n'a pas droit** au regard des règles régissant le *RSA bancaire*. Il en va d'abord ainsi des sommes qu'un tiers saisi mettrait à sa disposition dans l'ignorance d'une **saisie pratiquée moins d'un mois plus tôt**[733]. Mais cette difficulté se rencontre surtout si le compte saisi n'est **alimenté par aucune créance insaisissable**. Elle se posait déjà avant la réforme où la doctrine était divisée sur la nature du mécanisme d'urgence institué par le décret du 11 septembre 2002 : nouveau cas d'insaisissabilité ou technique de mise en œuvre du report d'insaisissabilité des créances inscrites en compte ? Malheureusement, ni le décret du 30 décembre 2009, ni la codification n'ont levé le doute qui subsiste donc pour le *RSA bancaire*, comme en témoigne l'appellation de « solde bancaire insaisissable » ou *SBI* que la pratique persiste à employer pour le désigner. Pourtant, il semble difficile de l'assimiler à un nouveau cas d'insaisissabilité pour deux raisons au moins, qui paraissent déterminantes :

- d'une part, l'article R. 162-2 est visé par l'article R. 112-5 dont l'alinéa 2 renvoie notamment au chapitre II du titre VI du livre I, dont il fait partie (voy. *supra*, n° 365 et note) ;
- d'autre part, selon l'article R. 162-7, le *RSA bancaire* vient en déduction du montant des créances insaisissables dont le débiteur peut demander ultérieurement le versement au titre des mécanismes volontaires ; or, si le

732. Frais, pénalités et éventuellement une interdiction d'émettre des chèques.

733. L'hypothèse peut se rencontrer lorsque le débiteur dispose de comptes dans des établissements différents qui sont saisis séparément et successivement par deux créanciers ; voy. not. Ph. Hoonakker, « Le *RSA bancaire* ou la mise à disposition automatique d'une somme à caractère alimentaire sur un compte saisi », *op. cit.*, n°s 19 et 21.

RSA bancaire constituait un nouveau cas d'insaisissabilité, il s'ajouterait à ces sommes et ne s'en déduirait pas[734].

2) *Les mécanismes volontaires*

371 ***Règles communes.*** Ces mécanismes sont d'abord soumis à des règles communes. D'une part, les sommes mises à disposition correspondent toujours à celles **effectivement insaisissables** qui résultent du report d'insaisissabilité de la créance dont elles émanent. En conséquence, le titulaire du compte doit **justifier** de l'origine des fonds qui y sont inscrits. Ainsi, **une demande** est toujours nécessaire et celle-ci doit être présentée avant celle en paiement du créancier saisissant (CPCE, art. R. 162-6).

Mais pour le surplus, et notamment pour déterminer le moment à partir duquel les sommes insaisissables pourront être mises à disposition, il faut distinguer selon qu'elles proviennent de créances à échéance périodique ou à échéance non périodique.

372 ***Créances à échéance périodique.*** Selon l'article R. 162-4 du CPCE, lorsque le compte saisi est alimenté par des sommes insaisissables provenant de créances à échéance périodique, telles que des rémunérations du travail, son titulaire peut obtenir **la mise à disposition immédiatement avant la régularisation des opérations en cours**.

Le **montant de la mise à disposition** correspond à la fraction insaisissable de la créance périodique inscrite en compte, sous certaines déductions. Pour déterminer la fraction insaisissable, il ne faut pas retenir seulement le dernier versement opéré sur le compte, comme l'admettaient généralement les juges du fond, mais la totalité des fractions insaisissables comprises dans le solde créditeur du compte[735]. Autrement dit, le débiteur peut thésauriser sur son compte les fractions insaisissables des créances périodiques qui y sont versées. Mais il s'agit toujours d'un maximum dont il faut déduire les sommes mises à disposition au titre d'un mécanisme automatique (CPCE, art. R. 162-7, al. 1er), ainsi que les opérations venues au débit du compte depuis le dernier versement de la créance périodique insaisissable et inscrites au compte à la date de la saisie (CPCE, art. R. 162-4, al. 1er). En revanche, les opérations en cours à cette date ne seront régularisées qu'*a posteriori*.

En effet, la **régularisation des opérations en cours** s'opère dans le délai de 15 jours de la saisie, selon les règles particulières applicables aux comptes bancaires (voy. *supra*, nos 362 et 363). Il s'ensuit qu'en cas de résultat négatif, les droits du saisissant pourront être affectés. Tout dépendra du solde demeurant

---

734. À cela s'ajoute que les comptes bancaires de l'entrepreneur individuel, affectés à son activité professionnelle, ne bénéficient pas du *RSA bancaire* (voy. *supra*, n° 369 en note). N'est-ce pas aussi car ils sont exclusivement alimentés par des créances professionnelles, qui sont saisissables, de sorte qu'en tout état de cause, ce mécanisme n'aurait pas eu vocation à jouer ?

735. Voy., en dernier lieu, Civ. (2e ch.), 12 juillet 2007, n° 05-20911, *Bull. civ.*, II, n° 211 ; *Dr. et procéd.*, 2007, p. 357, obs. O. Salati ; *Procédures*, 2008, comm. n° 11, obs. R. Perrot, à propos de sommes provenant exclusivement du RMI versées par le bénéficiaire sur un compte spécialement ouvert à cet effet et qui a été déclaré insaisissable ; Civ. (2e ch.), 24 juin 2004, n° 02-14813, *Bull. civ.*, II, n° 323 ; *RTD Civ.*, 2004, p. 781, obs. R. Perrot ; sur une critique de cette solution, voy. R. Perrot et Ph. Terry, *op. cit.*, n° 444.

disponible sur le compte. Si ce solde permet d'absorber à la fois le résultat négatif et les sommes insaisissables mises à la disposition du débiteur, les droits du saisissant seront préservés. Mais si ce total excède le solde disponible, alors « le complément est prélevé sur les sommes indisponibles à ce jour », selon l'article R. 162-4, alinéa 2, du CPCE. Ce prélèvement s'opérera donc au préjudice du saisissant qui, pour cette raison, devra en être informé au moment de sa demande de paiement par le tiers saisi et pourra alors contester cette imputation dans un délai de 15 jours.

Ce droit de contestation existe aussi pour les créances à échéance non périodique, mais il joue alors avant la mise à disposition des sommes insaisissables.

373 ***Créances à échéance non périodique.*** Selon l'article R. 162-5 du CPCE, lorsque le compte saisi est alimenté par des sommes insaisissables provenant de créances à échéance non périodique, le titulaire du compte ne peut **jamais bénéficier de la mise à disposition avant la régularisation des opérations en cours**. Les droits du saisissant sont alors mieux protégés.

Le **montant de la mise à disposition** est déterminé comme pour les créances à échéance périodique, sous la réserve suivante. Il est déduit de la fraction insaisissable toutes les opérations venues au débit depuis l'inscription en compte de la créance non périodique, y compris celles qui étaient en cours à la date de la saisie. Il est donc calculé **après la régularisation des opérations en cours et non avant**. Mais cela ne signifie pas que les droits du saisissant seront toujours préservés.

En effet, l'**imputation des opérations en cours** ne saurait priver le débiteur des sommes insaisissables correspondant au montant de la mise à disposition ainsi déterminé. Tout dépend à nouveau du solde disponible sur le compte. **Si le solde est suffisant**, les sommes correspondantes seront mises à la disposition du titulaire du compte sans que les droits du saisissant ne soient affectés. Mais **si les sommes insaisissables** revenant au titulaire du compte **sont supérieures à ce solde**, « le complément est retenu par le tiers saisi sur les sommes indisponibles à la même date ». Mais cette retenue ne sera pas mise immédiatement à la disposition du titulaire du compte. En effet, le tiers saisi doit informer le saisissant de cette retenue au moment de sa demande de paiement et celui-ci peut alors élever une **contestation dans un délai de 15 jours**. Dans ces conditions, la retenue ne sera mise à la disposition du titulaire du compte que si le saisissant déclare ne pas s'y opposer ou s'il n'élève aucune contestation dans le délai ouvert. En cas de contestation, il faudra attendre qu'elle soit tranchée par le juge. Mais comme ce processus peut être long, le titulaire du compte peut aussi, de son côté, saisir le juge de l'exécution, à tout moment, pour demander la mise à disposition des sommes retenues sur la justification de leur caractère insaisissable

374 ***Sanctions.*** Pour finir, il faut rappeler que si le titulaire du compte n'a pas toujours à justifier de l'origine des fonds, toutes les mesures de mise à disposition reposent sur la règle du report d'insaisissabilité. Il s'ensuit qu'il ne peut y recourir que si son compte est effectivement alimenté par des créances insaisissables dans les limites posées par le mécanisme choisi. À défaut, il s'expose aux sanctions prévues par l'article R. 162-8, qui sont de deux ordres.

La **restitution de l'indu** porte sur toutes les sommes dont le débiteur a bénéficié à tort, qu'il les ait effectivement perçues ou qu'elles aient été simplement mises à sa disposition[736].

La **responsabilité du débiteur saisi** qui peut être pénale ou civile. Dans le silence du texte, la **responsabilité pénale** est essentiellement celle du délit de détournement d'objet saisi ou du délit d'organisation frauduleuse d'insolvabilité. La **responsabilité civile** obéit aux règles de droit commun de la responsabilité pour faute. Le débiteur l'encourt, par exemple, s'il emploie des sommes mises automatiquement à sa disposition moins d'un mois après une précédente saisie ou en l'absence de créances insaisissables inscrites en compte.

Parmi les créances insaisissables pouvant ainsi alimenter un compte bancaire, figurent tout particulièrement les rémunérations du travail qui peuvent aussi être saisies, en amont, directement entre les mains de l'employeur. Mais la procédure applicable est alors celle spécifique à la saisie des rémunérations du travail et en aucun cas à la saisie-attribution.

§ 2. La saisie des rémunérations du travail

375 ***Évolution.*** La saisie des rémunérations du travail est régie par les articles **L. et R. 3252-1 et suivants du Code du travail**. Ils n'ont pas été intégrés dans le Code des procédures civiles d'exécution dont les articles L. et R. 212-1 se contentent d'y renvoyer[737]. Cette saisie a été réglementée pour la première fois par la loi du 12 juillet 1895 qui, par la suite, a été intégrée dans le Code du travail et a fait l'objet de nombreuses réformes pour renforcer la protection du débiteur. Ainsi, la loi du 9 juillet 1991 a introduit deux innovations importantes :

- d'une part, le minimum de survie par l'instauration d'une **fraction absolument insaisissable**, même par les créanciers d'aliments (voy. *supra*, n° 91) ;
- d'autre part, **l'interdiction de toute saisie conservatoire** des rémunérations du travail (C. trav., art. L. 3252-7), de sorte que désormais leur saisie n'est plus possible que sur le fondement d'un titre exécutoire (C. trav., art. R. 3252-1), ce qui a rendu inutile toute instance en validité[738].

En revanche, pour préserver le crédit de la grande majorité des débiteurs qui tirent l'essentiel de leurs revenus du travail, le législateur n'a **pas étendu à la saisie des rémunérations l'effet attributif** attaché à la saisie des autres créances monétaires. En conséquence, il a conservé l'essentiel des règles anciennes, qu'il s'agisse des rémunérations éligibles à la saisie (A), du

736. C'est l'hypothèse des mécanismes automatiques sans emploi des fonds par le débiteur saisi.

737. Ces dispositions sont aussi applicables aux rémunérations versées aux agents publics (CPCE, art. L. et R. 212-2), sous réserve des dispositions particulières inscrites aux articles R. 212-3 à R. 212-6 du CPCE. Elles portent sur les déclarations au greffe du tribunal d'instance incombant respectivement au service employeur et au comptable public assignataire de la créance saisie ainsi que sur les modalités de paiement par ce comptable des retenues opérées.

738. Cette exclusion vaut pour toutes les créances monétaires relevant de la saisie des rémunérations du travail et, en particulier, pour l'indemnité de non-concurrence payée mensuellement à un salarié après la rupture de son contrat de travail : CA Paris, 23 février 2006, *Dr. et procéd.*, 2006, p. 222, obs. C. Lefort.

déroulement de la saisie (B) ou des incidents susceptibles d'en perturber le cours normal (C). Mieux encore, il a étendu l'emprise de la saisie à la cession des rémunérations du travail pour y introduire le concours des créanciers par dérogation à l'effet attributif qu'elle produit normalement (D).

A) Les rémunérations éligibles à la saisie

376 ***Rappels.*** Comme la saisie-attribution, la saisie des rémunérations du travail est une **saisie générale** en ce sens qu'elle est ouverte à tout créancier, quelle que soit la créance-cause, pourvu qu'elle remplisse les conditions de fond et de forme communes à toutes les mesures d'exécution forcée. En revanche, son domaine est strictement encadré quant à son objet, car elle ne peut être pratiquée que sur les rémunérations du travail, qui sont précisément exclues de la saisie-attribution. Il s'ensuit que **le créancier ne dispose d'aucune option et doit donc impérativement recourir à cette saisie** si la créance de son débiteur entre dans la catégorie des rémunérations du travail[739].

Par leur nature, ces créances ne peuvent être saisies que dans la limite de la **fraction saisissable**, sauf pour les créanciers d'aliments. Ces créanciers peuvent saisir toute la rémunération à la seule exception de la fraction absolument insaisissable, qui correspond au montant forfaitaire du *RSA* fixé pour un allocataire seul (voy. *supra*, n°s 90 et 91).

Il reste à déterminer les créances qui sont ainsi partiellement éligibles à cette saisie. Il s'agit des rémunérations du travail qu'il faut définir précisément (1), mais aussi des créances qui y sont assimilées par la loi (2).

1. Les rémunérations du travail

377 ***Lien de dépendance.*** Toutes les rémunérations du travail ne sont pas concernées. Il faut que le travail rémunéré soit accompli dans un lien de dépendance. C'est ce qui résulte de l'article L. 3252-1 du Code du travail qui réserve cette saisie « aux sommes dues à titre de rémunération à toute personne salariée ou travaillant, à quelque titre ou en quelque lieu que ce soit, pour un ou plusieurs employeurs, quels que soient le montant et la nature de sa rémunération, la forme et la nature de son contrat ».

Ce texte vise ainsi deux catégories de personnes : les salariés qui sont précisément définis par le droit du travail et les autres travailleurs dépendants, au service d'un ou plusieurs employeurs, dont les contours sont plus difficiles à dessiner.

378 ***Salariés.*** Les salariés sont toutes les personnes liées à leur employeur par un contrat de travail, lequel se caractérise par le lien de **subordination juridique** qu'il fait naître. Mais toutes les sommes payées par un employeur à son salarié ne sont pas touchées car il faut qu'elles soient versées **en contrepartie du travail fourni**. Il s'agit donc du **salaire et de tous ses accessoires**, tels que les

739. Cette procédure de saisie est aussi applicable au liquidateur qui entend appréhender la fraction saisissable des salaires perçus par le débiteur en liquidation judiciaire ayant trouvé un emploi salarié pendant le cours de la procédure collective : Com., 13 avril 2010, n° 08-19074, *Bull. civ.*, IV, n° 78 ; *JCP G*, 2010, 1354, note C. Lebel ; *Procédures*, 2010, comm. n° 236, obs. B. Rolland ; voy. aussi C. Calomili, « Les gains du débiteur devenu salarié en liquidation judiciaire », *Gaz. Pal.*, 2011, p. 2731.

heures supplémentaires, les avantages en nature, les pourboires transitant par l'employeur, les primes, les commissions ou encore les indemnités de préavis, de congés payés, de non-concurrence ou de départ volontaire à la retraite[740]. De plus, la saisie des rémunérations est applicable à ces sommes même après la rupture du contrat de travail lorsqu'un jugement condamne l'employeur à les verser[741].

En revanche, il faut exclure toutes les sommes dues au salarié qui ne constituent pas la rémunération d'un travail, comme les indemnités légales ou conventionnelles de licenciement, les dommages et intérêts pour rupture abusive ou encore les indemnités de clientèle dues aux VRP. Ces sommes doivent faire l'objet d'une saisie-attribution.

379 ***Autres travailleurs dépendants.*** Les autres travailleurs dépendants sont toutes les personnes travaillant pour autrui qui, sans avoir la qualité de salarié, se trouvent dans un lien de dépendance. Ce lien est forcément plus lâche que celui de subordination juridique, faute de quoi, il s'agirait de salariés. Mais toute la difficulté est de déterminer le degré de dépendance requis, ce qui n'est pas simple.

Pour tenter de le cerner, il est possible de se référer à l'abondante jurisprudence rendue à propos de l'**affiliation obligatoire au régime général de la sécurité sociale**, car l'article L. 311-2 du Code de la sécurité sociale, qui définit les personnes assujetties, est rédigé exactement dans les mêmes termes que l'article L. 3252-1 du Code du travail. Il faut donc en déduire que les sommes dues à titre de rémunération aux personnes obligatoirement assujetties à ce régime de protection sociale relèvent de la procédure de saisie du Code du travail. Malheureusement, cette jurisprudence est incertaine et fluctuante. Si elle n'a jamais consacré le critère de dépendance économique, qui eut été bien commode, nombre de décisions rendues s'en inspirent. De manière générale, le lien de dépendance est admis lorsque **des restrictions sont apportées à la liberté de conduire ou d'organiser l'activité professionnelle**[742]. Ces restrictions sont généralement déduites de **l'appartenance à un service organisé**, même élémentaire[743], plaçant l'intéressé sous la dépendance de fait de l'employeur[744].

Dans ces conditions, il est évidemment impossible de dresser une liste exhaustive de ces travailleurs dépendants. On peut simplement citer quelques exemples tirés de la jurisprudence rendue sur le fondement de l'un ou l'autre de

---

740. Soc., 30 janvier 2008, n° 06-17531, *Bull. civ.*, V, n° 29 ; *Dr. et procéd.*, 2008, p. 222, obs. O. Salati.

741. Ass. plén., 9 juillet 2004, n° 02-21040, *Bull. Ass. plén.*, n° 11 ; *Dr. et procéd.*, 2004, p. 349, obs. J.-J. Bourdillat ; *D.*, 2004, p. 3161, note A. Bugada ; *Procédures*, 2004, comm. n° 208, obs. R. Perrot.

742. Voy. not. Fr. Kessler, *Droit de la protection sociale*, 2e éd., coll. Cours, Paris, Dalloz, 2005, nos 435 et s., spéc. n° 453.

743. Soc., 19 octobre 1983, n° 82-12894, *Bull. civ.*, V, n° 511, à propos de correspondants locaux d'une société de vente par correspondance de produits offerts sur catalogues.

744. Ass. plén., 18 juin 1976, n° 74-11210, *Bull. Ass. plén.*, n° 9, à propos de distributeurs de journaux. Il a même été jugé que ce lien de dépendance peut coexister avec la qualité de commerçant indépendant à l'égard de la clientèle : Soc., 18 décembre 1975, n° 74-12549, *Bull. civ.*, V, n° 621, à propos d'un gérant de station-service.

ces textes. Ont ainsi été retenus, des dirigeants de société[745], un époux travaillant pour son conjoint[746], un gérant de succursale[747] ou encore de station-service[748]. À l'inverse, il faut exclure toutes les personnes qui accomplissent leur travail en toute indépendance, comme les commerçants, les artisans ou encore les membres des professions libérales[749]. Mais si les rémunérations qu'elles perçoivent pour leur travail ou leurs œuvres ne sont pas saisissables dans les conditions prévues par le Code du travail, elles relèvent parfois de ces procédures au titre de certaines rémunérations assimilées dont elles peuvent bénéficier.

2. Les rémunérations assimilées

380 ***Extensions légales.*** En l'absence de tout lien de dépendance et *a fortiori* de toute rémunération d'un travail, l'article L. 3252-1 du Code du travail ne peut recevoir application. C'est la solution consacrée par la Cour de cassation à propos de pensions de retraite qui sont toujours versées par des organismes à l'égard desquels un tel lien n'existe pas et pour lesquelles les bénéficiaires n'ont aucun travail à fournir[750]. Mais de nombreux textes prévoient aujourd'hui que de telles pensions, allocations ou indemnités, expressément désignées, sont « **saisissables dans les mêmes conditions et limites que les salaires** ». La question s'est donc posée de savoir si ce renvoi aux salaires ne porte que sur le barème de la fraction saisissable ou aussi sur la procédure de saisie du Code du travail.

Saisie pour avis, la Cour de cassation a considéré, à propos de l'article L. 355-2 du Code de la sécurité sociale portant sur les pensions de vieillesse du régime général de la sécurité sociale, que par « conditions » il faut entendre tant les conditions de fond que de forme de la saisie des rémunérations[751]. En conséquence, ce texte rend applicables aux pensions qu'il désigne non seulement le barème, mais aussi la procédure de saisie du Code du travail. Il résulte de cette interprétation que toutes ces extensions légales ont pour effet d'**assimiler** aux rémunérations du travail de l'article L. 3252-1 les rémunérations qu'elles désignent et qui sont alors soumises rigoureusement au même régime[752].

Mais il faut se garder de toute généralisation car il s'agit de cas dérogatoires qui sont donc d'interprétation stricte. En conséquence, les sommes qui ne sont pas dues à titre de rémunération du travail et ne bénéficient d'aucun texte

745. À condition que la subordination à l'égard de la société soit caractérisée : Soc., 11 mars 1982, n° 81-10241, *Bull. civ.*, V, n° 169.

746. Soc., 22 octobre 1959, n° 57-12272, *Bull. civ.*, V, n° 1037.

747. Ch. réunies, 23 juin 1966, n° 62-10004, *Bull. ch. réunies*, n° 3.

748. Soc., 18 décembre 1975, n° 74-12549, *Bull. civ.*, V, n° 621.

749. *A fortiori*, faut-il exclure aussi les auteurs d'œuvres littéraires ou artistiques pour les produits d'exploitation qui leur sont versés (voy. *infra*, n° 591).

750. Civ. (2e ch.), 8 janvier 1992, n° 90-10894, *Bull. civ.*, II, n° 11 ; *D.*, 1993, p. 42, note M.-P. Camproux, à propos des pensions de retraite des agents des services hospitaliers ; Civ. (2e ch.), 22 octobre 1991, n° 90-13120, *Bull. civ.*, II, n° 282, à propos des pensions civiles et militaires de retraite.

751. Cass. (avis), 21 juillet 1995, n° 09-50010, *Bull. civ.*, avis n° 11.

752. Pour une liste indicative de ces rémunérations assimilées, voy. *supra*, encadré E7.

exprès d'extension sont exclues de la procédure de saisie du Code du travail[753]. Il s'ensuit qu'elles doivent faire l'objet d'une saisie-attribution. Inversement, les créances assimilées par la loi à des rémunérations de travail sont saisissables selon la procédure du Code du travail qui se déroule selon les règles suivantes.

B) Le déroulement de la saisie

381 ***Règles de compétence et de procédure.*** La saisie des rémunérations du travail reste une saisie fortement judiciarisée, qui relève toujours de la **compétence du juge du tribunal d'instance**. Mais celui-ci exerce, à ce titre, les pouvoirs du juge de l'exécution (COJ, art. L. 221-8 et C. trav., L. 3252-6 et R. 3252-11). Territorialement, le juge compétent est celui du lieu où demeure le débiteur et, si celui-ci n'a pas de domicile connu, celui du lieu où demeure le tiers saisi. Les parties ne peuvent déroger à ces règles de compétence territoriale car elles sont d'ordre public (C. trav., art. R. 3252-7)[754].

Au plan procédural, les règles générales suivantes sont applicables[755] :

- les **convocations et notifications** se font, sauf disposition contraire, par lettre recommandée avec demande d'avis de réception (C. trav., art. R. 3252-6) ; mais alors que les convocations obéissent aux règles de droit commun de la notification en la forme ordinaire prévues aux articles 665 à 670-3 du CPC, les notifications sont soumises à des règles dérogatoires (C. trav., art. R. 3256-6, al. 2[756]) ; la lettre de notification est expédiée à l'adresse préalablement indiquée par le ou les créanciers et, en cas de retour au greffe de l'avis de réception non signé, la date de notification à l'égard du destinataire est celle de la présentation et la notification est réputée faite à domicile ou à résidence[757] ;
- la **représentation des parties** est ouverte **à tout mandataire** de leur choix ; mais s'il n'est avocat ou huissier de justice, il doit être muni d'une procuration (C. trav., art. L. 3252-11) ;
- les **contestations** auxquelles peuvent donner lieu la saisie sont formées, instruites et jugées selon les règles de la **procédure ordinaire** en vigueur devant le tribunal d'instance (C. trav., art. R. 3252-8).

Dans le détail, comme la saisie des rémunérations du travail favorise et organise le concours des créanciers, il faut envisager d'abord son déroulement initial en présence d'un seul saisissant (1), puis en présence de plusieurs saisissants (2).

753. Voy., par exemple, CA Paris, 8 avril 2004, *Dr. et procéd.*, 2004, p. 278, obs. J.-J. Bourdillat, à propos des pensions de retraite de la SNCF prévues aux articles L. 711-1 et R. 711-1 CSS qui ne contiennent aucun renvoi à la saisie des rémunérations.

754. Ce caractère a été ajouté à l'article R. 3252-6 par le décret de codification du 30 mai 2012.

755. Réformée en dernier lieu par le décret 2013-109 du 30 janvier 2013 relatif à la simplification de la procédure de saisie des rémunérations.

756. Issu du décret 2013-109 du 30 janvier 2013.

757. Ce qui correspond à la solution prévue en droit commun lorsque l'avis revient signé par un représentant du destinataire, selon l'article 670 du CPC. Ces règles nouvelles ne sont pas très protectrices des droits de la défense alors que, surtout, les notifications sont faites à l'adresse indiquée par le ou les créanciers.

1. En présence d'un seul saisissant

À l'origine, toute saisie des rémunérations du travail est nécessairement engagée par un seul créancier. Les opérations de saisie (b) sont alors obligatoirement précédées d'une tentative de conciliation (a).

a) La tentative de conciliation

382 ***Requête.*** La procédure débute par une requête du créancier remise ou adressée au greffe du tribunal d'instance compétent. Elle contient, à peine de nullité, les mentions communes à toutes les requêtes prévues à l'article 58 du Code de procédure civile et celles spécifiques énumérées à l'article R. 3252-13 du Code du travail, à savoir :

- les nom et adresse de l'employeur du débiteur ;
- le décompte distinct des sommes réclamées en principal, frais et intérêts échus ainsi que l'indication du taux des intérêts ;
- les indications relatives aux modalités de versement des sommes saisies (voy. *infra*, n° 391).

En outre, elle doit comporter en annexe une copie du titre exécutoire. Ce titre fonde la saisie, si bien que le créancier ne pourra pas y substituer ultérieurement un autre titre[758]. Le cas échéant, il devra pratiquer une nouvelle saisie.

Le dépôt de la requête produit deux effets : elle interrompt la prescription[759] et saisit le juge. Son greffe devra alors fixer une date d'audience pour la tentative de conciliation et y convoquer les parties.

---

758. Civ. (2e ch.), 24 mars 2005, n° 03-17007, *Bull. civ.*, II, n° 82 ; *Dr. et procéd.*, 2005, p. 301, obs. E. Putman ; Civ. (2e ch.), 8 juin 2000, n° 98-19389, *Bull. civ.*, II, n° 98 ; *Dr. et procéd.*, 2001, p. 46, obs. Ph. Hoonakker.

759. Avant la réforme de la prescription civile de 2008, la solution était fondée sur l'ancien article 2244 du code civil, au motif que la requête équivaut à la citation en justice visée par ce texte, « qui, sans exiger que l'acte soit porté à la connaissance du débiteur, entend seulement préciser qu'un tel acte doit viser celui qu'on veut empêcher de prescrire » : Civ. (2e ch.), 16 mars 2012, n° 11-13207 ; voy. aussi : Civ. (2e ch.), 13 décembre 1995, n° 93-21091, *Procédures*, 1996, comm. n° 76, obs. H. Croze. Ce raisonnement devrait valoir, a fortiori, sur le fondement du nouvel article 2241 du code civil, issu de la réforme de 2008, dès lors qu'il vise de manière générique toute demande en justice et qu'il n'exige plus qu'elle soit signifiée à celui que l'on veut empêcher de prescrire, comme l'ancien article 2244. C'est donc logiquement que la Cour de cassation a maintenu l'effet interruptif de la requête, en tant que demande en justice, sous l'empire des textes nouveaux, même si la motivation de son arrêt est maladroite : Civ. (1re ch.), 19 mars 2015, n° 14-10972, LEDB, 2015, n° 73, obs. M. Mignot. De plus, tirant toutes les conséquences de ce fondement, la deuxième chambre civile a jugé que le délai de prescription, ainsi interrompu, reste suspendu durant tout le déroulement de la procédure de saisie des rémunérations du travail et qu'un nouveau délai ne commencera à courir qu'à son issue, fixée à la date du dernier paiement adressé au créancier saisissant : Civ. (2e ch.), 3 décembre 2015, n° 14-27138, à paraître au Bull., *D.*, 2016, p. 1286, obs. A. Leborgne, rendu sous l'empire des textes anciens mais dont la solution devrait continuer à s'appliquer. Un auteur a fait observer que cet effet interruptif de la requête pourrait aussi être fondé sur le nouvel article 2244, à l'instar de celui attaché au commandement de payer préalable à une saisie-vente (voy. *infra*, n° 501), car sans être un acte d'exécution forcée, elle engage la saisie des rémunérations du travail qui est une mesure d'exécution forcée (L. Lauvergnat, « L'interruption de la prescription en matière de saisie des rémunérations », *Dr. et procéd.*, 2016, p. 2). Mais outre qu'il n'existe aucun texte propre à la saisie des rémunérations du travail, même de nature règlementaire, qui pourrait justifier

383 ***Convocations.*** Comme la tentative de conciliation est imposée à peine de nullité de la saisie (C. trav., art. R. 3252-6), le greffier doit obligatoirement fixer une date d'audience après le dépôt de la requête et y convoquer les parties au moins 15 jours à l'avance (C. trav., art. R. 3252-16).

Le saisissant est avisé des lieu, jour et heure de l'audience verbalement ou par lettre simple (C. trav., art. R. 3252-14). En revanche, pour préserver les droits de la défense, le débiteur est convoqué par lettre recommandée avec demande d'avis de réception, qui doit comporter les mentions prévues aux 1° à 5° de l'article R. 3252-15 du Code du travail. Elles peuvent être classées en deux rubriques :

- celles **relatives à la tentative de conciliation** : ses lieu, jour et heure (2°), l'identité du créancier (1°), l'objet de la demande et l'état des sommes réclamées, avec un décompte détaillé (3°) ;
- celles **relatives aux droits du débiteur** : le droit de faire valoir toutes les contestations dès l'audience avec l'indication qu'une contestation élevée ultérieurement ne suspendra pas le cours des opérations de saisie (4°) et la reproduction de l'article L. 3252-11 relatif à la représentation des parties (5°).

384 ***Audience.*** À l'audience, le juge tente de concilier les parties (C. trav., art. R. 3252-17). Mais il ne pourra y procéder que si elles comparaissent toutes les deux. À défaut, tout dépend de la partie qui est défaillante.

Si c'est le créancier qui ne comparaît pas, il est fait application de l'article 468 du Code de procédure civile (C. trav., art. R. 3252-19, al. 1er). Il s'ensuit que **la requête sera déclarée caduque** sauf si le débiteur s'y oppose[760]. Même si l'hypothèse est plutôt rare en pratique, un débiteur peut souhaiter faire trancher immédiatement une contestation pour se mettre à l'abri de nouvelles poursuites du créancier.

Si c'est le débiteur qui ne comparaît pas, le juge peut toujours ordonner une nouvelle convocation (C. trav., art. R. 3252-19, al. 2)[761]. À défaut, **il sera procédé à la saisie**, mais seulement **après la vérification par le juge** du montant de la créance invoquée en principal, intérêts et frais, et partant du caractère exécutoire du titre invoqué[762], comme à défaut de conciliation lorsque les deux parties comparaissent (voy. *infra*, n° 386).

En effet, ce n'est que dans ce cas que la tentative de conciliation pourra avoir lieu et le sort de la saisie dépendra alors de son résultat, selon qu'elle aboutit ou échoue.

---

cette solution, sa portée serait plus limitée dès lors qu'il serait alors difficile d'y associé l'effet suspensif retenu par la 2e chambre civile.

760. Il faut réserver les cas où le créancier a un motif légitime d'absence ; si le juge en a connaissance, il renverra la procédure à une audience ultérieure ; si dans son ignorance, il a prononcé la caducité, celle-ci pourra être rapportée si le créancier fait connaître au greffe dans un délai de 15 jours le motif légitime qu'il n'avait pas été en mesure de faire valoir en temps utile.

761. Il y est même contraint si la convocation était irrégulière ; en particulier, selon l'article 670-1 du Code de procédure civile, il devra inviter le créancier à procéder par voie de signification si l'avis de réception n'est pas revenu signé au greffe : Civ. (2e ch.), 14 juin 2001, n° 99-18371, *Bull. civ.*, II, n° 120.

762. Civ. (2e ch.), 5 juin 1996, n° 94-15307, *Bull.* civ., II, n° 138.

385 ***En cas de conciliation.*** Si le juge parvient à concilier les parties, il dresse un **procès-verbal de conciliation** conformément aux règles de droit commun des articles 129 et 130 du Code de procédure civile. Alors, la saisie ne sera pas pratiquée, du moins dans l'immédiat[763].

Mais si le débiteur devait manquer aux engagements pris à l'audience, le créancier pourra demander au greffe de procéder à la saisie en joignant un décompte des sommes perçues au titre de la conciliation (C. trav., art. R. 3252-18). Les opérations de saisie sont alors accomplies par le greffe sans nouvelle tentative de conciliation, comme si elle avait échoué *ab initio*.

386 ***À défaut de conciliation.*** Si, à l'audience, le juge ne parvient pas à concilier les parties, il sera procédé à la saisie sous les trois réserves suivantes, qui peuvent conduire le juge à la refuser ou à en restreindre la portée :

- **si le débiteur a élevé des contestations**, il lui appartient de les trancher selon les règles de la procédure ordinaire[764] ; il sera alors amené à rendre un jugement et ce n'est qu'en cas de rejet des contestations qu'il pourra être procédé à la saisie ;
- dans tous les cas, **le juge doit vérifier**, même d'office, **le montant** de la créance en principal, intérêt et frais, et partant le caractère exécutoire du titre invoqué[765] ;
- enfin, à la demande de l'une des parties[766], il peut décider, en considération de la quotité saisissable, du montant de la créance et du **taux des intérêts dus, de réduire ce taux** ou d'autoriser l'imputation des sommes qui seront payées d'abord sur le capital (C. trav., art. L. 3252-13, al. 1er).

Sous ces réserves et limites éventuelles, les opérations de saisie pourront débuter.

b) Les opérations de saisie

387 ***Greffier.*** Par dérogation au monopole conféré aux huissiers de justice en matière d'exécution forcée, les opérations de saisie incombent au greffier lui-même

763. En revanche, rien n'interdit au créancier de pratiquer d'autres mesures d'exécution forcée en l'absence d'une renonciation claire et non équivoque dans l'accord de conciliation : Civ. (2e ch.), 27 février 2014, n° 12-35294 (FS-P+B).

764. Comme il exerce les pouvoirs du juge de l'exécution, il peut connaître de toutes les contestations, même si elle porte sur le fond du droit, à moins qu'elles n'échappent à la compétence des juridictions de l'ordre judiciaire, et toujours dans le respect de l'autorité de la chose jugée ; ainsi il peut notamment se prononcer sur une exception de compensation : Civ. (2e ch.), 21 janvier 2010, n° 09-65011, *Bull. civ.*, II, n° 19 ; *JCP E*, 2010, 1173, note S. Brissy ; *Dr. et procéd.*, 2010, p. 94, obs. F. Vinckel.

765. Comme le juge d'instance exerce les pouvoirs du juge de l'exécution, il ne pourra jamais délivrer lui-même un titre exécutoire au créancier en condamnant le débiteur aux causes de la saisie : Civ. (2e ch.), 20 octobre 2005, n° 03-18700, *Bull. civ.*, II, n° 268 ; *Gaz. Pal.*, 2006, p. 2771, obs. C. Brenner. En revanche, il peut refuser d'ordonner la saisie en cas d'abus du créancier au sens des articles L. 111-7 et L. 121-2 du CPCE : Civ. (2e ch.), 20 avril 2017, n° 16-15936 (F-P+B), à propos d'un créancier qui a demandé la saisie des rémunérations du travail de son débiteur alors que celui-ci lui avait offert de régler les causes de la saisie, peu important que le créancier aurait pu intervenir ultérieurement au titre d'autres créances qu'il n'avait pas invoquées à l'appui de la saisie.

766. Tant le débiteur que le créancier sont visés, mais on voit mal le créancier former une telle demande qui est contraire à ses intérêts puisqu'elle conduit à réduire ce qui lui est dû !

qui veille à leur bon déroulement (C. trav., art. R. 3252-20). À ce titre, il lui appartient d'établir l'acte de saisie (1) avec tous les effets qui s'y attachent (2).

1) *L'acte de saisie*

388 ***Modalités.*** Le greffier doit procéder à la saisie dans un délai de **huit jours** à compter de l'audience, à défaut de conciliation (C. trav., art. R. 3252-21)[767]. Mais si des contestations ont été élevées à l'audience, il faudra d'abord qu'elles soient tranchées par un jugement du juge d'instance. C'est la raison pour laquelle, dans ce cas, le délai de huit jours court à compter de la notification de ce jugement s'il est exécutoire[768] et, à défaut, de l'expiration des délais de recours (C. trav., art. R. 3252-21).

Pour procéder à la saisie, il appartient au greffier de rédiger l'acte de saisie qui doit contenir les mentions prévues aux 1° à 5° de l'article R. 3252-22 du Code du travail. Elles peuvent être classées en deux rubriques :

- celles **relatives à la saisie** : l'identité du créancier (1°) et le décompte détaillé des sommes réclamées (2°) ;
- celles **relatives aux obligations du tiers saisi** : l'injonction de faire la déclaration au greffe dans les 15 jours avec la reproduction de l'article L. 3252-9 qui détaille les renseignements à fournir (4° et 5°), le mode de calcul de la fraction saisissable[769] et les modalités de son paiement avec la reproduction de l'article L. 3252-10 relatif à cette obligation (3° et 5°).

Ainsi rédigé, l'acte de saisie est **notifié au tiers saisi** par lettre recommandée avec demande d'avis de réception, avec copie au débiteur par lettre simple. Il pourra alors produire tous les effets que la loi y attache.

2) *Les effets*

389 ***Efficacité.*** L'acte de saisie produit à l'égard du tiers saisi deux effets qui conditionnent son efficacité, ce qui explique qu'ils soient sévèrement sanctionnés : l'obligation de déclaration et l'obligation de paiement.

390 ***Obligation de déclaration.*** Dans un délai de 15 jours à compter de la notification, le tiers saisi doit faire une déclaration au greffe que les parties pourront consulter et dont elles pourront demander copie (C. trav., art. R. 3252-24). Elle doit porter sur les renseignements prévus à l'article L. 3252-9 du Code du travail, en l'occurrence :

- la situation de droit existant entre lui-même et le débiteur saisi ;
- les cessions, saisies, saisies administratives à tiers détenteur ou paiement direct de créances d'aliments en cours d'exécution.

767. Le texte précise que le greffier opère au vu du procès-verbal de non-conciliation ; il faut donc en déduire qu'un tel procès-verbal doit être établi dans toutes les hypothèses d'échec de la conciliation, bien qu'aucun texte ne le prévoit expressément.

768. C'est-à-dire s'il est assorti de l'exécution provisoire.

769. À ce titre, il est joint, en pratique, un tableau faisant apparaître la fraction mensuelle saisissable, en fonction du nombre de personnes à charge, pour des revenus mensuels allant de 450 euros à 2 260 euros, par tranches de dix euros (450, 460, 470, 480, etc. 2 260).

À défaut, et sauf motif légitime, le tiers saisi encourt les sanctions prévues à l'article L. 3252-9, alinéa 2, du Code du travail : une amende civile plafonnée à 3 000 euros (C. trav., art. R. 3252-25), des dommages et intérêts et la sanction spécifique de l'alinéa 2 de l'article L. 3252-10 du Code du travail régissant l'obligation de paiement.

391 ***Obligation de paiement.*** Tous les mois, le tiers saisi doit retenir la fraction saisissable et l'adresser au greffe (C. trav., art. L. 3252-10 et R. 3252-27). Deux modes de paiement sont possibles selon les indications fournies dans la requête (C. trav., art. R. 3252-27) :

- **par chèque** adressé au greffe qui le transmet au créancier ou plus généralement à son mandataire, l'huissier de justice instrumentaire, dès réception après mention au dossier ;
- **par virement** dont le tiers saisi justifie au greffe de la date et du montant.

À défaut de paiement, le tiers saisi s'expose à une **sanction particulièrement énergique** prévue à l'article L. 3252-10 du Code du travail, en ces termes : « Le juge, même d'office, le déclare débiteur des retenues qui auraient dû être opérées ». Autrefois, le juge déterminait ces retenues au vu des éléments dont il disposait, sans autre précision. Pour mettre fin aux incertitudes et difficultés que cette rédaction pouvait susciter, la loi n° 2011-1 862 du 13 décembre 2011 a modifié l'article L. 3252-10 afin d'autoriser expressément le juge d'instance à rechercher les informations utiles conformément à l'article 39 de la loi de 1991, codifiées aux articles L. 152-1 et L. 152-2 du CPCE. Autrement dit, il opère dans les mêmes conditions que l'huissier de justice porteur d'un titre exécutoire (voy. *supra*, n° 188). Cette recherche est surtout utile lorsque l'employeur manque à son obligation de déclaration où la même sanction est applicable. Dans tous les cas, si l'employeur est amené à verser des sommes dont il n'est pas redevable au débiteur saisi, il dispose d'un recours en remboursement à son encontre. Mais il ne pourra l'exercer qu'après mainlevée de la saisie.

Cette **mainlevée**, qui mettra fin à l'obligation de paiement du tiers saisi, résulte soit d'un accord du créancier, soit de la constatation par le juge de l'extinction de la dette (C. trav., art. R. 3252-29). Celle-ci ne pourra être constatée que si la dette a été payée en principal, intérêts[770] et frais, et en cas de pluralité de saisissants il faudra que toutes les dettes aient ainsi été payées.

2. En présence de plusieurs saisissants

392 ***Concours des créanciers.*** Le concours des créanciers étant de l'essence de la saisie des rémunérations, tout créancier peut, à tout moment, se greffer sur une saisie en cours. Pour ce faire, il doit régulariser une intervention (a) qui aura des conséquences sur le paiement des saisissants (b).

---

770. Pour déterminer les montants dus, il faudra tenir compte, le cas échéant, des aménagements judiciaires décidés par le tribunal. De plus, et en tout état de cause, selon l'article L. 3252-13, la majoration de cinq points des intérêts légaux prévue à l'article L. 313-3 du CMF (anc[t] L. 75-619 du 11 juillet 1975, art. 3, qui est toujours cité !) cesse de s'appliquer sur les sommes retenues par l'employeur à compter de leur prélèvement sur la rémunération saisie.

a) L'intervention des créanciers

393 ***Modalités.*** L'intervention d'un créancier est formée comme la requête initiale. Le créancier doit donc remettre ou adresser au greffe une requête comportant, à peine de nullité, les mentions prévues à l'article R. 3252-13 du Code du travail (voy. *supra*, n° 382).

En revanche, dans ce cas, **la tentative de conciliation préalable est écartée** (C. trav., R. 3252-30). Il s'ensuit qu'aucune audience ne se tiendra. Mais il appartiendra néanmoins au juge, après le dépôt de la requête en intervention, de vérifier le montant de la créance, en principal, intérêts et frais, et partant le caractère exécutoire du titre invoqué. Ce n'est que sous cette réserve qu'il appartiendra au greffe d'aviser de cette intervention le débiteur et les autres créanciers déjà parties à la procédure (C. trav., art. R. 3252-31, al. 1er[771]), avec toutes les conséquences qui s'y attachent quant à leur paiement.

b) Le paiement des créanciers

394 ***Obligation du tiers saisi.*** Le tiers saisi n'est pas avisé systématiquement de toutes les interventions. Il doit seulement être informé par le greffe, **lors de la première intervention**, des nouvelles modalités de paiement des sommes retenues sur la rémunération saisie. C'est en effet dès la première intervention qu'il y aura pluralité de saisissants et que ces modalités entreront en vigueur.

Elles consistent dans le **versement des sommes retenues mensuellement à l'ordre du régisseur** installé auprès du greffe du tribunal d'instance (C. trav., art. R. 3252-31, al. 2). Dans le silence du texte, ces versements pourront se faire par chèques ou virements établis par le tiers saisi. En tout cas, ce n'est plus le premier saisissant qui sera payé directement car désormais il faudra répartir les fonds versés entre tous les saisissants.

395 ***Répartition des fonds.*** Les fonds ainsi collectés sont répartis par le greffe au moins tous les six mois, à moins que, dans l'intervalle, ils suffisent à désintéresser l'ensemble des créanciers (C. trav., art. R. 3252-34). Pour ce faire, le greffe établit un **état de répartition** au marc l'euro, sous les deux réserves suivantes :

- du **droit de préférence** dont bénéficient les créanciers privilégiés parties à la procédure, le cas échéant (C. trav., art. L. 3252-8, al. 1er) ;
- des **créances résiduelles** d'un montant maximum de 500 euros, qui doivent être payées prioritairement, même avant les créances privilégiées, dans l'ordre croissant de leur montant, c'est-à-dire en commençant par les plus faibles (C. trav., art. L. 3252-8, al. 2, et décr. 3252-34-1).

Cet état de répartition est notifié aux créanciers (C. trav., art. R. 3252-35, al. 1er) et ceux-ci seront alors payés en fonction des contestations éventuellement élevées, soit contre une intervention, soit contre l'état lui-même.

Il faut savoir qu'**une intervention peut être contestée à tout moment** (C. trav., art. R. 3252-32), selon les règles de la procédure ordinaire

771. Dans sa rédaction issue du décret 2013-109 du 30 janvier 2013. Auparavant, le greffier devait notifier la requête en intervention. Désormais, il peut se contenter d'un simple avis qui n'est soumis à aucun formalisme particulier.

applicable devant le tribunal d'instance (C. trav., art. R. 3252-8)[772]. Dans ce cas, les fonds destinés à l'intervenant sont consignés en attendant qu'elle soit tranchée. En cas de rejet, ils lui seront versés. Mais si elle est accueillie, ils seront répartis entre les autres créanciers ou, le cas échéant, restitués au débiteur.

Une contestation peut aussi être élevée **contre l'état de répartition dans un délai de 15 jours** à compter de sa notification. Dans ce cas, de deux choses l'une : ou bien aucune contestation n'a été formée dans ce délai et alors chaque créancier est payé de sa part au moyen d'un chèque bancaire ; ou bien, une contestation a été élevée et alors le paiement interviendra après qu'elle ait été tranchée par le juge (C. trav., art. R. 3252-36).

Mais ces règles ne valent qu'en l'absence de saisies spéciales qui font partie des incidents pouvant venir perturber le déroulement normal de la saisie des rémunérations.

C) Les incidents

396 ***Contestations – Rappel.*** Le déroulement normal d'une saisie des rémunérations peut toujours être perturbé par une contestation qui peut être élevée à tout moment selon les règles de la procédure ordinaire applicable devant le tribunal d'instance. Mais le débiteur a tout intérêt à les soulever dès l'audience de conciliation, car la saisie est alors paralysée jusqu'à ce qu'elles soient tranchées par un jugement exécutoire (voy. *supra*, n° 388). À l'inverse, les contestations élevées en cours de saisie n'affectent pas son déroulement qui se poursuit jusqu'à ce qu'elles soient tranchées. Il faut cependant excepter celles formées contre une intervention, qui retardent toujours le paiement du créancier intervenant (voy. *supra*, n° 395).

Tous les autres incidents, expressément régis par les articles R. 3252-37 à R. 3252-44 du Code du travail, résultent de saisies spéciales entrant en concours avec la saisie des rémunérations en cours (1) et de la situation des parties qui peut évoluer en cours de procédure (2).

1. Les saisies spéciales

397 ***Saisies spéciales autorisées.*** Les rémunérations soumises à la procédure de saisie régie par le Code du travail ne peuvent jamais faire l'objet d'une saisie-attribution. En revanche, certaines saisies spéciales sont possibles sur ces rémunérations et celles-ci peuvent alors affecter les droits des créanciers ayant pratiqué une saisie régie par le Code du travail. Il s'agit des deux saisies spéciales suivantes, dont le régime juridique sera exposé plus loin (voy. *infra*, n°s 409 et s.) : le paiement direct et la saisie administrative à tiers détenteur[773].

---

772. Cette règle vaut aussi pour l'intervenant lui-même qui entend contester la décision du juge d'instance n'ayant admis que partiellement sa requête ; en conséquence, le pourvoi en cassation contre une telle décision est irrecevable : Civ. (2e ch.), 4 juillet 2007, n° 06-12776, *Bull. civ.*, II, n° 204.

773. En revanche, l'opposition à tiers détenteur dédiée au recouvrement des créances de sécurité sociale n'est pas concernée car elle ne peut être pratiquée sur les rémunérations du travail, comme la saisie-attribution (voy. *infra*, n° 476).

398 ***Paiement direct.*** Le paiement direct est la saisie spéciale réservée au créancier d'aliments qui est le mieux protégé. Mais cette saisie n'affecte pas systématiquement les droits des créanciers qui ont pratiqué une saisie des rémunérations du travail. Il faut se souvenir que **le créancier d'aliments n'est privé que de la fraction absolument insaisissable** et qu'il peut donc appréhender la fraction normalement insaisissable[774], celle-là même qui échappe aux autres créanciers. C'est la raison pour laquelle l'article R. 3252-39 du Code du travail distingue selon que la créance d'aliments est inférieure ou supérieure à la fraction normalement insaisissable :

- si elle est **inférieure**, elle sera entièrement prélevée sur cette fraction et le solde éventuel reviendra au débiteur ; dans ce cas, les droits des autres créanciers ne seront pas affectés car ils continueront à bénéficier de toute la fraction saisissable ;
- mais si la fraction normalement insaisissable est **insuffisante**, la différence sera prélevée sur la fraction saisissable et alors les droits des saisissants seront amputés à due concurrence.

Il s'ensuit qu'en présence d'une demande de paiement direct, les droits des créanciers saisissants ne sont affectés que pour la part de la créance alimentaire excédant la fraction normalement insaisissable. En revanche, lorsque la rémunération saisie fait l'objet d'un avis à tiers détenteur, leurs droits sont systématiquement atteints.

399 ***Saisie administrative à tiers détenteur.*** La saisie administrative à tiers détenteur ou SATD est la saisie spéciale instituée pour le recouvrement des créances publiques par la loi de finances rectificative pour 2017 à effet du 1er janvier 2019 (voy. *infra*, nos 427-*bis* et s.). Elle se substitue aux anciennes saisies spéciales dont le concours avec une saisie des rémunérations du travail en cours était régi aux articles R. 3252-37 et R. 3252-38 du Code du travail. Ces textes distinguaient selon la saisie spéciale en concours et le décret d'application[775], qui doit les adapter à la SATD, devrait conserver cette distinction. Autrement dit, le concours devrait être réglé selon la nature de la créance publique pour laquelle la SATD est mise en œuvre. Ainsi, il faudrait distinguer selon que la créance publique à recouvrer est ou non une créance fiscale.

Lorsque la SATD est pratiquée pour le recouvrement d'une **créance fiscale**, la solution devrait être celle applicable auparavant à l'avis à tiers détenteur. **Sa notification à l'employeur devrait donc suspendre le cours de la saisie des rémunérations** jusqu'à l'extinction de l'obligation du redevable. Aussi, à réception de la SATD, l'employeur devrait informer le comptable public de la saisie des rémunérations en cours, celui-ci devrait informer à son tour le greffier qui devrait aviser les créanciers de la suspension de la saisie. Celle-ci devrait reprendre dès l'extinction de la dette fiscale dont le comptable public devrait informer le greffe qui devrait en aviser les créanciers[776].

774. Dans la limite du terme échu de la pension alimentaire et des six derniers mois impayés (voy. *supra*, n° 91 et *infra*, nos 413 et 415).

775. En cours de préparation au moment de la rédaction de la 8e édition de ce manuel.

776. La saisie des rémunérations du travail devrait aussi être reprise en cas de mainlevée de la SATD, quelle qu'en soit la cause : Civ. (2e ch.), 1er décembre 2016, n° 15-27303 (F-P+B), *D.*, 2016, p. 2580, à propos d'un avis à tiers détenteur dont la mainlevée avait été consentie ensuite des délais de paiement accordés au redevable.

Mais ce droit de priorité attaché à la SATD pratiquée en recouvrement d'une créance fiscale ne devrait pas jouer en présence d'une **demande de paiement direct en cours**[777]. Aussi, lorsque la créance alimentaire excède la fraction normalement insaisissable, la différence devrait être prélevée sur la fraction saisissable et seul le solde versé au créancier public en recouvrement de la créance fiscale.

Lorsque la SATD est mise en œuvre pour le recouvrement d'une **autre créance publique**, la solution devrait être celle applicable auparavant à l'opposition à tiers détenteur des collectivités territoriales et à la saisie à tiers détenteur[778]. Aussi, la SATD pratiquée sur une rémunération faisant l'objet d'une saisie en cours régie par le Code du travail devrait être **assimilée à une intervention**[779]. Il s'ensuivrait les conséquences suivantes. Dans ce cas précis, la SATD ne produirait pas d'effet attributif. Le comptable public devrait adresser une copie de sa saisie au greffe du tribunal d'instance chargé de la saisie des rémunérations en cours et celui-ci devrait en aviser les créanciers saisissants. La répartition des sommes retenues par l'employeur se ferait conformément à l'hypothèse de la pluralité de saisissants (voy. *supra*, n° 395). Pour cette raison, si la SATD survient alors qu'il n'y a encore qu'un seul créancier saisissant, le greffier devrait informer l'employeur que désormais les retenues devront être versées au régisseur installé auprès du tribunal d'instance, comme en cas de première intervention (voy. *supra*, n° 394).

400 ***Résumé.*** En résumé de tout ce qui précède et sous réserve du décret d'application de la SATD, les conflits entre saisies des rémunérations et saisies spéciales postérieures se règlent dans l'ordre suivant :

- la **demande de paiement direct** est toujours prioritaire, mais elle ne suspend pas la procédure de saisie des rémunérations ; en conséquence, celle-ci continuera à jouer, mais seulement sur la partie de la fraction saisissable non versée au créancier d'aliments ;
- **la saisie administrative à tiers détenteur** pratiquée en recouvrement d'une **créance fiscale** suspend la saisie, mais elle ne joue que sur cette même partie de la fraction saisissable, le cas échéant ;
- enfin, **les autres saisissants, y compris le comptable public** ayant notifié une SATD en recouvrement d'une créance publique non fiscale, ne bénéficient de leur saisie qu'après imputation des sommes dues au créancier d'aliments et après extinction de la dette fiscale.

2. La situation des parties

401 ***Types d'incidents.*** Les articles R. 3252-40 à 3252-44 du Code du travail envisagent deux types d'incidents : ceux tenant à la situation de l'employeur et ceux tenant au changement de résidence du créancier ou de l'employeur.

777. En revanche, il joue pleinement sur la fraction saisissable si la SATD est pratiquée en premier lieu ; voy. *infra*, encadré E36.

778. Rien n'était prévu pour l'opposition administrative et la saisie de créance simplifiée, mais le décret d'application pourrait ainsi combler cette lacune.

779. En revanche, lorsque la SATD est pratiquée avant toute saisie des rémunérations, elle demeure prioritaire ; voy. *infra*, encadré E36.

402 ***Situation de l'employeur.*** Il se peut d'abord que le débiteur saisi ait **plusieurs employeurs** qui lui versent des rémunérations. Dans ce cas, il revient au greffier, depuis le décret du 30 janvier 2013[780], de déterminer les employeurs chargés d'opérer les retenues. Mais si l'un d'eux est en mesure de verser la totalité de la fraction saisissable, la saisie peut être pratiquée entre ses seules mains (C. trav., art. R. 3252-40).

Il se peut aussi que le débiteur n'ait **plus d'employeur**, c'est-à-dire que le lien de droit a cessé entre eux. Dans ce cas, il appartient à l'employeur d'en aviser le greffe dans le délai de huit jours (C. trav., art. R. 3252-26). Celui-ci procède alors à la répartition des fonds encore détenus par le régisseur (C. trav., art. R. 3252-43), sauf si la saisie est poursuivie entre les mains du nouvel employeur.

C'est la dernière hypothèse envisagée, celle où un **nouvel employeur** succède au précédent. La saisie peut alors être poursuivie entre ses mains, sans tentative préalable de conciliation, à condition que la demande en soit faite dans l'année qui suit l'avis de l'ancien employeur (C. trav., art. R. 3252-44, al. 1er). Mais cette demande devra être présentée par un créancier qui était déjà partie à la saisie des rémunérations avant le changement d'employeur[781].

403 ***Changement de résidence.*** Tant le débiteur qu'un créancier saisissant peuvent changer de résidence en cours de saisie. Mais les conséquences ne sont pas les mêmes.

Un créancier qui transfère le lieu où il demeure, et qui n'est pas représenté par un mandataire, doit simplement en informer le greffe (C. trav., art. R. 3252-41). Mais, dans tous les cas, la saisie suit normalement son cours devant le même tribunal.

Lorsque c'est le débiteur qui change le lieu où il demeure, il faut distinguer :

- s'il ne change **pas en même temps d'employeur**, la saisie se poursuit devant le même tribunal, même si sa nouvelle résidence se situe hors de son ressort territorial ; en conséquence, les demandes d'intervention, qui seraient formées ultérieurement devant le tribunal dont il dépend désormais, seront transmises au tribunal saisi et les créanciers avisés (C. trav., art. 3252-42) ;
- si le débiteur **change aussi d'employeur**, la saisie pourra se poursuivre entre les mains du nouvel employeur, sans tentative préalable de conciliation, à condition que la demande soit présentée dans l'année qui suit l'avis de l'ancien employeur ; mais cette demande devra être présentée au greffe du tribunal compétent, lequel dépend de la nouvelle résidence du débiteur ; si elle reste située dans le même ressort territorial, il n'y aura pas de changement ; en revanche, si elle est située dans le ressort d'un autre tribunal d'instance, c'est le juge de ce tribunal qui sera désormais compétent pour connaître de la poursuite de la saisie (C. trav., art. R. 3252-44, al. 2).

C'est aussi le domicile du débiteur qui détermine la compétence territoriale en cas de cession des rémunérations.

---

780. Auparavant, cette tâche revenait au juge d'instance.

781. Civ. (2e ch.), 6 avril 2006, n° 04-13835, *Bull. civ.*, II, n° 105.

D) La cession des rémunérations

404 *Dangers.* Comme une rémunération constitue une créance monétaire, sa cession est juridiquement possible et ne pose techniquement aucune difficulté particulière. Mais l'application des règles de droit commun de la cession des créances serait dangereuse tant pour le débiteur que pour ses créanciers. Le débiteur pourrait se trouver privé de toutes ressources. Quant aux créanciers, ils ne pourraient saisir une créance sortie du patrimoine de leur débiteur, avec cette circonstance aggravante qu'ils pourraient être les victimes d'un concert frauduleux entre cédant et cessionnaire.

C'est pour ces raisons que la cession des rémunérations du travail a toujours été étroitement liée à leur saisie et ce lien a encore été renforcé par la réforme des procédures civiles d'exécution. Ainsi, toutes les rémunérations relevant de la saisie du Code du travail ne sont cessibles que dans la même proportion. Autrement dit, la **fraction saisissable est aussi la fraction cessible** (C. trav., L. 3252-2, R. 3252-2 et R. 3252-3 ; voy. *supra*, n°s 90 et 91). De même, aux plans de la compétence et de la procédure, il existe des **règles communes** :

- la **compétence** revient au tribunal d'instance du domicile du cédant (R. 3252-45) ;
- les **notifications et convocations** se font, sauf disposition contraire, par lettre recommandée avec demande d'avis de réception (C. trav., art. 3252-6 ; sur la distinction introduite entre notifications et convocations, voy. *supra*, n° 381) ;
- les **contestations** sont formées, instruites et jugées selon les règles de la procédure ordinaire devant le tribunal d'instance (C. trav., art. R. 3252-8)[782].

Enfin et surtout, la cession de ces rémunérations obéit à des règles dérogatoires au droit commun des cessions de créances prévues aux articles L. 3252-12 et R. 3252-45 à R. 3252-49 du Code du travail. Elles jouent tant au niveau des conditions (1) que des effets (2) de la cession.

1. Les conditions de la cession

405 *Fond.* La convention de cession des rémunérations est soumise aux conditions de fond applicables à toute convention et, en particulier, à celles portant sur l'existence et l'intégrité du consentement des parties.

Mais son objet est nécessairement limité à la **fraction saisissable** de la rémunération cédée. Cette condition de fond particulière permet ainsi de garantir au débiteur, comme en cas de saisie, de conserver le minimum de ressources nécessaires à sa vie et à celle de ses proches.

406 *Formalisme.* Cette parenté voulue avec la saisie des rémunérations explique aussi le formalisme particulier applicable à la cession, qui se distingue totalement du droit commun de la cession des créances.

Ainsi, **il appartient** personnellement **au cédant de déclarer la cession** convenue au greffe du tribunal d'instance où il demeure (C. trav.,

782. Il est vrai que ce texte ne vise expressément que la saisie, mais il fait partie des dispositions communes à la saisie et à la cession.

art. 3252-45), c'est-à-dire celui qui est compétent aussi pour la saisie des rémunérations (voy. *supra*, n° 381). C'est ce greffe qui devra procéder à la **notification** de la cession à l'employeur, mais seulement **à la demande du cessionnaire**. La cession peut ainsi être utilisée comme une garantie de remboursement de la créance du cessionnaire. Mais pour éviter les abus, cette fonction ne pourra excéder une année car c'est dans ce délai que la notification doit être demandée, sous peine de péremption de la cession (C. trav., art. R. 3252-46).

Sous cette réserve, le greffier doit procéder à la notification dès qu'elle lui est demandée par le cessionnaire. Il devra aussi la dénoncer au débiteur, car c'est cette formalité qui rend la cession opposable et fait donc courir tous ses effets.

2. Les effets de la cession

407 ***Paiement du cessionnaire.*** À compter de la notification de la cession, **l'employeur doit verser directement au cessionnaire** les sommes cédées dans la limite de la fraction saisissable. Il s'ensuit que le débiteur continuera toujours à percevoir au minimum la fraction normalement insaisissable. Mais inversement, le cessionnaire n'est plus garanti de conserver le bénéfice de la fraction saisissable durant toute la durée de la convention de cession.

Avant la réforme des procédures civiles d'exécution, il ne pouvait jamais en être privé car l'effet attributif, qui était attaché à la cession, lui en conférait la pleine propriété. Mais la loi de 1991 a limité cet effet en étendant à la cession le concours des créanciers qui caractérise la saisie des rémunérations. Le cessionnaire peut donc désormais se trouver en concours avec une saisie pratiquée sur la rémunération qui lui a été cédée.

408 ***Concours avec une saisie.*** Le principe est posé à l'article L. 3252-12 du Code du travail. Selon ce texte, en cas de saisie d'une rémunération cédée, « le cessionnaire est de droit réputé saisissant pour les sommes qui lui restent dues, tant qu'il est en concours avec d'autres créanciers saisissants ». En conséquence, lorsqu'une saisie survient, le greffe doit notifier l'acte au cessionnaire en l'informant que désormais il vient en concours avec le ou les saisissants et l'invite à produire le relevé des montants lui restant dus. Parallèlement, il informe l'employeur que les versements devront dorénavant être effectués à l'ordre du régisseur (C. trav., art. R. 3252-48). Les fonds seront alors répartis entre les créanciers et le cessionnaire selon les règles de la pluralité de saisissants (voy. *supra*, n° 395). Mais si la saisie prend fin avant la cession, le cessionnaire retrouve ses droits initiaux. Aussi, le greffier devra en informer l'employeur et l'aviser que désormais la fraction saisissable doit à nouveau être versée directement au cessionnaire (C. trav., art. R. 3252-49).

Tout ce mécanisme vaut certainement lorsque la rémunération cédée fait l'objet de **la saisie régie par le Code du travail**. Mais il ne semble pas applicable en cas de concours avec la saisie administrative à tiers détenteur ou SATD (voy. *infra*, encadré E30).

E 30 **Concours de la cession des rémunérations du travail avec une SATD**

Ce concours peut se présenter car la SATD est possible sur une rémunération du travail et elle produit un effet attributif (voy. *infra*, n°s 433 et 445 à 448). À défaut de texte exprès (certes les textes visent une « saisie » sans autre précision, mais les modalités prévues concernent exclusivement la saisie des rémunérations), ce concours doit sans doute être réglé selon l'ordre chronologique :

- si la cession est **notifiée en premier lieu**, la fraction saisissable est attribuée au cessionnaire et elle l'emporte alors sur une SATD pratiquée ultérieurement ; mais il faut réserver la SATD pratiquée pour le recouvrement d'impositions privilégiées car, selon l'article L. 264 du livre des procédures fiscales, la cession des rémunérations du travail n'est opposable au comptable chargé du recouvrement de telles créances qu'à concurrence de la moitié de la fraction saisissable ; en conséquence, si une SATD est pratiquée dans ce cas précis sur la fraction saisissable d'une rémunération du travail qui a fait l'objet antérieurement d'une cession, la moitié est attribuée au comptable public et l'autre reste au cessionnaire.
- en revanche, si elle est **postérieure**, la fraction saisissable est déjà sortie du patrimoine du débiteur et sa cession sera alors sans objet, du moins tant que le saisissant n'est pas désintéressé.

§ 3. Les saisies spéciales de créances monétaires

409 ***Liste.*** Il s'agit de saisies qui sont réservées à certains créanciers seulement, que le législateur a entendu avantager. C'est la raison pour laquelle elles produisent aussi un effet attributif, mais elles sont soumises à un formalisme très allégé.

Depuis le 1er janvier 2019, elles ne sont plus qu'au nombre de trois : le paiement direct de la pension alimentaire réservé aux créanciers d'aliments (A), la saisie administrative à tiers détenteur réservée au recouvrement des créances publiques (B) et l'opposition à tiers détenteur réservée au recouvrement des créances de sécurité sociale (C).

A) Le paiement direct de la pension alimentaire

410 ***Justification et nature juridique.*** Les créanciers d'aliments disposent d'une créance, dont l'exemple type est la pension alimentaire, qui présente deux caractères essentiels : **elle est vitale et à exécution successive**. De telles créances doivent être payées régulièrement et, à défaut, il faut que leurs bénéficiaires disposent d'un moyen de contrainte efficace leur permettant d'obtenir **le paiement au fur et à mesure des échéances**. Or, les mesures d'exécution forcée classiques n'autorisent que le recouvrement de créances échues. Pour répondre à ce besoin, il fallait donc créer une saisie spéciale[783].

783. Mais quelles que soient les mesures d'exécution forcée, elles ne peuvent être efficaces que si le débiteur d'aliments dispose de biens connus et saisissables. C'est la raison pour laquelle le législateur a créé l'allocation de soutien familial qui est due notamment lorsque le père et/ou la mère se trouvent hors d'état de faire face au versement d'une pension alimentaire mise à leur charge par décision de justice (CSS, art. L. 523-1 : la notion de débiteur d'aliments hors d'état de faire face au versement d'une pension alimentaire est définie de manière précise à l'art. D. 523-2 du CSS, créé par le D. 2016-842 du 24 juin 2016 pris en application de la loi de financement de la sécurité sociale pour 2016 n° 2015-1702 du 21 décembre 2015, qui a pérennisé la période probatoire instaurée par l'article 27 de la loi n° 2014-873 du 4 août 2014 pour l'égalité réelle entre les femmes et les hommes et le décret d'application n° 2014-1227 du 21 octobre 2014).

Tel fut l'objet de la loi n° 73-5 du 2 janvier 1973 et de son décret d'application n° 73-216 du 1er mars de la même année, qui ont institué le paiement direct de la pension alimentaire. Ces textes ont été codifiés aux articles **L. et R. 213-1 et suivants du CPCE**. Il s'agit d'une procédure qui permet d'appréhender des créances monétaires du débiteur d'aliments. Elle a parfois été qualifiée d'action directe contre le tiers débiteur[784]. Mais cette qualification est erronée car la demande de paiement direct constitue une **mesure d'exécution forcée** au même titre que la saisie-attribution ou que l'avis à tiers détenteur[785]. Plus précisément, elle est une saisie de créances monétaires qui est à la fois spéciale et dérogatoire : spéciale car elle est **réservée aux créanciers d'aliments** et dérogatoire car elle autorise le **paiement des termes à échoir** de la créance du saisissant.

La demande de paiement direct a ainsi été conçue tout entière en faveur des créanciers d'aliments qui, pour cette raison, s'exposent à une amende civile de 3 000 euros s'ils en font usage de mauvaise foi (CPCE, art. R. 213-8). Cette faveur se manifeste tant au niveau de son domaine (1) que de sa mise en œuvre (2) et de ses effets (3).

1. Le domaine du paiement direct

Le paiement direct étant une saisie spéciale de créances monétaires, son domaine doit être précisé quant à la créance-cause (a) et quant à la créance-objet (b).

a) Quant à la créance-cause

411 *Créances alimentaires.* Le paiement direct est réservé au recouvrement des créances alimentaires limitativement énumérées. Il s'agit d'abord de **toutes les pensions alimentaires** sans distinction, peu importe leur fondement juridique ou la personne de leur bénéficiaire.

Mais il s'agit aussi de la **contribution aux charges du mariage**, de la **rente de prestation compensatoire** et des **subsides**, prévus respectivement aux articles 214, 276 et 342 du Code civil (CPCE, art. L. 213-1, al. 3).

412 *Titre exécutoire.* Comme le paiement direct est une mesure d'exécution forcée, le créancier doit disposer d'un titre exécutoire. Traditionnellement, le seul titre admis était une **décision judiciaire** fixant la créance alimentaire et devenue exécutoire (CPCE, art. L. 213-1, al. 2)[786]. Les autres titres n'autorisaient donc pas le recours au paiement direct. Il en était ainsi notamment de ceux qui constatent un accord de volonté des parties, comme un acte notarié ou même un contrat judiciaire[787].

---

784. En ce sens pour justifier la possibilité de former une demande de paiement direct après l'ouverture d'une procédure collective : Com., 15 juillet 1986, n° 84-16282, *Bull. civ.*, IV, n° 158 ; *D.*, 1987, juripsr., p. 192, note J. Massip ; *D.*, 1988, somm. comm., p. 7, obs. F. Derrida ; sur cette question, voy. *infra*, n° 417.

785. Sur l'avis à tiers détenteur, voy. *infra*, n° 427-*bis*.

786. Ce qui suppose qu'en cas d'appel, elle bénéficie de l'exécution provisoire et que dans tous les cas, elle ait été préalablement notifiée ; sur ce dernier point, voy. Civ. (2e ch.), 6 janvier 1988, n° 86-16806, *Bull. civ.*, II, n° 1.

787. Civ. (2e ch.), 7 mars 2002, n° 00-11228, *Bull. civ.*, II, n° 29 ; *RTD Civ.*, 2002, p. 567, obs. (crit.) R. Perrot, et p. 792, obs. J. Hauser.

Mais l'article 50-II de la loi n° 2016-1547 du 18 novembre 2016 de modernisation de la justice du XXIe siècle, dite loi « J21 », a ajouté deux nouveaux titres exécutoires autorisant le recours à cette procédure civile d'exécution : d'une part, la **convention de divorce par consentement mutuel** prenant la forme d'un acte sous signature privée contresigné par avocats, déposé au rang des minutes d'un notaire (voy. *supra*, n° 218 *bis*) ; d'autre part, un **acte notarié** (voy. *supra*, n° 218).

413 ***Caractères.*** Selon les règles communes aux procédures civiles d'exécution, la créance-cause doit être certaine, liquide et exigible. Mais pour le paiement direct, la créance alimentaire n'a pas besoin d'être exigible car il est ouvert au recouvrement des **termes à échoir** (CPCE, art. L. 213-4, al. 1er).

Inversement, cette saisie n'est ouverte que pour le recouvrement des **termes échus dans la limite des six derniers mois** avant la demande, payable en fractions égales sur une période de douze mois (CPCE, art. L. 213-4, al. 2)[788]. Pour les termes plus anciens, la demande de paiement direct ne peut produire le moindre effet[789]. Le créancier doit recourir aux autres saisies, comme l'une des saisies générales de créances monétaires, la saisie-attribution ou la saisie des rémunérations, selon les cas.

b) Quant à la créance-objet

414 ***Créances monétaires liquides et exigibles.*** Le paiement direct peut être pratiqué sur toute créance monétaire, **liquide et exigible**, dont dispose le débiteur d'aliments à l'encontre d'un tiers. Le tiers saisi peut donc être tout dépositaire de fonds, comme un établissement bancaire, mais aussi tout débiteur de revenus, **y compris de rémunérations du travail** (CPCE, art. L. 213-1). Au regard de la créance-objet, le domaine du paiement direct est ainsi à la fois plus restreint et plus large que celui de la saisie-attribution.

Plus restreint, car il requiert une créance liquide et exigible alors que ces caractères ne sont pas exigés pour la saisie-attribution. Mais en réalité l'exigibilité ne semble pas être une condition de validité du paiement direct, elle en diffère seulement l'effet attributif (voy. *infra*, n° 425)[790]. **Plus large**, car il est possible sur les rémunérations du travail, en concours avec la saisie générale réservée normalement à ces créances monétaires.

415 ***Créances saisissables.*** Il faut cependant réserver **les rémunérations du travail** car elles **n'échappent à la procédure de paiement direct que sur la fraction absolument insaisissable** (C. trav., art. L. 2352-5 et R. 2352-5)[791]. En

788. Lorsque la demande de paiement direct est mise en œuvre par l'organisme débiteur des allocations familiales, ce plafond est porté à 24 mois (CPCE, art. L. 213-4, al. 4, créé l'art. 44 de la loi de financement de la sécurité sociale pour 2016 n° 2015-1702 du 21 décembre 2015, qui a pérennisé la période probatoire instaurée dans certains départements par l'article 27-V-1° de la loi n° 2014-873 du 4 août 2014 pour l'égalité réelle entre les femmes et les hommes).

789. Civ. (2e ch.), 22 octobre 2009, n° 08-19559, *Bull. civ.*, II, n° 249 ; *Dr. et procéd.*, 2010, p. 61, obs. E. Putman.

790. Voy. cependant R. Lauba, in *Droit et pratique des voies d'exécution, op. cit.*, n° 951-62, qui considère que pour les créances à exécution successive, il faut au moins que la première échéance soit exigible à la date de la demande de paiement direct.

791. Du reste, c'est le montant que le tiers saisi doit laisser à la disposition du débiteur lorsque le paiement direct est pratiqué sur un compte bancaire alimenté par des rémunérations du

revanche, le surplus des rémunérations du travail est toujours saisissable par la procédure du paiement direct dans la limite du terme échu et des six derniers mois impayés avant la demande (voy. *supra*, n° 91), cet arriéré étant payable par fractions égales sur une période de douze mois (voy. *supra*, n° 413). Celle-ci affecte donc en priorité la fraction normalement insaisissable et ce n'est qu'en cas d'insuffisance qu'elle portera aussi sur la fraction saisissable. Mais elle pourra alors venir en concours avec d'autres saisies (voy. *infra*, n° 425 et voy. *infra*, encadré E31).

2. La mise en œuvre du paiement direct

416 ***Conditions de fond.*** La mise en œuvre du paiement direct est soumise aux mêmes conditions de fond que la saisie-attribution (voy. *supra*, n°s 319 et s.), sous réserve des dérogations qui viennent d'être exposées à propos de son domaine quant aux créances-causes et aux créances-objets (voy. *supra*, n°s 411 à 415).

En revanche, les règles de forme s'en distinguent notablement tant au niveau du déroulement du paiement direct (a) que des contestations ouvertes (b).

a) Le déroulement du paiement direct

Comme la saisie-attribution, le paiement direct s'opère par une demande notifiée au tiers saisi (1) qui doit effectuer une déclaration (2). Mais le formalisme est simplifié et il est sans frais pour le créancier.

1) *La demande*

417 ***Moment.*** Une demande de paiement direct peut être formée **dès le premier impayé** d'un terme de la créance alimentaire (CPCE, art. L. 213-1, al. 2). Cette règle appelle les trois précisions suivantes.

Si la simple éventualité d'un non-paiement ne saurait autoriser une demande de paiement direct[792], **un impayé partiel est suffisant**[793].

Indépendamment de tout impayé, la procédure **peut aussi jouer, *ab initio*, dès le premier terme**, si le débiteur fait connaître son accord au juge chargé de la fixation de la créance alimentaire. Dans ce cas, toutes les échéances seront payées directement par le tiers saisi que le débiteur a désigné (CPCE, art. R. 213-9).

Enfin, la Cour de cassation a jugé que la demande est encore possible même si le débiteur d'aliments a fait l'objet d'**une procédure collective ouverte postérieurement** au jugement ayant fixé la créance alimentaire impayée[794]. Puis, elle a dispensé le créancier d'aliments de toute déclaration de

---

travail, en vertu du mécanisme automatique inscrit aujourd'hui à l'article R. 213-10 du CPCE (voy. *supra*, n° 410).

792. TGI Nanterre, 22 janvier 1975, *JCP*, 1975, IV, 6521.

793. Civ. (2e ch.), 10 février 1988, n° 86-17742, *Bull. civ.*, II, n° 37.

794. Com., 15 juillet 1986, n° 84-16282, *Bull. civ.*, IV, n° 158 ; *D.*, 1987, juripsr., p. 192, note J. Massip ; *D.*, 1988, somm. comm., p. 7, obs. F. Derrida ; c'est pour justifier cette solution que la Cour de cassation avait retenu la qualification d'action directe ouverte contre le tiers saisi (sur ce point, voy. *supra*, n° 386) ; mais par la suite, elle a appliqué la même solution à propos d'une prestation compensatoire sans plus recourir à cette qualification :

sa créance[795]. Finalement, ces solutions ont été consacrées, et même élargies, par le législateur[796]. Désormais, il résulte des articles L. 622-7 et L. 622-24[797] que les créanciers d'aliments doivent être payés et n'ont plus à déclarer leurs créances, qu'elles soient antérieures ou postérieures au jugement d'ouverture de la procédure collective. En conséquence, leur recouvrement devrait être possible par toute procédure civile d'exécution[798], et plus seulement par le paiement direct[799].

418 ***Huissier de justice.*** Comme toute mesure d'exécution forcée, la demande de paiement direct relève de la compétence exclusive des huissiers de justice. Mais lorsqu'une administration publique est subrogée dans les droits d'un créancier d'aliments, elle peut former elle-même une telle demande[800]. De même, lorsqu'un organisme débiteur de prestations familiales agit pour le compte d'un créancier d'aliments, il peut lui-même former la demande de paiement direct (CPCE, art. L. 213-5, al. 3)[801].

Sous ces réserves, le créancier d'aliments, qui veut recourir au paiement direct, doit obligatoirement s'adresser à l'huissier de justice du lieu de sa résidence (CPCE, art. R. 213-1). Celui-ci dispose alors d'un **délai de huit jours** pour prendre l'une des deux initiatives suivantes :

- soit **notifier la demande** de paiement direct au tiers saisi dont il connaît toutes les coordonnées ; cette demande comprend, à peine de nullité, selon

---

Com., 1er février 2005, n° 01-13943, *Bull.*, IV, n° 18 ; *D.*, 2005, p. 489, obs. A. Lienhard ; *RTD Civ.*, 2005, p. 375, obs. J. Hauser.

795. Com., 8 octobre 2003, arrêts n° 99-21682, *Bull. civ.*, IV, n° 151, à propos d'une prestation compensatoire payable sous forme de rente, et n° 00-14760, *Bull. civ.*, IV, n° 152, à propos d'une pension alimentaire ; *D.*, 2003, act. jurispr., p. 2637, obs. A. Lienhard ; *D.*, 2004, somm. comm., p. 1965, obs. A. Danis-Fatôme ; *Dr. et procéd.*, 2004, p. 87, obs. P. Crocq ; *JCP E*, 2004, p. 376, note S. Becqué-Ickowicz ; puis dans le même sens, voy. not. Crim., 7 janvier 2004, n° 03-82337, *Bull. crim.*, n° 5 ; *D.*, 2004, act. jurispr., p. 419, obs. A. Lienhard ; Com., 1er février 2005, préc. ; Com., 4 avril 2006, n° 04-16672, *Bull. civ.*, IV, n° 89 ; *D.*, 2006, p. 1166, obs. A. Lienhard ; *RTD. Civ.*, 2006, p. 546, obs. J. Hauser.

796. Ord. 2008-1345 du 18 décembre 2008 portant réforme du droit des entreprises en difficulté dont les articles 22 et 33 ont modifié respectivement les articles L. 622-7 et L. 622-24 du Code de commerce ; voy. not. P.-M. Le Corre, « La règle de l'interdiction de paiement au lendemain de l'ordonnance du 18 décembre 2008 », *Gaz. Pal.*, 2009, p. 810 ; Ph. Roussel Galle, « Les retouches apportées aux règles de l'interdiction des poursuites individuelles et de l'arrêt des voies d'exécution », *Gaz. Pal.*, 2009, p. 806.

797. Applicables à la sauvegarde ainsi qu'au redressement judiciaire par renvoi de l'article L. 631-14, alinéa 1er, et à la liquidation judiciaire par renvoi de l'article L. 641-3, alinéas 1er et 4.

798. En ce sens, Ph. Roussel Galle, *op. cit.*, spéc. n° 8.

799. En tout cas, la qualification erronée d'action directe devient ainsi inutile.

800. Il en va ainsi lorsqu'un organisme débiteur de prestations familiales verse une allocation de soutien familial à titre d'avance sur une pension alimentaire fixée par une décision de justice devenue exécutoire, par une convention de divorce par consentement mutuel prenant la forme d'un acte sous signature privée contresigné par avocats et déposé au rang des minutes d'un notaire ou par un acte reçu en la forme authentique par un notaire (voy. *supra*, n° 218), et que le débiteur s'y soustrait (CSS, art. L. 581-2).

801. Cette hypothèse suppose qu'il ait reçu mandat, lequel peut être légal ou conventionnel. Il est légal pour le recouvrement de la partie de la créance d'aliments excédant le montant de l'allocation de soutien familial (CSS, art. L. 581-3). Il est conventionnel en l'absence d'une telle prestation, car dans ce cas le créancier peut choisir de recourir à l'aide des organismes de prestations familiales si une voie d'exécution engagée par ses soins n'a pas abouti (CSS, art. L. 581-6).

l'alinéa 2 de l'article R. 213-1[802], l'indication du nom et domicile du débiteur, l'énonciation du titre exécutoire, le décompte des sommes dues ainsi que le rappel des dispositions de l'article L. 213-2, lequel énonce les effets de cette saisie (voy. *infra*, n° 425) ;

- soit mettre en œuvre l'**accès direct aux informations protégées** dont il dispose selon les règles de droit commun inscrites aux articles L. 152-1 et L. 152-2 du CPCE (voy. *supra*, n°s 188 et s.)[803] ; en cas de succès, il pourra alors procéder aux notifications requises mais, à ce stade, aucun délai particulier n'est prévu.

419 ***Notifications.*** La demande de paiement direct est toujours notifiée **au tiers saisi** par l'huissier de justice **au moyen d'une lettre recommandée avec demande d'avis de réception** (CPCE, art. R. 213-1, al. 3). Simultanément et dans la même forme, selon le dernier alinéa de l'article R. 213-1 du CPCE, l'huissier de justice doit **aviser le débiteur** de la notification de la demande et cet avis doit comporter, à peine de nullité, le décompte des sommes dues en principal, intérêts et frais, et le rappel des dispositions de l'article R. 213-6 relatif aux contestations ouvertes (voy. *infra*, n° 423). Mais en cas d'acceptation du paiement direct par le débiteur dans le jugement fixant la créance alimentaire (voy. *supra*, n° 417), seul l'extrait de ce jugement constatant l'accord des parties est notifié, selon la même forme, au tiers saisi désigné par le débiteur (CPCE, art. R. 213-9, al. 3).

Que décider si l'avis de réception revient non signé ? Par analogie avec l'article 670-1 du Code de procédure civile et sur le fondement de l'article 6-1 de la Convention européenne, il faudrait admettre que l'huissier de justice doit alors procéder par voie de signification[804], même s'il ne peut réclamer aucune avance sur frais au créancier.

420 ***Frais.*** Comme pour toute mesure d'exécution forcée, les frais du paiement direct incombent au débiteur (voy. *supra*, n° 204). Mais en la matière, la règle a une portée absolue de manière à **assurer la gratuité totale** de la mesure au créancier d'aliments. Il s'ensuit les deux conséquences suivantes : d'une part, le créancier d'aliments n'est jamais redevable du droit proportionnel de recouvrement de l'article 10 du tarif des huissiers de justice (voy. *supra*, n° 204) ; d'autre part, aucune demande d'avance ne peut lui être réclamée pour la mise en œuvre de la procédure (CPCE, art. R. 213-7).

Il appartient donc à l'huissier de justice de recouvrer directement ses émoluments contre le débiteur dans le cadre du paiement direct. Mais si ce recouvrement s'avère impossible car le débiteur n'a pu être retrouvé ou que le paiement direct ne peut être obtenu, ils seront avancés par le Trésor public (CPCE, art. R. 213-7).

---

802. Alinéa ajouté par le décret de codification du 30 mai 2012.

803. Lorsqu'une administration publique ou un organisme débiteur de prestations familiales recourt au paiement direct, elles bénéficient de la même prérogative (CPCE, art. L. 213-5, al. 2, et CSS, art. L. 581-8).

804. Voy. en ce sens, à propos d'une convocation par pli recommandé avec demande d'avis de réception expédiée par un notaire à une partie dans le cadre d'une procédure de partage judiciaire relevant du droit local d'Alsace-Moselle : Civ. (1re ch.), 12 décembre 2006, n° 04-17822, *Bull. civ.*, I, n° 541.

2) *La déclaration du tiers saisi*

421 ***Modalités.*** Dans les huit jours de la notification de la demande de paiement direct, le tiers saisi doit en accuser réception à l'huissier de justice en lui précisant ***s'il est ou non en mesure d'y donner suite*** (CPCE, art. R. 213-1, al. 5). La déclaration qui incombe ainsi au tiers saisi apparaît moins contraignante que celle prévue en cas de saisie-attribution. Elle n'est requise que dans les ***huit jours*** de la demande et non sur le champ. Quant au contenu, il est beaucoup plus lapidaire.

422 ***Sanctions.*** Dans le silence des textes, il n'est pas possible d'étendre au paiement direct les sanctions prévues par l'article R. 211-5 du CPCE pour la saisie-attribution. En conséquence, si le tiers saisi s'abstient de répondre, il ne saurait encourir la sanction automatique de la condamnation aux causes de la saisie.

En revanche, rien n'interdit de faire application des règles de droit commun prévues à l'article L. 123-1 du CPCE (voy. *supra*, n°s 106 et 107). Il s'ensuit que le tiers saisi peut toujours être contraint de répondre **à peine d'astreinte**. Mais il peut aussi être condamné à des **dommages et intérêts ou aux causes de la condamnation**. Cependant, aucune de ces sanctions n'est automatique. Elles sont soumises à l'appréciation souveraine du juge qui se prononce selon le motif légitime invoqué, la gravité du manquement commis et l'importance du préjudice subi. Le juge compétent est celui appelé à connaître des contestations du paiement direct.

b) Les contestations

423 ***Objet et compétence.*** Les contestations relatives à la procédure de paiement direct relèvent de la compétence du juge de l'exécution du domicile du débiteur (CPCE, art. R. 213-6, al. 2)[805]. Mais il ne faut pas confondre ces contestations avec les demandes de révision de la créance alimentaire qui sert de fondement aux poursuites (CPCE, art. R. 213-6, al. 1er). Celles-ci relèvent de la compétence du juge ayant fixé la créance qui peut toujours la modifier en cas de circonstances nouvelles.

Sous cette réserve, les contestations peuvent porter sur toutes les conditions de fond ou de forme du paiement direct et tendre, à la demande du débiteur ou même d'un tiers, à la mainlevée de la saisie ainsi qu'à l'allocation de dommages et intérêts. Mais elles peuvent aussi porter sur les obligations incombant au tiers saisi tout au long de la procédure et émaner alors du créancier saisissant.

424 ***Effet non suspensif.*** Les contestations mettant en cause le paiement direct ne produisent jamais d'effet suspensif sur son déroulement, lequel doit se poursuivre normalement. Il s'ensuit que l'obligation de paiement incombant au tiers saisi perdure pendant toute la procédure de contestation (CPCE, art. R. 213-6, al. 3). Ce n'est qu'à son issue, et en fonction du jugement rendu, qu'elle pourra être affectée.

805. La compétence du juge de l'exécution a été substituée à celle du tribunal d'instance, à compter du 1er janvier 2010, par l'article 7 du décret 2009-1693 du 29 décembre 2009.

C'est là une différence importante avec la saisie-attribution qui témoigne de la faveur accordée au créancier d'aliments. En effet, pour cette saisie générale, le paiement de la créance attribuée au saisissant est, en principe, différé jusqu'au règlement de la contestation élevée (voy. *supra*, nos 348 et s.). Au contraire, le paiement direct produit ainsi tous ses effets, sans exception, nonobstant toute contestation.

3. Les effets du paiement direct

Comme la saisie-attribution qui s'en est inspirée, le paiement direct produit un double effet : l'attribution des sommes saisies (a) et le paiement du saisissant (b). Mais ces effets ne sont pas identiques. En particulier, ils se produisent simultanément et sont successifs comme la créance à recouvrer.

a) L'attribution des sommes saisies

425 ***Caractères de l'effet attributif.*** Selon l'article L. 213-2, alinéa 1er, du CPCE, la demande de paiement direct « vaut, sans autre procédure et par préférence à tous autres créanciers, attribution au bénéficiaire des sommes qui en font l'objet au fur et à mesure qu'elles deviennent exigibles ». Cet effet attributif présente trois caractères qui le distinguent de celui prévu par l'article L. 211-2 du CPCE pour la saisie-attribution (sur ce point, voy. *supra*, nos 340 et s.) : il est limité, successif et préférentiel.

Il est **limité** par la créance-cause, c'est-à-dire par la créance d'aliments du saisissant. Cette limite joue aussi pour la saisie-attribution, mais elle n'y a pas la même portée car cette saisie ne peut être pratiquée que pour une créance échue. En conséquence, elle est chiffrable dès l'acte de saisie. En revanche, la demande de paiement direct vaut principalement pour les termes à échoir de la créance alimentaire, les termes échus ne pouvant être pris en considération que dans la limite des six derniers mois avant la demande (voy. *supra*, n° 413)[806]. Cette limite, tournée vers l'avenir, est donc impossible à quantifier dès la demande et peut poser des difficultés lorsque le paiement direct porte sur une créance échue supérieure au terme de la créance à recouvrer (voy. *infra*, encadré E31).

L'effet attributif est aussi **successif** dans la mesure où il se produit « au fur et à mesure » que les sommes saisies deviennent exigibles. Il se distingue ainsi fondamentalement de celui attaché à la saisie-attribution qui se produit immédiatement dès l'acte de saisie et porte sur la créance saisie, quelles que soient ses modalités, sous la seule réserve de sa disponibilité. Ainsi, une créance disponible, à terme ou à exécution successive, est attribuée immédiatement au saisissant sans considération des échéances à venir. Au contraire, la demande de paiement immédiat ne produit son effet attributif qu'au moment de l'exigibilité[807], ce qui risque d'exposer le saisissant à une saisie pratiquée dans l'intervalle, sauf à faire prévaloir le troisième caractère (voy. *infra*, encadré E31).

---

806. Cette limite de l'attribution était rappelée au premier alinéa de l'article 2 du décret de 1973 en ces termes : « La demande de paiement direct produit effet pour le recouvrement des termes à échoir de la pension alimentaire et, le cas échéant, des termes échus pour les six derniers mois avant [sa] notification ». Comme ce texte ne faisait que rappeler la règle déjà inscrite à l'article 5 de la loi, devenu l'article L. 213-4, il n'a pas été repris à l'article R. 213-2 du CPCE.

807. Voy. cependant R. Lauba, in *Droit et pratique des voies d'exécution, op. cit.*, n° 951-111, qui considère qu'en cas de créance à exécution successive le créancier d'aliments « se voit transporter d'ores et déjà dans son patrimoine toutes les fractions non échues de la dette du tiers ».

Il s'agit du caractère **préférentiel** signifiant que l'effet attributif vaut « par préférence à tous autres créanciers ». Mais il présente surtout un intérêt en cas de concours avec des saisies dépourvues d'effet attributif, comme la saisie des rémunérations du travail. En revanche, lorsque le paiement direct est confronté à une saisie produisant un tel effet, comme la saisie-attribution, la portée de ce caractère est plus limitée (voy. *infra*, encadré E31).

E 31 **Concours de saisies**

L'effet attributif de la demande de paiement direct a été institué pour privilégier les créanciers d'aliments en cas de concours avec d'autres créanciers. Mais depuis la création de la saisie-attribution, cet objectif est parfois malmené. Comme cette saisie générale est possible sur toutes les créances autres que les rémunérations du travail, il faut distinguer entre ces deux types de créances pour mesurer les conséquences concrètes de l'effet attributif attaché au paiement direct en cas de concours de saisies.

- Créances saisies autres que des rémunérations du travail

L'effet attributif attaché au paiement direct ne peut se produire que si la créance sur laquelle elle porte était encore dans le patrimoine du débiteur d'aliments au moment de la notification de la demande. En conséquence, si elle avait fait l'objet antérieurement d'une saisie-attribution, d'une saisie administrative à tiers détenteur ou d'une opposition à tiers détenteur, la demande de paiement direct restera sans effet. En revanche, si elle avait fait l'objet antérieurement d'une saisie conservatoire, la demande de paiement direct l'emportera du fait de son caractère préférentiel[808].

Mais même en l'absence de toute saisie antérieure, le créancier d'aliments n'est pas toujours à l'abri d'un concours en raison du caractère successif de l'effet attributif. Il faut alors distinguer selon que la créance saisie est ou non exigible à la date de la demande.

Si la créance saisie est exigible, l'effet attributif se produit immédiatement et le créancier d'aliments devrait être protégé contre toute saisie ultérieure. Pourtant, un auteur a soutenu que l'effet attributif du paiement direct serait limité au seul terme échu de la créance d'aliments à recouvrer, de sorte que le solde de la créance saisie resterait disponible dans le patrimoine du débiteur d'aliments[809]. Mais cette solution est contraire à l'esprit des textes conçus en faveur des créanciers d'aliments et à la lettre de l'alinéa 1er de l'article L. 213-4 du CPCE, qui autorise expressément la procédure du paiement direct pour le recouvrement des termes à échoir de la pension alimentaire. Il faudrait donc admettre que toute la créance exigible est attribuée au saisissant pour permettre le paiement ultérieur des termes à échoir de sa créance[810].

En revanche, **si la créance saisie n'est pas exigible** à la date de la demande du paiement direct, l'effet attributif est différé. Le créancier d'aliments est alors exposé à une saisie produisant un effet attributif (saisie-attribution, saisie administrative ou opposition à tiers détenteur), pratiquée dans l'intervalle car cet effet est immédiat alors que celui du paiement direct ne se produit qu'au fur et à mesure de l'exigibilité. Dans ces conditions, le seul moyen de faire prévaloir le paiement direct est de considérer que le caractère préférentiel doit se combiner avec le caractère successif et interdire ainsi toute attribution des échéances à venir. Le paiement direct **rendrait ainsi indisponibles** ces échéances de la créance saisie pour les réserver au créancier d'aliments. Or, l'indisponibilité de la créance saisie empêche précisément l'effet attributif de ces saisies et les saisissants viennent alors en concours selon leurs rangs respectifs (voy. *supra*, nos 322 et 341).

Toutes ces difficultés ne se rencontrent pas toujours lorsque le paiement direct est pratiqué sur des rémunérations du travail.

- Rémunérations du travail

En pratique, les demandes de paiement direct portent essentiellement sur des rémunérations du travail et c'est sans doute l'hypothèse que le législateur de 1973 a eue principalement en vue. De telles créances monétaires ne peuvent, en principe, être saisies que par la procédure *ad hoc* du Code du travail qui ne produit aucun

808. En ce sens : R. Perrot et Ph. Théry, *op. cit.*, n° 526, b.

809. F. Dérida, obs. sous. Com., 15 juillet 1986, *D.*, 1988, somm. comm., p. 7.

810. En ce sens, mais avec prudence, R. Perrot et Ph. Théry, *op. cit.*, n° 527.

effet attributif. Au contraire, elle favorise et réglemente le concours entre les créanciers saisissants. Il en résulte que les créanciers d'aliments sont toujours privilégiés pour les raisons suivantes. D'une part, la demande de paiement direct s'exerce d'abord sur la fraction normalement insaisissable. D'autre part, si celle-ci est insuffisante, le solde dû sera toujours prélevé sur la fraction saisissable par priorité à tous les autres créanciers ayant pratiqué une saisie des rémunérations en raison du caractère préférentiel de l'effet attributif attaché à la demande de paiement direct.
La primauté du paiement direct est moins bien assurée en cas de concours avec la saisie administrative à tiers détenteur ou SATD qui produit un effet attributif et est ouverte sur les rémunérations du travail (voy. *infra*, n°s 433 et 445 à 448).

Aucun problème ne se pose pour la **fraction normalement insaisissable**. Comme elle est réservée au paiement direct, aucun concours n'est envisageable. Mais si elle est insuffisante, la **fraction saisissable** sera aussi touchée et un concours peut alors se produire avec la SATD. Pour le résoudre, il faut distinguer selon l'ordre des saisies :

- **si la SATD est antérieure** à la demande de paiement direct, elle devrait primer car elle emporte attribution immédiate de la fraction saisissable échue et des fractions à échoir ;
- **si la SATD est postérieure** à la demande de paiement direct, celle-ci pourrait prévaloir malgré le caractère successif de son effet attributif, comme en cas de concours sur une créance autre qu'une rémunération du travail (voy. *supra*).

---

b) Le paiement du saisissant

426 ***Obligation de paiement du tiers saisi.*** Dans la limite de l'attribution de la créance saisie, le tiers saisi doit payer directement au saisissant, nonobstant toute contestation (voy. *supra*, n° 424), les termes de sa créance d'aliments selon les modalités suivantes.

Sauf convention contraire, les sommes dues par le tiers saisi doivent être payées au domicile du saisissant ou à sa résidence (CPCE, art. L. 213-3). Le paiement est donc **portable** et non quérable.

Pour les termes échus dans la limite des six derniers mois, le règlement doit se faire par fractions égales sur une période de 12 mois (CPCE, art. L. 213-4, al. 3).

Pour les termes à échoir, le paiement doit être opéré selon les échéances fixées par le jugement qui sert de fondement aux poursuites (CPCE, art. L. 213-2, al. 2). Mais comme les créances d'aliments sont toujours révisables en cas de circonstances nouvelles, le montant des échéances ou les modalités d'exécution peuvent être modifiés en cours de saisie. Dans ce cas, la demande de paiement direct se trouvera modifiée de plein droit à compter de la notification de la décision modificative au tiers saisi dans les mêmes formes que la demande initiale (CPCE, art. R. 213-3). Le tiers saisi devra alors payer le saisissant selon les nouvelles conditions fixées.

427 ***Durée et sanction.*** L'obligation de paiement du tiers saisi dure jusqu'à la survenance de l'un des trois événements suivants :

- la **mainlevée** consentie par le saisissant, qui doit être notifiée par l'huissier de justice au tiers saisi par lettre recommandée (CPCE, art. R. 213-2, al. 1er) ;
- l'**extinction de la créance d'aliments** dont le débiteur doit justifier par la production d'un certificat délivré par un huissier de justice attestant qu'un nouveau jugement a supprimé la créance alimentaire ou constatant qu'en vertu des dispositions légales, elle a cessé d'être due (CPCE, art. R. 213-2, al. 2) ;

- l'**extinction de la créance saisie** pouvant résulter notamment de la cessation ou de la suspension de la rémunération ou de la clôture du compte du débiteur ou de l'insuffisance de provision de ce compte dont le tiers saisi doit informer le créancier d'aliments dans les huit jours (CPCE, art. R. 213-4).

Tant qu'aucun de ces événements ne s'est produit, l'obligation de paiement du tiers saisi se poursuit et s'il s'abstient de verser les sommes dues, il s'expose à une amende de 1 500 euros, qui peut être doublée en cas de récidive (CPCE, art. R. 213-5).

B) La saisie administrative à tiers détenteur

428 ***Origine.*** La saisie administrative à tiers détenteur ou SATD a été instituée par l'article 73 de la loi n° 2017-1775 du 28 décembre 2017 de finances rectificative pour 2017. Elle prend la place de toutes les saisies spéciales antérieures portant sur le recouvrement de créances publiques[811] : l'avis à tiers détenteur applicable aux créances fiscales[812], l'avis de saisie qui avait été créé récemment pour le recouvrement des sommes de toute nature résultant d'une décision ou d'une transaction en matière de contributions indirectes[813], la saisie en matière douanière[814], les oppositions à tiers détenteur des collectivités territoriales[815] et des agences de l'eau[816], l'opposition administrative réservée aux amendes et condamnations pécuniaires prononcées au profit de l'État[817], la saisie à tiers détenteur réservée aux créances non fiscales de l'État et celles qu'il est chargé de recouvrer pour le compte de tiers faisant l'objet d'un titre de perception[818] ainsi que la saisie de créance simplifiée réservée aux créances publiques autres que celles de l'État et des collectivités territoriales[819].

La fusion de ces huit saisies spéciales en une seule simplifie incontestablement le recouvrement forcé des créances publiques. Mais il ne faudrait pas en exagérer la portée car cette unification ne porte que sur le régime de la saisie, qui de plus s'inspire des saisies remplacées, déjà très comparables et dont elle

---

811. Sur ces saisies spéciales, voy. not., les éditions antérieures de ce manuel, n°s 427-*bis* et s.

812. La plus ancienne, régie aux anciens articles L. 262, L. 263, L. 263-0 A et L. 263 A du LPF, dont seul subsiste l'article L. 262 dans sa rédaction nouvelle consacrée à la SATD.

813. Régie à l'article L. 263 B du LPF qui avait été créé par l'article 21 de la loi n° 2016-1918 du 29 décembre 2016 de finances rectificative pour 2016 et qui désormais rend applicable la SATD prévue à l'article L. 262 du LPF.

814. Régie à l'article 387*bis* du Code des douanes, qui désormais rend applicable la SATD prévue à l'article L. 262 du LPF.

815. Régie au 7° de l'article L. 1617-5 du CGCT, qui désormais rend applicable la SATD prévue à l'article L. 262 du LPF.

816. Régie par l'article L. 213-11-13 du C. env., qui désormais désigne la SATD à la place de l'OTD, mais sans renvoyer à l'article L. 262 du LPF, ce qui risque de rendre incertain le régime de cette saisie en la matière (voy. *infra*, n° 430).

817. Régie par l'article 128 de la loi n° 2004-1485 du 30 décembre 2004 de finances rectificative pour 2004, qui désormais rend applicable la SATD prévue à l'article L. 262 du LPF.

818. Régie par l'article L. 273 A du LPF qui avait été créé par l'article 95 de la loi n° 2009-526 du 12 mai 2009 de simplification et de clarification du droit et d'allègement des procédures et qui désormais rend applicable la SATD prévue à l'article L. 262 du LPF.

819. Régie par l'article 123 de la loi n° 2015-1786 du 29 décembre 2015 de finances rectificative, qui désormais rend applicable la SATD prévue à l'article L. 262 du LPF.

devrait conserver certaines particularités. À cela s'ajoute qu'il subsiste de nombreuses différences au niveau des formalités préalables et des contestations tenant à la diversité des créances publiques à recouvrer. C'est ce que nous aurons l'occasion de vérifier en abordant successivement le domaine de la saisie administrative à tiers détenteur (1), sa mise en œuvre (2) et ses effets (3).

1. Le domaine de la saisie administrative à tiers détenteur

429 ***Nature juridique.*** La saisie administrative à tiers détenteur est une **saisie spéciale de créances monétaires**. Il s'agit donc d'une mesure d'exécution forcée réservée au recouvrement des seules créances expressément désignées et elle ne peut porter que sur des créances de sommes d'argent. Autrement dit, son domaine doit être précisé quant à la créance-cause (a) et quant à la créance-objet (b).

a) Quant à la créance-cause

430 ***Créances publiques.*** Selon l'article L. 262, 1, du livre des procédures fiscales, la SATD a vocation à s'appliquer au recouvrement des « créances dont les comptables publics sont chargés ». Il s'agit donc des créances publiques qui pour l'essentiel correspondent à celles éligibles aux saisies spéciales remplacées par la SATD. Pour présenter une typologie de ces créances, le plus simple est de distinguer le niveau national du niveau local.

Au niveau national, on trouve d'abord les **créances fiscales** qui sont des créances de l'État éligible auparavant à l'avis à tiers détenteur : les impôts directs (CGI, art. 1920 et 1924[820]), les taxes sur le chiffre d'affaires (CGI, art. 1926[821]), les droits d'enregistrement et taxes assimilées (CGI, art. 1929[822]), ainsi que leurs accessoires, majorations, pénalités et frais. Il faut y ajouter les créances de toute nature en matière de contributions indirectes, y compris les amendes, qui relevaient, en dernier lieu, de l'avis de saisie (LPF, art. 263 B).

Les **créances non fiscales** forment une catégorie beaucoup plus hétéroclite. On y retrouve les créances **douanières** (Code des douanes, art. 387*bis*[823]), les **amendes et condamnations pécuniaires** (L. 2004-1485 du 30 décembre 2004, art. 128) et les créances constatées par un titre de perception délivré en vertu de l'article L. 252 A du LPF[824] et incluant principalement les créances **domaniales** (LPF, art. L. 273 A). Elles relevaient respectivement de l'ATD[825],

---

820. Impôt sur le revenu, impôt sur les sociétés et les taxes départementales et communales assimilées (taxe professionnelle, taxe foncière, taxe d'habitation, etc.).

821. Taxe sur la valeur ajoutée (TVA) et les taxes assimilées (taxe sur les bijoux, sur les objets d'art, d'antiquité, etc.).

822. Droit de timbre, taxe de publicité foncière, etc.

823. Ce texte vise désormais les créances de toute nature régies par le Code des douanes alors qu'auparavant il ne désignait que les créances privilégiées énumérées à l'article 379-1 de ce code.

824. Le titre de perception peut porter non seulement sur des créances non fiscales de l'Etat mais aussi sur celles qu'il est chargé de recouvrer pour le compte de tiers.

825. La SATD est aussi applicable à d'autres créances non fiscales qui relevaient de l'ATD auparavant. Il s'agit du recouvrement des consignations ordonnées par l'autorité administrative compétente pour garantir des mises en conformité avec des prescription générales du Code de l'environnement (C. env., art. L. 171-8), ainsi qu'en matière de prévention et gestion des déchets (C. env., art. L. 541-3), de pollution des sites et sols (C. env., art. L. 556-3),

de l'opposition administrative et de la saisie à tiers détenteur. Il faut y ajouter les créances publiques détenues par les **établissements publics et les groupements d'intérêts publics de l'État** ainsi que celles des **autorités publiques indépendantes**, qui étaient éligibles à la saisie de créance simplifiée (L. 2015-1786 du 29 décembre 2015, art. 123). Traditionnellement il fallait excepter les redevances dues aux **agences de l'eau** car bien qu'il s'agisse d'établissements publics de l'État, ces créances étaient recouvrées par la voie de l'opposition à tiers détenteur régie par l'article L. 213-11-13 du Code de l'environnement. Ce texte a été maintenu sous une réserve, la saisie qu'il régit est désormais qualifiée de saisie administrative à tiers détenteur. Aussi et malgré l'absence de tout renvoi à l'article L. 262 du LPF, il faudrait admettre que ce texte doive se combiner avec l'article L. 213-11-13. À défaut, la modification introduite serait purement sémantique, ce qui n'a sans doute pas été la volonté du législateur.

Au niveau local, on trouve toutes les créances publiques détenues par les **collectivités territoriales** auxquelles sont assimilées celles des **établissements publics locaux et de santé**. Elles relevaient toutes de l'opposition à tiers détenteur régie par le 7° de l'article L. 1617-5 du CGCT.

431 ***Titre exécutoire.*** Comme pour toute mesure d'exécution forcée, la saisie administrative à tiers détenteur requiert la détention d'un titre exécutoire. Il peut s'agir d'une décision juridictionnelle consacrant une créance publique éligible à la SATD. Mais dans l'immense majorité des cas, le titre sera établi par la personne morale de droit public elle-même en vertu du privilège du préalable dont elle bénéficie (voy. *supra*, n° 220). Il s'agit des titres administratifs qui diffèrent selon la nature de la créance publique à recouvrer (voy. encadré E18). Cette question relevant du droit public, seuls les principaux titres seront évoqués.

Ainsi en matière **fiscale**, il dépend de l'impôt à recouvrer :

- l'**avis de mise en recouvrement** correspond aux **impôts sans rôle** (TVA, impôt sur les sociétés (IS), droits d'enregistrement et de timbre, etc., dont le recouvrement relevait de la DGI, voy. *infra*, encadré E32) ; mais il n'est pas émis systématiquement car ces impôts sont à payer spontanément à leur date d'exigibilité ; il ne l'est donc qu'à défaut (LPF, art. L. 256) ;
- l'**avis d'imposition** correspond aux **impôts avec rôle** (impôts sur le revenu et impôts directs locaux, dont le recouvrement relevait de la DGCP, voy. *infra*, encadré E32, ainsi que l'ISF) ; ce titre est émis systématiquement à partir du rôle émis par les services fiscaux et homologué par le directeur départemental agissant sur délégation du préfet ; il reprend l'article du rôle intéressant le contribuable visé par l'avis.

Mais quel que soit le titre administratif, il est immédiatement exécutoire car le contentieux de l'imposition, dit aussi contentieux d'assiette, ne produit pas d'effet suspensif, sous réserve de la faculté dont dispose le redevable de suspendre l'exigibilité de l'impôt (voy. *infra*, n°s 432 et 442).

Les **créances non fiscales** de l'État, à l'exception des amendes et des condamnations patrimoniales, ainsi que celles de ses établissements publics,

---

de contrôle des produits chimiques (C. env., art. L. 521-19) et de protection des végétaux (C. rur. et pêche maritime, art. L. 253-12). De même, elle est applicable au recouvrement de l'astreinte journalière que l'autorité administrative compétente peut ordonner en matière de police des ports maritimes (C. transports, art. L. 5336-1-1).

de ses GIE et des autorités publiques indépendantes font l'objet de **titres de perception**. Mais ils n'ont force exécutoire qu'en l'absence d'opposition à l'exécution car celle-ci a pour effet de suspendre le recouvrement de la créance (voy. *infra*, n° 442).

Les créances des **collectivités territoriales** ainsi que des **établissements publics locaux et de santé** font l'objet de **titres de recettes**, qui peuvent être individuels ou collectifs[826]. Mais ceux-ci aussi n'ont force exécutoire qu'en l'absence de contestation car elle produit un effet suspensif en interdisant toute poursuite (voy. *infra*, n° 442).

432 ***Caractères.*** Il n'est pas dérogé aux caractères de la créance-cause qui doit donc être certaine, liquide et exigible. Mais l'exigibilité pose une difficulté particulière en matière fiscale. Elle intéresse le contentieux de l'imposition, car **le contribuable peut assortir sa contestation d'une demande de sursis de paiement** prévue à l'article L. 277 du livre des procédures fiscales. Or, cette demande affecte l'exigibilité des impôts contestés.

En conséquence, **dès qu'une telle demande est formée**, toute saisie administrative à tiers détenteur pratiquée en recouvrement d'une créance fiscale devient impossible tant qu'elle n'a pas été définitivement rejetée, car **la créance n'est plus exigible**[827]. En revanche, pour l'avis à tiers détenteur, il était traditionnellement admis que s'il avait été notifié auparavant, il ne pouvait être remis en cause du fait de son effet attributif (voy. *infra*, n° 444). Mais le législateur était intervenu pour obliger, le comptable public à rembourser les sommes appréhendées avant la réclamation assortie d'une demande de sursis de paiement, dans la limite de celles effectivement garanties[828]. Et cette solution devrait être maintenue par le décret d'application pour la SATD pratiquée en recouvrement d'une créance fiscale.

b) Quant à la créance-objet

433 ***Créances monétaires.*** La saisie administrative à tiers détenteur est possible entre les mains de tout dépositaire, détenteur ou débiteur de sommes appartenant ou devant revenir au redevable de la créance publique à recouvrer[829] (LPF, art. L. 262, 1, al. 1er). Elle peut donc être pratiquée, comme auparavant les saisies spéciales remplacées, sur toute créance monétaire, **y compris les rémunérations du travail**, contrairement à la saisie-attribution[830]. De plus, par

826. En application de l'article L. 111-2 du Code des relations entre le public et l'administration, tout titre de recettes doit mentionner les nom, prénom et qualité de la personne qui l'a émis ainsi que les voies et délais de recours (CGCT, art. L. 1617-5-4°, al. 2).

827. Com., 16 décembre 1977, n° 95-17464, *Bull. civ.*, IV, n° 344 à propos de l'avis à tiers détenteur mais la solution est transposable à la SATD lorsqu'elle est pratiquée en recouvrement d'une créance fiscale.

828. Selon l'article R. 277-3-1 du LPF issu du décret n° 2009-986 du 20 août 2009.

829. Des fonds appartenant à des tiers, tels des clients du redevable, ne peuvent donc être saisis : Com., 21 mars 2018, n° 16-18202, *Gaz. Pal.*, 2018, p. 1658, obs. O. Salati, à propos d'un ATD (la solution est transposable à la SATD) pratiqué sur un compte bancaire dont il est jugé qu'il ne produit aucun effet car ce compte est alimenté exclusivement, en vertu d'un texte règlementaire, par des fonds appartenant à la clientèle du redevable.

830. Comme l'ATD auparavant, la SADT s'applique également aux gérants, administrateurs, directeurs ou liquidateurs des sociétés pour les sommes dues par celles-ci (LPF, art. L. 262, 1, al. 6). Cette faculté est issue d'un décret du 2 mai 1938 qui l'avait conçue « comme une

dérogation à la jurisprudence rendue en la matière (voy. *supra*, encadré E8), cette saisie peut être pratiquée sur un contrat d'**assurance-vie rachetable**, tant à l'égard du souscripteur que d'un adhérent et même si la faculté de rachat fait l'objet de limitations. Elle entraîne alors le rachat forcé dudit contrat et a pour effet d'affecter au créancier public saisissant la valeur de rachat du contrat d'assurance-vie au jour de la notification de la saisie, dans la limite du montant de la créance-cause (LPF, art. L. 262, 2)[831].

La SATD peut aussi être pratiquée sur un compte bancaire et, dans ce cas, la régularisation des opérations en cours, prévue par l'article L. 162-1 du CPCE et exposée à propos de la saisie-attribution (voy. *supra*, n°s 361 et 362), est applicable (LPF, art. L. 262, 1, al. 4)[832].

Mais comme pour cette saisie, la créance-objet n'a besoin de présenter aucun des caractères de la créance-cause. Elle peut donc être future ou conditionnelle (LPF, art. L. 263, 3, al. 2), l'essentiel étant qu'elle existe au moins dans son principe (voy. *supra*, n° 321).

434 ***Saisissabilité et disponibilité.*** La créance-objet, quelle qu'elle soit, **doit être saisissable** comme pour toutes les mesures d'exécution forcée. La saisie administrative à tiers détenteur ne peut donc porter, par exemple, que sur la fraction saisissable des rémunérations du travail[833].

De même, lorsque le montant d'une créance insaisissable est versé sur un compte bancaire, elle le demeure en raison du **report d'insaisissabilité** prévu par l'article L. 112-4 du CPCE. En conséquence, si un tel compte fait l'objet d'une saisie administrative à tiers détenteur, le redevable pourra se prévaloir des mécanismes de mise à disposition exposés à propos de la saisie-attribution (voy. *supra*, n°s 365 et s.), mais qui sont applicables à toute saisie d'un compte bancaire[834].

En revanche, la saisie administrative à tiers détenteur devrait être possible, comme la saisie-attribution, sur une **créance indisponible**, mais dans ce cas l'effet attributif ne joue pas (voy. *supra*, n°s 322 et 341).

---

mesure d'intimidation » des dirigeants qui « tentaient d'éluder la paiement des impôts établis au nom de leur société » : M. Cozian, « L'avis à tiers détenteur en matière de privilège du Trésor », *RTD Com*, 1967, 79-80, n° 27.

831. Cette dérogation avait été instituée par la loi n° 2013-1117 du 6 décembre 2013 relative à la lutte contre la fraude fiscale et la grande délinquance économique et financière qui avait autorisé la saisie des sommes versées au titre d'un contrat d'assurance rachetable, c'est-à-dire essentiellement les contrats d'assurance-vie. Étendue à toutes les saisies spéciales auxquelles se substitue la SATD, elle jouait dans la limite de la valeur de rachat des droits à la date de la notification de la saisie, même si la possibilité de rachat faisait l'objet de limitations (LPF, anc. art. L. 263-0 A).

832. Ce texte renvoie notamment à l'article L. 162-1 du CPCE qui, du reste, fait partie des dispositions générales applicables à toutes les saisies.

833. Civ. (2e ch.), 2 décembre 2004, n° 02-21381, *Bull. civ.*, II, n° 512 ; *Dr. et procéd.*, 2005, p. 234, obs. Ph. Hoonakker, rendu à propos de l'avis à tiers détenteur mais qui est transposable à la SATD.

834. La solution vaut en particulier pour le « RSA bancaire », prévu par l'article L. 162-2 du CPCE, auquel renvoie expressément le quatrième alinéa de l'article L. 262, 1 du LPF et qui, du reste, fait partie des dispositions générales applicables à toutes les saisies.

2. La mise en œuvre de la saisie administrative à tiers détenteur

435 *Conditions.* La mise en œuvre de la saisie administrative à tiers détenteur relève des **comptables publics** compétents selon la nature de la créance publique à recouvrer (voy. en matière d'impôts *infra*, encadré E32).

Elle est soumise aux mêmes conditions de fond que la saisie-attribution (voy. *supra*, n°s 319 et s.), sous les réserves qui viennent d'être exposées à propos de son domaine quant aux créances-causes et créances-objets (voy. *supra*, n°s 430 à 434).

En revanche, les règles de forme s'en distinguent notablement tant au niveau de son déroulement (a) que des contestations ouvertes (b).

E 32 **Comptables publics en matière fiscale**

Traditionnellement les comptables publics chargés du recouvrement des créances fiscales relevaient de deux directions distinctes de l'administration fiscale :

- la direction générale des impôts (DGI) chargée du recouvrement des impôts dus sans rôle, au travers des recettes des impôts installées auprès de chaque Centre des impôts ; les comptables publics étaient alors les receveurs placés sous l'autorité des directeurs des services fiscaux ;
- la direction générale de la comptabilité publique (DGCP), plus communément appelée le Trésor, chargée du recouvrement des impôts dus avec rôle, au travers des comptables du Trésor placés sous la direction des trésoriers payeurs généraux (TPG).

Ces deux directions ont été fusionnées dans la direction générale des finances publiques (DGFP) par le décret n° 2008-310 du 3 avril 2008. En conséquence, le recouvrement de tous les impôts incombe désormais à une seule catégorie de comptables publics relevant de la DGFP. Les comptables publics compétents pour le recouvrement des impôts sont désignés par arrêté du ministre du Budget (LPF, art. L. 252).

---

a) Le déroulement

436 *Simplicité relative.* Alors que les procédures civiles d'exécution se caractérisent par un formalisme contraignant protecteur du débiteur, la saisie administrative à tiers détenteur se distingue par sa simplicité.

Selon l'article L. 262 du livre des procédures fiscales, il suffit de notifier un avis de saisie sans forme au tiers détenteur et au redevable. Mais il faut tenir compte aussi des formalités préalables qui sont généralement imposées par les dispositions propres aux créances publiques à recouvrer et qui varient donc selon leur nature. Par ailleurs, le comptable public doit pouvoir accéder aux informations protégées qui sont indispensables à la réalisation de la saisie.

Il s'ensuit que le déroulement de cette saisie suppose d'abord l'accès aux informations protégées et l'accomplissement de formalités préalables qui précèdent l'établissement et la notification de l'avis de saisie non seulement au tiers détenteur, mais aussi au redevable.

437 *Accès aux informations protégées.* En **matière fiscale**, les comptables publics compétents ont un accès facilité aux informations protégées dès lors que l'obligation au secret professionnel ne fait pas obstacle à l'échange des informations et documents au sein de la direction générale des finances publiques entre les agents exerçant des missions fiscales et les autres (LPF, art. L. 117). En revanche, pour les **créances non fiscales**, il a fallu organiser cet accès par des

dispositions particulières qui varient selon la nature de la créance à recouvrer et qui sont inspirées des prérogatives dont bénéficient l'huissier de justice en droit commun (voy. *supra*, n°s 188 et s.).

L'accès le plus étendu est celui organisé pour le recouvrement des créances publiques des **collectivités territoriales et des établissements publics locaux et de santé** par le 8° de l'article L. 1617-5 du CGCT. Ainsi, le comptable public chargé du recouvrement de ces créances peut, sans que le secret professionnel puisse lui être opposé, obtenir les informations énumérées auprès des sources désignées :

- les **informations accessibles** sont celles relatives à l'identification du débiteur (état civil et domicile), de son employeur (nom et adresse), des comptes de dépôt (nom et adresse des organisme ou établissements auprès desquels ils sont ouverts), des organismes et particuliers détenant des fonds ou valeurs pour le compte du débiteur (nom et adresse), ainsi que celles relatives à l'immatriculation des véhicules ;
- les **sources** tenues de fournir ces informations sont les collectivités territoriales et leurs établissements publics locaux, les administrations et entreprises publiques, les établissements et organismes de sécurité sociale, les organismes ou particuliers assurant des prestations de services à caractère juridique, financier ou comptable, ou la détention de biens ou de fonds pour le compte du débiteur, ainsi que le FICOBA.

Pour les **créances non fiscales de l'État** constatées dans un titre de perception[835], l'accès dont dispose le comptable public chargé du recouvrement est identique sous deux réserves : l'immatriculation des véhicules et le FICOBA ne sont pas visés par l'article L. 135 X du LPF qui l'organise.

Pour les créances des **établissements publics et des GIE de l'État** ainsi que des **autorités publiques indépendantes**, le comptable public chargé du recouvrement peut accéder aux mêmes informations[836] mais seulement auprès des services de la direction générale des finances publiques (LPF, art. L. 135 ZE).

438 ***Formalités préalables.*** Quelle que soit la créance publique à recouvrer, la saisie administrative à tiers détenteur n'est possible qu'après la **notification du titre exécutoire** qui la constate. Sous réserve d'un seul texte la prévoyant expressément[837], cette formalité résulte de la jurisprudence qui l'impose pour tous les titres administratifs (voy. *supra*, n°s 249 et 250). En revanche, et comme pour la saisie-attribution, aucun commandement de payer préalable n'est requis[838].

Mais il faut tenir compte aussi de **la phase comminatoire** propre au recouvrement des créances publiques. Parfois elle n'est que facultative[839], mais

835. Ainsi que celles qu'il est chargé de recouvrer pour le compte de tiers en vertu du même titre administratif.

836. Il s'agit de celles prévues aussi par l'article L. 1617-5 du CGCT.

837. Il s'agit du 4° de l'art. L. 1617-5 du CGCT dont le premier alinéa prévoit qu'une ampliation du titre de recettes individuel ou de l'extrait du titre de recettes collectif doit toujours être notifiée au redevable, « sous pli simple ».

838. Com., 5 avril 2005, n° 03-14336, inédit ; Com., 12 mars 2002, n° 99-10555, inédit, rendu à propos d'un avis à tiers détenteur mais transposable à la SATD.

839. Selon le premier alinéa de l'article 128-I de la n° 2004-1485 du 30 décembre 2004, le comptable public chargé du recouvrement d'une amende ou d'une condamnation pécuniaire peut

le plus souvent elle est imposée et consiste alors généralement en une lettre de relance et une mise en demeure de payer soumises à des conditions distinctes selon la nature de la créance publique à recouvrer.

Ainsi en **matière fiscale**, ces conditions, prévues aux articles L. 257-0 A et L. 257-0 B du livre des procédures fiscales, sont les suivantes :

- **une lettre de relance** est nécessaire lorsqu'aucune autre défaillance de paiement n'a été constatée pour un même contribuable au titre d'une même catégorie d'impositions[840] au cours des trois années précédant la date limite de paiement ou la date de mise en recouvrement de l'imposition dont le recouvrement est poursuivi (LPF, art. 257-0 B)[841] ; cette formalité fait courir un **délai d'attente de 30 jours** pendant lequel les poursuites sont interdites ; à son expiration, elles pourront être entreprises, sauf si une mise en demeure est encore nécessaire ;
- **une mise en demeure de payer** doit être notifiée au contribuable avant la notification du premier acte de poursuite devant donner lieu à des frais au sens de l'article 1912 du Code général des impôts ; cette formalité fait courir un **délai d'attente de 30 jours** au terme duquel des poursuites pourront être engagées ; mais si la mise en demeure a été précédée d'une lettre de relance, ce délai n'est **que de huit jours** (LPF, art. L. 257-0 A).

A priori, la SATD devrait, à l'image de l'avis à tiers détenteur auparavant, être considérée comme un acte de poursuite sans frais, ce qui écarterait toute mise en demeure de payer. En revanche, sa mise en œuvre n'est possible qu'à l'expiration du délai de 30 jours suivant l'envoi de la lettre de relance, à moins que celle-ci ne soit pas requise. Dans ce dernier cas, la SATD pourra intervenir immédiatement à défaut de paiement de l'impôt à la date limite mentionnée sur l'avis d'imposition ou à la date de mise en recouvrement et en l'absence de réclamation assortie d'une demande de sursis.

En **matière domaniale** ainsi que de recouvrement des **créances des collectivités territoriales et des établissements publics locaux et de santé**, une mise en demeure de payer n'est imposée, comme en matière fiscale, qu'avant le premier acte d'exécution forcée devant donné lieu à des frais (CGCT, art. L. 1617-5, 4° et 5°, al. Er et CGPPP, art. L. 2323-4). Elle ne devrait donc pas non plus s'imposer pour la SATD. Quant à la lettre de rappel, elle n'est obligatoire que si la créance publique à recouvrer est d'un montant inférieur à

---

préalablement à la mise en œuvre de toute procédure coercitive, et donc notamment d'une SATD, demander à un huissier de justice d'obtenir le paiement des montants dus par le débiteur.

840. Les mêmes catégories d'impositions, au sens de ce texte, sont définies à l'article R. 257-0 A-1 du LPF.

841. Cette formalité a vocation à s'appliquer au recouvrement de toute imposition, établie avec ou sans rôle, à l'exception des cas énumérés au second alinéa de l'article L. 257-0 B : impositions résultant de l'application d'une procédure de rectification ou d'une procédure d'imposition d'office, créances d'un montant supérieur à 15 000 euros, créances nées postérieurement au jugement d'ouverture d'une procédure collective et créances des entreprises tenues de souscrire leurs déclarations de résultats auprès du service chargé des grandes entreprises.

15.000 € (CGCT, art. L. 1617-5, 6°[842] et CGPPP, art. L. 2323-4-1 qui renvoie à l'art. L. 257-0 B du LPF).

439 ***Établissement de l'avis de saisie.*** La saisie administrative à tiers détenteur s'opère par un avis de saisie qu'établit le comptable public chargé du recouvrement. Il peut porter sur plusieurs créances publiques, même de nature différente (LPF, art. L. 262, 1, al. 2). Sous cette réserve, l'article L. 262 du livre des procédures fiscales ne prescrit ni le contenu, ni la forme de cet avis, laissant ainsi une large liberté à l'administration fiscale. Mais elle n'est pas absolue, car s'agissant du **contenu** les mentions suivantes sont imposées à peine de nullité pour préserver les droits de la défense :

- **l'identification du redevable** par les nom et prénom figurant dans son acte de naissance en vertu de l'article 4 de la loi du 6 fructidor an II[843] ;
- **l'identification de l'auteur** de l'avis par l'indication de ses prénom, nom et qualité ainsi que la mention du service auquel il appartient, ce qui le dispense de toute signature (Code des relations entre le public et l'administration, art. L. 212-2, 2°)[844] ;

En revanche, il a été jugé que l'article 56 du décret de 1992, devenu l'article R. 211-1 du CPCE, énonçant les mentions obligatoires de l'acte de saisie-attribution, n'est pas applicable à l'avis à tiers détenteur[845] et cette solution devrait valoir aussi pour la saisie administrative à tiers détenteur. Il s'ensuit qu'en particulier, il n'a à se référer ni au titre exécutoire servant de fondement aux poursuites, ni à indiquer le décompte détaillé des sommes dues.

S'agissant de la **forme**, l'administration fiscale employait des formulaires types qu'il suffirait d'adapter à la saisie administrative à tiers détenteur en distinguant selon la nature de la créance publique à recouvrer. C'est en tout cas l'avis ainsi établi qui doit être notifié au tiers détenteur et au redevable (LPF, art. L. 262, 1, al. 3).

---

842. Ce texte prévoit aussi la possibilité pour le comptable public chargé du recouvrement de demander à un huissier de justice d'obtenir le paiement des montants dus plutôt que de recourir à la lettre de rappel. Quelle que soit la formalité utilisée, aucun délai n'étant fixé, il faut admettre que le comptable public compétent le fixe librement.

843. Civ. (1re ch.), 6 février 2001, n° 98-22895, *Bull.*, I, n° 25 ; *Dr. et procéd.*, 2001, p. 188, obs. J.-J. Bourdillat, à propos d'une épouse qui avait été désignée par son seul nom marital dans un avis à tiers détenteur.

844. Cette dispense a été créée par l'ordonnance n° 2015-1341 du 23 octobre 2015 notamment pour toutes les saisies spéciales réservées au recouvrement de créances publiques à l'exception de la saisie de créance simplifiée qui avait été oubliée et, à présent, elle s'applique à la SATD ; auparavant la jurisprudence imposait la signature de l'auteur d'un avis à tiers détenteur : Com., 13 janvier 1998, n° 96-13157, *Bull. civ.*, IV, n° 20 ; mais cette signature n'était suffisante que si l'avis avait été établi personnellement par le comptable public compétent et que celui-ci était suffisamment identifié par l'indication portée en tête de l'acte : Com., 3 octobre 2006, n° 01-03515, *Bull. civ.*, IV, n° 199 ; en revanche, si l'avis était établi par un agent agissant sur délégation du comptable public, il devait comporter non seulement sa signature, mais aussi ses nom et qualité : Com., 19 avril 2005, n° 03-17387, inédit, *Dr. et procéd.*, 2005, p. 353, obs. J.-J. Bourdillat.

845. Ch. mixte, 26 janvier 2007, n° 04-10422, *Bull. ch. mixte*, n° 1 ; *RTD Civ.*, 2007, p. 389, obs. R. Perrot ; *D.*, 2008, pan., p. 1173, obs. A. Leborgne ; déjà en ce sens : Com., 3 octobre 2006, n° 01-03515, *Bull.*, IV, n° 199.

440 ***Notification au tiers détenteur.*** Le troisième alinéa de l'article L. 262, 1 du livre des procédures fiscales se contente de prescrire la notification au tiers détenteur sans imposer **aucun formalisme particulier**. Aussi, l'intervention d'un huissier de justice n'est nullement nécessaire[846] et la **voie postale** est suffisante. Il avait même été jugée à propos de l'avis à tiers détenteur qu'une lettre simple est régulière dès lors que sa réception n'a pas été contestée par le tiers détenteur[847]. Mais pour déjouer de telles contestations, il vaut sans doute mieux recourir à l'usage de la lettre recommandée avec demande d'avis de réception[848]. Il faut réserver les établissements de crédit car la notification entre leurs mains doit se faire par **voie électronique** depuis le 1er janvier 2019 pour les établissements les plus importants et à compter du 1er janvier 2021 pour les autres[849]. En revanche, cette forme de notification reste facultative à l'égard des sociétés de financement et des organismes gérant des régimes de sécurité sociale[850].

Quant aux conséquences, les alinéas trois et quatre de l'article L. 262, 3 du LPF, s'inspirant du régime de la saisie-attribution (voy. *supra*, nos 325 et s.), impose désormais au tiers détenteur une **obligation de déclaration**[851]. Il doit donc déclarer immédiatement par tous moyens l'étendue de ses obligations à l'égard du redevable dans les conditions prévues à l'article L. 211-3 du CPCE. En l'absence de déclaration ou en cas de déclaration inexacte ou mensongère et sauf motif légitime, il peut être condamné à la demande du créancier au paiement des sommes dues, sans préjudice d'une condamnation à des dommages et intérêts. Si l'étendue de l'obligation est ainsi calquée sur celle de la saisie-attribution, sa sanction en diffère. Elle est toujours **facultative** pour le juge, qui peut ainsi apprécier librement l'opportunité d'une condamnation

846. Com., 5 novembre 2002, nos 99-19261 et 99-19262, inédits, rendus à propos de l'avis à tiers détenteur mais transposables à la SATD.

847. Com., 12 mars 2002, n° 99-10423, inédit.

848. Tel était en tout cas la recommandation de l'administration fiscale pour l'avis à tiers détenteur ; en ce sens voy. not., « Instruction du 15 décembre 1992 de la DGI relative à l'action en recouvrement. Avis à tiers détenteur. Incidence de la loi n° 91-650 du 9 juillet 1991 », ID, CA, 10 991, n° 5.

849. Ces dispositions transitoires résultent de l'article 73, XVII, C de la loi n° 2015-1775 du 28 décembre 2017 qui a fixé un seuil de 1,5 milliard d'euros. En-deçà, la notification obligatoire par voie électronique est différée au 1er janvier 2021. Les établissements de crédit doivent ainsi, dans le délai fixé, mettre en œuvre les conditions nécessaires à la notification par voie électronique, sous peine d'encourir une amende de 15 € par acte n'ayant pu être notifié par ce moyen.

850. À l'origine, l'article 17, II de la loi n° 2013-1279 du 29 décembre 2013 de finances rectificative pour 2013 avait simplement ouvert la possibilité d'une notification par voie électronique de tous actes relatifs aux créances de toute nature aux établissements de crédit, aux sociétés de financement et aux organismes gérant des régimes de protection sociale. C'est ce texte qui est modifié par l'article 73, XV de la loi n° 2017-1775 du 28 décembre 2017 pour rendre ce mode de notification obligatoire aux seuls établissements de crédit.

851. Auparavant ce texte consacré à l'avis à tiers détenteur ne prévoyait pas une telle obligation. Aussi, la Cour de cassation avait jugé que l'obligation de déclaration incombant au tiers saisi en matière de saisie-attribution et, *a fortiori*, les sanctions attachées à son inexécution, ne sont pas applicables : Com., 6 mai 2008, n° 06-15354, *Bull. civ.*, IV, n° 95 ; *Procédures*, 2008, comm. n° 206, obs. R. Perrot ; Ch. mixte, 26 janvier 2007, n° 04-10422, Bull. ch. mixte, n° 1 ; *RTD Civ.*, 2007, p. 389, obs. R. Perrot ; *D.*, 2008, pan., p. 1173, obs. A. Leborgne ; déjà en ce sens : Jex Paris, 2 juillet 2003, *Dr. et procéd.*, 2003, p. 376, obs. Ph. Hoonakker.

aux causes de la saisie et y ajouter des dommages et intérêts en réparation du préjudice subi.

441 ***Notification au redevable.*** Consacrant la jurisprudence rendue à propos de l'avis à tiers détenteur[852], le troisième alinéa de l'article L. 262, 1 du livre des procédures fiscales impose la notification de l'avis de saisie au redevable et précise que celle-ci doit mentionner, à peine de nullité, les délais et voies de recours. Aucune forme n'étant imposée, elle pourra se faire par voie postale et, pour des raisons évidentes de preuve, il vaut mieux opter pour la forme recommandée avec demande d'avis de réception

En cas de solidarité, les actes de poursuite, et en particulier la saisie administrative à tiers détenteur, peuvent être notifiés à l'un seulement des redevables. Mais il avait été jugée à propos de l'avis à tiers détenteur, et cette solution devrait valoir aussi pour la SATD, que la **loyauté des débats** oblige l'administration à notifier aux autres redevables solidaires, en cours de procédure qui doit être contradictoire, les actes susceptibles d'avoir des répercussions sur leur patrimoine[853].

b) Les contestations

442 ***Distinction.*** Les contestations de la saisie administrative à tiers détenteur relèvent du contentieux du recouvrement régi par l'article L. 281 du livre des procédures fiscales[854]. Selon ce texte, ce contentieux ne peut remettre en cause le **bien-fondé de la créance publique**. Cette distinction fait écho à une règle fondamentale de la comptabilité publique tenant à la séparation entre les ordonnateurs et les comptables[855]. Le contentieux du recouvrement se distingue donc du contentieux de la créance publique dont les règles varient selon la nature de la créance à recouvrer.

Ainsi, **le contentieux de la créance publique correspond, en matière fiscale, au contentieux de l'imposition**, dit aussi contentieux d'assiette, et permet au contribuable d'obtenir une décharge, totale ou partielle, de l'impôt contesté. Pour ce faire, il doit invoquer une erreur commise par l'administration fiscale qui peut porter sur l'assiette, la liquidation ou la règle de droit appliquée (LPF, art. L. 190). Il relève toujours de la compétence du juge de l'impôt qui est, selon la nature de l'impôt, le juge judiciaire ou le juge administratif. Il ne produit pas d'effet suspensif, mais il peut différer l'exigibilité de l'impôt réclamé (voy. *supra*, n° 433). En matière de **titres de perception**, ce recours est qualifié d'opposition à l'exécution et produit un effet suspensif (voy.

852. Cass. (avis), 14 mai 2001, n° 01-00002, *Bull.*, avis n° 3 ; Com., 13 novembre 1973, n° 71-11628, *Bull. civ.*, IV, n° 326 ; Com., 18 juin 1996, n° 94-17246, *Bull. civ.*, IV, n° 181 ; *Dr. fiscal*, 1996, p. 1159.

853. Com., 25 mars 2014, n° 12-27612, *D.*, 2014, p. 1472, obs. A. Leborgne, à propos d'un ATD pratiqué à l'encontre d'un ex-époux en recouvrement d'impôts sur le revenu antérieur au divorce où il est jugé que cet acte n'a pu produire d'effet interruptif de la prescription à l'égard de l'ex-épouse (redevable solidaire de ces impositions en vertu de l'article 1691 *bis* du CGI), contre laquelle des ATD ont été pratiqués plus de quatre années plus tard, car il ne lui a pas été notifié en cours de procédure.

854. Dans sa rédaction issue de l'article 73 de la loi du 28 décembre 2017 qui est désormais applicable à toutes les créances publiques. Antérieurement ce texte, qui contenait déjà la même distinction, s'appliquait essentiellement à la matière fiscale.

855. En ce sens, voy. not., R. Bousquet, *JurisClasseur Procédures fiscales*, Fasc. 605, n° 10.

supra, n° 433). Cette opposition peut porter sur l'existence de la créance, son montant ou son exigibilité[856] et doit faire l'objet d'un recours administratif préalable[857]. En matière de **titres de recettes**, il est qualifié d'opposition à état exécutoire et il produit aussi un effet suspensif (voy. *supra*, n° 433). Celle-ci est portée directement devant le juge compétent sans recours administratif préalable[858].

Le **contentieux du recouvrement** porte directement sur les mesures d'exécution forcée et, en particulier, sur les saisies administratives à tiers détenteur. En principe, il est ouvert au redevable, mais comme pour l'avis à tiers détenteur auparavant[859], le tiers détenteur ou tout autre tiers devrait aussi être recevable à contester s'il justifie d'un intérêt. Il permet d'élever deux types de contestations, appelées généralement opposition à contrainte (ou à exécution) et opposition à poursuites. Elles relèvent de la compétence de juridictions distinctes, mais devraient rester soumises à des règles communes, qu'il s'agisse des demandes à former ou des délais à respecter.

443 ***Opposition à contrainte et opposition à poursuites.*** **L'opposition à contrainte** permet de faire valoir des **contestations de fond** relatives à la **créance-cause**, autres que celles relevant du contentieux de la créance publique. Selon l'article L. 281, alinéa 3-2°, elles peuvent donc porter sur l'existence de l'obligation de payer, sur le montant de la dette compte tenu des paiements effectués ou sur l'exigibilité de la somme réclamée[860]. Le juge compétent pour en connaître dépend de la nature de la créance publique à recouvrer :

- pour les **créances fiscales**, il s'agit du **juge de l'impôt** prévu à l'article L. 199 du LPF (juge judiciaire en matière de droits d'enregistrement, d'impôt sur la fortune immobilière, de taxe de publicité foncière, de droits de timbre, de contributions indirectes et de taxes assimilées à ces droits, taxes ou contributions ; juge administratif en matière d'impôts directs et de taxes sur le chiffre d'affaires ou de taxes assimilées) ;
- pour les **créances non fiscales de l'État** ainsi que de ses établissements publics ou groupements d'intérêts publics et des autorités publiques

856. Ce recours va ainsi au-delà du seul bienfondé de la créance publique car la question de l'exigibilité comme du montant compte tenu des paiements effectués relèvent du contentieux du recouvrement au sens de l'article L. 281 du LPF dans sa rédaction nouvelle (voy. *infra*, n° 443). L'article 117 du décret n° 2012-1246 du 7 novembre 2012, qui définit l'opposition à l'exécution en matière de titres de perception, devrait donc être adapté par le décret d'application de la SATD.

857. Il doit être formé dans les deux mois qui suivent la notification du titre ou le premier acte de poursuite. Le juge compétent devra être saisi dans les deux mois de la décision explicite ou implicite de l'administration, étant précisé que la réclamation est considérée comme rejetée à défaut de décision notifiée dans les 6 mois (Décr. 2012-1246, art. 117 et 118).

858. Le juge doit être saisi dans un délai de deux mois courant à compter de la réception du titre, et à défaut, du premier acte procédant de ce titre ou de la notification d'un acte de poursuite (CGCT, art. L. 1617-5-1°, al. 1er à 3).

859. Com., 15 juin 1993, n° 91-14454, *Bull. civ.*, IV, n° 251, à propos de la contestation d'une banque, cessionnaire de la créance saisie, qui n'est déclarée irrecevable qu'à défaut de recours préalable ; CA Paris, 30 novembre 2000, *Dr. et procéd.*, 2001, p. 183, obs. F. Andrieux, à propos de la contestation d'un tiers détenteur déclarée irrecevable faute d'intérêt né et actuel du tiers saisi.

860. À l'exception des amendes et condamnations pécuniaires car elles procèdent de décisions de nature juridictionnelle.

indépendantes, il s'agit du **juge de droit commun** selon la nature de la créance publique à recouvrer ;
- pour les **créances non fiscales des collectivités territoriales** ainsi que des établissements publics locaux et des établissements de santé, il s'agit du **juge de l'exécution**.

L'opposition à poursuites permet de faire valoir toutes les contestations portant « sur la **régularité en la forme** de l'acte » (LPF, art. L. 281, al. 3-1°), et en l'occurrence de la saisie administrative à tiers détenteur. À propos de l'avis à tiers détenteur, la jurisprudence avait interprété largement cette notion qui englobait non seulement les contestations de forme, mais aussi les contestations de fond autres que celles relatives à la créance-cause, et ces solutions devraient pouvoir être maintenues pour la saisie administrative à tiers détenteur (voy. *infra*, encadré E33). Toutes ces contestations, sans distinction, relèvent de la compétence du juge de l'exécution, même *a priori* lorsque la saisie administrative à tiers détenteur porte sur des rémunérations du travail[861].

Mais quel que soit le juge compétent, il ne peut jamais être saisi directement, car toute opposition doit faire l'objet d'une demande préalable et toutes les demandes, préalables comme judiciaires, doivent être formées dans les délais fixés.

E 33 **Contestations relevant de l'opposition à poursuites**

Selon l'article L. 281, al. 3-1° du livre des procédures fiscales, les contestations relevant de l'opposition à poursuites sont toutes celles portant sur « la régularité en la forme de l'acte ». Mais cette expression ne doit pas être prise au pied de la lettre car, selon la jurisprudence rendue à propos de l'avis à tiers détenteur, elle désigne « non seulement la régularité de l'instrumentum, mais également la régularité quant à l'application du droit substantiel des voies d'exécution[862] ». L'opposition à poursuites peut donc porter tant sur des contestations de forme que sur des contestations de fond.

Au titre des **contestations de forme**, on retrouve la violation des formalités requises portant notamment sur :
- l'une des formalités préalables, telles que l'existence du titre exécutoire[863], sa notification au redevable, ou la lettre de relance, le cas échéant ;
- la notification de l'avis au tiers détenteur ou au redevable[864] ou les conditions de sa mainlevée[865].

Au titre des **contestations de fond**, on retrouve la violation de toutes les conditions de fond des procédures civiles d'exécution, autres que

---

861. En ce sens, à propos de l'avis à tiers détenteur et de la fraction saisissable de rémunérations du travail : Civ. (2e ch.), 2 décembre 2004, n° 02-21381, *Bull. civ.*, II, n° 512 ; *Dr. et procéd.*, 2005, p. 234, obs. Ph. Hoonakker ; voy. cependant en faveur de la compétence du tribunal d'instance : Com., 30 juin 1964, *Bull. civ.*, III, n° 343 ; CA Paris, 9 avril 1987, *JurisData*, 1987, n° 021913 ; voy. aussi Ph. Flores, *Droit et pratique des voies d'exécution, op. cit.*, n° 945-23.

862. Ph. Brunel, « De quelques particularités relatives au contentieux des créances des collectivités publiques devant le juge de l'exécution », *Gaz. Pal.*, 1997, doctr., p. 414.

863. Voy. not. Com., 3 mars 2004, nos 00-19930 et 01-01104, inédits.

864. Com., 18 juin 1996, n° 94-17246, *Bull. civ.*, IV, n° 181 ; *Dr. fiscal*, 1996, n° 38, comm. n° 1127.

865. Civ. (2e ch.), 13 mai 2015, n° 14-16640, à paraître au Bull., *D.*, 2016, p. 1284, obs. A. Leborgne, à propos de la mainlevée d'une hypothèque légale, mais la solution vaut aussi pour l'ATD.

celles relatives à la créance-cause qui en matière fiscale sont partagées entre le contentieux de l'imposition et l'opposition à contrainte. Pour l'avis à tiers détenteur, elles intéressent essentiellement la **créance-objet** et peuvent porter tant sur son existence[866] que sur sa saisissabilité[867].

Toutes ces solutions consacrées à propos de l'avis à tiers détenteur devraient continuer à valoir pour la saisie administrative à tiers détenteur.

---

444 ***Demandes et délais.*** Toutes les contestations relevant du contentieux du recouvrement doivent obligatoirement faire l'objet d'une **demande préalable adressée au service** désigné par les deux premiers alinéas de l'article L. 281 du LPF dans sa rédaction nouvelle (voy. *infra*, encadré E34). Le formalisme et les délais applicables en matière fiscale, et donc notamment à l'avis à tiers détenteur, étaient prévus aux articles R. 281-3-1 à R. 281-5 du LPF. Sous peine d'irrecevabilité, elle devait être formée **dans un délai de deux mois** courant à compter de la notification, selon les cas (LPF, art. R. 281-3-1)[868] :

- de l'acte de poursuite dont la régularité en la forme est contestée ;
- de tout acte de poursuite si le motif invoqué porte sur l'obligation de payer ou le montant de la dette ;
- du premier acte de poursuite permettant d'invoquer tout autre motif.

La demande préalable était motivée et accompagnée de toutes les justifications utiles. À réception, l'administration **disposait**, à son tour, **d'un délai de deux mois** pour se prononcer. À défaut, son silence valait rejet tacite de la demande, ce qui autorisait la saisine du juge compétent.

La **demande au juge** devait être présentée, à peine de forclusion, dans un **délai de deux mois** courant, selon les cas, à compter de la notification de la décision de l'administration[869] ou de l'expiration du délai de deux mois pour répondre (LPF, art. R. 281-4). Toute demande judiciaire présentée prématurément et *a fortiori* sans demande préalable était **irrecevable**[870]. De même, était irrecevable l'invocation de faits nouveaux ou la production de pièces nouvelles, car le juge se prononce au vu des justifications présentées dans le cadre de la demande préalable (LPF, art. R. 281-5). Enfin, la demande judiciaire devait être dirigée contre le comptable chargé du recouvrement.

Toutes ces règles devraient être maintenues et étendues par le décret d'application à toutes les oppositions à contrainte et à poursuite dirigées contre une saisie administrative à tiers détenteur.

---

866. CE, 19 octobre 1992, n° 79718, à propos d'un tiers détenteur qui n'était en rien débiteur du débiteur saisi.

867. T. conflit, 17 février 1997, n° 97-02975, *Bull. T. conflit*, n° 3 ; *Dr. fiscal*, 1997, n° 658, p. 782 ; Civ. (2e ch.), 2 décembre 2004, n° 02-21381, *Bull. civ.*, II, n° 512 ; *Dr. et procéd.*, 2005, p. 234, obs. Ph. Hoonakker ; voy. aussi CAA Paris, 25 octobre 1994, *Dr. fiscal*, 1995, n° 1526, p. 1174 ; 7 mai 1997, *Dr. fiscal*, 1998, n° 152, p. 309.

868. Créé par l'article 12 du décret 2011-1 302 du 14 octobre 2011. Il remplace les anciens articles R. 281-2 et R. 281-3 abrogés par le même texte.

869. À condition évidemment qu'elle ne lui donne pas satisfaction.

870. Mais il a été jugé que cette fin de non-recevoir ne peut être soulevée d'office par le juge : CA Paris, 11 janvier 2001, *Dr. et procéd.*, 2001, p. 185, obs. Ph. Hoonakker.

E 34 **Le service auquel la demande préalable est adressée**

Les deux premiers alinéas de l'article L. 281 du LPF, dans sa rédaction issue de la loi de finances rectificative pour 2017, désignent le service auquel la demande préalable doit être adressée, en distinguant selon la nature de la créance publique dont le recouvrement est poursuivi :

- pour les **créances fiscales** (impôts, taxes et redevances) ainsi que les **amendes et condamnations pécuniaires**, il s'agit de **l'administration** dont dépend le comptable public qui a mis en œuvre la saisie administrative à tiers détenteur ;
- pour les **autres créances publiques** détenues par les établissements publics de l'État, par un de ses groupements d'intérêts publics ou par les autorités publiques indépendantes, dotés d'un agent comptable, il s'agit de l'**ordonnateur** de l'une de ces personnes morales de droit public pour le compte duquel l'agent comptable a mis en œuvre la saisie administrative à tiers détenteur.

3. Les effets de la saisie administrative à tiers détenteur

L'attribution de la créance saisie est immédiate (a), mais son paiement est différé (b).

a) L'attribution immédiate de la créance saisie

445 ***Moment de l'attribution.*** À l'origine pour l'avis à tiers détenteur, l'effet attributif de la créance saisie ne se produisait qu'au moment où l'avis devenait définitif[871]. Mais après des hésitations[872], la loi de 1991 lui avait étendu l'effet d'attribution immédiate de la saisie-attribution et cet effet valait aussi pour les autres saisies spéciales dédiées au recouvrement de créances publiques.

C'est donc sans surprise que cette solution a été maintenue pour la saisie administrative à tiers détenteur. Elle est inscrite au quatrième alinéa de l'article L. 262, 1 du LPF qui rend ainsi applicable l'article L. 211-2 du CPCE. Il suffit donc de se référer aux solutions exposées pour la saisie-attribution (voy. *supra*, n°s 340 et s.), sous les quelques réserves et précisions suivantes.

446 ***Objet de l'attribution.*** La saisie administrative à tiers détenteur emporte attribution de toute la créance saisie, mais seulement de la créance saisie :

- **toute la créance saisie** avec tous ses caractères et modalités, tels que conditions ou termes, mais toujours dans la limite de la créance-cause (CPCE, art. L. 211-2, al. 1er) ;
- **seulement la créance saisie**, ce qui signifie que le saisissant ne saurait se prévaloir à l'égard du tiers détenteur du privilège dont il peut bénéficier

871. C'est-à-dire à l'expiration du délai de contestation ; il s'ensuivait que si une procédure collective était ouverte dans l'intervalle, l'avis à tiers détenteur était remis en cause car il se heurtait à la règle de l'interdiction des poursuites : Com., 12 mai 1980, n° 78-13340, *Bull.*, IV, n° 188 ; Com., 5 mai 1981, n° 80-10344, *Bull. civ.*, IV, n° 207 ; Com., 23 novembre 1983, n° 82-13022, *Bull. civ.*, IV, n° 318.

872. Cette question avait été vivement débattue à l'occasion des travaux parlementaires et finalement l'article 86 de la loi du 9 juillet 1991 avait prévu que l'effet attributif ne se produirait qu'à l'expiration d'un délai de 15 jours. Mais cette solution manquait de cohérence car ce délai ne correspondait à rien et surtout la discrimination ainsi opérée avec la saisie-attribution était sans justification. C'est la raison pour laquelle la loi de finances rectificative du 30 décembre 1991 est revenue à la solution du projet de loi en inscrivant aux articles 86 de la loi de 1991 et L. 263 du livre des procédures fiscales que l'avis à tiers détenteur comporte l'effet d'attribution immédiate prévu à l'article 43 de la loi du 9 juillet 1991, devenu l'article L. 211-2 du CPCE.

au titre de la créance-cause ; c'est la solution que la jurisprudence avait consacré à propos de l'avis à tiers détenteur et rien ne permet d'imaginer qu'elle pourrait être remise en cause pour la SATD[873] .

447 ***Procédures collectives.*** Conformément au second alinéa de l'article L. 211-2 du CPCE, **l'ouverture ultérieure d'une procédure collective** ne remet pas en cause la saisie administrative à tiers détenteur régulièrement notifiée auparavant. Mais la portée de cette règle est considérablement limitée par la nullité facultative prévue au second alinéa de l'article L. 632-2 du Code de commerce, issu de la loi de sauvegarde du 26 juillet 2005. Comme ce texte ne visait, outre la saisie-attribution, que l'avis à tiers détenteur et les oppositions, ce cas de nullité facultative n'était pas applicable, *a priori*, pour les autres saisies spéciales : saisie à tiers détenteur, saisie de créance simplifiée et avis de saisie en dernier lieu.

E 35 **Régime de l'action en nullité facultative**

Pour les mêmes raisons que celles exposées au sujet de la saisie-attribution (voy. *supra*, encadré E27), **l'action en nullité est soumise au droit des procédures collectives et échappe donc au régime de l'opposition à poursuites qu'il s'agisse des règles de compétence, de procédure ou de fond :**

- **au niveau de la compétence**, elle relève du tribunal de la procédure collective et non du juge de l'exécution (du reste, les décisions de la Cour de cassation qui avaient déjà retenu cette solution avant les réformes de 1985 et 1991 avaient toutes été rendues à propos d'avis à tiers détenteur (voy. *supra*, encadré E27) ;
- **au niveau de la procédure**, elle ne peut être exercée que par l'une des personnes désignées, parmi lesquelles ne figurent ni le débiteur, ni le tiers détenteur ; elle n'est soumise à aucun délai particulier et ne nécessite pas de demande préalable[874] ;
- **au fond**, le juge dispose d'un pouvoir souverain pour apprécier les conditions posées (période suspecte et connaissance de la cessation des paiements) et pour prononcer la nullité lorsqu'elles sont remplies (voy. *supra*, encadré E27).

Avec la saisie administrative à tiers détenteur ce doute a été gommé puisque l'article 73 de la loi de finances rectificative pour 2017 a aussi modifié le second alinéa de l'article L. 632-2 du Code de commerce. Désormais ce texte vise donc cette saisie spéciale à côté de la saisie-attribution et de l'opposition[875]. Toute SATD pratiquée en période suspecte peut donc être

873. Com., 16 juin 1998, n° 95-16864, *Bull. civ.*, IV, n° 201 ; il faut se souvenir que traditionnellement l'administration fiscale prétendait pouvoir bénéficier du privilège général du Trésor pour recouvrer la créance contre le tiers détenteur ; ainsi dans cette espèce, elle avait cru pouvoir déclarer à titre privilégié, dans la procédure de redressement judiciaire ouverte à l'encontre du tiers détenteur, la créance qui lui avait été attribuée ; mais elle ne fut admise qu'à titre chirographaire et la Cour de cassation a confirmé cette solution en jugeant, sans ambages, que si la créance-objet est chirographaire, « elle conserve ce caractère à l'égard du Trésor public, l'avis à tiers détenteur ayant pour effet de transporter la créance du contribuable contre le tiers dans le patrimoine du Trésor et non de conférer à celui-ci une créance d'impôt sur ce tiers ».

874. Déjà en ce sens, avant les réformes de 1985 et 1991, Com., 15 mai 1984, n° 83-11507, *Bull. civ.*, IV, n° 160.

annulée si le comptable public avait connaissance de la cessation des paiements (voy. *infra*, encadré E35).

448 ***Concours individuels.*** L'attribution immédiate de la créance saisie **supprime en principe tout concours individuel entre créanciers**, ce qui prive de tout intérêt le privilège dont pourrait bénéficier la créance publique à recouvrer, la satisfaction des saisissants étant le prix de la course. La seule hypothèse de concours prévue à l'article L. 211-2 du CPCE est celle de saisies pratiquées le même jour. Mais même dans ce cas, **le privilège n'est d'aucun secours** car la Cour de cassation, interrogée à propos d'un concours entre un avis à tiers détenteur et des saisies-attribution, a dit pour avis que les fonds devaient être répartis au marc le franc entre les créanciers saisissants, sans tenir compte de leurs éventuels privilèges[876]. Du reste, cette solution prétorienne est expressément prévue par l'article L. 262, 4 du livre des procédures fiscales en cas de concours entre saisies administratives à tiers détenteur.

En définitive, le **privilège** attaché éventuellement à la créance publique à recouvrer n'a d'intérêt que pour la saisie administrative à tiers détenteur pratiquée **sur une créance indisponible** (voy. *supra*, n°s 434 et 341) et **sur des rémunérations du travail**. Mais, dans ce dernier cas, il faut alors distinguer selon les créanciers qui sont en concours et l'ordre des saisies pratiquées (voy. *infra*, encadré E36).

E 36 **Concours sur les rémunérations du travail**

Lorsque la saisie administrative à tiers détenteur est pratiquée sur des rémunérations du travail, il faut distinguer d'abord selon l'ordre des saisies en raison de l'effet attributif qu'elle comporte.

La saisie administrative à tiers détenteur est pratiquée en premier lieu.

Dans ce cas, elle l'emporte toujours car la fraction saisissable, échue comme à échoir, est attribuée au créancier public dès la notification de la saisie. Il s'ensuit que toute saisie des rémunérations mise en œuvre ultérieurement restera sans effet. Même une demande de paiement direct serait sans conséquence à l'égard du créancier public saisissant et le créancier d'aliments devrait alors se contenter de la fraction normalement insaisissable qui lui est réservée (voy. *supra*, encadré E31).

La saisie administrative à tiers détenteur est pratiquée postérieurement à d'autres saisies.

Dans ce cas, la primauté de la saisie administrative à tiers détenteur est moins absolue ; il faut alors distinguer selon la saisie pratiquée antérieurement[877] :

- s'il s'agit d'une saisie des rémunérations du travail, il faudrait distinguer selon la nature de la créance publique pour laquelle la SATD a été pratiquée postérieurement ; en cas de créance fiscale, la saisie des rémunérations du travail devrait être suspendue pour permettre à l'administration fiscale d'être payée en priorité conformément au privilège dont elle bénéficie ; pour toutes les autres créances

---

875. L'opposition a été maintenue car la SATD ne se substitue pas à l'opposition à tiers détenteur dédiée au recouvrement des créances de sécurité sociale (voy. *infra*, n°s 472 et s., spéc. n° 489).

876. Cass. (avis), 24 mai 1996, n° 09-60004, *Bull.*, avis n° 5.

877. Il ne peut s'agir que d'une saisie pouvant être pratiquée sur des rémunérations du travail, en l'occurrence la saisie éponyme régie par le code du travail ou une demande de paiement direct de la pension alimentaire. Aucun concours n'est donc envisageable avec une saisie-attribution ou une opposition à tiers détenteur car ces saisies sont exclues sur les rémunérations du travail (voy. *supra*, n° 321 et *infra*, n° 476).

publiques, la SATD pratiquée postérieurement devrait être assimilée à une intervention de sorte que le créancier public saisissant viendrait en concours avec les créanciers ayant pratiqué la saisie des rémunérations antérieurement (voy. *supra*, n° 398) ;
- s'il s'agit d'une demande de paiement direct, la saisie administrative à tiers détenteur est primée par le créancier d'aliments, y compris sur la fraction saisissable si la fraction normalement insaisissable est insuffisante (voy. *supra*, n° 398) ;
- de même, si la saisie administrative à tiers détenteur est précédée d'une saisie identique pratiquée pour le recouvrement d'une autre créance publique, elle est primée car la fraction saisissable n'est plus dans le patrimoine du débiteur saisi.

b) Le paiement différé de l'administration fiscale

449 ***Obligation de paiement.*** Selon le premier alinéa de l'article L. 262, 3, du livre des procédures fiscales, « le tiers saisi, destinataire de la saisie administrative à tiers détenteur, est tenu de verser, aux lieu et place du redevable, dans les trente jours suivant la réception de la saisie, les fonds qu'il détient ou qu'il doit, à concurrence des sommes dues par ce dernier ». Le tiers saisi ou tiers détenteur doit donc exécuter son obligation de paiement dans un **délai de 30 jours** de la notification de la saisie, mais en réalité ce délai n'a pas une portée absolue.

Il faut d'abord tenir compte des **modalités** de la créance saisie. Ainsi, lorsqu'elle est conditionnelle ou à terme, le tiers saisi doit « verser immédiatement » les fonds dès que la créance devient exigible (LPF, art. L. 262, 3, al. 2). Mais il ne faut pas se méprendre sur le sens de cet adverbe. Il signifie seulement que l'exigibilité ne fait pas courir un délai de 30 jours et non que ce délai ne serait jamais applicable. Autrement dit, si l'exigibilité existait déjà au jour de la saisie ou devait survenir au cours de ce délai, le paiement ne sera pas dû avant son expiration. Ce n'est donc que si l'exigibilité survient au-delà de ce délai que le tiers saisi devra payer « immédiatement », sans pouvoir exciper du moindre délai.

Ensuite, il faut aussi s'interroger sur l'incidence d'une **contestation du recouvrement**. Pour l'opposition à tiers détenteur des collectivité territoriales, il était expressément prévu qu'une opposition à poursuites produisait un effet suspensif et cette solution avait été reprise pour toutes les autres saisies spéciales, à l'exception de l'avis à tiers détenteur. S'agissant de cette saisie spéciale, c'est la Cour de cassation qui, dans le silence de l'article L. 281 du LPF, avait toujours jugé que le paiement ne pouvait être exigé du tiers détenteur qu'**à l'expiration de délai d'opposition**[878] et en cas d'opposition **lorsqu'elle avait été tranchée**[879]. Ces solutions devraient aussi pouvoir être admises pour les oppositions formées contre une saisie administrative à tiers détenteur au titre de la contestation du recouvrement prévu par l'article L. 281 du LPF dans sa rédaction nouvelle, qui ne prévoit pas non plus d'effet suspensif.

450 ***Sanctions.*** Alors que l'article L. 262, 3, alinéa 1er, du LPF envisage expressément le retard de paiement, rien n'est dit du refus de paiement.

878. Com., 16 juin 1998, n° 96-17050, *Bull. civ.*, IV, n° 200.

879. Com., 30 novembre 1999, n° 97-16899, *Bull. civ.*, IV, n° 217 ; la seule différence avec la saisie-attribution sur ce point était que le comptable chargé du recouvrement n'avait pas à présenter un certificat de non-contestation au tiers détenteur.

Tout **retard de paiement** est sanctionné par des intérêts au taux légal qui courent de plein droit à compter de la date à laquelle l'obligation de paiement du tiers détenteur à l'égard du saisissant prend effet.

En cas de **refus de paiement** du tiers détenteur, rien n'est prévu comme antérieurement pour les saisies spéciales auxquelles se substitue la saisie administrative à tiers détenteur. Mais la Cour de cassation avait dit pour avis, à propos de l'avis à tiers détenteur, « qu'il appartient au comptable public, lorsque le tiers saisi, mis en demeure par l'avis, refuse de payer la dette fiscale ou ne répond pas, de **saisir le juge de l'exécution aux fins de délivrance d'un titre exécutoire contre le tiers saisi**[880] ». Autrement dit, dans le silence des textes et pour rendre effective l'obligation de paiement incombant au tiers détenteur, il convenait de faire application à cette saisie spéciale de la sanction prévue à l'article R. 211-9 du CPCE pour la saisie-attribution (voy. *supra*, n° 348). Par la suite, tirant toutes les conséquences de cet avis, la Cour de cassation avait précisé le régime de cette action ouverte au comptable public contre le tiers détenteur qui s'abstient de payer, sur les points suivants :

- elle devait être introduite devant le juge de l'exécution **par voie d'assignation** et non sur requête comme avait commencé à le faire l'administration fiscale[881] ;
- dans cette procédure, elle occupait **la place de demandeur** et le tiers détenteur celle de défendeur, de sorte qu'un arrêt d'une chambre mixte semblait faire peser sur l'administration fiscale la charge de la preuve lorsque le tiers détenteur contestait devoir les moindres fonds au redevable[882] ; mais par la suite, la chambre commerciale avait jugé expressément, sur le fondement du second alinéa de l'article 1315 du Code civil, devenu l'article 1354, qu'il incombait au tiers détenteur « d'établir qu'il ne devait rien au redevable de l'impôt ou quel était le montant de sa dette envers ce dernier au moment de la notification de l'avis à tiers détenteur »[883].

Toutes ces solutions devraient pouvoir être transposées à la saisie administrative à tiers détenteur.

Mais qu'en est-il lorsque cette saisie porte sur des **rémunérations du travail**. À propos de l'avis à tiers détenteur, il était admis qu'il fallait appliquer les règles du Code du travail relatives à la saisie de ces créances. Ainsi, la Cour de cassation avait dit pour avis qu'en cas de pluralité d'employeurs, il fallait faire

880. Cass. (avis), 7 mars 1997, n° 09-60015, *Bull.*, avis n° 3 ; *D.*, 1997, p. 454, note Fr. Ruellan et R. Lauba. Sous l'empire de l'ancien Code de procédure civile, les comptables publics avaient pris l'habitude d'engager des poursuites directement contre le tiers détenteur après signification d'un simple commandement de payer fondé sur l'avis à tiers détenteur érigé en titre exécutoire . Mais cette pratique était éminemment critiquable, car cette saisie spéciale ne transmettait aucune créance d'impôts contre le tiers détenteur et n'autorisait donc pas l'administration fiscale à se prévaloir de son privilège du préalable pour émettre un titre exécutoire contre lui. *A fortiori*, était-elle condamnée depuis la loi de 1991 dont l'article 3, devenu l'article L. 111-3 du CPCE, ne rangeait pas l'avis à tiers détenteur parmi les titres exécutoires qu'il énumère limitativement. C'est cette pratique que la Cour de cassation a ainsi logiquement condamnée.

881. Cass. (avis), 9 février 1998, n° 09-70013, *Bull.*, avis n° 2.

882. Ch. mixte, 26 janvier 2007, n° 04-10422, *Bull. ch. mixte*, n° 1 ; *RTD Civ.*, 2007, p. 389, obs. R. Perrot.

883. Com., 5 juillet 2016, n° 14-28897, *Gaz. Pal.*, 2016, p. 2766, obs. O.Salati.

application de l'article R. 3252-40 du Code du travail modifié par le décret n° 2013-109 du 30 janvier 2013 (sur ce texte, voy. *supra*, n° 402), qu'une procédure de saisie des rémunérations fut en cours d'exécution ou non[884]. Aussi, il revenait, depuis ce texte, au greffier du tribunal d'instance[885] de désigner les employeurs chargés d'opérer les retenues. De même, il fallait admettre que si l'employeur ne remplissait pas son obligation de paiement, le juge devait pouvoir le déclarer débiteur des retenues qui auraient dues être opérées conformément à l'article L. 3252-10 du Code du travail (voy. *supra*, n° 391). Ces solutions devraient aussi pouvoir être transposées à la saisie administrative à tiers détenteur.

451 à 471 ***(Réservés).***

C) L' opposition à tiers détenteur

472 ***Évolution.*** La saisie spéciale applicable au recouvrement de créances de sécurité sociale est l'opposition à tiers détenteur. À l'origine, elle était régie par deux séries de textes : d'une part, les articles L. 652-3 et R. 652-2 à R. 652-9 du Code de la sécurité sociale applicable aux organismes chargés des régimes de protection sociale des travailleurs non-salariés, et d'autre part, les articles L. 725-12 et R. 725-12 à R. 725-19 du Code rural et de la pêche maritime applicables aux organismes chargés des régimes de protection sociale des professions agricoles. Mais sous réserve de leurs domaines respectifs qui différaient, ils étaient rédigés en des termes identiques, inspirés directement de la saisie-attribution.

C'est la raison pour laquelle la loi de financement de la sécurité sociale pour 2015[886] avait supprimé ce doublon en inscrivant à l'article L. 725-12 du Code rural et de la pêche maritime un renvoi à l'article L. 652-3 du Code de la sécurité sociale. Elle avait aussi apporté quelques modifications au régime de cette saisie qui ont été reprises pour l'essentiel au nouvel article L. 133-4-9 du Code de la sécurité sociale que la loi de financement de la sécurité sociale pour 2017[887] a substitué à l'article L. 652-3. Parallèlement, son décret d'application du 25 septembre 2017[888] a transféré les anciens textes règlementaires aux nouveaux articles R. 133-9-4 à R. 133-9-12 et a inscrit à l'article R. 725-5 du Code rural et de la pêche maritime le domaine d'application de cette saisie en matière agricole. Ce sont donc ces textes qui prévoient désormais le domaine de l'opposition à tiers détenteur (1) ainsi que son régime qui intéresse sa mise en œuvre (2), ses effets (3) et les règles particulières applicables à certaines créances saisies (4).

1. Le domaine de l'opposition

Il est délimité par la créance-cause (a) et par la créance-objet (b).

884. Cass. (avis), 5 mai 2014, n° 14-70002, *D.*, 2014, p. 1159 ; *Dr. et procéd.*, 2014, p. 171, obs. V. Norguin.

885. Le décret du 30 janvier 2013 a transféré cette tâche du juge au greffier ; voy. *supra*, n° 402 en note.

886. N° 2014-1554 du 28 décembre 2014, art. 24.

887. N° 2016-1827 du 23 décembre 2016, art. 24.

888. N° 2017-1409, art. 1er et 3.

a) Quant à la créance-cause

L'opposition à tiers détenteur s'applique traditionnellement au recouvrement des cotisations et contributions de sécurité sociale. Mais le législateur y a ajouté le recouvrement d'indus et des récupérations de diverses sommes en matière agricole.

473 ***Cotisations et contributions.*** Il s'agit de toutes les cotisations et contributions[889] dues au titre d'un **régime obligatoire de sécurité sociale**, y compris les régimes de protection sociale agricole, auxquelles s'ajoutent les **majorations et pénalités de retard** (CSS, art. L. 133-4-9, al. 1er, et C. rur. et pêche maritime, art. R. 724-5). À ce titre, l' opposition à tiers détenteur joue entre les personnes suivantes.

Quant aux **créanciers**, l'opposition à tiers détenteur est réservée aux **organismes de recouvrement** et aux **organismes de gestion** d'un régime obligatoire de sécurité sociale **habilités à délivrer la contrainte**[890]. Il s'agit essentiellement des unions de recouvrement des cotisations de sécurité sociale et d'allocations familiales – URSSAF (CSS, art. L. 213-1) et des caisses de mutualité sociale agricole – MSA (C. rur. et pêche maritime, art. R. 725-5).

Quant aux **débiteurs**, l'opposition à tiers détenteur peut être pratiquée à l'encontre des **employeurs** tant au titre des cotisations salariales que des cotisations patronales et des **travailleurs non-salariés,** des professions indépendantes[891], artisanales, commerciales, industrielles, libérales et agricoles.

474 ***Indus et récupérations.*** L'opposition à tiers détenteur a été étendue aux **prestations indument versées** (CSS, art. L. 133-4-9, al. 1er, *in fine*). À ce titre, elle peut être mise en œuvre essentiellement par les caisses primaires d'assurance maladie à l'encontre des professionnels et des établissements de santé ayant méconnu les règles de tarification ou de facturation et plus généralement de toutes les personnes ayant perçu des prestations indues.

En matière **agricole**, il faut y ajouter la **récupération des sommes** dues en vertu des articles L. 725-10, L. 725-20 et L. 751-35 à L. 751-37 du Code rural et de la pêche maritime, auxquels renvoie l'article R. 725-5 du même code. Il s'agit des sommes suivantes : les sanctions encourues en cas de souscription d'une convention nulle car elle a pour objet de garantir des risques couverts par un régime d'assurance obligatoire dont les cotisations ne sont pas réglées, le remboursement des prestations de maladie de longue durée et d'accident du travail effectivement versées alors que l'employeur n'a pas réglé l'intégralité des cotisations sociales dues pour ses salariés ainsi que le remboursement de la totalité des dépenses faites à la suite d'un accident du travail que l'employeur n'a pas déclaré[892] ou supportées au titre d'un étranger en situation irrégulière.

475 ***Titre exécutoire.*** Comme l'opposition à tiers détenteur est une mesure d'exécution forcée, elle ne peut être pratiquée qu'en vertu d'un titre exécutoire au sens de l'article L. 111-3 du CPCE (CSS, art. L. 133-4-9, al. 1er). En la matière, ce titre consistera généralement en une **contrainte** qui produit, à défaut

889. Par exemple, la contribution générale de solidarité (CSG).

890. Elle est définie respectivement aux articles L. 244-9 du Code de la sécurité sociale et L. 725-3 du Code rural (sur ce titre exécutoire, voy. *infra*, n° 475).

891. À l'origine, l'OTD était réservée à cette seule catégorie de débiteurs de cotisations sociales.

892. Ou pour lequel il n'a pas remis la feuille d'accident à la victime.

d'opposition, tous les effets d'un jugement (CSS, art. L. 244-9 ; C. rur. et pêche maritime, art. L. 725-3, al. 2-1°).

La contrainte est délivrée directement par l'organisme créancier, à défaut de paiement dans le mois d'une mise en demeure préalable (CSS, art. R. 133-3, al. 1er ; C. rur., art. R. 725-6). **L'opposition est ouverte au débiteur** dans les 15 jours de la notification et doit être portée devant le tribunal des affaires de sécurité sociale (CSS, art. R. 133-3, al. 3 ; C. rur., art. R. 725-9). En cas d'opposition, le titre exécutoire sera constitué par le jugement de ce tribunal, qui est exécutoire de plein droit par provision (CSS, art. R. 133-3, al. 4 ; C. rur., art. R. 725-10)[893].

b) Quant à la créance-objet

476 ***Créances monétaires.*** L'opposition à tiers détenteur est possible entre les mains de tous « tiers dépositaires, détenteurs ou redevables de sommes appartenant ou devant revenir au débiteur » (CSS, art. L. 133-4-9, al. 1er). Elle peut donc être pratiquée sur toutes les créances monétaires du débiteur saisi, ***à l'exception cependant des rémunérations du travail*** qui sont expressément exclues. Celles-ci ne peuvent donc être saisies, en la matière, que par la voie de la procédure prévue aux articles L. 3252-1 et s. du Code du travail[894] (voy. *supra*, nos 375 et s.). Elle peut aussi être pratiquée sur un compte bancaire et, dans ce cas, les règles particulières prévues pour la saisie-attribution sont applicables (voy. *infra*, n° 494).

Comme pour toutes les autres saisies de créances monétaires, aucun des caractères de la créance-cause n'est requis. La créance-objet peut donc être conditionnelle ou à terme (CSS, art. L. 133-4-9, al. 2).

477 ***Saisissabilité et disponibilité.*** Quelle que soit la créance-objet, elle doit être **saisissable** comme pour toute mesure d'exécution forcée et son insaisissabilité subsiste lorsque les fonds correspondants sont versés sur un compte bancaire. En conséquence, le débiteur dont le compte bancaire est frappé d'une telle opposition à tiers détenteur peut se prévaloir de l'un des mécanismes de mise à disposition exposés à propos de la saisie-attribution (voy. *supra*, nos 365 et s.), mais qui sont applicables à toute saisie d'un compte bancaire[895].

En revanche, l' opposition à tiers détenteur devrait pouvoir être pratiquées, comme la saisie-attribution, sur une **créance indisponible**, mais dans ce cas l'effet attributif ne joue pas (voy. *supra*, nos 322 et 341).

2. La mise en œuvre de l'opposition

478 ***Conditions.*** La mise en œuvre de l'opposition à tiers détenteur est soumise aux mêmes conditions de fond que la saisie-attribution (voy. *supra*, nos 319 et s.),

---

893. La contrainte peut être délivrée même après l'ouverture d'une procédure collective à l'égard du débiteur, et c'est même une obligation si le créancier veut pouvoir déclarer définitivement sa créance qui fait l'objet d'abord d'une déclaration à titre provisionnel. Mais en cas d'opposition du débiteur, le juge ne peut prononcer une condamnation, car elle est incompatible avec l'interdiction des poursuites, il peut seulement valider la contrainte : Com., 17 février 2015, n° 13-26931, *Gaz. Pal.*, 2015, p. 1664, obs. P.-M. Le Corre.

894. Auxquels renvoie le dernier alinéa de l'article L. 133-4-9 du CSS.

895. La solution vaut, en particulier, pour le « RSA bancaire » prévu par l'article L. 162-2 du CPCE auquel renvoie expressément l'article L. 133-4-9, al. 4.

sous les réserves qui viennent d'être exposées à propos de son domaine quant aux créances-causes et créances-objets (voy. *supra*, n°s 473 à 477).

De même, les règles de forme s'en inspirent directement tant au niveau de son déroulement (a) que des contestations ouvertes (b).

a) Le déroulement de l'opposition

479 ***Directeur de l'organisme créancier.*** La différence la plus importante avec la saisie-attribution réside dans le fait que l'opposition à tiers détenteur est pratiquée par le directeur de l'organisme créancier et non par un huissier de justice (CSS, art. L. 133-4-9, al. 2). Il s'ensuit un formalisme moins coûteux.

Sous cette réserve, le mécanisme est très voisin de cette saisie générale, qu'il s'agisse de l'acte d'opposition, de la déclaration du tiers détenteur ou de l'information du débiteur saisi.

480 ***Acte d'opposition.*** L'acte d'opposition, établi par le directeur de l'organisme créancier, doit comporter les mentions obligatoires prescrites à peine de nullité par les 1° à 12° de l'article R. 133-9-5 du Code de la sécurité sociale. Elles peuvent être classées en trois rubriques :

- celles **relatives à la saisie** : l'identité des parties (saisi, tiers détenteur et saisissant : 1° à 3°), la nature du titre exécutoire (4°), le décompte des sommes réclamées[896] (5°) et la citation des textes applicables (7°) ;
- celles **relatives aux obligations du tiers détenteur** : l'obligation de déclaration, l'obligation de paiement avec le détail de l'effet attributif dont elle procède et l'indication des sanctions encourues (8° à 11° ; voy. *infra*, n°s 481, 491, et 492) ;
- celles **relatives au droit de contestation** du tiers détenteur : indication du délai et du juge compétent (12° ; voy. *infra*, n°s 485 et 486).

Ainsi rédigé, l'acte d'opposition est notifié au tiers saisi par tout moyen permettant de rapporter la preuve de sa date de réception, telle une lettre recommandée avec demande d'avis de réception (CSS, art. R. 133-9-5, al. 1er). Mais si le tiers saisi est un établissement de crédit, une société de financement ou un organisme gérant des régimes de protection sociale ayant donné préalablement son accord[897], la notification au tiers détenteur peut se faire par voie électronique selon le référentiel général de sécurité[898].

481 ***Déclaration du tiers saisi.*** La déclaration qui incombe au tiers détenteur est strictement identique, dans son contenu, à celle prévue en matière de saisie-attribution. En effet, l'article L. 211-3 du CPCE, qui la prévoit, est déclaré applicable (CSS, art. L. 133-4-9, al. 4 ; sur cette obligation de renseignement, voy. *supra*, n° 326).

En revanche, elle n'a pas à être faite sur le champ comme pour la saisie-attribution, mais seulement dans un **délai de deux jours** courant à compter de la notification de l'opposition. Le tiers détenteur y procède par tout moyen

896. Le décret 2015-243 du 2 mars 2015 a abrogé le 6° de l'article R. 652-2 du Code CSS qui imposait aussi l'indication du caractère privilégié des sommes réclamées.

897. Décret 2015-243 du 2 mars 2015.

898. Défini par le décret 2010-112 du 2 février 2010.

permettant de rapporter la preuve de sa date de réception par l'organisme créancier (CSS, art. R. 133-9-8).

De même, les sanctions spécifiques de l'article R. 211-5 du CPCE prévues pour la saisie-attribution ne sont pas applicables, car il est renvoyé expressément aux seules dispositions de droit commun de l'article L. 123-1 du CPCE (CSS, art. L. 133-4-9, al. 4 ; voy. *supra*, nos 106 et 107). Il s'ensuit que le tiers détenteur, qui se soustrait à son obligation de déclaration, peut y être contraint **à peine d'astreinte** et être condamné aux **causes de l'opposition**, tel qu'il est mentionné dans l'acte qui lui est notifié (CSS, art. R. 133-9-5,11°).

482 ***Information du débiteur.*** Concomitamment[899] à la notification de l'opposition au tiers saisi, l'organisme créancier doit informer le débiteur par tout moyen permettant de rapporter la preuve de sa date de réception. Cette information doit comporter les mentions suivantes (CSS, art. R. 133-9-6) :

- celles prévues aux 1° à 9° de l'article R. 133-9-5 du Code de la sécurité sociale ; sont donc logiquement exclues les mentions prévues aux 10° et 11° relatives à l'obligation de déclaration du tiers saisi et à ses sanctions ;
- le droit de contestation ouvert au débiteur saisi avec l'indication de la juridiction compétente ; ces mentions sont aussi prévues pour l'acte d'opposition notifié au tiers détenteur (voy. *supra*, n° 480).

b) Les contestations de l'opposition

483 ***Moyens.*** Les contestations peuvent porter sur toutes les conditions de l'opposition. Il peut s'agir des **conditions de fond** relatives notamment à la créance-cause (titre exécutoire[900], exigibilité, liquidité, etc.) ou à la créance-objet (saisissabilité, existence, etc.). Mais il peut s'agir aussi de toutes les **règles de procédure**, qu'elles soient sanctionnées par la nullité ou la caducité de l'opposition saisie (formalisme, délais, etc.).

Comme les contestations conditionnent le sort de l'opposition (2), le législateur a imposé des règles strictes de recevabilité (1).

1) *La recevabilité des contestations*

Les solutions sont quasiment identiques à celles de la saisie-attribution (voy. *supra*, nos 335 à 337), qu'il s'agisse de la personne du contestant, du délai ou des modalités prescrites. Mais de manière générale, les textes sont plus précis en la matière.

484 ***Contestant.*** Pour la saisie-attribution, seul le débiteur est visé, ce qui peut susciter le doute pour les tiers, et notamment pour le tiers saisi. En revanche, pour l'opposition à tiers détenteur, **le droit de contestation est expressément**

---

899. À l'origine, l'opposition, comme la saisie-attribution, devait être dénoncée au débiteur dans un délai de huit jours à peine de caducité. Ce délai et cette sanction ont été supprimés par le décret 2017-1409 du 25 septembre 2017, rapprochant ainsi sur ce point l'opposition à tiers détenteur de la saisie administrative à tiers détenteur (voy. *supra*, n° 441).

900. Il ne s'agit pas évidemment à ce stade de contester le titre lui-même ou la créance qu'il constate, ces contestations relevant de la voie de recours ouverte contre le titre, comme l'opposition lorsqu'il s'agit de la contrainte (voy. *supra*, n° 475). À ce stade, le titre exécutoire ne peut être appréhendé que dans son existence, son caractère exécutoire ou son efficacité.

reconnu tant au débiteur qu'au tiers détenteur (CSS, art. L. 133-4-9, al. 3 ; R. 133-9-6 et R. 133-9-5, 12°).

Mais encore faut-il que le contestant justifie d'un **intérêt à agir** au sens de l'article 31 du Code de procédure civile. Certes, pour le débiteur saisi, cette condition de recevabilité ne devrait poser aucune difficulté particulière. En revanche, pour le tiers détenteur, elle ne va pas de soi et devra donc toujours être établie. De même, un autre tiers qui justifie d'un intérêt à agir comme, par exemple, celui qui se prétend le véritable titulaire de la créance saisie, devrait pouvoir élever une contestation.

485 ***Délai.*** Les contestations doivent être élevées **dans le délai d'un mois** . Ce délai court à compter de la notification de l'opposition, d'une part, au débiteur (CSS, art. L. 133-4-9, al. 3, et R. 133-9-6) et, d'autre part, au tiers détenteur (CSS, art. R. 133-9-5, 12°).

486 ***Modalités.*** Dans ce délai, les contestations doivent être portées devant **le juge de l'exécution du lieu où demeure le débiteur**. Mais si ce lieu est situé à l'étranger ou s'il est inconnu, la compétence territoriale revient au juge du lieu où demeure le tiers détenteur (CSS, art. R. 133-9-10).

Dans le silence des textes, elles doivent être formées selon les règles de la **procédure ordinaire**, c'est-à-dire par voie d'assignation délivrée à l'organisme créancier. Mais comme pour la saisie-attribution, il faut admettre que c'est la signification de l'assignation qui doit être délivrée dans le délai d'un mois et non l'enrôlement qui peut intervenir plus tard (voy. *supra*, n° 337[901]).

2) *Le sort de l'opposition contestée*

487 ***Effet suspensif partiel.*** Il appartient au juge de l'exécution ainsi saisi de trancher les contestations et, sauf exceptions, ce n'est qu'en cas de rejet que le saisissant pourra être payé. Le **délai ouvert et la contestation elle-même** produisent ainsi un effet suspensif. Mais celui-ci n'est que partiel car il ne s'applique pas à tous les effets produits par cette opposition. En effet, il ne joue normalement que pour l'obligation de paiement incombant au tiers détenteur et non pour l'attribution de la créance saisie.

3. Les effets de l'opposition

Ils sont quasiment identiques à ceux de la saisie-attribution. Il s'ensuit que l'attribution de la créance saisie est immédiate (a), alors que le paiement de l'organisme créancier est différé du fait de l'effet suspensif partiel attaché aux contestations (b).

a) L'attribution immédiate de la créance saisie

488 ***Effet attributif.*** L'article L. 211-2 du CPCE, qui définit l'effet d'attribution immédiate de la saisie-attribution (voy. *supra*, n°s 340 et s.), est déclaré applicable sans réserve à l'opposition à tiers détenteur (CSS, art. L. 133-4-9, al. 4). Il joue

901. Logiquement, aucune dénonciation à un huissier de justice n'est nécessaire puisque l'opposition contestée est pratiquée par le directeur de l'organisme créancier auquel l'assignation est délivrée et, en tout état de cause, le certificat de non-contestation est toujours délivré par le greffe (voy. *infra*, n° 491).

donc **dès la réception de l'opposition** par le tiers détenteur dans les deux limites suivantes :

- l'indisponibilité de la créance-objet qui empêche le jeu de l'effet attributif (voy. *supra*, n° 477) ;
- le montant de la créance-cause à concurrence duquel l'opposition est pratiquée, de sorte que l'éventuel excédent de la créance saisie reste disponible entre les mains du débiteur, car il en reste le propriétaire.

489 ***Portée de l'attribution.*** L'effet attributif emporte, dans les limites qui viennent d'être indiquées, le **transfert de la propriété de la créance saisie** à l'organisme créancier. Celui-ci est donc à l'abri de toute saisie ultérieure, même si elle émane d'un créancier privilégié (CSS, art. R. 133-9-9). La seule hypothèse de concours est celle où des saisies emportant l'effet d'attribution immédiate sont reçues le même jour. Elles sont alors réputées faites simultanément et les saisissants doivent être payés en proportion de leurs créances si les fonds saisis sont insuffisants (CSS, art. L. 133-4-9, al. 2 et R. 133-9-9, al. 4).

De même, **l'ouverture ultérieure d'une procédure collective** à l'encontre du débiteur saisi **ne remet pas en cause**, du moins de plein droit, **l'effet attributif** (CSS, art. R. 133-9-9, al. 4). Mais il faut tenir compte de la **nullité facultative** introduite à l'article L. 632-2 du Code de commerce par la loi de sauvegarde du 26 juillet 2005 qui s'applique notamment à « toute opposition », et donc notamment à l'opposition à tiers détenteur. Celle-ci peut donc être annulée si elle a été pratiquée en période suspecte en connaissance de la cessation des paiements, dans les mêmes conditions que les saisies-attributions (voy. *supra*, n° 343 et encadré E27).

490 ***Séquestre.*** « Tout intéressé peut demander que les sommes faisant l'objet de l'opposition soient consignées entre les mains d'un séquestre désigné à l'amiable ou, à défaut, sur requête par le juge de l'exécution » (CSS, art. R. 133-9-7). Comme pour la saisie-attribution, cette faculté s'explique par le fait que si l'attribution est immédiate, le paiement du créancier est différé. Elle permet ainsi au tiers détenteur de se libérer sans attendre et d'arrêter le cours des intérêts. Mais il permet aussi au créancier de se mettre à l'abri du risque d'insolvabilité du tiers détenteur car le paiement incombera alors au séquestre qui a reçu les fonds saisis.

b) Le paiement différé de l'organisme créancier

491 ***Obligation de paiement.*** Le transfert de propriété de la créance saisie emporte l'obligation du tiers détenteur de payer à l'organisme créancier les sommes qu'il doit au débiteur saisi dans la limite de la créance-cause. Mais son exigibilité est différée pour permettre au débiteur de faire valoir ses contestations. Comme pour la saisie-attribution, il faut donc distinguer.

En l'absence de contestation dans le délai ouvert, le paiement devra se faire sur présentation d'un certificat de non-contestation, qui en la matière est toujours délivré par le greffe du juge de l'exécution compétent pour connaître des contestations. Mais il peut aussi intervenir plus tôt en cas de renonciation écrite du débiteur à toute contestation (CSS, art. R. 133-9-9, al. 1er).

En cas de contestation, le paiement ne peut normalement intervenir que sur présentation de la décision du juge de l'exécution l'ayant rejetée, préalablement notifiée aux parties en cause (CSS, art. R. 133-9-10, al. 4). Cependant le juge de l'exécution, saisie de la contestation, peut toujours ordonner un paiement provisionnel dans les mêmes conditions qu'en cas de saisie-attribution (CSS, art. R. 133-9-10, al. 2 et 3 ; voy. *supra*, n° 351). Mais pour l'opposition à tiers détenteur, cette règle est parfois inversée en ce sens que le paiement n'est pas différé, sauf si le juge en décide autrement. Cette inversion joue dans les deux cas suivants, prévus au troisième alinéa de l'article L. 133-4-9 du Code de la sécurité sociale :

- lorsque la créance de l'organisme saisissant fait suite à un contrôle au cours duquel a été établie une situation d'obstacle à contrôle[902] ;
- lorsque le recours contre le titre exécutoire a été jugé dilatoire ou abusif.

Dans tous les cas, lorsque l'organisme créancier reçoit paiement, il en donne quittance au tiers détenteur et en informe le débiteur (CSS, art. R. 133-9-9, al. 2).

492 ***Sanctions.*** Tant que l'organisme créancier n'a pas été payé, il conserve ses droits à l'encontre du débiteur saisi (CSS, art. R. 133-9-9, al. 3). Mais contrairement à la saisie-attribution, aucune déchéance n'est prévue en cas de négligence du créancier saisissant dans le recouvrement de la créance saisie.

Ceci étant, si le tiers détenteur refuse de payer, il appartient au créancier saisissant de l'assigner **devant le juge de l'exécution pour obtenir un titre exécutoire à son encontre** (CSS, art. R. 133-9, al. 3).

4. Les règles particulières à certaines créances saisies

Ces règles particulières concernent les créances à exécution successive (a) et les comptes bancaires (b), et elles sont strictement identiques à celles applicables en cas de saisie-attribution.

a) Les créances à exécution successive

493 ***Renvoi et consécration.*** Lorsqu'une opposition à tiers détenteur est pratiquée sur une créance à exécution successive, il faut lui appliquer les articles R. 211-15 à R. 211-17 du CPCE relatifs à la saisie-attribution, qui prévoient des modalités particulières de paiement du créancier selon que des contestations ont été élevées ou non (CSS, art. R. 133-9-11, al. 1er ; voy. *supra*, nos 352 à 354).

Ces modalités sont applicables même si une **procédure collective** est ouverte ultérieurement car celle-ci n'affecte pas l'obligation de paiement du tiers détenteur. Cette solution, dégagée par la jurisprudence en matière de saisie-attribution (voy. *supra*, n° 353), a été **consacrée expressément par le législateur** en la matière (CSS, art. R. 133-9-11, al. 2).

---

902. Selon le second alinéa de l'article L. 243-12-1 du Code la sécurité sociale, « l'obstacle à contrôle est caractérisé par des actions ou omissions ayant pour objet de faire obstacle ou de se soustraire aux opérations de contrôle exercées par les agents, quel que soit leur cadre d'action, consistant notamment à refuser l'accès à des lieux professionnels, à refuser de communiquer une information formellement sollicitée, quel qu'en soit le support, y compris dématérialisé, à ne pas répondre ou à apporter une réponse fausse, incomplète ou abusivement tardive à toute demande de pièce justificative, d'information, d'accès à une information, ou à ne pas répondre à une convocation, dès lors que la sollicitation, demande ou convocation est nécessaire à l'exercice du contrôle ».

b) Les comptes bancaires

494 ***Renvoi partiel.*** Une opposition à tiers détenteur, pratiquée sur un compte bancaire, est soumise aux dispositions particulières prévues pour la saisie-attribution[903]. Il suffit donc de renvoyer à ces règles qui affectent tant le déroulement de la saisie que ses effets (voy. *supra*, n°s 355 et s.).

La seule disposition écartée est l'article R. 211-22 du CPCE, qui concerne la saisie-attribution d'un **compte joint**. Lorsqu'une opposition à tiers détenteur est pratiquée sur un tel compte, il appartient **directement au banquier**, en sa qualité de tiers détenteur[904], d'en informer les autres titulaires par lettre recommandée avec demande d'avis de réception, dans un **délai de huit jours** à compter de la notification de l'opposition (CSS, art. R. 133-9-12, al. 2). Mais comme pour la saisie-attribution (voy. *supra*, n° 358), l'omission de cette information ne devrait pas être sanctionnée par la caducité de l'opposition, elle ne devrait engagée que la responsabilité du banquier.

E 37 **Attribution en paiement**

Pour le recouvrement de créances monétaires, l'effet attributif est réservé, en l'état du droit positif, aux saisies de créances de même nature. Il s'ensuit que pour la saisie des autres biens, la seule issue possible est celle de la vente pour permettre aux créanciers de se payer sur le prix. Pourtant, le saisissant pourrait avoir intérêt aussi à se faire attribuer le bien saisi en pleine propriété afin d'échapper au concours avec d'autres créanciers, même privilégiés, ou à une procédure collective ultérieure du débiteur.

C'est du reste la voie empruntée en matière de réalisation des sûretés réelles où l'ordonnance du 23 mars 2006 a étendu l'attribution du bien grevé, traditionnellement réservée au gage mobilier, à l'hypothèque et au gage immobilier (il s'agit de l'antichrèse ainsi rebaptisée par la loi du 12 mai 2009 de simplification et de clarification du droit et d'allègement des procédures, qui a modifié en ce sens les articles 2387 et s. du Code civil). De plus, par la légalisation du pacte commissoire, cette attribution peut être conventionnelle ou judiciaire[905]. Pourquoi alors s'arrêter en si bon chemin et ne pas l'étendre à tout créancier impayé, de manière à lui laisser le choix entre la vente et l'attribution du bien saisi ?

Cette généralisation reviendrait à instituer une nouvelle procédure civile d'exécution qui s'inscrirait parfaitement dans l'objectif de civilisation de l'exécution forcée. Elle pourrait être qualifiée d'attribution en paiement pour en souligner à la fois la parenté et la différence avec la dation en paiement. Du côté du débiteur, elle présenterait les mêmes avantages que la vente amiable du bien saisi, à condition que l'attribution se fasse au juste prix. Du côté des créanciers, il faudrait laisser le choix de l'issue au saisissant selon ses intérêts, ce qui nécessiterait de prendre en considération pour l'essentiel : la nature et la valeur du bien saisi, la présence possible d'autres créanciers et le risque d'ouverture d'une procédure collective contre le débiteur[906].

---

903. Il s'agit des articles L. 162-1du CPCE (CSS, art. L. 133-4-9, al. 4), ainsi que des articles R. 211-5, R. 162-1 à R. 162-9, R. 211-19 à R. 211-21, R. 211-23 et R. 213-10 du CPCE (CSS, art. R. 133-9-12, al. 1er).

904. En cas de saisie-attribution, cette dénonciation aux autres titulaires incombe normalement à l'huissier de justice et ce n'est qu'en cas d'ignorance de leur identité qu'il doit demander à l'établissement bancaire de les informer directement, selon l'article R. 211-22 du CPCE.

905. Voy. not. Ph. Simler et Ph. Delebecque, *Droit civil. Les sûretés. La publicité foncière*, 7e éd., coll. Précis, Paris, Dalloz, 2016, n°s 503, 504, 642 et 644 ; Ph. Hoonakker, « Réflexions sur l'adjudication au poursuivant à défaut d'enchère », in *Mélanges offerts au doyen Philippe Simler*, Paris, LexisNexis-Litec-Dalloz, 2006, p. 867, spéc. n°s 16 et s.

906. Sur l'ensemble de la question, voy. Ph. Hoonakker, « La civilisation de l'exécution forcée », in *Le droit de l'exécution forcée : entre mythe et réalité*, actes du colloque organisé par la revue *Droit et procédures*, les 27 et 28 avril 2007, EJT, 2007, p. 63.

CHAPITRE III

Les mesures avec vente

495 ***Nombreuses et variées.*** En l'état du droit positif, il s'agit de la catégorie la plus importante. Elle regroupe toutes les mesures d'exécution forcée d'une obligation de somme d'argent portant sur des biens autres que des créances du débiteur, à l'exception de quelques mesures mixtes (voy. *infra*, n°s 739 et s.).

Ces biens peuvent être meubles ou immeubles dès lors que tous les biens du débiteur sont le gage de ses créanciers. Pour les immeubles, il n'existe qu'une seule mesure d'exécution forcée, c'est la saisie immobilière (Section II). En revanche, pour les meubles, elles sont beaucoup plus nombreuses, à l'image de la diversité de ces biens. Il s'agit des saisies mobilières (Section I)[907].

SECTION I

Les saisies mobilières

496 ***Distinctions.*** Il est aisé de comprendre que les mesures d'exécution forcée ne peuvent être les mêmes selon que le bien meuble à saisir et à vendre est corporel ou incorporel. Lorsque le bien meuble est corporel, la mesure applicable est celle de la saisie-vente qui a vocation à s'appliquer à tous ces biens (§ 1). En revanche, lorsque le bien est incorporel, la réglementation n'est que partielle, car elle ne porte que sur certains d'entre eux, rendant ainsi incertaine la saisie des autres biens incorporels (§ 2). Mais une fois la vente réalisée, la distribution des deniers obtenus est soumise à un régime identique (§ 3).

§1. La saisie-vente des biens meubles corporels

497 ***Généralités.*** La saisie-vente, substituée à l'ancienne saisie-exécution dont toutes les règles ont été profondément modifiées, est régie par les articles **L. et R. 221-1 et s. du CPCE**. Elle a vocation à s'appliquer à **tous les biens meubles**

907. Il existe aussi une catégorie intermédiaire de mesures d'exécution forcée avec vente. Il s'agit des saisies spéciales qui portent sur les navires, les bateaux de navigation intérieure d'au moins 20 tonnes et les aéronefs, régies respectivement par les articles : L. 5114-20 à L. 5114-29 et R. 5114-15 à R. 5114-47 du Code des transports ; L. 4123-1, L. 4124-1 et R. 4123-1 à R. 4123-25 du même code ; R. 123-1 à R. 123-9 du Code de l'aviation civile. Elles sont qualifiées de saisies quasi-immobilières car ces biens meubles, en raison de leur importance, s'apparentent par leur régime juridique aux immeubles, ce qui explique que leur saisie soit souvent plus proche de la saisie immobilière que des saisies mobilières.

corporels, à condition qu'ils soient saisissables, même s'ils ont déjà été saisis antérieurement[908].

Il s'agit d'une mesure d'exécution forcée dont l'objet est de rendre le bien indisponible en vue de sa vente pour permettre aux saisissants de se payer sur le prix. Elle peut être d'autant plus traumatisante pour le débiteur qu'elle est souvent pratiquée à son domicile. C'est ce qui explique qu'elle est **particulièrement dissuasive** et qu'en pratique, le nombre de saisies se terminant par une vente forcée est très faible[909]. Mais ce caractère a aussi conduit le législateur à la rendre parfois subsidiaire pour privilégier des saisies sans vente, moins traumatisantes.

498 ***Subsidiarité.*** La règle de la subsidiarité est prévue aux articles L. et R. 221-2 du CPCE. Selon ces textes, si le créancier poursuit le recouvrement d'une créance **autre qu'alimentaire n'excédant pas 535 euros**[910], la saisie-vente de biens situés dans un local servant à l'habitation du débiteur[911] ne peut être poursuivie que si le recouvrement est impossible par voie de saisie d'un compte de dépôt ou par des rémunérations du travail[912]. La saisie-vente ne peut donc être pratiquée directement au domicile du débiteur qu'en recouvrement d'une créance alimentaire ou d'un montant supérieur à 535 euros[913].

Mais **il peut être dérogé à la subsidiarité avec l'autorisation du juge de l'exécution saisi sur requête**. Ce juge devrait ainsi pouvoir autoriser un créancier à pratiquer directement une saisie-vente au domicile de son débiteur pour recouvrer une créance non alimentaire n'excédant pas le seuil fixé, en cas d'urgence ou de mauvaise foi[914].

499 ***Plan.*** Lorsque la saisie-vente est possible, elle se réalise toujours en deux étapes successives : la saisie (A) et la vente (B). Mais ce déroulement normal de la saisie peut être perturbé par des incidents (C). Par ailleurs, il faut tenir compte de règles particulières applicables à certaines personnes ou à certains biens (D).

---

908. S'il s'agit d'une saisie-vente, il faudra procéder par voie d'opposition (voy. *infra*, n°s 527 et s.) et en cas de saisie conservatoire antérieure, faire application des articles R. 522-12 à R. 522-14 du CPCE (CPCE, art. R. 221-6 ; voy. *infra*, n°s 505, 509, 517 et 522).

909. Il est généralement admis que ce nombre se situe entre 1 % et 2 % des saisies pratiquées ; en ce sens, voy. Perrot et Théry, *op. cit.*, n° 619.

910. En cas de paiement partiel, ce seuil s'apprécie au regard du solde restant dû et non du montant initial de la créance : Civ. (2e ch.), 18 juin 2009, n° 08-18379, *D.*, 2009, p. 1769, obs. V. Avena-Robardet ; *Procédures*, 2009, comm. n° 274, obs. R. Perrot ; *Dr. et procéd.*, 2009, p. 353, obs. F. Vinckel ; de plus, tout paiement s'impute d'abord sur les frais : Civ. (2e ch.), 19 février 2009, n° 08-10004, *Procédures*, 2009, comm. n° 149, obs. R. Perrot.

911. Même s'il s'agit d'une résidence secondaire : Civ. (2e ch.), 18 juin 2009, préc.

912. Sous peine de nullité de la saisie-vente, l'huissier de justice doit effectuer des recherches, au moins sommaires, pour identifier l'existence d'un tel compte ou l'employeur du débiteur : Jex Troyes, 20 octobre 2004, *Dr. et procéd.*, 2005, p. 101, obs. A. Leborgne.

913. À défaut, les frais engagés pour effectuer une saisie-vente au mépris de le règle de la subsidiarité sont injustifiés et restent à la charge de l'huissier de justice : Civ. (2e ch.), 5 mai 2011, n° 10-15977, *Procédures*, 2011, comm. n° 224, obs. R. Perrot.

914. Sur une critique ce cette règle qui paraît de plus en plus dépassée : J. Lauvergnat, « La subsidiarité de la saisie-vente : chronique d'un principe anachronique », *Dr. et procéd.*, 2010, p. 223.

A) La saisie

Cette procédure d'exécution commence obligatoirement par un commandement préalable de payer, appelé généralement commandement aux fins de saisie-vente (1), qui seul rendra possible les opérations de saisie (2), avec tous les effets qui y sont attachés (3).

1. Le commandement aux fins de saisie-vente

500 ***Modalités.*** Il s'agit d'un acte d'huissier de justice par lequel le créancier met son débiteur en demeure de payer, sous peine de saisie-vente de ses biens.

Dans tous les cas, il doit comporter à peine de nullité, outre les mentions communes de l'article 648 du CPC, les mentions particulières suivantes (CPCE, art. R. 221-1 et R. 221-3, 1° et 2°) :

- le titre exécutoire en vertu duquel les poursuites sont exercées, avec le décompte des sommes réclamées en principal, frais et intérêts échus ainsi que le taux applicable[915] ;
- le commandement d'avoir à payer la dette dans un délai de huit jours, faute de quoi il pourra y être contraint par la vente forcée de ses biens.

Lorsque la règle de la subsidiarité est applicable, il faut y ajouter (CPCE, art. R. 221-3, 2° et 3°) :

- l'indication, au niveau du commandement, que la vente forcée n'est encourue que si aucune saisie sur un compte de dépôt ou sur les rémunérations n'est possible ;
- l'injonction de communiquer à l'huissier de justice du poursuivant dans un **délai de huit jours**, les nom et adresse de son employeur et les références de ses comptes bancaires ou l'un de ces deux éléments seulement[916] (sur la sanction du silence du débiteur, voy. *infra*, encadré E38).

Ainsi rédigé, le commandement doit être porté à la connaissance du débiteur par voie de signification[917]. Celle-ci ne peut être délivrée à domicile élu, mais elle peut l'être en même temps que le jugement qui sert de fondement aux poursuites (CPCE, art. R. 221-4). Cette formalité accomplie, le commandement pourra produire les effets que la loi y attache.

---

915. Si le montant indiqué est supérieur au montant réel de la dette, le commandement n'est pas nul, il vaut à concurrence de ce montant : Civ. (2e ch.), 22 juin 2017, n° 16-18410, *RJDA*, 2017, n° 660. Déjà en ce sens : Civ. (3e ch.), 6 mai 1998, n° 96-14339, *Bull. civ.* III, n° 92.

916. Cette injonction était aussi prévue au second alinéa de l'article 51 de la loi de 1991, mais elle n'a pas été reprise à l'article L. 221-2 du CPCE car elle faisait double emploi avec le 3° de l'article 83 du décret de 1992, devenu l'article R. 221-3 du CPCE.

917. La 2e chambre civile de la Cour de cassation a décidé, par un arrêt de principe rendu en formation de section sous la présidence du Premier président de la Cour de cassation, que le commandement de payer n'est pas un acte d'exécution forcée, même s'il engage la saisie-vente ; en conséquence, il ne relève pas du monopole de l'huissier de justice et peut être signifié par un clerc assermenté : Civ. (2e ch.), 13 mai 2015, n° 14-12089 (FS-P+B+R+I), *D.*, 2016, p. 1285, obs. A. Leborgne.

E 38 **Sanction du silence du débiteur**

Si le débiteur ne se conforme pas à l'injonction qui lui est faite lorsque la règle de la subsidiarité est applicable, quelle sanction encourt-il ? L'article 51, alinéa 3, de la loi de 1991 ne prévoyait que la possibilité pour l'huissier de justice de saisir directement le procureur de la République en recherche d'informations. Aussi, cette question avait soulevé une vive controverse entre les tenants d'une application stricte de l'article 51[918] et ceux qui préconisaient la saisie-vente immédiate[919]. Elle avait été tranchée en faveur des premiers par la Cour de cassation qui avait dit pour avis que le défaut de réponse ne saurait à lui seul priver le débiteur du bénéfice de la subsidiarité[920].

Cette solution pouvait certes se réclamer de la lettre de ce texte, mais elle semblait peu compatible avec les objectifs poursuivis par la réforme. En effet, si la subsidiarité de la saisie-vente répond certainement au souci d'humanisation qui a animé le législateur et, en l'occurrence, celui de préserver l'intégrité du logement familial, elle aurait dû être réservée aux seuls « débiteurs de bonne foi[921] ». Pour ce faire, il aurait fallu envisager expressément cette subsidiarité comme une faveur conditionnelle accordée au débiteur dont il aurait dû être privé si, par son comportement, il a empêché la saisie de l'une des créances monétaires privilégiées[922].

En tout cas, cet argument purement exégétique a disparu avec la loi dite *Béteille* du 22 décembre 2010 qui, en instituant l'accès direct de l'huissier de justice aux informations protégées (voy. *supra*, n°s 187 et s.), a supprimé l'alinéa 3 de l'article 51 de la loi de 1991825[923], lequel n'a donc pas été repris à l'article L. 221-2 du CPCE. Dans ces conditions, il devrait être possible, à présent, de faire prévaloir l'esprit de la réforme de 1991/1992 en retenant, pour sanction, la déchéance du bénéfice de la subsidiarité par l'autorisation de pratiquer immédiatement la saisie-vente, en cas de refus du débiteur de déférer à l'injonction qui lui est faite par le commandement préalable de payer[924].

501 ***Effets.*** En tant que mise en demeure, le commandement aux fins de saisie-vente **fait courir les intérêts moratoires** (C. civ., art. 1344-1, anc. 1153). Par ailleurs, il produit des **effets procéduraux** dans la perspective de la saisie à venir, en faisant courir **deux délais de huit jours** à l'égard du débiteur :

918. En ce sens : J. Beauchard, « Le logement et les procédures civiles d'exécution », *RTD Civ.*, 1993, n° spécial « La réforme des procédures civiles d'exécution », note n° 18, spéc. n°s 23 et s. ; Y. Desdevises, « L'incidence du silence du débiteur sur la subsidiarité de certaines saisies-ventes », *D.*, 1993, chron., p. 160 ; Ph. Goichot, « Saisie-vente », *JCl. Procédure civile*, fasc. 2320, n°s 21 et s.

919. En ce sens : J.-J. Daigre, « À propos de la subsidiarité de la saisie-vente », *Rev. huissiers*, 1992, p. 1041 ; J.-P. Faget et D.-R. Martin, « Subsidiarité de la saisie-vente et silence du débiteur », *JCP G*, I, 3711, p. 437.

920. Cass. (avis), 8 décembre 1995, n° 09-50013, *Bull.*, avis n° 15 ; *D.*, 1997, p. 130, note Ruellan et Lauba ; *Procédures*, 1996, comm. n° 9, obs. R. Perrot ; *Justices*, 1997, p. 332, obs. Putman ; voy. aussi J.-J. Bourdillat, « La subsidiarité de certaines saisies-ventes : quand la loi est inique », *Gaz. Pal.*, 1996, doctr., p. 900 ; J.-J. Daigre, « Subsidiarité de la saisie-vente : la carence du débiteur récompensée ? », *Rev. huissiers*, 1996, p. 257 ; J.-J. Daigre et D.-R. Martin, « La lettre tue, l'esprit vivifie », *D.*, 1996, p. 238 ; P. Przemyski-Zajac et Ph. Przemyski, « Saisie-vente : la subsidiarité ? », *Rev. huissiers*, 1996, p. 897.

921. Exposé des motifs de la loi du 9 juillet 1991, pp. 5-8 ; voy. aussi N. Catala, Rapport de la commission des lois de l'assemblée nationale, n° 1202, pp. 15-24.

922. En ce sens : J.-P. Faget et D.R. Martin, *op. cit.*, note n° 29.

923. L. 2010-1609 du 22 décembre 2010, art. 5 IV.

924. Voy. cependant R. Perrot et Ph. Théry, *op. cit.*, n° 623 ; ces auteurs considèrent que la solution ancienne s'imposerait, *a fortiori*, car l'huissier de justice disposant désormais d'une accès direct à ces informations privilégiées, il lui appartiendrait « de procéder lui-même à cette recherche » ; autrement dit, l'injonction légale serait désormais dépourvue de toute sanction !

- le **délai d'attente** dans lequel le débiteur doit s'acquitter s'il veut éviter la saisie et la vente de ses biens ;
- le **délai de communication** des informations requises lorsque la règle de la subsidiarité s'applique.

Les opérations de saisie ne pourront donc jamais commencer avant l'expiration d'un délai de huit jours. Cependant rien n'oblige le créancier à les pratiquer immédiatement et lorsque la règle de la subsidiarité s'applique, il doit même vérifier d'abord qu'aucune des saisies privilégiées de créances monétaires n'est possible. Mais dans tous les cas, il devra agir **dans un délai de deux ans, à peine de péremption du commandement**[925]. Cette sanction affecte les effets procéduraux du commandement et oblige le créancier à le réitérer. En revanche, selon l'article R. 221-5 du CPCE, « l'effet interruptif de prescription du commandement demeure »[926].

Ce texte est issu de l'article 85 du décret de 1992 qui, à l'origine, était en parfaite harmonie avec l'ancien article 2244 du Code civil, lequel citait notamment comme actes interruptifs de la prescription, « un commandement ou un acte de saisie signifiés à celui qu'on veut empêcher de prescrire ». Mais la loi du 17 juin 2008 portant réforme de la prescription en matière civile a modifié ce texte qui prévoit désormais que « le délai de prescription ou le délai de forclusion est également interrompu par ... un acte d'exécution forcée ». Pour continuer à produire un effet interruptif, le commandement de payer devrait donc constituer un acte d'exécution forcée. Or, on peut en douter car il n'est qu'une formalité préalable qui ne produit aucun des effets de la saisie, caractéristiques des mesures d'exécution forcée. Finalement, la 2ᵉ chambre civile a décidé, par un arrêt de principe rendu en formation de section sous la présidence du Premier président de la Cour de cassation et au visa des articles 2244 du Code civil, L. 221-1 et R. 221-5 du CPCE, que si le commandement aux fins de saisie-vente n'est pas un acte d'exécution forcée, il interrompt néanmoins la prescription car il engage la saisie-vente qui est une mesure d'exécution forcée[927]. La solution est heureuse en pratique car elle met fin à une incertitude dommageable pour tous, parties et professionnels. Mais en droit, elle est surprenante car elle a obligé la Cour de cassation à faire prévaloir la lettre d'un texte règlementaire, l'article R. 221-5 du CPCE, sur la lettre d'un texte législatif, l'article 2244 du Code civil. Mais il est vrai qu'elle n'en a sans doute pas travesti l'esprit.

---

925. L'article R. 221-5 ne qualifie pas, du moins expressément, le délai biennal qu'il institue. Mais dans la mesure où le commandement n'est anéanti que pour l'avenir, il peut être assimilé à un délai de péremption (en ce sens : N. Monachon Duchêne, « Les limites de la saisie-vente », *JCP G.*, 1997, II, p. 4044, n° 6), comparable à celui applicable au commandement valant saisie immobilière lorsque, dans les deux ans de sa publication, il n'a pas été suivi de la mention en marge d'un jugement constatant la vente de l'immeuble saisi (voy. *infra*, n° 629). En tout cas, comme l'a jugé la Cour de cassation (Civ. [2ᵉ ch.], 16 mars 2017, n° 16-12610, à paraître au Bull.), il ne peut s'agir d'une caducité car en matière de procédures civiles d'exécution, elle produit toujours un effet rétroactif.

926. De manière générale, subsistent tous les effets qui se sont déjà produits et notamment, les intérêts moratoires que le commandement a pu faire courir ; en ce sens, R. Perrot et Ph. Théry, *op. cit.*, n° 624.

927. Civ. (2ᵉ ch.), 13 mai 2015, n° 14-16025 (FS-P+B+R+I), *Dr. et procéd.*, 2015, p. 104, obs. O. Salati ; *Gaz. Pal.*, 2015, p. 3079, obs. C. Brenner ; *D.*, 2016, p. 1285, obs. A. Leborgne.

E 39 **Danger du commandement aux fins de saisie-vente**

Le commandement aux fins de saisie-vente a été institué dans un souci d'humanité pour laisser une dernière chance au débiteur et lui éviter ainsi une saisie traumatisante de ses biens meubles corporels. Mais il présente aussi des dangers pour le créancier car il laisse le temps au débiteur de mauvaise foi de faire disparaître ses biens, et surtout ses biens de valeur. Comme l'a écrit un auteur, « le Picasso devient insaisissable[928] ».

Pour remédier à ce danger, il est possible, de *lege lata*, de pratiquer une saisie conservatoire qui ne nécessite pas de commandement aux fins de saisie-vente. Les biens saisis sont alors rendus indisponibles et il suffira de convertir la saisie conservatoire en saisie-vente, si le débiteur ne s'acquitte pas.

Mais il serait possible aussi, de *lege ferenda*, d'inverser la règle en instituant un délai d'attente après la saisie du bien, comme en matière de saisie immobilière. Pour ce faire, il suffirait d'instituer un commandement de payer valant saisie qui produirait les mêmes effets que le commandement aux fins de saisie-vente, tout en rendant immédiatement indisponibles les biens meubles corporels saisis. Le débiteur disposerait alors d'un délai de huit jours pour s'acquitter et éviter ainsi la poursuite des opérations de saisie, sans que les intérêts du créancier ne soient compromis. En cas de subsidiarité, ce délai se prolongerait jusqu'à ce qu'il soit établi que le recouvrement n'est pas possible par l'une des saisies privilégiées de créances monétaires.

2. Les opérations de saisie

502 ***Dispositions communes.*** Les opérations de saisie peuvent être pratiquées sur tous les biens meubles du débiteur, qu'ils se trouvent entre ses mains ou entre les mains d'un tiers (CPCE, art. L. 221-1, al. 1er). Certaines des dispositions qui les régissent sont communes à ces deux hypothèses. Elles portent sur les points suivants :

- **le moment de l'exécution**, qui ne peut commencer avant l'expiration du délai de huit jours suivant le commandement aux fins de saisie-vente signifié au débiteur (voy. *supra*, n° 501) ;
- si la saisie est subordonnée à une **autorisation du juge de l'exécution**, elle devra être portée à la connaissance, selon le cas, du débiteur ou du tiers détenteur, et être annexée au procès-verbal de saisie (CPCE, art. R. 221-11) ;
- **la pénétration dans le local** où se trouvent les biens à saisir, qui requiert de l'huissier de justice qu'il respecte les formalités imposées, spécialement en cas d'absence ou de refus de l'occupant (voy. *supra*, nos 192 et s.) ;
- les biens saisissables que l'huissier de justice peut prendre en **photographies** en vue de la vérification à laquelle il sera procéder avant la vente forcée (voy. *infra*, n° 522) ; mais il ne les annexe pas au procès-verbal car il ne peut les communiquer qu'en cas de contestation et, dans cette perspective, il les conserve à son étude (CPCE, art. R. 221-12) ;
- s'il n'existe pas de biens saisissables ou si ceux qui existent sont manifestement sans valeur marchande, il doit établir un **procès-verbal de carence** (CPCE, art. R. 221-14).

Pour le surplus, les opérations de saisie sont distinctes selon qu'elles sont pratiquées entre les mains du débiteur lui-même (a) ou entre les mains d'un tiers (b).

928. J. Beauchard, « Le logement et les procédures civiles d'exécution », *op. cit.*, p. 109, spéc. n° 16.

a) Opérations de saisie pratiquée entre les mains du débiteur

503 ***Opérations préalables.*** **Si le débiteur est présent**, l'huissier de justice doit toujours **réitérer verbalement** la demande de paiement et l'informer qu'il est tenu de lui faire connaître les biens antérieurement saisis (CPCE, art. R. 221-15).

Dans tous les cas, l'huissier de justice sélectionne les biens à saisir[929]. Pour ce faire, il peut procéder à l'ouverture forcée des meubles en respectant les mêmes formalités que celles imposées pour la pénétration dans les lieux en cas d'absence ou de refus de l'occupant (voy. *supra*, n° 194). En tout cas, il lui appartient de choisir les biens à saisir, en fonction de leur valeur et du montant de la créance à recouvrer, de manière à respecter le principe de proportionnalité prévu à l'article L. 111-7 du CPCE. Il pourra alors dresser le procès-verbal de saisie.

504 ***Procès-verbal de saisie.*** Le procès-verbal de saisie est un acte d'huissier de justice, qui à ce titre doit contenir les mentions générales prévues à l'article 648 du Code de procédure civile[930]. En outre, il doit comporter, à peine de nullité[931], les mentions particulières prescrites aux 1° à 8° de l'article R. 221-16 du CPCE. Elles peuvent être classées en quatre rubriques :

- celles **relatives aux conditions de la saisie** : la référence au titre exécutoire (1°) et, en cas de pénétration forcée dans les lieux, l'indication des nom, prénom et qualité des personnes qui ont assisté aux opérations de saisie, lesquelles doivent apposer leur signature sur l'original et les copies, et s'ils refusent il en est fait mention dans l'acte (2°) ;
- celles **relatives à l'objet de la saisie** : l'inventaire des biens saisis comportant une désignation détaillée de ceux-ci (2°) et la déclaration du débiteur, s'il est présent, au sujet d'une éventuelle saisie antérieure des mêmes (3°) ; la jurisprudence se montre exigeante sur la désignation requise en n'hésitant pas à sanctionner celles qui sont trop générales et imprécises[932] ;
- celles **relatives aux obligations du débiteur saisi** : d'une part, en caractères très apparents, celles liées à l'indisponibilité des biens saisis, sous peine des sanctions prévues à l'article 314-6 du Code pénal (4° ; voy. *infra*, n°s 511 à 513), qui doit être reproduit (8°) ; d'autre part, celle de faire connaître la présente saisie à tout créancier qui procéderait à une nouvelle saisie des mêmes biens (4°) ;

929. L'article 94 du décret de 1992 prévoyait que l'huissier de justice devait dresser un inventaire des biens avant d'établir l'acte de saisie. Mais cette rédaction était maladroite car elle signifiait que l'huissier de justice devait inventorier systématiquement tous les biens présents sur place, même ceux non saisis. C'est la raison pour laquelle cette mention n'a pas été reprise à l'article R. 221-16 du CPCE qui se contente d'imposer l'inventaire des biens saisis (voy. *infra*, n° 504).

930. En particulier, il doit comporter la signature de l'huissier de justice. Mais il a été jugé que son omission ne constitue qu'un vice de forme qui doit avoir causé un grief pour être sanctionné : Civ. (2e ch.), 15 janvier 2009, n° 08-11446, *Procédures*, 2009, comm. n° 79, obs. R. Perrot.

931. Il s'agit toujours d'une nullité pour irrégularité de forme qui suppose l'établissement d'un grief (voy. *supra*, n° 15). Ainsi, un procès-verbal de saisie-vente qui désigne le créancier par son nom commercial, au lieu de sa dénomination sociale prévue à l'article 648 du CPC, n'est pas nul s'il n'y avait aucune ambiguïté sur son identité de sorte qu'aucun grief n'était démontré : Civ. (2e ch.), 17 octobre 2013, n° 12-25967, *Dr. et procéd.*, 2014, p. 285, obs. F. Vinckel.

932. Voy. not. Civ. (2e ch.), 30 septembre 1999, n° 97-18424, *Bull. civ.*, II, n° 146, à propos de l'annulation d'un acte de saisie se contentant de mentionner : « collection de livres (500 unités) ».

– celles **relatives aux droits du débiteur saisi** comprenant : le droit à la vente amiable (voy. *infra*, n°s 515 et s.), qui doit figurer en caractères très apparents (5°), avec la reproduction des articles R. 221-30 à R. 221-32 du CPCE qui le régissent, et la désignation de la juridiction devant laquelle il pourra exercer son droit de contestation (6°).

Lorsque l'huissier de justice a ainsi dressé l'acte de saisie, il lui appartient encore d'accomplir des opérations finales, qui varient selon que le débiteur est ou non présent.

505 ***Opérations finales.*** Si le débiteur est présent, l'huissier de justice lui rappelle verbalement les obligations qui lui incombent ainsi que son droit à la vente amiable et en fait mention dans son acte. Il lui en remet immédiatement une copie et cette remise vaut signification à personne (CPCE, art. R. 221-17).

Si le débiteur est absent, une copie de l'acte de saisie lui est signifiée selon les règles habituelles, avec injonction de faire connaître à l'huissier de justice, dans un délai de huit jours, les éventuelles saisies antérieures et de lui communiquer les procès-verbaux correspondants (CPCE, art. R. 221-18).

Enfin, si les mêmes biens ont fait l'objet antérieurement de saisies conservatoires, l'huissier de justice doit signifier le procès-verbal de saisie-vente aux créanciers concernés (CPCE, art. R. 522-12).

b) Opérations de saisie pratiquée entre les mains d'un tiers

506 ***Rappels.*** Si le créancier peut saisir les biens qui se trouvent entre les mains d'un tiers, encore faut-il qu'il remplisse toutes les conditions de la saisie-vente à l'égard du débiteur. L'huissier de justice ne pourra donc opérer qu'à l'expiration d'un délai de huit jours après la signification du commandement aux fins de saisie-vente au débiteur, et il devra présenter cet acte au tiers saisi (CPCE, art. R. 221-21).

Par ailleurs, si la saisie doit avoir lieu dans le local d'habitation du tiers saisi, elle doit toujours être autorisée par le juge de l'exécution (CPCE, art. L. 221-1, al. 3 ; voy. *supra*, n° 197). À cela s'ajoute qu'en cas de refus ou d'absence du tiers, l'huissier de justice ne pourra pénétrer dans le local où se trouvent les biens qu'en respectant les formalités impératives qui sont prévues en pareilles circonstances (voy. *supra*, n° 194).

507 ***Opérations préalables.*** L'huissier de justice ne peut **saisir** entre les mains du tiers **que les biens appartenant au débiteur**. C'est la raison pour laquelle il doit inviter le tiers à déclarer les biens qu'il détient pour le compte du débiteur en précisant s'ils ont déjà fait l'objet d'une saisie antérieure (CPCE, art. R. 221-21, al. 2). Tout refus, comme toute déclaration inexacte ou mensongère, exposent le tiers à une condamnation au paiement des causes de la saisie, sauf son recours contre le débiteur, ainsi qu'à des dommages et intérêts (CPCE, art. R. 221-21, al. 3).

Si le tiers ne déclare aucun bien appartenant au débiteur **ou s'il refuse** de répondre, **l'huissier de justice en dresse acte**, lequel lui est remis ou signifié, avec l'indication, en caractères très apparents, des sanctions encourues (CPCE, art. R. 221-22).

À l'inverse, **s'il déclare des biens** détenus pour le compte du débiteur, **l'huissier de justice pourra les saisir** en dressant un procès-verbal de saisie (CPCE, art. R. 221-23, al. 1er).

508 ***Procès-verbal de saisie.*** Le procès-verbal de saisie, dressé par l'huissier de justice en cas de déclaration affirmative du tiers saisi, doit comporter à peine de nullité les mentions prévues aux 1° à 10° de l'article R. 221-23 du CPCE.

Certaines sont identiques à celles de la saisie entre les mains du débiteur. Il s'agit des mentions relatives aux conditions de la saisie (1° et 9°), de la désignation des biens saisis (4°) et de la juridiction compétente pour connaître des contestations (8°), ainsi que l'obligation de faire connaître la saisie à tout nouveau saisissant (5°).

D'autres mentions s'en distinguent, au moins partiellement, pour tenir compte de la situation particulière du tiers saisi. Elles portent sur :

- ses nom et domicile (2°) ;
- sa déclaration avec l'indication en caractères très apparents des sanctions encourues lorsqu'elle est inexacte ou mensongère (3° ; voy. *supra*, n° 507) ;
- ses obligations liées à l'indisponibilité des biens saisis (5°), avec la reproduction de l'article 314-6 du Code pénal (10°) et l'indication que le tiers saisi peut toujours refuser la garde des biens saisis conformément à l'article R. 221-27 du CPCE, qui doit être reproduit (6e ; voy. *infra*, n°s 511 à 513) ;
- l'indication qu'il peut faire valoir ses droits sur les biens saisis par déclaration ou par lettre recommandée avec demande d'avis de réception adressée à l'huissier de justice instrumentaire (7°) ; il s'agit essentiellement des droits d'usage (voy. *infra*, n° 512) et de rétention (voy. *infra*, n° 510), voire du droit de propriété en cas de saisie pratiquée en l'absence du tiers (voy. *infra*, encadré E40).

Lorsque l'huissier de justice a ainsi dressé l'acte de saisie, il lui appartient encore d'accomplir des opérations finales, qui varient selon que le tiers saisi est ou non présent.

509 ***Opérations finales.*** **Si le tiers saisi est présent**, l'huissier de justice doit lui rappeler verbalement sa déclaration et ses obligations liées à l'indisponibilité des biens saisis ainsi que les sanctions encourues. Il en fait mention dans l'acte de saisie dont une copie est immédiatement remise au tiers saisi, et cette remise vaut signification à personne (CPCE, art. R. 221-24).

Si le tiers saisi est absent aux opérations de saisie (sur les difficultés suscitées par cette hypothèse, voy. *infra*, encadré E40), l'huissier de justice lui communique une copie de l'acte de saisie, en lui impartissant un délai de huit jours pour porter à sa connaissance les éventuelles saisies antérieures et lui communiquer les procès-verbaux correspondants (CPCE, art. R. 221-25).

Si les mêmes biens ont fait l'objet antérieurement de saisies conservatoires, l'huissier de justice doit signifier le procès-verbal de saisie-vente aux créanciers concernés (CPCE, art. R. 522-12).

Enfin, et **dans tous les cas, une copie de l'acte doit être signifiée au débiteur huit jours au plus tard après la saisie**. Depuis le CPCE, cette formalité est prescrite **à peine de caducité**[933], ce qui signifie que la saisie sera rétroactivement anéantie si elle n'est pas dénoncée au débiteur en temps utile. De plus, et à peine de nullité, cette dénonciation doit comporter l'indication

933. Antérieurement l'article 103 du décret de 1992 ne prescrivait aucune sanction. Mais à tout le moins, la saisie ne pouvait produire d'effets à l'égard du débiteur tant qu'elle ne lui avait pas été signifiée.

de la faculté de vente amiable dont dispose le débiteur dans les conditions prévues aux articles R. 221-30 à R. 221-32 du CPCE, qui sont reproduits (CPCE, art. R. 221-26).

E 40 **Le tiers saisi absent : la quadrature du cercle ?**

Selon l'article R. 221-23 du CPCE, l'huissier de justice ne procède à une saisie-vente entre les mains d'un tiers que si celui-ci « déclare détenir des biens pour le compte du débiteur ». Mais si le tiers est absent au moment des opérations de saisie, cette déclaration affirmative semble exclue, ce qui rendrait alors impossible toute saisie-vente entre ses mains. Or, l'article R. 221-25 du CPCE envisage expressément la saisie-vente « lorsque le tiers n'a pas assisté aux opérations de saisie ». Dans ce cas, une copie de l'acte de saisie est signifiée au tiers en lui impartissant un délai de huit jours pour faire connaître d'éventuelles saisies antérieures « sur les mêmes biens ». Pour résoudre cette difficulté, qui s'apparente à la quadrature du cercle, deux interprétations sont envisageables.

La première réduit l'absence envisagée par l'article R. 221-25 aux seules opérations de saisie elles-mêmes et suppose donc que le tiers ait fait une déclaration affirmative antérieurement. Il peut en être ainsi dans deux situations : si le tiers s'est retiré après avoir fait sa déclaration ou si les opérations n'ont été pratiquées que plus tard, en son absence. Mais on ne voit pas pourquoi alors la signification de l'acte de saisie obligerait le tiers à faire connaître les saisies antérieures dans un délai de huit jours, alors que la déclaration affirmative antérieure aurait déjà dû porter sur ce point (CPCE, R. 221-21, al. 2). De plus, cette interprétation n'est pas satisfaisante pour le créancier car elle permettrait au tiers d'empêcher toute saisie-vente par sa seule passivité, sans risquer d'engager sa responsabilité, laquelle suppose une déclaration effective ou un refus exprès de déclaration (CPCE, R. 221-21, al. 3).

La seconde interprétation semble donc préférable. Elle consiste à considérer que l'article R. 221-23 ne subordonne la saisie-vente à une déclaration affirmative du tiers que lorsque les opérations de saisie sont pratiquées en sa présence. L'huissier de justice doit alors limiter sa saisie aux seuls biens déclarés et s'abstenir de toute saisie en cas d'affirmation négative ou en cas de refus de déclaration du tiers. Mais les droits du créancier sont toujours préservés car le tiers peut être condamné aux causes de la saisie et à des dommages et intérêts en cas de refus de déclaration ou de déclaration inexacte ou mensongère (CPCE, R. 221-21, al. 3). En revanche, si le tiers est absent, il faut admettre que l'article R. 221-25 autorise implicitement, mais nécessairement, la saisie-vente entre ses mains, selon les modalités de l'article R. 221-23, sans déclaration affirmative préalable. Cette interprétation est plus respectueuse du droit à l'exécution du créancier et ne sacrifie pas pour autant les droits du tiers. En effet, celui-ci peut toujours faire valoir, auprès de l'huissier de justice, son droit de propriété sur les biens saisis en son absence (CPCE, art. R. 221-23-7°) et agir, le cas échéant, en distraction[934].

510 ***Droit de rétention.*** Le tiers saisi peut se prévaloir d'un droit de rétention sur le bien saisi, soit à l'occasion des opérations de saisie, soit ultérieurement par lettre recommandée avec demande d'avis de réception adressée à l'huissier de justice (CPCE, art. R. 221-29, al. 1er)[935]. Consacré à l'article 2286 du Code civil par l'ordonnance du 23 mars 2006 relative aux sûretés, il peut être défini comme « le droit pour la personne qui détient une chose appartenant (normalement, mais pas nécessairement) à son débiteur de conserver cette chose

934. Voy. *infra*, nos 536 et s. ; en ce sens, voy. *Lamy Droit de l'exécution forcée*, n° 425-70, b-3.

935. Mais il devra le faire valoir avant l'enlèvement des biens (voy. *infra*, n° 522), car le droit de rétention s'éteignant par le dessaisissement volontaire, il perdra ce droit s'il laisse faire l'enlèvement sans l'invoquer ; en ce sens, voy. R. Lauba, *Droit et pratique des voies d'exécution*, *op. cit.*, n° 714-149.

par-devers elle en attendant le règlement intégral de sa créance[936] ». Il est opposable au débiteur et à tous ses ayants cause, et en particulier à ses créanciers.

C'est la raison pour laquelle **le créancier saisissant peut contester ce droit** devant le juge de l'exécution où demeure le tiers dans le délai d'un mois et le bien demeure alors indisponible durant l'instance (sur cet effet, voy. *infra*, n° 511 ; CPCE, art. R. 221-29, al. 2).

Si la contestation est rejetée, le droit de rétention est opposable au créancier saisissant, comme en cas de défaut de contestation, car dans ce cas il est réputé fondé pour les besoins de la saisie (CPCE, art. R. 221-29, al. 3). Mais quel est alors le sort de la saisie-vente ? On pourrait considérer qu'elle ne peut plus être poursuivie à l'égard du bien concerné[937]. Mais cette solution irait au-delà du simple droit de blocage reconnu au rétenteur. Il semble donc plus juste de considérer que **le droit de rétention** ne fait pas juridiquement obstacle à la saisie et à la vente, mais il **oblige** pratiquement **le saisissant à composer avec le rétenteur**, car celui-ci peut refuser de restituer le bien tant qu'il n'a pas été intégralement payé. Autrement dit, si le créancier veut poursuivre la vente du bien, il devra autoriser le rétenteur à prélever le montant de sa créance sur le prix de vente[938]. Il n'aura donc intérêt à poursuivre la saisie que si la valeur du bien le justifie. À défaut, il vaudra mieux qu'il l'abandonne.

Toute cette discussion n'existe pas **si le juge accueille la contestation** élevée par le créancier saisissant. Le droit de rétention est alors écarté de sorte que **la saisie-vente pourra se poursuivre sans** entrave et l'acte de saisie continuera à produire pleinement ses effets.

3. Les effets de la saisie

L'acte de saisie rend les biens indisponibles sous la garde du saisi qui encourt les sanctions prévues par la loi.

511 ***Indisponibilité.*** L'indisponibilité, prévue aux articles L. 141-2 et R. 221-13 du CPCE, se justifie par la fin poursuivie qui est la vente du bien pour permettre le paiement des créanciers. Il faut donc que le bien demeure, en l'état, dans le patrimoine du débiteur, afin de pouvoir être vendu aux meilleures conditions dans le cadre de la saisie.

Il s'ensuit que **l'indisponibilité interdit** non seulement **toute vente volontaire** par le débiteur, mais aussi **toute destruction ou détérioration** des biens saisis. Quant à **leur déplacement**, il **n'est possible qu'en cas de cause légitime** et à condition d'en informer préalablement le créancier en lui indiquant le lieu où ils seront placés (CPCE, art. R. 221-13, al. 2). Mais l'indisponibilité n'empêche pas normalement l'usage des biens saisis, ce qui explique qu'ils soient placés sous la garde du saisi.

512 ***Garde.*** Autrefois, les biens saisis étaient immédiatement enlevés et remis à un tiers constitué gardien, ce qui en retirait l'usage au saisi. Désormais, c'est le saisi lui-même qui en est institué gardien. Mais en raison des risques encourus,

936. Ph. Simler et Ph. Delebecque, *Droit civil. Les sûretés. La publicité foncière*, 6e éd., coll. Précis, Paris, Dalloz, 2012, n° 580.

937. En ce sens : R. Perrot et Ph. Théry, *op. cit.*, n° 638.

938. En ce sens : R. Lauba, *Droit et pratique des voies d'exécution, op. cit.*, n° 714-148.

ce principe n'est pas absolu, sa portée variant selon que le saisi est le débiteur lui-même ou un tiers.

Lorsque la saisie est pratiquée **entre les mains du débiteur**, il est en principe le gardien des biens saisis (CPCE, art. R. 221-16-4°) et il en conserve donc l'usage, sauf s'ils sont consomptibles. Mais le juge de l'exécution peut ordonner, à tout moment, sur requête, la remise d'un ou plusieurs des biens saisis à un séquestre qu'il désigne (CPCE, art. R. 221-19).

Lorsque la saisie est pratiquée **entre les mains d'un tiers**, le principe est qu'il est le gardien des biens saisis (CPCE, art. R. 221-23-5°). Mais cette fonction ne peut jamais lui être imposée. C'est ce qui explique qu'il peut toujours la refuser *ab initio* ou demander à en être déchargé à tout moment de la procédure. Il appartient alors à l'huissier de justice de pourvoir à la nomination d'un gardien et de procéder à l'enlèvement des biens (CPCE, art. R. 221-27). S'agissant de l'usage, il n'en bénéficie que si tel était déjà le cas auparavant, car la saisie ne peut lui conférer plus de droits qu'il n'en avait. Mais alors il ne peut en être privé. C'est la raison pour laquelle un séquestre ne peut être désigné que sous réserve du droit d'usage dont le tiers saisi pourrait être titulaire (CPCE, art. R. 221-28) et qu'il lui appartient de faire valoir auprès de l'huissier de justice par déclaration ou par lettre recommandée avec demande d'avis de réception (CPCE, art. R. 221-23-7°). Sous cette réserve, la remise d'un ou de plusieurs objets à un séquestre peut être ordonnée par le juge de l'exécution statuant sur requête, à tout moment et même avant le début des opérations de saisie.

513 ***Sanctions.* Au plan contractuel**, la vente d'un bien saisi au mépris de son indisponibilité encourt normalement l'annulation en raison du défaut de pouvoir du vendeur qui y a consenti. Mais cette sanction est pratiquement dépourvue de toute portée, car l'acquéreur de bonne foi est protégé par l'article 2276 du Code civil (voy. *supra*, n° 200).

C'est la raison pour laquelle l'essentiel des sanctions se situe au niveau de la **responsabilité** qu'encourt le gardien. Elle peut être **civile** selon les règles de droit commun, mais aussi **pénale** sur le fondement de l'article 314-6 du Code pénal qui punit de trois ans d'emprisonnement et d'une amende de 375 000 euros le fait de détruire ou de détourner un objet saisi. La gravité de ces sanctions s'explique par l'impérieuse nécessité de conserver les biens saisis afin qu'ils puissent utilement être vendus.

B) La vente

514 ***Option.*** L'une des grandes innovations de la loi de 1991 a été de prévoir la possibilité d'une vente amiable des biens saisis, laquelle était toujours exclue antérieurement (1). Il s'ensuit que la vente forcée n'est plus qu'une issue subsidiaire de la saisie-vente (2).

1. La vente amiable

515 ***Civilisation.*** La vente amiable est l'illustration parfaite de l'objectif de civilisation poursuivi par le législateur. Elle a été instituée dans un souci d'humanisation pour éviter au débiteur les traumatismes d'une vente forcée, mais sans sacrifier les intérêts de ses créanciers. Elle est prévue aux articles L. 221-3 et R. 221-30 à R. 221-32 du CPCE.

Mais il ne faut **pas confondre la vente amiable et la vente volontaire** ou de gré à gré. La vente volontaire est celle que le propriétaire décide librement sans la contrainte d'une procédure d'exécution. Au contraire, **la vente amiable porte toujours sur un bien saisi**. Elle s'inscrit donc dans la procédure de saisie et doit sa qualification par opposition à la vente forcée. Ainsi, son régime juridique s'inspire à la fois de la vente volontaire et de la vente forcée. Comme la vente volontaire, elle repose sur le consentement du débiteur en sa qualité de propriétaire du bien saisi. Mais pour préserver les droits des créanciers, ce consentement n'est suffisant ni à la conclusion de la vente (a), ni à sa réalisation (b).

a) La conclusion de la vente

516 ***Proposition de vente amiable.*** Le débiteur dispose d'un **délai d'un mois**, courant à compter de la signification de l'acte de saisie ou de sa dénonciation, pour procéder lui-même à la vente des biens saisis (CPCE, art. R. 221-30). À ce stade, la conclusion de la vente obéit aux règles de droit commun. Il appartient donc au débiteur de rechercher un acquéreur et de trouver un accord avec lui sur la chose et sur le prix.

Mais cet accord de volonté n'est pas suffisant pour conclure la vente amiable, car il faut aussi le consentement des créanciers. C'est la raison pour laquelle il ne constitue qu'une proposition de vente amiable qui doit être soumise aux créanciers.

517 ***Consentement des créanciers.*** Pour recueillir le consentement des créanciers, le législateur a institué toute une chaîne d'informations successives.

Il appartient d'abord **au débiteur d'informer l'huissier de justice** instrumentaire, dans le délai ouvert, de toute proposition amiable, en lui précisant l'identité de l'acquéreur éventuel ainsi que le délai dans lequel ce dernier offre de verser le prix proposé.

Puis l'huissier de justice en informe par lettre recommandée avec demande d'avis de réception **le saisissant et les opposants** (il s'agit des créanciers qui se sont greffés sur la saisie-vente en cours, par la voie de l'opposition ; voy. *infra*, n°s 527 et s.). Cette notification fait courir un **délai de 15 jours** dans lequel chacun des créanciers pourra se prononcer, étant précisé que son silence vaudra acceptation (CPCE, art. R. 221-31). Le refus doit donc toujours être exprès et, en cas de pluralité de créanciers, le refus d'un seul suffit à empêcher la vente amiable, à condition qu'il soit notifié en temps utile (sur la question de la liberté de choix des créanciers, voy. *infra*, encadré E41).

À cela s'ajoute que, **si des créanciers ont pratiqué antérieurement une saisie conservatoire**, **le saisissant** ayant accepté les propositions amiables **doit les leur communiquer** par lettre recommandée avec demande d'avis de réception. Cette notification fait courir un **nouveau délai de 15 jours** dans lequel chacun des destinataires doit se prononcer sur la vente amiable et déclarer le montant et la nature de sa créance. À défaut, le créancier est réputé avoir accepté les propositions de vente amiable. Mais il n'en profitera pas, car il perd aussi le droit de concourir à la distribution des deniers qui en résulteront, si la vente se réalise (CPCE, art. R. 522-13).

E 41 **Liberté de choix des créanciers ?**

La question se pose de savoir si les créanciers sont libres d'accepter ou de refuser les propositions de vente amiable. *A priori*, la réponse devrait être négative car selon l'article L. 221-3, alinéa 3, du CPCE, le créancier qui veut refuser doit établir que « les propositions sont insuffisantes ». Mais ce texte pose au moins trois difficultés sérieuses qu'il n'est pas aisé de résoudre.

1. De quelle insuffisance s'agit-il ? Sans doute de l'insuffisance du prix, mais doit-elle s'apprécier au regard de la valeur des biens à vendre ou du montant des créances à recouvrer ? Compte tenu des incertitudes que ne manquerait pas de susciter la première option, il est généralement admis qu'il faut retenir la seconde, beaucoup plus simple à mettre en œuvre[939].
2. Si un créancier refuse une proposition de vente amiable, sans établir son insuffisance, peut-il engager sa responsabilité ? Sur ce point, l'alinéa 4 de l'article L. 221-3 répond expressément en subordonnant la responsabilité du créancier à la preuve que son refus est inspiré par l'intention de nuire. Mais si le prix proposé devait suffire à payer tous les créanciers en principal, intérêt et frais, l'intention de nuire ne devrait pas être loin.
3. Enfin, indépendamment de la question de la responsabilité, le juge de l'exécution peut-il autoriser une vente amiable refusée par les créanciers ? Selon des auteurs, rien ne devrait l'empêcher de passer outre au refus des créanciers lorsque le prix proposé permet de désintéresser tous les créanciers[940].

b) La réalisation de la vente

518 ***Paiement du prix.*** En droit commun, selon la règle *solo consensu*, la conclusion de la vente s'opère par le seul échange des consentements qui emporte, de plein droit, le transfert de propriété du bien vendu et oblige l'acquéreur à en payer le prix (C. civ., art. 1583). Mais l'application de cette règle à la vente amiable n'aurait pas permis de protéger efficacement les droits des créanciers. C'est la raison pour laquelle la réalisation de la vente amiable est subordonnée au paiement du prix entre les mains de l'huissier de justice.

Tant que ce paiement n'a pas eu lieu, les effets de la saisie subsistent. Il s'ensuit que les biens restent indisponibles sous la responsabilité du gardien et qu'ils ne peuvent être déplacés (CPCE, art. R. 221-30, al. 2). De plus, si le paiement n'est pas effectué dans le délai convenu, la vente forcée sera poursuivie, nonobstant la conclusion de la vente amiable (CPCE, art. R. 221-32, al. 3).

Ce n'est donc qu'à la condition du paiement du prix dans le délai convenu que la vente amiable se réalise et qu'elle peut produire ses effets.

519 ***Effets de la vente amiable.*** Dès le paiement du prix de vente, le **transfert de propriété s'opère**[941] et les biens vendus peuvent être délivrés à l'acquéreur (CPCE,

939. En ce sens, voy. R. Perrot et Ph. Théry, *op. cit.*, n° 641.

940. *Ibid.*

941. Mais rien n'est prévu quant à l'étendue de ce transfert et, en particulier, aucun texte n'institue de purge en matière mobilière. Or l'ordonnance du 23 mars 2006 relative aux sûretés a généralisé le gage sans dépossession, qui est publié sur un registre spécial tenu par les greffes des tribunaux de commerce (C. civ., art. 2338, et décr. 2006-1804 du 23 décembre 2006). Cette publication rend le gage opposable et confère au créancier un droit de suite (C. civ., art. 2337, al. 2, qui interdit aux ayants cause à titre particulier du constituant de se prévaloir de la bonne foi sur le fondement de l'article 2276 du C. civ.). Il faudrait donc qu'en cas de vente dans le cadre d'une saisie, ces inscriptions soient purgées. Mais cet effet n'a pas été prévu que ce soit pour la vente amiable ou pour la vente forcée.

art. L. 221-3, al. 4, et R. 221-32, al. 1er et 2)[942]. Plus généralement, il est admis, dans le silence des textes, que la vente amiable produit les effets de la vente volontaire. Mais une difficulté se pose pour la garantie des vices cachés que l'article 1649 du Code civil exclut pour les ventes « faites par autorité de justice ». La jurisprudence ne s'est jamais prononcée et la doctrine est hésitante[943]. En tout cas, cette difficulté n'existe pas pour la vente forcée.

2. La vente forcée

520 ***Cas et délais.*** Comme la vente forcée n'est qu'une **issue subsidiaire** de la saisie-vente, elle ne peut être poursuivie avant l'expiration des délais de la vente amiable et seulement à défaut de conclusion ou de réalisation d'une telle vente. Il s'ensuit que la vente forcée est possible dans l'un des cas suivants :

- **à défaut de proposition** de vente amiable par le débiteur dans le délai d'un mois qui lui est ouvert (CPCE, art. R. 221-31, al. 4) ;
- **en cas de refus** de la vente proposée par l'un des créanciers dans le délai de 15 jours qui leur est ouvert (selon la date de notification des propositions aux créanciers, ce délai peut s'ajouter au délai d'un mois dont dispose le débiteur ; CPCE, art. R. 221-31, al. 4) ;
- **à défaut de paiement** du prix de la vente acceptée dans le délai convenu (CPCE, art. R. 221-32, al. 3). Dans tous les cas, la vente forcée obéit aux modalités prévues par les articles L. 221-3, L. 221-4 et R. 221-33 à R. 221-39 du CPCE. Elle se fait par voie d'adjudication (b) après l'accomplissement de formalités préalables (a).

a) Les formalités préalables

521 ***Publicité et information du débiteur.*** Comme la vente forcée doit avoir lieu aux enchères publiques, il faut en assurer une large publicité pour attirer un maximum d'enchérisseurs. C'est la raison pour laquelle l'article R. 221-34 du CPCE organise deux types de publicité : l'une obligatoire et l'autre facultative.

La publicité obligatoire est strictement encadrée. Elle ne peut avoir lieu avant l'expiration des délais prévus pour la vente amiable (voy. *supra*, n° 520) et doit intervenir au plus tard huit jours avant la date fixée pour la vente forcée. Elle se fait **par affiches** apposées à la mairie de la commune du domicile du débiteur et au lieu de la vente. Celles-ci indiquent les lieu, jour et heure ainsi que la nature des biens saisis.

---

942. La loi de modernisation et de simplification n° 2015-177 du 16 février 2015 a remplacé, à l'art. L. 221-3 du CPCE, le versement par le paiement qui figurait déjà aux alinéas 2 et 3 de l'art. R. 221-32 (art. 11-IV). Cette substitution assure ainsi la cohérence des textes et elle est plus conforme aux règles applicables au contrat de vente.

943. Dans la mesure où la vente amiable est extrajudiciaire, cette garantie pourrait être admise. Mais l'inverse peut aussi être soutenu car la vente amiable reste inscrite dans la procédure de saisie-vente. Un parallèle est parfois opéré avec l'ancienne conversion de la saisie immobilière en vente volontaire dont la Cour de cassation avait jugé qu'elle reste soustraite à la rescision pour lésion – aussi exclut pour les ventes faites par autorité de justice – car elle ne perd pas son caractère de vente forcée (Civ. (1re ch.), 27 avril 1964, *D.*, 1964, p. 413). Mais il est vrai qu'en cas de conversion, la vente restait une vente aux enchères publiques menée sous la conduite du débiteur lui-même et selon les règles de la vente des biens des mineurs, qui est fortement judiciarisée (CPC, art. 1271 à 1281). Or la vente amiable mobilière est extrajudiciaire.

La publicité facultative est prévue **par voie de presse**. L'huissier de justice peut toujours y recourir et, en pratique, il le fait presque systématiquement.

Indépendamment de ces formalités de publicité, l'huissier de justice doit aussi **aviser le débiteur** des lieu, jour et heure de la vente forcée, par lettre simple ou par tout autre moyen approprié (CPCE, art. R. 221-35). Celui-ci disposera ainsi d'une ultime chance d'éviter la vente forcée, en procédant au paiement des causes de la saisie ou en proposant un échéancier sérieux.

L'huissier de justice doit certifier tant l'accomplissement des formalités de publicité que de l'information du débiteur (CPCE, art. R. 221-34 et R. 221-35).

522 ***Vérification et enlèvement des biens.*** Avant la vente forcée, l'officier ministériel qui en est chargé (voy. *infra*, n° 524) doit procéder à la vérification de la consistance et de la nature des biens saisis. Cette vérification est constatée par un procès-verbal où seuls sont mentionnés les objets manquants et ceux qui auraient été dégradés (CPCE, art. R. 221-36, al. 1er). À l'appui de sa vérification, **l'officier ministériel** chargé de la vente **peut prendre des photographies**, qui sont soumises au même régime que celles prises éventuellement au moment de la saisie (CPCE, art. R. 221-36, al. 2, renvoyant à l'art. R. 221-12 ; voy. *supra*, n° 502) et avec lesquelles elles pourront être comparées en cas de contestation.

Il est admis que **la vérification des biens met fin aux fonctions du gardien** et le décharge de sa responsabilité à ce titre, sous réserve évidemment des biens manquants ou dégradés. C'est la raison pour laquelle il est procédé, en pratique, dès la vérification, à l'enlèvement des biens pour les transporter au lieu où se déroulera l'adjudication. **Cet enlèvement doit être porté à la connaissance des créanciers ayant pratiqué**, le cas échéant, **une saisie conservatoire antérieurement**, par lettre recommandée avec demande d'avis de réception. Cette notification fait courir un **délai de 15 jours** dans lequel chacun des destinataires doit déclarer la nature et le montant de sa créance. À défaut, comme en cas de vente amiable, il perd le droit de concourir à la distribution des deniers résultant de la vente forcée (CPCE, art. R. 522-14).

523 ***Ordre des formalités préalables.*** Aucun texte ne prescrit l'ordre dans lequel les formalités de publicité et de vérification doivent être accomplies. L'ordre retenu ne devrait donc pas, en lui-même, pouvoir être sanctionné par la nullité[944]. Mais il semble néanmoins que les précautions suivantes devraient être prises :

- dans la mesure où la publicité mentionne les biens saisis offerts à la vente, il serait prudent de procéder préalablement à leur vérification pour éviter toute erreur qui pourrait être source de difficultés[945] ;
- mais cette vérification devrait se situer à une date la plus proche possible de la vente, car elle s'accompagne de l'enlèvement des biens qui prive le saisi de leur usage ; or, si cette privation était trop longue avant la vente, elle pourrait être considérée comme abusive et engager, à ce titre, la responsabilité du saisissant et de l'officier ministériel qui y a procédé[946].

944. Civ. (2e ch.), 30 avril 2002, n° 99-17111, *Bull. civ.*, II, n° 86 ; *Procédures*, 2002, comm. n° 161, obs. R. Perrot.

945. En ce sens, voy. A. Leborgne, *op. cit.*, n° 1445.

946. En ce sens, voy. R. Perrot, obs. sous Civ. (2e ch.), 30 avril 2002, préc.

En tout cas, ce n'est que lorsque toutes ces formalités auront été accomplies que l'adjudication pourra avoir lieu.

b) L'adjudication

524 ***Modalités.*** La vente forcée se fait **aux enchères publiques** (CPCE, art. L. 221-3, al. 1er), c'est-à-dire que chaque bien est adjugé au plus offrant selon les modalités suivantes.

Elle se tient, au choix du créancier, au **lieu** où les biens saisis se trouvent ou, ce qui est le cas le plus fréquent en pratique, dans une salle de vente ou un marché public. Mais ce lieu ne doit pas être trop éloigné car sa situation géographique doit être la plus appropriée pour solliciter la concurrence à moindres frais (CPCE, art. R. 221-33).

Il y est procédé par un officier ministériel habilité par son statut à procéder à des ventes aux enchères publiques de meubles corporels (CPCE, art. R. 221-37). Il s'agit normalement d'un **commissaire-priseur judiciaire**. Mais dans les villes où il n'en existe pas, les ventes forcées peuvent être organisées par le commissaire-priseur judiciaire d'une autre ville, un huissier de justice ou un notaire (ord. du 26 juin 1816, art. 3)[947]. Il faut excepter les marchandises en gros dont la vente aux enchères publiques relève de la compétence des courtiers de marchandises assermentés (C. com., art. L. 322-4).

La vente forcée elle-même est très peu formaliste, contrairement à celle sur saisie immobilière. Aucune mise à prix n'est fixée et les enchères sont portées directement par les intéressés, sans représentation obligatoire. L'adjudication est faite au plus offrant après trois criées (CPCE, art. R. 221-38). Mais comme aucune durée n'est imposée, celle-ci est appréciée librement par l'officier ministériel chargé de la vente.

Les biens saisis sont mis successivement en vente, l'un après l'autre, jusqu'à ce que le prix total obtenu atteigne un montant suffisant pour payer, au saisissant et aux éventuels opposants, les montants dus en principal, intérêts et frais (CPCE, art. L. 221-4, al. 1er)[948].

Enfin, la vente forcée fait l'objet d'un **acte d'adjudication** dressé par l'officier ministériel chargé de la vente qui contient la désignation des biens vendus, le montant de l'adjudication et l'énonciation déclarée des nom et prénom des adjudicataires (CPCE, art. R. 221-39).

525 ***Effets.*** L'adjudication produit les effets d'une vente à l'égard de l'adjudicataire, qui doit donc payer le prix et devient propriétaire.

Le prix est payable comptant selon l'article R. 221-38 du CPCE. Mais, en fait, il arrive que l'officier ministériel chargé de la vente accorde quelques jours de délai de paiement. Comme il agit toujours sous sa responsabilité, il retiendra alors les biens en attendant le paiement, ce qui lui permettra, à défaut, de

947. Sauf en Alsace-Moselle où l'article 1er de la loi civile du 1er juin 1924 n'a pas introduit les dispositions de la loi française régissant les commissaires-priseurs, et notamment l'ordonnance du 26 juin 1816. Les ventes forcées y relèvent donc de la compétence des huissiers de justice et des notaires qui y exercent actuellement les attributions des commissaires-priseurs judiciaires.

948. Cette solution était aussi inscrite à l'article 115 du décret de 1992. Mais comme ce texte faisait ainsi double emploi avec l'article 53, alinéa 1er, de la loi de 1991, il n'a pas été repris par le décret de codification du 30 mai 2012.

les remettre en vente. En effet, si l'adjudicataire ne s'acquitte pas, les biens font l'objet d'une **réitération des enchères** (CPCE, art. R. 221-38[949]). Cela signifie qu'ils sont remis aux enchères et si le nouveau prix d'adjudication est inférieur au précédent, l'adjudicataire défaillant sera débiteur de la différence[950]. Dans tous les cas, le prix payé est versé entre les mains de l'officier ministériel chargé de la vente car il est responsable de sa représentation (CPCE, art. L. 221-4, al. 2). Il devra alors le répartir entre les créanciers auquel il est réservé (sur ce point, voy. *infra*, n°s 597 et s.). C'est la raison pour laquelle il ne peut, en principe, faire l'objet d'une saisie (CPCE, art. L. 221-4, al. 3).

Le transfert de propriété s'opère à la date de l'adjudication[951]. Le débiteur est alors tenu des obligations de droit commun du vendeur, à l'exception de la garantie des vices cachés que l'article 1649 du Code civil exclut pour « toutes les ventes faites par autorité de justice ». Par ailleurs, comme il cesse d'être propriétaire, il ne pourra plus être exercé, à compter de cette date, une action en nullité ou en distraction des biens saisis, qui font partie des incidents de la saisie-vente.

C) Les incidents

526 ***Textes.*** Les incidents qui peuvent venir perturber le déroulement normal de la saisie-vente sont prévus aux articles R. 221-40 à R. 221-56 du CPCE, qui envisagent l'opposition des créanciers (1) et les contestations (2).

1. L'opposition des créanciers

527 ***Justification et distinction.*** La saisie-vente, contrairement à la saisie-attribution, n'est jamais le prix de la course. Tout autre créancier du débiteur saisi doit donc pouvoir poursuivre les biens meubles corporels déjà saisis, tant qu'ils sont sa propriété. Mais comme « saisie sur saisie ne vaut », il ne saurait pratiquer une nouvelle saisie-vente sur des biens qui ont déjà fait l'objet d'une telle saisie[952]. Il devra alors procéder par voie d'opposition (CPCE, art. L. 221-1, al. 2), qui est régie aux articles R. 221-41 à R. 221-48.

Selon l'article L. 221-1, alinéa 2, du CPCE, **l'opposition est ouverte à tout créancier** qui remplit les conditions pour pratiquer une saisie-vente. Son objet est d'abord de lui permettre de se joindre à une saisie-vente déjà en cours,

---

949. L'article 114, alinéa 2, du décret de 1992 visait la « folle enchère » que l'article R. 221-38 du CPCE a ainsi rebaptisée en réitération des enchères comme pour la saisie immobilière en 2006 (voy. *infra*, n° 718). La loi de modernisation et de simplification n° 2015-177 du 16 février 2015 a introduit ce nouveau vocabulaire dans les dispositions correspondantes du Code de commerce, du CGI et du CGPPP, en y substituant les mots de réitération des enchères et d'adjudicataire défaillant à ceux de folle enchère et de fol enchérisseur (art. 12).

950. Civ. (2e ch.), 12 juin 2003, n° 01-13069, *Bull. civ.*, II, n° 193 ; *Gaz. Pal.*, 2004, somm., p. 1387, obs. C. Brenner, à propos de la folle enchère.

951. Sur la question de la purge des inscriptions qui se pose dans les mêmes termes que pour la vente amiable, voy. *supra*, n° 519 en note.

952. En revanche, cet adage ne joue pas si un autre type de saisie a été pratiqué sur le même bien. Ainsi en cas de saisie par immobilisation d'un véhicule terrestre à moteur (voy. *infra*, n° 748), le même créancier en vertu d'un autre titre exécutoire ou tout autre créancier pourra pratiquer une saisie-vente, qui ensuite seulement devra être suivie d'oppositions : Civ. (2e ch.), 20 novembre 2003, n° 01-15192, *Bull. civ.*, II, n° 353 ; *Dr. et procéd.*, 2004, p. 162, obs. J.-J. Bourdillat.

sans toucher à son assiette. C'est l'incident qui sera qualifié d'opposition-jonction (a). Mais comme les montants à recouvrer sont ainsi augmentés, il peut être nécessaire d'étendre la saisie-vente à d'autres biens. Tel est l'objet de la saisie complémentaire, qui peut ainsi s'ajouter à une opposition-jonction, mais son régime est nécessairement différent (b).

a) L'opposition-jonction

528 ***Modalités.*** L'opposition-jonction est possible **jusqu'à la vérification des biens** qui précède la vente forcée (voy. *supra*, n° 522). Après l'accomplissement de cette formalité, tout autre créancier perd le droit de poursuivre le recouvrement de sa créance sur les biens saisis, et partant, de participer à la distribution de leur prix de vente.

Elle peut être pratiquée **par tout créancier** qui détient un titre exécutoire et remplit toutes les autres conditions de la saisie-vente. Il peut même s'agir du premier saisissant qui veut étendre la saisie-vente à l'exécution d'un autre titre exécutoire contre le même débiteur.

Dans tous les cas, l'acte d'opposition-jonction doit contenir l'indication du titre exécutoire, le décompte distinct des sommes réclamées en capital, intérêts et frais, ainsi que le taux des intérêts. Il est signifié au débiteur et au premier saisissant, sauf évidemment s'il en a lui-même pris l'initiative (CPCE, art. R. 221-42, al. 1er et 2).

529 ***Subrogation.*** Nonobstant toute opposition-jonction par d'autres créanciers, **c'est le premier saisissant qui conserve la direction des opérations** de la saisie et qui poursuit donc seul la vente des biens saisis (CPCE, art. R. 221-42, al. 3). Mais s'il n'a pas procédé aux formalités de la mise en vente forcée à l'expiration des délais prévus, **tout créancier opposant peut être subrogé** dans ses droits aux conditions suivantes : il doit le sommer d'accomplir les formalités qu'il a négligées dans un délai de huit jours ; si la sommation reste infructueuse, la subrogation joue de plein droit. Le premier saisissant est alors déchargé de ses obligations et il doit mettre à la disposition de l'opposant subrogé toutes les pièces utiles (CPCE, art. R. 221-46).

530 ***Extinction de la saisie.*** En cas d'opposition-jonction, une mainlevée ne peut être consentie qu'avec l'**accord unanime de tous les créanciers**, c'est-à-dire du premier saisissant et des opposants. À défaut, elle ne peut résulter que d'une décision judiciaire (CPCE, art. R. 221-47).

Une **mainlevée judiciaire** peut être prononcée notamment en conséquence d'une nullité de la saisie. Mais la nullité d'une saisie-vente n'entraîne la caducité des oppositions-jonctions que **si elle résulte d'une irrégularité dans le déroulement de la saisie** (CPCE, art. R. 221-48, al. 1er). Toutes les autres causes de nullité, et en particulier celles qui tiennent au titre exécutoire dont se prévaut le premier saisissant, laissent **subsister les oppositions-jonctions** qui peuvent donc être menées jusqu'à la vente des biens saisis au profit des opposants.

b) La saisie complémentaire

531 ***Modalités.*** La saisie complémentaire permet d'**étendre l'assiette** d'une saisie-vente en cours. Elle peut être pratiquée **par l'opposant**, soit sur le champ,

c'est-à-dire en même temps que l'opposition-jonction (CPCE, art. R. 221-44, al. 1er), soit ultérieurement (CPCE, art. R. 221-43, al. 1er). Mais elle peut l'être aussi **par le premier saisissant** lui-même (CPCE, art. R. 221-43, al. 3)[953]. Dans tous les cas, elle devra intervenir avant la vérification des biens (CPCE, art. R. 221-41, al. 2). Mais au-delà de cette formalité, les droits des créanciers ne sont pas compromis comme pour l'opposition-jonction. En effet, un créancier peut toujours pratiquer une nouvelle saisie-vente sur les biens restés libres et les autres pourront s'y associer par voie d'opposition-jonction.

Selon l'alinéa 1er des articles R. 221-43 et R. 221-44 du CPCE, **cette extension de l'assiette s'opère par un inventaire complémentaire** dans les conditions prescrites par les articles R. 221-12 et R. 221-16 à R. 221-19. C'est dire que la saisie complémentaire est pratiquée selon les mêmes modalités que la saisie-vente initiale (voy. *supra*, nos 502 et s.). Cet inventaire complémentaire doit être signifié au débiteur ainsi qu'au premier saisissant, sauf s'il en a lui-même pris l'initiative (CPCE, art. R. 221-42, al. 2 et R. 221-43, al. 2). Si la saisie complémentaire est pratiquée sur le champ, c'est-à-dire en même temps que l'opposition-jonction, les deux actes sont signifiés simultanément (CPCE, art. R. 221-44, al. 2).

532 ***Vente forcée des biens saisis.*** Comme les saisies complémentaires peuvent ainsi s'échelonner dans le temps, la question se pose de savoir si la vente forcée doit se faire en même temps sur tous les biens saisis ou successivement au fur et à mesure de l'expiration des délais pour procéder à leur vente amiable.

Pour éviter la multiplication des frais, le principe posé à l'article R. 221-45 du CPCE est celui de la vente forcée sur **l'ensemble des biens saisis** à l'expiration de tous les délais de leur vente amiable. Il faut donc attendre que le dernier des délais ouverts soit expiré pour procéder à la vente forcée. Mais comme cette solution peut être source d'inconvénients pour les saisissants les plus anciens, la vente forcée est **possible immédiatement** pour ceux des biens dont le délai de la vente amiable est expiré, dans l'un des trois cas suivants (CPCE, art. R. 221-45, al. 2) :

- si le débiteur donne son accord ;
- si le juge de l'exécution l'autorise ;
- si les formalités de publicité de la vente des biens antérieurement saisis avaient déjà été accomplies au moment de la saisie complémentaire.

533 ***Extinction de la saisie.*** La mainlevée de la saisie-vente, ainsi étendue, ne peut résulter que d'une **décision du juge** ou de **l'accord de tous les créanciers**, premier saisissant et opposants, le cas échéant (CPCE, art. R. 221-47).

Mais **en cas de nullité de la saisie-vente initiale**, pour quelque cause que ce soit, **la saisie complémentaire reste toujours valable** (CPCE, art. R. 221-48, al. 2). Elle acquiert alors sa pleine autonomie qui se justifie pour deux raisons. D'une part, elle a été réalisée par un acte distinct de la saisie initiale. D'autre part, et surtout, les biens sur lesquels elle porte auraient tout aussi bien pu faire l'objet, *ab initio*, d'une saisie-vente distincte car ils n'étaient pas encore saisis, par hypothèse. Mais encore faut-il qu'elle remplisse elle-même toutes les

953. Il peut ainsi étendre la saisie-vente à des biens découverts ultérieurement sans avoir à recourir préalablement à un commandement de payer.

conditions de validité requises, faute de quoi elle pourra être contestée comme la saisie-vente initiale et, le cas échéant, annulée à son tour.

2. Les contestations

534 ***Juge compétent et régime.*** Toutes les contestations de la saisie-vente relèvent de la compétence du juge de l'exécution du **lieu de la saisie** (CPCE, art. R. 221-40). Mais leur régime n'est pas uniforme car les articles R. 221-49 à R. 221-56 distinguent entre les contestations relatives aux biens saisis (a) et celles relatives à la validité de la saisie (b).

a) Les contestations relatives aux biens saisis

535 ***Effet suspensif partiel.*** Les contestations relatives aux biens saisis sont celles qui portent sur leur propriété ou sur leur saisissabilité. Selon l'article R. 221-49 du CPCE, **elles ne font pas obstacle à la saisie**. Cela signifie que l'huissier de justice peut pratiquer une saisie-vente sur les biens dont il est prétendu, au moment de ses opérations, qu'ils ne seraient pas la propriété du débiteur ou qu'ils seraient insaisissables[954].

Mais lorsque la contestation est effectivement élevée sur l'un de ces points, la procédure de saisie-vente est **suspendue à l'égard des biens concernés** (CPCE, art. R. 221-49). Cet effet suspensif n'est donc que partiel et suppose qu'une contestation ait été élevée devant le juge de l'exécution[955]. Pour ce faire, le contestant devra se plier aux formalités prescrites, qui diffèrent selon que la contestation porte sur la propriété (1) ou sur la saisissabilité des biens saisis (2).

1) *Les contestations relatives à la propriété*

536 ***Auteurs des contestations.*** Les contestations relatives à la propriété des biens saisis peuvent être élevées ***par le débiteur lui-même***, qui peut ainsi faire valoir que tout ou partie des biens saisis ne sont pas sa propriété (CPCE, art. R. 221-50). Pour ce faire, il lui appartient de former une demande en nullité, qui obéit aux règles générales applicables à toutes les contestations relatives à la validité

---

954. En matière fiscale, il faut faire application des articles L. 283 et R. 283-1 du LPF. Selon ces textes, il appartient au tiers, qui se prétend propriétaire d'un bien saisi pour le recouvrement de l'impôt, de s'opposer à la vente et de demander la restitution du bien saisi. Pour ce faire, il doit former une demande préalable à l'administration dans les deux mois du jour où il a eu connaissance de la saisie. Dès le dépôt de cette demande, les poursuites sont suspendues sur le bien saisi dont la propriété est discutée. Si le tiers n'obtient pas satisfaction, il doit saisir le juge de l'exécution, à peine de forclusion, dans les deux mois, soit de la notification du refus, soit de l'expiration du délai de deux mois laissé à l'administration pour prendre sa décision. En conséquence, le tiers ne saurait agir en nullité de la saisie : Com., 12 juin 2012, n° 11-10624, à propos d'une saisie conservatoire de biens meubles corporels, mais la solution vaut aussi pour la saisie-vente.

955. Comme l'appel des décisions du juge de l'exécution ne produit pas lui-même d'effet suspensif, la suspension de la procédure de saisie est limitée à la durée de l'instance devant cette juridiction. Lorsque le jugement est rendu, de deux choses l'une : ou bien, la contestation est accueillie et, dans ce cas, la saisie est anéantie à l'égard des biens contestés ; ou bien, elle est rejetée et, dans ce cas, les opérations de la saisie-vente pourront reprendre immédiatement, sauf si un sursis à exécution est accordé par le premier président en cas d'appel ; en ce sens : Civ. (2e ch.), 27 avril 2000, n° 98-16187, *Bull. civ.*, II, n° 69 ; *RTD Civ.*, 2000, p. 642, obs. R. Perrot.

de la saisie (voy. *infra*, n°s 541 et s.), sous réserve de l'effet suspensif partiel qu'elle produit de plein droit (voy. *supra*, n° 535).

Une telle contestation est aussi et surtout **ouverte au tiers** qui se prétend le véritable propriétaire des biens saisis[956]. Elle tend alors à la restitution du bien et non à la nullité de la saisie. Mais sa nature dépend du moment auquel elle est élevée. Avant la vente, il s'agit d'une action en distraction du bien et, après la vente, d'une action en revendication ou en distraction du prix.

537 ***Avant la vente : action en distraction du bien.*** L'action en distraction du bien est prévue à l'article R. 221-51 du CPCE. Elle consiste pour le tiers à demander que le bien dont il se prétend propriétaire soit **soustrait de la saisie-vente** qui le comprend. Elle est portée devant le juge de l'exécution du lieu de la saisie par voie d'assignation délivrée au créancier saisissant et au débiteur, qui doit être entendu ou appelé. S'il existe des créanciers opposants, le saisissant doit les mettre en cause (CPCE, art. R. 221-51, al. 3).

Cette action est soumise à deux conditions strictes de **recevabilité** :

- la première est justifiée par l'effet suspensif de cette action qui peut faire craindre qu'un tiers complaisant agisse dans un but purement dilatoire ; c'est la raison pour laquelle la demande doit préciser, à peine d'irrecevabilité, les **éléments sur lesquels se fonde le droit de propriété** invoqué (CPCE, art. 221-51, al. 2) ;
- la seconde est justifiée par l'objet de l'action en distraction ; comme elle tend à la restitution du bien saisi, elle doit obligatoirement être introduite **avant la vente des biens saisis**[957] ; c'est la raison pour laquelle elle cesse d'être recevable postérieurement (CPCE, art. R. 221-52, al. 1er)[958] et le tiers n'a plus d'autre solution alors que d'agir en revendication ou en distraction du prix.

538 ***Après la vente : action en revendication ou action en distraction du prix.*** Lorsque les biens saisis sont vendus, le tiers qui s'en prétend le propriétaire doit **agir en revendication**, selon les règles de droit commun prévues aux articles 2276 et 2277 du Code civil. Ces textes obligent à distinguer suivant que l'acquéreur est de mauvaise ou de bonne foi :

- **s'il est de mauvaise foi**, c'est-à-dire qu'il connaissait le droit de propriété du tiers, la revendication est **toujours possible**, quelle que soit la forme de la vente ;

956. Il peut s'agir, par exemple, d'un vendeur sous clause de réserve de propriété qui n'a pas été payé. Mais la Cour de cassation a jugé que « le privilège du bailleur d'immeuble porte sur tous les meubles garnissant le local loué, même s'ils appartiennent à un tiers, sauf s'il est établi que le bailleur connaissait l'origine de ces meubles lorsqu'ils ont été introduits dans ce local » : Civ. (2e ch.), 24 juin 2009, n° 08-14357, *Bull. civ.*, II, n° 154 ; *Procédures*, 2009, comm. n° 311, obs. R. Perrot.

957. Elle est recevable même dans le cas d'une saisie-vente pratiquée au cours d'une procédure collective lorsque le tiers a omis de revendiquer en temps utile le bien saisi dont il se prétend propriétaire ; en effet, cette omission ne lui fait pas perdre son droit de propriété, mais le rend seulement inopposable à la procédure collective : Com., 26 novembre 2002, n° 01-03980, *Bull. civ.*, IV, n° 176 ; *Dr. et procéd.*, 2003, p. 175, obs. J.-J. Bourdillat.

958. De manière fort contestable, il a été jugé qu'une action en distraction, introduite avant la vente des biens saisis, cesserait d'être recevable si la vente survient en cours de procédure : CA Paris, 31 août 2000, *Dr. et procéd.*, 2001, p. 47. obs. Ph. Hoonakker.

- **s'il est de bonne foi**, une revendication n'est ouverte qu'**en cas de perte ou de vol pendant un délai de trois ans** mais, si elle aboutit, le tiers n'a pas à rembourser le prix payé par l'acquéreur, qui doit recourir contre le vendeur (C. civ., art. 2276, al. 2) ; il faut cependant réserver les biens acquis dans une vente publique, car leur revendication est subordonnée au remboursement du prix à l'acquéreur (C. civ., art. 2277) ; cette restriction s'applique sans doute à la vente forcée des biens saisis ; en revanche, elle devrait être écartée pour la vente amiable, laquelle devrait relever des règles de droit commun, de sorte que la revendication serait possible sans remboursement du prix.

Pour échapper à ces conditions restrictives, qui rendent l'action en revendication pour le moins aléatoire, **le tiers peut** préférer renoncer à la restitution de son bien et **opter pour l'action en distraction du prix** prévue à l'article R. 221-52, alinéa 2. Elle lui permet d'obtenir, s'il établit son droit de propriété, le remboursement du prix de vente non diminué des frais de la saisie. Mais elle doit être introduite avant la distribution des sommes produites par la vente[959].

À défaut, et sauf revendication, il ne lui restera que l'espoir ténu d'une indemnisation[960].

2) *Les contestations relatives à la saisissabilité*

Selon l'article R. 221-53 du CPCE[961], les contestations relatives à la saisissabilité peuvent être élevées, soit par l'huissier de justice, soit par le débiteur.

539 ***Par l'huissier de justice.*** Lorsque l'huissier de justice a un doute sur la saisissabilité d'un bien qu'il a saisi ou si le débiteur la conteste devant lui, il peut décider lui-même de soumettre cette question au juge de l'exécution du lieu de la saisie **en agissant comme en matière de difficultés d'exécution** (CPCE, art. R. 221-53, al. 1er). Cette demande n'est soumise à aucun délai, mais la décision qui sera rendue **n'aura pas l'autorité de la chose jugée au principal** (voy. *supra*, n° 146).

540 ***Par le débiteur.*** Le débiteur qui conteste la saisissabilité d'un bien peut agir directement devant le juge de l'exécution. Sa demande, qui tend à la **nullité de la saisie**, est formée par voie d'assignation selon les règles de la procédure

959. La date à prendre en considération est celle de la distribution effective et non celle de l'expiration des délais pour y procéder : Civ. (2e ch.), 8 avril 2004, n° 02-16842, *Bull. civ.*, II, n° 188 ; *Dr. et procéd.*, 2004, p. 276, obs. E. Putman ; *Gaz. Pal.*, 2005, somm., p. 3644, obs. C. Brenner.

960. À ce titre, il pourra agir contre le débiteur dont tout ou partie de la dette a été éteinte grâce à un bien qui ne lui appartenait pas ; mais cette action sera souvent illusoire en raison de l'insolvabilité du débiteur ; il serait alors préférable qu'il puisse agir contre les créanciers qui ont profité de la vente de son bien ; mais une telle action ne semble possible que sur le fondement des règles de la responsabilité civile ; il s'ensuit qu'il devra établir une faute du créancier, ce qui nécessitera généralement qu'il prouve sa mauvaise foi ; sur ces actions en indemnisation, voy. R. Perrot et Ph. Théry, *op. cit.*, n° 661.

961. Curieusement, cet article a été classé dans le paragraphe relatif à la validité de la saisie et non, comme l'article 130 du décret de 1992 auparavant, dans une subdivision séparée rattachée aux contestations relatives aux biens saisis. Certes l'insaisissabilité est une cause de nullité, mais la propriété aussi. Ceci étant, ce changement de présentation n'affecte pas le régime de cette contestation qui reste inchangé.

ordinaire, comme toutes les contestations relatives à la validité de la saisie (voy. *infra*, nos 541 et s.).

Mais à peine d'irrecevabilité, l'assignation doit être délivrée **dans le mois** suivant la signification de l'acte de saisie (CPCE, art. R. 221-53, al. 2)[962], à condition toutefois que ce délai et les modalités du recours y aient été indiqués[963].

b) Les contestations relatives à la validité de la saisie

541 ***Demande en nullité.*** Les contestations relatives à la validité de la saisie prennent toujours la forme d'une demande en nullité, dont il faut préciser les fondements possibles et le régime applicable. Si elle aboutit, la nullité sera prononcée avec tous les effets qui s'y attachent.

542 ***Fondements possibles.*** Une demande en nullité peut être fondée tant sur un vice de fond que sur un vice de forme (CPCE, art. R. 221-54, al. 1er).

Les vices de fond sont sanctionnés par la nullité de plein droit, sans qu'il soit besoin d'établir un grief. Ils peuvent porter sur les biens saisis ou sur la créance-cause. Quant aux biens, on retrouve les contestations relatives à la **propriété** et à la **saisissabilité**, qui constituent toujours une cause de nullité. Quant à la **créance**, les contestations de fond peuvent porter sur les conditions d'exigibilité ou de liquidité, sur le caractère exécutoire du titre invoqué ou encore sur son extinction par suite d'une circonstance postérieure au titre, tel qu'un paiement ou une compensation.

Les vices de forme, en revanche, ne peuvent être sanctionnés par la nullité qu'à deux conditions. Elle doit être expressément prévue, à moins qu'il ne s'agisse d'une formalité substantielle ou d'ordre public, et le vice allégué doit avoir causé un grief à celui qui l'invoque (CPC, art. 114). Il peut s'agir, par exemple, de l'omission d'une mention prescrite à peine de nullité ou d'une irrégularité commise dans la signification d'un acte ou l'accomplissement d'une opération d'exécution.

543 ***Régime applicable.*** **La demande en nullité de la saisie-vente** n'est expressément ouverte qu'au débiteur par l'article R. 221-54 du CPCE. En conséquence, il a été jugé qu'un tiers est irrecevable à l'invoquer[964]. Par la suite, la deuxième chambre civile de la Cour de cassation semble avoir abandonné cette solution contestable, de sorte que la demande en nullité serait désormais ouverte à tout intéressé[965]. Mais la chambre commerciale l'a expressément maintenue[966].

---

962. Civ. (2e ch.), 30 septembre 1999, n° 97-17180, *Bull. civ.*, II, n° 149 ; Civ. (2e ch.), 24 juin 2004, n° 02-20764, *Bull. civ.*, II, n° 322.

963. À défaut, l'irrecevabilité est écartée : Civ. (2e ch.), 16 décembre 2004, n° 03-12430, *Bull. civ.*, II, n° 534 ; *Procédures*, 2005, comm. n° 40, obs. R. Perrot.

964. Civ. (2e ch.), 10 novembre 1998, n° 96-18740, *Bull. civ.*, II, n° 270 ; sur une critique de cette solution, voy. R. Perrot et Ph. Théry, *op. cit.*, p. 563, note n° 1 ; voy. aussi Civ. (2e ch.), 25 octobre 2007, n° 06-19071, *Bull. civ.*, II, n° 243 ; *Gaz. Pal.*, 2008, somm., p. 3546, obs. crit. C. Brenner, à propos d'une demande en nullité fondée sur la prescription, formée par un tiers accessoirement à une demande en distraction.

965. Civ. (2e ch.), 22 février 2007, n° 06-11838, *Bull. civ.*, II, n° 47 ; *Gaz. Pal.*, 2008, p. 3545, obs. C. Brenner, à propos d'une saisie-vente de droits d'associé et de valeurs mobilières, mais la solution devrait valoir aussi pour la saisie-vente des biens meubles corporels.

966. Com., 12 juin 2012, n° 11-10624, à propos d'une saisie conservatoire de biens meubles corporels, mais la solution vaut aussi pour la saisie-vente.

Elle **est portée devant le juge de l'exécution du lieu de la saisie** dans les conditions de la **procédure ordinaire**. Elle est donc formée par voie d'assignation délivrée au créancier saisissant, qui doit mettre en cause, le cas échéant, les créanciers opposants (CPCE, art. R. 221-54, al. 1er). Elle est possible, à tout moment, jusqu'à la vente des biens saisis, à moins qu'elle ne porte sur la saisissabilité où elle doit être formée dans un délai d'un mois (voy. *supra*, n° 540). Mais le débiteur ne doit pas trop tarder car s'il s'est abstenu de soulever une nullité en temps utile, le juge de l'exécution peut mettre à sa charge tout ou partie des frais, même s'il annule la saisie (CPCE, art. R. 221-55).

Pour éviter la multiplication de recours dilatoires, la demande en nullité **ne suspend pas les opérations de saisie** (CPCE, art. R. 221-56). Mais ce principe connaît **deux dérogations** :

- d'une part, lorsque la demande en nullité est **fondée sur la propriété ou la saisissabilité**, elle suspend de plein droit les opérations de saisie pour les biens qui en sont l'objet (CPCE, art. R. 221-49, voy. *supra*, n° 535) ;
- d'autre part, le juge de l'exécution, saisi d'une demande en nullité fondée sur toute autre cause, peut toujours « en disposer autrement » (CPCE, art. R. 221-56), c'est-à-dire **ordonner la suspension** des opérations, en tout ou partie ; mais une telle décision doit évidemment être prise avant que le juge ne statue sur la demande en nullité portée devant lui[967].

544 ***Effets de la nullité.*** Comme les opérations peuvent se poursuivre malgré l'introduction d'une demande en nullité, il est possible que la saisie-vente soit annulée avant ou après la vente des biens saisis.

Si la nullité est prononcée **avant la vente**, elle produira les effets les plus complets : la vente n'aura jamais lieu, les biens saisis seront libérés et les frais mis à la charge du créancier (sauf si le débiteur a tardé, voy. *supra*, n° 543).

En revanche, si la nullité est prononcée **après la vente**, l'article R. 221-54, alinéa 2, du CPCE limite expressément le droit du débiteur à la seule restitution du produit de la vente, à condition qu'il n'ait pas encore été distribué. À défaut, l'action ouverte au débiteur dépendra de la cause de la nullité prononcée[968] :

- si elle repose sur l'**inexistence de la créance-cause**, le débiteur pourra agir en répétition de l'indu contre le créancier saisissant et demander des dommages et intérêts sur le fondement des règles de droit commun de la responsabilité civile ;
- dans **tous les autres cas de nullité**, il ne pourra agir qu'en réparation du préjudice subi, sur le même fondement, à l'encontre du créancier ou de l'huissier de justice ayant commis un manquement à l'origine de l'annulation[969] ; mais ce préjudice ne pourra résulter du paiement de la créance-cause, car elle était due par hypothèse ; le débiteur devra donc établir qu'il a subi un autre préjudice, par exemple, du fait de la privation irrégulière de la jouissance du bien saisi et vendu.

967. Civ. (2e ch.), 20 novembre 2003, n° 01-17579, *Bull. civ.*, II, n° 352.
968. Sur l'ensemble de la question, voy. R. Perrot et Ph. Théry, *op. cit.*, n° 665.
969. Du reste, une telle demande pourrait aussi être formée par le créancier lui-même.

D) Les règles particulières

Des règles particulières, partiellement dérogatoires au droit commun qui vient d'être exposé, sont prévues lorsque la saisie-vente est poursuivie par une personne morale de droit public (1) ou lorsqu'elle porte sur certains biens, en l'occurrence, des sommes en espèces (2) ou des récoltes sur pied (3).

1. La saisie-vente par une personne morale de droit public

545 *Domaine.* La saisie-vente est soumise à des règles particulières prévues aux articles R. 221-7 et R. 221-8 du CPCE lorsqu'elle est pratiquée au titre des créances de l'État recouvrées par les comptables de la direction générale des finances publiques et des créances des collectivités territoriales, de leurs établissements publics et des autres personnes morales de droit public dotées d'un comptable public.

À titre liminaire, il faut rappeler qu'en vertu du privilège du préalable, ces personnes morales de droit public sont habilitées à se délivrer à elles-mêmes des titres exécutoires pour constater les créances qu'elles détiennent. Il s'agit des **titres fiscaux**, avis d'imposition ou de mise en recouvrement selon l'impôt à recouvrer, des **titres de perception** pour l'essentiel des autres créances de l'État[970] et des **titres de recettes** pour les créances des collectivités territoriales, de leurs établissements publics et des établissements publics de santé (voy. encadré n° E18).

Les règles particulières applicables à la saisie-vente pratiquée en recouvrement de ces créances publiques portent sur la **formalité préalable** requise. Il s'agit d'une mise en demeure ou d'un commandement de payer, qui doivent être renouvelés après l'expiration du délai de péremption[971]. Il s'y s'ajoute celles régissant la revendication du tiers.

546 *Mise en demeure.* Les formalités préalables aux poursuites exercées en recouvrement des créances publiques ont été réformées par la loi n° 2010-1658 du 29 décembre 2010 de finances rectificative pour 2010. Désormais, avant tout acte de poursuite devant donner lieu à des frais[972], le comptable public compétent doit adresser une **mise en demeure au redevable**[973]. Si à l'expiration d'un **délai de 30 jours** le paiement n'est pas intervenu[974], les poursuites

---

970. Les créances domaniales et les produits divers de l'État, telles que les sanctions financières infligées à la suite de contrôles administratifs.

971. Les règles régissant le contentieux de la créance publique constatée par ces titres et celui du recouvrement ont été exposées à propos de la saisie administrative à tiers détenteur (voy. *supra*, n°s 442 à 444), mais elles ont vocation à s'appliquer à toute saisie pratiquée en recouvrement d'une créance publique, et en particulier, à la saisie-vente.

972. La saisie-vente fait partie de cette catégorie d'actes de poursuite.

973. LPF, art. L. 257-0 A, pour les créances fiscales, voy. *supra*, n° 438 ; CGPPP, art. L. 2323-2 et L. 2323-4, pour les titres de perception, voy. *supra*, n° 470 ; CGCT, L. 1617-5, 4° et 5° pour les titres de recettes, voy. *supra*, n° 456.

974. Ou d'une demande de sursis en matière fiscale ou, en matière de titres de perception, d'une contestation de l'existence de la dette, de son montant ou de son exigibilité formée en vertu de l'article L. 2323-11 du CGPPP.

pourront être engagées et, à cette fin, la mise en demeure **tient lieu de commandement de payer préalable** à la saisie-vente[975].

Mais parfois la mise en demeure doit être précédée d'une autre formalité préalable. Il s'agit d'une **lettre de relance** pour les créances de l'État[976] et d'une **lettre de relance ou d'une phase comminatoire** pour les créances des collectivités territoriales, de leurs établissements publics et des établissements de santé[977]. Si le paiement n'est pas intervenu dans le délai fixé[978], le comptable public compétent peut adresser une mise en demeure au redevable qui dispose alors d'un délai de huit jours pour s'acquitter. À défaut de paiement[979], les poursuites pourront être engagées et, à cette fin, la **mise en demeure tient lieu aussi de commandement de payer préalable** à la saisie-vente[980]. Mais à la place de la mise en demeure, le comptable public peut faire délivrer au redevable le commandement de payer prévu à l'article R. 221-7 du CPCE.

547 ***Commandement de payer.*** Lorsque le comptable public compétent décide de recourir au commandement de payer préalablement à la saisie-vente, ce commandement signifié par un huissier de justice doit comporter les mentions prévues à l'article R. 221-7 du CPCE, qui distingue selon que la créance à recouvrer excède ou non la somme de 535 euros prévue à l'article R. 221-2 du CPCE.

Lorsque la créance publique excède 535 euros, les mentions suivantes sont requises par l'article R. 221-7-II, à peine de nullité :

- mention du titre exécutoire en vertu duquel les poursuites sont exercées, avec le décompte distinct des sommes réclamées en principal, frais et intérêts échus, ainsi que l'indication du taux des intérêts et des pénalités éventuelles ; la différence avec le droit commun réside dans l'ajout des **pénalités** ;
- commandement d'avoir à payer la dette dans un délai de huit jours, faute de quoi le redevable pourra y être contraint par la vente forcée de ses biens meubles ; cette mention est identique à celle du droit commun.

Lorsque la créance publique est égale ou inférieure à 535 euros, les mentions suivantes sont requises, à peine de nullité, par l'article R. 221-7-III et par dérogation à l'article R. 221-3 du CPCE :

- les deux premières sont identiques sous réserve du commandement de payer qui doit indiquer que la vente forcée est encourue à défaut de

975. LPF, art. L. 258 A-2 ; CGPPP, art. L. 2323-4, renvoyant à l'article L. 258 A du LPF ; CGCT, art. L. 1617-5-5°, al. 3 ; CPCE, art. R. 221-7-I.

976. LPF, art. L. 257-0 B pour les créances fiscales, voy. *supra*, n° 438 ; CGPPP, art. L. 2323-4-1, pour les titres de perception lorsque la créance est inférieure à 15 000 euros, voy. *supra*, n° 470.

977. CGCT, art. 1617-5-6° lorsque la créance est inférieure à 15 000 euros, voy. *supra*, n° 456.

978. Il est de huit jours pour les créances fiscales et les titres de perception en vertu des articles L. 257-0 B du LPF et L. 2323-4-1 du CGPPP ; il est fixé par le comptable public compétent pour les titres de recettes car l'article L. 1617-5-6° du CGCT n'en prévoit pas, voy. *supra*, n° 456.

979. Ou d'une demande de sursis en matière fiscale ou, en matière de titres de perception, d'une contestation de l'existence de la dette, de son montant ou de son exigibilité formée en vertu de l'article L. 2323-11 du CGPPP.

980. LPF, art. L. 258 A-2 ; CGPPP, art. L. 2323-4-1 ; CPCE, art. R. 221-7-I.

paiement, et si aucune saisie sur un compte de dépôt ou sur les rémunérations n'est possible ;
- une troisième mention doit porter **injonction au redevable de communiquer**, dans un délai de huit jours, au comptable poursuivant, les nom et adresse de son employeur ainsi que les références de **ses comptes bancaires ou postaux**, ou l'un de ces éléments seulement.

Déjà l'article 296-III du décret de 1992 ne prévoyait pas l'indication que le procureur de la République pouvait être saisi pour effectuer les recherches nécessaires à défaut de réponse du redevable. La Cour de cassation en avait tiré la conséquence que la **saisie-vente pouvait être pratiquée directement** par le comptable public s'il justifiait, par des recherches internes, de l'impossibilité de pratiquer une saisie sur un compte ou sur des rémunérations du travail[981]. *A fortiori*, cette solution vaudra sous l'empire du Code des procédures civiles d'exécution qui ne prévoit plus la médiation du Ministère public (voy. *supra*, n°s 184 et s., et encadré E38).

548 ***Péremption.*** Comme en droit commun, le commandement de payer ou la mise en demeure qui en tient lieu peuvent être atteints de péremption au bout de deux ans. Mais les causes d'interruption, prévues à l'article R. 221-8 du CPCE, ne sont pas les mêmes. Selon ce texte, un nouveau commandement de payer ou une nouvelle mise en demeure doivent être délivrés si, dans les deux ans qui suivent la précédente formalité préalable, « aucun acte de poursuite quel qu'il soit ou règlement partiel n'est intervenu ». La différence tient dans le **paiement, même partiel,** opéré par le redevable dans le délai de deux ans qui **interrompt aussi la péremption**, ce qui n'est pas prévu en droit commun.

548*bis* ***Revendication du tiers.*** Lorsqu'une saisie mobilière a été pratiquée en vue du recouvrement des impôts, taxes, redevances, amendes, condamnations pécuniaires et sommes quelconques, dont la perception incombe aux comptables publics, sur un bien revendiqué par un tiers celui-ci peut s'opposer à la saisie et demander la restitution du bien dont il se prétend propriétaire, dans les conditions prévues aux articles L. 283[982] et R. 283-1 du LPF. Pour ce faire, il doit, à peine d'irrecevabilité, adresser une demande préalable à l'administration[983] dans un délai de deux mois courant à compter du jour où il a connaissance de la saisie. Cette demande suspend de plein droit le cours de la saisie. Pour le surplus, elle est régie par les règles du contentieux du recouvrement exposées à propos de la saisie administrative à tiers détenteur (voy. *supra*, n° 444). En cas de rejet, implicite ou explicite, le tiers peut porter sa demande devant le juge de l'exécution par voie d'assignation délivrée à l'encontre du comptable public qui a fait pratiquer la saisie.

---

981. Civ. (2e ch.), 19 septembre 2002, n° 00-20587, *Bull. civ.*, II, n° 185.

982. Dans sa rédaction issue de l'article 73-I, 9° de la loi n° 2017-1775 du 28 décembre 2017 de finances rectificative pour 2017 qui exclut de ces règles les contestations des créances détenues par les établissements publics et les groupements d'intérêt public de l'État ainsi que par les autorités publiques indépendantes, dotés d'un agent comptable.

983. Selon le cas, la demande est adressée « au directeur départemental des finances publiques ou au responsable du service à compétence nationale, ou au directeur interrégional des douanes et droits indirects de la région dans laquelle a été pratiquée la saisie » (LPF, art. R. 283-1).

2. La saisie-vente des sommes en espèces

549 ***Attribution.*** Si l'huissier de justice découvre sur place des sommes en espèces, il peut les saisir à concurrence du montant de la créance du saisissant (CPCE, art. R. 221-20, al. 1er), comme s'il s'agissait de biens meubles corporels. Mais là s'arrête l'analogie, car elles seront alors **séquestrées entre ses mains en vue de leur attribution** au créancier, dans les conditions suivantes.

L'huissier de justice doit faire mention de cette séquestration dans l'acte de saisie et y indiquer que le débiteur dispose d'un délai d'un mois pour former une contestation devant le juge de l'exécution du lieu de la saisie, lequel doit être désigné dans l'acte (CPCE, art. R. 221-20, al. 2).

À défaut de contestation dans ce délai, les sommes sont versées au créancier et viennent en déduction de celles qui sont réclamées (CPCE, art. R. 221-20, al. 4). Le saisissant est alors à l'abri de tout concours avec des créanciers qui viendraient se greffer ultérieurement sur la saisie-vente par voie d'opposition.

En cas de contestation, il est prévu à l'article R. 221-20, alinéa 3, du CPCE que le juge de l'exécution ordonne la consignation auprès de la Caisse des dépôts et consignations[984], « à défaut d'ordonner le versement au créancier ou la restitution au débiteur ». En toute logique, il devrait prononcer le versement s'il rejette la contestation et la restitution s'il l'accueille. Mais quelle place reste-t-il alors pour la consignation ? La formulation elliptique de ce texte rend la réponse pour le moins malaisée (voy. *infra*, encadré E42).

E 42 **Quelle place pour la consignation ?**

À la lecture de l'article R. 221-20, alinéa 3, du CPCE, on pourrait penser d'abord à une consignation ordonnée au début de l'instance dans l'intérêt du débiteur, en attendant que la contestation soit tranchée. Mais quel serait son intérêt, alors que les sommes en espèces sont précisément séquestrées dès la saisie, entre les mains de l'huissier de justice, pour garantir le droit de contestation du débiteur ?

Il semble donc plus juste de considérer que la consignation envisagée se situe à l'issue de l'instance. Mais comme le juge doit obligatoirement trancher la contestation, sous peine de déni de justice, ne doit-il pas toujours ordonner le versement au créancier ou la restitution au débiteur, selon qu'il rejette ou accueille la contestation ? Pourquoi alors une consignation ? La seule hypothèse envisageable est celle où la contestation est rejetée alors que des opposants se sont associés à la saisie-vente dans l'intervalle. Comme cette saisie n'est pas le prix de la course, les sommes saisies ne sauraient être réservées au premier saisissant et doivent donc être réparties entre tous les créanciers en concours, conformément à la procédure de distribution des deniers. C'est alors dans l'intérêt des créanciers que le juge de l'exécution devrait ordonner la consignation des sommes saisies s'il rejette la contestation.

Mais cette solution devrait aussi valoir en l'absence de contestation, si des oppositions sont formées pendant le délai d'un mois. Malheureusement, l'alinéa 4 de l'article R. 221-20, qui régit ce cas, ne prescrit que le versement immédiat des sommes « au créancier ». Or, si d'autres créanciers interviennent par voie d'opposition avant l'expiration du délai de contestation, ce versement semble exclu. Pour résoudre cette difficulté, le seul moyen serait d'appliquer l'alinéa précédent, par analogie et dans le sens proposé, de manière à étendre la consignation prévue et de préserver ainsi les droits de tous les saisissants qui sont intervenus en temps utile.

---

984. Caisse ajoutée par le décret de codification du 30 mai 2012.

3. La saisie-vente des récoltes sur pied

550 ***Meubles corporels par anticipation.*** La saisie-vente des récoltes sur pied a pris la succession de l'**ancienne saisie-brandon**[985]. Mais son architecture est restée la même. Elle est soumise aux règles de droit commun de la saisie de référence, qui est aujourd'hui la saisie-vente, sous réserve des règles particulières inscrites aux articles R. 221-57 à R. 221-61, lesquels reprennent pour l'essentiel les solutions de l'ancien Code de procédure civile.

Ces règles particulières s'expliquent par l'objet particulier à saisir. Il s'agit, en effet, de récoltes sur pied (pommes, fraises, maïs, etc.), c'est-à-dire de biens qui, au moment de la saisie, sont **encore attachés au sol ou aux arbres** et constituent donc juridiquement des immeubles. Mais comme la saisie doit intervenir à une date proche de la maturité, ils sont assimilés à des meubles corporels par anticipation, ce qui autorise le recours à la saisie-vente. Mais cette qualification requiert aussi des aménagements, qui sont prévus au niveau des conditions, des opérations de saisie et de la vente forcée.

551 ***Conditions.*** **Quant aux parties**, il faut veiller à ce que le débiteur soit bien le propriétaire de la récolte sur pied, lequel n'est pas nécessairement le propriétaire du sol. Il peut s'agir, par exemple, d'un fermier ou d'un usufruitier.

Quant à l'objet, il faut que la récolte à saisir porte sur de véritables fruits. Il s'ensuit deux conséquences. D'une part, **il peut s'agir de fruits naturels ou industriels**, c'est-à-dire des produits spontanés de la terre ou obtenus par le travail de l'homme[986]. D'autre part, et quels qu'ils soient, **ils doivent se renouveler périodiquement** sans entamer le sol. Il faut donc exclure, par exemple, le sable ou les pierres destinés à être extraits d'une carrière. Mais ces véritables fruits ne peuvent faire l'objet d'une saisie-vente que lorsqu'ils sont suffisamment proches de leur maturité. C'est la raison pour laquelle l'article R. 221-57 du CPCE n'autorise la saisie des récoltes sur pied que « dans les six semaines qui précèdent l'époque habituelle de la maturité ».

552 ***Opérations de saisie.*** Le procès-verbal de saisie contient à peine de nullité les mentions prévues à l'article R. 221-16 du CPCE applicable à la saisie-vente pratiquée entre les mains du débiteur (voy. *supra*, n° 504), sous une réserve. Il s'agit de la désignation détaillée des biens saisis qui est remplacée par « la description du terrain où sont situées les récoltes, avec sa contenance, sa situation et l'indication de la nature des fruits » (CPCE, art. R. 221-58).

Les récoltes ainsi saisies sont placées, comme en droit commun, sous la garde du débiteur. Mais comme celui-ci pourrait négliger les récoltes saisies, le créancier saisissant peut demander au juge de l'exécution **la désignation d'un gérant à l'exploitation** (CPCE, art. R. 221-59). Le débiteur devant être entendu ou appelé, les règles de procédure applicables sont donc celles de la procédure ordinaire et non celles de la procédure sur requête.

---

985. L'expression tirait son origine de l'ancienne pratique qui consistait à matérialiser la saisie en dressant sur les lieux des faisceaux de paille, soutenus par des bâtons, que l'on appelait des brandons.

986. Sur la définition des fruits naturels et industriels, voy. S. Guinchard et G. Montagnier (dir.), *Lexique des termes juridiques*, Paris, Dalloz, 1999.

553 ***Vente forcée.*** À défaut de vente amiable dans les conditions de droit commun, les récoltes saisies devront faire l'objet d'une vente forcée, dont la publicité et le lieu obéissent à des règles particulières.

La **publicité** de la vente forcée n'est prévue **que par voie d'affiches** qui sont apposées à la mairie et au marché le plus proche du lieu où se trouvent les récoltes. Elles font mention des jour, heure et lieu de la vente, et indiquent le terrain où sont situées les récoltes ainsi que la contenance et la nature des fruits. L'accomplissement de cette publicité doit être certifié par l'huissier de justice (CPCE, art. R. 221-60).

Quant au lieu, la vente forcée doit se tenir à l'endroit où les récoltes sur pied se trouvent ou au marché le plus proche (CPCE, art. R. 221-61).

Pour le surplus, il faut faire application des règles de droit commun qui ont vocation à s'appliquer à tous les biens meubles corporels, par opposition aux biens incorporels dont la saisie relève de règles qui leur sont propres.

§ 2. La saisie des biens meubles incorporels

554 ***Réglementation partielle.*** Selon l'article L. 231-1 du CPCE, tous les biens incorporels, autres que les créances de sommes d'argent[987], peuvent être saisis et vendus par tout créancier muni d'un titre exécutoire constatant une créance liquide et exigible. Mais le décret d'application du 31 juillet 1992 ne réglementait que la saisie-vente des droits d'associé et des valeurs mobilières. Tous ces textes ont été repris par la Code des procédures civiles d'exécution, sous une réserve. Il s'agit de l'article R. 231-1 qui prévoit désormais que ces dispositions, qui restent consacrées à la saisie-vente des droits d'associé et des valeurs mobilières (A), ont aussi vocation à s'appliquer aux autres biens incorporels dont la saisie reste donc toujours à construire concrètement (B).

A) La saisie-vente des droits d'associé et des valeurs mobilières

555 ***Évolution.*** L'ancien Code de procédure civile ne réglementait pas spécialement la saisie des droits d'associé et des valeurs mobilières. Il fallait donc recourir à la saisie-exécution ou à la saisie-arrêt. Mais aucune de ces saisies n'était vraiment adaptée à ces biens incorporels compte tenu de leurs caractéristiques propres.

C'est la raison pour laquelle la réforme des procédures civiles d'exécution a institué une saisie spécifique : la saisie-vente des droits d'associé et des valeurs mobilières, inscrite aux articles 178 à 193 du décret. Ces textes ont été repris, sous réserve de quelques modifications mineures, aux articles **R. 232-1 à R. 233-9 du CPCE** (sur les notions de droits d'associé et de valeurs mobilières auxquelles ces textes sont applicables, voy. *infra*, encadré E43). Le régime juridique de cette saisie s'inspire directement de la saisie-vente des biens meubles corporels. Mais il a fallu tenir compte des exigences particulières résultant du droit des sociétés et du droit boursier régissant ces biens incorporels. Il

987. Celles-ci relèvent des mesures d'exécution forcée sans vente : saisie-attribution, saisie des rémunérations ou saisies spéciales, selon le cas (voy. *supra*, n°s 316 et s.).

s'ensuit des règles particulières tant au niveau de la mise en œuvre de la saisie (1) que de son issue, la vente (2).

E 43 Les notions de droits d'associé et de valeurs mobilières

Les articles R. 232-1 à R. 233-9 du CPCE s'appliquent à deux catégories de biens incorporels : les droits d'associé et les valeurs mobilières. Mais ils se gardent bien de les définir car il s'agit de notions qui relèvent du droit des sociétés auquel il faut donc se référer.

1. Les **droits d'associé** correspondent principalement aux parts sociales attribuées en rémunération des apports des associés dans les sociétés de personnes, qu'elles soient civiles (sociétés civiles immobilières, sociétés civiles du secteur agricole et sociétés civiles professionnelles) ou commerciales (sociétés à responsabilité, relevant à la fois des sociétés de personnes et des sociétés de capitaux, sociétés en nom collectif, sociétés en commandite simple, sociétés en commandite par actions pour les parts du commandité et sociétés d'exercice libéral). Mais l'expression choisie est plus large. Elle englobe aussi les droits accordés par les autres personnes morales à leurs membres, comme les associations ou les groupements d'intérêt économique, du moins lorsqu'ils présentent une valeur patrimoniale. De même, elle vise les parts des sociétés en participation[988]. Certes ces sociétés sont dépourvues de la personnalité morale, ce qui pose une difficulté technique pour déterminer la personne du tiers saisi (voy. *supra*, encadré E44).
2. Les **valeurs mobilières** sont définies, depuis l'ordonnance du 8 janvier 2009 relative aux titres financiers, à l'alinéa 2 de l'article L. 228-1 du Code de commerce. Il s'agit « des titres financiers au sens de l'article L. 211-1 du CMF, qui confèrent des droits identiques par catégorie ». Les valeurs mobilières sont donc des **titres financiers**, mais tous les titres financiers ne sont pas des valeurs mobilières. Seuls constituent des valeurs mobilières les titres financiers qui confèrent des **droits identiques par catégorie.** Il s'agit des titres financiers suivants.

Les **titres de capital** émis par des sociétés par actions, qui correspondent aux **actions** et à tous les titres dérivés :

- les **actions de préférence** (CMF, art. L. 212-5 ; créées par l'ordonnance n° 2004-604 du 24 juin 2004 ; il s'agit d'actions à droits particuliers qui peuvent être de nature pécuniaire – dividende majoré, préciputaire ou cumulé – ou de nature non pécuniaire – renforcement du droit à l'information, sans droit de vote ou à vote double, etc.[989]) ;
- les **titres en voie d'extinction** (il s'agit des actions à dividende prioritaire sans droit de vote, des certificats d'investissement et des actions de priorité prévus aux articles L. 212-6 à L. 212-6-4 du CMF ; ces titres sont en voie d'extinction car l'ordonnance du 24 juin 2004 les a remplacés par les actions de préférence et ne subsistent donc que jusqu'à leur conversion en actions ordinaires ou de préférence ou la dissolution de la société) ;
- les **titres donnant accès à terme au capital** (ils peuvent être composites, c'est-à-dire adossés à un titre de capital ou d'emprunt – actions à bon de souscription d'actions de préférence ou obligations à bons de souscription d'actions – ou autonomes, comme les bons de souscription).

Les titres de créance conférant des droits de créance sur une personne morale émettrice qui correspondent :

- aux **obligations** et à tous les titres dérivés, tels que les obligations convertibles, échangeables, à bon de souscription d'actions ou remboursables en actions (on peut citer aussi les titres participatifs qui sont des obligations émises par des sociétés du secteur public ou par des sociétés anonymes coopératives ou des coopératives agricoles ; ils sont rémunérés par une partie fixe portant au moins sur 60 % du nominal et par une partie variable ; de même, constituent des titres d'emprunt dérivés les titres subordonnés à durée indéterminée – TSDI –, appelés aussi titres

988. En ce sens : P. Le Cannu, « Procédures civiles d'exécution, droit des sociétés et droit boursier », *RTD Civ.*, 1993, n° spécial : « La réforme des procédures civiles d'exécution », pp. 87 et s., spéc. n° 11.

989. Le régime juridique du rachat des actions de préférence a été précisé par l'ordonnance n° 2014-863 du 31 juillet 2014 relative au droit des sociétés.

perpétuels, qui sont définis à l'article L. 228-97 du C. com. ; leurs porteurs sont d'avant-dernier rang, ce qui signifie qu'ils n'ont pas les mêmes chances d'être remboursés en cas de difficultés) ;
- aux **titres émis par l'État**, tels que les obligations assimilables du Trésor (OAT) et les bons du Trésor à taux fixe et intérêts précomptés (BTF) ou à intérêts annuels (BTA).

En revanche, les **autres instruments financiers** ne constituent pas des valeurs mobilières. Ainsi, les parts d'organismes de placement collectif et de fonds communs de titrisation ne sont plus des valeurs mobilières[990]. Il en va de même des warrants financiers ou des titres de créance négociables dont il existe deux catégories, les titres négociables à court terme et les titres négociables à moyen terme[991]. Tous ces instruments financiers sont donc exclus de cette procédure civile d'exécution. Mais cette exclusion est purement théorique car il y a lieu de faire application, par analogie, de la saisie des droits d'associé et des valeurs mobilières, à tous les biens incorporels qui ne font l'objet d'aucune réglementation spécifique (voy. *infra*, n°s 589 et s.). Le régime juridique de cette saisie leur est donc applicable au moins par analogie[992].

1. La saisie des droits d'associé et des valeurs mobilières

556 ***Conditions.*** Comme pour toute mesure d'exécution forcée, le créancier doit disposer d'un titre exécutoire constatant une créance monétaire liquide et exigible. Par ailleurs, les droits sociaux comme les valeurs mobilières doivent appartenir au débiteur et être saisissables. Il faut donc écarter tous ceux qui sont insaisissables, que ce soit à titre principal[993] ou à titre accessoire[994].

À ces conditions de fond s'ajoutent les formalités imposées au titre des opérations de saisie (a), dont la mise en œuvre permettra au créancier de bénéficier de tous les effets attachés à la saisie (b), sous réserve des contestations qui peuvent être élevées (c).

a) Les opérations de saisie

557 ***Les idées directrices.*** Les opérations de saisie reposent sur deux idées directrices.

La première tient à la nature des droits d'associé et des valeurs mobilières. Comme il s'agit de biens incorporels émis par un tiers, le modèle de référence est celui de la saisie-vente pratiquée **entre les mains d'un tiers**. Il s'ensuit que la saisie s'opère toujours en deux temps[995] : l'acte de saisie entre les mains d'un tiers saisi (1) et sa dénonciation au débiteur (2).

990. En ce sens : T. Bonneau, « Commentaire de l'ordonnance n° 2009-15 du 8 janvier 2009 relative aux instruments financiers », *JCP E*, 2009, 1105, n° 11.

991. Depuis le décret n° 2016-707 du 30 mai 2016 qui a fusionné les billets de trésorerie et les certificats de dépôts pour créer la catégorie des titres de créances négociables à court terme.

992. En ce sens, voy. not. F.-X. Lucas, « La saisie des droits d'associé et valeurs mobilières », in *Les saisies spéciales*, actes du colloque organisé par la revue *Droit et procédures* à Nantes, le 28 mars 2008, EJT, 2009, p. 24, spéc. n° 58.

993. On peut citer les parts des sociétés constituées entre des officiers ministériels ou publics ; certes leur saisissabilité a été admise faute de tout texte la prohibant expressément, mais avec une portée limitée car leur vente forcée est exclue (voy. *supra*, n° 70).

994. À titre d'exemple, les parts d'industrie qui constituent incontestablement des droits d'associé ; mais comme ils sont strictement liés à la personne de leur titulaire, ils sont inaliénables et donc accessoirement insaisissables ; pour les mêmes raisons, sont insaisissables les actions d'une SAS déclarées inaliénables par les statuts (C. com., art. L. 227-13).

995. En revanche, aucun commandement préalable n'est requis.

La seconde idée tient au **concours entre les créanciers** que toutes les mesures d'exécution forcée avec vente autorisent et organisent. Il s'ensuit qu'un autre créancier pourra toujours venir se greffer sur une saisie de droits d'associé ou de valeur mobilières en cours, par voie d'opposition (3).

1) *L'acte de saisie*

558 ***Modalités.*** L'acte de saisie est un acte d'huissier de justice qui doit comporter, à peine de nullité, outre les mentions communes de l'article 648 du CPC, celles particulières prévues aux 1° à 5° de l'article R. 232-5 du CPCE. Elles peuvent être classées en deux rubriques :

- celles **relatives au débiteur saisi** : son identité (1°), l'indication du titre exécutoire en vertu duquel la saisie est pratiquée (2°) avec le décompte détaillé des sommes réclamées (3°) ;
- celles **relatives au tiers saisi** : l'indication selon laquelle la saisie rend indisponibles les droits pécuniaires du débiteur saisi (voy. *infra*, n°s 564 et s.) et la sommation de faire connaître l'existence d'éventuels nantissements ou saisies antérieures (voy. *infra*, n° 559).

Ainsi rédigé, l'acte de saisie doit être signifié au tiers saisi qui, selon les articles R. 232-1 à R. 232-4 du CPCE, est la personne morale émettrice elle-même, son mandataire ou un intermédiaire habilité (voy. *infra*, encadré E44).

E 44 **La personne du tiers saisi**

La personne du tiers saisi auquel l'acte de saisie doit être signifié est déterminée par les articles R. 232-1 à R. 232-4 du CPCE. Le principe est posé à l'article R. 232-1 qui prévoit que la saisie est opérée auprès de la société ou de la personne morale **émettrice**. Mais ce principe n'a pas la même portée pour les droits d'associé et les valeurs mobilières.

Pour les **droits d'associé**, il est toujours applicable, sous une seule réserve : celle des parts d'une société en participation. Comme celle-ci est dépourvue de la personnalité morale, il a été proposé de pratiquer la saisie auprès du gérant ou de chacun des associés[996].

Pour les **valeurs mobilières**, il faut distinguer car elles sont systématiquement inscrites en compte depuis leur dématérialisation opérée par la loi de finances du 30 décembre 1981. Il s'ensuit que la saisie doit se faire auprès de la personne qui tient la comptabilité des titres, qui peut être la société elle-même, son mandataire ou un intermédiaire habilité.

Il s'agit de la **société émettrice** pour la saisie des valeurs mobilières nominatives dont elle tient elle-même la comptabilité, car le principe posé à l'article R. 232-1 trouve alors à s'appliquer.

Mais si la société a confié la tenue des comptes des valeurs mobilières nominatives qu'elle émet à un **mandataire**, la saisie doit être opérée auprès de celui-ci. C'est la raison pour laquelle elle devra alors en communiquer le nom à l'huissier de justice (CPCE, art. R. 232-2).

Enfin, il s'agit d'un **intermédiaire habilité** (établissement de crédit ou société de bourse) dans les cas suivants :

- pour les valeurs mobilières au porteur, qui sont saisies auprès de l'intermédiaire habilité chez lequel l'inscription a été prise (CPCE, art. R. 232-3, al. 1er) ;
- pour les valeurs mobilières nominatives dont le titulaire a chargé un intermédiaire habilité de la gestion de son compte, qui sont saisies auprès de celui-ci (CPCE, art. R. 232-3, al. 2) ;
- pour l'ensemble des valeurs mobilières inscrites au nom d'un débiteur auprès d'un intermédiaire habilité, qui peuvent être saisies auprès de ce dernier, quelle que soit la société émettrice (CPCE, art. R. 232-4).

---

996. Voy. P. Le Cannu, *op. cit.*, n° 11.

559 ***Déclaration du tiers saisi.*** Quelle que soit la personne du tiers saisi, celui-ci doit toujours déclarer à l'huissier de justice, qui lui en fait la sommation dans l'acte de saisie, l'existence d'éventuels **nantissements ou saisies antérieurs** (CPCE, art. R. 232-5-5°). Il s'y ajoute, le cas échéant, l'**identité du mandataire** chargé de la gestion de ses titres (CPCE, art. R. 232-3, al. 2, voy. *infra*, encadré E44). Selon la jurisprudence, cette liste est exhaustive de sorte que le tiers saisi n'est **tenu par aucune autre déclaration**, à moins que le juge de l'exécution ne lui en fasse expressément injonction. En particulier, il n'a pas à déclarer l'étendue des droits d'associé et des valeurs mobilières dont le débiteur est titulaire[997].

Dans tous les cas, le tiers qui manque à cette obligation n'encourt qu'une condamnation à des dommages et intérêts sur le fondement de l'article L. 123-1 du CPCE et non au paiement des causes de la saisie[998].

2) *La dénonciation au débiteur*

560 ***Modalités.*** Dans les ***huit jours de la saisie***, celle-ci doit être dénoncée au débiteur, ***à peine de caducité*** (CPCE, art. R. 232-6, al. 1er). L'acte de dénonciation est un acte d'huissier de justice signifié au débiteur qui contient à peine de nullité, outre les mentions communes de l'article 648 du CPC, une copie du procès-verbal de saisie (1°) et les mentions particulières prévues aux 2° à 6° de l'article R. 232-6 du CPCE. Celles-ci peuvent être classées en deux rubriques :

- celles **relatives aux contestations** : en caractères très apparents, l'indication qu'elles doivent être soulevées, à peine d'irrecevabilité, par une assignation qui doit être dénoncée par lettre recommandée avec demande d'avis de réception à l'huissier de justice ayant procédé à la saisie[999], dans le délai d'un mois qui suit la signification de l'acte, avec la date à laquelle expire ce délai (2°), et la désignation du juge de l'exécution compétent, qui est celui du domicile du débiteur (3°) ;
- celles **relatives à la vente** : d'une part, en caractères très apparents, l'indication que le débiteur dispose d'un délai d'un mois pour procéder à la vente amiable des biens saisis dans les conditions prescrites, selon les cas, aux articles R. 221-30 à R. 221-32 ou R. 233-3 du CPCE (4° ; voy. *infra*, nos 573 à 575, 584 et 585), qui sont reproduits (6°) ; d'autre part, si la saisie porte sur des valeurs mobilières cotées, l'indication qu'il peut, en cas de vente forcée et jusqu'à la réalisation de celle-ci, faire connaître au tiers saisi l'ordre dans lequel elles devront être vendues (5°).

La dénonciation au débiteur parachève la saisie, ce qui empêchera toute nouvelle saisie des mêmes biens incorporels. Mais d'autres créanciers pourront s'y joindre par un acte d'opposition.

---

997. Civ. (2e ch.), 8 avril 1999, n° 97-14742, *Bull. civ.*, II, n° 69 ; *JCP*, 1999, II, 10123, note Th. Bonneau ; *D.*, 1999, p. 513, note R. Martin ; Civ. (2e ch.), 17 mai 2001, n° 99-11505.

998. À propos de la déclaration des nantissements et saisies antérieurs : Civ. (2e ch.), 3 mai 2001, n° 99-18265, *Bull. civ.*, II, n° 90 ; à propos de la déclaration sur injonction du juge : Civ. (2e ch.), 8 avril 1999, préc. ; Civ. (2e ch.), 17 mai 2001, préc.

999. Mention ajoutée par le décret de codification du 30 mai 2012.

3) *L'opposition des créanciers*

561 ***Concours des créanciers.*** La règle « saisie sur saisie ne vaut » interdit seulement de saisir plusieurs fois un même bien. Mais elle ne fait pas obstacle au concours des créanciers qui caractérise toutes les mesures d'exécution forcée avec vente et, en particulier, la saisie-vente des droits d'associé et des valeurs mobilières. Comme pour la saisie-vente des biens meubles corporels, ce concours se traduit par la possibilité offerte à tout créancier, qui remplit les conditions pour pratiquer une saisie, d'intervenir à une saisie en cours **par voie d'opposition**.

Le principe résulte de l'article L. 233-1 du CPCE qui impose la répartition du prix de vente des droits ou valeurs saisis entre les « créanciers saisissants ou opposants qui se sont manifestés avant la vente ». L'opposition est donc bien ouverte, mais elle doit intervenir **avant la vente** des biens saisis. En revanche, aucun texte ne régit les formalités applicables à l'acte d'opposition. Il faut donc **se référer à la saisie-vente des biens meubles corporels** qui a servi de modèle (CPCE, art. R. 221-42). Il s'ensuit que l'acte d'opposition doit indiquer le titre en vertu duquel il est pratiqué ainsi que le décompte détaillé des sommes dues. Il est signifié au débiteur et au créancier saisissant, étant rappelé que le tiers saisi doit toujours déclarer les saisies antérieurement pratiquées.

Malgré l'opposition ainsi régularisée, le créancier saisissant conservera la conduite de la saisie, mais désormais l'opposant bénéficiera comme lui de tous les effets qui y sont attachés.

b) Les effets

562 ***Principe et exception.*** Comme toutes les mesures d'exécution forcée avec vente, la saisie des droits d'associé et de valeurs mobilières produit un effet d'indisponibilité (1). Mais compte tenu des inconvénients qui en résultent pour le débiteur et la société émettrice, il est possible d'y échapper par la consignation (2).

1) *L'indisponibilité*

563 ***Étendue de l'indisponibilité.*** Selon l'article L. 141-2 du CPCE, l'acte de saisie rend indisponibles les biens qui en sont l'objet. Cette disposition, qui relève du droit commun des procédures civiles d'exécution, a évidemment vocation à s'appliquer à la saisie-vente des droits d'associé et des valeurs mobilières. Mais ces biens présentent cette particularité de conférer généralement à leur titulaire **des droits accessoires**, dont **certains sont pécuniaires** et **d'autres extrapatrimoniaux**. Or, si l'indisponibilité des premiers se conçoit parfaitement pour protéger le saisissant, celle des seconds serait excessive car elle pourrait entraver, voire paralyser, le fonctionnement normal de la société émettrice.

C'est la raison pour laquelle l'article R. 232-8 du CPCE limite expressément l'indisponibilité que produit l'acte de saisie aux seuls droits pécuniaires. Il s'ensuit que l'indisponibilité ne joue qu'à l'égard des droits patrimoniaux représentés par les biens saisis (a) et qu'elle laisse survivre les droits extrapatrimoniaux dont bénéficie leur titulaire (b).

a. L'indisponibilité des droits patrimoniaux

564 ***Double indisponibilité.*** L'indisponibilité des droits patrimoniaux est double. Elle porte d'abord sur les biens saisis eux-mêmes qui ont une valeur patrimoniale propre. Mais elle affecte aussi, le cas échéant, les droits pécuniaires qui y sont attachés.

565 ***Indisponibilité des biens saisis.*** La saisie rend indisponible **l'intégralité des droits d'associé** ou des valeurs mobilières dont le débiteur est titulaire dans la société émettrice (CPCE, art. R. 232-5-4°). Il s'agit évidemment de tous ceux dont il est titulaire à la date de la saisie. Mais il s'agit aussi de ceux qui lui seront attribués ultérieurement pour une cause antérieure à la saisie. Ainsi en est-il de l'attribution de parts sociales ou d'actions, soit gratuite à l'occasion d'une augmentation de capital par incorporation de réserves[1000], soit onéreuse à l'occasion d'une augmentation en numéraires souscrite par le débiteur avant la saisie. En revanche, si la souscription était postérieure, les parts ou actions attribuées ne sauraient entrer dans l'assiette de la saisie et ne pourraient donc être rendues indisponibles que par une nouvelle saisie.

L'indisponibilité des titres en **interdit toute vente volontaire** par le débiteur. Les seules ventes possibles sont celles régies par la procédure de saisie, c'est-à-dire une vente amiable ou une vente forcée à défaut (voy. *infra*, n°s 571 et s.)[1001]. Mais outre la vente, **le débiteur doit aussi s'abstenir** de tout acte qui aurait pour effet **de porter atteinte à la valeur** des titres saisis, soit en la diminuant[1002], soit en l'affectant à un autre créancier[1003].

566 ***Indisponibilité des droits pécuniaires.*** Les droits pécuniaires attachés aux titres saisis correspondent à **toutes les créances de sommes d'argent** dont dispose leur titulaire à l'égard de la société émettrice. Ainsi pour les parts sociales et les actions, il s'agit des droits aux **bénéfices distribuables**, qui peuvent être attribués sous forme de dividendes ou mis en réserve[1004], et au **boni de liquidation**. Quant aux obligations, il s'agit des **intérêts dus à l'obligataire**. Tous ces droits sont aussi indisponibles, ce qui signifie que le débiteur ne peut en disposer, à quelque titre que ce soit. Quant à la société émettrice,

---

1000. Les réserves sont des bénéfices non distribuées à la clôture de l'exercice où ils ont été réalisés. Leur incorporation au capital permet alors aux associés de les percevoir sous forme d'attribution gratuite de parts ou d'actions, ce qui justifie qu'ils soient ajoutés à l'assiette de la saisie ; en ce sens, voy. not. M. Jeantin, « Mesures d'exécution forcée sur valeurs mobilières et droits d'associé », *JCl. Procédure civile*, fasc. 2390, n° 65.

1001. C'est ce qui explique qu'en cas d'offre publique d'achat ou d'échange, par exemple, le débiteur ne saurait y participer sans l'accord du créancier.

1002. Par la constitution d'un usufruit, par exemple.

1003. En lui consentant un nantissement, par exemple.

1004. La question avait été posée de savoir si la saisie rend indisponibles tous les droits pécuniaires, nés et à naître, ou seulement les droits déjà nés. Ainsi dans la seconde hypothèse, seuls les dividendes décidés à la date de la saisie auraient été touchés (en ce sens : E. Putman, obs. sous Jex Chartres, 13 octobre 1995, *JCP G*, 1996, II, 22670). La Cour de cassation s'est prononcée pour la première solution en jugeant que les bénéfices distribuables constituent des droits pécuniaires et sont donc indisponibles dès la saisie, même s'ils n'ont pas encore fait l'objet d'une décision de distribution (Civ. (2e ch.), 21 juin 2007, n° 06-13386, *Bull. civ.*, II, n° 170 ; *Dr. et procéd.*, 2007, p. 350, obs. C. Lefort ; *Defrénois*, 2008, chron. n° 38726, p. 423, obs. Ph. Théry, à propos d'une saisie conservatoire de parts sociales, mais l'effet est le même, l'article R. 524-3 du CPCE renvoyant à l'article R. 232-8 du CPCE).

elle doit retenir les fonds correspondants qui seront ajoutés, le moment venu, au prix de cession des titres pour être distribués aux créanciers saisissants et opposants.

Mais comme il s'agit de créances monétaires, ces droits pécuniaires ont aussi vocation à faire l'objet d'une saisie-attribution. Toute la question est alors de savoir dans quelle mesure ces saisies peuvent coexister et comment, le cas échéant, régler le conflit entre saisissants. Les réponses ne sont pas simples car il faut distinguer selon la date des saisies et la nature des créances sur lesquelles elles portent (voy. *infra*, encadré E45).

E 45 **Conflit entre une saisie de droits d'associé ou de valeurs mobilières et une saisie-attribution**

Qu'en est-il des hypothèses de conflit ? Un tel conflit ne peut se présenter sur les droits d'associé ou les valeurs mobilières eux-mêmes dès lors que toute saisie-attribution de ces biens est exclue. Il ne peut donc se rencontrer que sur les droits pécuniaires qui y sont attachés car ils sont affectés par la saisie-vente des biens dont ils procèdent et peuvent faire l'objet d'une saisie-attribution en tant que créances monétaires. Mais à quel moment ce conflit peut-il se présenter ? Il est souvent prétendu que la saisie-attribution des droits pécuniaires serait impossible postérieurement à la saisie des droits d'associé ou des valeurs mobilières en raison de l'indisponibilité qui en résulte. Or, la deuxième chambre civile de la Cour de cassation admet la saisie-attribution des créances monétaires indisponibles, sous la seule réserve de l'effet attributif qui ne joue pas (voy. *supra*, n°s 322 et 341). Le saisissant est alors en concours avec les bénéficiaires de l'indisponibilité antérieure. Inversement, la saisie-attribution est certainement possible antérieurement et, dans ce cas, tout conflit est exclu, mais seulement dans la limite de la créance attribuée, ce qui dépend de la nature des droits pécuniaires saisis.

La résolution des conflits dépend ainsi à la fois de l'ordre des saisies et de la nature des droits pécuniaires en cause. Le plus simple est de raisonner sur les deux hypothèses les plus fréquentes en pratique, qui intéressent les intérêts des obligations et les dividendes des parts sociales et des actions.

Les **intérêts des obligations** correspondent à des **créances à exécution successive** car ils rémunèrent le capital prêté par l'obligataire et sont dus automatiquement selon la périodicité fixée par la décision d'émission. Dans ces conditions, de deux choses l'une :

- ou bien, la saisie-attribution intervient en premier lieu et, dans ce cas, les intérêts sont détachés de l'obligation au seul profit du saisissant ; il s'ensuit que la saisie ultérieure de l'obligation ne portera que sur le titre lui-même et non sur les fruits qu'il produit, du moins jusqu'à la mainlevée de la saisie-attribution ; tout se passe comme en cas de saisie d'un immeuble dont les loyers ont été antérieurement saisis par un autre créancier[1005] ;
- ou bien, la saisie-attribution est pratiquée postérieurement à la saisie de l'obligation et, dans ce cas, les saisissants viendront en concours, mais seulement sur les intérêts ; la saisie-attribution ne présente alors aucun intérêt, mieux vaut pour le créancier s'associer à la saisie en cours par voie d'opposition.

Pour les **dividendes**, c'est plus compliqué car il s'agit de créances monétaires qui ne sont que **potentiellement attachées aux droits d'associé**. En effet, la Cour de cassation a jugé que les dividendes n'ont d'existence juridique qu'à compter de la décision de l'assemblée générale qui décide de distribuer tout ou partie des bénéfices réalisés[1006]. Or, une saisie-attribution n'est possible que sur une créance monétaire existante (voy. *supra*, n° 321). Il s'ensuit qu'une saisie-attribution de dividendes ne peut être pratiquée que postérieurement à la décision collective qui les attribue et seulement pour le montant alloué au débiteur. Dans ces conditions, de deux choses l'une :

1005. Voy. not., R. Perrot et Ph. Théry, *op. cit.*, n° 716-a).

1006. Com., 10 février 2009, n° 07-21806, *Bull. civ.*, IV, n° 19 ; *D.*, 2009, p. 1512, note V. Barabé-Bouchard ; Com., 23 octobre 1990, n° 89-13999, *Bull. civ.*, IV, n° 247 ; *D.*, 1991, jurispr., p. 173, note Y. Reinhard.

- ou bien, la saisie-attribution intervient en premier lieu et, dans ce cas, les dividendes saisis sont soustraits de la saisie ultérieure du titre d'associé correspondant ; mais cette amputation est plus limitée que pour les intérêts d'obligations car elle ne vaut que pour les dividendes attribués et saisis et non pour ceux qui pourraient être décidés ultérieurement (sauf évidemment à traiter les dividendes comme des créances monétaires existant dès l'émission du titre, de sorte que les délibérations collectives ultérieures ne feraient que les rendre exigibles ; la saisie-attribution produirait alors le même effet qu'en matière d'intérêts des obligations, en valant tant pour les dividendes déjà alloués que pour tous ceux à venir[1007]) ;
- ou bien, une saisie-attribution est pratiquée alors que le titre d'associé est déjà saisi et, dans ce cas, tous les créanciers viennent en concours, mais seulement sur le montant des dividendes alloués[1008] ; *a fortiori*, le créancier n'a-t-il alors aucun intérêt à pratiquer une saisie-attribution car une opposition sur la saisie en cours lui sera bien plus profitable, en lui permettant de concourir sur tous les droits patrimoniaux représentés par les titres dont son débiteur est titulaire.

b. La survie des droits extrapatrimoniaux

567 ***Conséquences et dangers.*** Les droits extrapatrimoniaux attachés aux droits d'associé et aux valeurs mobilières correspondent au **droit de vote** et au **droit à l'information** dont bénéficie leur titulaire. Il résulte de l'article R. 232-8 du CPCE que ces droits ne sont pas touchés par la saisie des parts ou titres dont ils procèdent car l'indisponibilité ne frappe que les droits pécuniaires. Il s'ensuit que **le débiteur saisi conserve la plénitude de ces droits** et qu'il peut donc continuer à bénéficier de toutes les informations prévues par la loi ou les statuts, et à participer à toutes les décisions collectives.

Cette solution se justifie par la nécessité de préserver le bon fonctionnement de la société émettrice. Mais elle n'est **pas sans danger** pour les créanciers, saisissants ou opposants, car certaines décisions collectives peuvent porter atteinte à leurs droits. Ainsi en est-il par exemple, du « coup d'accordéon » consistant en une réduction à zéro du capital social, suivie d'une augmentation en numéraires[1009]. De même, le débiteur saisi participe au vote sur l'agrément du cessionnaire de ses titres, ce qui ne sera pas sans difficultés à ce stade de la saisie (voy. *infra*, encadrés E46, et E48). Mais encore faut-il que la saisie soit menée à son terme. Or, le débiteur peut avoir intérêt à retrouver rapidement la

1007. En ce sens : Jex Chartres, 13 octobre 1995, *op. cit.*

1008. En ce sens, à propos d'une saisie conservatoire de droits d'associé, qui produit les mêmes effets (voy. *infra*, n° 892) : Civ. (2e ch.), 21 juin 2007, n° 06-13386, *Bull. civ.*, II, n° 170 ; *Dr. et procéd.*, 2007, p. 350, obs. C. Lefort ; *Gaz. Pal.*, 2008, p. 3544, obs. C. Brenner ; *Defrénois*, 2008, chron. n° 38726, p. 423, obs. Ph. Théry. Voy. cependant, dans la même espèce où sur le pourvoi formé contre l'arrêt rendu par la cour de renvoi, la Cour de cassation approuve les juges du fond d'avoir donné la priorité à la saisie conservatoire en concours avec une saisie-attribution pratiquée postérieurement au motif curieux que la saisie conservatoire a eu pour effet de rendre indisponibles, sauf à l'égard du saisissant, les dividendes attachés aux parts saisies » : Civ. (2e ch.), 21 octobre 2010, n° 09-69867, et Ph. Théry, « La saisie des droits de l'associé d'une société professionnelle », *RJDA*, 2012, chron., p. 211.

1009. Dans une telle hypothèse, les titres anciens, qui étaient saisis, sont annulés et les nouveaux ne sauraient s'y substituer. Certes si le débiteur devait souscrire à cette augmentation, les titres substitués pourraient faire l'objet d'une nouvelle saisie. Mais à défaut, les créanciers privés des titres saisis n'auraient d'autre recours que d'invoquer la fraude, soit au plan civil, soit au plan pénal sur le fondement du détournement d'objet saisi.

pleine disposition de ses titres nonobstant la saisie, ce qui est possible grâce à la consignation.

2) *La consignation*

568 ***Mainlevée.*** Le débiteur saisi peut toujours obtenir la mainlevée de la saisie en consignant une somme suffisante, auprès de la Caisse des dépôts et consignations, pour désintéresser le créancier (CPCE, art. R. 232-8, al. 2). ***Dans le silence du texte, cette consignation peut être conventionnelle ou judiciaire***. La première résulte d'un accord entre le débiteur et les créanciers, saisissants et opposants. Mais en réalité, les créanciers sont mieux protégés lorsque la consignation est ordonnée par le juge de l'exécution qui fixe alors lui-même le montant de la consignation et ses modalités.

Pour mesurer l'intérêt des créanciers à une consignation judiciaire, il faut préciser les effets de la consignation. Elle emporte toujours mainlevée de la saisie au profit du débiteur, mais ne sacrifie pas les droits des créanciers :

- **quant aux créanciers**, saisissants et opposants, leurs droits se reportent sur la somme consignée qui est spécialement affectée à leur profit (CPCE, art. R. 332-8 *in fine*) ; en conséquence, ils n'ont plus à craindre un concours ultérieur qui serait toujours possible en cas de maintien de la saisie jusqu'au jour de la vente ; mieux encore si aucune opposition n'avait encore été délivrée, le saisissant acquerra même un droit exclusif ; mais en cas de procédure collective, si la consignation a eu lieu en période suspecte, ce droit préférentiel ne sera préservé que si la consignation a fait l'objet d'une décision de justice ayant acquis force de chose jugée (C. com., art. L. 632-1-5°). C'est ce qui explique que la consignation judiciaire est préférable pour les créanciers[1010] ;
- **quant au débiteur**, en revanche, peu importe la nature de la consignation, car elle lui fera toujours retrouver la pleine disposition de ses titres et de tous les droits qui y sont attachés, sans distinction[1011] ; mais la consignation n'a d'intérêt pour lui que s'il entend contester la saisie ; à défaut, il lui suffira de payer les créanciers pour obtenir directement la mainlevée.

c) Les contestations

569 ***Modalités.*** Le débiteur est informé du délai pour contester la saisie, avec l'indication de la date d'expiration et du juge compétent pour en connaître, ainsi que des formalités à respecter, par les mentions obligatoires portées dans l'acte de dénonciation (voy. *supra*, n° 560)[1012]. Il s'ensuit qu'il doit soulever ses

1010. Sur ce point, voy. not. E. Putman, « Les saisies des droits d'associé et des valeurs mobilières », *JCP G*, 1993, I, 3689, n° 8.

1011. Il pourra ainsi, par exemple, participer librement à une offre publique d'achat ou d'échange et en tirer tous les profits.

1012. La Cour de cassation a jugé que la demande en nullité de la saisie-vente de droits d'associé ou de valeurs mobilières n'est pas réservée au débiteur, mais peut être formée par tout intéressé : Civ. (2e ch.), 22 février 2007, n° 06-11838, *Bull. civ.*, II, n° 47 ; *Gaz. Pal.*, 2008, p. 3545, obs. C. Brenner, à propos de la demande formée par l'usufruitier de parts dont la nue-propriété avait été saisie ; mais cette solution devrait aussi valoir pour la saisie-vente des biens corporels où une décision antérieure du 10 novembre 1998 avait statué en sens contraire ; voy. *supra*, n° 543.

contestations, **à peine d'irrecevabilité, dans le mois** de la dénonciation de la saisie devant le **juge de l'exécution de son domicile** (CPCE, art. R. 232-6, 2° et 3°). Les règles de procédure applicables sont celles de la procédure ordinaire devant le juge de l'exécution. Les contestations doivent donc être élevées par voie d'assignation.

Mais à peine d'irrecevabilité, l'assignation doit être **dénoncée le même jour ou le premier jour ouvrable suivant**, comme en matière de saisie-attribution, **à l'huissier de justice** qui a procédé à la saisie, par lettre recommandée avec demande d'avis de réception (CPCE, art. R. 232-7, al. 2[1013]). Parallèlement, le tiers saisi est informé par lettre simple, mais cette formalité n'est assortie d'aucune sanction (CPCE, art. R. 232-7, al. 2).

570 ***Effets.*** À l'appui de ses contestations, le débiteur peut faire valoir toute irrégularité de fond ou de forme sanctionnée par la nullité de la saisie ou la violation de tout délai sanctionnée par sa caducité. Si le juge de l'exécution y fait droit, il prononcera la mainlevée de la saisie ou de la consignation, le cas échéant. À défaut, la contestation sera rejetée et la vente forcée pourra avoir lieu, à défaut de vente amiable.

C'est que le délai pour contester, comme les contestations elles-mêmes, produisent un effet suspensif en ce qu'ils excluent, au moins provisoirement, toute vente forcée.

2. La vente des droits d'associé et des valeurs mobilières

571 ***Règles communes.*** La vente est soumise à trois règles communes, qui sont applicables quels que soient les droits d'associé ou les valeurs mobilières saisis.

Comme pour la saisie-vente des biens meubles corporels, le débiteur dispose d'un délai d'un mois à compter de la dénonciation de la saisie pour **procéder à la vente amiable** des droits ou des valeurs saisis (CPCE, art. R. 232-6-4°). Ce n'est qu'à défaut que la vente forcée pourra être poursuivie.

Mais contrairement à la saisie-vente des biens meubles corporels, **la vente forcée n'est possible qu'en l'absence de contestations** et, s'il en existe, seulement **lorsqu'elles ont été rejetées**. C'est la raison pour laquelle le saisissant ne peut demander la vente forcée que sur présentation d'un certificat de non-contestation délivré par le greffe ou établi par l'huissier de justice ayant procédé à la saisie[1014] ou, en cas de contestation, sur présentation du jugement la rejetant (CPCE, art. R. 233-1).

Enfin, et comme pour toutes les saisies mobilières, le **prix de la vente** est réparti entre tous les créanciers ayant procédé à une saisie avant la vente[1015]. Mais en cas de saisie conservatoire, les sommes revenant au saisissant sont

---

1013. Dans sa rédaction issue du décret n° 2017-892 du 6 mai 2017.

1014. Le certificat atteste qu'aucune contestation n'a été élevée dans le mois suivant la dénonciation de la saisie. Comme toute contestation est obligatoirement dénoncée le jour même, à peine d'irrecevabilité, à l'huissier de justice instrumentaire, celui-ci peut désormais délivrer lui-même ce certificat.

1015. C'est-à-dire avant la conclusion de la vente amiable ou l'adjudication.

consignées auprès de la Caisse des dépôts et consignations[1016] jusqu'à ce qu'il ait obtenu un titre exécutoire (CPCE, art. R. 233-2)[1017].

Sous réserve de ces règles communes, les modalités de la vente sont différentes selon la nature du bien incorporel saisi. Elles sont bien plus contraignantes pour les droits d'associé et les valeurs mobilières non cotées (a) que pour les valeurs mobilières cotées (b).

a) La vente des droits d'associé et des valeurs mobilières non cotées

572 ***Confrontation de deux logiques.*** La vente sur saisie des droits d'associé et des valeurs mobilières non cotées oppose deux logiques qu'il est difficile de concilier : d'une part, **celle du droit des procédures civiles d'exécution** qui est de garantir la vente des biens saisis au meilleur prix ; d'autre part, **celle du droit des sociétés** qui, pour préserver l'intérêt social, impose souvent des restrictions au droit de disposer.

C'est la raison pour laquelle il n'est pas possible de transposer purement et simplement les règles de la saisie-vente des biens meubles corporels. Il faut tenir compte du droit des sociétés qui est omniprésent, que ce soit au niveau de la vente amiable (1) ou de la vente forcée (2).

1) *La vente amiable*

573 ***Règles applicables.*** Les articles R. 232-6 et R. 233-5 du CPCE se contentent de renvoyer aux articles R. 221-30 à R. 221-32 qui régissent la vente amiable en cas de saisie-vente des biens meubles corporels. Mais ce renvoi est trompeur car il pourrait laisser penser qu'il s'agit des seules règles applicables. Or, les parties ne sauraient ignorer les restrictions au droit de disposer prévues par le droit des sociétés.

574 ***Renvoi aux articles R. 221-30 à R. 221-32 du CPCE.*** Il résulte du renvoi aux articles R. 221-30 à R. 221-32 du CPCE que la vente amiable des droits d'associé et des valeurs mobilières non cotées obéit schématiquement au processus suivant[1018] :

- à compter de la dénonciation de la saisie, le débiteur dispose d'**un délai d'un mois** pour informer par écrit l'huissier de justice des propositions de vente qui lui ont été faites ;
- le cas échéant, **l'huissier de justice communique les propositions** reçues, par lettre recommandée avec demande d'avis de réception, aux créanciers, saisissants et opposants, qui disposent d'un délai de 15 jours pour prendre position, leur silence valant acceptation ;
- **en cas d'acceptation**, tacite ou expresse, **la vente sera conclue** aux conditions ainsi convenues et acceptées ; mais elle devra encore être réalisée et c'est à ce stade de la vente amiable qu'il faut combiner le droit des voies d'exécution avec le droit des sociétés ;
- **la réalisation de la vente amiable** suppose d'abord, comme pour la saisie-vente des biens meubles corporels et par dérogation au droit commun

1016. Caisse ajoutée par le décret de codification du 30 mai 2012.

1017. Sur la procédure de distribution des deniers qui est applicable à toutes les saisies mobilières, voy. *infra*, n°s 597 et s.

1018. Sur une étude plus détaillée de ces dispositions, voy. *supra*, n°s 515 et s.

des contrats, que le prix soit versé, dans le délai convenu, entre les mains de l'huissier de justice ; ce n'est qu'à cette condition que le transfert de propriété pourra s'opérer ; mais encore faudra-t-il que les restrictions au droit de disposer issues du droit des sociétés soient respectées.

575 ***Restrictions au droit de disposer.*** La vente volontaire de droits d'associé et de valeurs mobilières non cotées est souvent soumise à des procédures légales ou conventionnelles restrictives au droit de disposer. Les plus courantes sont **celles d'agrément et de préemption**. Même si aucun texte ne les impose expressément, leur application à la vente amiable ne fait guère de doute[1019]. Mais deux questions se posent : à quel moment et dans quelles conditions ?

Quant au moment, on pourrait songer à les enfermer dans le délai de la vente amiable. Mais, alors, cette issue de la saisie, voulue par les parties, serait condamnée[1020]. Il semble donc préférable de distinguer entre la conclusion de la vente amiable et sa réalisation. Seule la **conclusion**, qui se manifeste par l'accord de volonté des parties, doit intervenir dans le délai de la vente amiable. En revanche, la **réalisation** peut toujours intervenir postérieurement. Ainsi, les procédures imposées par le droit des sociétés, tout comme le versement du prix[1021], doivent-elles pouvoir être mises en œuvre **après la conclusion de la vente** et dans les délais qui leur sont propres.

Quant aux conditions, la principale difficulté tient au fait que toutes les procédures d'agrément du droit des sociétés sont conçues pour la vente volontaire et qu'aucun texte ne prévoit leur transposition à la vente amiable. Or, des adaptations sont indispensables car la vente amiable doit préserver les droits des créanciers, saisissants et opposants. Il faut donc raisonner au cas par cas selon la procédure applicable. Mais de manière générale, et sauf rares exceptions, les intérêts des créanciers sont préservés, comme en témoigne l'exemple de la procédure d'agrément, qui est la plus courante (voy. *infra*, encadré E46).

1019. Trois arguments militent en faveur de cette solution : l'article R. 233-9 du CPCE, conçu pour la vente forcée, est rédigé en des termes suffisamment généraux pour englober aussi la vente amiable ; de toute manière, aucun texte exprès n'est nécessaire car toutes les règles de la vente volontaire, auxquelles il n'est pas expressément dérogé, ont vocation à s'appliquer à la vente amiable ; enfin, comment pourrait-on justifier que ces procédures s'appliquent à la vente forcée et non à la vente amiable ?

1020. En effet, les procédures prévues en droit des sociétés sont soumises à des délais incompatibles avec ceux de la vente amiable.

1021. Celui-ci doit être opéré dans le délai librement fixé et rien n'impose qu'il se situe dans le délai de la conclusion ; de plus et, dans tous les cas, il ne commencera à courir qu'après l'accord des créanciers.

1. Propositions d'adaptation des procédures d'agrément à la vente amiable

Des difficultés se posent au niveau de la demande d'agrément, de l'agrément exprès et en cas de refus d'agrément.

La **demande d'agrément** est généralement introduite par la notification du « projet de cession ». Mais à quoi correspond ce document en cas de vente amiable ? Comme elle est obligatoirement soumise à l'accord préalable des créanciers, il devrait s'agir de la proposition d'acquisition transmise par le saisi et que les créanciers ont acceptée. Il serait en effet vain de débuter la procédure d'agrément avant l'accord des créanciers. De plus, c'est sans doute l'huissier de justice en charge de la saisie qui devrait procéder aux notifications requises.

L'**agrément exprès** résulte d'une décision collective des associés à laquelle participe le cédant. Comme le saisi conserve son droit de vote, il doit pouvoir participer à cette décision en cas de vente amiable. Mais peut-il émettre un vote défavorable ? En cas de vente volontaire, il est généralement admis que la garantie contre l'éviction s'y oppose[1022]. Rien ne permettant d'écarter cette garantie en cas de vente amiable, la même solution devrait s'appliquer.

En cas de **refus d'agrément**, les difficultés se concentrent sur l'obligation de rachat dont le cédant bénéfice généralement. Comme elle est largement soumise à sa volonté, il faut s'interroger sur le rôle des créanciers et les conséquences des décisions prises sur la saisie en cours. Deux types de décisions sont possibles, le renoncement et le consentement :

- en droit des sociétés, le cédant peut toujours **renoncer** à la vente pour conserver ses titres lorsque son cessionnaire n'a pas été agréé ; rien ne devrait empêcher l'exercice de ce droit en cas de vente amiable, mais ses effets seront beaucoup plus limités car les créanciers pourront alors poursuivre la vente forcée faute de réalisation de la vente amiable ; du reste, ils devraient aussi pouvoir renoncer eux-mêmes à la vente amiable et préférer la vente forcée puisque, par hypothèse, le projet accepté initialement a échoué ; mais en pratique, ils y auront rarement intérêt car la vente forcée ne leur garantit pas de trouver un acquéreur, contrairement à l'obligation de rachat ;
- lorsque l'obligation de rachat est mise en œuvre, le **consentement** exprès du cédant est parfois requis pour le rachat des titres par la société elle-même en raison de ses conséquences fiscales ; en revanche, comme celles-ci n'entachent pas les droits des créanciers, ces derniers ne devraient pas avoir à consentir ; mais si le cédant devait refuser le rachat, ils pourront poursuivre la vente forcée ; par ailleurs, lorsque le rachat intervient, son prix doit toujours être fixé d'un commun accord et, à défaut, à dire d'expert en application de l'article 1843-4 du Code civil ; en pratique, cet accord ne pose de difficultés que lorsque le prix offert est inférieur à celui du projet rejeté ; mais dans l'hypothèse de la vente amiable, comme il avait été accepté par les créanciers, ceux-ci devraient être appelés à donner leur consentement sur ce point.

2. Application aux procédures d'agrément les plus courantes

Toutes ces adaptations doivent être intégrées à la procédure d'agrément applicable en cas de vente amiable de droits d'associé ou de valeurs mobilières non cotées. Mais comme leur domaine et leurs modalités varient selon le type de société, on se contentera d'évoquer les plus courantes en distinguant les sociétés civiles et les sociétés commerciales.

1. Dans les **sociétés civiles**, l'agrément est de principe. Il est obligatoire pour les cessions à des tiers, peut être exclu pour les cessions au conjoint ou entre associés et étendu aux descendants et ascendants qui en sont normalement dispensés (C. civ., art. 1861, al. 1er et 2). Lorsque la procédure est applicable, la proposition de vente amiable acceptée par les créanciers doit être notifiée par l'huissier de justice instrumentaire aux associés et à la société (C. civ., art. 1863, al. 1er). La dernière de ces notifications fait courir un délai de six mois, dans lequel l'une des décisions suivantes pourra être prise :

- l'**agrément** du cessionnaire ; il peut être exprès et résulter d'une décision unanime des associés, sauf si les statuts prévoient une règle de majorité plus favorable (C. civ., art. 1861) ; il pourra aussi résulter tacitement du défaut de l'une des autres solutions qui peuvent être prises dans ce délai (C. civ., art. 1863, al. 1er) ;

1022. En ce sens : *Lamy*, *Sociétés commerciales*, 2012, n° 3215.

- le **rachat des titres** par des associés, un tiers désigné par eux ou, à défaut, par la société elle-même en vue de leur annulation (C. civ., art. 1862) ; le prix sera fixé d'un commun accord entre les parties et les créanciers ou, à défaut, à dire d'expert selon l'article 1843-4 du Code civil ; une renonciation du cédant, et éventuellement des créanciers, est possible tant qu'aucun accord n'est intervenu sur le principe de la vente ; elle est donc toujours exclue en considération du prix fixé par l'expert[1023] ; en tout cas, la renonciation permettra de poursuivre la vente forcée ;
- la **dissolution** de la société décidée par les autres associés, ce qui permettra aux créanciers, saisissants et opposants, de reporter leurs droits sur le boni de liquidation ; mais le cédant ou les créanciers, s'ils y ont intérêt, peuvent rendre cette décision caduque en renonçant à la cession dans le délai d'un mois (C. civ., art. 1863) ; c'est alors aussi la vente forcée qui sera poursuivie.

2. Parmi les **sociétés commerciales**, il faut mettre à part les sociétés en nom collectif qui, en raison de leur fort *intuitus personae*, subordonnent toute cession de parts à l'accord unanime des associés et ne prévoient aucune obligation de rachat. Sous cette réserve, lorsque l'agrément est requis, plus souvent par les statuts que par la loi, une obligation de rachat est toujours instituée.

Dans les **sociétés à responsabilité limitée**, l'agrément n'est imposé que pour les cessions aux tiers (C. com., art. L. 223-14). Mais les statuts peuvent l'étendre aux cessions entre associés, au conjoint, aux ascendants ou aux descendants (C. com., art. L. 223-13 et L. 223-16). Lorsque l'agrément est requis, la procédure se déroulera de la manière suivante :

- elle débute toujours par la **notification** de la proposition d'acquisition acceptée par les créanciers aux associés et à la société ; la dernière de ces notifications ouvre un délai de trois mois dans lequel la cession pourra être agréée expressément ou tacitement par le silence de la société ;
- le **refus** doit donc toujours être exprès et notifié dans ce délai ; mais il n'ouvre une obligation **de rachat** des parts que si le saisi les détient depuis au moins deux ans (sauf en cas de succession, de liquidation de communauté entre époux et de donation au conjoint ou à un descendant ou un ascendant, selon l'article L. 223-14, alinéa 6, du C. com.) ; si cette condition n'est pas remplie, il ne restera aux créanciers que la vente forcée, mais elle se heurtera au même obstacle ; lorsque l'obligation de rachat joue, le refus d'agrément fait courir un délai de trois mois, qui peut être prolongé judiciairement dans la limite de six mois au maximum. Dans ce délai, les associés doivent acquérir ou faire acquérir les parts ; la société peut aussi décider de les acquérir elle-même et réduire son capital social, mais ce rachat doit être accepté par le cédant ; sous cette réserve, les règles sont identiques à celles des sociétés civiles, qu'il s'agisse de la vente forcée si le rachat est refusé ou de la fixation du prix s'il est accepté ; de même, plus aucune renonciation ne sera possible après la décision des parties de faire fixer le prix par un expert[1024] ; mais si le rachat décidé n'intervient pas effectivement dans le délai fixé, la vente amiable initialement acceptée pourra être réalisée (C. com., art. L. 223-14, al. 5).

Dans les **sociétés anonymes**, le principe est que la cession des actions est libre, ce qui devrait en faciliter la vente sur saisie. Mais les statuts peuvent y déroger pour la cession des actions nominatives, même entre actionnaires, sauf si le cessionnaire est le conjoint, un ascendant ou un descendant (C. com., art. L. 228-23). Or, de telles dérogations sont très fréquentes en pratique. En cas de vente amiable, une demande d'agrément devra alors être notifiée par l'huissier de justice à la société. La décision sera prise selon les modalités fixées par les statuts qui désignent tant l'organe compétent (conseil d'administration ou de surveillance ou assemblée générale) que les règles de majorité applicables. Le refus d'agrément engendrera une **obligation de rachat** soumise aux mêmes règles que celles applicables aux SARL, sous les trois réserves suivantes :

- aucune condition d'ancienneté dans la détention des actions à céder n'est requise ;
- le délai de trois mois courant à compter du refus d'agrément pour procéder au rachat peut être prolongé par décision de justice, mais aucun maximum n'est fixé (C. com., art. L. 228-24, al. 3) ;
- une renonciation à la cession est possible à « tout moment » et donc même après la fixation du prix par l'expert désigné en application de l'article 1843-4 du Code civil (C. com., art. L. 228-24, al. 2, dans sa rédaction issue de l'ordonnance n° 2004-604 du 24 juin 2004 qui déroge ainsi pour les sociétés anonymes à la solution consacrée par la Cour de cassation à propos des SARL).

1023. Com., 13 octobre 1992, n° 91-10600, *Bull. civ.*, IV, n° 310, à propos d'une SARL, mais la solution vaut aussi pour les sociétés civiles.

1024. Com., 13 octobre 1992, préc. Voy. aussi Ph. Merle, « Refus d'agrément et droit de repentir dans les SARL », *RJDA*, 1993, p. 3.

2) *La vente forcée*

576 ***Conditions.*** La vente forcée des droits d'associé et des valeurs mobilières non cotées est faite sous forme d'adjudication. Elle est soumise à deux séries de conditions. D'une part, le ***droit de contestation*** du débiteur ***doit avoir été purgé***. D'autre part, elle n'est possible ***qu'à défaut de vente amiable*** comme pour la saisie-vente des biens meubles corporels (CPCE, art. R. 233-5). En la matière, cela signifie concrètement que :

- aucune vente forcée n'est possible pendant le délai d'un mois courant à compter de la dénonciation de la saisie au débiteur, éventuellement prolongé du délai de 15 jours ouvert pour le consentement des créanciers ;
- si pendant ce délai, une vente amiable est conclue avec l'accord des créanciers, la vente forcée ne sera possible que si elle ne se réalise pas ; c'est la solution prévue pour la saisie-vente des biens meubles corporels par l'article R. 221-32, alinéa 3, du CPCE à propos du paiement du prix de vente dans le délai convenu ; mais elle doit être étendue à toute cause de non-réalisation de la vente ; en conséquence, la vente forcée des droits d'associé et des valeurs mobilières non cotées peut être poursuivie par le créancier à chaque fois que la vente amiable échoue du fait de l'une des procédures restrictives au droit de disposer qui a été mise en œuvre.

577 ***Agents chargés de la vente.*** Les agents compétents pour procéder à la vente forcée des **valeurs mobilières non cotées** sont désignés par l'article L. 211-21 du Code monétaire et financier. Ce texte ouvre une **option entre les notaires** et les **prestataires de services d'investissement** (entreprises d'investissement et établissements de crédit agréés selon l'article L. 531-1 du CMF).

En revanche, aucun texte ne règle la question des agents compétents pour procéder à la vente forcée des **droits d'associé**. Il n'est pas contesté que les **notaires** peuvent y procéder. Mais la compétence des **huissiers de justice** est plus controversée. Certains auteurs soutiennent qu'elle ne serait que subsidiaire à celle des commissaires-priseurs judiciaires et ne pourrait donc jouer que pour les biens meubles corporels[1025]. Mais cette opinion n'est pas partagée par tous les auteurs[1026] et en pratique les huissiers de justice y procèdent bien plus volontiers que les notaires. Cette solution ne devrait plus poser de difficulté aujourd'hui dès lors que la loi « *Macron* » a étendu la compétence des commissaires-priseurs judiciaires aux biens meubles incorporels[1027].

En tout cas, ces monopoles ne jouent que pour l'adjudication elle-même (b) et ne s'étendent pas automatiquement à sa préparation (a).

1025. En ce sens : R. Perrot et Ph. Théry, *op. cit.*, n° 730.

1026. En faveur de la compétence des huissiers de justice, voy. not. J.-J. Daigre, « Qui peut procéder à l'adjudication des valeurs mobilières et des droits d'associé ? », *Rev. huissiers*, 1993, p. 1201.

1027. L'article 55-III de cette loi n° 2015-990 du 6 août 2015 a modifié en ce sens les deux premiers alinéas de l'article 29 de la loi 2000-642 du 10 juillet 2000 portant règlementation des ventes volontaires de meubles aux enchères publiques. Ce texte définit les ventes judiciaires, incluant les ventes forcées, et prévoit désormais expressément la compétence des commissaires-priseurs judiciaires et des autres officiers publics et ministériels pour organiser et réaliser de telles ventes qu'elles portent sur des meubles corporels, comme auparavant, ou des meubles incorporels, qui ont été ajoutées.

a. La préparation de l'adjudication

578 ***Cahier des charges.*** Selon l'article R. 233-6 du CPCE, un cahier des charges doit être établi et comporter les mentions suivantes :

- le rappel de la procédure antérieure ;
- les statuts de la société émettrice ;
- tous documents nécessaires à l'appréhension de la consistance et de la valeur des droits saisis.

Mais, en outre, il faudra y mentionner les **conventions instituant un agrément ou créant un droit de préférence** au profit des associés. À défaut, celles-ci seront inopposables à l'adjudicataire[1028]. Mais ce texte ne vise que les restrictions au droit de disposer de nature conventionnelle, c'est-à-dire stipulées dans les statuts de la société ou dans un acte séparé. Les restrictions légales s'appliquent donc de plein droit même si elles ne sont pas mentionnées dans le cahier des charges. Ainsi en est-il tout particulièrement des procédures d'agrément imposées dans les sociétés civiles et à responsabilité limitée (voy. *infra*, encadré E48).

Le cahier des charges doit être **porté à la connaissance des intéressés** pour leur permettre de prendre parti. Pour ce faire, une copie en est notifiée à la société émettrice qui en informe les associés. Le même jour, le cas échéant, une sommation d'avoir à en prendre connaissance est notifiée aux créanciers qui ont formé opposition. **Dans le délai de deux mois** à compter de la notification à la société émettrice, sous peine d'irrecevabilité, **tout intéressé peut formuler des observations** sur le cahier des charges. Ce n'est que lorsque le cahier des charges sera devenu définitif que l'agent chargé de la vente forcée pourra en fixer la date. Elle devra alors faire l'objet d'une large diffusion.

579 ***Diffusion de la vente.*** La diffusion de la vente forcée est assurée par deux moyens : la publicité et la notification.

La **publicité** est prévue à l'alinéa 1er de l'article R. 233-8 du CPCE par voie de presse et, si nécessaire, par voie d'affiches. Elle doit intervenir un mois au plus tôt et 15 jours au plus tard avant la date fixée, et indiquer les jour, heure et lieu de la vente.

La **notification** est prévue à l'alinéa 2 de l'article R. 233-8 du CPCE qui impose de notifier la date de la vente forcée aux parties : saisissants, opposants et débiteur. Mais à cette notification générale qui joue dans tous les cas, il faut ajouter les notifications propres aux sociétés civiles résultant des articles 1867 et 1868 du Code civil (voy. *infra*, encadré E47).

1028. À défaut de contestation avant la date d'adjudication, l'adjudicataire ne pourra plus s'opposer à de telles clauses au moment de leur mise en œuvre : Civ. (3e ch.), 14 janvier 2009, n° 07-17619, *Bull. civ.*, III, n° 12.

E 47 **Les notifications propres aux sociétés civiles**

Selon les articles 1867 et 1868 du Code civil, la vente forcée de parts sociales d'une société civile doit être notifiée, au moins un mois avant sa date, à la société et à ses associés. Mais la portée de ces notifications n'est pas la même selon la qualité du créancier poursuivant.

S'il s'agit d'un créancier bénéficiaire d'un **nantissement** sur les parts saisies, qui a été agréé par les associés, la notification permettra seulement l'agrément tacite de l'adjudicataire (voy. *infra*, encadré E48).

S'il s'agit d'un créancier **chirographaire** ou bénéficiaire d'un **nantissement non agréé**, la notification ouvrira d'abord la faculté à la société de décider, pendant le délai d'un mois précédant la vente forcée, soit de sa dissolution, soit de l'acquisition des parts sociales. Si l'une de ces décisions est prise, la vente forcée n'aura pas lieu. C'est la raison pour laquelle la société, qui a l'intention d'user de cette faculté, doit en informer l'agent chargé de la vente lorsqu'elle a reçu notification du cahier des charges (CPCE, art. R. 233-7, al. 3). Si aucune de ces décisions n'est prise, l'adjudication aura lieu à la date prévue, mais l'agrément de l'adjudicataire sera aussi tacite, le cas échéant (voy. *infra*, encadré E48).

b. L'adjudication

580 ***Modalités et effets.*** L'article R. 233-5 du CPCE se contente de prévoir que la vente forcée est « faite sous forme d'adjudication ». **Les modalités** applicables sont donc celles de droit commun exposées à l'occasion de la saisie-vente des biens meubles corporels : enchères publiques et adjudication au dernier enchérisseur après trois criées (voy. *supra*, n° 524).

Quant à ses effets, ils relèvent des mêmes règles et du droit des sociétés. Comme toute adjudication, elle produit les effets d'une vente volontaire. L'adjudicataire devient donc propriétaire des droits ou valeurs adjugés et il doit en payer le prix. Mais qu'advient-il à défaut de paiement ? En règle générale, le bien peut faire l'objet d'une **réitération des enchères** (qualifiée autrefois de folle enchère). C'est la solution qui est expressément prévue pour la saisie-vente des biens meubles corporels par l'article R. 221-38 du CPCE. Mais aucune disposition n'étend ce texte à l'adjudication des droits d'associé et des valeurs mobilières. Il ne pourrait donc être appliqué que par analogie. Mais pour éviter toute discussion, il vaut mieux prévoir expressément la réitération des enchères dans le cahier des charges. Nonobstant ces effets de droit commun, il faut tenir compte aussi des restrictions au droit de disposer résultant du droit des sociétés. Elles doivent être mises en œuvre après l'adjudication et peuvent conduire à priver l'adjudicataire des droits ou valeurs qui lui ont été adjugés.

581 ***Restrictions au droit de disposer.*** Les restrictions au droit de disposer résultent des procédures légales ou conventionnelles d'agrément, de préemption ou de substitution dont l'article R. 233-9 du CPCE prévoit qu'elles doivent être mises en œuvre « conformément aux dispositions propres à chacune d'elles ». Mais seules les procédures légales sont applicables de plein droit. Quant aux procédures conventionnelles, elles doivent avoir été reprises dans le cahier des charges. À défaut, elles sont inopposables à l'adjudicataire et n'auront donc pas à être suivies (voy. *supra*, n° 578).

Sous cette réserve, elles sont applicables **selon les règles du droit des sociétés** qui les régissent. Mais ces règles ne sont pas transposables intégralement car il faut tenir compte, comme pour la vente amiable, de la saisie dans laquelle ces procédures s'inscrivent. En particulier, il faudra veiller aux intérêts des créanciers, saisissants et opposants. Mais s'il n'existe aucune règle spécifique de transposition en matière de vente amiable, il n'en va pas toujours de même pour la vente forcée. Ainsi en est-il de l'agrément qui est parfois tacite tant dans les sociétés civiles que dans les sociétés commerciales (voy. *infra*, encadré E48).

E 48 **Vente forcée et agrément de l'adjudicataire**

En pratique, la principale difficulté que pose la vente forcée des parts sociales et des valeurs mobilières non cotées est de trouver des enchérisseurs, car ces biens sont peu attractifs. Mais si la vente forcée aboutit, les créanciers sont généralement assurés de pouvoir se partager un prix de vente selon des techniques qui varient suivant que la société émettrice est civile ou commerciale.

1. Dans les sociétés civiles, il faut toujours distinguer selon la qualité du créancier poursuivant.

S'il s'agit d'un créancier titulaire d'un **nantissement** sur les parts saisies qui a été **agréé** par les associés, cet agrément emporte celui de l'adjudicataire, à condition que la vente forcée ait été notifiée un mois avant sa date (C. civ., art. 1867, al. 2 ; voy. *supra*, encadré E47). **Mais l'adjudicataire pourra être évincé par un ou plusieurs associés, ou à défaut par la société elle-même, car ils peuvent se substituer à lui dans les cinq jours de la vente forcée (C. civ., art. 1867, al. 3). Le prix d'adjudication est alors dû par les associés ou la société ayant exercé cette faculté. Mais peu importe pour le créancier nanti, car il en est toujours le bénéficiaire.**

La situation est comparable pour les **autres créanciers**, chirographaires ou dont le nantissement n'a pas été agréé, mais les règles sont inversées. Il faut rappeler d'abord que la vente forcée n'a lieu qu'à défaut de rachat des parts par les associés ou la société dans le mois précédant la vente forcée suite à la notification qui leur est délivrée (voy. *supra*, encadré E47). **Mais si la vente forcée a lieu et qu'elle aboutit, les associés ou la société peuvent aussi exercer, dans les cinq jours, la faculté de substitution prévue à l'article 1867 du Code civil. C'est alors, s'ils ne l'exercent pas, que l'adjudicataire sera réputé agréé (C. civ., art. 1868, al. 3). L'agrément suit ainsi le non-exercice de la faculté de substitution au lieu de la précéder. Mais le résultat pour les créanciers est le même : dans tous les cas, ils bénéficient d'un prix de vente, qu'il soit payé par l'adjudicataire, les associés ou la société.**

2. Dans les sociétés commerciales, il faut réserver les sociétés en nom collectif.

En effet, dans ces sociétés, toutes les cessions, y compris les ventes forcées, doivent être agréées par une décision unanime des associés et il n'existe aucune obligation de rachat, à défaut d'agrément. Mais si le saisi participe à la décision car il conserve son droit de vote, il ne devrait pas lui-même pouvoir s'y opposer. De fait, comme la garantie contre l'éviction joue aussi en cas de vente judiciaire et qu'elle pèse sur le saisi[1029], celui-ci la méconnaîtrait s'il refusait l'agrément. En revanche, les autres associés peuvent s'y opposer et priver ainsi les créanciers de tout prix de vente. Le droit des sociétés l'emportera alors sur le droit à l'exécution en permettant aux associés du débiteur de rendre inefficace la saisie de ses parts.

Mais cette situation est exceptionnelle car dans les autres sociétés commerciales, lorsque l'agrément est requis, son refus est généralement suppléé par l'obligation de rachat qui pèse sur les associés ou la société, comme en cas de vente amiable. Cependant, les règles applicables ne sont pas identiques car il faut distinguer selon la qualité du créancier poursuivant, comme pour les sociétés civiles. Pour s'en tenir aux **SARL** et aux **SA**, les règles sont les suivantes.

a) Si le créancier poursuivant est titulaire d'un **nantissement** sur les parts saisies qui a été agréé par les associés, cet agrément emporte celui de l'adjudicataire, « à moins que la société ne préfère, après la cession, racheter sans délai les parts, en vue de réduire son capital » (C. com., art. L. 223-15 pour les SARL et L. 228-26 pour les SA). Bien que le texte ne le prévoie pas expressément, il semble bien qu'il s'agisse d'une faculté de substitution qui est ainsi accordée à ces sociétés commerciales, à l'image des sociétés civiles. Il s'ensuit que le prix de rachat devrait correspondre au prix d'adjudication. En tout cas, c'est toujours le créancier nanti qui en

---

1029. Voy., à propos de la saisie immobilière, CPCE, art. L. 322-10, al. 2, et *infra*, n° 707.

bénéficiera, qu'il soit payé par l'adjudicataire ou par la société.
b) Pour les **autres créanciers**, chirographaires ou dont le nantissement n'a pas été agréé, il n'existe pas de règles spécifiques à la vente forcée. Il faut donc faire application des procédures d'agrément applicables aux ventes volontaires, avec les mêmes difficultés de transposition qu'en cas de vente amiable (voy. *supra*, encadré E46). **Mais les solutions ne sont pas identiques car il faut tenir compte du caractère forcé de la vente qui retire normalement tout pouvoir d'initiative au débiteur.**
Au niveau de l'**agrément**, il peut être exprès ou tacite. L'agrément exprès résulte d'une décision collective des associés à laquelle participe le saisi puisqu'il conserve son droit de vote. Mais il ne peut pas voter contre, car il est tenu pas la garantie contre l'éviction qui joue aussi en cas de vente judiciaire (voy. *supra*, à propos de la SNC). L'agrément tacite résulte du silence gardé par la société pendant le délai de trois mois courant à compter de la notification qui doit lui être délivrée. Mais de quelle notification s'agit-il ? Pour la SA, il s'agit nécessairement de la demande d'agrément prévue à l'article L. 228-24 du Code de commerce qui, en raison de son contenu (identité du cessionnaire, nombre de parts cédées et prix) est nécessairement postérieure à l'adjudication. Mais pour la SARL, un auteur a soutenu que le « projet de cession », qui doit être notifié selon l'article L. 223-14, alinéa 2, du Code de commerce, correspondrait « à la confection du cahier des charges »[1030]. Mais à ce stade, l'identité du cessionnaire, qui doit être agréé, n'est pas encore connue. Il faut donc admettre que l'agrément ne peut être sollicité que par la notification de l'adjudication avec le cahier des charges.
En cas de refus d'**agrément**, qui doit toujours intervenir explicitement dans le délai fixé, l'**obligation de rachat** joue dans les mêmes conditions qu'en cas de vente volontaire. Mais le saisi ne saurait être admis à s'y opposer en renonçant à la vente ou en refusant le rachat des parts par la société. En effet, la vente forcée, contrairement à la vente amiable, relève de la seule initiative des créanciers poursuivants. Eux seuls pourraient donc prendre de telles décisions, mais ils n'y auraient aucun intérêt. En revanche, le prix de rachat devrait toujours être fixé avec l'accord du saisi et des créanciers et, à défaut, à dire d'expert[1031]. Enfin, si le rachat n'intervient pas dans le délai fixé, l'adjudicataire sera réputé agréé, comme en cas de vente volontaire.

b) La vente des valeurs mobilières cotées

582 *Notion.* Les valeurs mobilières cotées sont les valeurs mobilières admises à un **marché de négociation d'instruments financiers**. Il peut s'agir d'un marché réglementé au sens de l'article L. 421-1 du CMF ou d'un système multilatéral de négociation au sens de l'article L. 424-1 du CMF.

À ce titre, le décret de 1992 visait « les valeurs mobilières admises à la côte officielle ou à celle du second marché ». Mais ce vocabulaire était dépassé en droit boursier. Déjà la cote officielle était devenue le premier marché, puis un arrêté du 28 novembre 1995 avait créé le nouveau marché. Mais en 2005, ces trois marchés ont été fondus en un seul, le marché Eurolist, géré par l'entreprise de marché Euronext. De plus, les marchés désignés étaient des marchés réglementés, ce qui excluait les valeurs mobilières admises au marché Alternext créé parallèlement, car il s'agit d'un marché régulé par Euronext entrant dans la catégorie des systèmes multilatéraux de négociation.

C'est donc à juste titre que le décret de codification du 30 mai 2012 a rénové le vocabulaire employé. Désormais sont visées les valeurs mobilières admises aux négociations sur un **marché réglementé** ou sur un **système multilatéral**

1030. O. Salati, « Saisie-vente des droits d'associé et des valeurs mobilières », *JCl. Voies d'exécution*, fasc. 610, n° 100.

1031. En ce sens : Com., 28 septembre 2004, n° 03-13068, à propos du droit de contestation par le débiteur saisi du prix de rachat proposé par un associé dans une SARL et l'obligation de recourir à la fixation à dire d'expert conformément à l'article 1843-4 du C. civ.

de négociation. En pratique, les valeurs mobilières concernées sont donc celles cotées sur **Eurolist** (marché réglementé) ou sur **Alternext** (système multilatéral de négociation).

583 ***Formalités assouplies.*** La vente des valeurs mobilières cotées est soumise à des formalités très assouplies pour deux raisons.

D'une part, l'ordonnance n° 2004-604 du 24 juin 2004 **a exclu les clauses d'agrément** dans les sociétés dont les titres sont admis aux négociations sur un marché réglementé (C. com., art. L. 228-23)[1032]. L'interférence du droit des sociétés est donc beaucoup plus limitée.

D'autre part, les marchés de négociation d'instruments financiers permettent une **fixation objective du prix** des valeurs mobilières qui y sont cotées. Les créanciers ne courent donc pas le risque d'une sous-évaluation des titres saisis, seul subsiste celui du paiement qui doit leur être garanti.

Il s'ensuit que tant la vente amiable (1) que la vente forcée (2) sont simples et rapides.

1) *La vente amiable*

584 ***Ordre de vente.*** Selon l'article R. 233-3 du CPCE, la vente amiable de valeurs mobilières cotées s'opère au moyen d'un simple ordre de vente donné ***par le débiteur saisi lui-même***. Mais il doit être donné ***dans le mois*** de la dénonciation de la saisie, car à l'expiration de ce délai la vente forcée pourra être poursuivie. Cet ordre devra être exécuté par un **prestataire de service d'investissement** car seuls ces professionnels ont le droit de fournir à des tiers des services d'investissement à titre de profession habituelle (CMF, art. L. 531-10), lesquels incluent l'exécution d'ordres pour le compte de tiers (CMF, art. L. 321-1)[1033].

L'accord des créanciers, saisissants et opposants, n'est jamais nécessaire car ils ne courent aucun risque sur la fixation du prix. En revanche, il a fallu garantir leurs droits au niveau du paiement de ce prix.

585 ***Paiement du prix.*** Comme l'ordre de vente est donné par le débiteur lui-même, le prix devrait être versé entre ses mains. Mais l'application de cette règle de droit commun aurait fait courir le risque aux créanciers poursuivants de ne jamais être payés. C'est la raison pour laquelle l'article R. 233-3 du CPCE prévoit que « le produit de la vente est indisponible entre les mains de l'intermédiaire habilité pour être affecté au paiement du créancier ». Ce texte appelle deux précisions. D'une part, l'intermédiaire visé est celui qui tient le compte des titres vendus et qui ne peut donc procéder à aucun mouvement translatif de **propriété tant que le prix n'a pas été versé entre ses mains**. D'autre part, malgré le singulier employé, le produit de la vente bénéficie à tous les créanciers, saisissants et opposants, au profit desquels l'affectation est donc opérée, avec toutes les conséquences qui s'y attachent.

Mais lorsque les sommes ainsi versées suffisent à désintéresser tous ces créanciers, « l'indisponibilité cesse pour le surplus des valeurs mobilières saisies » (CPCE, art. R. 233-3, al. 2). Il s'ensuit que le débiteur n'est jamais tenu de vendre toutes les valeurs mobilières saisies. Il détermine librement l'ordre

---

1032. En revanche, pour les valeurs cotées sur un marché multilatéral de négociation, la difficulté peut ressurgir, car les clauses d'agrément y sont généralement possibles.

1033. Voy. not. *Lamy Droit de l'exécution forcée*, n° 465-145.

dans lequel il souhaite les vendre et il peut arrêter la vente amiable dès que le prix obtenu est suffisant. La même faculté lui est reconnue en cas de vente forcée, même si l'initiative de la vente ne lui appartient plus.

2) *La vente forcée*

586 ***Conditions.*** Aucune vente forcée n'est possible **avant l'expiration du délai de la vente amiable**. Mais pour les valeurs mobilières cotées, ce délai n'est que d'un mois à compter de la dénonciation de la saisie au débiteur. En effet, comme le consentement des créanciers n'est pas requis, il ne peut jamais être prolongé du délai de 15 jours dont ceux-ci disposent à cette fin.

Pour autant, il ne s'agit que d'un minimum car **il faudra aussi que les contestations soient purgées**. En conséquence, et comme pour les valeurs mobilières non cotées, la vente forcée ne pourra être poursuivie que sur présentation d'un certificat de non-contestation ou du jugement rejetant les contestations élevées (CPCE, art. R. 233-1).

587 ***Ordre de vente.*** Les modalités de la vente forcée ne sont prévues par aucun texte. C'est donc par référence à la vente amiable des valeurs mobilières cotées qu'il faut raisonner. Il s'ensuit que leur vente forcée ne peut avoir lieu qu'au moyen d'un **ordre de vente donné**, non pas par le débiteur, mais **par l'huissier de justice** agissant pour le compte du créancier saisissant.

Mais si le débiteur perd ainsi l'initiative de la vente, il conserve le droit de choisir l'ordre dans lequel il souhaite que les valeurs saisies soient vendues. Ce droit lui est expressément reconnu par l'article R. 233-4 du CPCE « jusqu'à la réalisation de la vente forcée ». À défaut, il ne pourra pas contester le choix et l'ordre des valeurs cédées. Mais encore faut-il qu'il ait été tenu informé de l'ordre de vente donné et de l'agent qui en est chargé.

Cet agent est nécessairement un **prestataire de services d'investissement** membre du marché réglementé, car l'article L. 211-21 du Code monétaire et financier confère à ces professionnels le monopole des adjudications publiques forcées des valeurs mobilières cotées[1034]. En tant qu'agents de la vente forcée, il leur appartiendra aussi de recevoir le paiement du prix.

588 ***Paiement du prix.*** Comme aucun texte particulier ne règle davantage les modalités applicables au paiement du prix, il faut faire application des règles habituelles des adjudications forcées. Le prix est donc encaissé par l'agent chargé de la vente, lequel procédera à la répartition selon les règles de droit commun applicables aux saisies mobilières (voy. *infra*, n°s 597 et s.).

De même, cet agent devra arrêter la vente lorsque le prix suffira à désintéresser les créanciers car, selon l'article L. 111-7 du CPCE, une saisie ne peut excéder ce qui est nécessaire pour obtenir le paiement de l'obligation.

1034. Il faut réserver le cas des valeurs mobilières cotées sur un système multilatéral de négociation car celui-ci ne constitue pas un marché réglementé. La lettre du texte devrait donc conduire à ouvrir leur vente forcée aux mêmes professionnels que ceux compétents pour la vente forcée des valeurs non cotées (voy. *supra*, n° 577).

B) La saisie des autres biens meubles incorporels

589 ***Saisies non réglementées spécifiquement.*** À côté des droits d'associé et des valeurs mobilières, il existe nombre d'autres biens incorporels dont la valeur patrimoniale peut être considérable. Il s'agit principalement des droits de propriété intellectuelle et des licences ou autorisations nécessaires à l'exercice de certaines professions[1035].

Ils ne sauraient laisser un créancier indifférent, mais le décret de 1992 ne contenait aucune disposition, générale ou particulière, pour régir leur saisie. Cette absence de toute règlementation posait la question de la saisissabilité même de ces biens et, le cas échéant, du mode opératoire applicable.

Le Code des procédures civiles d'exécution a très partiellement comblé cette lacune par son article R. 231-1 qui, placé au début du titre III relatif à la saisie des droits incorporels, dispose que : « Sauf dispositions contraires, la saisie des droits incorporels est régie par le présent titre dans la mesure où leur spécificité n'y met pas obstacle ». Ce texte confirme ainsi, si besoin était, la saisissabilité de ces biens incorporels (1) et, surtout, le mode opératoire issu de la pratique et de la jurisprudence (2).

1. La saisissabilité

590 ***Principe et limites.*** Sous l'empire du décret de 1992, on pouvait se demander si l'absence de toute réglementation interdisait la saisie des biens incorporels autres que les droits d'associé et les valeurs mobilières. Mais la réponse était déjà incontestablement négative car il en serait résulté une insaisissabilité de fait, juridiquement inconcevable. En effet, toute insaisissabilité doit être prescrite par un texte exprès, qui de plus doit être de nature législative. Or, l'article 2084 du Code civil fait de tous les biens, immobiliers comme mobiliers, le gage commun des créanciers et l'article 59 de la loi de 1991, devenu l'article L. 231-1 du CPCE, autorise expressément la saisie et la vente, sans distinction, de tous les « droits incorporels[1036], autres que les créances de sommes d'argents[1037], dont le débiteur est titulaire ». À cela s'ajoute, à présent, l'article R. 231-1 du CPCE qui contient au moins un embryon de règlementation de la saisie de tous les biens incorporels.

Il ne peut donc plus faire le moindre doute que **tous les biens incorporels sont**, par principe, **saisissables**. Mais cela ne signifie pas qu'ils le soient tous, sans distinction. Encore faut-il qu'ils présentent une **valeur patrimoniale** et qu'ils soient **dissociables du fonds de commerce** auxquels ils se rapportent,

---

1035. On peut citer aussi les instruments financiers autres que les valeurs mobilières ; voy. *supra*, encadré E42.

1036. L'expression est maladroite car elle confond les droits eux-mêmes, qui sont toujours incorporels (voy. not. Y. Strickler, *Les biens*, Paris, PUF, 2006, n° 22), et les biens sur lesquels ils portent, qui peuvent être corporels ou incorporels. Celle de biens incorporels semble donc plus appropriée. Elle est, du reste, employée par l'article L. 521-1, alinéa 1er, du CPCE, qui autorise la saisie conservatoire de « tous les biens mobiliers, corporels et incorporels ».

1037. Celles-ci relèvent des mesures d'exécution forcée sans vente : saisie-attribution, saisie des rémunérations ou saisies spéciales, selon le cas (voy. *supra*, nos 316 et s.).

le cas échéant.[1038] L'application de ces règles permet de déterminer la saisissabilité des principaux biens incorporels.

591 ***Application aux principaux biens incorporels.*** Les principaux biens incorporels sont en pratique les droits de propriété intellectuelle et les licences ou autorisations nécessaires à l'exercice de certaines professions[1039].

Les **droits de propriété intellectuelle** confèrent à leur titulaire un monopole d'exploitation qui présente incontestablement une valeur patrimoniale susceptible de saisie. Mais l'affirmation doit être nuancée selon la catégorie des droits en cause.

- **Pour les droits de propriété industrielle**, la saisissabilité ne fait **aucun doute** et elle est, du reste, expressément prévue pour les brevets d'invention par l'article L. 613-21 du Code de la propriété intellectuelle, et l'article R. 714-4 du même code y fait allusion pour les marques. Mais la solution est admise aussi, même sans texte, pour les certificats d'obtention végétale – C.O.V.[1040] et les dessins et modèles.
- **Pour les droits de propriété littéraire et artistique ou droits d'auteur**, il faut distinguer selon les attributs en cause, cités à l'article L. 111-1 du Code de la propriété intellectuelle. **Les attributs d'ordre patrimonial sont saisissables** car il s'agit des produits d'exploitation qui sont des créances monétaires. Elles peuvent être saisies selon la procédure de la saisie-attribution ou de l'une des saisies spéciales de créances monétaires[1041], sous réserve de la part qui présente un caractère alimentaire[1042]. En revanche, **la saisissabilité des attributs d'ordre intellectuel et moral est discutée**. De manière générale, la doctrine distingue entre le droit moral et le monopole d'exploitation qui en découle. Le droit moral de l'auteur, qui comprend les droits de divulgation et de repentir ou de retrait, ainsi que les droits à la paternité et au respect de l'œuvre[1043], est inaliénable et donc insaisissable[1044]. À l'inverse, le monopole d'exploitation, qui comprend les droits de représentation et de reproduction, est cessible à titre onéreux

1038. Si la cession d'un bien incorporel est impossible indépendamment du fonds de commerce dont il fait partie, il ne sera pas saisissable isolément, car le créancier devra faire valoir ses droits sur l'ensemble du fonds, selon les dispositions issues de la loi du 17 mars 1909, codifiées aux articles L. 141-5 et suivants du Code de commerce. Mais en pratique, la vente forcée d'un fonds de commerce n'est quasiment jamais poursuivie car elle s'efface devant l'ouverture d'une procédure collective. Sur l'ensemble de la question, voy. C. Brenner, « La saisie du fonds d'entreprise », *Dr. et patrimoine*, janvier 2009, spéc. pp. 57-59.

1039. On peut citer aussi les instruments financiers autres que les valeurs mobilières (voy. *supra*, encadré E41) ; mais leur saisissabilité ne pose pas de difficulté en général.

1040. Les C.O.V., appelés souvent à l'étranger, brevets de plantes, confèrent à leur titulaire, l'obtenteur, le droit exclusif de produire et de vendre ou d'offrir à la vente, les variétés nouvelles de plantes qui en sont l'objet.

1041. L'article L. 333-1 du CPI, qui se référait encore à la saisie-arrêt, a été modifié par l'ordonnance de codification du 19 décembre 2011 et vise désormais « une saisie » sans autre précision.

1042. Les articles L. 333-1 à L. 333-4 du CPI organisent un mécanisme particulier d'insaisissabilité fondé sur le caractère partiellement alimentaire de ces revenus.

1043. Voy. A. et H.-J. Lucas, *Traité de la propriété intellectuelle*, Paris, LexisNexis, 2012, n°s 455 et s.

1044. *Ibid.*, n° 452.

ou gratuit (CPI, art. L. 122-7). C'est la raison pour laquelle la doctrine dominante considère qu'il est saisissable, du moins lorsque l'auteur a exercé son droit moral à la divulgation[1045].

Les licences ou autorisations nécessaires à l'exercice de certaines professions représentent certainement une valeur patrimoniale, mais elles ne sont saisissables qu'à condition d'être **dissociables du fonds de commerce** dont elles font partie. Ainsi, la licence d'exploitation d'une officine de pharmacie ne peut être cédée indépendamment du fonds de commerce auquel elle se rapporte (CSP, art. L. 5125-7, al. 2). Elle est donc indissociable et, à ce titre, insaisissable isolément. En revanche, la licence IV nécessaire à l'exploitation d'un débit de boisson est dissociable du fonds de commerce, ce qui a conduit logiquement la Cour de cassation à dire pour avis qu'elle « constitue un droit incorporel saisissable »[1046]. La même solution a été appliquée à l'autorisation municipale de stationnement sur la voie publique, plus communément appelée licence de taxi[1047]. Mais cette saisissabilité est parfois discutée au motif qu'il pourrait s'agir d'un instrument de travail nécessaire à l'exercice personnel de l'activité professionnelle, au sens de l'article R. 112-2 du CPCE (voy. *infra*, encadré E49).

Quoi qu'il en soit, lorsque ces biens incorporels sont saisissables, encore faut-il déterminer le mode opératoire à suivre.

E 49 **La licence de taxi, un instrument de travail insaisissable ?**

Selon l'article L. 112-2-5° du CPCE sont insaisissables « les biens mobiliers nécessaires à la vie et au travail du débiteur et de sa famille » et l'article R. 112-2-16°, pris en application de ce texte, désigne notamment « les instruments de travail nécessaires à l'exercice personnel de l'activité professionnelle ».
Un auteur considère que la licence de taxi constitue un bien mobilier nécessaire au travail de son titulaire car elle « est absolument indispensable à l'exercice de la profession d'exploitant de taxi ». En conséquence, elle ne serait saisissable qu'à la condition que le titulaire ait renoncé à l'exercice de sa profession, c'est-à-dire pour l'essentiel, en pratique, pendant « la période de transition séparant l'installation de deux exploitants successifs[1048] ».
Mais en général, il est admis que les cas d'insaisissabilité prévus à l'article L. 112-2-5° du CPCE, ne portent que sur des biens meubles corporels[1049]. C'est la raison pour laquelle la cour d'appel d'Aix-en-Provence a écarté l'application de ce texte à une licence de taxi, tout en ajoutant que sa saisie n'empêcherait pas l'exercice de la profession car elle rendrait la licence seulement indisponible[1050].

1045. Voy. P.-Y. Gauthier, *Propriété littéraire et artistique*, 8e éd., coll. Droit, Paris, PUF, 2012, nos 834 et 835 ; voy. aussi A. et H.-J. Lucas, *op. cit.*, n° 638 ; mais un auteur se prononce contre la saisissabilité du monopole d'exploitation, car il considère que le droit de divulgation ne s'épuise pas au premier usage : P. Sirinelli, *Le droit moral de l'auteur et le droit commun des contrats*, thèse, Paris II, 1985, pp. 47 et s.

1046. Cass. (avis), 8 février 1999, n° 98-00015, *Bull. civ.*, n° 1 ; *D.*, 1999, p. 287, note Cl. Brenner ; *RTD Civ.*, 1999, p. 631, obs. R. Perrot ; *Procédures*, 1999, comm. n° 125, obs. H. Croze.

1047. Jex Lyon, 15 mai 2001, *Dr. et procéd.*, 2002, p. 39, obs. C. Brenner ; *Procédures*, 2001, comm. n° 154, obs. H. Croze.

1048. Voy. not. R. Perrot et Ph. Théry, nos 219 et s.

1049. C. Brenner, obs. sous Jex Lyon, 15 mai 2001, *Dr. et procéd.*, 2002, p. 39, spéc. nos 4 et 5.

1050. Voy. 5 février 2003, *JurisData*, 2003, n° 215850.

Cette seule décision publiée ne suffit pas évidemment à fixer la jurisprudence, et ce d'autant plus que la difficulté est sérieuse. Certes, la liste fournie par l'article R. 112-2 du CPCE et, tout particulièrement, la notion d'instruments du travail renvoient plutôt à des biens corporels. Mais sous cette réserve, il faut bien reconnaître que les autres conditions sont remplies, car la licence de taxi est incontestablement nécessaire à l'exercice personnel de l'activité professionnelle de son titulaire. Quant au fait qu'il conserve provisoirement l'usage de la licence, il est sans intérêt car l'office de la saisie est de l'en priver définitivement par l'effet de la vente. C'est du reste cette issue inéluctable qui justifie toutes les insaisissabilités !

2. Le mode opératoire

L'article R. 231-1 du CPCE consacre le modèle de la saisie des droits d'associé et des valeurs mobilières issu de la pratique et de la jurisprudence (a). Mais il n'apporte aucune précision sur les adaptations nécessaires pour contourner les obstacles tenant à la spécificité des biens incorporels à saisir (b).

a) Le modèle de la saisie des droits d'associé et des valeurs mobilières

592 *Consécration du modèle.* En l'absence de toute réglementation de la saisie des biens incorporels, autres que les droits d'associé et les valeurs mobilières, il était revenu à la pratique de remplir ce vide laissé par le décret de 1992. Elle l'avait fait en optant très rapidement pour le modèle de la saisie des droits d'associé et des valeurs mobilières[1051] et la Cour de cassation l'avait suivie par son avis du 8 février 1999[1052]. Non seulement elle y admet la saisissabilité des licences IV (voy. *supra*, n° 591), mais aussi et surtout elle s'y prononce sur le mode opératoire, en ces termes : « En l'absence de texte réglementaire de portée générale applicable à la saisie des droits de cette nature, ou de dispositions spécifiques à la saisie de cette licence qui n'est pas une valeur mobilière, il est possible, sous réserve des adaptations nécessaires contrôlées par le juge de l'exécution, de transposer pour les opérations de saisie la procédure définie aux articles 182 à 184 du décret du 31 juillet 1992 et, pour la vente, les dispositions des articles 189 à 192 du même texte ».

C'est finalement la solution consacrée et généralisée par l'article R. 231-1 du CPCE. En effet, les dispositions du titre III, déclarées applicables à la saisie des « droits incorporels » par ce texte, sont exclusivement consacrées à la saisie des droits d'associé et des valeurs mobilières. Cette saisie a donc vocation à s'appliquer aussi à tous les autres biens incorporels[1053]. Il s'agit essentiellement des instruments financiers qui ne constituent pas des valeurs mobilières (voy. *supra*, encadré E43), des licences et autorisations administratives saisissables[1054], du monopole d'exploitation des droits d'auteur et des droits de propriété industrielle. Mais encore faut-il qu'il n'existe pas de dispositions contraires excluant ce modèle.

593 *Dispositions contraires.* L'article R. 231-1 du CPCE réserve logiquement les dispositions contraires au modèle retenu. Mais de telles dispositions

1051. Voy. J.-J. Daigre, « La profession d'huissier de justice fait jurisprudence, la saisie d'une licence de débits de boisson est admise par la Cour de cassation », *Rev. huissiers*, 1999, p. 301.

1052. Voy. réf. *supra*, n° 591 en note.

1053. À l'exception évidemment des créances monétaires.

1054. Voy., à propos de la licence de taxi, Jex Lyon, 15 mai 2001, préc.

existent-elles ? En l'état du droit positif, la question peut se poser pour les marques et les brevets.

S'agissant des marques, on pourrait songer à l'article 23 du décret n° 65-621 du 27 juillet 1965 portant application de la loi du 31 décembre 1964 sur les marques de fabrique, de commerce ou de service, qui n'a jamais été abrogé. Mais en réalité, il se contente de régir la notification des saisies à l'INPI[1055] et, en tout état de cause, il n'a plus vocation à s'appliquer depuis que la loi n° 91-7 du 4 janvier 1991 a succédé à celle du 31 décembre 1964. De plus, la matière est à présent inscrite dans le Code de la propriété intellectuelle, dont l'article R. 714-4 se contente de prescrire l'inscription de la saisie, sans la régir. Il n'existe donc pas de dispositions contraires au sens de l'article R. 231-1 du CPCE applicables aux marques, de sorte que le modèle de la saisie des droits d'associé et des valeurs mobilières leur est bien applicable.

S'agissant des brevets, il faut se référer à l'article L. 613-21 du Code de la propriété intellectuelle dont il a été jugé, avant le Code des procédures civiles d'exécution, qu'il déroge au droit commun et qu'il demeure applicable[1056]. Mais s'oppose-t-il pour autant à l'application du modèle prévu à l'article R. 231-1 du CPCE ? On peut en douter car l'alinéa 1er n'est pas contraire à ce texte et l'alinéa 2 est manifestement dépassé.

- L'alinéa 1er prévoit que la saisie s'opère par un acte extrajudiciaire signifié au propriétaire du brevet, à l'Institut national de la propriété industrielle, ainsi qu'aux personnes possédant des droits sur le brevet. Il précise, par ailleurs, que la saisie rend inopposable au créancier saisissant toute modification ultérieure des droits attachés au brevet. À l'évidence, de telles dispositions sont compatibles avec tout mode opératoire et, en particulier, avec celui de la saisie des droits d'associé et des valeurs mobilières.
- En revanche, l'alinéa 2 impose au créancier saisissant, à peine de nullité de la saisie, « dans le délai prescrit, [de] se pourvoir devant le tribunal, en validité de la saisie et aux fins de mise en vente du brevet ». Ce texte, issu de la loi du 2 janvier 1968, se réfère au mode opératoire de la saisie-arrêt, qui était alors en vigueur. Mais cette saisie n'existe plus depuis la réforme des procédures civiles d'exécution des années 1991-1992. Il s'ensuit que l'instance en validité et, *a fortiori*, le délai prescrit pour l'introduire ont disparu.

Ne faudrait-il pas en conclure que **ce texte est devenu inapplicable** et qu'il ne subsiste plus, pour les brevets, de dispositions contraires au sens de l'article R. 231-1 du CPCE ? Il suffirait alors d'étendre également à ces biens incorporels le modèle de la saisie des droits d'associé et des valeurs mobilières, tout en faisant application de l'alinéa 1er de l'article L. 613-21 au titre des adaptations nécessaires.

1055. En ces termes : « Toute saisie frappant une marque doit être notifiée à l'Institut national de la propriété industrielle ainsi que le procès-verbal de l'adjudication publique de la marque à laquelle il serait procédé à la suite du jugement validant la saisie. Ces notifications sont inscrites au registre national des marques ».

1056. Jex Paris, 10 novembre 1995, *Rev. huissiers*, 1995, p. 732, obs. J.-P. Faget.

b) Les adaptations nécessaires

594 ***Rôle du juge et de la pratique.*** L'article R. 231-1 du CPCE prend la précaution d'étendre le modèle de la saisie des droits d'associé et des valeurs mobilières, « dans la mesure où leur spécificité n'y met pas obstacle », sans autre précision. Il revient donc à la pratique, agissant sous le contrôle du juge, de sélectionner les dispositions transposables et d'y apporter les adaptations nécessaires. À cet égard, l'avis de la Cour de cassation du 8 février 1999 (voy. *supra*, n° 592), qui distinguait entre les opérations de saisie et les opérations de vente, conserve toute son actualité.

595 ***Opérations de saisie.*** Conformément à cet avis, il faut se référer, pour les opérations de saisie, aux articles 182 à 184 du décret de 1992, devenus les articles R. 232-5 à R. 232-8 du CPCE. Ces textes prévoient une **saisie en deux temps** : l'acte de saisie est d'abord signifié à un tiers, qui est la société émettrice des droits d'associé ou des valeurs mobilières, un mandataire ou un intermédiaire habilité, selon les cas ; puis, il est signifié au débiteur dans un délai de huit jours à peine de caducité (voy. *supra*, n°s 558 et 560).

La transposition aux autres biens incorporels pose la **question du tiers** auquel l'acte de saisie doit être signifié. Pour les licences et autorisations, il s'agit de l'autorité administrative qui les a délivrées et, en l'occurrence, l'autorité municipale pour les licences IV et les licences de taxi[1057], les plus courantes en pratique. Pour les droits de propriété industrielle, il s'agit de l'INPI. Quant au monopole d'exploitation des droits d'auteur, il n'existe pas de tiers, sous réserve des logiciels, dont les nantissements sont inscrits au registre national spécial tenu par l'INPI (CPI, art. R. 132-8), lequel devrait donc recevoir l'acte de saisie pour ces biens[1058].

L'**acte de saisie** doit comporter, outre les mentions prévues à l'article R. 232-6 du CPCE, la désignation précise des biens incorporels sur lesquels il porte. Dans les huit jours et à peine de caducité, il devra être signifié au débiteur, sauf pour le monopole d'exploitation des droits d'auteur où la saisie est pratiquée directement entre ses mains.

Pour le surplus, et en particulier, les oppositions, les contestations et les effets de la saisie, il suffit de faire application des règles de la saisie des droits d'associé et des valeurs mobilières (voy. *supra*, n°s 561 et s.).

596 ***Opérations de vente.*** Selon l'avis de la Cour de cassation, il faut transposer, pour les opérations de vente, les articles 189 à 192 du décret de 1992, devenus les articles R. 233-5 à R. 233-8 du CPCE.

Il s'ensuit que le débiteur doit bénéficier de **la faculté de vente amiable** des biens incorporels saisis dans les conditions de droit commun prévues aux articles R. 221-30 à R. 221-32 du CPCE relatifs à la saisie-vente des biens meubles corporels et applicables à la saisie des droits d'associé et des valeurs mobilières (CPCE, art. R. 233-5). Sous réserve de respecter les conditions de cession propres aux biens incorporels saisis, cette faculté ne devrait nécessiter aucune adaptation particulière.

1057. Sauf à Paris où les licences de taxi sont délivrées par le préfet de police.

1058. En ce sens : R. Perrot et Ph. Théry, *op. cit.*, n° 744-IV.

En revanche, la **vente forcée**, qui ne peut être poursuivie qu'à défaut de vente amiable et de contestation[1059] dans les délais prescrits, appelle quelques **adaptations au niveau du cahier des charges** prévu à l'article R. 233-6 du CPCE. Son contenu doit indiquer toutes les conditions et formalités auxquelles l'adjudication est soumise ainsi que, le cas échéant, les conditions d'exercice de la profession par l'adjudicataire. Il devra être signifié au tiers saisi, au débiteur ainsi qu'aux éventuels opposants. Pour le surplus, les règles de la saisie des droits d'associé et des valeurs mobilières devraient s'appliquer, y compris quant à l'agent chargé de la vente, qui peut être un notaire ou un huissier de justice (voy. *supra*, n° 577).

Enfin, quelle que soit la forme de la vente, amiable ou forcée, toutes les **formalités de publicité** pour la rendre opposable aux tiers, propres aux biens incorporels vendus, devront être respectées. Ainsi, pour les licences IV, il faudra signifier l'acte de vente à la mairie du lieu d'exploitation et à l'administration des douanes qui perçoit les droits dus par le titulaire[1060].

Quant au prix payé par le cessionnaire ou l'adjudicataire, il sera versé au saisissant ou réparti entre lui et les opposants, selon la procédure commune à toutes les saisies mobilières, quelles qu'elles soient, appelée la distribution des deniers.

§ 3. La distribution des deniers

597 ***Domaine.*** Sous l'empire de l'ancien Code de procédure civile, la répartition des deniers provenant d'une vente mobilière entre des créanciers en concours était soumise à la **procédure de distribution par contribution**, régie par les articles 656 à 672. Longue et complexe, elle a été abrogée par la loi de 1991 et remplacée par la distribution des deniers inscrite aujourd'hui aux articles **R. 251-1 à R. 251-11 du CPCE**. Mais le champ d'application de cette procédure est plus limité. Comme l'a dit pour avis la Cour de cassation, elle n'est applicable qu'à « la répartition des deniers provenant des ventes forcées ou amiables issues d'une procédure d'exécution[1061] ». Il faut donc une procédure d'exécution et une vente, laquelle doit être mobilière.

La réforme avait ainsi créé un **vide juridique** car il n'existait plus de textes pour régir la répartition des deniers provenant d'une vente conclue **hors de toute procédure d'exécution**. En conséquence, le même avis avait considéré que ces répartitions relevaient désormais de « la compétence du tribunal de grande instance, juridiction de droit commun ». Mais ce vide a été comblé par le décret n° 96-740 du 14 août 1996, qui a institué la procédure de distribution des deniers en dehors de toute procédure d'exécution, inscrite aux articles 1281-1 à 1281-12 du Code de procédure civile. Directement inspirée de la procédure étudiée, elle est **applicable à la répartition de toute somme**

1059. Sur l'effet suspensif des contestations, voy. *supra*, n° 570.

1060. Plus généralement sur la saisie des licences IV et des projets d'actes, voy. O. Dunaud, « La licence IV. Le droit de poursuite d'un créancier sur la licence d'exploitation d'un débit de boisson », *Le nouveau journal des huissiers de justice*, mars-avril 2009, n° 113, dossier, p. 33 (actualisation du dossier rédigé en mars 1997 par J.-P. Spinelli et R. Carmona).

1061. Cass. (avis), 29 novembre 1993, n° 09-30014, *Bull.*, avis n° 17 ; *JCP*, 1994, II, 22203, note H. Croze et T. Moussa.

d'argent entre créanciers, hors le cas où elle provient de la vente d'un immeuble (CPC, art. 1281-1), y compris au prix de vente d'un fonds de commerce (C. com., art. R. 143-23).

Au sein des procédures d'exécution, la procédure de distribution des deniers n'est applicable qu'**en cas de vente mobilière**, mais peu importe sa forme, amiable ou forcée. Elle concerne donc toutes les saisies mobilières[1062], sans distinction : saisie-vente des biens meubles corporels, des droits d'associé ou de valeurs mobilières ainsi que de tout autre bien incorporel. En revanche, elle est inapplicable aux mesures d'exécution forcée sans vente, pratiquées en recouvrement d'une somme d'argent, ce qui ne va pas sans difficulté en cas de concours entre créanciers (voy. *infra*, encadré E50).

E 50 **La répartition des deniers ne provenant pas d'une vente**

Comme la procédure de distribution des deniers n'est applicable qu'en cas de vente, comment faut-il procéder pour répartir des deniers ne provenant pas d'une vente ? La difficulté peut se poser dans deux hypothèses, qui n'appellent pas la même réponse.

D'une part, celle des **sommes en espèces appréhendées à l'occasion d'une saisie-vente.** Comme cette saisie est soumise à la procédure de distribution des deniers, il faudrait admettre que celle-ci s'applique aussi à la répartition des sommes en espèces entre le créancier saisissant et les opposants qui se sont manifestés en temps utile (voy. *supra*, encadré E42).

D'autre part, l'hypothèse des **saisies de créances monétaires.** Comme elles sont sans vente, la procédure de distribution des deniers ne leur est pas applicable. Mais comment faut-il régler alors les situations de concours entre créanciers ? Aucune difficulté ne se pose pour la saisie des rémunérations du travail, car le Code du travail régit spécialement le concours entre les créanciers saisissants (voy. *supra*, n°s 395 et s.). En revanche, rien n'est prévu pour les autres saisies, en l'occurrence, la saisie-attribution et les saisies spéciales. Certes elles produisent normalement un effet attributif qui exclut toute répartition de deniers. Mais lorsqu'elles sont pratiquées le même jour ou sur une créance indisponible, cet effet est écarté et les créanciers viennent alors en concours (voy. *supra*, n° 344). Comme il n'existe aucun texte, il faut admettre que ces concours se règlent sans formalisme particulier. Les parties devront donc tenter de trouver un accord amiable, sous l'égide de l'huissier de justice instrumentaire. Et si elles n'y parviennent pas, le litige devra être porté devant le juge de l'exécution, au titre de sa compétence générale et selon les règles de la procédure ordinaire.

---

598 ***Conditions préalables.*** Lorsque la procédure de distribution des deniers est applicable, elle ne sera mise en œuvre que si deux conditions préalables sont remplies.

En premier lieu, il faut qu'il y ait **pluralité de créanciers**. En effet, si **un seul créancier** peut prétendre au prix de la vente, aucune distribution n'est nécessaire. Le prix de la vente doit alors lui être remis dans la limite de sa créance, en principal, frais et intérêts, et le cas échéant le solde devra être remis au débiteur. Ces versements doivent intervenir dans un **délai d'un mois** courant à compter de la vente forcée ou de son paiement en cas de vente amiable (CPCE, art. R. 251-1, al. 1er). Mais ce délai peut être prorogé, soit d'un commun accord entre les parties, soit par ordonnance rendue sur requête du

1062. En revanche, elle n'est pas applicable aux saisies quasi-immobilières et *a fortiori* à la saisie immobilière.

juge de l'exécution (CPCE, art. R. 251-9)[1063]. Passé ce délai, initial ou prorogé, le prix portera intérêt au taux légal (CPCE, art. R. 251-1, al. 2).

En second lieu, les deniers à distribuer doivent être **insuffisants pour payer l'ensemble des créanciers**. S'ils sont suffisants, il suffit de les payer tous, sans qu'il y ait lieu de tenir compte de leur qualité ou de leur rang.

Lorsque ces deux conditions sont remplies, l'agent chargé de la vente[1064] devra recourir à la procédure de distribution des deniers. Comme elle a été **déjudiciarisée**, conformément à l'un des objectifs poursuivis par le législateur, tout devra être mis en œuvre pour parvenir à une distribution amiable (A) et ce n'est qu'à défaut que la distribution sera judiciaire (B).

A) La distribution amiable

Pour tenter de parvenir à une distribution amiable, il appartient à l'agent chargé de la vente d'établir un projet de répartition (1), qui sera notifié aux intéressés pour leur permettre de faire valoir leurs éventuelles contestations (2).

1. Le projet de répartition

599 ***Établissement.*** Pour établir le projet de répartition, l'agent chargé de la vente tient compte, d'une part, des deniers à distribuer et, d'autre part, de la nature et du rang des créances à payer. À ce titre, il prend en considération les éléments d'information suivants (CPCE, art. R. 251-2, al. 2) :

- **pour le saisissant et les opposants**, il se réfère aux actes d'exécution, commandement aux fins de saisie-vente, acte de saisie ou actes d'opposition, qui comportent obligatoirement le montant de leur créance, en principal, intérêts et frais ;
- **pour les saisissants à titre conservatoire antérieurs**, il se réfère à la déclaration qu'ils ont dû lui adresser, sous peine de déchéance de leur droit de concourir, et qui porte sur la nature et le montant de leur créance, conformément aux articles R. 522-13 et R. 522-14 du CPCE.

Mais l'agent chargé de la vente ne saurait se contenter des sommes résultant de tous ces actes. Il doit toujours les actualiser en y ajoutant les frais encourus et les intérêts échus depuis leur date (CPCE, art. R. 251-2, al. 2). Il pourra alors établir le projet de répartition.

600 ***Délai et notification.*** Le projet de répartition doit être **établi dans un délai d'un mois** courant à compter de la vente forcée ou du paiement du prix en cas de vente amiable (CPCE, art. R. 251-3). Mais ce délai peut être prorogé, soit d'un commun accord entre les parties, soit par ordonnance rendue sur requête du juge de l'exécution (CPCE, art. R. 251-9)[1065].

C'est aussi dans ce délai, initial ou prorogé, que le **projet doit être notifié**. La notification se fait par lettre recommandée avec demande d'avis de réception adressée au débiteur et à chacun des créanciers, y compris ceux qui

1063. Dans le silence du texte, la requête peut être présentée par l'agent chargé de la vente lui-même.

1064. Un commissaire-priseur judiciaire ou un huissier de justice, dans la majorité des cas.

1065. Dans le silence du texte, la requête peut être présentée par l'agent chargé de la vente lui-même.

ne seraient pas compris dans la répartition faute de s'être manifestés dans les délais prescrits (CPCE, art. R. 251-4, al. 1er)[1066]. À peine de nullité, elle contient les mentions prévues à l'alinéa 2 de l'article R. 251-4 du CPCE, qui portent sur le délai et les modalités des contestations que les destinataires peuvent élever.

2. Les contestations

601 ***Délai et modalités.*** À réception de la notification, chacun des destinataires dispose d'un **délai de 15 jours** pour contester le projet de répartition. Les contestations sont adressées à l'auteur du projet[1067] et doivent être motivées et accompagnées des pièces justificatives nécessaires (CPCE, art. R. 251-4, al. 2-1°).

Il s'ensuit que le sort du projet et donc le paiement des créanciers dépendent toujours de l'existence de contestations.

602 ***À défaut de contestation.*** À défaut de contestation dans le délai ouvert, **le destinataire est réputé avoir accepté** le projet (CPCE, art. R. 251-4, al. 2-2°). En conséquence, si aucune contestation n'est élevée, le projet devient **définitif**. Il appartient alors à l'agent chargé de la vente de verser les fonds aux créanciers ayant pratiqué une mesure d'exécution forcée (CPCE, art. R. 251-5). Ce paiement doit intervenir dans un **délai de huit jours** et, à défaut, les deniers à répartir porteront intérêts au taux légal à compter de l'expiration de ce délai (CPCE, art. R. 251-10, al. 2 et 3).

Mais les sommes destinées aux créanciers ayant pratiqué une saisie conservatoire sont consignées auprès de la Caisse des dépôts et consignations[1068]. Elles ne leur seront payées qu'après la signification d'un acte de conversion (CPCE, art. R. 251-5), qui sera possible dès qu'ils auront obtenu un titre exécutoire.

603 ***En cas de contestation.*** En cas de contestation régulièrement élevée dans le délai ouvert, il appartient à l'agent chargé de la vente d'organiser une **tentative de conciliation**. Pour ce faire, il convoque le débiteur et les créanciers, **dans le mois** de la première contestation, par lettre recommandée avec demande d'avis de réception (CPCE, art. R. 251-6). À cette occasion, deux hypothèses sont envisageables.

Ou bien un accord est trouvé, ce qui suppose que toutes les personnes convoquées soient présentes et donnent leur consentement exprès. Il en est dressé acte, lequel est remis ou adressé par lettre simple au débiteur et aux créanciers. Quant aux paiements qu'il prévoit, ils devront intervenir selon les mêmes modalités qu'en l'absence de contestation (voy. *supra*, n° 602 ; CPCE, art. R. 251-7).

1066. Ce texte vise les créanciers à titre conservatoire qui doivent déclarer leurs créances dans les conditions et délais prévus aux articles R. 522-13 et R. 522-14 du CPCE ; voy. *supra*, nos 517 et 522, à propos de la saisie-vente des biens meubles corporels, et voy. *infra*, nos 843 et 844, à propos de la conversion d'une saisie conservatoire de biens meubles corporels en saisie-vente.

1067. Curieusement, l'article R. 251-4, alinéa 2-1°, du CPCE, comme précédemment l'article 286, alinéa 2-1°, du décret de 1992, dont il a pris la suite sans modification, vise toujours « l'huissier de justice qui a établi le projet de répartition ». Or, ce projet est établi par l'agent chargé de la vente, qui n'est pas nécessairement un huissier de justice. Il peut s'agir aussi, par exemple, d'un commissaire-priseur judiciaire.

1068. Caisse ajoutée par le décret de codification du 30 mai 2012.

Ou bien aucun accord n'est trouvé et, dans ce cas, il faudra recourir à la distribution judiciaire.

B) La distribution judiciaire

La distribution judiciaire résulte d'un jugement de répartition (1), qui permettra le paiement des créanciers (2).

1. Le jugement de répartition

604 *Saisine du juge.* Le juge compétent est le juge de l'exécution du lieu de la vente (CPCE, art. R. 251-8). Il est saisi dans l'un des deux cas suivants :

- **à défaut d'établissement du projet de répartition** dans les délais impartis à l'agent chargé de la vente ; dans ce cas, tout intéressé peut saisir le juge de l'exécution afin qu'il procède à la distribution (CPCE, art. R. 251-10) ;
- **à défaut d'accord à l'occasion de la tentative de conciliation** ; dans ce cas, l'agent chargé de la vente établit un procès-verbal exposant les difficultés qu'il a rencontrées, en y joignant les pièces nécessaires à la solution du litige, et il saisit immédiatement le juge de l'exécution en lui transmettant le dossier ainsi constitué (CPCE, art. R. 251-8, al. 1er).

605 *Procédure.* Dès la saisine du juge, les sommes à distribuer sont **immédiatement consignées** auprès de la Caisse des dépôts et consignations[1069]. Mais le juge peut décider que les frais occasionnés par la contestation sont provisoirement prélevés sur ces sommes (CPCE, art. R. 251-8, al. 2 et 3).

Dans tous les cas, il lui appartient de décider de la répartition des deniers en tranchant tous les points de désaccord qui opposent les parties, **selon les règles de la procédure ordinaire**. À l'issue de cette procédure, il rendra un jugement de répartition des deniers qui permettra le paiement des créanciers.

2. Le paiement des créanciers

606 *Exécution du jugement.* Le paiement des créanciers s'opère sur présentation du jugement de répartition. Mais suffit-il qu'il soit exécutoire ou doit-il être définitif, c'est-à-dire passé en force de chose jugée ? Selon l'article R. 251-10 du CPCE, le paiement des créanciers doit intervenir « huit jours au plus tard après que la distribution est devenue définitive ». Comme ce texte ne distingue pas, il faut admettre qu'il s'applique tant à la distribution amiable qu'à la distribution judiciaire et que **le jugement de répartition doit** donc **être définitif**.

Il s'ensuit qu'en cas d'appel, aucun paiement ne devrait pouvoir être effectué tant que la cour ne s'est pas prononcée, bien que cette voie de recours ne produise aucun effet suspensif lorsqu'elle est dirigée contre une décision d'un juge de l'exécution (CPCE, art. R. 121-21)[1070].

607 *Vérifications des frais.* Pour finir, il faut préciser encore que tout paiement, qu'il intervienne en vertu d'un accord amiable ou d'une décision judiciaire,

1069. Caisse ajoutée par le décret de codification du 30 mai 2012.

1070. Pour la distribution des deniers en dehors de toute procédure d'exécution, l'article 1281-10 du CPC prévoit expressément qu'un paiement ne peut intervenir qu'en cas de « jugement de répartition passé en force de chose jugée ».

tout comme le projet de répartition, doit être accompagné d'un décompte détaillé des frais de recouvrement avec l'indication que tout intéressé peut faire procéder à leur vérification par le greffe du juge de l'exécution du lieu de la vente (CPCE, art. R. 251-11).

SECTION II
La saisie immobilière

608 ***Changement dans la continuité.*** La saisie immobilière a été réformée par l'ordonnance n° 2006-461 du 21 avril 2006[1071] et le décret n° 2006-936 du 27 juillet 2006, entrés en vigueur le 1er janvier 2007[1072]. Ces textes ont été intégrés dans **les livres III du CPCE**, composés respectivement des articles L. 311-1 à L. 334-1 et R. 311-1 à R. 334-3[1073].

De manière générale, le législateur a moins voulu révolutionner qu'améliorer les règles anciennes[1074]. C'est le changement dans la continuité. La continuité par le maintien d'une saisie fortement judiciarisée et le changement par de nombreuses innovations inspirées de fils directeurs qu'il convient de préciser pour mieux les comprendre.

609 ***Saisie fortement judiciarisée.*** À l'inverse des saisies mobilières, la saisie immobilière demeure une procédure d'exécution judiciaire[1075], appuyée sur ces deux socles traditionnels :

- **l'avocat**, dont l'intervention reste obligatoire à tous les stades de la procédure (CPCE, art. R. 311-4) et pour toutes les parties, y compris pour porter des enchères[1076] ;

1071. Ratifiée par l'article 6-I de la loi n° 2010 du 22 décembre 2010 dite loi *Béteille*.

1072. L'ordonnance avait réécrit le titre XIX du Code civil intitulé « De la saisie et de la distribution du prix de vente de l'immeuble » et composé des articles 2190 à 2216. Le décret, qui réglait toutes les modalités de la saisie, avait été modifié successivement par les décrets n° 2006-1808 du 23 décembre 2006 (voy. not. Ph. Hoonakker, « Toilettage préventif des nouvelles procédures de saisie immobilière et de distribution de prix de vente d'un immeuble », *Gaz. Pal.*, 2007, doctr., p. 15) et n° 2009-160 du 12 février 2009 (voy. not. C. Laporte, « Du nouveau en matière de ventes judiciaires », *JCP E*, 2009, act. n° 126). Ces textes avaient corrigé certaines lacunes et des rigidités excessives.

1073. Ces dispositions de nature réglementaire ont été modifiées par le décret 2012-1462 du 28 décembre 2012 pour adapter le vocabulaire employé à la disparition des conservations des hypothèques à compter du 1er janvier 2013. Ainsi, les expressions conservation ou conservateur des hypothèques et bureau des hypothèques ont été remplacées, selon le cas, par service de la publicité foncière ou fichier immobilier.

1074. Sur l'ensemble de saisie, voy. not. C. Albiges (dir.), *La saisie immobilière – Approches transversales*, Paris, Dalloz, 2014.

1075. Mais l'idée de déjudiciarisation ne semble pas abandonnée ; voy. not. Ph. Hoonakker, « Faut-il déjudiciariser la saisie immobilière ? », *La lettre Omnidroit*, 2008, n° 11, p. 2.

1076. À ce stade, l'article R. 322-40 du CPCE prévoit expressément qu'il doit s'agir d'un « avocat inscrit au barreau du tribunal de grande instance devant lequel la vente est poursuivie ». Mais en réalité cette règle est appliquée à tous les stades de la procédure de saisie immobilière, sans doute par extension de l'article 5 de la loi n° 71-1130 du 31 décembre 1971 portant sur la postulation devant les tribunaux de grande instance et les cours d'appel depuis la suppression des avoués. Voy., à propos de la multipostulation en région parisienne qui ne joue pas en matière de saisie immobilière (L. 1971, art. 1er-III, datant du temps où

- **le juge**, dont l'office est même renforcé, ce qui accentue encore le caractère judiciaire de cette saisie.

Mais la compétence revient désormais au **juge de l'exécution** institué par la loi du 9 juillet 1991. Les règles de procédure applicables sont celles particulières prévues par le livre III de la partie réglementaire du CPCE et celles communes, qui ne sont pas contraires, inscrites au livre Ier de la même partie (CPCE, art. R. 311-1). À titre d'exemple, on peut citer l'article R. 311-7 du CPCE, relatif aux **décisions du juge de l'exécution**. Selon ce texte, celles-ci sont notifiées par voie de signification, sous réserve de celles qu'il désigne et que nous retrouverons, qui sont notifiées par le greffe simultanément aux parties et à leurs avocats[1077]. Quant à l'appel, il est ouvert sauf disposition contraire que nous retrouverons aussi. **Le délai d'appel est de 15 jours** à compter de la notification et la procédure applicable est celle prévue à l'alinéa 2 de l'article 910 du Code de procédure civile[1078].

610 ***Fils directeurs des innovations.*** La compétence ainsi conférée au juge de l'exécution est l'une des innovations caractéristiques du changement opéré, mais la nouvelle saisie immobilière en comporte bien d'autres, habitées par ce souci du législateur, voire cette obsession, de hâter l'issue des procédures. Cela se traduit essentiellement par deux fils directeurs, qui traversent toute la réforme :

- **anticiper la distribution du prix** en la préparant dès la phase de la saisie, de manière à pouvoir la réaliser dans son prolongement après la publication du titre de vente de l'immeuble saisi ;
- **imposer de brefs délais** à peine de caducité de la saisie.

Ces orientations nouvelles affectent chacune des phases de cette procédure civile d'exécution : la saisie proprement dite de l'immeuble (§ 1), la vente de l'immeuble saisi (§ 2) et la distribution du prix de vente de l'immeuble (§ 3).

§ 1. La saisie de l'immeuble

Il faut envisager les conditions de la saisie (A) et son déroulement (B).

---

la compétence revenait au TGI), Cass. (avis), 16 mai 2008, n° 08-00008, *Bull.*, avis n° 3 ; *Dr. et procéd.*, 2008, p. 285, obs. A. Leborgne ; *Gaz. Pal.*, 2008, p. 1895, note D. Talon ; *Procédures*, 2008, comm. n° 212, obs. C. Laporte ; Civ. (2e ch.), 5 mai 2011, n° 10-14066 ; *Procédures*, 2011, comm. n° 223, obs. R. Perrot. À propos de l'avocat du créancier poursuivant, voy. *infra*, n° 619 en note.

1077. Il s'agit du mode de notification de droit commun des décisions du juge de l'exécution. Elle se fait donc par pli recommandé avec demande d'avis de réception conformément à l'article R. 121-15 du CPCE.

1078. Ce renvoi signifie que le président de la chambre saisie fixe à bref délai l'audience à laquelle l'affaire sera appelée et où elle pourra être immédiatement clôturée et fixée pour être plaidée, si elle est prête. Sur ce point, la différence est ténue avec le droit commun prévu à l'article R. 121-20, alinéa 3, du CPCE, qui prévoit que « la cour d'appel statue à bref délai ». Mais il faut réserver l'appel du jugement d'orientation qui est jugé selon la procédure à jour fixe (voy. *infra*, n° 663).

A) Les conditions de la saisie

Si les conditions de fond ont été peu modifiées par la réforme (1), les conditions de forme tenant au commandement de payer valant saisie ont été plus substantiellement affectées (2).

1. Les conditions de fond

Elles intéressent les biens susceptibles d'être saisis (a) et les parties à la saisie (b).

a) Quant aux biens

611 ***Biens immobiliers saisissables.*** Selon l'article L. 311-6 du CPCE, la saisie immobilière peut porter, sauf exception, sur « tous les droits réels afférents aux immeubles, y compris leurs accessoires réputés immeubles, susceptibles de faire l'objet d'une cession ». Peu importe donc, comme auparavant, la nature de l'immeuble, il peut être **par nature ou par destination**[1079]. Peu importe aussi le droit réel en cause. En pratique, il s'agira le plus souvent du droit de propriété où la saisie porte sur l'immeuble lui-même, car ce droit se confond avec son objet. Plus rarement, la saisie portera sur un droit réel démembré comme l'usufruit ou la nue-propriété[1080]. Mais dans tous les cas, ces droits doivent être cessibles et saisissables[1081].

Sous cette réserve, le créancier peut, en principe, choisir librement le droit réel immobilier qu'il entend saisir. Mais ce libre choix est parfois limité par le principe de proportionnalité et des hypothèses de subsidiarité.

612 ***Principe de proportionnalité.*** Le principe de proportionnalité, qui est prévu à l'article L. 111-7 du CPCE, reçoit une application particulière **en cas de saisies simultanées** de plusieurs immeubles (CPCE, art. L. 321-6 et R. 321-12).

Comme autrefois, le débiteur peut obtenir le **cantonnement** à certains des immeubles saisis. Pour ce faire, il doit saisir le juge de l'exécution et démontrer que la valeur de ces immeubles est suffisante pour désintéresser le poursuivant et les créanciers inscrits. S'il est fait droit à sa demande, le jugement désigne les immeubles sur lesquels les poursuites sont provisoirement suspendues. Mais

1079. Du reste, ceux-ci ne peuvent être saisis indépendamment de l'immeuble, sauf pour le paiement de leur prix (CPCE, art. L. 112-3). Ainsi, lorsque le propriétaire d'un immeuble y exploite personnellement un hôtel, tous les biens mobiliers qui y sont affectés constituent des immeubles par destination et sont donc inclus, le cas échéant, dans la saisie de l'immeuble : Com., 31 mars 2009, n° 08-14180, *Bull. civ.*, IV, n° 247, *JCP E*, 2009, 1899, note F. Planckeel.

1080. Mais lorsqu'un créancier bénéficie d'une hypothèque inscrite sur la nue-propriété, celle-ci affecte nécessairement la pleine propriété de l'immeuble après l'extinction de l'usufruit, de sorte que la saisie immobilière peut alors porter sur le droit de propriété en son entier : Com., 13 mars 2012, n° 11-10289.

1081. Ainsi, l'existence d'une sépulture n'a pas pour effet de rendre la propriété où elle se situe incessible, et donc insaisissable par accessoire ; mais en cas de vente forcée, le cahier des charges doit la mentionner et un accès doit être réservé à la famille : Civ. (2e ch.), 17 octobre 2013, n° 12-23375 (P+B), *D.*, 2013, p. 2472 ; *JCP G*, II, 1300, note J.-J. Barbieri. Cet arrêt a été rendu à propos de la procédure d'exécution forcée immobilière applicable en Alsace-Moselle, mais la solution vaut aussi pour la saisie immobilière où cette mention et ce droit d'accès devront figurer dans le cahier des conditions de vente (voy. *infra*, n° 641).

elles pourront être reprises après la vente des immeubles non exceptés, si le prix obtenu ne permet pas de désintéresser les créanciers.

Au lieu du cantonnement, le débiteur peut désormais opter, aux mêmes conditions, pour la **conversion partielle des saisies en hypothèque judiciaire**. S'il est fait droit à sa demande, le jugement ordonne la radiation de la saisie immobilière et l'inscription d'une hypothèque judiciaire sur les immeubles qu'il désigne. L'hypothèque prendra rang rétroactivement à compter de la publication de la saisie, si dans le mois de la notification du jugement, le créancier fait procéder à sa publication en marge du commandement et à l'inscription de l'hypothèque dans les conditions de droit commun.

613 ***Hypothèses de subsidiarité.*** Les hypothèses de subsidiarité sont au nombre de trois, deux sont traditionnelles, la troisième nouvelle.

La première impose la **discussion préalable** des meubles des mineurs, même émancipés, et des majeurs en tutelle ou en curatelle, sauf dans deux cas. D'une part, lorsque la saisie porte sur un immeuble indivis entre un majeur et un incapable en recouvrement d'une dette qui leur est commune. D'autre part, si la saisie a été commencée alors que le majeur n'était pas encore placé en tutelle ou en curatelle (CPCE, art. L. 311-8).

La seconde hypothèse intéresse l'obligation pour le **créancier hypothécaire** de saisir prioritairement le bien grevé, tout autre immeuble ne pouvant être saisi que si le créancier ne peut être rempli de ses droits (CPCE, art. L. 311-5, al. 2).

Mais cette hypothèse en a inspiré une nouvelle, introduite par la réforme. Désormais, le créancier qui a saisi, ***ab initio*, un seul immeuble** ne pourra agir ultérieurement sur d'autres immeubles de son débiteur qu'en cas d'insuffisance du bien déjà saisi (CPCE, art. L. 311-5, al. 1er).

b) Quant aux parties

Comme toute procédure civile d'exécution, la saisie immobilière oppose un saisissant (1) et un saisi (2).

1) *Le saisissant*

614 ***Créancier.*** Le principe est que ***tout créancier*** a le droit de pratiquer une saisie immobilière, qu'il soit chirographaire, hypothécaire ou privilégié. Mais en pratique, les créanciers chirographaires s'engageront rarement dans une telle saisie car, très généralement, le montant des créances hypothécaires ou privilégiées excède la valeur de l'immeuble, de sorte qu'ils n'ont quasiment aucun espoir de paiement.

Ceci étant, l'exercice de ce droit suppose du créancier, quel qu'il soit, qu'il jouisse de la **capacité de disposer** avec toutes les conséquences qui s'y attachent. Cette condition, admise sans texte antérieurement, a été expressément consacrée par l'article R. 321-1 du CPCE[1082].

615 ***Titre exécutoire.*** Comme pour toute mesure d'exécution forcée, l'article L. 311-2 du CPCE prévoit que le créancier doit disposer d'un titre exécutoire

1082. Elle est justifiée par le fait que le saisissant peut être déclaré adjudicataire de l'immeuble saisi (voy. *infra*, nos 696 et 697).

consacrant une **créance liquide et exigible**. L'exigence de la liquidité dès le stade de la saisie est une nouveauté car, avant la réforme, elle n'était requise qu'au moment de la vente.

En revanche, la réforme a maintenu les dérogations anciennes concernant le caractère du titre exécutoire. Alors qu'en principe un **titre provisoire** est suffisant pour pratiquer une saisie (CPCE, art. L. 111-10), il en va différemment pour la saisie immobilière. En effet, selon l'article L. 311-4 du CPCE, si le titre dont dispose le créancier n'est que provisoire, il pourra seulement engager la saisie immobilière. Mais **pour la vente forcée, il lui faudra un titre définitif** à l'encontre du saisi.

2) *Le saisi*

616 ***Débiteur.*** La saisie immobilière, comme toutes les autres saisies, est normalement poursuivie contre le débiteur, propriétaire du bien immobilier saisi ou titulaire d'un droit réel accessoire dont ce bien est l'objet. Il suffit alors de faire application des règles de droit commun, sous une réserve. S'il s'agit d'un ***bien commun***, la saisie devra être poursuivie ***contre les deux époux*** : le débiteur et son conjoint (CPCE, art. L. 311-7)[1083].

Mais la saisie immobilière peut aussi être poursuivie contre un tiers, propriétaire du bien immobilier, soit en sa qualité de tiers détenteur, soit à raison de l'hypothèque qu'il a consentie pour autrui.

617 ***Tiers détenteur.*** Le tiers détenteur est le propriétaire d'un bien immobilier sur lequel le créancier dispose d'un **droit de suite** au titre d'une hypothèque ou d'un privilège constitué du chef de son débiteur lorsqu'il était le propriétaire de l'immeuble[1084]. Si le créancier est impayé, il peut faire valoir son droit de suite et saisir l'immeuble entre les mains du tiers détenteur. Mais une telle saisie pourrait s'avérer catastrophique pour ce tiers qui n'est pas personnellement tenu de la dette et ne l'a donc pas laissée impayée. C'est la raison pour laquelle il peut se mettre à l'abri de toute poursuite en recourant à la **procédure de purge** au moment de l'acquisition du bien, de manière à éteindre tous les droits de suite[1085].

Mais à défaut, une saisie immobilière pourra être pratiquée et il n'aura alors d'autre alternative que celle prévue à l'article 2463 du Code civil :

1083. Sous l'empire de l'ancien Code de procédure civile, la solution était incertaine. En dernier lieu, la Cour de cassation avait jugé que le commandement devait être signifié au seul débiteur et non au conjoint commun en biens : Civ. (2e ch.), 22 février 2007, n° 06-12295, *Bull. civ.*, II, n° 50 ; *RTD Civ.*, 2008, p. 534, obs. B. Vareille. Mais auparavant, elle s'était prononcée en sens contraire : voy. not. Civ. (2e ch.), 8 juin 2000, n° 98-14110, *Bull. civ.*, II, n° 99.

1084. Mais encore faut-il que ce droit de suite procède d'une inscription valable et opposable à l'acquéreur de l'immeuble grevé ; voy., Civ. (2e ch.), 7 avril 2016, n° 15-12307, à propos d'une hypothèque judiciaire inscrite par une créancier du vendeur d'un immeuble le jour où l'acquéreur a publié le jugement authentifiant la vente consentie antérieurement par un acte sous seing privé où cette hypothèque est déclarée inopposable à l'acquéreur car il avait publié la demande en justice au moment de son introduction si bien que la publication du jugement a rétroagi à la date de cette publication, qui était antérieure à celle de l'hypothèque.

1085. Voy. not. Ph. Simler et Ph. Delebecque, *Droit civil. Les sûretés. La publicité foncière*, 6e éd., coll. Précis, Paris, Dalloz, 2012, nos 532 et s.

- **ou bien, payer le créancier poursuivant** contre la mainlevée de la saisie ; mais cette solution n'a d'intérêt pour lui que s'il n'a pas encore payé le prix de vente ; il est alors subrogé dans les droits du créancier remboursé (C. civ., art. 1346, anc. 1251-2°)[1086] ;
- **ou bien, délaisser l'immeuble**, ce qui signifie que tout en restant propriétaire, il en abandonne la possession de manière à éviter de subir personnellement la saisie ; mais il n'en sera pas moins exproprié au profit du poursuivant.

À défaut de payer ou de délaisser, le tiers détenteur subira personnellement la saisie en cette qualité dans les conditions prévues par les livres III du CPCE (C. civ., art. 2464 et CPCE, art. R. 321-19, al. 2). Pire encore, au motif qu'il serait « le débiteur du droit de suite », la deuxième chambre civile de la Cour de cassation a jugé que le tiers détenteur n'est pas fondé à se prévaloir de la prescription de la créance principale[1087]. Cette solution inédite a été unanimement critiquée par la doctrine car le droit de suite n'est que l'un des attributs de l'hypothèque aux côtés du droit de préférence. Or l'hypothèque est un accessoire de la créance qu'elle garantit. Le tiers détenteur ne doit donc payer que ce que doit le débiteur, ou autrement dit, le créancier ne peut avoir plus de droit contre lui qu'il n'en a contre son débiteur. Aussi le tiers détenteur devrait-il être autorisé à se prévaloir de toutes les exceptions tirées de la créance garantie[1088], et en particulier de la prescription[1089].

618 ***Tiers ayant consenti une hypothèque pour autrui.*** Il s'agit du tiers qui a accepté de garantir la dette du débiteur en consentant au créancier une hypothèque sur un immeuble dont il est propriétaire. C'est la raison pour laquelle il était traditionnellement désigné de **« caution réelle »**. Mais une chambre mixte ayant condamné cette qualification[1090], il faut désormais recourir à une périphrase : « La personne ayant consenti une hypothèque pour autrui ».

Quoi qu'il en soit, dans ce cas, le créancier impayé pourra librement saisir l'immeuble hypothéqué contre ce tiers propriétaire et celui-ci ne pourra plus, comme autrefois, bénéficier de la faculté de délaissement. En effet, il est traité

1086. Le nouvel article 1346 du Code civil, issu de l'ordonnance n° 2016-131 du 10 février 2016, reprend les cinq cas de l'ancien article 1251 dans une formule générale qui étend le domaine de la subrogation légale à « celui qui, y ayant un intérêt légitime, paie dès lors que son paiement libère envers le créancier celui sur qui doit peser la charge définitive de tout ou partie de la dette ».

1087. Civ. (2e ch.), 19 février 2015, n° 13-27691 (F-P+B), *D.*, 2015, p. 964, note Ph. Théry et p. 1347, obs. A. Leborgne; *Gaz. Pal.*, 2015, p. 968, note M. Mignot et p. 1797, obs. L. Lauvergnat.

1088. Telle semble, du reste, la position de la chambre commerciale; voy., Com., 5 avril 2016, n° 14-20468, à paraître au Bull.

1089. D'ailleurs, la solution de l'arrêt critiquée est vaine. En effet, comme l'a écrit un auteur, par le jeu des recours successifs, « finalement le créancier sera contraint de rendre au débiteur ce qu'il a indûment reçu du tiers détenteur » : M. Mignot, *op. cit.* Devant toutes ces critiques, la 2e chambre a finalement amorcé une évolution en admettant la faculté pour le débiteur d'élever une tierce opposition à l'encontre de la décision qui retient l'existence d'une créance liquide et exigible et ordonne la vente forcée contre le tiers détenteur : Civ. (2e ch.), 23 juin 2016, n° 15-14633, à paraître au Bull., *D.*, 2017, p. 1395, obs. A. Leborgne.

1090. Ch. mixte, 2 décembre 2005, *JCP G*, 2006, I, 1753, n° 1, p. 853, obs. Ph. Simler, *D.*, 2006, jurispr., p. 729, avis av. gén. J. Sainte-Rose, note L. Aynès, *Dr. et procéd.*, 2006, p. 113, obs. Y. Picod.

comme le débiteur lui-même[1091], seul le tiers détenteur bénéficie de règles particulières jouant dès le commandement de payer valant saisie.

2. Les conditions de forme : le commandement de payer valant saisie

Il est prévu aux articles R. 321-1 à R. 321-7 du CPCE (anc[t] d. 2006, art. 13 à 19) et se distingue du commandement préalable de l'article 673 de l'ancien Code de procédure civile, tant par ses modalités (a) que par ses effets (b).

a) Les modalités

Elles concernent les mentions, la signification et la publication du commandement.

619 ***Mentions.*** Comme le commandement de payer est un acte d'huissier de justice, il doit comporter toutes les mentions communes de l'article 648 du CPC, auxquelles s'ajoutent celles particulières listées aux 1° à 13° de l'article R. 321-3 du CPCE. Certaines sont propres à la saisie pratiquée, les autres sont identiques pour toutes les saisies immobilières.

Les mentions propres à la saisie pratiquée sont :

- la constitution d'avocat du créancier poursuivant qui emporte élection de domicile (1°)[1092] ;
- l'indication de la date et de la nature du titre exécutoire en vertu duquel le commandement est délivré (2°) ;
- le décompte des sommes réclamées en principal, frais et intérêts échus, ainsi que l'indication du taux des intérêts moratoires[1093] (3°) ;
- la désignation de chacun des biens ou droits sur lesquels porte la saisie immobilière, telle qu'exigée par les règles de la publicité foncière (5°).

Les mentions identiques pour toutes les saisies immobilières peuvent être classées en quatre rubriques :

- celles **relatives au déroulement de la saisie** : l'indication qu'un huissier de justice pourra pénétrer dans les lieux afin de dresser un procès-verbal de description de l'immeuble (10°) et du juge de l'exécution territorialement compétent pour connaître de la procédure de saisie et des contestations et demandes incidentes y afférentes (11° ; voy. *infra*, n°s 633 et 655) ;
- celles **relatives aux effets de la saisie** : l'indication que le commandement vaut saisie de l'immeuble et des fruits, avec les conséquences qui s'y attachent (6° et 7e ; voy. *infra*, n°s 622 et s.) ;

1091. En conséquence, dans la suite des développements, les règles exposées au titre du débiteur vaudront aussi pour le tiers ayant consenti une hypothèque pour autrui sous une réserve (voy. *infra*, n° 619, en note).

1092. Il doit s'agir d'un avocat inscrit au barreau du tribunal de grande instance où la saisie est poursuivie ; à défaut, le commandement est entaché d'une irrégularité de fond qui peut être couverte jusqu'à ce que le juge statue, par exemple, par la constitution d'un avocat territorialement compétent dans l'assignation à comparaître (sur cet acte préparatoire, voy. *infra*, n°s 633 et s.) : Civ. (2e ch.), 18 octobre 2012, n° 11-18730, *D.*, 2013, p. 1581, obs. A. Leborgne.

1093. Les intérêts capitalisés n'ont pas à être distingués, ils peuvent être inclus dans le capital échu : Civ. (2e ch.), 8 janvier 2015, n° 13-26657 (F-P+B), *Dr. et procéd.*, 2015, p. 57, obs. A. Leborgne, à propos d'un commandement de payer valant saisie fondé sur un acte notarié stipulant une clause d'anatocisme.

- celles **relatives aux obligations du débiteur** : l'avertissement que le débiteur doit payer les sommes dues dans un délai de huit jours[1094], sous peine de poursuite de la saisie et que, dans cette perspective, il sera assigné à comparaître à une audience du juge de l'exécution pour statuer sur les modalités de la procédure (4°)[1095] et la sommation, lorsque le bien fait l'objet d'un bail, d'avoir à indiquer à l'huissier de justice les nom, prénom et adresse du preneur ou, s'il s'agit d'une personne morale, sa dénomination et son siège social (9°) ;
- celles **relatives aux droits du débiteur** : l'indication que le débiteur conserve la faculté de procéder à la vente amiable des immeubles saisis avec l'autorisation du juge de l'exécution (8°), qu'il peut bénéficier de l'aide juridictionnelle s'il en fait préalablement la demande et s'il remplit les conditions de ressources prévues (12°) et que, s'il est une personne physique, il a la faculté de saisir la commission de surendettement, le cas échéant (13°).

Lorsque la saisie est pratiquée entre les mains d'un **tiers détenteur**, le commandement de payer comporte les mêmes mentions, sous réserve des particularités prévues à l'article R. 321-5 du CPCE :

- l'avertissement de payer prévu au 4° est remplacé par la sommation d'avoir à satisfaire, dans un délai d'un mois, à l'une des obligations énoncées à l'article 2463 du Code civil, avec le rappel de l'article 2464 du Code civil (voy. *supra*, n° 617) ;
- la mention du débiteur est remplacée par celle du tiers détenteur.

Toutes ces mentions sont prescrites à peine de nullité (CPCE, art. R. 321-3, al. 4). Mais comme il s'agit d'une nullité pour vice de forme, elle ne peut être prononcée que **si un grief est établi** (CPC, art. 114, al. 2)[1096]. Par ailleurs, et comme auparavant, cette sanction est expressément écartée lorsque les sommes indiquées sont supérieures à celles dues.

1094. Lorsque le commandement est signifié au tiers ayant consenti une hypothèque pour autrui, le délai est porté à un mois (CPCE, art. R. 321-3, al. 3).

1095. Si le débiteur s'est contenté de régler le principal, la saisie immobilière pourra être poursuivie en recouvrement des frais car ils sont à sa charge selon l'art. L. 111-8 du CPCE et constituent donc l'accessoire de la dette : Civ. (2e ch.), 22 juin 2017, n° 16-18901, *Dr. et procéd.*, 2017, p. 191, obs. A. Leborgne, *Gaz. Pal.*, 2017, p. 3460, obs. C. Brenner, à propos d'une espèce où un juge de l'exécution avait refusé d'ordonner la vente forcée au motif que seuls les frais restaient dus par le débiteur saisi.

1096. Il a ainsi été jugé que l'omission de la date des titres invoqués et du décompte détaillé des sommes réclamées dans le corps du commandement n'avait causé aucun grief au débiteur car il comportait en annexe un bordereau de situation lui permettant de connaître la date des titres et la ventilation des sommes dues : Civ. (2e ch.), 30 avril 2009, n° 08-12105, *D.*, 2009, p. 2255, note A. Leborgne ; *Dr. et procéd.*, 2009, p. 285, obs. L. Lauvergnat.

620 ***Signification.*** Ainsi rédigé, le commandement doit être signifié[1097] aux personnes suivantes[1098].

Lorsque la saisie porte sur un immeuble du débiteur, il est toujours signifié[1099] à celui-ci, ainsi qu'à son conjoint dans deux cas : d'une part, si l'immeuble est un bien commun, car la procédure est désormais suivie contre les deux époux (voy. *supra*, n° 616)[1100] ; d'autre part, si l'immeuble est un bien propre du débiteur constituant la résidence principale de la famille où le commandement doit être dénoncé au conjoint, au plus tard le premier jour ouvrable suivant sa signification au débiteur (CPCE, art. R. 321-1, al. 3), et ce à peine de caducité (CPCE, art. R. 311-11, al. 1er)[1101].

Lorsque la saisie est pratiquée entre les mains d'un tiers détenteur, deux commandements doivent être signifiés, l'un au débiteur, l'autre au tiers détenteur[1102]. . Le commandement au tiers détenteur est incontestablement un commandement de payer valant saisie avec les mentions particulières prévues dans ce cas (voy. *supra*, n° 619). Mais la nature et le contenu du commandement au débiteur étaient plus problématiques depuis la codification car le premier alinéa de l'article R. 321-5 du CPCE visait expressément la signification « d'un commandement de payer valant saisie au débiteur principal ». Il s'agissait sans doute d'une erreur de rédaction dès lors que le débiteur, n'étant plus le propriétaire de l'immeuble, ne peut être saisi. Cette erreur, qui était lourde d'incertitudes en pratique[1103], a finalement été rectifiée par un décret du 6 mai

---

1097. Si le titre exécutoire est constitué d'un acte notarié stipulant une clause de médiation préalable, celle-ci n'interdit la signification d'un commandement valant saisie immobilière, avant qu'elle ne soit purgée, que si elle fait expressément obstacle à l'accomplissement d'une mesure d'exécution forcée : Civ. (2e ch.), 22 juin 2017, n° 16-11975, *D.*, 2018, p. 1228, obs. A. Leborgne, *Gaz. Pal.*, 2017, p. 3340, obs. O. Salati et p. 3461, obs. C. Brenner, *RTD Civ.*, 2018, p. 478, obs. P. Théry, à propos d'un commandement délivré alors que la procédure de médiation, engagée antérieurement en vertu d'une clause facultative, était toujours en cours ; sur l'assignation à comparaître devant le juge de l'exécution délivrée dans les mêmes circonstances, voy. *infra*, n° 634, en note.

1098. Lorsque le destinataire réside dans un État membre de l'Union européenne autre que l'État d'origine, l'huissier de justice peut procéder à la notification, notamment de ce commandement, directement par l'intermédiaire des services postaux, par lettre recommandée avec demande d'avis de réception, conformément aux articles 14 et 16 du règlement (CE) n° 1393/ 2007 du 13 novembre 2007 relatif à la signification et à la notification dans les États membres des actes judiciaires et extrajudiciaires en matière civile ou commerciale : Civ. (2e ch.), 8 janvier 2015, n° 13-26224 (FS-P+B), *D.*, 2015, p. 1342, obs. A. Leborgne ; *Dalloz actualité*, 20 janvier 2015, obs. F. Mélin.

1099. Comme la dénonciation n'est pas un acte d'exécution, elle peut être signifiée par un clerc assermenté : Com., 7 juillet 2015, n° 14-18766, *D.*, 2016, p. 1286, obs. A. Leborgne.

1100. En revanche, le titre exécutoire servant de fondement aux poursuites doit être signifié au seul époux débiteur et non à son conjoint commun en bien : Civ. (2e ch.), 15 octobre 2015, n° 14-22684, à paraître au Bull., *Gaz. Pal.*, 2016, p. 3387, obs. L. Lauvergnat.

1101. Le commandement n'a pas à être signifié au concubin du débiteur : Civ. (2e ch.), 30 avril 2009, préc.

1102. Comme l'article R. 321-5 envisage d'abord le commandement au débiteur qui doit comporter la mention que le commandement de payer valant saisie est délivré au tiers détenteur, il pouvait laisser penser que le commandement au débiteur doive être délivré avant celui au tiers détenteur. Mais la Cour de cassation a jugé qu'aucun ordre n'est imposé : Civ. (2e ch.), 19 février 2015, n° 13-27691 (F-P+B), *D.*, 2015, p. 964, note Ph. Thery.

1103. Sur ces difficultés, voy. not. : A. Leborgne, in *Panorama. Droit de l'exécution*, mars 2012-2013, p. 1581 ; C. Laporte, « Dérèglement de la procédure de saisie immobilière poursuivie contre le tiers détenteur », *Procédures*, 2012, focus n° 41.

2017[1104] qui est revenu à la rédaction de l'article 17 du décret de 1992. Aussi, l'article R. 321-5 prévoit désormais la signification d'un commandement de payer au débiteur avec la mention du commandement de payer valant saisie délivré au tiers détenteur[1105].

621 ***Publication du commandement.*** Après sa signification, le commandement valant saisie doit être publié au fichier immobilier à la requête du créancier poursuivant, selon les règles de la publicité foncière.

Aucun délai minimum n'est expressément prévu. Mais il semble que la publication ne puisse être requise avant l'expiration d'un **délai d'attente de huit jours** correspondant à l'avertissement de paiement sous peine de poursuite de la saisie, obligatoirement mentionné dans le commandement (CPCE, art. R. 321-3-4°).

En revanche, un **délai maximum** de deux mois, courant à compter de la signification, est expressément imposé par l'article R. 321-6 du CPCE, à peine de caducité (CPCE, art. R. 311-11, al. 1er)[1106]. Ce n'est donc que sous cette réserve que le commandement produira pleinement ses effets.

b) Les effets

Il faut distinguer entre les effets à l'égard du saisi (1) et ceux à l'égard des tiers (2). Mais tous ces effets cessent en cas de péremption du commandement (3).

1) *À l'égard du saisi*

622 ***Moment.*** Désormais, la saisie immobilière produit ses effets à l'égard du saisi ***dès la signification du commandement*** et non plus seulement à compter de sa publication (CPCE, art. R. 321-13, al. 1er)[1107]. Mais sous cette réserve de taille, ils demeurent pour l'essentiel les mêmes : restrictions aux droits de jouissance et d'administration, saisie des fruits et indisponibilité.

623 ***Restrictions aux droits de jouissance et d'administration.*** Le principe est que le saisi ***conserve la jouissance*** de l'immeuble. Mais à moins qu'il ne soit loué, il en est constitué séquestre (CPCE, art. L. 321-2, al. 3), ce qui signifie qu'il ne peut accomplir aucun acte susceptible d'en amoindrir la valeur. À défaut, il

---

1104. *D.*, n° 2017-892, art. 42.

1105. C'est ce commandement qui seul peut interrompre le délai de prescription de la créance invoquée à l'appui de la saisie immobilière pratiquée contre le tiers détenteur : Civ. (2e ch.), 23 juin 2016, n° 15-14633, à paraître au Bull. Par ailleurs, si la signification du commandement au débiteur est affectée d'une irrégularité tenant à l'insuffisance des diligences effectuées par l'huissier de justice instrumentaire, le tiers saisi, qui voudrait s'en prévaloir, doit démontrer le grief qu'elle lui cause : Civ. (2e ch.), 26 juin 2014, n° 13-18428 (F-P+B), *D.*, 2015, p. 1346, obs. A. Leborgne, où la nullité du commandement invoquée par le tiers saisi est rejetée faute de grief.

1106. La caducité ne doit pas être confondue avec la nullité. Certes ces deux sanctions produisent une effet rétroactif, mais la caducité, contrairement à la nullité, ne requiert pas la justification d'un grief : Civ. (2e ch.), 5 janvier 2017, n° 15-25692, à paraître au Bull.

1107. Ce texte est applicable au débiteur et donc aussi au tiers ayant consenti une hypothèque pour autrui, car il lui est assimilé (voy. *supra*, n° 616). Mais la solution vaut aussi pour le tiers détenteur à l'égard duquel la signification du commandement produit les mêmes effets qu'à l'égard du débiteur, selon l'article R. 321-19, alinéa 1er.

encourt une condamnation à des dommages et intérêts, sans préjudice, s'il y a lieu, des peines du délit de détournement d'objet saisi prévu à l'article 314-6 du Code pénal (trois ans d'emprisonnement et 375 000 euros d'amende ; CPCE, art. R. 321-15). Mais pour prévenir un tel risque, il est possible aussi, lorsque les circonstances le justifient, de faire désigner un tiers en qualité de séquestre ou d'obtenir l'expulsion du débiteur pour cause grave (CPCE, art. L. 321-2, al. 3).

Quant à l'administration, les baux consentis par le saisi **postérieurement à la signification** du commandement sont **inopposables** tant au poursuivant qu'à l'acquéreur de l'immeuble saisi. **Mais la preuve de l'antériorité peut être rapportée par tout moyen**, de sorte qu'il n'y a plus à distinguer, comme auparavant, selon que le bail a ou non acquis date certaine avant la saisie (CPCE, art. L. 321-4). Peu importe aussi que l'adjudicataire ait ignoré l'existence du bail ; pour qu'il lui soit opposable, il suffit qu'il ait effectivement été conclu avant la signification du commandement[1108]. Mais la question se pose pour les baux conclus postérieurement dont l'adjudicataire a eu connaissance avant l'adjudication car, sous l'empire des textes antérieurs à la réforme, une jurisprudence constante retenait leur opposabilité[1109] et il se pourrait bien que cette solution soit maintenue[1110].

624 ***Saisie des fruits.*** Elle se produit dès la signification du commandement sauf s'ils avaient fait l'objet d'une saisie antérieurement[1111]. En principe, ils demeurent perçus par le saisi, mais le poursuivant peut toujours, par un simple acte d'huissier de justice, obliger le locataire à se libérer entre les mains d'un séquestre qu'il désigne ou de la Caisse des dépôts et consignations (CPCE, art. R. 321-18)[1112].

En pratique, ce sera souvent le seul moyen de garantir la représentation des fruits qui doivent être distribués avec le prix de vente de l'immeuble (CPCE, art. R. 321-16). Mais cette vente ne peut évidemment intervenir que dans le cadre de la saisie car celle-ci rend aussi l'immeuble indisponible.

625 ***Indisponibilité.*** Cet effet traditionnel, attaché à toute saisie, est expressément inscrit à l'alinéa 1er de l'article L. 321-2 du CPCE. En conséquence, **le saisi ne**

1108. Civ. (2e ch.), 6 juin 2013, n° 12-19116, *Dr. et procéd.*, 2013, p. 174, obs. A. Leborgne. Il faut cependant excepter les baux d'une durée supérieure à 12 ans, dont l'opposabilité est subordonnée à leur publication au fichier immobilier (décr. 55-22 du 4 janvier 1955, art. 28-1°-b et 30-3) ; voy. Civ. (3e ch.), 3 février 2010, n° 09-11389, *Bull. civ.*, III, n° 32 ; *Loyers et copr.*, 2010, comm. n° 94, obs. B. Vial-Pedroletti.

1109. Civ. (3e ch.), 23 mars 2011, n° 10-10804, *Bull. civ.*, III, n° 43, *D.*, 2011, p. 1596, note C. Juillet ; Civ. (3e ch.), 11 février 2004, n° 02-12762, *Bull. civ.*, III, n° 24 ; voy. aussi, à propos d'une vente de gré à gré, Civ. (3e ch.), 20 juillet 1989, n° 88-13413, *Bull. civ.*, III, n° 169.

1110. En ce sens, voy. C. Juillet, *op. cit.*

1111. Par exemple, une saisie-attribution qui emporte transfert de propriété de la créance de loyer dans le patrimoine du saisissant (voy. *supra*, nos 340 et s.).

1112. En revanche, la vente des fruits n'est pas libre. Elle est régie par l'article R. 321-17 du CPCE qui dispose : « Le créancier poursuivant peut autoriser le saisi à vendre les fruits à l'amiable ou faire procéder lui-même, sur autorisation du juge de l'exécution, à la coupe et à la vente des fruits qui seront vendus aux enchères ou par tout autre moyen dans le délai que le juge aura fixé. » Dans tous les cas, selon le même texte, « le prix est déposé entre les mains du séquestre désigné par le créancier poursuivant ou consigné à la Caisse des dépôts et consignations ».

peut plus aliéner l'immeuble saisi, sous réserve évidemment de sa vente dans le cadre de la saisie[1113], **ni le grever de droits réels** (CPCE, L. 321-2, al. 2), et ce à compter de la signification du commandement (CPCE, art. R. 321-13, al. 1er).

Comme le vendeur est ainsi dépourvu du pouvoir d'accomplir ces actes, ceux accomplis en méconnaissance de l'indisponibilité sont entachés d'une cause de nullité[1114]. Mais cette sanction est, pour l'essentiel, absorbée par l'inopposabilité résultant **des règles de la publicité foncière** qui conditionnent les effets de la saisie à l'égard des tiers.

2) *À l'égard des tiers*

626 ***Moment et nullité.*** À l'égard des tiers, la saisie ne produit ses effets, comme auparavant, ***qu'à compter de la publication du commandement*** au fichier immobilier (CPCE, art. R. 321-13, al. 2). Mais ce décalage dans le temps pose le problème des conventions conclues irrégulièrement par le débiteur entre la signification et la publication. Par exemple, un bail consenti après la signification est inopposable au poursuivant et à l'acquéreur de l'immeuble saisi (CPCE, art. L. 321-4 ; voy. *supra*, n° 623), alors que le locataire pouvait en ignorer l'existence si la conclusion a été antérieure à la publication du commandement.

C'est la raison pour laquelle l'article R. 321-13, alinéa 3, réserve au cocontractant **la possibilité de faire déclarer la nullité** des conventions conclues avant la publication du commandement, en violation des effets attachés à la signification. Ce chef de nullité est de droit, de sorte que le juge saisi par le cocontractant ne dispose d'aucun pouvoir d'appréciation[1115].

Mais lorsque la convention, conclue en violation de l'effet d'indisponibilité, porte sur des droits réels, il faut tenir compte aussi des règles de la publicité foncière, en distinguant selon qu'elle emporte aliénation de l'immeuble ou constitution de droits réels.

627 ***Aliénation.*** Toute aliénation de l'immeuble, **publiée avant le commandement, est opposable** au poursuivant et rend donc impossible toute saisie

---

1113. Mais une vente volontaire devrait toujours être possible sur mainlevée de la saisie car elle fait disparaître l'effet d'indisponibilité ; en ce sens : C. Brenner, « La vente volontaire de l'immeuble saisi est-elle possible sans l'autorisation du juge de l'exécution ? », in « Au-delà des codes », *Mélanges en l'honneur de M.-S. Payet*, Paris, Dalloz, 2011, p. 89 ; M. Julienne, « La vente volontaire de l'immeuble saisi, devant notaire et sans autorisation judiciaire, est possible », *Bull. Cridon*, 2014, n° 4 ; *contra* : H. Croze, « Dans quelles conditions une vente amiable peut-elle être passée pendant une procédure de saisie immobilière ? », *Gaz. Pal.*, 2008, p. 1498.

1114. En aucun cas, le débiteur, qui a consenti une promesse unilatérale de vente au mépris de l'indisponibilité attachée au commandement signifié antérieurement, ne saurait exciper lui-même de la nullité de la promesse pour échapper à son exécution au cas où la saisie venait à être radiée et l'immeuble à nouveau disponible : Civ. (2e ch.), 7 décembre 2017, n° 16-21356, *D.*, 2018, p. 1228, obs. A. Leborgne, *Dr. et procéd.*, 2018, p. 56, obs. F. Vinckel ; voy. aussi; Cl. Brenner et P. Théry, « Saisie immobilière : le crépuscule d'une idole ? », D., 2018, p. 1684.

1115. Mais il faudrait l'écarter pour les baux conclus postérieurement dont l'adjudicataire a eu connaissance avant l'adjudication car ils devraient lui être opposables (voy. *supra*, n° 623).

ultérieure[1116]. Inversement, **une aliénation qui n'a pas été publiée avant la publication du commandement est inopposable** au poursuivant et à l'acquéreur ultérieur de l'immeuble dans le cadre de la saisie, quelle que soit la date à laquelle elle a été conclue (CPCE, art. L. 321-5, al. 2)[1117]. Mais le cessionnaire qui a contracté directement avec le débiteur saisi peut échapper à cette inopposabilité de deux manières :

- **soit en consignant** auprès de la Caisse des dépôts et consignations[1118] une somme suffisante pour désintéresser le poursuivant et les créanciers inscrits (CPCE, art. L. 321-5, al. 2)[1119] ; mais cette consignation doit impérativement être signifiée aux créanciers, poursuivant et inscrits, avant l'audience d'adjudication (CPCE, art. R. 321-14) ;
- **soit en demandant la nullité de la vente** sur le fondement de l'article R. 321-13, alinéa 3, du CPCE, à condition qu'elle ait été conclue entre la signification et la publication du commandement.

628 ***Constitution de droits réels.*** Selon l'alinéa 3 de l'article L. 321-5 du CPCE, « sont pareillement inopposables les inscriptions du chef du saisi qui n'ont pas été prises antérieurement à la publication de la saisie ». Mais cette indisponibilité doit être bien comprise pour éviter des confusions qui sont parfois commises.

D'abord, elle est expressément écartée par le même texte **pour les privilèges immobiliers** du vendeur, du prêteur de deniers et du copartageant, **car ils rétroagissent** à la date de la convention constitutive s'ils ont été publiés dans le délai prescrit. Sous cette réserve, ces sûretés sont donc opposables au poursuivant et à l'acquéreur de l'immeuble saisi.

Ensuite, elle ne s'applique qu'aux **inscriptions prises « du chef du saisi »**. Les autres, comme l'inscription d'une servitude légale par exemple, devraient donc être opposables, même lorsqu'elles sont prises après la publication du commandement[1120].

Enfin, elle n'empêche pas, par elle-même, de prendre des inscriptions du chef du débiteur **postérieurement à la publication du commandement**. Elle

1116. Mais si la vente a été conclue après la signification du commandement de payer valant saisie, le débiteur encourt les sanctions du délit de détournement d'objet saisi (CP, art. 314-6).

1117. Il faut réserver la vente consentie après le jugement ordonnant la vente forcée, qui est nulle (voy. *infra*, n° 682).

1118. Caisse ajoutée par l'ordonnance de codification du 19 décembre 2011.

1119. Il a été soutenu que la consignation ne permettrait de régulariser que les ventes volontaires conclues avant la signification du commandement : H. Croze, « Dans quelles conditions une vente amiable peut-elle être passée pendant une procédure de saisie immobilière ? », *Gaz. Pal.*, 2008, p. 1498. Mais il a été démontré que avec pertinence que rien dans les textes issus de la réforme opérée en 2006 ne s'oppose au maintien de la vente volontaire sur consignation, quelle que soit la date à laquelle elle a été conclue, déjà admise auparavant sous l'empire du code de procédure civile : C. Brenner, « La vente volontaire de l'immeuble saisi est-elle possible sans l'autorisation du juge de l'exécution ? », in *Au-delà des codes, Mélanges en l'honneur de M.-S. Payet*, Paris, Dalloz, 2011, p. 89 ; M. Julienne, « La vente volontaire de l'immeuble saisi, devant notaire et sans autorisation judiciaire, est possible », *Bull. Cridon*, 2014, n° 4.

1120. Voy. A. Leborgne, *op. cit.*, n° 2005.

prive seulement ces inscriptions de leur opposabilité au poursuivant[1121] et à l'acquéreur de l'immeuble dans le cadre de la saisie. C'est la raison pour laquelle une sûreté inscrite postérieurement à la publication du commandement permet à son bénéficiaire de participer à la distribution du prix de vente de l'immeuble, selon le rang que lui confère cette inscription, lequel sera toujours postérieur à celui du poursuivant. Mais encore faut-il qu'il procède à la déclaration de sa créance (voy. *infra*, n° 645).

3) *La péremption du commandement*

629 ***Régime.*** Selon l'article R. 321-20 du CPCE, le commandement de payer valant saisie cesse de plein droit de produire effet si, ***dans les deux ans*** de sa publication, il n'a pas été mentionné en marge de cette publication un jugement constatant la ***vente de l'immeuble saisi***[1122]. Mais ce délai peut être suspendu ou prorogé dans les cas prévus à l'article R. 321-22 du CPCE. Selon la Cour de cassation[1123], ces cas se répartissent comme suit :

- le délai est **prorogé** en vertu d'une décision de justice qui ordonne la prorogation des effets du commandement ; il continue alors à courir jusqu'à la date fixée par la décision[1124] ;
- le délai est **suspendu** dans les autres cas : décision de justice ordonnant la suspension des procédures civiles d'exécution mentionnée en marge

---

1121. Pour autant, la publication d'un commandement valant saisie immobilière, qui confère ainsi au poursuivant un droit de priorité sur les créanciers inscrits ultérieurement, n'est pas assimilable à une inscription d'hypothèque de sorte que, le cas échéant, il reste un créancier chirographaire : Civ. (2e ch.), 28 septembre 2017, n° 16-20437, *D.*, 2018, p. 1228, obs. A. Leborgne, à propos d'une espèce où la créance d'une banque, qui avait publié un commandement valant saisie immobilière, n'est admise qu'à titre chirographaire dans la procédure de redressement judiciaire ouverte postérieurement à l'encontre de son débiteur.

1122. Mais en cas de refus du dépôt du commandement ou de rejet de la formalité de publication, le délai de péremption ne commence à courir qu'à compter de la régularisation de la demande ou de la décision ordonnant la publication en vertu de l'article 26 du décret du 4 janvier 1955 portant réforme de la publicité foncière (CPCE, art. R. 321-20, al. 2) ; sur ces points, voy. not. Ph. Simler et Ph. Delebecque, *Droit civil. Les sûretés. La publicité foncière*, *op. cit.*, nos 919-921.

1123. Civ. (2e ch.), 7 septembre 2017, n° 16-17824, *Dr. et procéd.*, 2017, p. 230, obs. A. Leborgne, *RJDA*, 2018, n° 171.

1124. Le juge saisi d'une demande de prorogation doit vérifier, au besoin d'office, qu'au jour où il statue le délai de deux ans n'est pas déjà expiré : Civ. (2e ch.), 19 octobre 2017, n° 16-15236, *Dr. et procéd.*, 2018, p. 25, obs. L. Choquet. L'arrêt confirmatif d'un jugement de prorogation n'est pas susceptible d'un pourvoi en cassation immédiat car il ne tranche pas une partie du principal et ne met pas fin à l'instance relative à la procédure de saisie immobilière : Civ. (2e ch.), 24 septembre 2014, n° 14-22168 (où cette instance était pendante devant la cour par l'effet de l'appel interjeté contre le jugement d'orientation) et n° 14-16622 (où cette instance restait pendante devant le juge de l'exécution par l'effet du renvoi ordonné de l'audience d'orientation), à paraître au Bull., *D.*, 2016, p. 1286, obs. A. Leborgne.

de la copie du commandement[1125], report de la vente[1126] et réitération des enchères (sur ce point, voy. *infra*, nos 718 et s.)[1127].

La péremption doit toujours être **constatée par le juge de l'exécution** qui en ordonne en même temps la mention en marge de la copie du commandement publié au fichier immobilier. Cette demande peut être formée par tout intéressé, mais elle n'est possible que **jusqu'à la publication du titre de vente** (CPCE, art. R. 321-21). La solution s'explique par le fait que cette publication purge définitivement la procédure de saisie immobilière de tous les vices et, en particulier, de celui de la péremption[1128]. La demande en constatation de la péremption relève de la catégorie des incidents qui peuvent venir perturber le déroulement normal de la procédure de saisie (voy. *infra*, n° 650).

B) Le déroulement de la saisie

Dans tous les cas, le déroulement de la saisie s'organise autour des actes préparatoires à la vente (1), qui sont nécessairement accomplis avant l'audience d'orientation (3). Mais des incidents, qui seront tranchés normalement à cette audience, pourront venir perturber ce déroulement normal (2).

1. Les actes préparatoires à la vente

Ils sont au nombre de quatre et se succèdent dans l'ordre suivant.

a) Le procès-verbal de description de l'immeuble

630 ***Justification et délai d'attente.*** La mise en vente de l'immeuble saisi requiert que le créancier dispose d'informations précises, en particulier sur sa consistance et sur sa valeur. C'est la raison pour laquelle les articles R. 322-1 à R. 322-3 du CPCE prévoient l'établissement par un huissier de justice d'un procès-verbal de description de l'immeuble. Comme ce procès-verbal doit être contenu, à peine de nullité, dans le cahier des conditions de vente (voy. *infra*, n° 639), il présente sans doute un caractère obligatoire[1129].

Mais il ne peut être dressé qu'après l'expiration du délai d'attente qui est prévu expressément à l'article R. 322-1. Il s'agit du **délai de huit jours** laissé au débiteur pour s'acquitter à compter de la délivrance du commandement[1130].

1125. Il peut s'agir par exemple d'une décision ouvrant une procédure collective ou de celle accordant des délais de grâce au débiteur. Dans tous les cas, le cours du délai de validité du commandement de payer valant saisie immobilière recommencera à courir à l'issue de la période de suspension.

1126. L'effet suspensif n'est attaché qu'aux décisions de report prononcées en vertu des articles R. 322-19 ou R. 322-28 du CPCE (voy. *infra*, n° 691) et non à une simple décision de renvoi de l'audience d'adjudication : Civ. (2e ch.), 7 septembre 2017, préc.

1127. Le délai est alors suspendu jusqu'à la date de l'audience d'adjudication fixée par la décision de réitération : Civ. (2e ch.), 7 septembre 2017, préc.

1128. Voy. not., Civ. (2e ch.), 24 septembre 2015, n° 14-20132, à paraître au Bull., *D.*, 2016, p. 1286, obs. A. Leborgne.

1129. En ce sens : C. Laporte, « Le PV descriptif dans la procédure de saisie immobilière présente-t-il un caractère obligatoire ? », *Gaz. Pal.*, 2013, p. 1623 ; A. Leborgne, obs. sous Civ. (2e ch.), 21 février 2013, *Dr. et procéd.*, 2013, p. 117.

1130. Ce délai devrait être d'un mois lorsque la saisie est pratiquée à l'encontre d'un tiers ayant consenti une hypothèque pour autrui car c'est le délai de paiement dont bénéficie ce saisi à

Le procès-verbal ne pourra donc être établi qu'à défaut de paiement dans ce délai.

631 ***Pénétration dans l'immeuble.*** L'établissement de ce procès-verbal suppose que l'huissier de justice puisse pénétrer dans l'immeuble. Aucune difficulté ne se pose si l'occupant est présent et donne son accord. Mais s'il est absent ou refuse l'accès de l'immeuble, l'huissier de justice doit se conformer aux prescriptions impératives désormais inscrites à l'article L. 322-2 du CPCE qui renvoie aux articles L. 142-1 et L. 142-2[1131].

Si l'occupant est le débiteur lui-même, l'huissier de justice doit agir en présence de l'une des autorités désignées à l'article L. 142-1 (autorité municipale, de police ou de gendarmerie) et, à défaut, en présence de deux témoins (voy. *supra*, n° 194).

Si l'immeuble est occupé à titre d'habitation par un tiers en vertu d'un droit opposable au débiteur (locataire ou usufruitier, par exemple), il faudra préalablement obtenir l'autorisation du juge de l'exécution, à défaut d'accord de l'occupant. Pour ce faire, il appartient à l'huissier de justice de le saisir par voie de requête, en vertu de l'article R. 121-24 du CPCE. Mais comme il agit en sa qualité d'officier public, il ne saurait être assimilé à une partie et il n'a donc pas à constituer avocat, nonobstant les termes de l'article R. 311-4 du CPCE[1132].

Dans tous les cas, il appartient à l'huissier de justice d'assurer **la fermeture de la porte ou de l'issue** par laquelle il est entré en l'absence de l'occupant, après avoir accompli ses diligences (CPCE, art. L. 142-2).

632 ***Contenu.*** Le procès-verbal dressé par l'huissier de justice doit comporter les mentions suivantes, prévues à l'article R. 322-2 du CPCE :

- la description des lieux, leur composition et leur superficie ; pour procéder à cette description, l'huissier de justice peut utiliser tout moyen approprié et se faire assister par tout professionnel qualifié, en cas de nécessité (CPCE, art. R. 322-3) ;
- l'indication des conditions d'occupation et l'identité des occupants ainsi que la mention des droits dont ils se prévalent ;
- le cas échéant, le nom et l'adresse du syndic de copropriété ;
- tous autres renseignements utiles sur l'immeuble, fournis notamment par l'occupant.

b) L'assignation à comparaître

633 ***Audience d'orientation.*** Désormais, la saisie immobilière comporte quasi-systématiquement une audience d'orientation au cours de laquelle se décide notamment son issue, vente amiable ou vente forcée. Elle est tenue par **le juge de l'exécution territorialement compétent**, qui varie selon le nombre d'immeubles saisis. Si un seul est saisi, il s'agit du juge du lieu de sa situation. Si plusieurs sont saisis simultanément, il s'agit de celui du lieu de situation de

compter de la signification du commandement (voy. *supra*, n° 619 en note).

1131. Antérieurement ces règles étaient inscrites aux articles 21, alinéa 3, de la loi de 1991, et 35 du décret 2006, et ce dernier texte renvoyait curieusement à l'article 20 de la loi de 1991, sans intérêt, et non à l'article 30 relatif à la fermeture des portes et issues.

1132. En ce sens : CA Lyon, 31 janvier 2008, *Dr. et procéd.*, 2008, p. 147, obs. A. Leborgne.

l'immeuble où demeure le débiteur et, à défaut, de celui du lieu de situation de l'un des immeubles (CPCE, art. R. 311-2 et R. 311-3).

Toutes les personnes intéressées par la saisie doivent pouvoir comparaître à cette audience pour défendre leurs intérêts. C'est la raison pour laquelle il appartient au poursuivant de faire assigner non seulement le saisi (1), mais aussi les créanciers inscrits (2), puis d'en faire mention en marge du commandement publié au fichier immobilier (3).

1) *L'assignation du saisi*

634 ***Délai.*** Le saisi est, selon le cas, le débiteur[1133], le tiers ayant consenti une hypothèque pour autrui[1134] ou le tiers détenteur[1135]. L'assignation doit lui être délivrée ***dans les deux mois qui suivent la publication*** du commandement, et ***entre un et trois mois avant la date d'audience*** (CPCE, art. R. 322-4)[1136]. Conformément à l'objectif de célérité poursuivi par le législateur, seuls les délais de deux et de trois mois sont sanctionnés par la caducité du commandement (CPCE, art. R. 311-11, al. 1er). Cette sanction est donc encourue ***en cas de tardiveté***, soit de l'assignation qui est délivrée plus de deux mois après le commandement[1137], soit de l'audience qui se situe plus de trois mois après l'assignation[1138].

1133. Curieusement, seul le débiteur est mentionné à l'article R. 322-4, mais à l'évidence ce n'est pas le seul saisi possible (voy. *supra*, nos 616 à 618).

1134. Assimilé au débiteur pour le déroulement de la saisie immobilière (voy. *supra*, n° 617).

1135. Seul le tiers détenteur doit être assigné et non le débiteur : Civ. (2e ch.), 26 juin 2014, n° 13-18428 (F-P+B), *D.*, 2015, p. 1346, obs. A. Leborgne.

1136. Mais si le commandement a été délivré sur le fondement d'un acte notarié stipulant une clause de conciliation ou de médiation avant toute instance judiciaire, l'assignation à l'audience d'orientation est-elle possible sans que cette clause ait été purgée préalablement ? Les deux premières chambres civiles de la Cour de cassation sont divisées sur ce point. La première a jugé qu'elle doit être mise en œuvre, à peine d'irrecevabilité de l'assignation à l'audience d'orientation, car elle est applicable « à toute instance judiciaire » : Civ. (1re ch.), 1er octobre 2014, n° 13-17920 (F-P+B), *D.*, 2015, p. 1345, obs. A. Leborgne ; *Dr. et procéd.*, 2015, p. 10, obs. B. Gorchs-Gelzer ; *RTD Civ.*, 2015, p. 131, obs. H. Barbier et p. 187, obs. Ph. Théry, à propos d'une clause de conciliation obligatoire que le créancier n'avait pas purgé avant l'assignation délivrée au débiteur suite au commandement valant saisie immobilière. Cette solution a été justement critiquée en raison de sa généralité, car une telle clause n'a vocation à jouer qu'en cas de litige et elle ne devrait donc être mise en œuvre que si des contestations étaient élevées par le débiteur à l'occasion de l'audience d'orientation (en ce sens, voy. A. Leborgne, *op. cit.*). Aussi, la position adoptée par la deuxième chambre paraît beaucoup plus justifiée. En effet, elle a jugé qu'une telle clause ne peut faire obstacle à une mesure d'exécution forcée que si elle comporte une stipulation expresse en ce sens : Civ. (2e civ.), 22 juin 2017, n° 16-11975, *D.*, 2018, p. 1228, obs. A. Leborgne, *Gaz. Pal.*, 2017, p. 3340, obs. O. Salati et p. 3461, obs. C. Brenner, à propos d'une clause de médiation facultative qui avait été mise en œuvre parallèlement à une procédure de saisie immobilière ayant abouti à un jugement d'orientation autorisant la vente amiable alors que la médiation était toujours en cours.

1137. Mais le juge de l'exécution n'a pas à soulever d'office le dépassement de ce délai et le débiteur ne peut le soulever dans une note en délibéré déposée après l'audience d'orientation : Civ. (2e ch.), 31 janvier 2013, n° 12-12670, *Dr. et procéd.*, 2013, p. 96, obs. A. Leborgne ; *RTD Civ.*, 2013, p. 436, obs. R. Perrot.

1138. Mais elle ne joue pas si le jour de l'audience d'orientation cité dans l'assignation, le juge de l'exécution décide de la renvoyer à une date excédant le délai de trois mois : Civ. (2e ch.),

En revanche, la caducité n'est pas prévue si l'audience est prématurée, c'est-à-dire se situe à moins d'un mois du jour où l'assignation est délivrée. Un auteur considère que, dans ce cas, la sanction devrait être celle de l'irrecevabilité, qui pourrait être couverte par un renvoi de l'affaire à une audience ultérieure[1139].

635 ***Mentions obligatoires.*** Outre les mentions communes à toutes les assignations prévues par l'article 56 du Code de procédure civile[1140], l'assignation doit comporter **à peine de nullité** celles particulières prévues aux 1° à 9° de l'article R. 322-5 du CPCE. Elles peuvent être classées en trois rubriques :

- celles **relatives à l'audience d'orientation** : lieu, jour et heure (1°)[1141] ainsi que son objet (2e ; voy. *infra*, nos 657 et 658) ;
- celles **relatives aux obligations du débiteur** : obligation de comparution sous peine de voy. la procédure se poursuivre en vente forcée sur les seules indications fournies par le créancier[1142] (3°) et sommation de prendre connaissance du cahier des conditions de vente au greffe ou au cabinet de l'avocat du poursuivant (4°) ;
- celles **relatives aux droits du débiteur** : la faculté de contestation de la mise à prix dont le montant est indiqué (5°), les modalités prescrites à peine d'irrecevabilité de toutes les contestations et demandes incidentes, qui doivent figurer en caractères très apparents (7°), le droit de demander la vente amiable (6°) ainsi que l'aide juridictionnelle s'il remplit les conditions de ressources (9°) et enfin la reproduction de l'article R. 322-16 et R. 322-17 (8°), qui portent respectivement sur la suspension de la saisie en cas de surendettement et sur la vente amiable (dispense d'avocat et demande verbale à l'audience).

2) *L'assignation des créanciers inscrits*

636 ***Dénonciation du commandement.*** C'est la dénonciation du commandement de payer valant saisie aux créanciers inscrits[1143] qui vaut assignation à comparaître à leur égard (CPCE, art. R. 322-6). Elle s'opère ***par voie de signification*** qui, à peine de caducité (CPCE, art. R. 311-11, al. 1er), doit intervenir ***dans***

---

24 juin 2010, n° 09-67887 ; voy. A. Leborgne, « Deux ans de saisie immobilière (janvier 2009 à décembre 2011) », *Procédures*, 2011, chron. n° 1, n° 9.

1139. A. Leborgne, *op. cit.*, n° 2076.

1140. Il a été jugé que le rappel du commandement et la désignation de l'objet saisi, ajoutés aux mentions de l'article 39 du décret, devenu l'article R. 322-5 du CPCE, suffisent à satisfaire à l'obligation d'indiquer l'objet de la demande avec un exposé des moyens de fait et de droit résultant du 2° de l'article 56 du CPC : Civ. (2e ch.), 30 avril 2009, n° 08-12105, *D.*, 2009, act., p. 1361.

1141. La mention d'une date d'audience erronée constitue un vice de forme qui n'est sanctionné par la nullité qu'en cas de grief : Com., 20 octobre 2011, n° 10-24109 ; *Dr. et procéd.*, 2012, p. 71, obs. S. Poisson.

1142. Il a été jugé que l'information donné au débiteur qu'il doit comparaître personnellement ou représenté par un avocat est suffisante, aucune des dispositions applicables n'exigeant l'indication du barreau d'appartenance de l'avocat : CA Lyon, 21 juin 2012, *Dr. et procéd.*, 2012, p. 270, obs. J.-J. Desmarthon.

1143. Il s'agit de tous les créanciers inscrits à la date de la publication du commandement.

les cinq jours ouvrables de l'assignation du débiteur (CPCE, art. R. 322-6, al. 1er)[1144]. Elle peut être délivrée aux domiciles élus sur les bordereaux d'inscription et si un créancier inscrit est décédé, elle peut être faite collectivement aux héritiers, sans désignation des noms et qualités respectifs, à domicile élu ou, à défaut, au domicile du défunt (CPCE, art. R. 322-8).

À peine de nullité, cette dénonciation doit comporter, outre les mentions communes de l'article 56 du CPC, celles particulières prévues aux 1° à 6° de l'article R. 322-7 du CPCE. Comme elle vaut assignation à comparaître, certaines mentions sont identiques à celles de l'assignation du débiteur et d'autres lui sont propres :

- **les mentions identiques** à l'assignation du débiteur : lieu, jour et heure de l'audience d'orientation (1°), sommation de prendre connaissance du cahier des conditions de vente aux mêmes lieux (2°) et indication de la mise à prix (3° ; en revanche le droit de contestation n'y figure pas car il est réservé au débiteur) ;
- **les mentions propres** à la dénonciation : sommation d'avoir à déclarer les créances inscrites avec l'indication de toutes les modalités prescrites (voy. *infra*, n° 644) et la reproduction en caractères très apparents des articles L. 331-2 et R. 322-12 du CPCE relatifs au délai de la déclaration et à sa sanction ; reproduction de l'article R. 311-6 du CPCE relatif aux règles de procédure applicables aux incidents (voy. *infra*, n° 655).

3) *La mention en marge du commandement*

637 ***Délai et justification.*** Dans les **huit jours** de la dernière signification en date, la mention de l'assignation du débiteur et des dénonciations aux créanciers inscrits doit être portée en marge de la copie du commandement de payer valant saisie publié au fichier immobilier (CPCE, art. R. 322-9, al. 1er)[1145]. Elle permet d'informer les tiers du déroulement de la saisie immobilière et surtout elle rend définitivement les créanciers inscrits parties à la procédure.

C'est la raison pour laquelle **la saisie ne peut plus être radiée**, à compter de cette mention, **qu'avec le consentement de tous les créanciers inscrits** ou en vertu d'un jugement qui leur est opposable (CPCE, art. R. 322-9, al. 2). C'est dire que le poursuivant ne peut plus décider seul du sort de la saisie qu'il a pratiquée, même s'il est payé. Il doit toujours recueillir l'accord des autres créanciers inscrits, car ceux-ci peuvent souhaiter maintenir les poursuites et, le moment venu, requérir la vente forcée à l'audience d'adjudication (voy. *infra*, n° 692). Pour autant, la mention en marge n'a pas été prescrite à peine de caducité.

c) Le cahier des conditions de vente

Le cahier des conditions de vente, qui a succédé à l'ancien cahier des charges, est élaboré par l'avocat du poursuivant (1), puis déposé au greffe (2).

1144. À l'origine, ce délai était de trois jours, mais il a été porté à cinq jours par le décret 2006-1805 du 23 décembre 2006 publié à la veille de l'entrée en vigueur des textes issus de la réforme.

1145. Sur cette formalité, voy. C. Laporte, « Saisie immobilière et publicité foncière », *Procédures*, 2008, fiche pratique n° 6.

1) *L'élaboration*

638 ***Avocat du poursuivant.*** Selon l'alinéa 1er de l'article R. 322-11 du CPCE, « le cahier des conditions de vente est élaboré sous la responsabilité du créancier poursuivant ». Mais comme il doit obligatoirement constituer avocat dès le commandement de payer valant saisie, c'est en réalité son avocat qui assume cette responsabilité[1146].

Il devra veiller à y faire figurer au minimum les mentions obligatoires prescrites à peine de nullité. Mais cette liste n'étant pas limitative, il pourra toujours y ajouter d'autres mentions que les circonstances peuvent justifier ou imposer.

639 ***Mentions obligatoires.*** Les mentions obligatoires, prescrites à peine de nullité aux 1° à 6° de l'alinéa 2 de l'article R. 322-10 du CPCE, peuvent être classées en trois rubriques :

- celles **relatives à la saisie** : énonciation du titre exécutoire (1°) et du commandement avec les actes et jugements postérieurs (3°) ainsi que le décompte détaillé des sommes dues au poursuivant (2°) ;
- celles **relatives à l'immeuble saisi** : sa désignation, son origine de propriété, les servitudes qui le grèvent, les baux consentis ainsi que le procès-verbal de description qui y sera annexé[1147] (4°) et fera « partie intégrante du cahier des conditions de vente »[1148] ;
- celles **relatives à la vente judiciaire** : les conditions de la vente et la mise à prix (5°) ainsi que la désignation d'un séquestre des fonds provenant de la vente ou de la Caisse des dépôts et consignations (6°), avec l'indication, le cas échéant, du taux d'intérêt applicable aux fonds séquestrés, qui ne peut être inférieur à celui servi par cette Caisse (CPCE, art. R. 322-57).

Depuis une loi du 30 décembre 2006, il faut aussi annexer au cahier des conditions de vente, le dossier de diagnostic technique prévu par l'article L. 271-4 du Code de la construction et de l'habitation.

640 ***Mise à prix.*** Parmi les mentions obligatoires, c'est la mise à prix qui pose le plus de difficultés et mérite pour cette raison quelques explications

1146. Il s'agit d'une responsabilité délictuelle à l'égard de l'adjudicataire qui nécessite la preuve d'une faute ; voy., par exemple, Civ. (1re ch.), 25 novembre 2010, n° 09-70767, *Bull. civ.*, I, n° 243 ; *Gaz. Pal.*, 2011, p. 1564, obs. C. Brenner. Pour limiter ce risque, le Conseil national des barreaux (CNB) a inséré à l'article 12-1 du règlement intérieur national (RIN), l'obligation pour l'avocat amené à rédiger un tel cahier d'utiliser les clauses types qui y sont annexées : décision du 24 avril 2009, *JORF*, 12 mai 2009, n° 0109, p. 787. Ces clauses types, consultables sur le site du CNB (www.cnb.fr), ont été modifiées suite à l'entrée en vigueur du CPCE ; voy., sur ce point, C. Laporte, « Cahier des conditions de vente en matière de saisie immobilière », *Procédures*, 2012, formulaire n° 11.

1147. Il doit obligatoirement s'agir du procès-verbal établi postérieurement au commandement valant saisie (au plus tôt huit jours après sa signification) et non d'un procès-verbal établi antérieurement à l'occasion, par exemple, d'une précédente saisie qui a été interrompue ; à défaut, le commandement est frappé de caducité (sur cette sanction, voy. *infra*, n° 642) : Civ. (2e ch.), 21 février 2013, n° 12-15643, *Dr. et procéd.*, 2013, p. 117, obs. A. Leborgne ; *Gaz. Pal.*, 2013, p. 1623, note C. Laporte.

1148. Civ. (2e ch.), 15 oct. 2015, n° 14-16677, *Gaz. Pal.*, 2016, 1832, obs. C. Brenner ; il s'ensuit qu'un droit d'habitation omis dans le CCV, mais mentionné dans le procès-verbal de description, est opposable à l'adjudicataire.

complémentaires. Elle remplit **deux fonctions : l'une technique**, c'est le seuil des enchères qui correspond au montant minimum à partir duquel celles-ci pourront être portées à l'audience d'adjudication ; **l'autre juridique**, c'est le prix de l'adjudication au poursuivant à défaut d'enchères (voy. *infra*, n° 697). C'est en considération de cette fonction juridique qu'il était traditionnellement admis que la mise à prix devait être fixée discrétionnairement par le poursuivant et qu'elle était donc soustraite à toute contestation, contrairement à toutes les autres mentions.

Mais cette solution était peu protectrice du débiteur car le poursuivant a naturellement tendance à fixer la mise à prix dans son seul intérêt, sans aucune considération de la valeur vénale de l'immeuble saisi. C'est la raison pour laquelle la loi du 23 janvier 1998 renforçant la protection des personnes surendettées en cas de saisie immobilière avait ouvert au débiteur la faculté de **contester la mise à prix en cas d'insuffisance manifeste**, lorsque l'immeuble saisi constituait son logement principal. Cette faculté a été généralisée par l'article 2206 du Code civil issu de l'ordonnance du 21 avril 2006, devenu l'article L. 322-6 du CPCE. Selon ce texte, **le débiteur peut désormais contester la mise à prix en cas d'insuffisance manifeste**, sans considération de la destination de l'immeuble saisi[1149]. Il appartient alors au juge de l'exécution de fixer une mise à prix en rapport avec la valeur vénale de l'immeuble et les conditions du marché.

Mais la portée de ce contrôle judiciaire a été limitée à la seule fonction technique car à défaut d'enchère, l'immeuble ne pourra être adjugé au poursuivant à un prix différent de sa mise à prix initiale (voy. *infra*, n° 697).

641 ***Autres mentions et caractère provisoire.*** La liste des mentions données par l'article R. 322-10 du CPCE n'étant **pas exhaustive**, il est toujours possible d'ajouter d'autres mentions imposées ou justifiées par les circonstances. Ainsi, lorsque la propriété saisie comporte une sépulture, le cahier des conditions de vente doit en faire mention et réserver un accès à la famille[1150]. Il peut aussi être prévu, par exemple, une clause attributive de juridiction ou une élection de domicile[1151].

Mais quelles que soient les mentions, obligatoires ou facultatives, elles ne sont que provisoires au stade de l'élaboration du cahier des conditions de vente car elles peuvent toujours être contestées par tout intéressé jusqu'à l'audience d'orientation (voy. *infra*, n° 648). Pour ce faire, encore faut-il que chacun puisse en prendre connaissance. C'est la raison pour laquelle ce cahier doit être déposé au greffe.

2) *Le dépôt au greffe*

642 ***Délai.*** Le cahier des conditions de vente doit être déposé au greffe du juge de l'exécution ***dans les cinq jours ouvrables*** suivant l'assignation délivrée au

1149. Cette contestation est réservée au seul débiteur de sorte qu'en particulier elle ne saurait être élevée par le créancier poursuivant qui s'aperçoit que la mise à prix fixée dans le CCV est excessive : Civ. (2e ch.), 28 juin 2018, n° 17-11076 (FS-P+B+I).

1150. Civ. (2e ch.), 17 octobre 2013, n° 12-23375 (P+B), *D.*, 2013, p. 2472 ; *JCP G*, II, 1300, note J.-J. Barbieri.

1151. Pour une liste plus complète, voy. A. Leborgne, *Droit et pratique des voies d'exécution*, *op. cit.*, nos 1363.191 et s.

débiteur (CPCE, art. R. 322-10, al. 1er)[1152], à peine de caducité du commandement[1153] (CPCE, art. R. 311-11, al. 1er).

À ce cahier doivent être joints, outre le procès-verbal de description de l'immeuble (voy. *supra*, n° 639), une copie de l'assignation délivrée au débiteur et un état hypothécaire certifié à la date de la publication du commandement de payer valant saisie.

643 ***Consultation.*** L'ensemble de ces documents pourra ainsi être **consulté au greffe** par tout intéressé, et tout particulièrement par le débiteur et les créanciers inscrits. Le cahier des conditions de vente n'a donc pas à être notifié à ces parties par le poursuivant. Il doit seulement leur faire sommation d'en prendre connaissance par l'assignation à comparaître qu'il leur délivre (voy. *supra*, nos 635 et 636).

Mais depuis le décret du 12 février 2009, ils peuvent aussi en prendre connaissance au cabinet de l'avocat du créancier poursuivant (CPCE, art. R. 322-11, al. 2), ce qui est aussi indiqué dans l'assignation qui leur est signifiée.

d) La déclaration des créances

Le dernier acte préparatoire à la vente est la déclaration des créances incombant aux créanciers sommés et aux créanciers postérieurs[1154].

644 ***Créanciers sommés.*** Les créanciers sommés sont les **créanciers inscrits à la date de la publication du commandement de payer valant saisie**, auxquels le poursuivant a dénoncé ce commandement pour les assigner à comparaître. Conformément à la sommation que cet acte contient (voy. *supra*, n° 636), la déclaration doit porter sur la créance inscrite en principal, frais et intérêts échus, avec l'indication du taux applicable[1155]. Elle est faite par acte d'avocat déposé au greffe du juge de l'exécution, accompagné d'une copie du titre de créance et du bordereau d'inscription[1156]. Le même jour ou le jour ouvrable suivant, elle

1152. À l'origine, ce délai était de trois jours, mais il a été porté à cinq jours par le décret 2006-1805 du 23 décembre 2006 publié à la veille de l'entrée en vigueur des textes issus de la réforme.

1153. Cette sanction suppose que le CCV n'ait pas été déposé dans ce délai ou que celui déposé ait été annulé pour irrégularité de fond ou de forme. Pourtant, la Cour de cassation a approuvé des juges du fond d'avoir retenu la caducité d'un commandement de payer valant saisie au seul motif que le CCV ne contenait pas un procès-verbal établi postérieurement, sans prononcer préalablement sa nullité pour vice de forme, ce qui aurait nécessité la justification d'un grief par le débiteur : Civ. (2e ch.), 21 février 2013, n° 12-15643, préc.

1154. À l'origine, le créancier devait aussi se faire remettre une copie des déclarations produites afin de pouvoir préparer, sans préjudice des créances déclarées postérieurement, un état ordonné des créances qu'il devait déposer au moins 15 jours avant la vente. Mais cet état était critiqué car il alourdissait considérablement la tâche du poursuivant sans permettre véritablement de gagner du temps sur la distribution ultérieure du prix. C'est la raison pour laquelle le décret du 12 février 2009 l'a purement et simplement supprimé.

1155. Peu importe que la créance ne soit pas encore exigible ou que le décompte ne soit pas actualisé au jour même de la déclaration : Civ. (2e ch.), 28 septembre 2017, n° 16-17010 (F-P+B), *RJDA*, 2018, n° 63.

1156. La Cour de cassation a dit pour avis qu'il doit s'agir d'un avocat inscrit au barreau du tribunal de grande instance devant lequel la vente est poursuivie et a donc écarté la multipostulation instituée par l'article 1er, alinéa 7, de la loi du 31 décembre 1971 au profit des avocats des barreaux de Paris, Bobigny, Créteil et Nanterre, au sujet de laquelle elle avait est dénoncée au créancier poursuivant et au débiteur dans les mêmes formes ou par voie de signification (CPCE, art. R. 322-7-4°).

Le délai de déclaration est de **deux mois à compter de la dénonciation**. Mais si le créancier justifie que sa défaillance n'est pas de son fait, il peut solliciter un relevé de forclusion. Pour ce faire, il doit saisir le juge de l'exécution par une requête déposée, à peine d'irrecevabilité, 15 jours au plus tard avant l'audience d'adjudication ou de constatation de la vente amiable (CPCE, art. R. 322-12)[1157]. Cette faculté est capitale car, à défaut de déclaration dans le délai prescrit, le créancier est **déchu de sa sûreté** dans la distribution du prix de l'immeuble (CPCE, art. L. 331-2).

645 *Créanciers postérieurs.* Les créanciers postérieurs sont les créanciers qui ont **inscrit leur sûreté après la publication du commandement valant saisie, mais avant la publication de la vente**. Pour intervenir à la procédure de saisie et pouvoir ainsi participer à la distribution du prix, ils doivent déclarer leur créance, arrêtée en principal, frais et intérêts échus au jour de la déclaration, selon les modalités prévues par l'article R. 322-13 du CPCE.

À peine d'irrecevabilité, la déclaration est faite par acte d'avocat déposé au greffe du juge de l'exécution dans **un délai d'un mois** suivant l'inscription de sa sûreté[1158]. Les autres modalités – annexes à joindre et dénonciation – sont identiques à celles prévues pour les créanciers sommés (voy. *supra*, n° 644).

2. Les incidents

Il existe deux types d'incidents (a), dont le régime est strictement réglementé car ils risquent de retarder le cours de la saisie (b).

a) Les types d'incidents

646 *Aucune liste exhaustive.* Il résulte des articles R. 311-5 à R. 311-11 du CPCE deux types d'incidents : les contestations et les demandes incidentes. Mais aucune définition n'est donnée et aucune liste, au moins indicative, n'est dressée. Certaines sont tout juste développées plus particulièrement que d'autres. Il faut donc renoncer à toute exhaustivité et se contenter de citer les exemples les plus courants de contestations (1) et de demandes incidentes (2).

été interrogée ; il faut rappeler sur ce point que la multipostulation est exclue notamment pour les procédures de saisie immobilière, de sorte que la question se posait de savoir si la procédure de distribution en fait partie ; c'est en ce sens que la Cour de cassation s'est prononcée en disant que la saisie immobilière et la distribution des deniers constituent les deux phases d'une même procédure, ce qui explique le principe posé concernant la postulation : Cass. (avis), 16 mai 2008, n° 08-00008, *Bull.*, avis n° 3 ; *Dr. et procéd.*, 2008, p. 285, obs. A. Leborgne ; *Gaz. Pal.*, 2008, p. 1895, note D. Talon ; *Procédures*, 2008, comm. n° 212, obs. C. Laporte. Solution reprise par : Civ. (2e ch.), 5 mai 2011, n° 10-14066, *Procédures*, 2011, comm. n° 223, obs. R. Perrot.

1157. La demande en rétractation de l'ordonnance qui fait droit à la requête obéit aux modalités prévues pour élever des incidents prévues à l'article R. 311-6 du CPCE (voy. *infra*, n° 655) et les juges du fond disposent d'un pouvoir souverain d'appréciation : Civ. (2e ch.), 9 septembre 2010, n° 09-15728, *Bull. civ.*, II, n° 153 ; *LEDB*, novembre 2010, p. 6, obs. Ph. Hoonakker ; voy. aussi A. Leborgne, « Deux ans de saisie immobilière (janvier 2009 à décembre 2010) », *Procédures*, 2011, chron. n° 1, n° 7.

1158. À l'origine, ce délai était de 15 jours, mais le décret du 12 février 2009 l'a porté à un mois.

1) *Les contestations*

647 ***Finalité.*** Les contestations peuvent être classées selon leur finalité : certaines tendent simplement à la modification d'un acte, il s'agit des contestations du cahier des conditions de vente ; d'autres à l'anéantissement d'un acte ou de toute la saisie, il s'agit des nullités ainsi que de la caducité et de la péremption du commandement.

648 ***Contestations du cahier des conditions de vente.*** Selon l'alinéa 3 de l'article R. 322-11 du CPCE, tout intéressé peut contester les stipulations du cahier des conditions de vente. Il faut cependant excepter la mise à prix qui ne peut être contestée que par le débiteur (voy. *supra*, n° 640).

Dans tous les cas, lorsque la contestation aboutit, la stipulation initiale est modifiée selon la décision rendue par le juge. C'est la raison pour laquelle le cahier des conditions de vente **ne devient définitif qu'au moment où toutes les contestations ont été vidées**, soit au plus tard à la date du jugement d'orientation qui doit les trancher (voy. *infra*, n° 659).

649 ***Nullités.*** La nullité des actes de la procédure de saisie immobilière est régie par les articles 112 à 121 du Code de procédure civile (CPCE, art. R. 311-10)[1159]. Elle constitue donc une exception de procédure[1160] et son régime varie selon qu'il s'agit d'une nullité pour vice de forme ou pour irrégularité de fond.

Aux nullités pour vice de forme s'appliquent les deux règles traditionnelles : **pas de nullité sans texte et pas de nullité sans grief** (CPC, art. 114). Ainsi, les nombreuses mentions prescrites à peine de nullité ne pourront-elles être sanctionnées par la nullité de l'acte incomplet que s'il est justifié d'un grief. Par ailleurs, elles doivent être invoquées, à peine d'irrecevabilité, simultanément et avant toute défense au fond ou fin de non-recevoir (CPC, art. 112 et 113)[1161].

Ces restrictions ne s'appliquent pas aux **nullités pour irrégularité de fond** qui peuvent être invoquées en tout état de cause[1162], même si elles ne résultent d'aucune disposition expresse et sans qu'il soit nécessaire de justifier d'un grief (CPC, art. 118 et 119). En matière de saisie immobilière, il peut s'agir du défaut de pouvoir ou de capacité visé à l'article 117 du Code de procédure civile ainsi que de toute condition de fond méconnue, qu'elle soit relative à la créance-cause ou à l'immeuble saisi.

Mais chacune de ces nullités est **susceptible de régularisation** dans les conditions prévues aux articles 115 et 121 du Code de procédure civile. À

1159. Ce texte renvoie à la section IV du chapitre II du titre V du livre Ier de ce code, constitué des articles 112 à 121.

1160. En ce sens, à propos d'une contestation de la validité du commandement de payer valant saisie, Civ. (2e ch.), 25 mars 2010, n° 08-17196, *Bull. civ.*, II, n° 72 ; *Dr. et procéd.*, 2010, p. 214, obs. A. Leborgne.

1161. Civ. (2e ch.), 1er octobre 2009, n° 08-19104, *Bull. civ.*, II, n° 235 ; *D.*, 20 09, p. 2973, note A. Leborgne ; *Dr. et procéd.*, 2010, p. 31, obs. A. Leborgne ; *Procédures*, 2009, comm. n° 397, obs. R. Perrot.

1162. Mais cette règle est limitée par l'obligation de concentration des incidents ; voy. *infra*, n° 654 en note.

défaut, la nullité devra être prononcée et, suivant les cas, ses effets seront limités à l'acte irrégulier ou s'étendront à toute la saisie[1163].

650 ***Caducité et péremption du commandement.*** La **caducité** du commandement valant saisie est la sanction qui frappe la **violation des délais limitativement énumérés** à l'alinéa 1er de l'article R. 311-11 du CPCE. Elle ne joue pas de plein droit, mais doit être déclarée par le juge de l'exécution, qui peut être saisi par tout intéressé. Elle est écartée **si le poursuivant justifie d'un motif légitime**. De plus, la déclaration de caducité peut être rapportée si le poursuivant fait connaître au greffe du juge de l'exécution, **dans un délai de 15 jours** à compter du prononcé de celle-ci, le motif légitime qu'il n'aurait pas été en mesure d'invoquer en temps utile (CPCE, art. R. 311-11, al. 2 et 3).

La péremption joue lorsque **dans les deux ans de la publication** du commandement, aucun jugement constatant la vente de l'immeuble saisi n'a été mentionné en marge de cette publication (CPCE, art. R. 321-21 ; voy. *supra*, n° 629).

Les décisions rendues sur la caducité ou la préemption sont notifiées par le greffe simultanément aux parties et à leurs avocats (CPCE, art. R. 311-7, al. 2 *in fine*). Elles **anéantissent toute la saisie**, dont le poursuivant devra alors supporter les frais. Mais si la caducité produit un effet rétroactif[1164], la péremption ne joue que pour l'avenir de sorte que l'effet interruptif de la prescription se prolonge jusqu'à l'extinction de la procédure de saisie[1165].

2) *Les demandes incidentes*

Elles peuvent émaner du débiteur, d'un créancier ou même d'un tiers.

651 ***Du débiteur.*** Les demandes incidentes émanant du demandeur sont sans doute les plus nombreuses. Elles peuvent porter sur :

- **l'objet de la saisie** : cantonnement ou conversion en hypothèques judiciaires en cas de saisies simultanées de plusieurs immeubles (voy. *supra*, n° 612) ;

1163. Ainsi, la nullité du commandement de payer valant saisie emporte l'annulation des actes de procédure subséquents, et notamment de l'assignation à l'audience d'orientation qui est donc aussi privée rétroactivement de tout effet interruptif de la prescription : Civ. (2e ch.), 19 février 2015, n° 14-10622 (FS-P+B) ; voy. aussi, Civ. (2e ch.), 1er mars 2018, n° 16-25746, où la Cour de cassation ajoute que le second alinéa de l'article 2241 C. civ. ne s'applique qu'aux demandes en justice et non aux actes d'exécution forcée, comme le commandement valant saisie.

1164. En effet, la caducité des mesures d'exécution forcée et, en particulier, du commandement de payer valant saisie, emporte effacement rétroactif de tous ses effets, et notamment de son effet interruptif de la prescription (Civ. (2e ch.), 4 septembre 2014, n° 13-11887 (P+B), *Dr. et procéd.*, 2015, p. 53, obs. L. Choquet ; *Gaz. Pal.*, 2014, p. 3045, note M. Mignot), ainsi que de de tous les actes de la procédure de saisie qu'il engage (Civ. (2e ch.), 19 février 2015, n° 13-28445 (FS-P+B), *Gaz. Pal.*, 2015, p. 3084, obs. C. Brenner, à propos de la nullité subséquente de l'assignation à l'audience d'orientation). Mais la caducité laisse subsister la demande en revendication de l'immeuble saisi, de sorte que la décision prise à ce titre n'est pas remise en cause : Civ. (2e ch.), 2 juin 2016, n° 15-12828, à paraître au Bull.

1165. Civ. (2e ch.), 25 septembre 2014, n° 13-19935 (F-P+B), *D.*, 2015, p. 1346, obs. A. Leborgne, à propos d'une espèce où le juge de l'exécution avait refusé de proroger les effets d'un commandement (sur ce point, voy. *supra*, n° 629).

- **le cours de la saisie** : délais de grâce fondés sur l'article 1343-5 du Code civil (anc. 1244-1 à 1244-3)[1166] et suspension de la saisie en cas de surendettement avant la décision statuant sur la recevabilité (CPCE, art. R. 322-16 ; voy. *supra*, n° 45) ;
- **l'issue de la saisie** : demande de vente amiable de l'immeuble (voy. *infra*, n° 666).

652 ***D'un créancier.*** C'est d'abord **le poursuivant** qui peut être amené à former des demandes incidentes pour régler des difficultés que la saisie peut soulever. Ainsi peut-il, par exemple, demander à faire fixer les conditions de la visite de l'immeuble saisi avant la vente forcée en cas d'opposition de l'occupant (CPCE, art. R. 322-26, al. 2), la prorogation des effets du commandement de payer valant saisie (CPCE, art. 321-22) ou encore le report de la date de la vente forcée en cas d'appel du jugement l'ayant ordonnée (CPCE, art. R. 322-19).

Mais **d'autres créanciers** peuvent aussi former des demandes incidentes et, tout particulièrement, une **demande de subrogation**, laquelle est prévue spécialement à l'article R. 311-9 du CPCE. Elle suppose le désistement du poursuivant ou une cause de retard qui lui est imputable, comme une négligence, une fraude ou une collusion. Lorsqu'elle est accordée, elle emporte substitution dans les poursuites et dans les droits et obligations fixés au cahier des conditions de vente. Mais le poursuivant n'est déchargé de ses obligations qu'à la remise des pièces de la poursuite au subrogé.

653 ***D'un tiers.*** On peut songer d'abord à **la demande en distraction** émanant nécessairement du tiers qui se prétend titulaire du droit réel, objet de la saisie. Le plus souvent il s'agit du droit de propriété. Si la demande aboutit, la saisie sera anéantie dans la limite du droit reconnu au tiers. À titre d'exemple, si la saisie portait sur plusieurs immeubles, elle sera annulée pour celui dont la propriété revient au tiers.

Un locataire de l'immeuble saisi peut aussi former une demande incidente pour faire reconnaître l'**antériorité du bail**, afin de le rendre opposable à l'acquéreur de l'immeuble, ou **l'annulation du bail** conclu entre la signification du commandement et sa publication (CPCE, art. L. 321-4 et R. 321-13, al. 3).

b) Le régime des incidents

Tous les incidents relèvent du juge de l'exécution territorialement compétent qui tient l'audience d'orientation (voy. *supra*, n° 633)[1167]. Leur régime est prévu aux articles R. 311-5 à R. 311-11 du CPCE qui prévoient une obligation de concentration, les règles de procédure applicables et les voies de recours ouvertes.

1166. Voy., par exemple, Civ. (2e ch.), 26 juin 2014, n° 13-20560 (F-P+B), *D.*, 2014, p. 2457 ; déjà en ce sens : CA Paris, 22 mai 2009, *JurisData*, 2008, n° 364434 ; voy. A. Leborgne, « Deux ans de saisie immobilière », *Procédures*, 2009, chron. n° 1, spéc. n° 4.

1167. Mais si le créancier se désiste de la procédure de saisie immobilière, le juge de l'exécution n'est plus compétent pour trancher les incidents dont il était saisi à propos de cette procédure : Civ. (2e ch.), 11 janvier 2018, n° 16-22829.

654 ***Obligation de concentration.*** Selon l'article R. 311-5 du CPCE, **aucun incident**, que ce soit une demande incidente[1168] ou une contestation, **ne peut être formé après l'audience d'orientation**. Ce texte impose ainsi une **obligation de concentration des demandes** sanctionnée par une **fin de non-recevoir d'ordre public**. Il s'ensuit que toute irrecevabilité de ce chef **doit être prononcée d'office** par le juge saisi. Elle a déjà suscité une jurisprudence abondante qui a permis de préciser son étendue : :

- l'**audience** à laquelle les incidents doivent être concentrés n'est pas nécessairement celle indiquée dans l'assignation à comparaître ; en effet, la Cour de cassation a jugé **qu'en cas de renvoi** de l'audience d'orientation à une date ultérieure, des incidents peuvent encore être soulevés à cette occasion[1169] ; de même, si après l'audience d'orientation, le juge de l'exécution ordonne la **réouverture totale** des débats, les demandes et contestations formées postérieurement à la première audience sont recevables[1170] ; en revanche, en cas de **réouverture partielle** des débats, c'est-à-dire si le jugement rendu, après l'audience d'orientation, tranche une partie des incidents et renvoie pour les autres à une audience ultérieure, aucun nouvel incident ne pourra être soulevé postérieurement[1171] ;
- *a fortiori*, aucun incident **ne peut être élevé pour la première fois en appel**, car en la matière son effet dévolutif est limité aux seules questions soumises au premier juge ; la règle vaut pour la partie qui a comparu en première instance, laquelle ne peut donc soulever aucun nouvel incident, qu'il s'agisse notamment d'une nullité pour irrégularité de fond[1172] ou simplement d'un nouveau moyen à l'appui d'une contestation soulevée en première instance[1173], que ce soit un moyen de fait ou de droit[1174] ; mais

1168. Voy. par ex., Civ. (2e ch.), 4 décembre 2014, n° 13-25433 (F-P+B), *Dr. et procéd.*, 2015, p. 55, obs. A. Leborgne, à propos d'une demande de retrait litigieux formée par le débiteur pour la première fois en appel alors que le poursuivant avait cédé sa créance au cours de la procédure devant le juge de de l'exécution et que le cessionnaire était intervenu volontairement à l'instance pour reprendre les poursuites.

1169. Civ. (2e ch.), 23 octobre 2008, n° 08-13404, *Bull. civ.*, II, n° 226 ; *D.*, 2008, p. 3120, note A. Leborgne ; *RTD Civ.*, 2009, p. 174, obs. R. Perrot ; *a fortiori* un incident peut-il être élevé avant la première audience d'orientation ? : CA Aix-en-Provence, 10 octobre 2007, *JurisData*, 2007, n° 347416 ; voy. A. Leborgne, « Deux ans de saisie immobilière », *op. cit.*, spéc. n° 5.

1170. Civ. (2e ch.), 5 décembre 2013, n° 12-26980, *D.*, 2014, p. 1473, obs. A. Leborgne.

1171. Civ. (2e ch.), 17 novembre 2011, n° 10-25439, *D.*, 2012, p. 649, obs. L. Leroy-Gissinger, *Dr. et procéd.*, 2012, p. 23, obs. O. Salati, *Gaz. Pal.*, 2012, p. 1516, obs. C. Brenner, à propos de demandes d'annulation du commandement ; Civ. (2e ch.), 26 juin 2014, n° 13-20560 (F-P+B), *D.*, 2014, p. 2457, à propos d'une demande de délais de grâce.

1172. Com., 3 novembre 2010, n° 09-70312, *Bull. civ.*, IV, n° 165 ; *Gaz. Pal.*, 2011, p. 1569, obs. C. Brenner. Il est ainsi dérogé, en la matière, à la règle posée par l'article 118 du Code de procédure civile selon laquelle les nullités de fond peuvent être soulevées en tout état de cause. En revanche, elle vaut en première instance où une telle nullité pourra toujours être invoquée après une défense au fond ou une fin de non-recevoir.

1173. Voy., à propos d'une contestation du commandement de payer valant saisie, Civ. (2e ch.), 9 juin 2011, n° 10-30310, *Gaz. Pal.*, 2012, p. 1515, obs. C. Brenner.

1174. Civ. (2e ch.), 25 juin 2015, n° 14-18967 (F-P+B), *Gaz. Pal.*, 2015, p. 3739, obs. (crit.) C. Brenner, à propos du moyen tiré des délais accordés au débiteur par le plan de surendettement tendant à faire déclarer non exigible la créance du poursuivant ; voy. aussi, Civ. (2e ch.), 22 juin 2017, n° 16-18343, *D.*, 2018, p. 1229, obs. A. Leborgne, *Gaz. Pal.*, 2017, p. 3464, obs. (crit.) C. Brenner, à propos d'une exception de prescription.

elle vaut aussi pour la partie qui n'a pas comparu en première instance alors qu'elle a été régulièrement assignée ; elle ne peut soulever aucun incident[1175] et la Cour de cassation a jugé que cette règle n'était pas contraire à l'article 6-1 du CEDH dès lors que l'intéressé aurait pu faire valoir ses incidents en première instance s'il ne s'était pas abstenu de comparaître[1176] ;

- aucun incident ne peut davantage être soulevé **devant une autre juridiction** postérieurement au jugement d'orientation ; ainsi, il a été jugé qu'une fois ce jugement rendu, notamment sur les contestations du débiteur, plus aucune contestation, même nouvelle, ne peut être soulevée devant un autre juge, eut-il été saisi antérieurement, à condition qu'il ne s'était pas encore prononcé[1177] ;
- inversement l'obligation de concentration est écartée pour les **tiers à l'instance**[1178] ; de même, rien n'empêche que le juge de l'exécution soit saisi d'un incident **avant l'audience d'orientation**, mais le demandeur devra alors respecté l'**obligation de concentration des moyens** qui s'applique devant toutes les juridictions[1179].

Cette obligation de concentration se justifie par l'objectif de célérité poursuivi par le législateur. Mais il n'est pas absolu car **deux types de dérogations** sont prévus :

- d'une part, le texte réserve les **dispositions contraires**, parmi lesquelles on peut citer les demandes incidentes en distraction qui peuvent être soulevées jusqu'à la vente du bien saisi (CPCE, art. R. 311-8) et les demandes en subrogation qui peuvent l'être à tout moment de la procédure (CPCE, R. 311-9, al. 1er) ;
- d'autre part, le simple bon sens dicte l'autre type de dérogations qui concerne les incidents portant sur des **actes de procédure accomplis postérieurement** à l'audience d'orientation[1180] ; ceux-ci pourront évidemment être soulevés après cette audience, mais seulement dans **un délai de 15 jours** à compter de la notification de l'acte en cause.

1175. Civ. (2e ch.), 11 mars 2010, n° 09-13312, n° 55 ; *Dr. et procéd.*, 2010, p. 189, obs. A. Leborgne ; Civ. (2e ch.), 10 février 2011, n° 10-11944, *Bull. civ.*, II, n° 39.

1176. Civ. (2e ch.), 17 novembre 2011, n° 10-26784 ; *D.*, 2012, p. 649, obs. L. Leroy-Gissinger ; *Dr. et procéd.*, 2012, p. 23, obs. O. Salati.

1177. Civ. (2e ch.), 1er décembre 2016, n° 14-27169, à paraître au Bull.

1178. Civ. (2e ch.), 4 décembre 2014, n° 13-24870 (P+B), *Gaz. Pal.*, 2015, p. 1033, obs. L. Lauvergnat, à propos de l'intervention volontaire de la CDC pour la première fois en appel.

1179. Civ. (2e ch.), 24 septembre 2015, n° 14-20009, à paraître au Bull., *D.*, 2016, p. 744, obs. H. Adida-Canac, T. Vasseur et E. de Leiris et p. 1286, obs. A. Leborgne, à propos d'un débiteur saisi ayant assigné le créancier poursuivant devant le juge de l'exécution en contestation du commandement, puis à l'occasion de l'audience d'orientation, a soulevé la prescription quinquennale des intérêts ; cette contestation est déclarée irrecevable car le débiteur aurait dû soulever ce moyen dans l'instance qu'il avait introduite antérieurement au motif qu'il « appartient au demandeur de présenter dès l'instance relative à la première demande l'ensemble des moyens qu'il estime de nature à fonder celle-ci ».

1180. Par extension, la Cour de cassation a appliqué cette dérogation à la demande de prorogation des effets du commandement où c'est la cause de l'incident qui survient postérieurement : Civ. (2e ch.), 9 juin 2011, n° 10310, préc.

655 ***Règles de procédure.*** Sous l'empire de l'ancien Code de procédure civile, les incidents étaient soulevés par voie de dires et mentionnés en marge du cahier des charges. À présent, ils sont formés **par des conclusions entre avocats** déposées au greffe du juge de l'exécution. La communication des conclusions et pièces entre avocats est faite dans les conditions prévues par l'article 815 du Code de procédure civile. Il s'agit de la communication par acte du palais en vigueur devant le tribunal de grande instance. Mais à l'égard du débiteur qui n'a pas constitué avocat, elle doit se faire par voie de signification (CPCE, R. 311-6, al. 1er et 2)[1181].

Pour les **incidents formés postérieurement** à l'audience d'orientation, le greffe convoque les parties à une audience par lettre recommandée avec demande d'avis de réception dans un **délai de 15 jours** à compter du dépôt de l'acte d'incident. Mais en aucun cas l'examen de ces incidents ne saurait suspendre l'instance (CPCE, R. 311-6, al. 3 et 4).

656 ***Voies de recours.*** Les jugements rendus sur les incidents ne sont pas susceptibles d'opposition (CPCE, R. 311-7, al. 3). En revanche, ils sont **appelables, dans un délai de 15 jours** courant à compter de leur notification (sur la notification et la procédure applicable en appel, voy. *supra*, n° 609), sauf disposition contraire. Ainsi, par exemple, le jugement rejetant une demande de subrogation n'est susceptible d'aucun recours, à moins qu'il ne mette fin à la procédure (CPCE, R. 311-9, al. 3).

Mais lorsque les incidents sont tranchés par le jugement d'orientation, ce qui est le cas le plus fréquent, il faut tenir compte des règles particulières applicables à l'appel de cette décision (voy. *infra*, n° 663).

3. L'audience d'orientation

657 ***Audience obligatoire.*** L'audience d'orientation prend la succession de l'audience éventuelle de l'ancien Code de procédure civile. Mais elle se tient obligatoirement à la date indiquée dans les assignations à comparaître délivrées au débiteur et aux créanciers inscrits[1182]. Celle-ci se situe **au plus tard cinq mois après le commandement de payer** valant saisie[1183].

Ce caractère obligatoire s'explique par l'objet de cette audience, qui est beaucoup plus étendu que celui de l'ancienne audience éventuelle (a). Pour la même raison, le jugement rendu à l'issue de cette audience, appelé le jugement d'orientation, est devenu une pièce maîtresse de la procédure de saisie, soumis à des règles particulières (b).

1181. Ces demandes et communications peuvent aussi être transmises par la voie électronique du RPVA, même si la convention signée entre le tribunal de grande instance et le barreau n'envisage pas les saisies immobilières : Civ. (2e ch.), 1er mars 2018, n° 16-25462, *Gaz. Pal.*, 2018, p. 1680, obs. C. Brenner, à propos d'une demande de report de la date d'adjudication en attendant la décision de la cour saisie d'un appel contre le jugement d'orientation.

1182. Au contraire, l'audience éventuelle ne se tenait que si des incidents étaient élevés par des dires inscrits en marge du cahier des charges, d'où son appellation.

1183. Ce délai maximum résulte de l'obligation de délivrer l'assignation à comparaître au débiteur au plus tard deux mois après le commandement et entre trois et un mois avant l'audience (CPCE, art. R. 322-4).

a) L'objet de l'audience

L'objet de l'audience d'orientation est prévu à l'article R. 322-15 du CPCE dont il résulte un objet obligatoire et un objet facultatif.

658 ***Objet obligatoire.*** L'audience d'orientation est obligatoire car le juge de l'exécution doit s'y prononcer **sur l'issue de la saisie immobilière** pratiquée. À ce titre, il lui appartient soit d'autoriser la vente amiable si le débiteur en fait la demande et si les conditions en sont remplies, soit d'ordonner la vente forcée.

Mais, préalablement, il doit toujours vérifier que les conditions des articles L. 311-2, L. 311-4 et L. 311-6 sont réunies. Il s'agit d'un **contrôle partiel de validité** de la saisie, qui incombe d'office au juge[1184] et porte sur les deux conditions suivantes :

- **l'existence d'un titre exécutoire** constatant une créance liquide et exigible, étant rappelé que la vente forcée n'est possible qu'en vertu d'une décision passée en force de chose jugée ;
- **la saisissabilité** des biens et droits saisis.

Si l'une de ces conditions n'est pas remplie, il appartient au juge de l'exécution d'annuler en tout ou partie la saisie ou, le cas échéant, de surseoir à la vente forcée en attendant que le créancier dispose d'une décision de justice définitive. S'agissant des autres conditions de la saisie, le juge de l'exécution n'a jamais le devoir de s'en emparer d'office[1185]. Il n'en connaît normalement que s'il est saisi au titre des incidents, qui constituent l'objet éventuel de l'audience d'orientation.

659 ***Objet éventuel.*** Le juge de l'exécution **doit aussi se prononcer sur les incidents** qui sont élevés, par les parties ou un tiers, avant l'audience d'orientation ou au plus tard à cette occasion. Cet objet de l'audience n'est qu'éventuel car il suppose que des incidents aient effectivement été formés. Mais s'il en existe, **le juge doit toujours les trancher**[1186], y compris s'il s'agit de contestations portant sur la validité d'une déclaration de créance[1187].

La multiplicité des demandes et contestations que le juge peut ainsi être amené à trancher à l'occasion de l'audience d'orientation ne peut rester sans

---

1184. Ce pouvoir d'office joue que le débiteur conteste ou non le montant réclamé et donc aussi s'il ne comparaît pas : Civ. (2e ch.), avis,12 avril 2018, n° 18-70004 (P+B+R+I), *D.*, 2018, p. 1229, obs. A. Leborgne, *Gaz. Pal.*, 2018, p. 1677, obs. C. Brenner, *RJDA*, 2018, n° 601.

1185. Ainsi en est-il de l'exception de prescription que le juge de l'exécution n'est pas tenu de relever d'office, même s'il peut en avoir le pouvoir lorsqu'elle est prévue par le code de la consommation : Civ. (2e ch.), 11 janvier 2018, n° 15-27941, *Gaz. Pal.*, 2018, p. 1679, obs. C. Brenner.

1186. En particulier, il doit se prononcer sur le montant de la créance du poursuivant, contestée par le débiteur, en faisant s'il y a lieu les comptes entre les parties, sans pouvoir s'y refuser en se fondant sur l'insuffisance des preuves qui lui sont fournies : Civ. (2e ch.), 11 mai 2017, n° 16-16106 (F-P+B). En revanche, le juge échappe à cette obligation si une procédure collective a été ouverte entre-temps contre le débiteur, car la saisie immobilière est alors suspendue (voy. *supra*, n° 42 en note) et le juge de l'exécution ne peut donc plus se prononcer, y compris sur des contestations dont il a été saisi antérieurement : Com., 17 novembre 2015, n° 14-18345, à paraître au Bull., *D.*, 2016, p. 1282, obs. A. Leborgne.

1187. Cass. (avis), 16 mai 2008, préc. ; en revanche, il ne semble pas que le juge de l'exécution puisse connaître, dès ce stade de la procédure, de contestations portant sur le montant des créances déclarées car elles intéressent la phase de la distribution du prix ; en ce sens : voy. obs. C. Laporte, *Procédures*, 2008, comm. n° 212.

incidence sur le régime juridique du jugement qu'il va rendre, appelé le jugement d'orientation.

b) Le jugement d'orientation

660 ***Textes applicables.*** Le jugement d'orientation est régi comme tous les jugements rendus dans le cadre d'une procédure de saisie immobilière par l'article R. 311-7 du CPCE ainsi que par les dispositions de droit commun non contraires du livre Ier de ce code et du Code de procédure civile (CPCE, art. R. 311-1 et R. 121-5).

Mais il faut réserver les règles dérogatoires applicables au jugement d'orientation, qui portent sur ses mentions, sa notification et son appel.

661 ***Mentions.*** Outre les mentions communes à tous les jugements, le jugement d'orientation doit indiquer le **montant retenu pour la créance** du poursuivant en principal, frais, intérêts et autres accessoires (CPCE, R. 322-18)[1188]. Il ne s'agit pas nécessairement du montant indiqué dans le commandement car si le juge de l'exécution est saisi de contestations ou d'une demande incidente[1189], qui peut émaner du créancier lui-même (voy. *supra*, n° 652), il doit se prononcer et il n'est pas alors lié par le montant mentionné dans le commandement[1190].

662 ***Notification.*** Depuis le décret du 12 février 2009, les jugements rendus en matière de saisie immobilière sont notifiés aux parties **par voie de signification** (CPCE, R. 311-7 ; voy. *supra*, n° 609)[1191]. Mais comme la représentation est obligatoire, elle devra être précédée, à peine de nullité, d'une notification à l'avocat constitué, dans la forme des notifications entre avocats (CPC, art. 678 et 671 à 673). Ces modalités sont applicables, en particulier, au jugement d'orientation, sous réserve de la dérogation prévue à l'article R. 311-7 du CPCE.

Il s'agit de la notification du jugement d'orientation **vers une vente amiable** lorsque le débiteur n'a pas constitué avocat (sur la dispense de représentation dans ce cas, voy. *infra*, n° 667). Ce jugement est **notifié par le greffe** simultanément aux parties et à leurs avocats par lettre recommandée avec demande d'avis de réception[1192].

Il est vrai que le même texte prévoit aussi ce mode de notification dérogatoire pour les décisions rendues sur la caducité et la péremption du

---

1188. En cas d'ouverture ultérieure d'une procédure collective, ce chef de décision est opposable à ses organes de sorte qu'ils ne peuvent pas, au titre de la vérification des créances, remettre en cause cette créance que ce soit dans son principe ou dans son montant: Com., 13 septembre 2017, n° 15-28833, *Gaz. Pal.*, 2017, p. 3467, obs. C. Brenner.

1189. En revanche, si le juge n'est saisi d'aucune contestation du décompte figurant dans le commandement de payer, il peut se contenter de reprendre le montant global qu'il mentionne, sans avoir à le décomposer, ni à mettre à jour, à la date où il statue, les intérêts dont le taux est précisé : Civ. (2e ch.), 1er février 2018, n° 16-28066, *RJDA*, 2018, n° 480.

1190. Civ. (2e ch.), 24 septembre 2015, n° 14-20009, à paraître au Bull., *Gaz. Pal.*, 2016, p. 3385, obs. L. Lauvergnat, à propos d'une augmentation du montant en principal de la créance et d'une réduction corrélative des intérêts sur demande incidente du poursuivant.

1191. La signification n'est pas requise pour un jugement qui ordonne la réouverture des débats, invite les parties à produire d'autres pièces et renvoie l'affaire à une audience ultérieure car il s'agit d'une mesure d'administration judiciaire : Civ. (2e ch.), 13 mai 2015, n° 14-16483, à paraître au Bull., *Dr. et procéd.*, 2015, p. 166, obs. O. Salati.

1192. Il s'agit du mode de notification de droit commun applicable aux décisions du juge de l'exécution, en vertu de l'article R. 121-15 du CPCE.

commandement de payer valant saisie (voy. *supra*, n° 650). Mais comme une notification n'est pas divisible, la voie de la signification devrait l'emporter lorsque c'est le jugement d'orientation qui se prononce sur l'une de ces contestations. À cela s'ajoute qu'en cas de doute, il vaut mieux opter pour la signification, car c'est le mode de notification le plus protecteur des droits de la défense. Or, seule une notification régulière peut faire courir le délai d'appel et rendre ainsi définitif le jugement rendu.

663 ***Appel.*** Selon l'article R. 311-7 du CPCE, les jugements rendus en matière de saisie immobilière sont susceptibles d'appel **dans un délai de 15 jours** à compter de leur notification, sauf disposition contraire. Comme une telle disposition n'existe pas pour le jugement d'orientation, celui-ci est toujours appelable. Mais il faut réserver les chefs de décisions pour lesquels l'appel est écarté. Ainsi, par exemple, un jugement d'orientation rejetant une demande de subrogation n'est pas appelable de ce chef (CPCE, art. R. 311-9, al. 3).

L'appel ainsi ouvert contre le jugement d'orientation est formé, instruit et jugé **selon la procédure à jour fixe** prévue aux articles 917 à 925 du Code de procédure civile (CPCE, art. R. 322-19, al. 1er)[1193]. La Cour de cassation a jugé que cette procédure est applicable à tout jugement rendu à l'audience d'orientation, même s'il se contente de statuer sur des incidents, sans se prononcer sur les modalités de la vente[1194]. Il s'ensuit que l'appelant doit présenter, à peine d'irrecevabilité[1195], une requête au premier président dans les huit 8 jours de l'appel pour faire fixer le jour auquel l'affaire sera appelée par priorité, mais il n'a pas à se prévaloir d'un péril[1196]. Puis il devra assigner l'intimé pour l'audience ainsi fixée[1197]. De plus, **si l'appel est formé contre un juge-**

1193. À défaut, l'appel est irrecevable : Civ. (2e ch.), 22 février 2012, n° 10-24410, *Gaz. Pal.*, 2012, p. 1523, obs. C. Brenner. Inversement, si ces modalités de la procédure d'appel ne sont pas indiquées dans l'acte de signification du jugement, le délai d'appel n'a pas commencé à courir et il est donc recevable même s'il a été formé plus de 15 jours après la signification, et ce indépendamment de tout grief : Civ. (2e ch.), 24 septembre 2015, n° 14-23768, à paraître au Bull ; Civ. (2e ch.), 3 décembre 2015, n° 14-24909, à paraître au Bull. ; Civ. 28 janvier 2016, n° 15-11391, à paraître au Bull. ; *D.*, 2016, p. 1287, obs. A. Leborgne.

1194. Civ. (2e ch.), 25 septembre 2014, n° 13-19000 (FS-P+B), *D.*, 2015, p. 1347, obs. A. Leborgne ; *RTD Civ.*, 2015, p. 194, obs. N. Cayrol.

1195. Cette sanction ne méconnaît pas le droit à un procès équitable prévu à l'article 6-1 CEDH et elle est encourue même si le jugement n'a pas été signifié ou si sa signification est entachée d'un irrégularité, car ces circonstances empêchent seulement le délai d'appel de courir mais ne dispensent pas l'appelant des conditions de recevabilité de son appel : Civ. (2e ch.), 28 septembre 2017, n° 16-22143 (F-P+B), *RJDA*, 2018, n° 62.

1196. Cette requête doit contenir les conclusions au fond et viser les pièces justificatives : Civ. (2e ch.), 7 avril 2016, n° 15-11042, à paraître au Bull. Aucune régularisation n'est possible a posteriori, de sorte qu'une ordonnance présidentielle rendue sur une requête présentée au-delà du délai de huit 8 jours ne peut sauver l'appel : Civ. (2e ch.), 19 mars 2015, n° 14-14926 (FS-P+B). De plus, ces modalités sont applicables même lorsque le jugement rendu à l'issue de l'audience d'orientation s'est contenté de trancher des incidents, sans se prononcer sur les modalités de la vente : Civ. (2e ch.), 25 septembre 2014, n° 13-19000, à paraître au Bull.

1197. Cette assignation ne peut être délivrée au domicile élu de l'avocat constitué en première instance, mais cette irrégularité n'est que de forme de sorte que l'annulation ne peut être prononcée qu'en cas de grief : Civ. (2e ch.), 22 mars 2018, n° 17-10576, *Dr. et procéd.*, 2018, p. 107, obs. M.-P. Mourre-Schreiber. Généralement l'ordonnance qui fixe la date de l'audience donne aussi un délai à l'appelant pour délivrer cette assignation. Mais si l'appelant ne respecte pas ce délai, ni la caducité de cette ordonnance, ni l'irrecevabilité de l'appel ne

ment d'orientation ordonnant la vente forcée, la Cour doit statuer **au plus tard un mois avant l'audience d'adjudication** fixée par la même décision. À défaut, le juge de l'exécution pourra en reporter la date. De même, si une suspension de la procédure de saisie, ordonnée au titre du sursis à exécution de l'article R. 121-22 du CPCE, a empêché la tenue de l'audience d'adjudication, le juge de l'exécution devra fixer une nouvelle date, en cas de confirmation du jugement (sur la fixation de l'audience d'adjudication, voy. *infra*, n° 691).

Cette dernière précision, apportée par le décret du 12 février 2009, a eu le mérite, par ailleurs, de confirmer, implicitement mais nécessairement, que **l'appelant peut saisir le premier président d'une demande de sursis à exécution** du jugement d'orientation sur le fondement de l'article R. 121-22 du CPCE[1198]. S'il existe des moyens sérieux d'annulation ou de réformation, le sursis sera accordé et la vente ordonnée sera alors suspendue en attendant la décision de la cour d'appel[1199].

§ 2. La vente de l'immeuble saisi

664 ***Seule issue de la saisie.*** L'attribution de l'immeuble en pleine propriété étant réservée à la réalisation de l'hypothèque et du gage immobilier (voy. *supra*, encadré E37), la vente est la seule issue possible de la saisie immobilière. Mais désormais elle pourra être amiable (A) ou forcée (B), ce qui explique qu'il faudra toujours une décision du juge de l'exécution pour orienter l'issue de la saisie.

A) La vente amiable

665 ***Vente amiable et vente volontaire.*** La vente amiable est la grande innovation de la réforme, inspirée de la saisie-vente des biens meubles et déjà largement

sont encourues : Civ. (2e ch.), 10 novembre 2016, n° 15-11407, à paraître au Bull. La seule sanction envisageable est le renvoi à une audience ultérieure si le président constate que la partie assignée n'a pas disposé d'un délai suffisant pour préparer sa défense au sens de l'article 923 du CPC.

1198. La jurisprudence était divisée. En faveur du sursis : CA Lyon (ord. prem. prés.), 1er octobre 2007, *JurisData*, 2007, n° 355152 ; en sens contraire : CA Aix-en-Provence (ord. prem. prés.), 13 décembre 2007, *JurisData*, 2008, n° 043959 ; voy., sur ces deux décisions, A. Leborgne, « Deux ans de saisie immobilière », *op. cit.*, spéc. n° 11.

1199. À défaut de sursis, le jugement est exécutoire nonobstant appel. Ainsi, en cas de mainlevée de la saisie immobilière ordonnée par le jugement frappé d'appel, le débiteur pourra obtenir la radiation au fichier immobilier du commandement de payer valant saisie. Mais cette radiation ne saurait empêcher la cour d'appel de statuer sur les contestations élevées par l'appelant. Cette solution est dictée par le droit d'appel dont le créancier ne saurait être privé par l'exécution du jugement qu'il conteste et par l'effet dévolutif attaché à l'appel régulièrement interjeté : Cass. (2e ch.), 11 mai 2017, n° 16-15473, à paraître au Bull., *Dr. et procéd.*, 2017, p. 132, obs. F. Vinckel, à propos d'un jugement ayant ordonné la mainlevée de la saisie au motif que la créance invoquée est prescrite, où la radiation du commandement étant intervenue en cours de procédure d'appel en exécution du jugement déféré à la cour, celle-ci avait déclaré l'appel irrecevable au motif que la radiation avait mis fin à la procédure de saisie immobilière et, par suite, à l'instance d'appel. Inversement si le jugement frappé d'appel a ordonné la vente forcée, elle pourra avoir lieu, mais en cas d'annulation (ou d'infirmation) du jugement, cette vente sera anéantie de plein droit : Civ. (2e ch.), 1er février 2018, n° 16-28066, *RJDA*, 2018, n° 480.

répandue en Europe, tout particulièrement chez nos voisins belges. Elle répond à l'objectif de civilisation poursuivi par le législateur. Moins traumatisante pour le débiteur et moins coûteuse pour les créanciers, elle devrait permettre d'atteindre un prix plus élevé dans l'intérêt de toutes les parties.

Mais il ne faut **pas confondre la vente amiable et la vente volontaire** ou de gré à gré. La vente volontaire est celle que le propriétaire décide librement sans la contrainte d'une procédure d'exécution. Au contraire, **la vente amiable porte toujours sur un immeuble saisi**. Elle s'inscrit donc dans la procédure de saisie immobilière et doit sa qualification par opposition à la vente forcée. Ainsi, son régime juridique, prévu aux articles L. 322-3, L. 322-4 et R. 322-20 à R. 322-25, s'inspire à la fois de la vente volontaire et de la vente forcée. Comme la vente volontaire, elle repose sur la volonté des parties. Mais celle-ci n'est pas suffisante, car il faut protéger les intérêts des créanciers. C'est la raison pour laquelle le juge doit toujours l'autoriser (1), puis en contrôler la réalisation (2).

1. L'autorisation de la vente amiable

L'autorisation de la vente amiable ne peut résulter que d'une décision du juge de l'exécution (b), qui doit être saisi par une demande du débiteur (a).

a) La demande du débiteur

666 ***Faculté réservée.*** La faculté de demander la vente amiable est exclusivement réservée au débiteur, même si les créanciers peuvent aussi y avoir intérêt[1200]. Il peut former sa demande soit à l'audience d'orientation, soit avant l'assignation à comparaître. Mais dans tous les cas, sa demande devra être motivée.

667 ***À l'audience d'orientation.*** L'audience d'orientation est le moment le plus propice. En effet, elle se tient après l'accomplissement de tous les actes préparatoires à la vente lorsqu'il s'agit précisément pour le juge de se prononcer sur l'issue de la saisie dans l'intérêt de toutes les parties.

Afin d'encourager le débiteur à user de cette faculté, il est **dispensé du ministère d'avocat** pour former sa demande et il peut même **la présenter verbalement** à cette audience (CPCE, art. R. 322-17)[1201].

668 ***Avant l'assignation à comparaître.*** Selon l'article R. 322-20 du CPCE, la demande tendant à la vente amiable peut aussi être présentée et jugée avant l'assignation à comparaître à l'audience d'orientation. Cette possibilité se justifie sans doute par le gain de temps et l'économie de frais qu'elle permet d'espérer. Mais on peut douter que le débiteur y recourra fréquemment en pratique, et ce d'autant plus que son formalisme est beaucoup plus lourd.

1200. En droit belge, par exemple, le créancier saisissant peut lui-même solliciter l'autorisation de vendre de gré à gré l'immeuble saisi et le juge l'ordonne lorsque l'intérêt des parties le requiert : article 1580 *bis* et *ter* du Code judiciaire belge ; voy. J.-L. Ledoux et J.-F. Van Drooghenbroeck, *Droit judiciaire notarial*, 2e éd., Université catholique de Louvain, Faculté de droit, seconde partie, 2006, p. 53.

1201. Cette faculté appartient aussi à l'avocat du débiteur, qui peut donc présenter verbalement à la barre du juge de l'exécution une demande de vente amiable : Civ. (2e ch.), 7 avril 2016, n° 15-14856, à paraître au Bull., *Gaz. Pal.*, 2016, p. 1833, obs. C. Brenner.

Comme elle doit être présentée avant l'assignation à comparaître, le débiteur saisit le juge de l'exécution selon les règles de la procédure ordinaire applicables devant cette juridiction. Il s'ensuit qu'il doit **faire délivrer lui-même une assignation** au poursuivant ainsi qu'aux créanciers inscrits, qui doivent être mis en cause (CPCE, art. R. 322-20). De plus, il n'est pas évident qu'il puisse bénéficier de la dispense d'avocat car l'article R. 322-17 qui la prévoit concerne l'audience d'orientation[1202].

669 ***Motivation de la demande.*** Quelle que soit la forme de la demande, elle doit être motivée car le juge doit s'assurer, pour autoriser la vente amiable, qu'elle peut être conclue dans des conditions satisfaisantes compte tenu de la **situation du bien**, des **conditions économiques du marché** et des **diligences du débiteur** (CPCE, art. R. 322-15, al. 2). Il appartient donc au débiteur de réunir et de présenter tous les éléments d'informations nécessaires. Pour la situation du bien et les diligences qu'il doit accomplir, il est sans doute le mieux placé. Mais pour les conditions économiques du marché, il aura intérêt à se prévaloir d'avis de professionnels de l'immobilier.

C'est au vu de ces explications, que les créanciers pourront compléter ou contester, que le juge prendra sa décision.

b) La décision du juge de l'exécution

670 ***Pouvoir souverain et moment de la décision.*** Selon le moment de la demande, le juge de l'exécution se prononcera par le **jugement d'orientation** ou par un **jugement spécial** rendu sur l'assignation du débiteur. Cette distinction a une incidence sur l'appel, qui est toujours ouvert dans un délai de 15 jours à compter de la notification. Dans le premier cas, la procédure à suivre sera celle du jour fixe et, dans le second, celle de l'article 910, alinéa 2, du Code de procédure civile (voy. *supra*, n°s 609 et 663).

Quel que soit le moment de la demande, les juges du fond disposent d'un **pouvoir souverain d'appréciation** des conditions requises (voy. *supra*, n° 669)[1203]. De même, le moment de la décision est indifférent à son objet, le juge pouvant toujours ou refuser la vente (1), ou l'autoriser (2). Mais il n'est pas sans incidence sur la poursuite de la procédure et il peut même poser de sérieuses difficultés, qui ne sont pas encore toutes résolues.

1) *Le refus*

671 ***Conséquences.*** Lorsque le juge refuse la vente amiable, les conséquences de sa décision ne sont pas exactement les mêmes selon le moment où elle intervient.

Si c'est au stade de l'audience d'orientation, la vente forcée sera immédiatement ordonnée avec toutes les conséquences qui s'y attachent.

1202. En ce sens : A. Leborgne, *op. cit.*, n° 2223. Mais ce texte prévoit aussi la dispense d'avocat pour les actes consécutifs à la vente amiable autorisée. Or, il est difficile d'imaginer que cette dispense ne jouerait que pour l'autorisation délivrée à l'audience d'orientation. On pourrait donc admettre que cette dispense doit s'appliquer aussi, par analogie, à la demande présentée avant l'assignation à comparaître.

1203. Civ. (2e ch.), 10 septembre 2009, n° 08-70204, *Bull. civ.*, II, n° 212 ; *D.*, 2010, p. 534, obs. J.-M. Sommer et L. Leroy-Gissinger.

En revanche, **si c'est en amont**, la procédure de saisie devra se poursuivre normalement, mais le créancier risque d'être hors délai pour délivrer l'assignation à comparaître et d'encourir ainsi la caducité du commandement de payer valant saisie. Le seul moyen de l'éviter est de considérer la demande tendant à la vente amiable comme un motif légitime au sens de l'article R. 311-11 du CPCE (voy. *supra*, n° 650). À défaut, le poursuivant devrait délivrer l'assignation à comparaître malgré la demande de vente amiable, ce que le législateur n'a sans doute pas voulu.

2) *L'autorisation*

672 ***Effet suspensif.*** Comme pour le refus, il faut distinguer selon le moment où l'autorisation de recourir à la vente amiable est donnée pour en mesurer les conséquences sur la procédure de saisie.

Lorsque l'autorisation résulte du jugement d'orientation, la procédure de saisie se poursuit sans interruption, ni suspension, selon les règles applicables à la vente amiable. Mais à tout moment, la procédure peut basculer vers l'autre issue, la vente forcée, si la vente amiable n'est pas réalisée dans les délais ou les conditions fixées[1204].

En revanche, **lorsque l'autorisation est donnée en amont**, l'article R. 322-20, alinéa 2, prévoit que **la procédure d'exécution est suspendue**. Mais à l'origine, il se posait une difficulté car le poursuivant devait établir, avant la vente, l'état ordonné des créances alors que, la procédure étant suspendue, les déclarations de créances l'étaient aussi ! Il est vrai que le décret du 12 février 2009 a supprimé cette formalité, mais le poursuivant doit toujours préparer un projet de distribution du prix après la vente. C'est la raison pour laquelle ce décret a complété l'article 53, devenu l'article R. 322-20 du CPCE, pour excepter de la suspension le « délai imparti aux créanciers inscrits pour déclarer leurs créances ». Malheureusement, ce texte est insuffisant pour aplanir toutes les difficultés qui se posent (voy. *infra*, encadré E51).

1204. Curieusement, la Cour de cassation a approuvé, sur le fondement de l'article 53, alinéa 2, du décret de 1992, devenu l'article R. 322-20 du CPCE, relatif à la demande présentée avant l'assignation à comparaître, une cour d'appel qui, infirmant un jugement d'orientation, a autorisé la vente amiable et ordonné la suspension de la procédure : Civ. (2e ch.), 23 octobre 2008, n° 08-13404, *Bull. civ.*, II, n° 226 ; *D.*, 2008, p. 3120, note A. Leborgne ; *RTD Civ.*, 2009, p. 174, obs. R. Perrot. Mais quel peut être l'objet d'une telle « suspension », alors que tous les actes préparatoires ont été accomplis et que la phase de la vente a débuté ? Certes, si la vente amiable est autorisée, la vente forcée du même bien ne saurait être poursuivie parallèlement ! Mais il ne s'agit pas alors de « suspension ». Au contraire, la procédure d'exécution se poursuit selon la voie de la vente amiable, qui est désormais l'une des issues de la procédure de saisie au même titre que la vente forcée. Faut-il alors considérer, comme l'a écrit un éminent auteur (R. Perrot, obs. sous Civ. (2e ch.), 23 octobre 2008, *RTD Civ.*, 2009, p. 175), que « ce langage trahit peut-être un certain mépris pour la vente amiable » ?

Difficultés liées à la suspension de la procédure d'exécution

La possibilité de demander la vente amiable avant l'assignation de comparaître se justifie par le souci de gagner du temps et de limiter les frais. Il est donc logique que la décision d'autorisation suspende la procédure d'exécution, ce qui permet précisément d'éviter l'accomplissement des actes préparatoires, et notamment d'établir le cahier des conditions de vente. Mais cette suspension ne saurait compromettre les intérêts des créanciers bénéficiaires de la saisie. C'est la raison pour laquelle le commandement de payer doit toujours pouvoir être publié au fichier immobilier de manière à rendre la saisie opposable aux tiers. Mais il faut aussi que les créanciers inscrits puissent déclarer leurs créances afin de pouvoir participer à la distribution du prix. C'est ainsi que se comprend l'exclusion du délai de déclaration de la suspension de la procédure d'exécution, ajoutée à l'alinéa 2 de l'article 53 du décret, devenu l'article R. 322-20 du CPCE. Mais de quel délai s'agit-il ?

Aucune difficulté ne se pose pour les créanciers inscrits postérieurement à la publication du commandement et avant la vente, car il s'agit du délai d'un mois courant à compter de l'inscription de la sûreté (CPCE, art. R. 322-13). Mais pour les créanciers inscrits à la date de la publication du commandement, il s'agit du délai de deux mois courant à compter de la dénonciation du commandement (CPCE, art. R. 322-12), laquelle doit intervenir dans les cinq jours de l'assignation à comparaître signifiée au débiteur (CPCE, art. R. 322-6). Or, par hypothèse, cette assignation n'est pas délivrée du fait de la suspension de la procédure d'exécution. Il faudrait donc admettre, pour donner du sens à l'article R. 322-20, alinéa 2, que le poursuivant doit dénoncer le commandement aux créanciers inscrits pour faire courir le délai de deux mois des déclarations. Mais il ne peut s'agir que d'une **dénonciation simplifiée** dans la mesure où :

- le poursuivant ne saurait être lié par le délai de cinq jours ;
- elle ne saurait valoir assignation à comparaître et n'a donc pas à comporter les mentions relatives à l'audience d'orientation.

673 *Contenu de la décision.* Le contenu de la décision d'autorisation est prévu à l'article R. 322-21 du CPCE. Il en résulte que le juge doit se prononcer sur les **conditions financières** de la vente, et à ce titre :

- fixer un **prix minimum** au regard des conditions économiques du marché[1205] ;
- **taxer les frais** de poursuite à la demande du créancier, car ils devront être payés par l'acquéreur en sus du prix de vente.

Il peut aussi, le cas échéant, arrêter les **conditions particulières** qui lui paraissent nécessaires, comme par exemple, prévoir le maintien d'un droit d'usage au profit d'un occupant ou l'obligation pour l'acquéreur d'obtenir le certificat d'achèvement des travaux[1206].

Enfin, il fixe la date de l'audience à laquelle l'affaire sera rappelée pour constater la réalisation de la vente. Il s'agit de **l'audience de rappel** (parfois qualifiée aussi d'audience de contrôle), qui doit se tenir **quatre mois au plus tard** après la décision d'autorisation du juge de l'exécution. Mais elle doit être **qualifiée d'initiale** car elle pourra éventuellement être prorogée pour permettre d'achever la réalisation de la vente autorisée[1207].

1205. Le juge doit fixer d'office ce montant même si les parties ne se sont pas expliquées sur ce point et il ne peut donc rejeter la demande d'autorisation de ce seul chef : Civ. (1re ch.), 1er mars 2017, n° 16-10142 (FS-P+B), *RJDA.*, 2017, n° 426.

1206. En ce sens, voy. A. Leborgne, *op. cit.*, n° 2230. Avant le CPCE, il pouvait aussi désigner le consignataire du prix et des frais de la vente, et en particulier la CARPA : Jex Valence, 26 mai 2011, *Gaz. Pal.*, 2012, p. 2174, obs. D. Talon ; sur la modification introduite dans le CPCE, voy. *infra*, n° 676 en note.

1207. Lorsque la vente amiable est autorisée par la cour d'appel, qui infirme la décision du juge de l'exécution l'ayant refusée, c'est au juge de l'exécution et non au juge d'appel de suivre la

2. La réalisation de la vente

La vente amiable doit être réalisée dans les délais fixés (a) par l'accomplissement des formalités imposées (b), qui seules lui permettront de produire tous ses effets (c).

a) Les délais

674 ***Audience de rappel initiale ou prorogée.*** En principe, la vente amiable doit être conclue à la date de l'audience de rappel initiale fixée par la décision d'autorisation. À défaut, le juge peut ordonner, à cette audience, la vente forcée sans avoir à caractériser la moindre carence du débiteur[1208]. Mais il peut aussi accorder un **délai supplémentaire** et renvoyer l'affaire à une audience de rappel prorogée (CPCE, art. R. 322-21, al. 4).

Cependant, cette prorogation est doublement limitée, conformément à l'objectif de célérité poursuivi :

- d'une part, le renvoi **ne peut être supérieur à trois mois**[1209] ;
- d'autre part, il ne peut être accordé que pour établir l'acte authentique de vente s'il existe déjà un **engagement écrit d'acquisition**[1210] ; mais lorsque cette condition est remplie le juge n'est pas obligé d'accorder le délai sollicité car il ne s'agit que d'une faculté pour lui[1211].

C'est dans ce délai, éventuellement prorogé, qu'il appartient au débiteur de remplir ses obligations pour parvenir à la conclusion de la vente autorisée.

675 ***Obligations du débiteur.*** Le débiteur doit accomplir toutes les diligences nécessaires et en rendre compte (CPCE, art. R. 322-22), mais il est **dispensé du ministère d'avocat** pour l'accomplissement de tous les actes consécutifs à l'autorisation de vente amiable (CPCE, art. R. 322-17).

Au titre des **diligences** qui lui incombent, il doit rechercher et trouver un acquéreur. Pour ce faire, il lui appartient de recourir aux techniques classiques de la vente immobilière : affiches, annonces par voie de presse, par internet, mandant de vente à un agent immobilier, etc. L'objectif est d'obtenir au moins un engagement écrit d'acquisition pour l'audience de rappel initiale, ce qui lui permettra d'espérer un délai supplémentaire de trois mois au plus pour la signature de l'acte authentique.

Mais comme cette vente est conclue dans l'intérêt des créanciers, **le débiteur doit aussi rendre compte de ses diligences au poursuivant**, s'il le demande. À défaut, ou en cas de réponse insuffisante, le poursuivant peut

---

procédure postérieure à l'autorisation, et notamment de fixer et tenir les audiences de rappel, puis de constater la vente : Civ. (2e ch.), 23 octobre 2008, n° 08-13404, *Bull. civ.*, II, n° 226 ; *D.*, 2008, p. 3120, note A. Leborgne ; *RTD Civ.*, 2009, p. 174, obs. R. Perrot.

1208. Civ. (2e ch.), 13 janvier 2012, n° 11-13495, *Dr. et procéd.*, 2012, p. 105, obs. A. Leborgne ; *Gaz. Pal.*, 2012, p. 1520, obs. C. Brenner.

1209. Ce délai tout comme celui initial de quatre mois sont impératifs de sorte que le juge ne saurait y déroger en prononçant un sursis à statuer : Civ. (2e ch.), 13 janvier 2012, n° 11-13495, préc.

1210. Cette condition est *a fortiori* remplie s'il existe déjà un compromis de vente signé des deux parties, de surcroît devant notaire : CA Paris, 22 mai 2008, *JurisData*, 2008, n° 364432 ; voy. A. Leborgne, « Deux ans de saisie immobilière », *op. cit.*, n° 8.

1211. Civ. (2e ch.), 13 janvier 2012, n° 11-13495, préc.

l'assigner, à tout moment, devant le juge de l'exécution pour faire constater sa carence et ordonner la reprise de la procédure sur vente forcée. La décision qui ordonne la reprise n'est pas susceptible d'appel (CPCE, art. R. 322-22)[1212]. C'est aussi sous cette menace que les formalités doivent être accomplies pour réaliser la vente dans les délais fixés.

b) Les formalités

Comme toute vente immobilière, il faut un acte notarié. Mais pour la vente amiable, cette formalité est insuffisante car il faut en plus un constat judiciaire.

676 ***Acte notarié.*** La vente amiable est conclue par un acte notarié selon les règles de droit commun de la vente volontaire, sous réserve de quelques règles particulières.

L'acte notarié ne peut être établi que **sur consignation du prix et des frais de la vente** auprès de la Caisse des dépôts et consignations[1213] ainsi que **sur justification du paiement des frais taxés**[1214] (CPCE, art. L. 322-4)[1215]. Il s'agit des frais de poursuite taxés par le juge de l'exécution dans la décision d'autorisation (CPCE, art. R. 322-21) et que l'acquéreur doit verser directement en sus du prix de vente (CPCE, art. R. 322-24, al. 2). Le notaire doit veiller au règlement de ces sommes **avant de recueillir la signature des parties**. Mais si l'acquéreur devait refuser de signer l'acte authentique, alors qu'il a effectué des versements, ceux-ci restent consignés pour être ajoutés au prix de vente dans la distribution, sauf s'il a fait jouer son droit de rétractation (CPCE, art. R. 322-23, al. 2).

1212. Ni de pourvoi en cassation ; sur ce point, voy. *infra*, n° 677 en note.

1213. Caisse ajoutée par l'ordonnance de codification du 19 décembre 2011. Auparavant, ces fonds étaient généralement consignés sur un compte séquestre tenu par la CARPA. Mais désormais ils doivent obligatoirement être consignés auprès de la Caisse des dépôts et consignations, ce que confirme aussi la nouvelle rédaction du premier alinéa de l'article R. 322-23 du CPCE, issue du décret de codification du 31 mai 2012. Cette modification est contestée par la profession d'avocat qui a formé un recours pour excès de pouvoir ; voy. le communiqué du CNB du 5 juin 2012, *D.*, 2012, p. 1490. Mais la Cour de cassation a déjà jugé, de son côté, sous l'empire des textes antérieurs à la codification, que si une loi ordonne une consignation sans indiquer le lieu (ce qui était le cas de l'ancien article 2203 du Code civil applicable à l'espèce), elle n'est possible qu'auprès de la Caisse des dépôts et consignations en vertu des articles 4-2° de l'ordonnance du 3 juillet 1816 et L. 518-19 du CMF : Civ. (2ᵉ ch.), 6 décembre 2012, n° 11-24443, *D.*, 2013, p. 610, obs. L. Leroy-Gissinger et F. Renault-Malignac ; *Dr. et procéd.*, 2013, p. 43, obs. A. Leborgne. En attendant, le nouvel article 14 du CCV établi par le CNB prévoit que le prix de vente est versé entre les mains du séquestre désigné, en l'occurrence la CARPA, « après le jugement constatant la vente ».

1214. Il s'agit des frais de poursuite qui, comme le prix et les frais de la vente, sont à la charge de l'acquéreur et la Cour de cassation a jugé qu'il s'agit d'une règle impérative à laquelle les parties ne peuvent déroger en insérant une stipulation contraire dans l'acte de vente : Civ. (2ᵉ ch.), 22 juin 2017, n° 16-12882 (F-P+B), *Gaz. Pal.*, 2017, p. 3463, obs. C. Brenner, *RJDA*, 2018, n° 64.

1215. Cette consignation préalable peut poser une difficulté en pratique dans la mesure où l'acquisition est généralement financée par un concours bancaire subordonné à l'inscription d'une hypothèque inscrite en premier rang sur l'immeuble. Or, au stade de l'acte notarié, une telle hypothèque ne peut encore être inscrite alors que les fonds doivent déjà être débloqués par la banque pour être consignés. La difficulté est généralement réglée par le consentement de l'acquéreur à l'hypothèque dans le contrat de prêt, signé préalablement à la vente conclue sous la condition suspensive du constat judiciaire (voy. note suivante) et l'engagement du notaire, qui fait l'appel des fonds auprès de la banque, de les restituer si la vente ne devait pas être constatée par la juge à l'audience de rappel (voy. *infra*, n° 677).

Pour rédiger son acte, le notaire peut obtenir du créancier poursuivant les documents qu'il avait réunis afin d'établir le cahier des conditions de vente, ce qui permet de gagner du temps et de limiter les frais (CPCE, art. R. 322-24, al. 1er).Enfin, le notaire aura intérêt à insérer dans l'acte qu'il rédige une **condition suspensive** qui permettra à l'acquéreur d'être libéré si le juge de l'exécution devait refuser de constater la vente[1216].

677 ***Constat judiciaire.*** Le constat doit intervenir à l'audience de rappel, initiale ou prorogée. À cette fin, le juge de l'exécution doit vérifier le respect des conditions qu'il avait fixées et la consignation du prix (CPCE, art. R. 322-25, al. 1er)[1217]. Curieusement ce texte ne reprend pas la consignation des frais de la vente et la justification du paiement des frais taxés, qui doivent aussi intervenir avant l'établissement de l'acte notarié selon l'article L. 322-4 du CPCE (voy. *supra*, n° 676). Mais il faudrait admettre que le contrôle opéré à l'audience d'orientation porte également sur ces conditions légales[1218].

Si l'une de ces conditions n'est pas remplie, le juge doit refuser de constater la vente amiable et ordonner la vente forcée comme en cas de carence du débiteur pendant la période de réalisation[1219]. Comme dans ce cas, la décision de reprise n'est pas susceptible d'appel (CPCE, art. R. 322-22, al. 4)[1220].

1216. Cette stipulation n'est pas indispensable car, en tout état de cause, la vente amiable authentifiée par le notaire, est subordonnée à la condition légale de son constat par le juge de l'exécution. *A priori*, il devrait s'agir d'une condition suspensive sans effet rétroactif dans la mesure où la vente amiable ne produit d'effet qu'à compter du constat judiciaire (voy. *infra*, n° 677). Mais comme en matière de vente immobilière où l'article L. 312-16 du Code de la consommation impose une condition suspensive en cas de recours à un prêt bancaire, rien ne devrait empêcher les parties de stipuler expressément une condition suspensive dans l'acte notarié afin de préciser les modalités d'application de cette condition légale et éviter ainsi toute incertitude à défaut de constat judiciaire de la vente amiable dans le délai fixé (sur l'exemple particulier du prêt immobilier, voy. J.-J. Taisne, *JCl. civil*, art. 1175-1180, spéc. nos 28 et 45).

1217. Avant le décret du 12 février 2009, il devait aussi vérifier que l'état ordonné des créances, à établir par le poursuivant selon les créances déclarées, avait été déposé au greffe au plus tard 15 jours avant l'audience de constat de la vente amiable. Mais cette vérification n'est plus à faire puisque l'état ordonné des créances a été supprimé.

1218. En ce sens, à propos des frais taxés : CA Lyon, 23 octobre 2014, n° 14/05059, *Gaz. Pal.*, 2015, p. 272, note G.-A. Sillard. En revanche, le juge de l'exécution ne peut procéder à aucun autre contrôle, notamment portant sur le fond du droit, pour refuser le constat : Civ. (2e ch.), 2 juin 2016, n° 14-29456, à paraître au Bull. Dans cette espèce, un compromis de vente signé après l'autorisation du juge de l'exécution et régularisé devant notaire avait été précédé d'un premier compromis signé un mois avant l'autorisation. Les premiers acquéreurs, qui avaient introduit entre-temps une action en réitération de la vente, sont déclarés irrecevables par les juges du fond dans leur intervention pour s'opposer au constat de la vente amiable et cette décision est approuvée au motif que le juge de l'exécution « n'avait pas à effectuer d'autre recherche pour constater cette vente, au sens de l'article R. 322-25 du même code ». Cela ne signifie pas que les acquéreurs évincés sont privés de tout recours, mais seulement que le litige qui les oppose aux seconds acquéreurs ne peut être tranché que par le juge de droit commun et non par le juge de l'exécution, dont les pouvoirs sont strictement limités à ce stade de la procédure.

1219. Comme il s'agit d'un contrôle que le juge doit opérer d'office, aucune demande du créancier poursuivant n'est nécessaire ; *a fortiori*, celui-ci peut-il demander verbalement à la barre que la vente forcée soit ordonnée si les conditions de la vente amiable n'ont pas été respectées : Civ. (2e ch.), 6 janvier 2011, n° 09-71146, *Bull. civ.*, II, n° 7 ; *RTD Civ.*, 2011, p. 393, obs. R. Perrot. ; *Gaz. Pal.*, 2012, p. 1571, obs. C. Brenner.

1220. Ni de pourvoi en cassation car elle ne tranche pas une partie du principal et ne met pas fin à l'instance : Civ. (2e ch.), 6 décembre 2012, n° 11-26683, *D.*, 2013, p. 608, obs. L. Leroy-Gissinger et F. Renault-Malignac.

Inversement, si elles sont toutes remplies, il constate la vente amiable et sa décision n'est pas non plus susceptible d'appel (CPCE, art. R. 322-25, al. 2)[1221]. Elle pourra alors produire tous ses effets.

c) Les effets

678 ***Effets de la vente volontaire.*** Le principe est que la vente amiable produit tous **les effets de la vente volontaire** (CPCE, art. L. 322-3). Mais depuis la loi dite *Béteille* du 22 décembre 2010, ce texte exclut expressément la **rescision pour lésion** que l'article 1684 du Code civil écarte de manière générale pour toutes les ventes qui « ne peuvent être faites que d'autorité de justice »[1222]. En revanche, rien n'est dit de la **garantie des vices cachés** alors que l'article 1649 du Code civil l'exclut aussi pour les ventes « faites par autorité de justice ». Faut-il alors en conclure que l'article L. 322-3 du CPCE déroge à ce texte, et ce d'autant plus que la loi dite *Béteille* n'a écarté que la rescision pour lésion[1223] ? Les autres effets de la vente volontaire ne posent pas de difficulté, qu'il s'agisse de l'**obligation de délivrance et ou de l'obligation de garantie contre l'éviction**. Ils s'appliquent certainement.

Mais il est vrai qu'en pratique, de telles demandes risquent de se heurter à l'insolvabilité du vendeur dès lors qu'en raison de sa situation de débiteur saisi, le prix de vente est distribué aux créanciers et qu'il lui sera donc difficile de rembourser tout ou partie du prix ou de payer des dommages et intérêts.

679 ***Purge.*** À l'origine, l'article 2213 du Code civil, applicable à la vente amiable et à la vente forcée, se contentait de prévoir que « la consignation du prix et le paiement des frais de la vente purgent de plein droit l'immeuble de toute hypothèque et de tout privilège du chef du débiteur ». Mais ce texte posait une difficulté particulière pour la vente amiable, car ces paiements s'opèrent avant la réalisation de la vente, c'est-à-dire avant la signature de l'acte notarié et le constat judiciaire. C'est la raison pour laquelle la loi dite *Béteille* a complété ce texte, devenu l'article L. 322-14 du CPCE, pour y ajouter que la purge joue « **à compter de la publication du titre de vente** ».

1221. Mais la Cour de cassation a jugé qu'elle constitue une décision juridictionnelle et qu'en conséquence la tierce opposition est recevable : Civ. (2e ch.), 6 décembre 2012, n° 11-24443, préc. Pour la même raison, un pourvoi en cassation est recevable, ce qui avait déjà été admis implicitement dans une espèce où le pourvoi, formé par un créancier inscrit, avait été rejeté uniquement pour défaut d'intérêt car la vente amiable avait permis de désintéresser tous les créanciers : Civ. (2e ch.), 18 octobre 2012, n° 11-20450, *D.*, 2013, p. 608, obs. L. Leroy-Gissinger et F. Renault-Malignac, *Dr. et procéd.*, 2013, p. 43, obs. A. Leborgne.

1222. C'est la raison pour laquelle cette solution était déjà admise en doctrine, et ce d'autant plus que le juge de l'exécution fixe lui-même le prix minimum sous lequel l'immeuble saisi ne peut être vendu ; en ce sens : A. Leborgne, *op. cit.*, n° 2270 ; L. Leveneur, obs. sous Civ. (3e ch.), 4 juin 2008, *Contrats, conc. consom.*, 2008, comm. n° 257 ; Ph. Malaurie, note sous Civ. (3e ch.), 4 juin 2008, *LPA*, 2 septembre 2008, n° 176, p. 12.

1223. L'application de l'article 46 de la loi du 10 juillet 1965 fixant le statut de la copropriété, issu de la loi *Carrez*, est aussi incertaine. En effet, la Cour de cassation a décidé que le jugement d'adjudication ne constitue pas un contrat constatant ou réalisant la vente au sens de ce texte (Civ. (3e ch.), 3 octobre 2002, n° 00-18.395, *Bull. civ.*, III, n° 199). Qu'en est-il alors du jugement constatant la vente amiable ? Certes un jugement n'est pas un contrat, mais l'acte authentique qui le précède réalise bien une vente et pourrait donc relever de l'application de l'article 46 susvisé.

En conséquence de cette purge, il revient au juge de l'exécution, qui constate la vente amiable, d'ordonner la radiation de toutes les inscriptions prises du chef du débiteur. Le service de la publicité foncière, qui procède à la publication du jugement constatant la vente et qui en fait mention en marge du commandement, peut alors procéder aux radiations ordonnées (CPCE, art. R. 322-25).

B) La vente forcée

680 ***Issue éventuelle.*** Sous l'empire de l'ancien Code de procédure civile, la vente forcée de l'immeuble saisi était la seule issue envisagée. Elle s'inscrivait donc automatiquement dans le déroulement normal de la procédure. Mais avec l'introduction de la vente amiable par la réforme de la saisie immobilière, la vente forcée, régie par les articles L. 322-5 à L. 322-13 et R. 322-26 à R. 322-72, n'est plus qu'une issue éventuelle. Il faut donc s'interroger d'abord sur le recours à la vente forcée (1), avant d'envisager sa réalisation (2).

1. Le recours à la vente forcée

La vente forcée de l'immeuble saisi n'est possible que dans les cas prévus et sur décision du juge de l'exécution qui doit toujours l'ordonner.

681 ***Cas.*** La vente amiable ayant été conçue comme une faveur accordée au débiteur, la vente forcée doit être possible à chaque fois qu'il n'entend pas en profiter ou qu'il n'en remplit pas ou plus les conditions. Il s'ensuit que le recours à la vente forcée est ouvert dans deux séries de cas.

La vente forcée s'impose d'abord **à défaut d'autorisation de vente amiable**, qui se rencontre dans les deux hypothèses suivantes :

- lorsque le débiteur, auquel cette faculté est réservée, ne forme **aucune demande** de vente amiable ;
- lorsque sa **demande est refusée** par le juge de l'exécution.

Mais elle est ouverte aussi **en cas d'échec de la vente amiable autorisée**, qui peut se manifester de deux manières :

- par la **non-réalisation** de la vente amiable, dans les conditions fixées, pour l'audience de rappel où elle doit être constatée[1224] ;
- par la **sanction de la carence du débiteur** qui n'a accompli aucune diligence ou dont les diligences sont jugées insuffisantes, sur la demande du poursuivant formée par voie d'assignation pendant la durée de réalisation de la vente amiable (CPCE, art. R. 322-22 ; voy. *supra*, n° 675).

682 ***Décision du juge.*** La vente forcée est toujours ordonnée par le juge de l'exécution[1225]. Il fixe en même temps la date de l'audience d'adjudication, qui doit

1224. Mais dans ce cas, le juge n'a pas à caractériser une carence particulière du débiteur, il lui suffit de constater que la vente autorisée n'a pas été réalisée pour la date fixée ; voy. *supra*, n° 674.

1225. Il a été jugé que la décision ordonnant la vente forcée interdit la vente de l'immeuble saisi selon une autre modalité, et, tout particulièrement, la vente volontaire, même sous la condition suspensive de la radiation du commandement, et le saisi, qui y a consenti, peut en demander la nullité nonobstant la réalisation de la condition suspensive : Civ. (2e ch.), 9 avril 2015, se situer dans un **délai compris entre deux et quatre mois** après sa décision. Ces solutions résultent de plusieurs dispositions distinctes, applicables selon le moment auquel intervient la décision. Compte tenu des cas où le recours à la vente forcée est prévu, trois moments sont possibles.

Elle peut être prise d'abord à l'**audience d'orientation** si le débiteur n'a formé aucune demande de vente amiable ou si l'autorisation lui est refusée. C'est alors le jugement d'orientation qui ordonne la vente forcée et fixe la date de l'audience d'adjudication (CPCE, art. R. 322-26)[1226].

Elle peut aussi intervenir **pendant le délai de réalisation de la vente amiable autorisée**, en cas de carence du débiteur. La décision du juge de l'exécution, qui constate cette carence, doit alors ordonner la reprise de la procédure sur exécution forcée. Mais elle n'ordonne pas toujours la vente forcée immédiatement car il faut distinguer :

- si l'autorisation avait été donnée suite à une demande **présentée avant l'assignation à comparaître**, le juge de l'exécution doit se contenter d'ordonner la reprise de la procédure et sa décision n'est pas susceptible d'appel (CPCE, art. R. 322-22, al. 2 et 4) ; la vente forcée et la date de l'audience d'adjudication seront alors fixées par le jugement d'orientation qui s'ensuivra (CPCE, art. R. 322-26) ; tout se passe comme si la demande avait été rejetée *ab initio* ;
- si l'autorisation avait été **donnée à l'audience d'orientation**, le juge de l'exécution, qui constate la carence du débiteur, doit alors immédiatement ordonner la vente forcée et fixer la date de l'audience d'adjudication ; sa décision est notifiée au débiteur, au poursuivant et aux créanciers inscrits, mais elle n'est pas non plus susceptible d'appel (CPCE, art. R. 322-22, al. 3 et 4).

---

n° 14-16878 (FS-P+B), *Gaz. Pal.*, 2015, p. 1597, note S. Piedelièvre ; *Dr. et procéd.*, 2015, p. 116, obs. L. Lauvergnat ; voy. aussi Ph. Théry et C. Brenner, « La saisie immobilière n'est pas une idole », *D.*, 2015, p. 1928. Ces derniers auteurs critiquent, à juste titre, cette solution en faisant principalement valoir que l'autorité de la chose jugée attachée au jugement ordonnant la vente forcée devrait seulement interdire au débiteur de demander ultérieurement la vente amiable, que l'ordre public attaché aux procédures civiles d'exécution ne saurait empêcher le créancier de renoncer à la saisie immobilière qu'il a initiée pour revenir à l'exécution volontaire qui demeure la règle et enfin qu'au stade ultime de la procédure, le créancier doit toujours requérir l'ouverture des enchères sous peine de caducité du commandement constatée obligatoirement par le juge (voy. *infra*, n° 692) et qui emporte anéantissement rétroactif de la saisie (voy. *supra*, n° 650) ; voy. aussi en ce sens : C. Brenner, « La vente volontaire de l'immeuble saisi est-elle possible sans l'autorisation du juge de l'exécution ? », in *Au-delà des codes, Mélanges en l'honneur de M.-S. Payet*, Paris, Dalloz, 2011, p. 89 ; M. Julienne, « La vente volontaire de l'immeuble saisi, devant notaire et sans autorisation judiciaire, est possible », Bull. Cridon, 2014, n° 4. En revanche, la vente volontaire conclue, même avec l'accord du créancier poursuivant, après l'adjudication de l'immeuble est certainement nulle ! De plus, le créancier poursuivant, qui a ainsi consenti à la vente volontaire et à la radiation du commandement valant saisie en méconnaissance des droits acquis par l'adjudicataire désigné suite à l'ouverture des enchères qu'il avait lui-même requises, engage sa responsabilité : Civ. (2e ch.), 18 février 2016, n° 14-26464, à paraître au Bull.

1226. Mais il a été jugé, sur le fondement des articles 25 de la loi n° 91-647 du 10 juillet 1991 relative à l'aide juridique et 6-1 de la Convention européenne des droits de l'homme, qu'une telle décision ne peut être prise en l'absence du débiteur, qui a sollicité un renvoi dans l'attente du recours qu'il a formé contre la décision lui ayant refusé l'aide juridictionnelle : Civ. (2e ch.), 16 mai 2012, n° 11-14449, *Bull. civ.*, II, n° 86 ; *D.*, 2013, p. 1581, obs. A. Leborgne.

Enfin, la vente forcée peut encore être décidée **à l'audience de rappel, initiale ou prorogée**, lorsque le juge de l'exécution ne peut pas constater la vente amiable. Dans ce cas, il est prévu que la vente forcée est ordonnée selon les dispositions des alinéas 3 et 4 de l'article R. 322-22 (CPCE, art. R. 322-25, al. 4). Mais ce renvoi est incomplet. Certes, si l'audience d'orientation a déjà eu lieu, cette manière de procéder ne pose aucune difficulté. Mais si l'autorisation a été donnée antérieurement, la procédure est suspendue et aucun cahier des conditions de vente n'a été établi. Dans ce cas, il aurait fallu renvoyer à l'alinéa 2 de l'article R. 322-22, car on voit mal comment une vente forcée ordonnée immédiatement pourrait être réalisée.

2. La réalisation de la vente forcée

683 ***Vente aux enchères publiques.*** La vente forcée est une vente sur adjudication aux enchères publiques à l'audience du juge (CPCE, art. L. 322-5). Sa réalisation nécessite donc l'organisation d'enchères (b), qui seront suivies d'une adjudication (c). Mais, en amont, il faudra toujours organiser une large publicité (a) et, en aval, il faut tenir compte des procédures qui permettent parfois de remettre en cause l'adjudication (d).

a) La publicité

684 ***Objectifs.*** La publicité de la vente doit être la plus large possible afin d'**attirer un maximum d'enchérisseurs**. Mais en même temps il faut éviter de jeter l'opprobre sur le débiteur saisi **en respectant sa dignité**. C'est le double objectif poursuivi par l'article 111 de la loi du 23 janvier 1998 renforçant la protection des personnes surendettées en cas de saisie immobilière et son décret d'application n° 2002-77 du 11 janvier 2002, qui avaient réformé la publicité sous l'empire de l'ancien Code de procédure civile[1227].

Ces règles ont été reprises pour l'essentiel par les articles 63 à 71 du décret de 2006, devenus les articles R. 322-30 à R. 322-38 du CPCE, qui organisent ainsi une publicité de droit commun (1) et autorisent des aménagements (2).

1) *La publicité de droit commun*

La publicité de droit commun est assurée par deux avis, soumis à des règles communes et particulières : un avis normal et un avis simplifié.

685 ***Règles communes.*** Les avis sont rédigés par l'avocat du poursuivant et publiés dans un délai compris **entre un et deux mois avant l'audience** d'adjudication (CPCE, art. R. 322-31, al. 1er).

La publicité se fait par deux procédés :

- par voie d'insertion **dans des journaux** dont un exemplaire doit être conservé pour valoir justification (CPCE, art. R. 322-33) ;
- **par voie d'affiches** sur format A3 dont la taille des caractères ne peut être inférieure à celle du corps 30 (CPCE, art. R. 322-31 et R. 322-32).

Le choix du journal et les lieux d'affichage, tout comme le contenu, relèvent des règles particulières applicables à chacun de ces avis.

1227. Voy. not. B. Menut, « Adieu "son de cloche, trompe ou tambour" », *Dr. et procéd.*, 2002, p. 146.

686 ***Avis normal.*** Cet avis est déposé au greffe du juge de l'exécution pour être affiché sans délai dans les locaux de la juridiction à un emplacement aisément accessible au public. Parallèlement, le poursuivant fait procéder à sa publication dans un journal d'annonces légales diffusé dans l'arrondissement de la situation de l'immeuble (CPCE, art. R. 322-31, al. 2).

Il comprend les mentions prévues aux 1° au 6° de l'article R. 322-31 du CPCE, qui peuvent être classées en trois rubriques :

- celles **propres à la saisie immobilière** : identité du poursuivant et de son avocat (1°) et l'indication que les enchères ne peuvent être portées que par un avocat inscrit au barreau du tribunal de grande instance du lieu de la vente (5°) ;
- celles **relatives à l'immeuble saisi** : la désignation et une description sommaire indiquant sa nature, son occupation éventuelle et tous éléments connus relatifs à sa superficie ainsi que, le cas échéant, les dates et heures de visite (2°)[1228] ;
- celles **relatives à la vente** : ses jour, heure et lieu (4°), le montant de la mise à prix (3°) et l'indication que le cahier des conditions de vente peut être consulté au greffe du juge de l'exécution ou au cabinet de l'avocat du poursuivant (6°)[1229].

Selon l'alinéa 4 de l'article R. 322-31, l'avis publié ne peut comporter aucune autre mention. *A contrario*, cette liste n'est pas limitative pour les affiches, qui devraient pouvoir comporter notamment l'identité du débiteur, ce qui est expressément exclu pour l'avis simplifié.

687 ***Avis simplifié.*** À la diligence du poursuivant, l'avis simplifié est publié dans deux éditions périodiques de journaux à diffusion locale ou régionale, au tarif des annonces ordinaires. En outre, il est apposé à l'entrée ou, à défaut, en limite de l'immeuble saisi (CPCE, art. R. 322-32, al. 1er). Pour justifier de cette affiche, le poursuivant doit faire dresser un procès-verbal par un huissier de justice (CPCE, art. R. 322-33).

L'avis simplifié ne peut faire apparaître **ni le caractère forcé de la vente, ni l'identité du débiteur** (CPCE, art. R. 322-32, al. 2). Il s'ensuit que les mentions prévues au 1° au 5° de l'article R. 322-32 sont plus lapidaires. Elles peuvent être classées en deux rubriques :

- celles **relatives à la vente** : sa nature de vente aux enchères publiques (1°), ses jour, heure et lieu (4°), le montant de la mise à prix (3°) et l'indication que le cahier des conditions de vente peut être consulté au greffe du juge de l'exécution ou au cabinet de l'avocat du poursuivant (5°)[1230] ;
- celles **relatives à l'immeuble** mis en vente : sa nature et son adresse (2°).

1228. En cas de difficulté, le poursuivant peut demander au juge de l'exécution de déterminer les modalités de la visite (CPCE, art. R. 322-26). À ce titre, il est fréquent, en pratique, que le jugement ordonnant la vente forcée désigne un huissier de justice chargé de faire procéder aux visites.

1229. Cette mention a été ajoutée par le décret de codification du 31 mai 2012 car elle avait été omise par le décret du 12 février 2009 qui avait introduit cette consultation (voy. *supra*, n° 643).

1230. Même observation que précédemment.

Ces avis constituent le cadre légal de la publicité, qui peut parfois être étendu ou restreint par des aménagements autorisés à de strictes conditions.

2) *Les aménagements de la publicité*

L'aménagement volontaire a été ajouté par la réforme à l'aménagement judiciaire antérieur, qui a été maintenu.

688 ***Aménagement volontaire.*** L'aménagement volontaire consiste dans la faculté offerte aux créanciers, poursuivants ou inscrits, de recourir à tous moyens complémentaires d'information à l'effet d'annoncer la vente. À ce titre, ils peuvent recourir aux techniques modernes de communication et, tout particulièrement, au réseau informatique mondial internet. Mais cet aménagement est strictement encadré par l'article R. 322-36 du CPCE, qui le soumet à deux conditions impératives :

- il est **à la charge des créanciers** car il ne peut entraîner des frais pour le débiteur ;
- il ne peut faire apparaître **ni le caractère forcé de la vente, ni l'identité du débiteur**.

689 ***Aménagement judiciaire.*** L'aménagement judiciaire relève de la compétence du juge de l'exécution qui est saisi par requête de la partie saisie, du poursuivant ou de l'un des créanciers inscrits (CPCE, art. R. 322-37, al. 1er). La requête peut être présentée à l'audience d'orientation ou deux mois au plus tard avant l'audience d'adjudication (CPCE, art. R. 322-37, al. 2)[1231]. Lorsque le juge statue par ordonnance, sa décision n'est pas susceptible d'appel (CPCE, art. R. 322-37, al. 5)[1232].

La requête peut tendre à **restreindre ou étendre les mesures de la publicité de droit commun**. Le cas échéant, c'est au requérant de faire réaliser les mesures ordonnées et de faire l'avance des frais (CPCE, art. R. 322-38). Pour prendre sa décision, le juge doit tenir compte de la nature, de la valeur et de la situation de l'immeuble ou de toutes autres circonstances particulières (CPCE, art. R. 322-37, al. 3), sans jamais oublier que la publicité doit permettre l'information du plus grand nombre d'enchérisseurs possible (CPCE, art. R. 322-30)[1233].

b) Les enchères

690 ***Notion.*** De manière générale, l'enchère peut être définie comme « une proposition de prix présentée par une personne, appelée l'enchérisseur, qui a la

1231. Curieusement ce texte prévoit aussi la possibilité de présenter la requête « dans un délai de deux jours ouvrables à compter de la vente », c'est-à-dire après la vente dont il y a lieu d'assurer la publicité !

1232. Il faut donc admettre que l'appel est ouvert lorsque le juge statue sur la requête par le jugement d'orientation.

1233. À ces mesures générales de publicité s'ajoutent les modalités particulières d'information dont bénéficient, le cas échéant, les bénéficiaires d'un droit de préemption sur l'immeuble saisi, comme le preneur à bail rural (C. rur. et de la pêche maritime, art. L. 412-11), les Safer (C. rur. et de la pêche maritime, art. L. 143-8) ou les indivisaires (C. civ., art. 815-15) ; sur l'ensemble de la question, voy. A. Leborgne, *Droit et pratique des voies d'exécution*, *op. cit.*, nos 1367.90 et s.

volonté d'acquérir le bien moyennant ce prix[1234] ». Elle participe donc de la **valeur juridique de l'acceptation** et n'est pas une offre d'achat, comme cela est souvent affirmé[1235].

Rapportées à la saisie immobilière, les enchères portent sur l'acquisition de l'immeuble saisi aux conditions fixées par le cahier des conditions de vente et aux prix annoncés successivement par les enchérisseurs. Comme elles conduisent à l'expropriation du débiteur saisi dans l'intérêt de ses créanciers, elles sont strictement réglementées, qu'il s'agisse de leur tenue (1) ou de leur déroulement (2).

1) *La tenue des enchères*

Les enchères se tiennent à la date de l'audience d'adjudication si un créancier requiert la vente.

691 ***Date des enchères.*** En principe, les enchères se tiennent à la date de l'audience d'adjudication fixée par le juge de l'exécution dans la décision qui ordonne la vente forcée (voy. *supra*, n° 682). Mais cette date n'est pas intangible car elle peut exceptionnellement être reportée, soit avant la tenue de l'audience, soit le jour même, ce qui est plus gênant.

Le report **avant la date d'audience** est possible **en cas d'appel** de la décision ayant ordonné la vente forcée. Il est aisé de comprendre qu'il est dangereux de poursuivre la vente forcée tant que la cour ne s'est pas prononcée. Pour éviter ce risque, le poursuivant demandait parfois lui-même le report de l'audience d'adjudication, mais il s'exposait alors à la caducité du commandement (voy. *infra*, n° 692)[1236]. C'est pour régler cette difficulté que le décret du 12 février 2009 a modifié l'article 52 du décret de 2006, devenu l'article R. 322-19 du CPCE, qui prévoit désormais les deux règles suivantes :

- la cour d'appel doit statuer **au plus tard un mois avant la date prévue pour l'adjudication**, ce qui permettra encore au poursuivant d'annuler les mesures de publicité si l'infirmation est prononcée ; c'est quand ce délai ne peut être tenu que le poursuivant pourra demander au juge de l'exécution de reporter la date de l'audience d'adjudication[1237] ; mais il peut aussi préférer courir ce risque et poursuivre la vente forcée, nonobstant l'appel pendant devant la cour ;
- il faut cependant réserver les cas où le premier président a fait **droit à une demande de sursis** sur le fondement de l'article R. 121-22 du CPCE du CPCE, car la vente forcée est alors suspendue jusqu'à l'arrêt de la cour ; si celle-ci ne statue pas en temps utile, l'audience d'adjudication fixée par

1234. L. Mauger-Vielpau, *Les ventes aux enchères publiques*, Paris, Économica, 2002, n° 130.

1235. Si l'enchère était une offre d'achat, elle nécessiterait une acceptation du vendeur pour former la vente. Or, celui-ci n'a pas le choix de l'acquéreur, qui est toujours le dernier enchérisseur. L'offre se situe donc du côté du vendeur et l'acceptation du côté de l'enchérisseur, avec cette particularité qu'elle ne devient définitive qu'à défaut d'enchère plus élevée ; en ce sens, voy. L. Mauger-Vielpau, *op. cit.*, n°s 130 et s.

1236. Sur l'ensemble de la question, voy. G.-X. Bourin et C. Cardini, « Les incidences de l'appel du jugement d'orientation ordonnant la vente forcée », *Dr. et procéd.*, 2008, p. 186.

1237. Il s'agit d'une demande incidente qui doit donc être formée par conclusions entre avocats déposées au greffe (sur ce formalisme, voy. *supra*, n° 655) et non verbalement à l'audience : Civ. (2e ch.), 22 février 2012, n° 11-11914, *Bull. civ.*, II ; *Dr. et procéd.*, 2012, p. 184, obs. O. Salati ; *Gaz. Pal.*, 2012, p. 1515, obs. C. Brenner.

la décision déférée ne pourra pas se tenir et une **nouvelle date devra être fixée** par ordonnance du juge de l'exécution, statuant sur requête, en cas de confirmation.

Ces **décisions de report ou de fixation** d'une nouvelle date d'audience ne sont **pas susceptibles d'appel**[1238]**, ni d'un pourvoi en cassation**[1239]. Mais elles ne requièrent pas non plus la réitération des mesures de publicité, car par hypothèse elles n'avaient pas encore eu lieu, ce qui n'est pas le cas pour les reports décidés à l'audience.

À l'audience d'adjudication, la vente forcée ne peut être reportée, selon l'article R. 322-28 du CPCE, qu'**en cas de force majeure** ou sur la **demande de la commission de surendettement**[1240] pour causes graves et dûment justifiées, formée en application des articles L. 722-4 ou L. 721-7 du Code de la consommation (voy. *supra*, n°s 43 et 45 en notes)[1241]. Mais cette liste n'est **pas exhaustive**, car il existe d'autres événements qui empêchent la tenue de l'audience et oblige à la reporter, éventuellement même *sine die*. Ainsi en est-il, par exemple, du décès du débiteur, car la procédure doit alors être régularisée à l'encontre des héritiers (C. civ., art. 877), ou encore de l'ouverture d'une procédure collective qui interrompt toutes les procédures civiles d'exécution en cours (voy. *supra*, n° 42). En tout cas, à chaque fois que la date de la vente forcée est reportée, les mesures de publicité devront être réitérées en vue de la nouvelle date d'audience.

692 ***Réquisition de vente.*** Sous réserve d'une décision de report, les enchères se tiennent à l'audience d'adjudication à condition que leur ouverture soit requise **par le poursuivant ou, à défaut, par un créancier inscrit**, qui est alors subrogé dans les poursuites (CPCE, art. R. 322-27, al. 1er). Cette décision est lourde de conséquences car en cas de carence d'enchères, c'est le poursuivant ou le créancier subrogé qui est déclaré adjudicataire.

À défaut de réquisition de vente, non seulement les enchères ne peuvent être ouvertes, mais le juge doit constater la **caducité du commandement** de payer valant saisie[1242]. Le poursuivant est alors considéré comme défaillant et

---

1238. Conformément à l'article R. 322-19 : Civ. (2e ch.), 13 nov. 2014, n° 13-25614.

1239. Civ. (2e ch.), 8 janv. 2015, n° 14-10205, à paraître au Bull.

1240. Mais une telle demande ne saurait procéder du débiteur lui-même : CA Lyon, 21 juin 2012, *Dr. et procéd.*, 2012, p. 270, obs. J.-J. Desmarthon.

1241. Le jugement statuant sur une demande de report formée par la commission de surendettement pour causes graves n'est susceptible ni d'appel, ni d'opposition (C. cons., art. R. 721-8 et R. 722-7). En revanche, celui statuant sur une demande de report fondée sur la force majeure peut faire l'objet d'un appel sur le fondement du droit commun prévu à l'article R. 311-7 du CPCE car cette voie de recours n'est pas exclue par l'article R. 322-28 du même code : Civ. (2e ch.), 9 avril 2015, n° 14-13330, *D.*, 2016, p. 1287, obs. A. Leborgne. Mais l'arrêt statuant sur un tel jugement ne peut être frappé immédiatement d'un pourvoi en cassation car il ne tranche pas une partie du principal et ne met pas fin à l'instance : Civ. (2e ch.), 3 décembre 2015, n° 14-20390, à paraître au Bull., *D.*, 2016, p. 1287, obs. A. Leborgne.

1242. Certaines décisions écartaient cette sanction lorsque le poursuivant demandait le renvoi de l'audience d'adjudication en cas d'appel en retenant le motif légitime de l'article 12 du décret, devenu l'article R. 311-11 du CPCE ; sur ce point, voy. A. Leborgne, « Deux ans de saisie immobilière », *op. cit.*, n° 9. Mais cette jurisprudence est dépassée compte tenu des réponses apportées à cette difficulté par le décret du 12 février 2009 (voy. *supra*, n° 691).

devra conserver à sa charge l'ensemble des frais de saisie engagés, sauf décision contraire du juge spécialement motivée (CPCE, art. R. 322-27, al. 2)[1243].

À l'inverse, si la vente forcée est requise, les enchères pourront se dérouler selon les règles fixées.

2) *Le déroulement des enchères*

693 ***Désignation d'un adjudicataire.*** Le déroulement des enchères doit permettre de désigner un adjudicataire, ce qui explique une ***chronologie strictement réglementée***. Elles doivent d'abord être ouvertes par le juge, puis les enchérisseurs, qui remplissent les conditions posées, peuvent porter des enchères que l'on peut qualifier d'initiales, car à défaut d'enchère, il faudra parfois recourir à des enchères descendantes, le tout à peine de nullité.

694 ***Ouverture des enchères.*** À l'audience d'adjudication où les enchères doivent se tenir, il appartient au juge de l'exécution d'en prononcer l'ouverture[1244]. Mais préalablement, il doit ***taxer les frais*** de poursuite dûment justifiés par le poursuivant. Puis, il en annonce publiquement le montant, ce qui le rend intangible et obligera l'adjudicataire à le payer (CPCE, art. R. 322-42).

Dès qu'il a ouvert les enchères, le juge rappelle **qu'elles partiront de la mise à prix fixée**, selon les cas, dans le cahier des conditions de vente ou par le juge s'il a fait droit à une contestation du débiteur. Les enchérisseurs pourront alors porter leurs enchères s'ils remplissent les conditions posées.

695 ***Enchérisseurs.*** Le principe est celui de la **liberté des enchères**, ce qui signifie que toute personne peut normalement se porter enchérisseur dès lors qu'elle jouit de la capacité de disposer[1245]. Ce principe se justifie par l'objectif de vendre l'immeuble au prix le plus élevé et donc d'attirer le maximum d'enchérisseurs. Mais il ne peut être absolu car il faut préserver tous les intérêts en présence.

C'est la raison pour laquelle certaines personnes n'ont pas la **capacité d'enchérir**, ni par elles-mêmes, ni par personnes interposées. Il s'agit du saisi, des magistrats de la juridiction et de tous les auxiliaires de justice qui sont intervenus à un titre quelconque dans la procédure, tels les avocats des parties (CPCE, art. R. 322-39).

Par ailleurs, **un enchérisseur** ne peut jamais porter personnellement son enchère, il **doit toujours se faire représenter par un avocat** inscrit au barreau du tribunal devant lequel la vente est poursuivie et chaque avocat ne peut être porteur que d'un seul mandat (CPCE, art. R. 322-40).

Enfin, il faut que la personne qui veut se porter enchérisseur justifie de **garanties de paiement** (CPCE, art. L. 322-7). C'est la raison pour laquelle l'avocat doit se faire remettre par son mandant et contre récépissé une caution

---

1243. Voy., par exemple, Jex Aix-en-Provence, 17 mars 2008, *Dr. et procéd.*, 2008, p. 227, obs. L. Llahi.

1244. Mais le juge doit s'assurer préalablement que le débiteur, qui a sollicité l'aide juridictionnelle, a été informé de la décision rendue et du nom de l'avocat désigné ; à défaut, il commet un excès de pouvoir : Civ. (2e ch.), 24 juin 2010, n° 08-19974, *Bull. civ.*, II, n° 120 ; *D.*, 2010, p. 1800, note N. Fricéro, et p. 1518, obs. A. Leborgne.

1245. Ainsi, une enchère peut être portée pour le compte d'une société en formation à condition d'être régulièrement reprise car elle sera alors réputée avoir été conclue dès l'origine par la société immatriculée : Civ. (2e ch.), 10 septembre 2009, n° 08-15882, *Bull. civ.*, II, n° 207 ; *Dr. et procéd.*, 2010, p. 49, obs. A. Leborgne.

bancaire irrévocable[1246] ou un chèque de banque rédigé à l'ordre du séquestre ou de la Caisse des dépôts et consignations selon les indications du cahier des conditions de vente, représentant 10 % du montant de la mise à prix, sans que le montant de cette garantie puisse être inférieur à 3 000 euros[1247] (CPCE, art. R. 322-41)[1248].

696 ***Enchères initiales.*** Dès l'ouverture prononcée par le juge, les enchères peuvent être portées. Mais comme l'objectif est d'adjuger l'immeuble à l'audience **au meilleur prix**, elles sont strictement encadrées par les règles suivantes :

- les enchères sont **pures et simples** (CPCE, art. R. 322-44, al. 1er), ce qui signifie qu'elles doivent engager définitivement l'enchérisseur et qu'elles ne sauraient donc être assorties de conditions ou réserves ;
- chaque enchère nouvelle doit **couvrir la précédente** (CPCE, art. R. 322-44, al. 2), c'est-à-dire qu'elle doit être d'un montant supérieur et qu'elle libère ainsi l'enchérisseur précédent de son obligation d'acquérir ;
- les enchères sont arrêtées **lorsque 90 secondes se sont écoulées** depuis la dernière enchère ; ce temps est **décompté par tout moyen visuel ou sonore** signalant au public chaque seconde écoulée (CPCE, art. R. 322-45)[1249].

En conséquence de ces règles, l'adjudication va toujours immédiatement au **dernier enchérisseur**, c'est-à-dire à celui qui a porté **l'enchère la plus élevée**. C'est la raison pour laquelle le juge doit constater sur le champ le montant de la dernière enchère (CPCE, art. R. 322-45, al. 2) et l'avocat qui l'a portée est tenu de déclarer l'identité de son mandant avant l'issue de l'audience[1250].

Mais **si aucune enchère n'est portée** dans le délai de 90 secondes, ces règles sont sans objet. L'immeuble doit alors être **adjugé au poursuivant**[1251]. Cependant, cette adjudication n'est possible que pour la mise à prix fixée par le poursuivant et en aucun cas pour celle fixée par le juge (CPCE, art. L. 322-6). Aussi, lorsque les enchères ont été ouvertes **sur une mise à prix judiciaire**, des enchères descendantes devront se tenir immédiatement.

1246. Un nantissement délivré par une banque ne constitue pas une caution bancaire irrévocable au sens de ce texte : Civ. (2e ch.), 10 mars 2011, n° 10-15486 ; *RD bancaire et fin.*, 2011, comm. n° 105, obs. S. Piedelièvre.

1247. Ce plancher a été ajouté par le décret du 12 février 2009.

1248. Si l'enchérisseur n'est pas déclaré adjudicataire, la somme encaissée par le séquestre ou la Caisse des dépôts et consignations lui est restituée. Inversement, s'il est déclaré adjudicataire, mais qu'il ne règle pas le prix d'adjudication, cette somme ou la caution apportée est acquise aux créanciers pour être distribuée avec le prix de l'immeuble (CPCE, art. R. 322-41, al. 3 et 4).

1249. Sous l'empire de l'ancien Code de procédure civile, cette durée correspondait à la consomption de trois bougies allumées successivement, d'une durée d'une minute environ chacune (ACPC, art. 705). La durée de trois minutes avait été reprise par le décret du 27 juillet 2006, mais elle a été réduite à 90 secondes par le décret du 23 décembre 2006.

1250. Avant la réforme, la déclaration de command permettait à l'avocat du dernier enchérisseur de faire connaître au greffe l'identité de son mandant dans un délai de trois jours (ACPC, art. 707). Mais cette faculté est aujourd'hui expressément condamnée par l'article L. 322-8 du CPCE. Ceci étant, si les renseignements fournis le jour de l'audience sont incomplets au regard des exigences de la publicité foncière, l'avocat pourra les compléter par une déclaration écrite remise au greffe au plus tard le troisième jour ouvrable suivant l'audience (CPCE, art. R. 322-61).

1251. Il s'agit du créancier qui a pris l'initiative de la saisie ou de celui qui a requis la vente à sa place et qui lui est alors subrogé.

697 ***Enchères descendantes.*** Les enchères descendantes s'expliquent par la décision du Conseil constitutionnel qui a jugé que la liberté d'acquérir est un attribut essentiel du droit de propriété, auquel l'adjudication au poursuivant à un prix fixé par le juge porte une atteinte d'une gravité telle qu'elle en dénature le sens et la portée[1252]. C'est la raison pour laquelle, si la mise à prix a été fixée par le juge de l'exécution, faisant droit à une contestation du débiteur, l'adjudication ne pourra pas être prononcée au profit du poursuivant à défaut d'enchère.

Le juge de l'exécution doit alors immédiatement remettre l'immeuble en vente **sur baisses successives de la mise à prix judiciaire** (CPCE, art. R. 322-47). Cela signifie qu'il doit ouvrir de nouvelles enchères sur une mise à prix inférieure. S'il se heurte de nouveau à une carence d'enchère, il recommence sur une mise à prix encore plus basse et ainsi de suite **jusqu'à atteindre la mise à prix initiale**, c'est-à-dire celle que le poursuivant avait fixée dans le cahier des conditions de vente[1253]. C'est alors seulement qu'à défaut d'enchère sur cette mise à prix, l'immeuble sera adjugé au poursuivant pour le montant de la mise à prix initiale, qui remplira alors sa fonction juridique (voy. *supra*, n° 640).

E 52 **Appréciation critique**

Les enchères descendantes limitent la portée du contrôle judiciaire de la mise à prix à sa seule fonction technique. En effet, la mise à prix judiciaire permet seulement de débuter les enchères, mais elle ne constitue jamais le prix de l'adjudication au poursuivant. Celle-ci ne peut se faire que pour la mise à prix initiale fixée par le poursuivant, qui bénéficie ainsi d'une sorte de compensation à l'acquisition forcée de l'immeuble saisi. S'il n'a pas le choix d'acquérir, il doit avoir au moins celui de fixer le prix.

Mais cette solution partiellement protectrice du droit de propriété du créancier fait peu de cas du droit de propriété du débiteur, qui peut ainsi se faire exproprier à vil prix. Ce risque est particulièrement patent en cas de mise à prix judiciaire, car celle-ci suppose, par hypothèse, que la mise à prix du poursuivant a été jugée **manifestement insuffisante** (CPCE, art. L. 322-6, al. 2). Or, c'est ce montant qui constitue le prix de l'adjudication au poursuivant ! C'est la quadrature du cercle, qui aurait dû conduire le législateur à abandonner cette issue singulière de la saisie immobilière, faisant du créancier le propriétaire forcé d'un immeuble dont il poursuivait la vente et du débiteur un exproprié à vil prix. Cet abandon aurait été d'autant plus justifié que, dans le même temps, l'ordonnance du 23 mars 2006 relative aux sûretés a étendu à la matière immobilière la technique classique de l'attribution judiciaire du gage en matière mobilière. Or, ce mode de réalisation de l'hypothèque et du gage immobilier se fait toujours avec l'accord du créancier et au juste prix. Autrement dit, l'attribution de l'immeuble saisi au poursuivant à défaut d'enchère apparaît comme une acquisition forcée à vil prix confrontée à une attribution choisie au juste prix[1254].

Pourtant ce mécanisme a été déclaré conforme à la Constitution du point de vue du droit de propriété du débiteur en réponse à une QPC transmise par la deuxième chambre civile[1255].

1252. Décret 98-403 du 29 juillet 1998 rendue à propos de la loi relative à la lutte contre les exclusions, *JO*, 31 juillet 1998 ; voy. not. R. Martin, « Surendettement, exclusion et saisie immobilière », *D.*, 1999, chron., p. 205.

1253. En aucun cas, il ne peut s'agir d'une mise à prix subsidiaire fixée par le juge à défaut d'enchères : Civ. (2e ch.), 12 avril 2018, n° 17-15148.

1254. Sur l'ensemble de la question, voy. Ph. Hoonakker, « Réflexions sur l'adjudication au poursuivant à défaut d'enchère », in *Mélanges offerts au doyen Philippe Simler*, Paris, LexisNexis-Litec-Dalloz, 2006, p. 867.

1255. Cons. const., 16 décembre 2011, n° 2011-206, *Dr. et procéd.*, 2012, p. 80, obs. A. Leborgne.

698 ***Nullité des enchères.*** Toutes les règles relatives au déroulement des enchères sont prescrites à peine de **nullité soulevée d'office** (CPCE, art. R. 322-48, al. 1er). Mais pour éviter des manœuvres dilatoires qui pourraient retarder abusivement l'issue de la saisie, le régime de cette nullité est **strictement encadré** par les trois règles suivantes :

- toute nouvelle enchère régulièrement portée couvre la nullité des enchères précédentes (CPCE, art. R. 322-48, al. 2) ;
- la nullité de la dernière enchère entraîne de plein droit la nullité de l'adjudication (CPCE, art. R. 322-48, al. 3) ;
- les contestations relatives à la validité des enchères doivent être formées verbalement à l'audience d'adjudication par ministère d'avocat et, si le juge qui statue sur le champ prononce l'annulation, il reprend immédiatement les enchères sur la même mise à prix (CPCE, art. R. 322-49).

Il s'ensuit que si la dernière enchère est régulière, aucune contestation ne peut être élevée, car toutes les nullités antérieures sont couvertes. Inversement, si la dernière enchère est irrégulière, elle peut être contestée immédiatement et si le juge l'annule, c'est toute l'adjudication qui est nulle de plein droit, nonobstant la régularité des enchères antérieures. Les enchères sont alors reprises immédiatement de manière à aboutir à une adjudication régulière.

c) L'adjudication

L'adjudication est constatée par un jugement du juge de l'exécution (1), qui lui permettra de produire tous ses effets (2).

1) *Le jugement d'adjudication*

699 ***Objet et contenu.*** Le jugement d'adjudication a pour objet principal, comme son nom l'indique, de constater l'adjudication au profit du dernier enchérisseur ou du poursuivant, le cas échéant. Mais il peut aussi être amené à trancher des contestations élevées postérieurement à l'audience d'orientation, qui n'ont pas encore été jugées ou qui sont formées à l'audience d'adjudication[1256].

Cette dualité d'objet explique le contenu du jugement d'adjudication prévu à l'article R. 322-59 du CPCE. Selon ce texte, il doit comporter les mentions générales prescrites pour tout jugement (CPC, art. 454 et s.) et les mentions particulières qu'il prévoit. Celles-ci peuvent être classées en trois rubriques :

- celles **relatives à la procédure antérieure** : identité du poursuivant et, le cas échéant, du créancier subrogé, ainsi que les formalités de publicité et leur date ;
- celles **relatives à l'adjudication** : désignation de l'immeuble adjugé, date et lieu de la vente forcée, identité de l'adjudicataire, le prix de l'adjudication et le montant des frais taxés ;
- celles **relatives aux contestations** : le cas échéant, les contestations tranchées par le juge de l'exécution.

1256. Observons que si le juge de l'exécution, faisant droit à une contestation, prononce la nullité de la saisie ou la caducité du commandement de payer valant saisie, son jugement ne serait pas un jugement d'adjudication, mais un jugement sur incident, soumis au régime applicable à ces décisions, voy. *supra*, nos 655 et 656.

700 ***Nature.*** La nature du jugement d'adjudication est incertaine. Certes, en tant qu'il tranche des contestations, il constitue certainement une décision contentieuse. Mais cette qualification ne saurait s'étendre à son objet principal. Sur ce point, le jugement ne tranche aucun litige, il se contente de constater une vente forcée placée sous son contrôle. C'est la raison pour laquelle il était généralement qualifié de contrat judiciaire. Mais la Cour de cassation lui a dénié la qualité de contrat[1257]. On pourrait alors songer à le classer parmi les **décisions gracieuses**[1258] ou se résoudre à le considérer comme un **jugement *sui generis***[1259].

En tout cas, il a été décidé que le jugement d'adjudication qui ne statue sur aucun incident n'est **pas revêtu de l'autorité de chose jugée**[1260]. En revanche, il bénéficie certainement de **la force exécutoire** car elle est indispensable aux effets qu'il produit, et notamment pour permettre à l'adjudicataire de prendre possession de l'immeuble acquis. C'est d'ailleurs pour cette raison qu'il a toujours été admis qu'il doit préalablement être notifié.

701 ***Notification et voies de recours.*** Sous l'empire de l'ancien Code de procédure civile, la notification préalable au débiteur était imposée par la jurisprudence sur le fondement de l'article 503 du Code de procédure civile[1261]. Désormais, elle est expressément prescrite par l'article R. 322-60 du CPCE et elle doit être délivrée non seulement au débiteur, mais aussi aux créanciers inscrits, à l'adjudicataire ainsi qu'à toute personne ayant élevé une contestation tranchée par la décision.

À l'origine, la notification était faite par le greffe du juge de l'exécution au moyen d'une lettre recommandée avec demande d'avis de réception. Mais depuis le décret du 12 février 2009, cette formalité incombe au créancier poursuivant et, conformément à l'article R. 311-7 du CPCE auquel il n'est pas dérogé, elle se fait **par voie de signification**.

La notification fait courir le délai de 15 jours dans lequel le jugement d'adjudication peut être **frappé d'appel**. Mais cette voie de recours n'est ouverte que **si la décision tranche une contestation** et seulement de ce chef (CPCE, art. R. 322-60, al. 2). Elle est donc exclue **pour critiquer l'adjudication** elle-même. De même, il n'est pas susceptible d'un pourvoi en cassation, sauf pour excès de pouvoir[1262]. En définitive, **la seule voie ouverte est celle d'une action**

1257. À propos de la loi du 18 décembre 1996, dite loi *Carrez*, dont elle a écarté l'application aux ventes sur saisie immobilière, au motif qu'un jugement d'adjudication ne constitue pas un « contrat réalisant ou constatant une vente » au sens de cette loi : Civ. (2e ch.), 3 octobre 2002, n° 00-18395, *Bull. civ.*, II, n° 199 ; *Dr. et procéd.*, 2003, p. 122, obs. A. Leborgne ; *D.*, 2003, p. 1322, note L. Mauguer-Vielpau.

1258. Au sens de l'article 25 du CPC qui dispose que : « Le juge statue en matière gracieuse lorsqu'en l'absence de litige il est saisi d'une demande dont la loi exige, en raison de la nature de l'affaire ou de la qualité du requérant, qu'elle soit soumise à son contrôle ».

1259. En ce sens : R. Perrot et Ph. Théry, *op. cit.*, n° 965.

1260. Civ. (2e ch.), 11 juillet 2013, n° 12-13737, *D.*, 2013, p. 1908.

1261. Voy. not. Civ. (2e ch.), 5 juin 1996, n° 94-15060, *Bull. civ.*, II, n° 127.

1262. Civ. (2e ch.), 19 novembre 2009, nos 08-20798 et 08-70024, *Bull. civ.*, II, nos 270 et 266 ; *Dr. et procéd.*, 2010, p. 97, obs. A. Leborgne ; en conséquence, l'appel pour excès de pouvoir n'est pas ouvert : Civ. (2e ch.), 6 décembre 2012, n° 11-24028. Sur un exemple d'excès de pouvoir, voy. *supra*, n° 694 en note.

en nullité, en particulier pour vice du consentement[1263]. Si elle aboutit, elle anéantira rétroactivement tous les effets produits par l'adjudication.

2) *Les effets de l'adjudication*

702 ***Adjudication définitive et vente forcée.*** Une adjudication ne peut pleinement produire ses effets que ***lorsqu'elle est définitive***. Elle présente ce caractère dans deux hypothèses :

- d'une part, **à défaut de surenchère** dans le délai de dix jours (voy. *infra*, n°s 711 et s.), si bien qu'en attendant, **l'adjudication n'est que provisoire** ;
- d'autre part, en cas de surenchère, c'est la **nouvelle adjudication** qui constituera l'**adjudication définitive** dès son prononcé (voy. *infra*, n° 717).

Pour l'instant, seuls seront envisagés les effets attachés à l'adjudication **définitive faute de surenchère** (sur les effets de l'adjudication sur surenchère, voy. *infra*, encadré E53). Ces effets sont ceux de la vente. Mais comme l'adjudication est une vente forcée, ils ne sont pas strictement identiques à ceux de la vente volontaire. Des règles particulières affectent tant le transfert de propriété de l'immeuble adjugé (a) que les obligations incombant aux parties à la vente forcée (b).

a. Le transfert de propriété

703 ***Moment.*** Selon l'alinéa 1er de l'article L. 322-10 du CPCE, « l'adjudication emporte vente forcée du bien saisi et en transmet la propriété à l'adjudicataire ». Mais ce transfert de propriété ne se produit pas au même moment entre les parties et à l'égard des tiers.

Entre les parties, il joue dès le jugement d'adjudication. C'est donc à compter de cette date que l'adjudicataire supporte les risques de l'immeuble. Mais il ne bénéficie pas immédiatement de toutes les prérogatives du propriétaire. En effet, tant qu'il ne s'est pas acquitté du prix et des frais de la vente[1264], il ne peut accomplir aucun autre acte de disposition que la constitution d'une hypothèque accessoire à un contrat de prêt destiné à financer l'acquisition de ce bien (CPCE, art. L. 322-9, al. 2).

À l'égard des tiers, le transfert de propriété **ne leur est opposable qu'à compter de la publication** du titre de vente au fichier immobilier. Mais la délivrance de ce titre et sa publication sont aussi soumises à des règles particulières.

704 ***Titre de vente.*** Le titre de vente consiste dans **l'expédition du cahier des conditions de vente** revêtue de la formule exécutoire, à la suite de laquelle est transcrit le jugement d'adjudication (CPCE, art. R. 322-61, al. 1er).

Il est délivré par le greffier à l'adjudicataire (CPCE, art. R. 322-62, al. 1er), mais uniquement sur justification du paiement des frais taxés (CPCE, art. L. 322-11), dont la quittance est annexée au titre délivré (CPCE, art. R. 322-62, al. 3).

1263. Sur ce point, voy. not. A. Leborgne, *op. cit.*, n° 2376.

1264. Sur les modalités, voy. *infra*, n° 708.

L'adjudicataire peut alors procéder à sa **publication au fichier immobilier**, qui s'opère selon les règles prévues pour les ventes judiciaires (CPCE, art. R. 322-63). Mais s'il s'en abstient, le poursuivant peut lui-même requérir cette publication (CPCE, art. R. 322-63) et, à cette fin, il est aussi autorisé à demander au greffe la délivrance du titre de vente (CPCE, art. R. 322-62, al. 1er).

705 ***Étendue et purge des inscriptions.*** Il reste à examiner l'étendue du droit de propriété qui est ainsi transféré à l'adjudicataire. Selon l'alinéa 2 de l'article L. 322-10 du CPCE, l'adjudication ne peut lui conférer « d'autres droits que ceux appartenant au saisi ». Il s'ensuit que l'adjudicataire, comme tout acquéreur, recueille l'immeuble grevé des charges l'affectant à la date du transfert.

Mais ce principe n'est pas absolu car l'adjudication emporte de plein droit, dès la consignation du prix et le paiement des frais, la purge de toute hypothèque et de tout privilège du chef du débiteur à compter de la publication du titre de vente (CPCE, art. L. 322-14). C'est la raison pour laquelle il appartient au juge de l'exécution d'ordonner, sur requête de l'adjudicataire, la radiation des inscriptions correspondantes au fichier immobilier, et sa décision n'est pas susceptible d'appel (CPCE, art. R. 322-65)[1265].

b. Les obligations des parties

706 ***Réciprocité des obligations.*** L'adjudication, comme toute vente, produit des obligations réciproques. Il s'ensuit que les obligations du saisi constituent les droits de l'adjudicataire et inversement. Mais l'obligation de paiement, qui incombe principalement à l'adjudicataire, profite directement aux créanciers du débiteur, poursuivants et inscrits.

707 ***Obligations du saisi.*** Le saisi est tenu des obligations de délivrance de l'immeuble et de garantie contre l'éviction (CPCE, art. L. 322-10, al. 2)[1266].

Au titre de **l'obligation de délivrance**, l'immeuble doit être libéré par le saisi et tout occupant de son chef. À défaut, l'adjudicataire peut poursuivre leur expulsion sur le fondement du **jugement d'adjudication, qui vaut désormais titre d'expulsion** à l'encontre du saisi (CPCE, art. L. 322-13)[1267]. Mais il devra préalablement s'être acquitté du prix et des frais taxés (CPCE, art. R. 322-64)[1268].

L'obligation de garantie contre l'éviction joue conformément aux règles de droit commun prévues aux articles 1626 à 1640 du Code civil. Mais, en pratique, elle risque de se heurter à l'insolvabilité du saisi. C'est la raison pour laquelle il est possible aussi à l'adjudicataire de retenir le prix s'il ne l'a pas encore payé ou, à défaut, d'agir sur le fondement du paiement de l'indu contre les créanciers qui en ont bénéficié.

1265. Comme cette ordonnance est ainsi rendue en dernier ressort, elle est notifiée par le greffe simultanément aux parties et à leurs avocats (CPCE, art. R. 311-7, al. 2).

1266. En revanche, la garantie des vices cachés et l'action en rescision pour lésion sont exclues respectivement par les articles 1649 et 1684 du C. civ., pour les « les ventes faites par autorité de justice ».

1267. C'est une innovation de la réforme. Sous l'empire de l'ancien Code de procédure civile, comme le jugement d'adjudication n'a jamais pour objet d'ordonner ou d'autoriser l'expulsion (sur ce point, voy. *supra*, n° 264), l'adjudicataire devait engager une nouvelle procédure à cette fin contre le saisi.

1268. Sur les modalités, voy. *infra*, n° 708.

708 ***Obligation de paiement de l'adjudicataire.*** Le **paiement du prix** par l'adjudicataire se fait **par versement** sur le compte séquestre désigné ou **par consignation** auprès de la Caisse des dépôts et consignations, selon les indications du cahier des conditions de vente (CPCE, art. L. 322-9, al. 1er)[1269]. Ce versement ou cette consignation doivent intervenir dans un **délai de deux mois** courant à compter de l'adjudication définitive. Passé ce délai, l'adjudicataire s'expose à une réitération des enchères (voy. *infra*, n° 718)[1270]. Par ailleurs, le prix est majoré des intérêts au taux légal (CPCE, art. R. 322-56), qui est lui-même augmenté de cinq points après un délai de quatre mois suivant le prononcé de l'adjudication (CMF, art. L. 313-3, al. 1er).

En sus du prix, l'adjudicataire doit **payer les frais de la vente** (CPCE, art. L. 322-9, al. 1er). Il s'agit des frais de poursuite taxés et des droits de mutation (CPCE, art. R. 322-58)[1271]. À peine de réitération des enchères, l'adjudicataire doit justifier de ces paiements au greffe avant l'expiration du même **délai de deux mois** courant à compter de l'adjudication définitive.

709 ***Autres obligations de l'adjudicataire.*** L'adjudicataire est tenu par ailleurs de toutes les obligations particulières qui peuvent être stipulées dans le cahier des conditions de vente. Il peut ainsi être prévu, par exemple, qu'il devra prendre en charge, à compter du transfert de propriété ou de l'entrée en jouissance, tous les contrats d'assurances et d'abandonnement relatifs à l'immeuble souscrits par le saisi.

Mais encore faut-il que l'adjudication initiale n'ait pas été remise en cause par une nouvelle adjudication, qui se substitue alors à la précédente.

d) La remise en cause de l'adjudication

710 ***Cas.*** L'adjudication peut être remise en cause par deux techniques traditionnelles que la réforme a maintenues en y apportant quelques modifications. L'une est ouverte de plein droit, c'est la surenchère (1). L'autre ne joue qu'à titre de sanction de l'obligation de paiement de l'adjudicataire, c'est la réitération des enchères (2).

1) *La surenchère*

711 ***Meilleur prix.*** La surenchère est une procédure qui permet de remettre en cause l'adjudication pour parvenir à un meilleur prix. Dans cette perspective, l'enchérisseur accepte de courir le risque d'offrir un prix supérieur au prix d'adjudication, auquel l'immeuble lui sera adjugé à défaut d'enchère.

Elle est prévue aux articles R. 322-50 à R. 322-55 qui régissent la déclaration de surenchère (a) et les nouvelles enchères conduisant à l'adjudication sur surenchère (b).

1269. En pratique, le cahier des conditions de vente prévoit la consignation sur un compte séquestre tenu par la CARPA, Caisse autonome des règlements pécuniaires des avocats, conformément à l'une des clauses types annexées au RNI ; voy. D. Couret, « La CARPA face à la réforme de la saisie immobilière », *Gaz. Pal.*, 2008, p. 1418.

1270. Mais une action de droit commun en résolution de la vente est aussi possible et elle peut être exercée, le cas échéant, par les ayants droit du débiteur saisi : Civ. (2e ch.), 11 juillet 2013, n° 12-13737, *D.*, 2013, p. 1908.

1271. Les droits de mutation ont été ajoutés par le décret du 12 février 2009 car ils avaient été oubliés à l'origine.

a. La déclaration de surenchère

712 ***Conditions.*** Selon l'article R. 322-50, **toute personne** peut faire une surenchère[1272]. Peu importe qu'elle soit ou non un créancier du saisi. Il peut s'agir du poursuivant lui-même, voire de l'adjudicataire qui a été évincé par le bénéficiaire d'un droit de péremption[1273]. Mais dans tous les cas, l'enchérisseur doit remplir les conditions de capacité pour enchérir (CPCE, art. R. 322-55, qui renvoie notamment à l'art. R. 322-39 ; voy. *supra*, n° 695)[1274].

De plus, comme l'objectif est de parvenir à un meilleur prix, la surenchère doit être du « dixième au moins du prix principal de la vente » (CPCE, art. R. 322-50). Autrement dit, l'enchérisseur doit offrir un **prix d'acquisition supérieur d'au moins 10 % au prix d'adjudication**, hors frais, qui correspondra à la mise à prix à l'audience d'adjudication sur surenchère.

713 ***Délai et formalisme.*** À peine d'irrecevabilité, la déclaration de surenchère doit être formée **dans les dix jours de l'adjudication** (CPCE, art. R. 322-51, al. 1er). Pendant ce délai, un extrait du procès-verbal de l'audience d'adjudication doit être affiché par le greffe à la porte de la salle d'audience. Cet extrait mentionne le prix d'adjudication et le montant des frais, une description sommaire de l'immeuble, le greffe compétent pour recevoir les offres de surenchères et le délai de dix jours (CPCE, art. R. 322-34).

Toute déclaration de surenchère est **formée par acte d'avocat**, lequel doit attester qu'il s'est fait remettre une caution bancaire irrévocable ou un chèque de banque du dixième du prix principal de la vente[1275]. Cet acte est déposé au greffe du juge de l'exécution et vaut demande de fixation d'une audience de surenchère. Toutes ces formalités sont imposées à peine d'irrecevabilité (CPCE, art. R. 322-51, al. 1er).

Sous la même sanction, la déclaration de surenchère doit être **dénoncée, au plus tard le troisième jour ouvrable** suivant sa date, par acte d'huissier de justice ou par notification entre avocats, aux personnes suivantes : le poursuivant, le débiteur saisi et l'adjudicataire. L'acte de dénonciation comporte en annexe une copie de l'attestation établie par l'avocat du surenchérisseur et rappelle les dispositions de l'article R. 311-6 du CPCE relatif aux règles de procédure applicables aux incidents (voy. *supra*, n° 655), ainsi que celles de l'alinéa 2 de l'article R. 322-52 qui prévoit le droit de contestation (CPCE, art. R. 322-52, al. 1er). En effet, la validité de la surenchère peut être contestée

---

1272. Il peut s'agir notamment d'une société en formation à condition que la déclaration de surenchère ne soit pas régularisée par la société en formation elle-même, mais par un ou plusieurs associés agissant en son nom et pour son compte : Civ. (2e ch.), 28 septembre 2017, n° 16-20903, *Gaz. Pal.*, 2018, p. 989, obs. M. Caffin-Moi.

1273. Mais l'hypothèse est rare en pratique car le délai de la surenchère est plus court que les délais des droits de péremption.

1274. Ainsi, est nulle la surenchère portée par un avocat pour le compte d'une société dont il est le gérant et l'associé unique alors qu'il était intervenu préalablement dans la procédure de saisie, fût-ce seulement au stade de la visite du bien où il s'était présenté comme le conseil du saisi : Civ. (2e ch.), 18 octobre 2012, n° 11-23646, *D.*, 2013, p. 1582, obs. A. Leborgne ; *Gaz. Pal.*, 2012, p. 3315, obs. L. Lauvergnat.

1275. À défaut, la surenchère est irrecevable : Civ. (2e ch.), 11 avril 2013, nos 12-10053 et 12-24175, *Dr. et procéd.*, 2013, p. 145, obs. A. Leborgne.

dans les 15 jours de sa dénonciation (CPCE, art. R. 322-52, al. 3)[1276] et, lorsque des contestations sont élevées, les nouvelles enchères ne pourront se tenir que si elles sont rejetées.

b. Les nouvelles enchères

714 ***Audience de surenchère.*** Les nouvelles enchères se tiennent à l'audience de surenchère fixée par le juge de l'exécution suite à la déclaration de surenchère, qui vaut demande de fixation (CPCE, art. R. 322-51, al. 1er). Sa date doit être comprise dans **un délai de deux à quatre mois** suivant la déclaration de surenchère. Mais si une contestation est élevée, ce délai ne court qu'à compter de la décision de rejet (CPCE, art. R. 322-53).

L'audience ne peut donc jamais être fixée avant l'expiration du délai de contestation et, en cas de contestation, elle le sera généralement par la décision de rejet. C'est alors que les formalités de publicité pourront être accomplies.

715 ***Publicité.*** Les nouvelles enchères doivent être précédées, comme les premières, d'une large publicité pour attirer un maximum d'enchérisseurs. Les règles applicables sont celles de la **publicité de droit commun** (CPCE, art. R. 322-35), éventuellement aménagées (voy. *supra*, nos 684 et s.).

Cette publicité est réalisée à la diligence du surenchérisseur sur la mise à prix modifiée par la surenchère, qui correspond au prix d'adjudication hors frais majoré du montant de la surenchère. Mais s'il néglige de l'entreprendre, le poursuivant pourra se substituer à lui (CPCE, art. R. 322-54)[1277].

716 ***Déroulement.*** À l'audience, les nouvelles enchères se déroulent comme les précédentes, l'article R. 322-55 renvoyant aux articles R. 322-39 à R. 322-49 du CPCE (voy. *supra*, nos 693 à 698)[1278]. Mais leur ouverture et leur clôture présentent quelques particularités.

Si l'ouverture doit être prononcée par le juge de l'exécution, elle ne nécessite **aucune réquisition** du poursuivant ou d'un créancier inscrit, car la déclaration de surenchère ne peut être rétractée (CPCE, art. R. 322-51, al. 3). Cela signifie que le surenchérisseur est engagé et que les enchères doivent obligatoirement être ouvertes sur la mise à prix résultant de la surenchère. Mais, préalablement, le juge de l'exécution doit taxer et annoncer publiquement les frais de poursuite justifiés par le surenchérisseur (CPCE, art. R. 322-42).

Comme pour les premières enchères, l'immeuble est adjugé au dernier enchérisseur. Mais, **à défaut d'enchère, c'est le surenchérisseur** qui est déclaré adjudicataire (CPCE, art. R. 322-55, al. 2), pour le montant de la mise à prix résultant de la surenchère (voy. *supra*, n° 715). Le poursuivant ne court

1276. La contestation se fait par des conclusions d'avocat déposées au greffe, mais il n'est pas nécessaire qu'elles contiennent déjà tous les moyens pouvant être invoqués : Civ. (2e ch.), 11 avril 2013, préc.

1277. Cette faculté de substitution a été ajoutée à l'article 98 par le décret du 12 février 2009.

1278. En particulier, tout enchérisseur doit remettre à son avocat une caution bancaire irrévocable ou un chèque de banque représentant 10 % de la mise à prix (voy. *supra*, n° 695), de sorte qu'une consignation de ce montant sur un compte CARPA n'est pas suffisante, même si elle était prévue dans l'avis annonçant l'audience d'adjudication sur surenchère car celui-ci ne peut méconnaître les dispositions de l'article R. 322-41 du CPCE : Civ. (2e ch.), 18 février 2016, n° 14-29052, à paraître au Bull., *D.*, 2016, p. 1288, obs. A. Leborgne.

donc plus aucun risque et il n'est jamais nécessaire d'organiser des enchères descendantes.

717 ***Adjudication définitive.*** L'adjudication prononcée sur surenchère est définitive car aucune surenchère ne pourra être reçue sur la seconde adjudication (CPCE, art. R. 322-55, al. 3). C'est la confirmation du vieil adage, qui reste d'actualité, « surenchère sur surenchère ne vaut ».

Elle produit donc tous les **effets d'une adjudication définitive**, qu'il s'agisse du transfert de propriété ou des obligations des parties, saisi et adjudicataire (voy. *supra*, n°s 702 et s.). Mais comme elle a été précédée d'une adjudication qui, par hypothèse, est restée provisoire, il faut tenir compte de son anéantissement, ce qui pose des difficultés qu'aucun texte n'envisage (voy. *infra*, encadré E53).

E 53 **Difficultés liées à l'anéantissement de l'adjudication provisoire**

En principe, l'adjudication emporte dès son prononcé transfert de propriété de l'immeuble dans les rapports entre le saisi et l'adjudicataire. Mais en réalité, le délai de surenchère et, le cas échéant, la déclaration de surenchère créent une période d'attente, inscrite au moins implicitement dans les textes qui requièrent une adjudication définitive (ainsi le délai de l'obligation de paiement de l'adjudicataire ne court qu'à compter de l'adjudication définitive : CPCE, art. R. 322-56, à propos du prix de vente, et R. 322-58, à propos des frais et des droits de mutation). Pendant ce temps, aucun adjudicataire ne prendrait le risque de s'acquitter du prix ou des frais. En conséquence, il ne pourra ni obtenir la délivrance du titre de vente, qui suppose le paiement des frais taxés (CPCE, art. L. 322-11), ni poursuivre l'expulsion du débiteur saisi, qui suppose le versement ou la consignation du prix et le paiement des frais (CPCE, art. R. 322-64). Autrement dit, les choses restent en l'état jusqu'à l'expiration du délai de surenchère. À cette date, de deux choses l'une :

- ou bien, aucune surenchère n'a été déclarée et alors l'adjudication devient définitive et produit tous ses effets ;
- ou bien, une déclaration de surenchère est formée et alors l'adjudication, qui n'était que provisoire, disparaîtra pour être remplacée par l'adjudication sur surenchère ; mais à quel moment s'opère l'anéantissement de l'adjudication provisoire ?

Pour répondre à cette question, la meilleure solution est de considérer que le transfert de propriété, résultant de l'adjudication provisoire, s'opère sous la **condition résolutoire** d'une surenchère. Si la condition se réalise, l'adjudication provisoire est alors immédiatement résolue et le saisi est rétroactivement réputé avoir conservé la propriété de l'immeuble, sans interruption[1279]. Cette condition résolutoire, qui malheureusement n'est prévue par aucun texte, permet de sécuriser la situation de l'adjudicataire définitif, nonobstant l'adjudication provisoire antérieure. En effet, l'adjudicataire définitif n'acquiert ainsi la propriété de l'immeuble saisi, avec toutes les conséquences qui s'y attachent, qu'à compter de l'audience de surenchère, sans aucun effet rétroactif, et cette solution vaut quelle que soit la personne de l'adjudicataire définitif.

Elle joue d'abord dans l'hypothèse, la plus fréquente, où l'adjudicataire définitif est **distinct de l'adjudicataire provisoire**. En effet, la déclaration de surenchère faisant disparaître immédiatement et rétroactivement le transfert de propriété né de l'adjudication provisoire, tout se passe comme si le bien n'avait jamais quitté le patrimoine du débiteur saisi[1280].

Mais elle vaut aussi lorsque l'adjudicataire définitif est **la même personne que l'adjudicataire provisoire**. La situation peut se rencontrer car rien n'interdit à ce dernier de se porter de nouveau enchérisseur à l'audience de surenchère (elle pourrait aussi survenir si l'adjudicataire provisoire, évincé par le bénéficiaire d'un droit de préemption, faisait lui-même une déclaration de surenchère suivie d'une carence d'enchère). Certes, dans ce cas, son droit de

---

1279. En ce sens, voy. A. Leborgne, *op. cit.*, n° 2476.

1280. En ce sens, voy. A. Leborgne, *op. cit.*, n°s 2477 et 2478 ; voy. cependant G. Couchez, *op. cit.*, n° 498.

propriété est confirmé, mais on ne saurait admettre qu'il rétroagit à la date de la première adjudication. Une telle solution serait en contradiction avec l'anéantissement rétroactif de l'adjudication provisoire provoqué par la déclaration de surenchère. De plus, la seconde vente forcée ne peut être confondue avec la première alors qu'elle n'intervient pas pour le même prix[1281].

C'est donc toujours à compter de l'audience de surenchère que s'opère le transfert de propriété et que les parties à la vente forcée doivent remplir leurs obligations, qui sont celles attachées à toute adjudication définitive. En particulier, l'adjudicataire devra exécuter son obligation de paiement, à peine de réitération des enchères.

2) *La réitération des enchères*

718 ***Sanction de l'obligation de paiement de l'adjudicataire.*** La réitération des enchères est une procédure qui permet de remettre en cause l'adjudication pour **sanctionner l'adjudicataire** qui n'a pas rempli son obligation de paiement[1282]. Elle consiste à remettre l'immeuble en vente aux enchères publiques aux risques de l'adjudicataire défaillant, car celui-ci devra supporter la différence entre son enchère et le nouveau prix d'adjudication (CPCE, art. L. 322-12). C'est ce qui explique l'appellation de **folle enchère** qui était en vigueur sous l'ancien Code de procédure civile et à laquelle la réitération succède.

Mais nonobstant ce changement de vocabulaire que l'on peut regretter car l'appellation précédente était plus significative, les règles anciennes ont été conservées pour l'essentiel. Elles sont prévues aux articles R. 322-66 à R. 322-72 qui régissent la demande de réitération des enchères (a) et les enchères réitérées conduisant à une nouvelle adjudication (b).

a. La demande de réitération des enchères

719 ***Conditions.*** La réitération des enchères est ouverte **en cas de défaut de paiement** par l'adjudicataire, dans les délais prescrits, du prix, des frais ou des droits de mutation (CPCE, art. R. 322-66)[1283]. Comme ces délais, d'une durée de deux mois, courent toujours à compter de l'adjudication définitive (CPCE, art. R. 322-56 et R. 322-58), la réitération des enchères peut affecter soit l'adjudication provisoire devenue définitive faute de surenchère, soit l'adjudication sur surenchère.

Elle peut être demandée tant par le créancier poursuivant ou inscrit que par le débiteur saisi, car lui aussi a intérêt au paiement des montants dus par l'adjudicataire (CPCE, art. R. 322-66).

720 ***Certificat de non-paiement.*** Pour ce faire, la personne qui poursuit la réitération doit se faire **délivrer par le greffe** un certificat constatant que l'adjudicataire n'a pas justifié de la consignation du prix ou du paiement des frais taxés ou des droits de mutation. Il fait ensuite signifier ce certificat de non-paiement

1281. Ainsi jusqu'à l'adjudication sur surenchère, l'immeuble reste aux risques du débiteur saisi : Civ. (2e ch.), 17 novembre 2011, n° 10-20957, *Gaz. Pal.*, 2012, p. 1518, obs. C. Brenner.

1282. Au lieu de la réitération des enchères, il est possible aussi, comme auparavant, de poursuivre la résolution de l'adjudication et cette compétence relève désormais du juge de l'exécution : Civ. (2e ch.), 23 février 2017, n° 16-13178, à paraître au Bull., *Dr. et procéd.*, 2017, p. 37, obs. A. Leborgne.

1283. Ces droits, omis à l'origine, ont été ajoutés par le décret du 12 février 2009.

au saisi et à l'adjudicataire, ainsi qu'au créancier poursuivant, le cas échéant, c'est-à-dire s'il ne poursuit pas lui-même la réitération (CPCE, art. R. 322-67, al. 1er et 2). À peine de nullité, cette signification doit comporter les mentions communes à tous les actes d'huissier de justice (CPC, art. 648) et les mentions particulières prescrites aux 1° et 2° de l'article R. 322-67 du CPCE, en l'occurrence :

- la sommation d'avoir à payer le prix, les frais taxés et les droits de mutation dans un délai de huit jours ;
- le rappel des dispositions suivantes du CPCE : les articles L. 322-12 (relatif à la résolution de plein droit de l'adjudication faute de paiement, à l'obligation de l'adjudicataire défaillant de supporter la différence de prix, le cas échéant, et à l'interdiction d'obtenir la répétition des sommes payées ; voy. *infra*, n° 724), R. 311-6 (relatif aux règles de procédure applicables aux incidents), R. 322-56 et R. 322-58 (relatifs à l'obligation de paiement de l'adjudicataire), R. 322-68 (relatif au droit de contestation du certificat) ainsi que R. 322-69 et R. 322-72 (relatifs à la nouvelle audience d'adjudication à défaut de paiement et à l'obligation de l'adjudicataire défaillant de supporter les frais taxés de l'adjudication prononcée à son profit et les intérêts au taux légal sur son enchère ; voy. *infra* et *supra*, n° 694).

L'adjudicataire défaillant peut **contester le certificat** de non-paiement **dans un délai de 15 jours** courant à compter de sa signification[1284]. Les règles de procédure applicables sont celles des incidents prévus à l'article R. 311-6 du CPCE (voy. *supra*, n° 655) et la décision du juge de l'exécution n'est pas susceptible d'appel (CPCE, art. R. 322-68).

Si la contestation est accueillie, le certificat est annulé, ce qui empêchera la poursuite de la procédure de réitération. Mais en cas de rejet et si l'adjudicataire défaillant n'a **pas payé dans le délai de huit jours** de la sommation, des enchères réitérées pourront être organisées afin de remettre en vente l'immeuble par la voie d'une nouvelle adjudication (CPCE, art. R. 322-69, al. 1er).

b. Les enchères réitérées

721 ***Audience de réitération des enchères.*** Les enchères réitérées se tiennent à la nouvelle audience fixée par le juge de l'exécution saisi sur requête de la partie qui poursuit la réitération. Sa date doit être comprise dans un **délai de deux à quatre mois** suivant la signification du certificat de non-paiement à l'adjudicataire défaillant. Mais en cas de contestation, ce délai ne court qu'à compter de la décision de rejet (CPCE, art. R. 322-69, al. 2 et 3).

Le juge de l'exécution ne peut donc se prononcer avant l'expiration du délai de contestation et, en cas de contestation, il devrait pouvoir fixer la date de la nouvelle audience par la décision de rejet[1285].

1284. La date à prendre en considération est celle de la signification faite à l'adjudicataire car il bénéficie seul du droit de contester le certificat : Civ. (2e ch.), 16 décembre 2010, n° 09-71327, *Bull. civ.*, II, n° 214 ; *RTD Civ.*, 2011, p. 176, obs. R. Perrot.

1285. Il peut avoir été saisi sur requête antérieurement ; mais rien ne devrait empêcher non plus la partie qui poursuit la réitération de former cette demande dans le cadre de la procédure ouverte sur contestation du certificat de non-paiement.

722 ***Publicité.*** Le débiteur saisi, les créanciers, poursuivants et inscrits, ainsi que l'adjudicataire défaillant sont avisés de la date de l'audience de réitération des enchères par le greffe au moyen d'une lettre recommandée avec demande d'avis de réception (CPCE, art. R. 322-69, al. 4).

Les tiers le sont par les formalités de publicité qui sont réitérées **selon les règles de droit commun** (CPCE, art. R. 322-70, al. 1er), éventuellement aménagées (voy. *supra*, nos 684 et s.). Mais en sus des mentions habituelles, toutes les formalités mises en œuvre doivent comporter le montant de l'adjudication (CPCE, art. R. 322-70, al. 2)[1286].

723 ***Déroulement.*** À l'audience, les enchères réitérées se déroulent **comme les précédentes**, l'article R. 322-71 du CPCE renvoyant aux articles R. 322-39 à R. 322-49 (voy. *supra*, nos 693 à 698). Mais sur quelle mise à prix ? Selon l'article R. 322-66 du CPCE, l'immeuble est remis en vente « aux conditions de la première vente forcée ».

Malheureusement, cette formulation manque de précision lorsque la réitération vise à sanctionner l'adjudicataire sur surenchère (voy. *infra*, encadré E54). Mais dans l'hypothèse la plus fréquente en pratique, où elle remet en cause l'adjudication provisoire devenue définitive faute de surenchère, il ne fait aucun doute que **la mise à prix est celle fixée par le cahier des conditions de vente**[1287], sauf en cas de modification par le juge de l'exécution suite à une contestation du débiteur saisi.

Il s'ensuit que les enchères réitérées sont ouvertes par le juge, selon les règles habituelles, sur cette mise à prix et qu'à défaut d'enchère, l'immeuble sera adjugé au poursuivant[1288]. Mais en cas de mise à prix judiciaire, il faudra immédiatement organiser des enchères descendantes, car l'immeuble ne peut être adjugé au poursuivant que pour la mise à prix fixée dans le cahier des conditions de vente.

724 ***Nouvelle adjudication.*** La première question qui se pose est de savoir si la nouvelle adjudication prononcée à l'audience de réitération des enchères est définitive, ce qui revient à se demander si elle peut faire l'objet **d'une surenchère**. Dans l'hypothèse la plus fréquente de la réitération qui frappe une adjudication sans surenchère, tout milite en faveur de cette faculté (la question est plus complexe pour l'adjudication sur surenchère ; sur ce point, voy. *infra*, encadré E54) : aucun texte ne l'interdit, la règle « surenchère sur surenchère ne vaut » ne saurait jouer alors qu'aucune surenchère n'a encore été formée et, en tout état de cause, l'adjudication précédente est résolue. C'est finalement la première raison qui l'a emporté, la Cour de cassation ayant admis la surenchère « en l'absence de disposition contraire »[1289].

1286. Par hypothèse, il devrait s'agir de l'adjudication dont le prix n'a pas été payé, c'est-à-dire l'adjudication définitive faute de surenchère ou l'adjudication sur surenchère.

1287. Dont du reste toutes les autres stipulations sont aussi applicables.

1288. Il s'agit toujours du créancier qui a requis la vente à l'audience, c'est-à-dire le poursuivant ou le créancier inscrit qui lui est subrogé. Observons que si la réitération est poursuivie par le débiteur saisi, il ne pourra lui-même requérir l'ouverture des enchères à l'audience, cette faculté étant toujours réservée aux créanciers.

1289. Civ. (2e ch.), 7 janvier 2016, n° 14-26887, à paraître au Bull., *Dr. et procéd.*, 2016, p. 46, obs. A. Leborgne.

En effet, la nouvelle adjudication emporte, à compter de sa date, **la résolution de plein droit** de l'adjudication précédente, dont le prix ou les frais n'ont pas été payés par l'adjudicataire (CPCE, art. L. 322-12, al. 1er)[1290]. Comme la résolution opère rétroactivement, le débiteur doit être réputé avoir conservé la propriété de l'immeuble sans interruption. La nouvelle adjudication produit donc les mêmes effets que l'adjudication résolue (voy. *supra*, nos 702 et s.), mais directement dans les rapports entre le saisi et le nouvel adjudicataire. Le débiteur doit, en particulier, libérer les lieux et, à défaut, son expulsion pourra être poursuivie directement sur le fondement du jugement d'adjudication, à condition que l'adjudicataire ait exécuté l'obligation de paiement qui lui incombe de son côté.

Quant à l'adjudicataire défaillant, il subit d'abord les effets de cette résolution. Il s'ensuit notamment qu'il doit libérer les lieux s'il les avait déjà occupés[1291] et qu'il perd le bénéfice des actes de disposition éventuellement consentis[1292]. Mais, de plus, comme la réitération a la nature d'une sanction à son égard, il doit aussi assumer les conséquences financières suivantes :

- il conserve à sa charge les frais taxés relatifs à l'adjudication résolue (CPCE, art. R. 322-72) ;
- il doit payer, le cas échéant, la différence entre son enchère et le prix de la nouvelle adjudication (CPCE, art. L. 322-12, al. 2) et, dans tous les cas, les intérêts au taux légal sur son enchère pour la période courant deux mois après sa date jusqu'à la nouvelle vente (CPCE, art. R. 322-72)[1293] ;
- il ne peut prétendre à la répétition des sommes qu'il a acquittées (CPCE, art. L. 322-12, al. 2) ; il s'agit essentiellement de la somme versée ou de la caution apportée pour enchérir (CPCE, art. R. 322-41, al. 4).

Toutes ces sommes s'ajoutent au prix de la nouvelle adjudication pour être distribuées aux créanciers.

1290. Il est vrai que ce texte prévoit qu'à défaut de versement ou de consignation du prix et de paiement des frais, la vente est résolue de plein droit. Mais il faut admettre que cette sanction ne peut jouer que si la réitération est poursuivie dans les conditions prescrites et donc seulement lorsqu'elle aboutit à la nouvelle adjudication ; en ce sens, voy. not. G. Couchez, *op. cit.*, n° 540.

1291. Mais le nouvel adjudicataire devra engager une procédure en expulsion car le jugement d'adjudication ne vaut titre exécutoire qu'à l'encontre du débiteur saisi et non de l'adjudicataire défaillant (CPCE, art. L. 322-13).

1292. Ces hypothèses sont plutôt rares en pratique, car l'adjudicataire précédent n'ayant pas exécuté son obligation de paiement, il n'aura pu exiger la libération des lieux par le débiteur saisi (CPCE, art. R. 322-64), ni consentir un acte de disposition (CPCE, art. L. 322-9, al. 2).

1293. Ces intérêts sont majorés de cinq points quatre mois après le jugement d'adjudication (CMF, art. 313-3, al. 1er).

E 54 **Défaillance de l'adjudicataire sur surenchère**

En cas de défaillance de l'adjudicataire sur surenchère, la détermination de la « première vente forcée », au sens de l'article R. 322-66 du CPCE, est incertaine, car deux interprétations sont envisageables :

- il peut s'agir de la première des deux ventes forcées qui doivent se succéder en dernier lieu, c'est-à-dire de l'adjudication sur surenchère dont le bénéficiaire n'a pas payé le prix ou les frais et qui sera résolue par l'adjudication sur surenchère ;
- mais il peut s'agir aussi de la première vente forcée en date, c'est-à-dire l'adjudication provisoire résolue par la déclaration de surenchère.

Selon l'option retenue, le régime des enchères réitérées s'en trouve substantiellement affecté sur plusieurs points importants :

- si on retient l'adjudication sur surenchère, les enchères réitérées sont ouvertes sur la mise à prix résultant de la déclaration de surenchère et, à défaut d'enchère, l'immeuble est adjugé au surenchérisseur sans qu'il soit nécessaire d'organiser des enchères descendantes ; de plus, la nouvelle adjudication est définitive car dans ce cas la règle « surenchère sur enchère ne vaut » devrait être applicable ;
- en revanche, si on retient l'adjudication provisoire, les enchères réitérées sont ouvertes sur la mise à prix fixée par le cahier des conditions de vente ou, le cas échéant, sur la mise à prix judiciaire ; à défaut d'enchère, l'immeuble est adjugé au poursuivant, sauf en cas de mise à prix judiciaire où il faudra recourir à des enchères descendantes ; enfin, la nouvelle adjudication ne devrait être que provisoire car rien ne devrait empêcher une surenchère dès lors que, par hypothèse, elle n'aurait pas encore eu lieu, la vente ayant été réitérée *ab initio*.

Il est difficile de prendre parti entre ces deux interprétations. Mais dans la mesure où l'intérêt des créanciers est de vendre l'immeuble au prix le plus élevé possible et dans les meilleurs délais, la première semble préférable car elle garantit le même prix sans les complications liées à la surenchère.

§3. La distribution du prix de vente de l'immeuble

725 *Déjudiciarisation.* Sous l'empire de l'ancien Code de procédure civile, le prix de vente d'un immeuble était distribué entre les créanciers privilégiés selon la procédure d'ordre qui était entièrement judiciaire, longue et complexe. C'est la raison pour laquelle elle a été abrogée et remplacée par la procédure de distribution du prix prévue aux articles L. 331-1 à L. 334-1 et R. 331-1 à R. 334-3 du CPCE.

Pour répondre à l'objectif de célérité poursuivi par le législateur, elle a été intégrée à la procédure de saisie immobilière dont elle constitue désormais la troisième phase[1294]. Mais contrairement aux deux précédentes, celle-ci a été déjudiciarisée, à l'image de la distribution des deniers applicable en matière mobilière. La distribution du prix de vente de l'immeuble saisi[1295] est donc d'abord amiable, et ce n'est qu'en cas de désaccord qu'elle devient judiciaire. Mais nonobstant les règles qui leur sont propres, ces deux modes de distribution obéissent à des règles communes, tant de fond que de procédure.

1294. En ce sens : Cass. (avis), 16 mai 2008, n° 08-00008, *Bull.*, avis n° 3 ; *Dr. et procéd.*, 2008, p. 285, obs. A. Leborgne ; *Gaz. Pal.*, 2008, p. 1895, note D. Talon ; *Procédures*, 2008, comm. n° 212, obs. C. Laporte ; auparavant la procédure d'ordre constituait une procédure distincte relevant de la compétence du juge aux ordres du tribunal de grande instance.

1295. La procédure est aussi applicable à la distribution du prix de vente d'un immeuble non saisi après purge des inscriptions. Elle relève alors de la compétence du tribunal de grande instance et non de celle du juge de l'exécution (CPCE, art. R. 331-3).

726 ***Règles communes de fond.*** Les règles communes de fond intéressent les créanciers bénéficiaires de la distribution, le prix à distribuer et le paiement des créanciers.

Les créanciers bénéficiaires sont désignés à l'article L. 331-1 du CPCE qui admet trois catégories de créanciers à faire valoir leurs droits sur le prix de vente de l'immeuble :

- le **créancier poursuivant** ; il peut s'agir d'un chirographaire ;
- les **créanciers inscrits sur l'immeuble** ; il s'agit tant de ceux inscrits à la date de la publication du commandement de payer valant saisie[1296] que de ceux inscrits postérieurement mais avant la publication du titre de vente[1297] ;
- **certains créanciers privilégiés** ; il s'agit de ceux énumérés au 1° *bis* de l'article 2374 et à l'article 2375 du Code civil, qui sont dispensés d'inscription, c'est-à-dire dont le **privilège est occulte** ; le premier texte vise le syndicat des copropriétaires dont les créances garanties ont été étendues par la loi dite *Alur* du 24 mars 2014[1298] et le second les créanciers titulaires d'un privilège général sur les immeubles (privilèges des frais de justice et des salaires).

Le prix à distribuer est composé du **prix de la vente**, amiable ou forcée, augmenté des sommes suivantes :

- les **intérêts** dus dans deux cas : d'une part, les intérêts de retard dus au taux légal par l'adjudicataire sur le prix d'adjudication à l'expiration d'un délai de deux mois à compter du jour où la vente est devenue définitive et jusqu'à complet paiement du prix (CPCE, art. R. 322-56 et R. 322-72) et par l'adjudicataire défaillant sur son enchère pour la période courant après sa date et jusqu'à la nouvelle vente ; d'autre part, les intérêts dus sur les fonds séquestrés au taux fixé dans le cahier des conditions de vente qui ne peut être inférieur à celui servi par la Caisse des dépôts et consignations (CPCE, art. R. 322-57) ;
- les **fruits** de l'immeuble échus à compter de la signification du commandement de payer valant saisie (CPCE, art. R. 321-16) ;
- les sommes acquittées par l'**acquéreur défaillant** (CPCE, art. R. 322-23, al. 2, à propos de l'acquéreur amiable ; CPCE, art. L. 322-12, al. 2 et R. 322-41, al. 4, à propos de l'adjudicataire).

Enfin, **quant au paiement des créanciers**, la durée de la procédure de distribution **ne peut excéder six mois** (CPCE, art. R. 334-3)[1299]. Passé ce délai, la consignation du prix de vente produit, à l'égard du débiteur, tous les

1296. Sous réserve qu'ils aient déclaré leurs créances dans les délais fixés.

1297. S'ils sont intervenus régulièrement dans la procédure.

1298. Désormais, ce privilège s'applique, dans la limite des montants dus au titre de l'année courante et des quatre dernières années échues, aux charges de copropriété, aux travaux de restauration immobilière et d'amélioration ou d'aménagement visés respectivement aux articles 24-II-c et 30 de la loi du 10 juillet 1965 et aux cotisations au fonds de travaux mentionné à l'article 14-2 de la même loi. Elle s'applique aussi, sans limitation de montant, aux dommages et intérêts alloués par les juridictions et aux dépens.

1299. Bien que le texte ne le précise pas, il semble que ce délai coure à compter de la publication du titre de vente car elle constitue le point de départ des premières formalités de la distribution.

effets d'un paiement à hauteur de la part du prix de vente qui sera remise aux créanciers après la distribution (CPCE, art. L. 334-1).

727 ***Règles communes de procédure.*** L'initiative de la distribution revient au **créancier saisissant** et, s'il fait défaut, au **créancier le plus diligent ou au débiteur** (CPCE, art. R. 331-1). Ce choix n'est pas neutre car il appartient à la partie sollicitant la poursuite d'avancer les frais de la procédure de distribution, hormis ceux des contestations ou réclamations qui seront élevées en cours de procédure. Mais ils sont ensuite prélevés sur le prix à distribuer par priorité à tous les autres (CPCE, art. R. 331-2)[1300].

Comme la distribution s'intègre désormais directement dans la procédure de saisie, les règles de compétence et de procédure sont celles prévues par les dispositions générales du titre Ier du livre III relatif à la saisie immobilière. C'est donc **le même juge qui demeure compétent** et qui statue selon **les mêmes règles de procédure**[1301].

Si le juge de l'exécution de la saisie immobilière conserve ainsi sa compétence, son office n'est pas le même selon que la distribution est amiable (A) ou judiciaire (B).

A) La distribution amiable

728 ***Notifications et convocations.*** Toutes les notifications et convocations prévues dans le cadre de la distribution amiable du prix de vente sont faites conformément aux **règles des notifications entre avocats**, sauf à l'égard du débiteur n'ayant pas constitué avocat, où il faut procéder par voie de signification (CPCE, art. R. 332-9)[1302]. De plus, l'article 652 du Code de procédure civile est déclaré applicable, ce qui signifie que, sous réserve de la notification des jugements, ces actes sont valablement adressés aux avocats constitués par les parties.

Pour le surplus, le formalisme applicable est bien plus sommaire en présence d'un seul créancier (1) qu'en cas de pluralité de créanciers (2).

1. Le créancier unique

729 ***Demande de paiement.*** Si un seul créancier peut être admis à faire valoir ses droits sur le prix de vente au sens de l'article L. 331-1 du CPCE (voy. *supra*, n° 726), il lui suffit d'adresser une **demande de paiement** au séquestre ou à la Caisse des dépôts et consignations, par lettre recommandée avec demande d'avis de réception, **dans un délai de deux mois** suivant la publication du titre de vente (CPCE, art. R. 332-1, al. 1er).

1300. Ce droit de priorité ne s'applique pas aux honoraires de l'avocat qui a élaboré le projet de distribution (sur ce point, voy. *infra*, n° 733) : Cass. (avis), 18 octobre 2010, n° 10-00006, *Bull. civ.*, avis n° 6 ; *D.*, 2011, p. 860, note A. Leborgne ; *Gaz. Pal.*, 2011, p. 1567, obs. C. Brenner.

1301. À l'origine, ces solutions étaient expressément prévues par les articles 108 et 109 du décret de 2006. Mais ces textes n'ont pas été repris dans le CPCE car toutes les règles de compétence et de procédure figurent désormais dans un titre consacré aux dispositions générales à la saisie immobilière. Elles ont donc vocation à s'appliquer à toutes les phases de la procédure, et notamment à celle de la distribution du prix.

1302. Modalité ajoutée par le décret du 12 février 2009.

Comme il doit justifier de sa qualité de créancier unique, cette demande est motivée et accompagnée des annexes suivantes (CPCE, art. R. 332-1, al. 2 et 3) :

- un état hypothécaire certifié à la date de la publication du commandement de payer ;
- une copie revêtue de la formule exécutoire des deux jugements suivants : le jugement d'orientation[1303] et le jugement d'adjudication ou de constat de la vente amiable avec en annexe une copie du contrat ;
- un certificat du greffe du juge de l'exécution attestant qu'aucun créancier inscrit après la date de la publication du commandement n'est intervenu dans la procédure ; mais ce certificat ne peut être délivré avant l'expiration d'un délai d'un mois suivant la publication du titre de vente[1304].

730 ***Paiement.*** Le séquestre ou la Caisse des dépôts et consignations doit payer le créancier unique dans le **délai d'un mois** à compter de sa demande, sous peine d'être redevable des intérêts au taux légal au-delà de cette date. Dans le même délai, il/elle informe le débiteur du paiement opéré et, le cas échéant, lui remet le solde du prix (CPCE, art. R. 332-1, al. 4 et 5).

Ce paiement ne peut être refusé que **si les documents** produits à l'appui de la demande **démontrent l'existence d'un autre créancier** répondant aux conditions de l'article L. 331-1 du CPCE. Le refus peut être contesté tant par le créancier poursuivant que par le débiteur devant le juge de l'exécution (CPCE, art. R. 332-1, al. 6). Si la pluralité est admise ou établie, il appartiendra au poursuivant de suivre les règles de procédure applicables dans ce cas.

2. La pluralité de créanciers

731 ***Paiement provisionnel.*** En cas de pluralité de créanciers, **celui de premier rang** peut demander, par requête au juge de l'exécution, à être payé à titre provisionnel **pour le principal de sa créance** par le séquestre ou la Caisse des dépôts et consignations. Sa décision est notifiée par le bénéficiaire au débiteur et aux créanciers inscrits, lesquels disposent d'un **délai de 15 jours pour faire opposition** à cette décision (CPCE, art. R. 334-1, al. 1er). À défaut d'opposition ou en cas de rejet, le principal de sa créance lui est payé.

En revanche, les intérêts, frais et accessoires de cette créance ne peuvent être payés qu'une fois que le projet de distribution sera devenu définitif (CPCE, art. R. 334-1, al. 2). Ce projet constitue l'une des formalités préalables à accomplir en cas de pluralité de créanciers (a) pour tenter de parvenir à un accord amiable de distribution (b).

1303. À défaut d'audience d'orientation, il faut sans doute joindre une copie du jugement ayant autorisé la vente amiable sur la demande du débiteur présentée avant l'assignation à comparaître.

1304. Ce délai s'explique par le fait que les créanciers postérieurs peuvent inscrire leur sûreté jusqu'à la publication de la vente, puis déclarer leur créance dans le mois suivant, étant rappelé qu'à l'origine ce délai était de 15 jours et qu'il a été porté à un mois par le décret du 12 février 2009 (CPCE, art. R. 322-13).

a) Les formalités préalables

Il s'agit de la demande de déclaration actualisée des créances et du projet de distribution, ce dernier pouvant toujours être contesté.

732 ***Demande de déclaration actualisée.*** La demande de déclaration actualisée des créances doit être notifiée par la partie poursuivante[1305], **dans les deux mois** de la publication du titre de vente[1306], aux créanciers inscrits et, si elle les connaît, aux créanciers nantis d'un privilège occulte (voy. *supra*, n° 726). Chaque destinataire dispose alors d'un **délai de 15 jours** pour produire, **par conclusions d'avocat**, un décompte actualisé de sa créance (CPCE, art. R. 332-2, al. 2).

À défaut, le destinataire est déchu des intérêts postérieurs à sa déclaration initiale. Mais depuis le décret du 12 février 2009, pour **les créanciers qui n'avaient pas à déclarer** leur créance en vertu des articles R. 322-12 (créanciers sommés) ou R. 322-13 (créanciers postérieurs), **la demande de déclaration actualisée vaut sommation au sens de l'article L. 331-2** (CPCE, art. R. 332-2, al. 2). Il s'agit des **créanciers nantis d'un privilège occulte**. Il s'ensuit que ces créanciers, dès lors qu'ils sont connus et reçoivent une demande d'actualisation, sont désormais aussi déchus de leur sûreté dans la distribution du prix de vente de l'immeuble s'ils ne produisent pas leur créance dans le délai prescrit[1307].

Mais tous les créanciers sommés, qui n'ont pas déclaré leur créance en temps utile, peuvent toujours le faire ultérieurement, dans les formes de la déclaration actualisée, aux fins de se voir répartir le solde éventuel du prix de vente (CPCE, art. R. 332-2, al. 3).

733 ***Projet de distribution.*** Dans **le mois** suivant l'expiration du délai imparti aux créanciers pour actualiser leur créance, il appartient à la partie poursuivante, c'est-à-dire en pratique son avocat, d'**établir un projet de distribution**. Pour ce faire, il part des décomptes initiaux et actualisés, mais il peut aussi convoquer les créanciers pour l'élaborer avec leur concours (CPCE, art. R. 332-4)[1308].

Dans le même délai, il doit **notifier ce projet** au débiteur, aux créanciers destinataires de la demande d'actualisation ainsi que, par lettre recommandée avec demande d'avis de réception, au syndic qui a formé l'opposition prévue

1305. Il s'agit de la partie qui prend l'initiative de la distribution (CPCE, art. R. 331-1).

1306. Délai résultant du décret du 12 février 2009 qui a ainsi doublé le délai initial d'un mois. À propos du délai d'un mois, la Cour de cassation a jugé qu'il n'est assorti d'aucune sanction et que le débiteur peut saisir lui-même le juge de l'exécution d'une demande en distribution judiciaire (sur ce point, voy. *infra*, n° 737), de sorte que le poursuivant, qui l'a méconnu, ne saurait engager sa responsabilité : Civ. (2e ch.), 21 mars 2013, n° 12-13813. Cette solution vaut aussi aujourd'hui pour le délai porté à deux mois.

1307. Cette sanction est aussi applicable aux créanciers parties à une procédure de saisie immobilière poursuivie sous l'empire de l'ancien Code de procédure civile lorsque l'immeuble a été adjugé avant le 1er janvier 2007 et que l'ouverture de l'ordre n'avait pas encore été requis à cette date ; la nouvelle procédure de distribution est alors applicable et les créanciers qui ne produisent pas leur créance dans le délai prescrit sont déchus de leur sûreté pour la distribution du prix de vente de l'immeuble : Civ. (2e ch.), 17 février 2011, n° 10-15100, *Bull. civ.*, II, n° 48 ; *LEDB*, 2011, n° 050, obs. Ph. Hoonakker.

1308. Ce projet tient compte principalement du rang des créanciers inscrits, étant précisé que lorsque deux hypothèques sont prises le même jour sur le même immeuble, la distribution du prix entre ces créanciers se fait au *prorota* de leurs créances respectives : Com., 5 mai 2015, n° 14-17941 (F-P+B).

par l'article 20 de la loi n° 65-557 du 10 juillet 1965 fixant le statut de la copropriété des immeubles bâtis (CPCE, art. R. 332-4). À peine de nullité (CPCE, art. R. 332-5), cette notification mentionne les modalités du droit de contestation (voy. *infra*, n° 734) et les conséquences attachées au défaut de contestation (voy. *infra*, n° 735).

734 ***Contestations.*** Dans un **délai de 15 jours de la notification**, chacun des destinataires peut contester le projet de distribution[1309]. Toute contestation doit être formée **par acte d'avocat à avocat**, auprès du poursuivant. Elle est motivée et accompagnée des pièces justificatives nécessaires (CPCE, art. R. 332-5).

Il s'ensuit que les conditions dans lesquelles un accord amiable de distribution pourra éventuellement être trouvé ne sont pas les mêmes selon que des contestations sont ou non élevées.

b) L'accord amiable de distribution

735 ***Défaut de contestation.*** En l'absence de contestation, le silence des créanciers et du débiteur **vaut accord tacite**. Le projet de distribution est alors soumis au juge de l'exécution **pour homologation**. La requête doit être présentée par le poursuivant ou, à défaut, par toute autre partie au projet de distribution, accompagnée des annexes énumérées aux alinéas 1er et 2 de l'article R. 332-10 du CPCE :

- un état hypothécaire postérieur à la publication de la vente ;
- les justificatifs de réception du projet de distribution ;
- le projet de distribution ;
- le jugement d'orientation ;
- le cahier des conditions de vente et le jugement d'adjudication ou le jugement constatant la vente, auquel est annexée la copie du contrat de vente amiable.

La requête doit être présentée dans le **délai d'un mois**[1310] à compter de l'expiration du délai de contestation (CPCE, art. R. 332-6, al. 1er). À défaut, la requête est **irrecevable** et le juge ne peut prononcer l'homologation même si les conditions de fond en sont remplies[1311]. Tout intéressé pourra alors requérir la distribution judiciaire (voy., *infra*, n° 737).

Le juge doit vérifier que tous les créanciers partis à la procédure et le débiteur ont été en mesure de faire valoir leurs contestations. Si tel est le cas, il **prononce l'homologation et confère ainsi force exécutoire** au projet de distribution (CPCE, art. R. 332-6, al. 2). Comme l'ordonnance rendue n'est pas susceptible d'appel (CPCE, art. R. 332-10, al. 3)[1312], le projet ainsi homologué peut immédiatement être notifié au séquestre ou à la Caisse des dépôts

1309. En revanche, un créancier chirographaire, qui n'est pas destinataire de la notification et qui, plus généralement, n'est pas partie à la procédure de distribution, n'est pas recevable à élever une contestation : Civ. (2e ch.), 12 avril 2018, n° 17-13235, *D.*, 2018, p. 1231, obs. A. Leborgne.

1310. Délai résultant du décret du 12 février 2009 qui a ainsi doublé le délai initial de 15 jours.

1311. Civ. (2e ch.), 13 oct. 2016, n° 15-24570, à paraître au Bull.

1312. Mais le pourvoi en cassation est ouvert car il s'agit d'une décision juridictionnelle : Civ. (2e ch.), 18 octobre 2012, n° 11-20314, *Gaz. Pal.*, 2013, p. 1046, obs. C. Brenner.

et consignations, qui dispose alors d'un mois pour procéder au paiement des créanciers (CPCE, art. R. 334-2).

736 ***En cas de contestation.*** En cas de contestation, le requérant convoque les créanciers et le débiteur **à une réunion** pour rechercher une solution amiable. Cette réunion doit se tenir dans un délai compris **entre 15 jours et un mois** suivant la première contestation (CPCE, art. R. 332-7).

Si à cette occasion un accord est trouvé, il fait l'objet d'un **protocole d'accord** signé des intéressés et soumis au juge par la partie la plus diligente, pour qu'il lui **confère force exécutoire** après avoir vérifié sa régularité. Le juge est saisi par requête à laquelle sont joints les mêmes documents qu'en l'absence de contestation (voy. *supra*, n° 735), sous une réserve : le projet de distribution est remplacé par le protocole d'accord (CPCE, art. R. 332-10, al. 1er, 3°). Comme l'ordonnance rendue n'est pas susceptible d'appel (CPCE, art. R. 332-10, al. 3)[1313], le procès-verbal d'accord revêtu de la formule exécutoire peut immédiatement être notifié au séquestre ou au consignataire, lequel dispose alors d'un mois pour procéder au paiement des créanciers (CPCE, art. R. 334-2).

Mais à défaut d'accord, il faudra recourir à la distribution judiciaire.

B) La distribution judiciaire

737 ***Saisine du juge de l'exécution.*** Si aucun accord n'est trouvé à la réunion organisée en cas de contestation, la **partie poursuivante** saisit le juge de l'exécution en lui transmettant le projet de distribution, un procès-verbal exposant les difficultés rencontrées ainsi que tous documents utiles (CPCE, R. 333-1, al. 1er).

Mais il peut aussi être saisi aux fins de distribution judiciaire, par **toute autre partie intéressée**, à défaut de diligence de la partie poursuivante. Cette demande est formée comme un incident, c'est-à-dire par le dépôt au greffe de conclusions signées d'un avocat (CPCE, art. R. 333-1, al. 2, qui renvoie à l'art. R. 311-6). Il y a défaut de diligence essentiellement dans les cas suivants :

- si le créancier poursuivant ne notifie pas la demande de déclaration actualisée dans le délai de 2 mois (voy. *supra*, n° 732)[1314] ;
- si le créancier poursuivant ne notifie pas le projet de distribution dans le délai d'un mois[1315] ;
- si la requête en homologation de l'accord à défaut de contestation n'a pas été présentée dans le délai d'un mois (voy. *supra*, n° 735).

1313. Mais le pourvoi en cassation est ouvert pour la même raison qu'en l'absence de contestation. Par ailleurs, comme cette ordonnance est rendue sur requête, elle procède d'une procédure non contradictoire, si bien que l'article 478 du CPC n'est pas applicable (obligation de notifier les jugements rendus par défaut ou réputés contradictoires, dans les 6 mois sous peine d'être non avenus) et l'opposition n'est pas ouverte : Civ. (2e ch.), 5 janvier 2017, n° 15-29148, à paraître au Bull.

1314. C'est ce qui explique que la Cour de cassation ait jugé qu'aucune autre sanction n'étant prévue, le créancier poursuivant ne peut engager sa responsabilité de ce chef : Civ. (2e ch.), 21 mars 2013, n° 12-13813.

1315. C'est ce qui explique que la Cour de cassation ait admis, aucune autre sanction n'étant prévue, que le débiteur peut, dans ce cas, porter directement sa contestation du projet notifié tardivement devant le juge de l'exécution à l'appui d'une demande aux fins de distribution judiciaire : Civ. (2e ch.), 5 janv. 2017, n° 15-28798, à paraître au Bull.

Dans tous les cas, les parties sont **convoquées par le greffe** à une audience du juge de l'exécution par lettre recommandée avec demande d'avis de réception dans un **délai de 15 jours** à compter du dépôt de la demande (CPCE, art. R. 311-6, al. 3).

738 ***Jugement de distribution.***

Il appartient au juge d'établir l'état de distribution. Mais lorsque plusieurs immeubles ont été vendus collectivement pour un prix unique, l'opération peut s'avérer particulièrement complexe si les créanciers inscrits sont différents. Il faut alors **ventiler le prix** entre les différents immeubles de manière à déterminer le montant à répartir entre les créanciers inscrits sur chaque immeuble. C'est la raison pour laquelle le juge de l'exécution peut, dans ce cas, à la demande des parties ou d'office, **désigner un expert** par ordonnance. Il fixe le délai dans lequel l'expert devra déposer son rapport au vu duquel la ventilation sera prononcée (CPCE, R. 333-2).

Dans tous les cas, la distribution du prix de vente aux créanciers fait l'objet d'un jugement qui statue aussi sur les frais de distribution et ordonne, le cas échéant, la radiation des inscriptions des hypothèques et privilèges sur l'immeuble prises du chef du débiteur (CPCE, R. 333-3, al. 1er). Ce jugement peut être **frappé d'appel dans le délai de 15 jours** à compter de sa signification (CPCE, art. R. 311-7). Comme cet appel produit un **effet suspensif** (CPCE, art. R. 333-3, al. 2)[1316], **le paiement des créanciers ne pourra intervenir qu'en vertu d'une décision définitive** (jugement à défaut d'appel ou arrêt de la cour en cas d'appel). Celle-ci, revêtue de la formule exécutoire, doit alors être notifiée au séquestre ou à la Caisse des dépôts et consignations, qui dispose **d'un mois** pour procéder au paiement des créanciers (CPCE, art. R. 334-2).

1316. Précision apportée par le décret du 12 février 2009 pour mettre un terme aux hésitations qu'avait suscitées l'imprécision des textes issus de la réforme.

CHAPITRE IV

Les mesures mixtes

739 ***Notion.*** Les mesures mixtes sont des mesures d'exécution forcée dont l'issue est la remise ou la vente du bien saisi, voire les deux, selon l'obligation constatée par le titre exécutoire du saisissant.

Outre la saisie-appréhension, qui se mue en une mesure mixte dans le cas particulier où elle est pratiquée par un créancier gagiste n'ayant pas opté pour l'attribution du bien grevé (voy. *supra*, n° 304 en note), il s'agit des deux mesures suivantes, définies par la nature du bien sur lequel elles portent : la saisie des véhicules terrestres à moteur (Section I) et la saisie des biens placés dans un coffre-fort (Section II).

SECTION I

La saisie des véhicules terrestres à moteur

740 ***Saisies de droit commun.*** Les véhicules terrestres à moteur sont présents, en nombre, dans tous les patrimoines, tant des particuliers que des entreprises, quelle que soit leur forme. Comme il s'agit de biens meubles corporels, ils peuvent faire l'objet de la saisie de droit commun applicable à cette catégorie de biens, saisie-vente ou saisie-appréhension, selon l'obligation à exécuter.

Mais ces saisies ne sont pas toujours adaptées aux difficultés particulières que posent ces biens, tant au plan matériel que juridique :

- **au plan matériel**, comme ils sont mobiles par nature, il est difficile de les localiser et, le moment venu, de garantir l'efficacité des effets de la saisie qui sera pratiquée ;
- **au plan juridique**, leur régime est loin d'être uniforme ; tantôt ils ne sont pas la propriété du débiteur qui n'en est que le locataire, soit au titre d'un contrat de prêt classique, soit au titre d'un contrat de crédit-bail ; tantôt ils sont bien sa propriété, mais ils sont grevés d'un gage ; les véhicules terrestres à moteur sont ainsi susceptibles d'intéresser deux types de créanciers, dont les droits sont opposés, les créanciers monétaires et les créanciers titulaires d'un droit réel sur le bien.

Pour toutes ces raisons, il est apparu indispensable d'instituer à côté des saisies de droit commun, qui peuvent toujours être pratiquées, des mesures d'exécution spécifiques réservées aux véhicules terrestres à moteur.

741 ***Mesures d'exécution spécifiques.*** La saisie des véhicules terrestres à moteur est régie par les articles **L. et R. 223-1 et s. du CPCE**. Ces textes organisent deux mesures d'exécution qui présentent un **caractère mixte**, car elles sont ouvertes tant aux créanciers monétaires qu'aux créanciers titulaires d'un droit

réel. Il s'agit de la saisie par déclaration auprès de l'autorité administrative (§ 1) et de la saisie par immobilisation du véhicule (§ 2)[1317].

§1. La saisie par déclaration

742 ***Droit de communication.*** Comme il est difficile de localiser un véhicule terrestre à moteur, et ce d'autant plus que le débiteur se montre rarement coopératif, le législateur a institué la saisie par déclaration auprès de l'autorité administrative, régie par les articles L. 223-1 et R. 223-1 à R. 223-5 du CPCE.

À cette fin, l'autorité administrative compétente (voy. *infra*, encadré E55) doit communiquer à l'huissier de justice, qui en fait la demande, les mentions portées sur le registre prévu à l'article 2 du décret du 30 septembre 1953 relatif à la vente à crédit des véhicules automobiles[1318], ainsi que tous renseignements relatifs aux droits du débiteur sur ce véhicule[1319] (CPCE, art. R. 223-1). Bien que ce texte ne le prévoie pas expressément, l'huissier de justice doit être porteur d'un titre exécutoire délivré à l'encontre du débiteur. Cette condition résulte de l'article L. 223-1 du CPCE (voy. *infra*, n° 743) et de l'article L. 330-4 du Code la route, qui autorisent la communication aux « agents chargés de l'exécution d'un titre exécutoire », des informations relatives à l'état civil du titulaire du certificat d'immatriculation, au numéro d'immatriculation et aux caractéristiques du véhicule ainsi qu'aux gages constitués et aux oppositions.

Grâce à ces informations, l'huissier de justice pourra mettre en œuvre la procédure (A) qui produit des effets plus étendus que ceux d'une saisie classique, mais son efficacité est plus limitée car elle ne permet pas, par elle-même, de donner effectivement satisfaction au saisissant (B).

A) La procédure

743 ***Titre exécutoire.*** La déclaration auprès de l'autorité administrative requiert du créancier la détention d'un titre exécutoire à l'encontre du débiteur (CPCE, art. L. 223-1 et R. 223-2-3°). En revanche, **aucun commandement de payer**

1317. Ces saisies, du moins lorsqu'elles tendent au recouvrement d'une créance monétaire, tout comme la saisie-vente des biens meubles corporels, supposent que le véhicule soit saisissable, ce qui exclut les véhicules constituant un instrument de travail pour le débiteur (voy. *supra*, n° 86).

1318. Seule disposition maintenue en vigueur *a priori*, les autres ayant été abrogées par l'ordonnance du 23 mars 2006 relative aux sûretés qui a introduit le gage automobile aux articles 2351 à 2353 du Code civil ; sur ce régime rénové, voy. D. Legeais, « Le nouveau droit du gage portant sur un véhicule automobile », *JCP E*, 2007, 1482. Mais l'entrée en vigueur de ce nouveau régime a été subordonnée à un décret d'application qui devait en fixer la date et être pris au plus tard le 1er juillet 2008 ; or à ce jour ce décret n'est toujours pas paru ; sur cette question, voy. E. Le Corre-Broly, « Le gage automobile source d'interrogations », *D.*, 2014, p. 440.

1319. Ces renseignements sont d'autant plus utiles que le certificat d'immatriculation, appelé carte grise jusqu'au décret 2009-136 du 9 février 2009, n'est qu'un titre de circulation et en aucun cas un titre de propriété ; il est donc possible que la personne désignée sur ce document administratif ne soit pas le propriétaire du véhicule ; voy., par exemple, CA Paris, 14 septembre 2000, *D.*, 2000, IR, 265, à propos d'une carte grise établie au nom de la mère pour des raisons tenant à l'assurance alors que le véhicule immatriculé était la propriété du fils qui l'avait acquis et financé.

préalable n'est nécessaire comme pour la saisie-vente des biens meubles corporels. Il suffit donc d'une déclaration (1), suivie de sa dénonciation (2).

1. La déclaration

744 ***Mentions obligatoires.*** Selon l'article R. 223-2 du CPCE, la déclaration est signifiée à l'autorité administrative mentionnée à l'article L. 223-1, c'est-à-dire à **l'autorité administrative compétente** (voy. *infra*, encadré E55). Elle comporte, à peine de nullité, les mentions suivantes :

- les nom et adresse du débiteur ou, s'il s'agit d'une personne morale, sa dénomination et son siège social ;
- le numéro d'immatriculation et la marque du véhicule saisi ;
- la mention du titre exécutoire dont se prévaut le créancier.

Comme il s'agit d'un acte d'huissier de justice, elle doit comporter aussi les mentions communes à ces actes, qui sont prévues à l'article 648 du Code de procédure civile.

E 55 **Autorité administrative compétente**

À l'origine, cette saisie se faisait par déclaration à la préfecture où était immatriculé le véhicule. Mais depuis l'institution du Système d'immatriculation des véhicules (SIV), qui a créé l'immatriculation à vie attachée au véhicule, celle-ci est gérée par le **Ministère de l'Intérieur** auquel les demandes sont adressées par l'intermédiaire du préfet d'un département choisi par le propriétaire. À l'occasion d'une nouvelle immatriculation, la demande peut aussi être adressée par l'intermédiaire d'un professionnel de l'automobile habilité par ce Ministère et, en cas de mutation, elle peut l'être par voie électronique (C. route, art. R. 322-1 et R. 322-2). C'est la raison pour laquelle le Code des procédures civiles d'exécution prévoit désormais que cette saisie s'opère auprès de l'autorité administrative compétente. Mais aucune de ses dispositions ne détermine l'autorité qui est compétente.

Selon l'article R. 330-4 du Code de la route, la communication des informations prévues par l'article L. 330-4, notamment aux huissiers de justice, est effectuée par le préfet du département dans lequel le véhicule a été immatriculé. Curieusement cette rédaction, antérieure au SIV, n'a jamais été mise à jour, et ce malgré le décret n° 2013-10 du 3 janvier 2013 qui a ajouté un alinéa précisant les éléments utiles permettant de vérifier la réalité de la contravention pour non-paiement du péage au sens du point III de l'article L. 330-2 du Code de la route... Alors, en pratique, la demande était adressée au préfet du département de l'huissier de justice instrumentaire.

Quant à la déclaration valant saisie, elle était signifiée à l'origine au préfet du lieu d'immatriculation du véhicule. Puis après le SIV, le décret du 10 avril 2009 avait modifié l'article 165 du décret de 1992 pour y prévoir le préfet du domicile du débiteur, devenu avec l'article R. 223-2 du CPCE l'autorité administrative mentionnée à l'article L. 223-1, c'est-à-dire l'autorité administrative compétente. À défaut de toute autre précision, il devrait s'agir de tout préfet que l'huissier de justice peut choisir librement dans la limite de sa compétence territoriale.

Mais en réalité toutes ces hésitations vont disparaître avec la signification **par voie électronique,** entrée en vigueur entre-temps. Grâce à la convention conclue entre le Ministère de l'Intérieur et la chambre nationale des huissiers de justice (voy. *supra*, encadré E1), l'autorité administrative compétente **sera** désormais **le SIV** auquel les huissiers de justice auront un accès direct par voie électronique pour obtenir les informations protégées prévues à l'article L. 330-4 du Code de la route et auprès duquel ils pourront aussi effectuer, par voie électronique, la déclaration valant saisie. Comme il s'agit d'un acte d'exécution forcée signifiée par voie électronique à un tiers, la compétence revient concurremment aux huissiers de justice du ressort du tribunal de grande instance où le débiteur a son domicile ou sa résidence (voy. *supra*, n° 112).

---

2. La dénonciation

745 ***Délai et contenu.*** La dénonciation au débiteur est prévue par l'article R. 223-1 du CPCE. Selon ce texte, une copie de la déclaration à la préfecture doit être **signifiée au débiteur** par un acte de dénonciation qui reproduit les dispositions de l'article R. 223-4 relatives aux effets de la déclaration (voy. *infra*, n°s 746 et 747) et qui contient le décompte distinct des sommes réclamées, en principal, frais et intérêts échus[1320]. Il indique aussi en caractères très apparents que les contestations doivent être portées devant le juge de l'exécution du lieu où demeure le débiteur (CPCE, art. R. 223-3, al. 2). Ces mentions ne sont pas prescrites à peine de nullité. Mais la dernière devrait pouvoir être considérée comme une formalité substantielle au sens de l'article 114 du Code de procédure civile car elle participe des droits de la défense.

Cette dénonciation doit être délivrée **dans les huit jours** qui suivent la signification de la déclaration à l'autorité administrative compétente. À l'origine, ce délai n'était assorti d'aucune sanction. Mais l'alinéa 1er de l'article R. 223-3 du CPCE prévoit désormais que cette formalité est imposée **à peine de caducité**, laquelle privera rétroactivement la déclaration de tous ses effets.

B) Les effets

La déclaration à la préfecture produit tous les effets d'une saisie et interdit la délivrance d'un nouveau certificat d'immatriculation. Mais ces effets se heurtent aussi à certaines limites.

746 ***Étendue.*** Selon l'article L. 223-1 du CPCE, la déclaration à la préfecture produit « **tous les effets d'une saisie** ». Il s'ensuit que le véhicule devient **indisponible** et que le débiteur ne peut donc plus le céder, que ce soit à titre onéreux ou gratuit, ni consentir un gage. En revanche, il **en conserve l'usage**, mais il doit veiller à sa conservation en s'abstenant de tout acte de dégradation ou de destruction. À défaut, il encourt les peines du délit de détournement d'objet saisi prévues à l'article 314-6 du Code pénal. Comme ces effets affectent directement les droits du débiteur, ils ne peuvent jouer que lorsqu'il a connaissance de la saisie. C'est la raison pour laquelle l'article L. 223-1 prévoit expressément qu'ils ne courent qu'à compter de la « **notification au débiteur** » de la déclaration.

Outre ces effets de droit commun, la déclaration **interdit aussi la délivrance de tout nouveau certificat d'immatriculation**, sauf mainlevée donnée par le créancier ou ordonnée par le juge. Comme cet effet relève de la compétence des services administratifs, il est normal qu'il joue **dès la signification** de la déclaration, comme le prévoit expressément l'alinéa 1er de l'article R. 223-4.

Compte tenu de ces deux effets, l'article R. 223-4 du CPCE vise désormais « la déclaration valant saisie sur le véhicule et valant opposition au transfert du certificat d'immatriculation ».

1320. À l'origine, ce décompte devait figurer dans la déclaration, mais suite à l'entrée en vigueur de la signification par voie électronique, elle a été transférée dans l'acte de dénonciation, conformément aux modifications différées prévues à l'article 13 du décret de codification du 31 mai 2012 (voy. *supra*, encadré E1).

747 ***Limites.*** Ces effets se heurtent à deux limites : l'une temporelle, l'autre substantielle.

Selon l'article R. 223-4, alinéa 2, du CPCE, la déclaration cesse de produire effet à l'**expiration d'un délai de deux ans** à compter de sa signification. Mais il est toujours possible d'en proroger la durée en procédant à un renouvellement, qui est opéré dans les formes de la déclaration initiale.

Au fond, les effets de la déclaration ne peuvent préjudicier au créancier titulaire d'un gage régulièrement inscrit, conformément aux dispositions du décret du 30 septembre 1953 relatif à la vente à crédit de véhicules automobiles (CPCE, art. R. 223-5)[1321]. Cela signifie que **les droits du créancier gagiste sont préservés** à condition qu'il ait inscrit sa sûreté avant la signification de la déclaration.

À cela s'ajoute que cette déclaration ne permettra jamais à elle seule de parvenir à la vente du véhicule ou à sa remise au saisissant, ce qui pose la question, au moins théorique, de sa nature juridique (voy. *infra*, encadré E56). Pour parvenir à l'une de ces fins, il faudra que le créancier puisse recourir à une saisie par immobilisation.

E 56 **La nature juridique de la saisie par déclaration**

La saisie par déclaration auprès de l'autorité administrative constitue sans doute une mesure d'exécution. Mais s'agit-il d'une mesure d'exécution forcée ou d'une mesure conservatoire[1322] ?

Au regard de ses conditions, elle s'apparente à une mesure d'exécution forcée, car elle requiert du créancier la détention d'un titre exécutoire. Certes, une mesure conservatoire peut aussi être pratiquée avec un titre exécutoire. Mais ce n'est qu'une faculté et non une obligation, car elle peut toujours être pratiquée sans titre, sur autorisation judiciaire et parfois même sans autorisation, ni titre exécutoire. Or, la saisie par déclaration auprès de l'autorité administrative, comme une mesure d'exécution forcée, n'est possible qu'avec un titre exécutoire et elle est donc exclue à défaut.

En revanche, **au niveau de ses effets**, la saisie par déclaration est plus proche de la mesure conservatoire, car ceux-ci s'arrêtent à l'indisponibilité du véhicule et ne permettent pas au saisissant d'en poursuivre la vente ou d'en obtenir la remise. Mais cette limitation n'est que la résultante des contraintes matérielles qui caractérisent la déclaration, tenant au fait qu'elle se pratique sans localisation du véhicule. En cela, elle se distingue des mesures conservatoires où la limitation des effets se justifie exclusivement par le défaut de titre exécutoire, ce qui explique qu'elles peuvent toujours être converties en une mesure d'exécution forcée dès que le créancier obtient un tel titre.

Dans ces conditions, il faut peut-être se résoudre à admettre que la saisie par déclaration auprès de l'autorité administrative est une **mesure d'exécution sui generis**, qui n'est réductible ni à une mesure d'exécution forcée, ni à une mesure conservatoire.

1321. Sous réserve de l'article 2, *a priori*, ses dispositions ont été abrogées par l'ordonnance du 23 mars 2006 relative aux sûretés qui a introduit le gage automobile aux articles 2351 à 2353 du Code civil.

1322. Sur l'ensemble de la question, voy. not. L. Lauvergnat, « La qualification de la saisie par déclaration : pour une approche finaliste », *Dr. et procéd.*, 2008, p. 255.

§ 2. La saisie par immobilisation

748 ***Saisie-vente ou saisie par immobilisation ?*** Lorsque l'huissier de justice a réussi à localiser un véhicule terrestre à moteur, **il peut toujours pratiquer une saisie de droit commun**, saisie-vente ou saisie-appréhension selon l'obligation dont il poursuit l'exécution forcée. Mais en raison de la grande mobilité de ces biens, le saisissant n'est **jamais à l'abri du risque de disparition** malgré les sanctions pénales qu'encourt le saisi. C'est la raison pour laquelle l'article L. 223-2 du CPCE prévoit que « l'huissier de justice chargé de l'exécution muni d'un titre exécutoire peut saisir le véhicule du débiteur en l'immobilisant, en quelque lieu qu'il se trouve, par tout moyen n'entraînant aucune détérioration du véhicule ». Cette immobilisation matérielle présente deux avantages déterminants :

- elle protège le saisissant contre le risque de disparition du véhicule saisi ;
- elle constitue un moyen de pression très efficace sur le débiteur, qui sera incité à exécuter volontairement son obligation pour retrouver l'usage de son véhicule, mais aussi pour préserver sa réputation.

Mais elle ne constitue pas toujours une saisie autonome, car un véhicule peut être immobilisé à l'occasion des opérations d'une saisie-vente pratiquée dans les locaux occupés par le débiteur ou entre les mains d'un tiers qui le détient pour son compte. L'immobilisation est alors **pratiquée à titre accessoire et obéit aux règles de la saisie-vente** (CPCE, art. R. 223-7), sous deux réserves : d'une part, l'immobilisation elle-même se fait avec un appareil conforme aux exigences posées par les articles L. 223-2 et R. 223-6 du CPCE (voy. *infra*, n° 751) ; d'autre part, le débiteur ne bénéficie pas de l'usage du véhicule immobilisé.

Mais l'immobilisation peut aussi être **pratiquée à titre principal**. Elle constitue alors une saisie autonome soumise aux articles R. 223-6 à R. 223-13 du CPCE qui organisent les opérations de cette saisie (A) ainsi que son dénouement, lequel dépend de la nature de l'obligation dont l'exécution forcée est poursuivie (B).

A) Les opérations de saisie

749 ***Titre exécutoire.*** Comme la saisie par immobilisation constitue une mesure d'exécution forcée, il est normal qu'elle requière du créancier la détention d'un titre exécutoire. Mais comme il s'agit aussi d'une mesure mixte, ce titre peut porter **tant sur une obligation monétaire que sur la remise d'un véhicule terrestre à moteur**.

Dans tous les cas, les opérations de saisie consistent à immobiliser le véhicule, ce qui explique à la fois les conditions matérielles (1) et le formalisme juridique (2) auxquels elles sont soumises.

1. Les conditions matérielles

750 ***Localisation.*** La première condition matérielle est celle de la localisation du véhicule. Mais si l'huissier de justice a réussi à surmonter cette difficulté, il pourra procéder à l'immobilisation avec un appareil adéquat en tout lieu où il se trouve.

751 ***Appareil d'immobilisation.*** Pour procéder à l'immobilisation, l'huissier de justice peut employer « tout moyen n'entraînant aucune détérioration du véhicule » (CPCE, art. L. 223-2). En pratique, il se servira généralement du **« sabot de Denver »**, qui est une sorte de pince permettant de bloquer une roue, quotidiennement utilisé par les services de police en matière de stationnement irrégulier. Mais d'autres procédés sont aussi possibles, comme un cadenas qui est mieux adapté pour bloquer un véhicule à deux roues.

Quel que soit l'appareil utilisé, il devra comporter les deux mentions prévues à l'article R. 223-6 du CPCE : en caractères très apparents le **numéro de téléphone** de l'huissier de justice et l'**empreinte officielle** déterminée par l'arrêté ministériel du 23 décembre 1992, qui représente le logo officiel des huissiers de justice[1323].

752 ***Lieu.*** Selon l'article L. 223-2 du CPCE, l'immobilisation d'un véhicule terrestre à moteur peut avoir lieu en « en quelque lieu qu'il se trouve ». Il peut s'agir d'un **lieu privé** occupé par le débiteur lui-même ou par un tiers détenant le véhicule de ce dernier. Mais pour y pénétrer en l'absence de l'occupant ou en cas de refus de celui-ci, l'huissier de justice doit respecter les formalités impératives prévues en ces cas (voy. *supra*, n°s 194 et s.).

Cette difficulté ne se rencontre pas lorsque le véhicule se trouve dans un **lieu public** où il peut aussi être immobilisé. Mais il se pose alors la question de son enlèvement car il peut gêner la circulation ou le stationnement peut être limité. C'est la raison pour laquelle l'huissier de justice est autorisé à faire transporter le véhicule en un autre lieu où il sera mis en dépôt. Mais à quel moment ? Alors que l'article R. 223-8-3° du CPCE envisage un enlèvement immédiat, l'article R. 223-9-3° vise un délai de 48 heures. Ce doute a été levé par un arrêt de la Cour de cassation qui a jugé que l'huissier de justice a toujours « le choix entre l'immobilisation du véhicule ou son transport pour être mis en dépôt[1324] ». Il peut donc **procéder immédiatement à son enlèvement ou,** *a fortiori*, **ultérieurement** après l'avoir immobilisé. Mais selon l'option choisie, le formalisme juridique applicable sera affecté.

2. Le formalisme juridique

753 ***Pas de commandement préalable.*** En raison de la mobilité consubstantielle aux véhicules terrestres à moteur, leur immobilisation ne présente d'intérêt **que si elle peut être pratiquée par surprise**. C'est la raison pour laquelle elle ne requiert aucun commandement préalable, contrairement à la saisie-vente des biens meubles corporels.

Son formalisme se réduit donc à l'établissement d'un procès-verbal d'immobilisation, suivi d'un avis au débiteur s'il était absent.

754 ***Procès-verbal d'immobilisation.*** Le procès-verbal d'immobilisation est prévu à l'article R. 223-8 du CPCE, qui énumère les mentions prescrites à peine de nullité :

- mention du titre exécutoire ;
- date et heure d'immobilisation du véhicule ;

1323. *JCP G*, 1993, III, 65899.

1324. Civ. (2e ch.), 7 juin 2006, n° 04-19001, *Bull. civ.*, II ; *Procédures*, 2006, comm. n° 180, obs. R. Perrot ; *Dr. et procéd.*, 2006, p. 357, obs. C. Lefort.

- lieu d'immobilisation et, le cas échéant, celui où il a été transporté pour être mis en dépôt ;
- description du véhicule incluant notamment le numéro minéralogique, la marque, la couleur et éventuellement le contenu apparent et les détériorations visibles[1325] ;
- mention de la présence ou de l'absence du débiteur.

Cette dernière mention conditionne directement la seconde formalité prévue.

755 ***Avis au débiteur.*** **Lorsque le débiteur est absent**, l'huissier de justice doit l'informer le jour même par lettre simple adressée ou déposée au lieu où il demeure, laquelle doit contenir les mentions prévues à l'article R. 223-9 du CPCE, qui ne sont pas prescrites à peine de nullité :

- mention du titre exécutoire ;
- indication du lieu d'immobilisation et le cas échéant du lieu où il a été transporté ;
- avertissement que l'immobilisation vaut saisie (voy. *infra*, n° 756) et que s'il y a été procédé en un lieu public, le véhicule pourra être transporté dans un délai de 48 heures au lieu qui doit être indiqué[1326] ;
- mention en caractères très apparents de la possibilité d'obtenir mainlevée de l'immobilisation soit en s'adressant à l'huissier de justice dont les nom, adresse et numéro de téléphone doivent être indiqués, soit en la contestant devant le juge de l'exécution du lieu d'immobilisation dont le siège et l'adresse du greffe doivent être précisés.

Curieusement, rien n'est dit de l'**information du débiteur présent aux opérations** d'immobilisation, contrairement à la saisie-vente des biens meubles corporels où les textes prescrivent avec un luxe de précisions les propos que l'huissier de justice doit tenir (voy. *supra*, n° 505). Mais la raison commande sans doute qu'il lui fournisse verbalement les mêmes informations, et ce d'autant plus qu'une copie du procès-verbal d'immobilisation ne lui sera communiquée qu'ultérieurement au titre du dénouement de la saisie.

B) Le dénouement de la saisie

756 ***Saisie et suites.*** Selon l'article R. 223-8, alinéa 2, l'immobilisation vaut saisie sous la garde du propriétaire du véhicule ou, après son enlèvement, sous la garde de celui qui l'a reçu en dépôt. Elle produit donc les **mêmes effets que la saisie-vente** selon qu'elle est pratiquée entre les mains du débiteur ou d'un tiers, **sous réserve de l'usage** qui est supprimé. Il s'ensuit que le véhicule est rendu tant matériellement que juridiquement indisponible.

Mais comme il s'agit d'une mesure d'exécution forcée mixte, ses suites dépendent de la nature de l'obligation à exécuter, qui peut être une obligation

1325. À cette fin, l'huissier de justice peut aussi prendre des photographies dans les conditions prévues à l'article R. 221-12 du CPCE concernant la saisie-vente des biens meubles corporels (voy. *supra*, n° 502), auquel renvoie l'article R. 223-6, alinéa 3.

1326. Sauf s'il a été enlevé immédiatement, auquel cas, il faudra indiquer le lieu où il est déjà entreposé.

monétaire (1), de remise du véhicule à son propriétaire (2) ou de remise du véhicule à un créancier gagiste (3).

1. En cas d'obligation monétaire

757 *Analogie avec la saisie-vente.* Il s'agit de l'hypothèse la plus courante où l'huissier de justice est chargé de l'exécution forcée d'un titre constatant une créance monétaire au profit de son bénéficiaire. L'immobilisation est alors pratiquée pour obtenir le paiement d'une somme d'argent, ce qui explique l'**analogie à ce stade avec la saisie-vente** des biens meubles corporels, qu'il s'agisse du commandement de payer ou surtout de la vente du véhicule.

758 *Commandement de payer.* **Dans les huit jours** de l'immobilisation, l'huissier de justice doit signifier au débiteur un commandement de payer. Contrairement à la saisie-vente des biens meubles corporels, il n'est donc **pas préalable**, mais les mentions qu'il doit comporter, à peine de nullité, prévues à l'article R. 223-10 du CPCE, sont très semblables : décompte détaillé des sommes réclamées ; avertissement qu'à défaut de paiement et passé le délai d'un mois pour vendre le véhicule à l'amiable, conformément aux articles R. 221-30 à R. 221-32 du CPCE qui sont reproduits, la vente forcée sera poursuivie ; indication que les contestations sont portées, au choix du débiteur, devant le juge de l'exécution du lieu où il demeure ou du lieu d'immobilisation[1327]. Enfin, une copie du procès-verbal d'immobilisation doit être jointe en annexe.

759 *Vente du véhicule.* Après la signification de ce commandement et sauf à payer ce qu'il doit, le débiteur bénéficie du délai d'un mois pour procéder à la vente amiable de son véhicule dans les conditions prévues aux articles R. 221-30 à R. 221-32 du CPCE et, s'il ne le fait pas, la vente forcée sera poursuivie.

Tant la vente amiable que la vente forcée obéissent aux conditions applicables à la saisie-vente des biens meubles corporels (voy. *supra*, n°s 514 et s.), sous une réserve. Lorsque le véhicule est gagé, l'huissier de justice doit **informer le créancier gagiste**, selon les cas, des propositions de vente amiable ou de la mise en vente aux enchères publiques (CPCE, art. R. 223-11), ce qui lui permettra de faire valoir ses droits sur le prix de vente[1328].

2. En cas d'obligation de remise au propriétaire

760 *Analogie avec la saisie-appréhension.* Il s'agit de l'hypothèse où le titre exécutoire invoqué à l'appui de l'immobilisation ordonne la remise d'un véhicule terrestre à moteur à son propriétaire. Le débiteur condamné est le plus souvent le locataire qui n'a pas restitué le véhicule à l'échéance ou dont le contrat a été résilié. Mais il peut s'agir aussi d'un vendeur qui ne l'a pas livré ou d'un acquéreur sous réserve de propriété qui n'en a pas payé le prix. L'immobilisation est donc pratiquée en vue de la remise du véhicule, ce qui explique l'analogie à ce stade avec la saisie-appréhension, du moins pour la remise elle-même, car le commandement de remettre est plus spécifique.

1327. En la matière, l'option ouverte par l'article R. 121-2 du CPCE joue donc, contrairement à la saisie-vente.

1328. Mais en pratique, cette situation est plutôt rare car un créancier hésitera à faire les frais d'une immobilisation si le véhicule est gagé, d'où l'intérêt des informations que l'huissier de justice peut solliciter préalablement de la part de la préfecture (voy. *supra*, n° 742).

761 ***Commandement de remettre.*** Dans les **huit jours** de l'immobilisation, l'huissier de justice doit **signifier au débiteur de la remise** un acte que l'on peut qualifier de commandement de remettre au vu de son contenu prescrit par l'article R. 223-12 du CPCE. En effet, il doit comporter à peine de nullité :

- l'injonction d'avoir, dans un délai de huit jours, à se présenter à l'étude de l'huissier de justice, afin de convenir des conditions du transport du véhicule pour être remis à son propriétaire ;
- l'avertissement qu'à défaut, il sera transporté à ses frais pour lui être remis[1329] ;
- l'indication que les contestations peuvent être portées, au choix du débiteur, devant le juge de l'exécution du lieu où il demeure ou du lieu d'immobilisation du véhicule[1330].

En outre, et sous la même sanction, il doit comporter en annexe une copie du procès-verbal d'immobilisation.

762 ***Remise du véhicule.*** En cas d'accord entre le débiteur et l'huissier de justice, la remise du véhicule à son propriétaire sera volontaire et se fera selon les modalités convenues. À défaut, elle sera forcée, l'huissier de justice pouvant alors le faire transporter chez le propriétaire aux frais du débiteur, dès l'expiration du délai de huit jours. Pour le surplus, et bien qu'aucun texte ne le prévoie expressément, il faut admettre que les règles de la saisie-appréhension sont applicables par analogie, que la remise soit volontaire ou forcée (voy. *supra*, n° 304).

3. En cas d'obligation de remise à un créancier gagiste

763 ***Réalisation du gage.*** À titre liminaire, il faut rappeler que le créancier bénéficiaire d'un gage sur automobile dispose, comme tout autre créancier gagiste, d'une option pour la réalisation de sa sûreté. Il peut demander soit l'attribution judiciaire du véhicule grevé, soit en poursuivre la vente pour se payer sur le prix (C. civ., art. 2346 à 2348). **S'il opte pour l'attribution**, il devra solliciter en justice un titre exécutoire lui attribuant la propriété du véhicule et, dans ce cas, s'il fait pratiquer une saisie par immobilisation, il faudra se placer dans l'hypothèse précédente de la remise au propriétaire (voy. *supra*, n°s 760 et s.)[1331].

En revanche, **s'il opte pour la vente**, il devra **la faire ordonner en justice** pour le montant de sa créance. Il pourra alors, sur le fondement de ce titre

1329. Cette mention diffère du commandement en cas de saisie-appréhension où le débiteur dispose toujours d'un délai de huit jours pour remettre lui-même le bien à son propriétaire, ce qui explique que son contenu est différent et qu'en cas de refus exprès, il n'a pas même à être délivré (voy. *supra*, n° 302). Mais cette liberté appliquée à l'immobilisation d'un véhicule terrestre à moteur aurait pu nuire à son efficacité. C'est la raison pour laquelle la remise volontaire au propriétaire n'est possible que selon des modalités à convenir avec l'huissier de justice. Elles pourront consister, par exemple, dans l'accompagnement du débiteur par un tiers digne de confiance ou dans la récupération du véhicule directement par le propriétaire aux frais du débiteur.

1330. En la matière, l'option ouverte par l'article R. 121-2 du CPCE joue donc, contrairement à la saisie-appréhension.

1331. Mais comme l'attribution se fait toujours pour la valeur du véhicule, il pourra devoir une soulte à son débiteur ou, inversement, celui-ci lui sera redevable d'un solde, selon les sommes dues en principal, intérêts et frais ; voy. not. D. Legeais, *op. cit.*, n° 22.

exécutoire, faire pratiquer une saisie par immobilisation. Mais comme il est réputé avoir conservé la possession du véhicule gagé (C. civ., art. 2352), il peut préalablement se le faire remettre. C'est l'hypothèse de l'immobilisation en vue de la remise du véhicule au créancier gagiste prévue à l'article R. 223-13 du CPCE. Elle emprunte ainsi à la fois à la saisie-vente et à la saisie-appréhension, tant au niveau du commandement que de son issue, la remise et la vente.

764 ***Commandement de remettre et de payer.*** Dans **les huit jours** de l'immobilisation, l'huissier de justice doit **signifier au débiteur un acte mixte**, qui tient à la fois du commandement de remettre et du commandement de payer. En effet, aux termes de l'article R. 223-13 du CPCE, il doit comporter, à peine de nullité :

- en annexe, une copie du procès-verbal d'immobilisation ;
- une injonction identique à celle prévue pour l'immobilisation en cas d'obligation de remise (voy. *supra*, n° 761) ;
- un commandement de payer comportant les mêmes mentions que celles prévues pour l'immobilisation en cas d'obligation monétaire (voy. *supra*, n° 758) ;
- l'indication du juge de l'exécution compétent pour connaître des contestations, qui est le même que dans les cas précédents ; c'est dire que le débiteur bénéfice d'une option de compétence entre le juge du lieu où il demeure et celui du lieu de l'immobilisation.

765 ***Remise et vente.*** Dans **les huit jours** de ce commandement, un accord devra être trouvé sur les modalités de la remise volontaire et, à défaut, l'huissier de justice pourra recourir à la remise forcée, le tout dans les mêmes conditions que pour l'immobilisation en cas de remise au propriétaire (voy. *supra*, n° 762).

Lorsque le véhicule aura ainsi été remis au créancier gagiste, il sera placé sous sa garde et sa vente, amiable ou forcée, sera poursuivie selon les règles de la saisie-vente des biens meubles corporels (CPCE, art. R. 223-13, al. 2).

Cette issue alternative ou cumulative est la marque de toutes les mesures d'exécution mixtes et se retrouve donc aussi pour la saisie des biens placés dans un coffre-fort.

SECTION II
La saisie des biens placés dans un coffre-fort

766 ***Coffre-fort du débiteur ou d'un tiers.*** Un coffre-fort contient généralement des biens de valeur qui ne peuvent laisser les créanciers indifférents. Mais leur saisie ne peut se faire de la même manière selon que le coffre appartient ou non au débiteur.

Lorsque le coffre-fort appartient au débiteur, ces biens pourront faire l'objet d'une **saisie de droit commun**, qui sera la saisie-vente des biens meubles corporels ou la saisie-appréhension, selon la nature de l'obligation à exécuter, obligation monétaire ou obligation de remise au propriétaire. La seule difficulté réside dans l'ouverture du coffre-fort en cas d'absence ou de refus du débiteur. L'huissier de justice doit alors procéder comme pour l'ouverture forcée des portes d'un local privé (voy. *supra*, n°s 194 et s.).

Lorsque le coffre-fort appartient à un tiers, généralement un établissement bancaire qui le loue au débiteur, la situation est plus complexe. Sous l'empire de l'ancien Code de procédure civile, la question était controversée car aucune des saisies de droit commun, saisie-exécution et saisie-arrêt, n'était véritablement adaptée. C'est la raison pour laquelle le législateur a institué une mesure d'exécution forcée spécifique.

767 ***Mesure d'exécution forcée spécifique.*** La mesure d'exécution forcée spécifique aux biens placés dans un coffre-fort est prévue aux articles **R. 224-1 à R. 224-12 du CPCE**. Elle présente un caractère mixte car elle est ouverte tant aux créanciers monétaires qu'aux propriétaires bénéficiaires d'une obligation de remise. Mais il faut bien reconnaître qu'**elle est restée essentiellement théorique** car il est très difficile, en pratique, de localiser de tels coffres, les banquiers n'étant tenus à aucune obligation de déclaration à leur sujet, même à l'égard d'un huissier de justice muni d'un titre exécutoire.

Ce n'est donc que dans les rares cas où l'huissier de justice a pu identifier un coffre-fort loué au débiteur qu'il pourra pratiquer une telle saisie. Celle-ci se déroule en deux temps. Premier temps, le coffre étant fermé, tous les biens qu'il contient sont saisis sans distinction (§ 1). Second temps, à défaut d'exécution volontaire de l'obligation, le coffre-fort est ouvert, ce qui permet alors de saisir les biens sélectionnés (§ 2).

§ 1. Le coffre-fort fermé

768 ***Effet de surprise.*** La saisie des biens placés dans un coffre-fort ne présente d'intérêt que si elle peut intervenir par surprise. En effet, si le débiteur était préalablement informé, il aurait tout loisir de vider le coffre. C'est la raison pour laquelle le commandement au débiteur (B) est postérieur et non antérieur à l'acte de saisie (A).

A) L'acte de saisie

769 ***Mentions.*** La saisie est pratiquée par un acte d'huissier de justice signifié au tiers propriétaire du coffre-fort, qui comporte, à peine de nullité, les mentions prévues aux 1° à 3° de l'article 224-1 du CPCE :

- les nom et domicile du débiteur et, s'il s'agit d'une personne morale, sa dénomination et son siège social ;
- la référence au titre en vertu duquel la saisie est pratiquée ;
- une injonction d'interdire tout accès au coffre, si ce n'est en présence de l'huissier de justice.

En outre, l'acte doit mentionner l'identification du coffre-fort que le tiers est tenu de fournir à l'huissier de justice.

770 ***Effets.*** Dès la signification de l'acte de saisie au tiers propriétaire, **tout accès au coffre-fort est interdit** sans la présence de l'huissier de justice. Aussi **tous les biens** présents dans le coffre-fort, sans distinction, **sont rendus indisponibles**. Mais comme l'huissier de justice en ignore le détail à ce moment, il lui sera très difficile de vérifier ultérieurement si cette indisponibilité a été

respectée. C'est la raison pour laquelle il peut toujours décider d'**apposer des scellés** sur le coffre-fort (CPCE, art. R. 224-2).

À ce stade, la saisie présente ainsi un **caractère conservatoire**, car l'exécution forcée ne sera possible qu'après l'ouverture du coffre-fort sur les biens sélectionnés en fonction du titre exécutoire, qui seront enlevés pour être vendus ou remis au saisissant, selon les cas (voy. *infra*, n°s 777 et s.).

B) Le commandement au débiteur

771 ***Délai.*** Le **premier jour ouvrable** suivant l'acte de saisie, l'huissier de justice doit signifier un commandement au débiteur, ce commandement pouvant être signifié dans l'acte de signification du jugement (CPCE, art. R. 224-3 et R. 224-10, al. 1er et 3). Cette saisie est ainsi possible exceptionnellement **sans notification préalable du titre exécutoire**, par dérogation à l'article 503 du Code de procédure civile.

Selon l'obligation qu'il constate, il s'agit d'un commandement de payer ou d'un commandement de délivrer ou de restituer.

772 ***Commandement de payer.*** Lorsque le saisissant se prévaut d'une **créance monétaire**, c'est un commandement de payer qui doit être signifié au débiteur. Il contient, à peine de nullité, outre les mentions communes de l'article 648 du CPC, les mentions particulières prévues aux 1° à 6° de l'article R. 224-3 du CPCE. Elles peuvent être classées en trois rubriques :

- celles **relatives à la saisie** : la dénonciation de l'acte de saisie (1°), la mention du titre exécutoire (2°) et l'indication des lieu, jour et heure fixés pour l'ouverture du coffre (5°) ;
- celles **relatives aux obligations** du débiteur : le décompte distinct des sommes réclamées en principal, frais et intérêts échus avec l'indication du taux des intérêts (3°) ; un commandement d'avoir à payer la dette avant la date fixée pour l'ouverture du coffre, ou d'assister, en personne ou par mandataire, à son ouverture aux fins de saisie des biens qui s'y trouvent, avec l'avertissement qu'en cas d'absence ou de refus d'ouverture, le coffre-fort sera ouvert par la force et à ses frais (4°) ;
- celle **relative au droit de contestation du débiteur** : la désignation du juge de l'exécution du lieu où sont situés les biens saisis devant lequel les contestations doivent être portées (6°).

773 ***Commandement de délivrer ou de restituer.*** Lorsque le saisissant se prévaut d'une **créance de remise d'un bien**, c'est un commandement de restituer ou de délivrer qui doit être signifié au débiteur. Son contenu, prévu à l'article R. 224-10 du CPCE, est identique au commandement de payer, sous les deux réserves suivantes :

- à la place du décompte, il désigne précisément le ou les biens réclamés ;
- à défaut de remise ou, le cas échéant, de paiement avant cette date, le coffre-fort sera ouvert, ce qui permettra alors de saisir les biens sélectionnés.

§ 2. Le coffre-fort ouvert

774 ***Phase exécutoire.*** À ce stade, la saisie entre dans sa phase exécutoire, c'est dire qu'elle revêt son habit de mesure d'exécution forcée. Il s'agit alors de procéder à l'ouverture du coffre-fort (A), pour enlever les biens sélectionnés qui sont saisis (B), en vue du sort dicté par la nature de l'obligation à exécuter (C)[1332].

A) L'ouverture du coffre-fort

775 ***Moment.*** L'ouverture du coffre-fort se fait à la date fixée dans le commandement, qui doit se situer **à plus de 15 jours** de sa signification. Mais comme le débiteur peut avoir intérêt à une ouverture plus rapide[1333], il peut toujours demander une date plus rapprochée (CPCE, art. R. 224-4, al. 1er).

776 ***Modalités.*** **Lorsque le débiteur est présent** et qu'il **accepte de collaborer**, l'ouverture du coffre-fort ne pose aucune difficulté particulière. Elle peut se faire de manière contradictoire, avec la clé et le code confidentiel fournis par le débiteur.

Mais s'il **refuse de collaborer**, il faut procéder à une ouverture forcée, ce qui nécessite toujours le recours à un spécialiste dont les frais doivent être avancés par le saisissant (CPCE, art. R. 224-4, al. 3).

Il en va de même, *a fortiori*, **lorsque le débiteur est absent**. Mais, de plus, dans ce cas, l'ouverture forcée ne peut avoir lieu qu'en présence du propriétaire du coffre-fort ou de son préposé dûment mandaté (CPCE, art. R. 224-4, al. 2).

Une fois le coffre-fort ouvert, l'huissier de justice pourra identifier les biens à saisir et procéder à leur enlèvement.

B) L'enlèvement des biens saisis

777 ***Déroulement.*** Tous les biens présents dans le coffre-fort ne peuvent faire l'objet d'une exécution forcée, car tout dépend de la nature de l'obligation à exécuter. L'huissier de justice doit donc d'abord procéder à la sélection des biens présents avant de pouvoir dresser les actes subséquents.

778 ***Sélection des biens présents.*** Seuls peuvent être saisis par l'huissier de justice, les biens suivants présents dans le coffre-fort : soit ceux appartenant au débiteur en cas de recouvrement d'une créance monétaire, soit ceux appartenant au saisissant que le débiteur doit lui remettre. Les **biens ainsi saisis sont immédiatement enlevés** pour être placés sous la garde de l'huissier de justice ou d'un séquestre désigné, à défaut d'accord amiable, sur requête par le juge de l'exécution (CPCE, art. R. 224-5, al. 2 et 3).

Les **biens non saisis sont laissés à la disposition du débiteur présent**. S'il est **absent**, ils sont **remis au tiers** qui a la garde du coffre-fort, **ou à un séquestre** désigné sur requête par le juge de l'exécution, à charge de les représenter sur simple réquisition du débiteur. Dans tous les cas, il pourra les

---

1332. L'ouverture du coffre-fort et l'enlèvement des biens saisis sont régis par les articles R. 224-4 à R. 224-6 et R. 224-9 du CPCE relatifs au recouvrement des créances monétaires, qui sont applicables aussi à la remise des biens au saisissant sur renvoi de l'article R. 224-11.

1333. Par exemple, pour récupérer un document personnel, telle une pièce d'identité.

replacer dans le coffre-fort car il en retrouve le libre accès dès l'enlèvement des biens saisis.

779 ***Actes subséquents.*** L'huissier de justice doit dresser un **procès-verbal d'inventaire** où il décrit les biens de façon détaillée. Au besoin, il peut les photographier dans les conditions prévues à l'article R. 221-12 du CPCE concernant la saisie-vente des biens meubles corporels (CPCE, art. R. 224-5, al. 1er et 4). Mais cet inventaire ne porte sur **tous les biens présents** dans le coffre-fort que si le débiteur est absent. En revanche, s'il est présent, il est **limité aux seuls biens saisis** (CPCE, art. R. 224-5, al. 2 et 3).

En outre, il doit **dresser acte des opérations**, c'est-à-dire de l'ouverture du coffre-fort, de l'enlèvement des biens saisis et de la remise des biens non saisis. À ce titre et à peine de nullité, il doit indiquer les nom, prénom et qualité des personnes qui ont assisté aux opérations et de celles entre les mains desquelles des biens ont été remis. Toutes ces personnes sont invitées à apposer leur signature sur l'original et les copies et, si elles refusent, il en est fait mention dans l'acte (CPCE, art. R. 224-6).

Une copie de l'inventaire est **remise ou signifiée** aux personnes auxquelles des biens ont été remis, ainsi qu'au débiteur (CPCE, art. R. 224-7 et R. 224-12, al. 1er). Mais cette dernière signification doit être complétée de mentions complémentaires, qui varient selon le sort réservé aux biens enlevés.

C) Le sort des biens enlevés

Selon les cas, les biens enlevés sont vendus ou remis au saisissant.

780 ***Vente des biens enlevés.*** Lorsque le saisissant poursuit **le recouvrement d'une créance monétaire**, les biens enlevés sont destinés à être vendus pour lui permettre de se payer sur le prix. C'est la raison pour laquelle, dans ce cas, la signification de la copie de l'inventaire doit comporter, à peine de nullité (CPCE, art. R. 224-7, al. 2) :

- la mention du lieu où les biens saisis sont déposés ;
- l'indication, en caractères très apparents, que le débiteur dispose d'un délai d'un mois pour procéder à leur vente amiable, dans les conditions prévues aux articles R. 221-30 à R. 221-32 du CPCE qui sont reproduits, ainsi que la date à partir de laquelle, à défaut de vente amiable, il pourra être procédé à leur vente forcée.

Ainsi, la vente des biens enlevés se fait-elle dans les conditions de la saisie-vente des biens meubles corporels (voy. *supra*, nos 514 et s.). De même, le régime des incidents de cette saisie, prévu aux articles R. 221-40 à R. 221-56 (voy. *supra*, nos 526 et s.), est applicable (CPCE, art. R. 224-8).

781 ***Remise des biens enlevés.*** Lorsque le saisissant poursuit **la remise d'un bien dont il est propriétaire**, la signification d'une copie de l'inventaire doit mentionner, à peine de nullité, que le bien a été remis à la personne désignée dans le titre exécutoire ou à son mandataire dont l'identité est précisée (CPCE, art. R. 224-12, al. 2).

Dans ce cas, il n'est pas utile de renvoyer aux règles de droit commun de la saisie-appréhension car la remise du bien achève cette saisie, sous réserve des contestations qui peuvent être portées devant le juge de l'exécution du lieu de situation des biens saisis (CPCE, art. R. 224-10-6°).

À côté de cette mesure d'exécution forcée propre aux biens placés dans un coffre-fort, il existe aussi une saisie conservatoire spécifique à ces biens (voy. *infra*, nos 858 et s.).

PARTIE 3

Les mesures conservatoires

782 ***Notion.*** Les mesures conservatoires sont des mesures destinées à **garantir** les droits du créancier sur certains des biens de son débiteur, en attendant qu'il puisse, ou décide, de pratiquer une mesure d'exécution forcée. Il en existe deux types :

- les **saisies conservatoires** qui consistent à rendre indisponibles des biens du débiteur, pour éviter qu'il puisse en disposer ou s'en dessaisir ;
- les **sûretés judiciaires** qui constituent des sûretés réelles conférant au créancier un droit de préférence et un droit de suite sur des biens du débiteur, sans les rendre indisponibles.

Elles ne tendent donc jamais directement ni à la vente, ni à la remise des biens grevés, et en cela elles se distinguent des mesures d'exécution forcée. Mais en fait, elles en constituent souvent le préalable indispensable, sans lequel toute mesure d'exécution forcée ultérieure serait vaine. Elles contribuent ainsi directement à l'effectivité du droit à l'exécution.

783 ***Évolution.*** Jusqu'à la réforme générale opérée en 1991, le droit applicable se caractérisait par son extrême diversité et sa grande complexité. À l'origine de l'ancien Code de procédure civile, il n'existait aucune mesure conservatoire générale, mais uniquement des saisies conservatoires spéciales applicables dans des domaines strictement délimités : la saisie-gagerie pour garantir les créances nées d'un contrat de bail (ACPC, art. 819 à 821), la saisie foraine pour garantir les créances détenues sur les gens du voyage (ACPC, art. 822 et 823), la saisie-revendication pour garantir le droit de suite d'un créancier sur un bien corporel (ACPC, art. 826 à 831).

La loi du 12 novembre 1955 a ajouté à cette liste trois nouvelles mesures conservatoires, incorporées aux articles 48 à 57 de l'ancien Code de procédure civile :

- deux mesures spéciales, appelées aujourd'hui sûretés judiciaires : l'une sur les biens immobiliers, l'hypothèque judiciaire conservatoire, et l'autre sur les fonds de commerce, le nantissement conservatoire ;
- la troisième qui était générale car elle était applicable à tout bien mobilier pour garantir le recouvrement de toute créance monétaire.

Ces trois nouvelles mesures avaient été qualifiées de « grandes mesures conservatoires », par opposition à la multitude des petites, qui étaient devenues inutiles mais qui malheureusement avaient été maintenues, ce qui ajoutait encore à la complexité du droit des mesures conservatoires.

784 ***Alsace-Moselle.*** Il fallait néanmoins excepter le droit local applicable en Alsace et en Moselle, qui au contraire se caractérisait par sa simplicité et son efficacité. En effet, il n'existait qu'une seule mesure conservatoire, appelée la contrainte, qui était applicable à tous les biens du débiteur, mobiliers comme immobiliers, et permettait de garantir le recouvrement de toutes les créances monétaires (CPCL, art. 916 et s.). La procédure relevait de la compétence du tribunal d'instance qui pouvait autoriser le créancier, par ordonnance sur requête, à pratiquer une contrainte sur tous les biens du débiteur, en garantie de sa créance évaluée en principal, intérêts et frais, à condition qu'elle fût apparemment fondée en son principe.

En vertu de cette ordonnance, le créancier pouvait alors choisir librement les biens du débiteur sur lesquels il entendait pratiquer la contrainte autorisée. Le droit local était ainsi très en avance sur le droit général, à tel point qu'après avoir inspiré partiellement la loi de 1955, il inspira plus substantiellement encore la réforme de 1991.

785 ***Réforme.*** La loi de 1991 et son décret d'application de 1992 ont totalement abrogé les dispositions anciennes, tant de droit général que de droit local. Ils leur ont substitué un corps de règles nouvelles, plus simples et plus efficaces, inscrites aujourd'hui aux **livres V du CPCE**, constitués respectivement des articles L. 511-1 à L. 533-1 et R. 511-1 à R. 534-1. Ces textes distinguent entre les règles communes à toutes les mesures conservatoires (Chapitre 1) et les règles particulières applicables, d'une part, aux saisies conservatoires (Chapitre 2) et, d'autre part, aux sûretés judiciaires (Chapitre 3).

CHAPITRE I

Les règles communes

786 ***Textes.*** Elles sont prévues aux articles L. 511-1 à L. 512-2 et R. 511-1 à R. 512-3 du CPCE. Elles portent, d'une part, sur les conditions requises pour pouvoir bénéficier de mesures conservatoires (Section I) et, d'autre part, sur leur mise en œuvre (Section II).

SECTION I

Les conditions requises

787 ***Fond et forme.*** Si les conditions de fond sont largement inspirées du droit antérieur (§ 1), le législateur a innové quant aux conditions de forme qui tiennent à la nécessité d'une autorisation judiciaire préalable (§ 2).

§ 1. Les conditions de fond

788 ***Double condition.*** Elles sont prévues à l'article L. 511-1 du CPCE qui requiert une créance paraissant fondée en son principe (A) et menacée dans son recouvrement (B).

A) Une créance paraissant fondée en son principe

789 ***Créance monétaire.*** La créance visée à l'article L. 511-1 est une créance monétaire. Certes, cette exigence n'est pas expressément posée par ce texte, mais elle est inscrite dans la notion de recouvrement qu'il contient par ailleurs. Cela ne signifie pas que les mesures conservatoires seraient exclues pour garantir une obligation de faire. Mais comme pour l'exécution forcée, il n'en existe qu'une seule, la saisie-revendication, et elle est soumise à des conditions de fond qui lui sont propres (voy. *infra*, n°s 846 et s.).

Faute de toute précision quant à la nature de la créance monétaire ainsi requise, il faut l'entendre de la façon la plus large possible. Il peut donc s'agir de **toute créance**, civile ou commerciale, délictuelle ou quasi-délictuelle, contractuelle ou quasi-contractuelle.

Quant aux caractères, il suffit, et c'est là l'essentiel, d'une créance monétaire qui « paraît fondée en son principe ». Cette formule, d'une grande souplesse, exclut avec certitude les caractères requis pour fonder une mesure d'exécution forcée. La créance invoquée n'a donc pas besoin d'être certaine (1), ni liquide et exigible (2).

1. Pas besoin d'une créance certaine

790 ***Apparence.*** Sous l'empire de l'ancien Code de procédure civile, il fallait justifier d'un « principe certain de créance ». Mais la formule actuelle est **encore plus large**, car elle ne requiert pas le même degré de certitude. La Cour de cassation l'a expressément admis en décidant que le juge avait à rechercher l'existence « non pas d'un principe certain de créance mais seulement d'une créance paraissant fondée en son principe[1334] ».

Il s'ensuit que **la simple apparence suffit** et qu'il n'est pas nécessaire que la créance soit effectivement fondée en son principe[1335]. La créance invoquée peut donc être simplement **conditionnelle ou éventuelle, ou même contestée** à ce stade. En effet, le juge ne peut refuser son autorisation au seul motif qu'il y aurait contestation. Dans ce cas, il lui appartient d'examiner les contestations élevées pour vérifier si elles sont de nature à priver la créance invoquée de l'apparence de sérieux qui est seule requise[1336].

791 ***Appréciation souveraine.*** Pour décider de cette apparence, le juge dispose d'un pouvoir souverain d'appréciation[1337]. Il l'exerce à partir de toutes les circonstances de fait et des pièces justificatives invoquées par le créancier, qui supporte la charge de la preuve. Il peut produire notamment des lettres échangées entre les parties, des bulletins de commande, des bons de livraison, des factures, des lettres d'intention, des conventions, des attestations de témoins, etc.

792 ***Créance certaine.*** Il va de soi que si la créance invoquée est d'ores et déjà certaine, elle apparaît *a fortiori* fondée en son principe. Qui peut le plus peut le moins. C'est d'ailleurs ce qui justifie les cas de dispense où une mesure conservatoire peut être pratiquée sans autorisation préalable (voy. *infra*, n°s 797 et s.).

2. Pas besoin d'une créance liquide et exigible

793 ***Liquidité.*** Une créance liquide est une créance dont le **montant est déterminé ou déterminable** de manière certaine en argent. En se contentant d'une créance paraissant fondée en son principe, l'article L. 511-1 ne requiert pas non plus qu'elle soit déjà chiffrée de manière définitive.

Mais si la créance invoquée n'est pas encore liquide, elle devra faire l'objet d'une **évaluation provisoire** car l'ordonnance doit toujours indiquer, à peine de nullité, le montant pour lequel la mesure est autorisée (voy. *infra*, n° 807).

1334. Civ. (1re ch.), 2 février 1999, n° 96-16718, *Bull. civ.*, I, n° 37 ; dans le même sens, à propos d'une décision qui avait exigé la preuve de l'existence d'une créance : Com., 9 octobre 2001, n° 98-18487, *Bull. civ.*, IV, n° 164 ; *JCP E*, jurispr., p. 762, n° 725, note O. Salvat ; *RJDA*, 2002, n° 197.

1335. Civ. (2e ch.), 8 juin 2000, n° 98-19529 ; Com., 15 décembre 2009, n° 08-19432, *Procédures*, 2010, comm. n° 35, obs. R. Perrot.

1336. Civ. (2e ch.), 19 décembre 2002, n° 01-03719, *Bull. civ.*, II, n° 294, *RTD Civ.*, 2003, p. 357, obs. R. Perrot ; dans le même sens, la présomption d'innocence n'empêche pas le juge de se prononcer sur une créance de dommages-intérêts résultant d'une infraction pénale alléguée : Civ. (2e ch.), 20 novembre 2003, n° 01-17713, *Bull. civ.*, II, n° 350 ; *Dr. et procéd.*, 2004, p. 155, obs. A. Leborgne ; *Procédures*, 2004, comm. n° 24, obs. R. Perrot.

1337. Voy. not. Civ. (2e ch.), 10 décembre 1998, n° 96-21730, *Bull. civ.*, II, n° 298 ; Civ. (1re ch.), 2 février 1999, préc.

794 ***Exigibilité.*** La créance invoquée peut être **à terme** ou même **future**, voire n'exister qu'**en germe**. Mais il n'en demeure pas moins que le juge sera bien plus enclin à donner l'autorisation sollicitée si la créance est déjà échue, à condition évidemment qu'elle soit en plus menacée dans son recouvrement.

B) Une créance menacée dans son recouvrement

795 ***Risque d'insolvabilité.*** Selon l'article L. 511-1, la personne qui entend pratiquer une mesure conservatoire, pour garantir la créance qu'elle invoque, doit justifier de « circonstances susceptibles d'en menacer le recouvrement »[1338]. Sur ce point, la loi du 12 novembre 1955 avait posé deux conditions : l'urgence et le péril dans le recouvrement. Mais la jurisprudence avait fini par admettre que l'urgence résulte nécessairement du péril, de sorte que ces deux conditions n'en faisaient qu'une et qu'elles étaient remplies en cas d'insolvabilité imminente du débiteur. C'est l'idée reprise par la loi de 1991. Mais en gommant toute notion d'urgence et de péril, elle a assoupli cette condition, qui se réduit désormais au simple risque d'insolvabilité[1339], qui est apprécié souverainement par les juges du fond[1340].

Mais pour le créancier qui supporte la charge de la preuve, **toute la difficulté est d'établir ce risque**. Cette tâche n'est pas aisée car elle suppose que le créancier dispose d'informations sur la situation patrimoniale du débiteur, et tout particulièrement sur son état d'endettement. Or, ces éléments ne font l'objet que de rares publications. Le créancier doit donc généralement se contenter d'**indices** ou d'**informations** et **pièces parcellaires** que le juge apprécie souverainement. Ainsi, il a été jugé, par exemple, que le risque d'insolvabilité résulte suffisamment de l'existence d'un compte bancaire débiteur, de l'absence de toute réponse à sept lettres de rappel et d'une mention au fichier national de remboursement des crédits aux particuliers[1341]. Parfois, ce risque est même déduit de la seule carence du débiteur[1342] ou de son comportement pouvant laisser craindre qu'il entend se soustraire à ses obligations[1343]. Inversement, ce risque est exclu lorsque le créancier dispose déjà de garanties suffisantes[1344].

1338. Ces circonstances s'apprécient au regard de la situation de la personne dont un bien doit être grevé d'une mesure conservatoire. Il s'agit généralement du débiteur, mais en cas de poursuites contre une caution solidaire, seule la situation de celle-ci est à prendre en considération et non celle du débiteur principal : Civ. (2e ch.), 23 juin 2016, n° 15-18638, à paraître au Bull., *Gaz. Pal.*, 2016, p. 2760, obs. M. Bourassin.

1339. En ce sens : Civ. (2e ch.), 26 novembre 1998, n° 96-12840.

1340. Civ. (2e ch.), 12 mai 2016, n° 15-17722, à paraître au Bull., *Gaz. Pal.*, 2016, p. 2767, obs. O. Salati.

1341. CA Colmar, 7 juin 1993, *D.*, 1994, somm. comm., p. 346, obs. P. Julien ; inversement, ce risque est écarté si le débiteur détient des comptes bancaires présentant des soldes créditeurs et un important patrimoine immobilier : CA Bordeaux, 26 juin 2007, *JurisData*, 2007, n° 360018, *JCP E*, 2013, n° 15, obs. Ph. Delebecque.

1342. CA Paris, 18 septembre 1997, *D.*, 1997, IR, 219, à propos d'un débiteur ne parvenant pas à conclure le prêt hypothécaire envisagé pour régler sa dette en raison du refus de son épouse.

1343. CA Angers, 26 janvier 1998, *JCP*, 1999, IV, 1373, à propos d'un employeur dont le refus de tout paiement volontaire de condamnations exécutoires a obligé le salarié à pratiquer une saisie-attribution.

1344. CA Paris, 8 avril 2010, *RD bancaire et fin.*, 2010, comm. n° 149, obs. S. Piedelièvre.

Si le juge est ainsi amené à se prononcer, c'est qu'en principe toute mesure conservatoire doit préalablement être autorisée.

§2. L'autorisation judiciaire préalable

796 ***Justification.*** L'intérêt d'une mesure conservatoire est de **permettre à un créancier de se garantir** sur des biens de son débiteur alors qu'il ne détient pas encore de titre exécutoire. Mais elle est **dangereuse pour le débiteur** car elle emporte indisponibilité du bien saisi ou droits de préférence et de suite sur le bien grevé de la sûreté. C'est la raison pour laquelle un **contrôle judiciaire** est apparu indispensable de manière à veiller à **l'équilibre des intérêts** en présence.

C'est l'objet de l'autorisation judiciaire qui était déjà requise sous l'empire de l'ancien Code de procédure civile. Mais les objectifs d'efficacité et de modernisation ont conduit le législateur à en restreindre le domaine (A) et à en modifier le régime (B).

A) Le domaine de l'autorisation

797 ***Principe et dispenses.*** Le principe est que **toute mesure conservatoire**, quelle qu'elle soit, doit faire l'objet d'une autorisation judiciaire préalable (CPCE, art. L. et R. 511-1, al. 1er). Sous l'empire de l'ancien Code de procédure civile, ce principe était absolu de sorte qu'il n'y était jamais dérogé.

Mais l'article L. 511-2 du CPCE a **institué six cas** pour lesquels l'autorisation judiciaire n'est pas nécessaire. Ces dispenses peuvent être regroupées en trois catégories : celles en matière de créances titrées (1), celles en matière d'effets de commerce (2) et celle en matière locative (3).

1. Les dispenses en matière de créances titrées

798 ***Titre exécutoire.*** L'autorisation judiciaire n'est pas nécessaire lorsque le créancier dispose déjà d'un titre exécutoire, lequel lui permet de pratiquer directement toute mesure d'exécution forcée. Cette dispense est logique dès lors que les mesures conservatoires ont des effets plus limités et que le législateur a voulu revaloriser le titre exécutoire[1345].

Depuis l'application du règlement *Bruxelles I bis* du 12 décembre 2012, qui a supprimé l'*exequatur* (voy. *supra*, encadré E19), cette solution vaut aussi dans **l'espace judiciaire européen**, en matière civile ou commerciale. En effet, selon l'article 40 de ce règlement, une décision exécutoire rendue dans un État

1345. En revanche, le principe même du recours aux mesures conservatoires dans une telle hypothèse a été discuté. En effet, s'inspirant de la solution qui était en vigueur en droit local d'Alsace-Moselle, le projet de loi avait exclu toute mesure conservatoire lorsque le créancier dispose déjà d'un titre exécutoire, puisqu'il peut alors poursuivre immédiatement l'exécution forcée. Mais le poids des habitudes acquises en vieille France sous l'ancien Code de procédure civile a été plus fort, si bien que cette solution de bon sens a été rejetée sans raisons convaincantes.

de l'Union européenne emporte de plein droit autorisation de procéder aux mesures conservatoires prévues par la loi de l'État membre requis[1346].

799 ***Décision de justice non exécutoire.*** L'autorisation judiciaire est aussi exclue lorsque le créancier bénéficie d'une décision de justice n'ayant pas encore force exécutoire. Il s'agit des jugements qui ne sont pas passés en force de chose jugée et qui ne bénéficient pas de l'exécution provisoire[1347] ainsi que ceux accordant des délais de grâce au débiteur.

Mais encore faut-il qu'il s'agisse d'une **véritable décision de justice**, ce qui n'est pas le cas d'une ordonnance d'injonction de payer encore susceptible d'une opposition du débiteur[1348]. En revanche, cette qualification a été admise pour les sentences arbitrales même avant *exequatur*[1349]. *A fortiori* vaut-elle pour les jugements étrangers en cours d'*exequatur*[1350].

2. Les dispenses en matière d'effets de commerce

800 ***Impayés.*** L'autorisation judiciaire est aussi inutile en cas de défaut de paiement d'une lettre de change acceptée, d'un billet à ordre ou d'un chèque[1351]. Ces dispenses se justifient dans la mesure où il peut aisément être admis que le créancier dispose, à tout le moins, d'une créance paraissant fondée en son principe et que le créancier devra établir, *a posteriori*, en cas de contestation, les circonstances qui en menacent le recouvrement (voy. *infra*, n° 825).

3. La dispense en matière locative

801 ***Domaine strictement limité.*** L'autorisation n'est pas requise non plus pour garantir le recouvrement d'un loyer resté impayé, à condition qu'il résulte d'un

1346. Sur les mesures conservatoires qui peuvent être prises en attendant, le cas échéant, la traduction de la décision étrangère ou la décision sur le recours formé par le débiteur contestant le caractère exécutoire de la décision étrangère, voy. *supra*, encadré E19. Pendant que l'instance en paiement est pendante devant la juridiction d'un État de l'Union, des mesures conservatoires peuvent être demandées selon les règles de l'État requis en vertu de l'article 35 du règlement *Bruxelles I bis*.

1347. Par exemple, un jugement de divorce frappé d'appel qui alloue une prestation compensatoire : Civ. (2e ch.), 17 octobre 2002, n° 01-00495, *Bull. civ.*, II, n° 230.

1348. Civ. (2e ch.), 13 septembre 2007, n° 06-14730, *Bull. civ.*, II, n° 218 ; *RTD Civ.*, 2007, p. 813, obs. R. Perrot ; *Gaz. Pal.*, 2008, p. 3541, obs. C. Brenner.

1349. Civ. (2e ch.), 12 octobre 2006, n° 04-19062, *Bull. civ.*, II, n° 270 ; *Dr. et procéd.*, 2007, p. 82, obs. G. Cuniberti.

1350. Cette solution est expressément confirmée par l'article R. 522-4-3° du CPCE qui, pour fixer le point de départ du délai de deux mois de la publicité définitive d'une sûreté judiciaire, envisage l'hypothèse du titre dont le caractère exécutoire est subordonné à une procédure d'*exequatur* (voy. *infra*, n° 923). Mais dans l'espace judiciaire européen, en matière civile ou commerciale, ce recours au droit national n'était utile qu'avant *exequatur*, car à ce stade les mesures conservatoires étaient prises conformément aux lois de l'État requis selon l'article 47-1 du règlement *Bruxelles I*. En revanche, dès l'instant où l'*exequatur* était accordé, celui-ci emportait de plein droit autorisation de procéder à des mesures conservatoires d'après l'article 47-2 de ce règlement (sur la situation depuis l'application du règlement *Bruxelles I bis*, voy. *supra*, n° 798).

1351. Ces dispenses valent aussi pour le donneur d'aval : Com., 19 mai 2015, n° 14-17401 (F-P+B), à propos d'un billet à ordre, mais la solution devrait également s'appliquer à la lettre de change acceptée.

contrat écrit de louage d'immeuble[1352]. Sous cette seule réserve de forme, le bailleur pourra donc pratiquer directement toute mesure conservatoire en garantie des loyers laissés impayés par le preneur.

Mais comme toute dérogation, celle-ci devrait être d'**interprétation stricte**. Ainsi, quant au saisi, il est admis que la dispense ne peut jouer qu'à l'égard du preneur et non d'une éventuelle caution[1353]. En revanche, quant à la créance, il a été jugé que, dans une « interprétation large et bienveillante », cette notion pourrait englober les charges et le droit au bail, mais en aucun cas la clause pénale et les frais[1354]. Mais même l'assimilation de ces accessoires au loyer est difficilement compatible avec le caractère dérogatoire de cette disposition.

B) Le régime de l'autorisation

L'autorisation doit être demandée au juge compétent (1) suivant les règles de procédure applicables (2).

1. Le juge compétent

a) La compétence d'attribution

La compétence de principe du juge de l'exécution est partiellement partagée avec celle du président du tribunal de commerce.

802 ***Juge de l'exécution.*** Dans la perspective de centralisation du contentieux de l'exécution, l'article L. 213-6, alinéa 2, du Code de l'organisation judiciaire attribue compétence au juge de l'exécution pour autoriser les mesures conservatoires.

En principe, cette **compétence est exclusive**. Il s'ensuit que toute clause contraire est réputée non avenue et tout autre juge doit relever d'office son incompétence (CPCE, art. R. 511-3). Mais cette exclusivité n'est pas absolue car le législateur **a partagé partiellement la compétence** du juge de l'exécution avec celle du président du tribunal de commerce.

803 ***Président du tribunal de commerce.*** Aux termes des articles L. 511-3 du CPCE et L. 721-7 du Code commerce[1355], le président du tribunal de commerce[1356] peut aussi autoriser une mesure conservatoire si les deux conditions suivantes sont remplies :

- la créance invoquée doit relever de la compétence de la juridiction commerciale ;

1352. Ce qui n'est pas le cas d'un contrat de location-gérance ; en ce sens : CA Paris, 23 février 2006, *Dr. et procéd.*, 2006, p. 225, obs. J.-J. Bourdillat.

1353. Jex Lyon, 23 novembre 1993, *D.*, 1994, somm. comm., p. 346, obs. P. Julien, *RTD Civ.*, 1994.688, obs. R. Perrot ; Jex Bobigny, 12 février 1996, *Gaz. Pal.*, 1997, somm., p. 151.

1354. Jex Lyon, 22 février 1994, *D.*, 1994, somm. comm., p. 346, obs. P. Julien, *RTD Civ.*, 1994.688, obs. R. Perrot ; dans le même sens pour exclure les frais : Jex Paris, 23 juin 1994, *Gaz. Pal.*, 1994, somm., p. 814.

1355. Créé par la loi dite *Béteille* du 22 décembre 2010.

1356. En Alsace-Moselle, il s'agit du président de la chambre commerciale du tribunal de grande instance territorialement compétent.

- la demande doit être présentée « **avant tout procès** », c'est-à-dire avant l'engagement de toute procédure en recouvrement devant le tribunal, qu'il s'agisse d'une procédure au fond ou en référé.

Lorsque ces deux conditions sont remplies, la compétence du juge de l'exécution est partagée, ce qui signifie que le **créancier dispose d'une option** de compétence entre ces deux juridictions[1357]. Mais à défaut, seul le juge de l'exécution est compétent et le président du tribunal de commerce, comme tout autre juge, doit se déclarer d'office incompétent.

b) La compétence territoriale

804 ***Aucune option.*** Elle est fixée par l'article R. 511-2 du CPCE qui donne compétence, dans tous les cas de figure, au seul **juge du domicile du débiteur**. Ce texte, qui est impératif[1358], déroge ainsi à l'option de compétence instituée par l'alinéa 1er de l'article R. 121-2 du CPCE, si bien que le créancier ne peut pas saisir le juge du lieu d'exécution de la mesure conservatoire qu'il sollicite.

En revanche, si le débiteur n'a pas de domicile connu ou s'il demeure à l'étranger et dispose de biens en France, il faut faire application de l'alinéa 2 de l'article R. 121-2 qui donne compétence au juge du lieu de situation des biens à saisir[1359].

2. Les règles de procédure

805 ***Textes.*** Elles obéissent aux règles de droit commun de la **procédure des ordonnances sur requête** prévues aux articles 493 à 498 du Code de procédure civile et aux dispositions particulières des articles R. 511-1, R. 511-4 et R. 511-5 du CPCE. Ces textes régissent la requête, l'ordonnance et les voies de contestation.

806 ***Requête.*** Le juge compétent est toujours saisi par voie de requête (CPCE, art. R. 511-1). Cette **procédure non contradictoire** s'imposait à l'évidence pour garantir l'efficacité des mesures conservatoires en évitant que le débiteur, prévenu de l'initiative du créancier, n'ait le temps de faire disparaître les biens sur lesquels une mesure est sollicitée.

La requête obéit aux règles de droit commun. Elle doit, en particulier, être motivée et comporter la mention des pièces produites, qui devront être remises au juge avec la requête. Pour l'assistance et la représentation du requérant, il faut faire application des règles applicables devant la juridiction saisie, qui sont les mêmes. Ainsi, tant devant le juge de l'exécution que devant

---

1357. L'article L. 721-7 du Code de commerce prévoit la même option de compétence pour l'autorisation des mesures conservatoires portant sur des biens quasi-immobiliers : navires, aéronefs et bateaux de navigation intérieure d'au moins 20 tonnes.

1358. Selon l'article R. 511-3 du CPCE, tout clause contraire est réputée non avenue et le juge saisi à tort doit relever d'office son incompétence.

1359. Pour le débiteur demeurant à l'étranger, le juge de l'exécution du lieu de situation de l'un des biens situés en France est compétent pour autoriser des mesures conservatoires sur tous ces biens, même ceux hors de son ressort territorial : Civ. (2e ch.), 9 novembre 2006, n° 04-19138, *Bull. civ.*, II, n° 310 ; Civ. (2e ch.), 13 octobre 2016, n° 15-13302, à paraître au *Bull.*

le président du tribunal de commerce, le créancier peut présenter lui-même sa requête ou se faire représenter par tout mandataire de son choix[1360].

807 ***Ordonnance.*** Dans tous les cas, l'ordonnance rendue doit être motivée et viser la requête ainsi que les pièces produites. Mais l'exigence de motivation n'est pas la même selon que l'ordonnance rejette ou accueille la requête.

En cas d'**ordonnance de rejet**, le juge doit expressément indiquer les motifs de fait et de droit qui l'ont conduit à refuser la mesure sollicitée, conformément aux critères habituels de la motivation.

Mais en cas d'**ordonnance d'autorisation**, il est admis en jurisprudence que la motivation peut être réduite au simple **visa de la requête** dont le juge adopte ainsi implicitement les motifs[1361]. Mais à peine de nullité de l'ordonnance rendue, il devra toujours déterminer le montant des sommes pour la garantie desquelles la mesure est autorisée et préciser les biens[1362] sur lesquels elle porte (CPCE, art. R. 511-4)[1363]. Il pourra aussi décider d'office de réexaminer sa décision ou ses modalités d'exécution au vu d'un débat contradictoire dont il fixe immédiatement la date (CPCE, art. 511-5). À défaut, il pourra, en tout état de cause, y être contraint par le biais de la voie de contestation qui est ouverte (voy. *infra*, n°s 824 et s.).

808 ***Voies de contestation.*** L'**ordonnance de rejet** peut être frappée d'**appel** par le créancier dans un **délai de 15 jours** courant à compter de son prononcé. Il est formé, instruit et jugé comme en matière gracieuse. Il est donc formé au greffe de la juridiction qui a rendu l'ordonnance de rejet (CPC, art. 496, al. 1er).

En revanche, l'appel n'est pas ouvert, conformément aux règles de droit commun de la procédure sur requête, contre l'**ordonnance d'autorisation** dès lors qu'elle fait droit à la requête. Mais le débiteur peut toujours la contester par une **voie de rétractation**, laquelle se situe nécessairement dans le cadre de la mise en œuvre des mesures conservatoires, car ce n'est qu'à ce stade qu'il en prendra connaissance.

SECTION II
La mise en œuvre des mesures conservatoires

809 ***Dispositions communes et particulières.*** Dans le détail, la mise en œuvre des mesures conservatoires relève des dispositions particulières propres à chacune d'elles (voy. *infra*, nos 830 et s.). Mais il existe aussi quelques dispositions communes.

1360. Sauf en Alsace-Moselle où il devra obligatoirement se faire représenter par un avocat admis à postuler devant le tribunal de grande instance s'il entend saisir le président de la chambre commerciale.

1361. Civ. (2e ch.), 24 octobre 1978, *Bull. civ.*, II, n° 317.

1362. En matière de saisie en compte bancaire, il n'est pas nécessaire de désigner un établissement bancaire en particulier, l'ordonnance pouvant autoriser la saisie conservatoire « entre les mains de tout établissement financier » : Civ. (2e ch.), 16 mars 2017, n° 16-11314, à paraître au Bull.

1363. Il ne peut jamais être suppléé à ces mentions par un simple visa de la requête ; en ce sens à propos de l'indication du montant de l'autorisation : Civ. (2e ch.), 10 juillet 2003, n° 01-15874, *Bull. civ.*, II, n° 246 ; *Dr. et procéd.*, 2004, p. 36, obs. Ph. Hoonakker.

Ainsi, **les frais occasionnés par une mesure conservatoire sont à la charge du débiteur, sauf décision contraire du juge** (CPCE, art. L. 512-2, al. 1er). À l'origine, l'article 73 de la loi de 1991 prévoyait que cette décision devait être prise « à l'issue de la procédure », ce qui pouvait correspondre à la procédure en obtention d'un titre exécutoire ou en contestation (voy. *infra*, nos 813, 822 et s.). Cependant, cette limitation n'a pas été reprise à l'article L. 512-2 du CPCE, de sorte que désormais le juge devrait pouvoir mettre les frais à la charge du créancier dès l'autorisation, du moins à titre provisoire en attendant le jugement de condamnation au paiement de la créance invoquée. Mais cela devrait rester sans grande incidence en pratique car les frais sont toujours avancés par le créancier.

Aux frais s'ajoutent des dispositions communes relatives aux délais (§ 1), aux effets (§ 2) et aux contestations (§ 3).

§ 1. Les délais

810 ***Délais des diligences requises.*** La mise en œuvre des mesures conservatoires, quelles qu'elles soient, requiert, selon les articles R. 511-6 à R. 511-8 du CPCE, l'accomplissement successif de **trois séries de diligences**, tenant respectivement à l'exécution de la mesure autorisée, à l'obtention d'un titre exécutoire et à des dénonciations. Elles doivent être accomplies **dans des délais précis imposés à peine de caducité**, de l'autorisation donnée ou de la mesure pratiquée, selon le cas. Ainsi, le créancier doit veiller à respecter scrupuleusement le délai d'exécution de la mesure autorisée (A), le délai en vue de l'obtention d'un titre exécutoire (B) et les délais de dénonciation (C), qui sont respectivement de **trois mois**, **un mois** et **huit jours**.

A) Le délai d'exécution de la mesure autorisée

811 ***Délai de trois mois.*** Selon l'article R. 511-6, la mesure conservatoire doit être exécutée dans un délai de trois mois courant à compter du prononcé de l'ordonnance[1364]. **À défaut, l'autorisation donnée est caduque**, ce qui signifie que la mesure autorisée ne peut plus être prise et que, si elle l'était, elle serait nulle et sa mainlevée devrait être ordonnée[1365].

Pour éviter cette sanction, la mesure conservatoire doit donc être exécutée dans ce délai impératif, selon les règles propres qui lui sont applicables. Lorsque la mesure est pratiquée entre les mains du débiteur, c'est à ce stade que **l'ordonnance rendue doit lui être signifiée avec une copie de la requête**, sous peine de nullité conformément à l'article 495 du Code de procédure civile[1366].

1364. Ce délai relativement long dans une matière caractérisée par l'urgence s'explique par le fait que les mesures conservatoires comprennent notamment l'hypothèque judiciaire ; or l'inscription de cette sûreté judiciaire requiert la délivrance préalable d'un état hypothécaire, ce qui peut être est très long.

1365. Rien n'interdit théoriquement au créancier de réitérer sa requête, mais en pratique, le juge pourrait se montrer plus réticent, car la négligence du créancier peut le faire douter du sérieux de la menace pesant sur le recouvrement.

1366. À l'origine, la nullité était prononcée systématiquement pour manquement au principe du contradictoire : Civ. (2e ch.), 6 décembre 2001, n° 99-19894, *Bull. civ.*, II, n° 184 ;

Si elle est pratiquée entre les mains d'un tiers, cette signification interviendra, dans les mêmes conditions, au stade de la dénonciation au débiteur (voy. *infra*, n° 816).

Toutes ces sanctions sont évidemment exclues pour les mesures conservatoires pratiquées **sans autorisation judiciaire préalable**, qui ne sont soumises à aucun délai particulier et ne nécessitent aucune signification d'une ordonnance, par hypothèse inexistante. Mais lorsqu'une mesure conservatoire a été exécutée, les diligences subséquentes ont vocation à s'appliquer, que la mesure conservatoire ait été pratiquée avec ou sans autorisation judiciaire préalable.

B) Le délai en vue de l'obtention d'un titre exécutoire

812 ***Délai d'un mois.*** Selon l'alinéa 1er de l'article R. 511-7 du CPCE, « le créancier, dans le mois qui suit l'exécution de la mesure, à peine de caducité, introduit une procédure ou accomplit les formalités nécessaires à l'obtention d'un titre exécutoire ».

Ces diligences sont logiquement exclues par le même texte lorsque la mesure conservatoire a été pratiquée **avec un titre exécutoire**. Mais la jurisprudence les écarte aussi lorsqu'elles sont **déjà en cours** au moment où la mesure est exécutée[1367]. Autrement dit, si la diligence a été accomplie avant l'exécution de la mesure conservatoire, elle n'a pas à être réitérée dans le mois qui suit.

Sous ces réserves, le créancier doit donc accomplir l'une des diligences requises en vue d'obtenir un titre exécutoire, dans le mois qui suit l'exécution de la mesure conservatoire, quelle qu'elle soit, à peine de caducité.

813 ***Diligences requises.*** Aux termes de l'article R. 511-7, deux types de diligences sont possibles : l'introduction d'une procédure ou l'accomplissement de formalités.

L'**introduction d'une procédure** est la plus courante en pratique. Dans le silence du texte, toute procédure est possible pourvu qu'elle tende à l'obtention d'un titre exécutoire portant sur la créance invoquée[1368]. Les juges du fond semblaient exiger une stricte identité des créances invoquées respectivement dans la requête et dans la procédure en paiement[1369]. Mais finalement la Cour de cassation s'est montrée plus souple en se contentant d'une identité de la

---

Procédures, 2002, comm. n° 26, obs. R. Perrot, *Dr. et procéd.*, 2002, p. 177, obs. M. Dymant ; Civ. (2e ch.), 13 juillet 2006, n° 05-13976, *Bull. civ.*, II, n° 210 ; *Procédures*, 2006, comm. n° 238, obs. R. Perrot. Mais en dernier lieu, il a été jugé qu'il s'agit d'une nullité pour irrégularité de forme requérant la preuve d'un grief : Civ. (2e ch.), 22 mars 2018, n° 16-23601, *Gaz. Pal.*, 2018, p. 1674, obs. C. Brenner, à propos d'une espèce où il manquait plusieurs pages à la requête signifiée avec l'ordonnance.

1367. Solution implicite : Civ. (2e ch.), 30 mai 2002, n° 99-21597, *Procédures*, 2002, comm. n° 160, obs. R. Perrot ; Civ. (2e ch.), 15 janvier 2009, n° 07-21804, *Procédures*, 2009, comm. n° 80, obs. R. Perrot.

1368. Si l'assignation porte sur une créance d'un montant inférieure à celle pour laquelle la mesure conservatoire a été autorisée et pratiquée, celle-ci n'est pas caduque de ce fait, mais le débiteur pourra obtenir une mainlevée partielle ou une mesure de substitution (sur ce dernier point, voy. *infra*, n° 829) : Civ. (2e ch.), 12 avril 2018, n° 17-15527, *Gaz. Pal.*, 2018, p. 1673, obs. C. Brenner.

1369. CA Montpellier, 17 septembre 2001, *Dr. et procéd.*, 2002, p. 113, obs. J.-Cl. Bourdillat, à propos d'une procédure en résolution d'un contrat et non en allocation de la créance invoquée au titre de la mesure conservatoire ; CA Montpellier, 15 décembre 2003, *Dr. et procéd.*, cause factuelle de la créance, peu important que le fondement juridique ait changé[1370]. Ceci étant, encore faut-il qu'une procédure ait effectivement été introduite, le saisissant ne pouvant se contenter d'un simple « acquiescement » du débiteur à la mesure conservatoire[1371]. Il peut s'agir d'une plainte pénale lorsqu'elle permet au plaignant d'obtenir des dommages et intérêts du débiteur saisi. Il faut donc une plainte avec constitution de partie civile dirigée contre ce dernier[1372], et non une plainte contre X[1373] ou une plainte simple[1374], qui sont insuffisantes. Mais il peut aussi et surtout s'agir d'une procédure civile, au fond ou en référé[1375], même introduite devant une juridiction incompétente[1376]. Il faut cependant réserver le cas particulier de la procédure d'injonction de payer. Certes, le dépôt de la requête constitue une diligence au sens de l'article R. 511-7. Mais en cas de rejet, le créancier doit, dans un nouveau délai d'un mois suivant l'ordonnance, introduire obligatoirement une procédure au fond (CPCE, art. R. 511-7, al. 2)[1377].

Quant aux **formalités** requises, elles doivent tendre à l'obtention d'un titre exécutoire dont le créancier est dépourvu, par hypothèse. Il peut s'agir, par exemple, en matière fiscale, de l'ouverture de la procédure de vérification de comptabilité[1378].

2004, p. 169, obs. C. Lefort, à propos d'une action paulienne tendant à une déclaration d'inopposabilité et non à une condamnation au paiement d'une somme d'argent.

1370. Civ. (2e ch.), 26 septembre 2013, n° 12-23234, *Dr. et procéd.*, 2013, p. 251, obs. F. Vinckel, *D.*, 2014, p. 1474, obs. A. Leborgne, *RTD Civ.*, 2014, p. 166, obs. R. Perrot, à propos d'un créancier qui avait sollicité l'autorisation de pratiquer une saisie conservatoire en garantie du prix de travaux exécutés en sous-traitance, puis avait engagé une procédure au fond en annulation de ce contrat et en paiement d'une indemnité au titre des travaux réalisés ; voy aussi, Civ. (2e ch.), 12 avril 2018, n° 17-15527, *Gaz. Pal.*, 2018, p. 1673, obs. C. Brenner.

1371. À défaut, la mesure pratiquée est caduque, nonobstant l'acquiescement du débiteur qui est étranger aux mesures conservatoires, car il ne s'agit ni de demandes en justice ni de jugements : Jex Paris, 29 novembre 2006, *Dr. et procéd.*, 2007, p. 91, obs. Ph. Hoonakker ; mais une fois la procédure introduite, rien n'empêchera le débiteur d'acquiescer à la demande, ce qui permettra alors au saisissant d'obtenir rapidement le titre exécutoire sollicité et de recourir à l'exécution forcée.

1372. Civ. (2e ch.), 30 mars 2000, n° 98-12782, *Bull. civ.*, II, n° 58 ; *Procédures*, 2000, comm. n° 144, obs. R. Perrot ; mais désormais il faudra avoir déposé préalablement une plainte simple classée sans suite ou laissée sans réponse dans les trois mois (CPC, art. 85, modifié par la loi n° 2007-291 du 5 mars 2007) ; cette diligence n'est donc possible que si le classement ou l'expiration du délai de trois mois intervient dans le mois de l'exécution de la mesure conservatoire.

1373. Civ. (2e ch.), 21 novembre 2002, n° 01-02705, *Bull. civ.*, II, n° 267 ; *JCP E*, 2003, jurispr., n° 233, p. 276, note P.-M. Le Corré ; *Dr. et procéd.*, 2003, J.37, p. 172, obs. G. Cuniberti.

1374. Com., 27 juin 2000, n° 98-15911, *Bull. civ.*, IV, n° 131.

1375. Civ. (2e ch.), 18 février 1999, n° 96-15272, *Bull. civ.*, II, n° 34 ; *RTD Civ.*, 1999, p. 472, obs. R. Perrot ; *D.*, 1999, somm. comm., p. 218, obs. P. Julien, *D.*, 2000, jurispr., p. 813, note Ph. Hoonakker.

1376. Civ. (2e ch.), 3 avril 2003, n° 01-12032, *Bull. civ.*, II, n° 97 ; *RTD Civ.*, 2003, p. 550, obs. R. Perrot.

1377. Civ. (2e ch.), 5 juillet 2001, n° 99-19512, *Bull. civ.*, II, n° 132 ; *JCP*, 2002, II, 10110, note Gentili ; *RTD Civ.*, 2001, p. 960, obs. R. Perrot ; *Dr. et procéd.*, 2002, p. 42, obs. Ph. Honakker.

1378. Civ. (2e ch.), 4 octobre 2001, n° 99-19986, *Bull. civ.*, II, n° 215 ; *JCP E*, 2002, jurispr., n° 416, p. 425, note H. Croze.

814 ***Caducité.*** L'accomplissement des diligences requises dans le mois de la mesure conservatoire est prescrit à peine de caducité, selon l'article R. 511-7. Dans le silence de ce texte, on pourrait hésiter sur l'étendue de cette sanction : frappe-t-elle seulement la mesure conservatoire ou également l'autorisation judiciaire ? Mais l'article L. 511-4 du CPCE lève toute incertitude en **limitant expressément la caducité à la seule mesure conservatoire**. Il faudrait donc admettre que le créancier, qui a omis d'agir dans le mois, peut réitérer la mesure conservatoire autorisée si l'ordonnance a été prononcée depuis moins de trois mois[1379].

En tout cas, pour éviter la caducité, **peu importe le résultat final**, il suffit d'engager, dans le délai d'un mois, la procédure ou les formalités, et non d'obtenir le titre exécutoire[1380]. Il est vrai que s'il n'est pas obtenu, aucun texte ne prescrit spécialement la mainlevée de la mesure conservatoire pratiquée. Mais si le créancier devait refuser d'y consentir, le saisi pourrait toujours l'obtenir sur le fondement de l'article L. 121-2 du CPCE, qui autorise le juge de l'exécution à ordonner la mainlevée « de toute mesure inutile ou abusive ».

C) Les délais de dénonciation

815 ***Délais de huit jours.*** Lorsque la mesure conservatoire est pratiquée **entre les mains d'un tiers**, le créancier doit procéder à une dénonciation au débiteur et au tiers, dans un délai de huit jours. Mais son point de départ n'est pas le même pour chacune de ces dénonciations.

816 ***Dénonciation au débiteur.*** La mesure conservatoire pratiquée entre les mains d'un tiers doit toujours être dénoncée au débiteur dans un délai de huit jours et si elle a été pratiquée en vertu d'une autorisation judiciaire, celle-ci devra être signifiée en même temps avec une copie de la requête (sur ce point, voy. *supra*, n° 811). Ce délai n'est prévu par aucune des dispositions communes aux mesures conservatoires, mais il résulte des **dispositions propres à chacune d'elles**. Elles en fixent le point de départ, qui peut varier d'une mesure à l'autre, et l'imposent toujours à peine de caducité, y compris désormais pour la saisie conservatoire de droit commun des biens meubles corporels (voy. *infra*, n° 836) et la saisie-revendication (voy. *infra*, n° 853).

817 ***Dénonciation au tiers saisi.*** Selon l'article R. 511-8 du CPCE, le créancier qui a pratiqué une mesure conservatoire entre les mains d'un tiers doit lui signifier une copie des actes accomplis dans le mois de la mesure en vue de l'obtention d'un titre exécutoire. Cette signification doit être délivrée **dans les huit jours de la date des actes à dénoncer**, à peine de caducité de la mesure. Mais la jurisprudence en dispense le créancier lorsque la procédure ou les formalités ont été accomplies avant l'exécution de la mesure[1381].

1379. Voy. cependant R. Perrot et Ph. Théry, *op. cit.*, n° 1156.

1380. Civ. (2e ch.), 18 février 1999, préc. ; voy. cependant CA Paris, 17 février 1995, *D.*, 1997, jurispr., p. 464, note Ph. Hoonakker, qui avait assimilé un référé-provision engagé dans le mois à « une absence de procédure », au motif que la demande avait été rejetée pour contestation sérieuse.

1381. Civ. (2e ch.), 30 mai 2002, n° 99-21597, *Procédures*, 2002, comm. n° 160, obs. R. Perrot ; mais la dispense ne joue pas si la diligence a été accomplie le même jour que la mesure

Dans tous les cas, la caducité est une sanction grave car elle prive la mesure conservatoire pratiquée de tous les effets qui y sont attachés.

§ 2. Les effets

818 ***En deux temps.*** Comme l'office de toute mesure conservatoire est de garantir les droits du créancier en attendant qu'il puisse ou qu'il décide de recourir à l'exécution forcée, ses effets se déploient en deux temps successifs : le temps de la protection (A) et le temps de l'exécution (B).

A) Le temps de la protection

819 ***Garantie des droits du créancier.*** Pour préserver les droits du créancier, une mesure conservatoire, quelle qu'elle soit, **interrompt la prescription de la créance-cause** (C. civ., art. 2244)[1382]. Par ailleurs et surtout, toute mesure conservatoire confère au créancier des droits particuliers sur les biens qui en sont l'objet. Mais sur ce point, il faut distinguer entre les saisies conservatoires et les sûretés judiciaires.

Les **saisies conservatoires**, comme toutes les saisies sans distinction, rendent les biens grevés **indisponibles**. Si elles portent sur des biens corporels, ils sont placés sous la garde du débiteur ou du tiers saisi sous les sanctions du délit de détournement d'objet saisi prévues à l'article 314-6 du Code pénal. Si la saisie conservatoire porte sur une créance, outre que le tiers saisi ne peut plus payer le débiteur saisi en raison de son indisponibilité, sa prescription est aussi interrompue (CPCE, art. L. 141-2).

En revanche, les **sûretés judiciaires** ne produisent aucun effet d'indisponibilité car elles confèrent au créancier des **droits de préférence et de suite** sur les biens grevés. Mais au temps de la protection, ces droits ne sont que provisoires et ils ne deviennent définitifs qu'au temps de l'exécution.

B) Le temps de l'exécution

820 ***Recours à l'exécution forcée.*** Le temps de l'exécution commence dès l'instant où le créancier dispose d'un **titre exécutoire**. Il peut alors en poursuivre l'exécution forcée en profitant des droits acquis au temps de la protection. Mais le recours à l'exécution forcée ne s'opère pas de la même manière selon le type de mesure conservatoire.

S'il s'agit d'une saisie conservatoire, le recours à l'exécution forcée se fait directement par sa conversion dans la mesure d'exécution forcée correspondante, avec toutes les conséquences qui s'y attachent.

En revanche, **s'il s'agit d'une sûreté judiciaire**, le recours à l'exécution forcée ne sera pas immédiat. L'obtention du titre exécutoire permettra d'abord au créancier de publier une inscription définitive, qui prendra rang

---

conservatoire : Civ. (2e ch.), 15 janvier 2009, n° 07-21804, *Procédures*, 2009, comm. n° 80, obs. R. Perrot.

1382. L'effet interruptif des mesures conservatoires, inscrit initialement à l'article 71 de la loi de 1991, a été introduit, par l'ordonnance de codification du 19 décembre 2011, à l'article 2244 du Code civil qui ne visait jusque-là que les actes d'exécution forcée.

rétroactivement à la date de l'inscription provisoire. C'est alors dans un deuxième temps qu'il pourra poursuivre l'exécution forcée en bénéficiant des droits de préférence et de suite conférés par la publicité définitive de sa sûreté.

821 ***Procédures collectives.*** Si le débiteur fait l'objet d'une procédure collective postérieurement à la mesure conservatoire, il faut tenir compte de deux règles susceptibles de l'affecter, prévues par le Code de commerce :

- la **nullité de droit** des mesures conservatoires pratiquées en période suspecte[1383] inscrite à l'article L. 632-1-7° ;
- l'**interdiction des poursuites** inscrite à l'article L. 622-21-II (voy. *supra*, n° 42).

Mais la portée de ces règles n'est pas la même selon le type de mesures conservatoires : saisies conservatoires ou sûretés judiciaires.

Pour les **saisies conservatoires**, c'est la règle de l'interdiction des poursuites qui l'emporte, car elle **prohibe toute conversion** en mesure d'exécution forcée. Il s'ensuit qu'une saisie conservatoire non convertie avant le jugement d'ouverture ne pourra plus produire le moindre effet et devra être levée[1384]. Inversement, si elle a été convertie en mesure d'exécution forcée avant le jugement d'ouverture, celle-ci est valable, quelle que soit la date à laquelle la mesure conservatoire a été pratiquée. Cette solution, consacrée à propos de la conversion de la saisie conservatoire de créances en saisie-attribution (voy. *infra*, n° 888), devrait valoir pour toutes les autres mesures conservatoires. Mais encore faut-il que la mesure d'exécution forcée résultant de la conversion ne soit plus en cours, faute de quoi elle sera interrompue en vertu de la règle de l'interdiction des poursuites. Or, comme les mesures avec vente ne sont achevées qu'au moment de la vente des biens saisis, celles-ci seront le plus souvent encore en cours et ne pourront donc plus continuer à produire leurs effets[1385]. La nullité de droit de la période suspecte est ainsi indifférente en matière de saisies conservatoires car elle est absorbée par l'interdiction des poursuites.

En revanche, pour les **sûretés judiciaires**, c'est la nullité de droit de la période suspecte qui l'emporte car celles-ci ne tendent pas directement à l'exécution forcée. Il s'ensuit qu'une **inscription définitive peut toujours être prise** après l'ouverture d'une procédure collective à condition que l'inscription provisoire ait été prise avant la date de la cessation des paiements. En revanche, si la publicité provisoire date de la période suspecte, elle est nulle et toute inscription définitive est alors impossible (voy. *infra*, n° 928).

§ 3. Les contestations

822 ***Initiatives.*** Les mesures conservatoires peuvent toujours être contestées par le débiteur. En règle générale, il en prend lui-même l'initiative lorsque la mesure est portée à sa connaissance au moment de sa mise en œuvre (B). Mais plus

1383. C'est-à-dire pratiquées entre la date de cessation des paiements et le jugement d'ouverture.

1384. La solution a été consacrée à propos de la saisie conservatoire de créances monétaires où elle est sans doute la plus critiquable ; voy. *infra*, n° 888.

1385. De même, si une procédure de distribution du prix est encore en cours, elle est caduque (voy. *supra*, n° 42).

exceptionnellement, il peut aussi être amené à faire valoir des contestations à l'initiative du juge (A).

A) À l'initiative du juge

823 ***Réexamen d'office.*** Selon l'article R. 511-5 du CPCE, lorsque le juge autorise la mesure conservatoire sollicitée, il peut toujours se réserver « de réexaminer sa décision ou ses modalités d'exécution ». Ce réexamen d'office est une solution de compromis qui permet au juge, convaincu du danger couru par le créancier, mais ayant des doutes sur la validité ou l'opportunité de la mesure autorisée, de **provoquer lui-même un débat contradictoire**. En fonction des explications fournies, il pourra alors décider de rétracter sa décision et d'ordonner la mainlevée de la mesure ou de la modifier pour y substituer une mesure plus adaptée à la situation du débiteur.

Pour ce faire, il lui appartient de fixer immédiatement la date de l'audience dans l'ordonnance d'autorisation. Le débiteur doit ensuite être assigné par le créancier pour cette date, le cas échéant, par l'acte de dénonciation de la mesure conservatoire (CPCE, art. R. 511-5, al. 3). Il pourra alors faire valoir toutes ses contestations. Mais il n'est jamais tenu d'attendre l'audience ainsi fixée par le juge, car il peut aussi décider de prendre lui-même l'initiative d'une contestation pour une date d'audience plus rapprochée (CPCE, art. R. 511-5, al. 2).

B) À l'initiative du débiteur

824 ***Distinction.*** Le Code des procédures civiles d'exécution distingue deux catégories de contestations dont le débiteur peut prendre l'initiative et qui sont soumises à un régime distinct[1386] : la contestation des conditions de validité de la mesure pratiquée (1) et les autres contestations (2).

1. La contestation des conditions de validité

825 ***Conditions de validité.*** Selon l'article R. 512-1 du CPCE, pris en application de l'article L. 512-1, « si les conditions prescrites aux articles R. 511-1 à R. 511-8 ne sont pas réunies, la mainlevée de la mesure peut être ordonnée à tout moment ». Ces textes regroupent trois types de conditions[1387] que le débiteur peut ainsi contester :

1386. Bien que les textes traitent plus particulièrement du débiteur, la Cour de cassation a jugé qu'ils ne réservent pas la possibilité de contester au seul débiteur et a admis la recevabilité de la contestation d'un tiers saisi : Civ. (1re ch.), 28 mars 2013, nos 10-25938 et 11-13323, *RTD Civ.*, 2013, p. 437, obs. R. Perrot, à propos d'une saisie conservatoire de créances, mais la solution vaut sans doute pour la contestation de toutes les mesures conservatoires, compte tenu de la rédaction des textes en cause. Ceci étant, le tiers saisi ne peut être admis à contester que s'il justifie d'un intérêt à agir. Dans cette espèce, la contestation portait sur la saisissabilité des créances saisies, qui fait partie des « autres contestations » (voy. *infra*, n° 828), ce qui a pu justifier l'intérêt à agir du tiers saisi. Mais il est plus difficile d'imaginer qu'un tiers saisi puisse justifier d'un intérêt pour contester les conditions de validité d'une mesure conservatoire (voy. *infra*, n° 825).

1387. Ces conditions étaient inscrites aux articles 210 à 216 du décret de 1992 où ils formaient une section intitulée « Les conditions de validité ». Cette qualification était contestable dans la mesure où ces dispositions communes portaient aussi sur des délais de mise en œuvre sanctionnés par la caducité. C'est sans doute la raison pour laquelle les articles R. 511-1 à

– les **conditions de fond** prévues à l'article L. 511-1 auquel renvoie l'article L. 512-1[1388] ;
– les **conditions de forme** relatives à l'**autorisation judiciaire** prévues aux articles R. 511-1 à R. 511-5[1389] ;
– les **conditions de délais** prévues aux articles R. 511-6 à R. 511-8 ; il s'agit du délai de trois mois pour exécuter la mesure autorisée, du délai d'un mois pour accomplir une diligence en vue d'obtenir un titre exécutoire et du délai de huit jours pour dénoncer la diligence accomplie au tiers saisi, le cas échéant[1390].

Toutes ces contestations peuvent être élevées par le débiteur même lorsque la mesure a été prise **sans l'autorisation préalable du juge** (CPCE, art. L. et R. 512-1, al. 1er). Mais dans tous les cas, **il incombe au créancier d'apporter la preuve** que les conditions requises étaient remplies (CPCE, art. R. 512-1, al. 2). Ainsi, il appartiendra au créancier ayant agi sans autorisation préalable de démontrer, en cas de contestation, le respect des conditions de fond requises : l'existence d'une créance paraissant fondée en son principe, ce qui ne devrait pas être trop difficile[1391], et les circonstances qui en menacent son recouvrement, ce qui sera souvent plus compliqué.

826 ***Compétence et procédure.*** Lorsque la mesure conservatoire a été pratiquée en vertu d'une autorisation judiciaire, ces contestations relèvent de la compétence du juge qui s'est prononcé[1392], lequel est alors saisi d'une **demande en rétractation**. À défaut d'autorisation préalable, elles sont portées devant le **juge qui aurait été compétent** pour l'autoriser. Il s'agit du juge de l'exécution ou

R. 511-8 du CPCE, qui reprennent ces textes, sont regroupés dans un chapitre intitulé « Les conditions et la mise en œuvre ». Mais cette qualification, sans doute plus juste, n'a pas été reprise dans les dispositions propres aux différentes mesures conservatoires, qui visent toujours les conditions de validité au sens du décret de 1992. Aussi, pour faciliter l'exposé et la compréhension de ces dispositions particulières, il nous a semblé préférable de conserver cette désignation ancienne qui vise désormais toutes les dispositions communes relatives aux conditions et à la mise en œuvre des mesures conservatoires.

1388. Sous l'empire du décret de 1992, ces conditions de fond étaient reprises à l'article 210 auquel renvoyait l'article 217. Mais désormais, l'article R. 511-1du CPCE, qui a pris la suite de l'article 210, se contente de préciser que la demande prévue par l'article L. 511-1 est formée par requête. Pour éviter toute difficulté d'interprétation, il aurait sans doute mieux valu que l'article R. 511-2 renvoie aussi expressément aux conditions prescrites par l'article L. 511-1. Mais cette maladresse de rédaction devrait restée sans conséquence car ce texte est visé à l'article L. 512-1 qui autorise précisément les contestations régies par l'article R. 512-1, lequel renvoie aussi à L. 511-1.

1389. Le débiteur peut faire valoir, par exemple, l'omission dans l'ordonnance d'autorisation d'une mention prescrite à peine de nullité : Civ. (2e ch.), 10 juillet 2003, n° 01-15874, *Bull. civ.*, II, n° 246 ; *Dr. et procéd.*, 2004, p. 36, obs. Ph. Hoonakker.

1390. En revanche, le délai de huit jours pour dénoncer au débiteur une mesure conservatoire pratiquée entre les mains d'un tiers n'est pas concerné car il n'est pas prescrit par ces dispositions communes ; il fait donc partie des autres contestations (voy. *infra*, n° 828).

1391. Voy. cependant, en matière de chèque, Com., 23 octobre 2001, n° 99-10005, *Bull. civ.*, II, n° 173 ; *D.*, 2001, p. 3258, obs. V. Aven-Robardet, à propos d'un chèque obtenu sous la violence.

1392. Le cas échéant, le président du tribunal de commerce reste compétent même si entre-temps un procès a été engagé devant le tribunal : Civ. (2e ch.), 26 février 1997, n° 94-18899, *Procédures*, 1997, comm. n° 84, obs. R. Perrot.

éventuellement du président du tribunal de commerce[1393], la compétence territoriale étant toujours celle du lieu où demeure le débiteur (CPCE, art. R. 512-2).

Le juge ainsi compétent peut être saisi, à tout moment, dans les formes d'une procédure contradictoire, car le créancier doit être entendu ou appelé (CPCE, art. R. 512-1, al. 1er). Il s'agit de la procédure ordinaire pour le juge de l'exécution et de la procédure de référé pour le président du tribunal de commerce. S'il est fait droit à la contestation, l'autorisation est le cas échéant rétractée, et dans tous les cas la mainlevée de la mesure conservatoire est ordonnée[1394]. Outre la charge des frais (voy. *supra*, n° 809), le créancier peut être condamné à réparer le préjudice occasionné par la mesure conservatoire (CPCE, art. L. 512-2, al. 2), sans qu'il soit nécessaire d'établir une faute à son encontre[1395].

La décision rendue est **appelable dans un délai de 15 jours**, qu'elle émane d'un juge de l'exécution[1396] ou d'un président de tribunal de commerce statuant en référé[1397]. Elle n'a pas l'autorité de la chose jugée au principal (CPCE, art. R. 121-23, al. 3 et CPC, art. 488)[1398]. C'est la raison pour laquelle la Cour de cassation a admis que **le juge saisi au fond peut toujours ordonner, à titre accessoire, la mainlevée d'une mesure conservatoire** s'il rejette l'existence de la créance invoquée[1399]. En revanche, le juge du fond ne peut jamais connaître de l'une des autres contestations qui sont ouvertes.

1393. Les mêmes conditions sont applicables, c'est-à-dire que la créance doit relever de la compétence d'une juridiction commerciale et que la contestation doit être élevée avant tout procès.

1394. Si la contestation n'est admise qu'en partie, la mainlevée et, le cas échéant, la rétractation ne seront que partielles.

1395. Jurisprudence constante de la deuxième chambre civile de la Cour de cassation ; voy., en dernier lieu, Civ. (2e ch.), 21 octobre 2009, n° 08-12687, *Bull. civ.*, II, n° 230 ; *Gaz. Pal.*, 2010, p. 1003, obs. crit. C. Brenner. En revanche, la chambre commerciale exigeait la preuve d'un abus : Com., 14 janvier 2004, n° 00-17978, *Bull. civ.*, IV, n° 9. Mais finalement, elle s'est ralliée à la position de la deuxième chambre : Com., 25 septembre 2012, n° 11-22337, *RJDA*, 2013, n° 162 ; *Dr. et procéd.*, 2013, p. 13, obs. N. Fricéro.

1396. L'appel est prévu à l'article R. 121-20 du CPCE ; il n'a pas d'effet suspensif, mais l'appelant aurait dû pouvoir solliciter du premier président un sursis à exécution s'il existe des moyens sérieux en vertu de l'article R. 121-22 du CPCE. Cependant, la Cour de cassation a jugé que ce texte n'est pas applicable en la matière, ce qui pourrait conduire à faire application de l'article 524, alinéa 6, du CPC autorisant l'arrêt de l'exécution provisoire de droit, comme en cas d'appel d'une ordonnance de référé rendue dans les mêmes circonstances par le président d'un tribunal de commerce (voy. note suivante), et ce bien que les règles de la procédure de référé ne soient pas applicables devant le juge de l'exécution : Civ. (2e ch.), 11 avril 2013, n° 12-18255, *Dr. et procéd.*, 2013, p. 142, obs. F. Vinckel.

1397. En vertu de l'article 490 du CPC ; l'ordonnance rendue bénéficie de l'exécution provisoire de droit (CPC, art. 489, al. 1er), qui ne peut être arrêtée par le premier président qu'en cas de violation manifeste du principe du contradictoire ou de l'article 12 du CPC et s'il existe un risque de conséquences manifestement excessives (CPC, art. 524, al. 6).

1398. Sous réserve de la décision rendue par le juge de l'exécution sans autorisation préalable ; comme par hypothèse, elle ne prononce pas la rétractation d'une ordonnance sur requête, l'article R. 121-23, alinéa 3, du CPCE ne s'applique pas et il faudrait donc faire application de l'article R. 121-14 selon lequel le juge de l'exécution statue au principal, sauf disposition contraire. De même, si le juge de l'exécution, saisie d'une demande de rétractation, tranche dans le dispositif de sa décision une demande incidente portant sur le fond du droit, fût-elle irrecevable, ce chef de décision est revêtu de l'autorité de la chose jugée conformément au principe énoncé à l'article R. 121-14 : Civ. (2e ch.), 12 avril 2018, n° 16-28530, *Dr. et procéd.*, 2018, p. 109, obs. O. Salati.

1399. Civ. (2e ch.), 18 janvier 2001, n° 98-10249, *Bull. civ.*, II, n° 12.

E 57 Mesures conservatoires contre les garants personnes physiques d'un débiteur en sauvegarde ou en redressement judiciaire

Selon l'article L. 622-28 du Code de commerce[1400], le jugement de sauvegarde ou de redressement judiciaire suspend toute action contre les garants personnes physiques (coobligées ou ayant consenti une sûreté personnelle ou ayant affecté ou cédé un bien en garantie) jusqu'au jugement arrêtant le plan ou prononçant la liquidation judiciaire. Mais il n'interdit pas aux créanciers de prendre des mesures conservatoires. Or en vertu de l'article R. 511-17 du CPCE, lorsqu'un créancier pratique une mesure conservatoire, il doit, dans le mois et à peine de caducité, introduire une procédure ou accomplir les formalités nécessaires à l'obtention d'un titre exécutoire (voy. *supra*, n°s 812 à 814). Pour résoudre cette difficulté, la chambre commerciale de la Cour de cassation a jugé que l'ouverture d'une procédure collective à l'égard du débiteur n'empêche par l'introduction d'une instance à l'encontre d'un garant personne physique pour préserver la validité de la mesure conservatoire pratiquée. Mais l'instance ainsi engagée est immédiatement suspendue jusqu'au jugement arrêtant le plan ou prononçant la liquidation judiciaire[1401]. Elle ne pourra donc reprendre qu'après l'intervention de l'un de ces jugements et le créancier pourra alors espérer obtenir un titre exécutoire contre son garant personne physique[1402].

Mais en cas de plan de sauvegarde, il se pose encore une autre difficulté car l'article L. 626-11 du Code de commerce autorise les garants personnes physiques à se prévaloir d'un tel plan, et donc à bénéficier des remises et délais qu'il stipule. Comme aucune suspension d'action n'est prévue, ce texte n'empêche pas la reprise d'une procédure précédemment suspendue ou même la mise en œuvre d'une mesure conservatoire pendant l'exécution du plan de sauvegarde, suivie d'une procédure en vue de l'obtention d'un titre exécutoire contre le garant personne physique[1403]. Mais toute la difficulté résidera dans l'exécution du jugement de condamnation qui sera rendu, le cas échéant, et ce compte tenu des dispositions du plan dont le garant peut se prévaloir. Dans un premier temps, la chambre commerciale de la Cour de cassation avait jugé que l'exécution forcée d'un tel jugement « est suspendu pendant la durée du plan ou jusqu'à sa résolution »[1404]. Mais un auteur avait fait justement observer que cette formule est trop large car cette suspension de l'exécution n'est justifiée que si le débiteur respecte les dispositions du plan de sauvegarde et donc règle scrupuleusement les dividendes qu'il prévoit[1405]. C'est sans doute la raison pour laquelle la chambre commerciale a finalement jugé que la suspension de l'exécution ne vaut que « tant que le plan de sauvegarde est respecté »[1406].

1400. Relatif à la sauvegarde et applicable au redressement judiciaire par renvoi de l'art. L. 631-14.

1401. Com., 24 mai 2005, n° 03-21043, *Bull. civ.*, IV, n° 117 ; *D.*, 2005, p. 1632, obs. A. Lienhard ; *JCP E*, 2005, chron. n° 1860, n° 3, obs. Ph. Delebecque et Ph. Simler ; *Dr. et procéd.*, 2005, p. 282, obs. P. Crocq.

1402. Et ce, même si la créance garantie n'est pas encore exigible : Civ. (2e ch.), 1er mars 2016, n° 14-20553, à paraître au Bull., *Gaz. Pal.*, 2016, p. 1829, obs. J.-J. Ansault ; mais dans ce cas, le créancier ne pourra poursuivre l'exécution forcée du titre qu'il aura obtenu que lorsque la créance sera devenue exigible, un peu comme dans l'hypothèse où le garant personne physique bénéficie des délais stipulés dans un plan de sauvegarde (voy. E57, *in fine*).

1403. Com., 27 mai 2014, n° 13-18018, *Bull. civ.*, IV, n° 94 ; *D.*, 2014, p. 1197, obs. A. Lienhard ; *Gaz. Pal.*, 2014, p. 3216, obs. E. Le Corre-Broly.

1404. Com., 27 mai 2014, préc.

1405. P.-M. Le Corre, note sous Com., 27 mai 2014, préc., *Lexbase Hebdo*, 12 juin 20014, n° 385, N2666BUB, éd. Affaires.

1406. Com., 2 juin 2015, n° 14-10673 (FS-P+B), *D.*, 2015, p. 1270, obs. A. Lienhard.

2. Les autres contestations

827 ***Texte.*** Les autres contestations sont visées à l'article R. 512-3 du CPCE. Elles portent essentiellement sur l'exécution de la mesure. Mais elles devraient aussi englober le contentieux de la substitution de mesures conservatoires.

828 ***Exécution de la mesure.*** L'article 219 du décret de 1992 citait en exemple des autres contestations, celles relatives à l'exécution de la mesure. Si l'article R. 512-3, qui a pris sa suite, ne contient plus cette mention, il n'en demeure pas moins que ce contentieux porte essentiellement sur les conditions dans lesquelles la mesure conservatoire a été exécutée, autres que les conditions de validité prévues aux articles L. et R. 512-1 du CPCE (voy. *supra*, n° 825). À ce titre, le débiteur peut faire valoir une irrégularité de fond portant, par exemple, sur la saisissabilité ou la propriété du bien grevé, ou une irrégularité de forme tirée de l'inobservation d'une formalité substantielle ou prescrite à peine de nullité, qui est propre à la mesure considérée. Mais il peut aussi se prévaloir de la violation d'un délai imposé à peine de caducité, autre que ceux prévus aux articles R. 511-6 à R. 511-8 du CPCE. Il peut s'agir, par exemple, du délai de dénonciation au débiteur de la mesure pratiquée entre les mains d'un tiers.

Toutes ces contestations relèvent de la seule **compétence du juge de l'exécution du lieu de situation des biens** (CPCE, R. 512-3)[1407], qui est saisi selon les règles de la procédure ordinaire. S'il fait droit à la contestation, le juge ordonne la mainlevée de la mesure pratiquée en conséquence de sa nullité ou de sa caducité. Outre la charge des frais (voy. *supra*, n° 809), le créancier peut être condamné à réparer le préjudice occasionné par la mesure conservatoire (CPCE, art. L. 512-2, al. 2). La décision rendue est appelable dans les conditions de droit commun de la procédure ordinaire (voy. *supra*, n° 150).

829 ***Substitution de mesures conservatoires.*** Le débiteur peut toujours demander au juge de substituer à la mesure conservatoire initialement prise **toute autre mesure** propre à sauvegarder les intérêts des parties. Il peut aussi constituer une **caution bancaire irrévocable** à hauteur des montants garantis par la mesure pratiquée, ce qui en entraînera la mainlevée (CPCE, art. L. 512-1, al. 2 et 3). Dans ces cas, le débiteur ne conteste aucune des conditions de validité (voy. *supra*, n° 825), il se contente de critiquer l'**opportunité** de la mesure conservatoire pratiquée au regard des biens grevés.

C'est la raison pour laquelle ce contentieux de la substitution devrait relever de la compétence du juge de l'exécution du lieu de situation des biens. Mais comme ce chef de compétence n'est prévu expressément par aucun texte, il est discuté[1408]. En tout cas, le juge compétent devrait toujours être saisi dans

1407. Il ne s'agit donc jamais du président du tribunal de commerce, ni du juge de l'exécution du domicile du débiteur, ce qui obligera parfois le débiteur à diviser ses poursuites selon la nature des contestations élevées contre la même mesure.

1408. En faveur de la compétence du juge qui a autorisé la mesure ou qui aurait été compétent lorsque la mesure a été prise sans autorisation préalable, car la substitution tend à faire modifier un des éléments de la mesure qui a été prise et elle serait donc soumise au même régime qu'une demande de rétractation partielle : voy. R. Perrot et Ph. Théry, *op. cit.*, n° 1166. Mais lorsque la mesure conservatoire a été prise sans autorisation préalable, il est difficile d'imaginer la rétractation, même partielle, d'une décision qui n'existe pas. Quant aux hypothèses où la mesure a été autorisée préalablement, la compétence du juge qui a rendu la décision est précisément réservée à la contestation des conditions de validité citées aux articles L. et R. 512-1.

les formes d'une procédure contradictoire, en l'absence de toute disposition expresse autorisant le débiteur à recourir à la procédure sur requête.

À ces règles qui sont communes à toutes les mesures conservatoires, il faut ajouter celles qui sont propres à chacune d'elles, en envisageant d'abord les saisies conservatoires, puis les sûretés judiciaires.

E 58 Règles dérogatoires au régime des mesures conservatoires du CPE

Il existe des règles dérogatoires au régime des mesures conservatoires institué par le Code des procédures civiles d'exécution. Elles donnent toutes compétence à un autre juge que le juge de l'exécution. Mais le régime lui-même n'est pas épargné non plus. Par ordre croissant de dérogation, on peut citer les cas suivants.

En matière de propriété industrielle, c'est le président du tribunal compétent pour connaître de l'action en contrefaçon qui peut ordonner la saisie conservatoire des biens mobiliers et immobiliers du prétendu contrefacteur, y compris le blocage de ses comptes bancaires et autres avoirs, si le demandeur justifie de circonstances de nature à compromettre le recouvrement des dommages et intérêts (CPI, art. L. 521-6, L. 615-3, L. 622-7, L. 623-27, L. 716-6 et L. 722-3). En principe, ces saisies relèvent des règles de droit commun inscrites dans le Code des procédures civiles d'exécution. Mais il y est dérogé sur plusieurs points. Le juge saisi pourra ordonner la communication des documents bancaires, financiers, comptables ou commerciaux ou l'accès aux informations pertinentes, pour déterminer les biens susceptibles d'être saisis, ce qui n'est pas possible en droit commun. Le délai pour introduire la procédure en vue de l'obtention d'un titre exécutoire est celui de 20 jours ouvrables ou 31 jours civils, fixé par le Code de la propriété intellectuelle en matière de contrefaçon. De plus, depuis la loi n° 2014-315 du 11 mars 2014 renforçant la lutte contre la contrefaçon, le bénéficiaire de la saisie conservatoire peut se contenter de déposer une plainte auprès du procureur de la République. Reste la créance de dommages et intérêts dont rien n'indique qu'il faille établir qu'elle paraisse fondée en son principe et il pourrait donc être admis qu'il suffise de rendre vraisemblable une atteinte aux droits du demandeur ou son imminence[1409]

En procédure pénale, le juge des libertés et de la détention peut ordonner, aux frais avancés par le Trésor et selon les modalités prévues par les procédures civiles d'exécution, des mesures conservatoires sur les biens, meubles ou immeubles, divis ou indivis, de la personne mise en examen dans le cadre d'une information ouverte en matière de criminalité ou de délinquance organisées ou pour une infraction d'appropriation frauduleuse punie d'au moins trois années d'emprisonnement, afin de garantir le paiement des amendes encourues ainsi que, le cas échéant, l'indemnisation des victimes (CPP, art. 706-103 et 706-166)[1410]. Mais le juge pénal peut aussi ordonner des saisies spéciales pour garantir l'exécution de la peine complémentaire de confiscation (CPP, art. 706-141 à 706-158). Elles présentent un caractère conservatoire car elles consistent à placer sous main de justice des biens susceptibles de confiscation en attendant que cette peine soit prononcée. Mais elles sont soumises à un régime propre qui déroge largement aux règles du Code des procédures civiles d'exécution, et c'est pour cette raison qu'elles sont qualifiées de spéciales[1411].

1409. En ce sens, voy. J.-C. Galloux, « Les mesures probatoires, provisoires et conservatoires », *D.*, 2008, dossier, p. 711.

1410. Si en principe ces mesures relèvent des dispositions du Code des procédures civiles d'exécution, il a été jugé que les conditions de fond prévues par l'article 67 de la loi de 1991, devenu l'article L. 511-1 du CPCE, ne sont pas applicables car le juge des libertés ne peut se prononcer sur les charges pesant sur le mis en examen : CA Orléans, 14 juin 2007, *RJDA*, 2007, n° 1149.

1411. Sur le conflit entre ses saisies spéciales et les saisies de droit commun, voy. A. Darmstädter-Delmas, « La mise en œuvre et le sort d'une procédure civile d'exécution confrontée à une saisie spéciale », *Dr. et procéd.*, 2012, p. 146 ; voy. aussi P. Labrousse, « Saisie conservatoire des biens appartenant à une société dans le cadre d'une enquête pénale », *RJDA*, 2014, p. 79.

En matière fiscale, le comptable public compétent peut procéder, également par dérogation aux règles prévues par le Code des procédures civiles d'exécution, dès la notification du procès-verbal établi en cas de flagrance fiscale, à des saisies conservatoires sur les biens du redevable dans la limite des plafonds fixés par l'article L. 252 B du livre des procédures fiscales. Aucune autorisation judiciaire n'est nécessaire, mais un contrôle *a posteriori* est confié au juge administratif, qui peut mettre fin à l'exécution de ces mesures en cas d'urgence et s'il est fait état d'un moyen propre à créer, en l'état de l'instruction, un doute sérieux sur la régularité de la procédure fiscale.

En procédures collectives, les dérogations introduites successivement par la loi de sauvegarde du 26 juillet 2005 et la loi n° 2012-346 du 12 mars 2012, dite *Petroplus*[1412], sont les plus importantes. Il en résulte trois cas dans lesquels le président du tribunal ayant ouvert une procédure collective peut autoriser des mesures conservatoires, le premier date de la loi de sauvegarde, les deux suivants de la loi dite *Petroplus* :

- lorsque le dirigeant de la personne morale en liquidation judiciaire est poursuivi en responsabilité pour insuffisance d'actif, ce magistrat peut « ordonner toute mesure conservatoire utile » à l'égard de ses biens, d'office ou à la demande du Ministère public, du liquidateur, ou de la majorité des créanciers nommés contrôleurs en cas de carence de ce dernier (C. com., art. L. 651-4, al. 2) ;
- lorsque le dirigeant d'une personne morale en redressement judiciaire fait l'objet d'une action en responsabilité fondée sur une faute ayant contribué à la cessation des paiements, il peut également ordonner toute mesure conservatoire utile à l'égard de ses biens, à la demande de l'administrateur ou du mandataire judiciaire (C. com., art. L. 631-10-1) ;
- lorsqu'une personne est poursuivie en extension d'une procédure collective ou lorsqu'un entrepreneur individuel à responsabilité limitée en procédure collective est poursuivi en réunion de son patrimoine affecté à un autre de ses patrimoines, il peut ordonner toute mesure conservatoire utile à l'égard des biens du défendeur, à la demande de l'administrateur, du mandataire judiciaire, du débiteur ou du ministère public (C. com., art. L. 621-2, al. 4).

Il a été jugé, à propos d'une action en responsabilité pour insuffisance d'actif, que l'autorisation judiciaire de pratiquer des mesures conservatoires n'est pas subordonnée aux conditions de fond posées par l'article 67 de la loi de 1991, devenu l'article L. 511-1 du CPCE, car il y est dérogé[1413]. La même solution devrait valoir pour les autres cas introduits par la loi dite *Petroplus*, les textes étant rédigés en des termes identiques. Cette loi a introduit aussi dans le Code de commerce un article L. 663-1-1 qui prévoit la possibilité pour le juge commissaire d'autoriser la cession des biens saisis à titre conservatoire, dans l'un de ces trois cas, si leur conservation ou leur détention génèrent des frais ou s'ils sont susceptibles de dépérissement. Le prix de cession est versé à la Caisse des dépôts et consignations. Mais ce texte comportait aussi un second alinéa qui donnait la possibilité au juge commissaire d'autoriser l'affectation de ces sommes au paiement des frais engagés pour les besoins de la gestion des affaires du propriétaire de ces biens, y compris pour assurer le respect des obligations sociales et environnementales résultant de la propriété de ces biens. Cette atteinte au caractère conservatoire des mesures ordonnées et au droit de propriété était unanimement critiquée en doctrine et aurait bien pu être sanctionnée par le Conseil constitutionnel s'il avait été saisi d'une QPC. C'est sans doute la raison pour laquelle cet alinéa a finalement été supprimé par l'ordonnance n° 2014-326 du 12 mars 2014 portant réforme de la prévention des difficultés des entreprises et des procédures collectives. Pour le surplus, et dans la mesure où il n'y est pas dérogé par le livre VI du Code de commerce, ces mesures conservatoires sont soumises à la partie réglementaire du CPCE (C. com., art. R. 662-1-1, créé par d. 2012-1190 du 25 octobre 2012, pris pour l'application de la loi *Petroplus*).

1412. Voy. not. F. Pérochon, « De la mesure dite conservatoire à l'exécution sommaire anticipée ? », *BJE*, mars 2012, p. 73 ; Ph. Roussel Galle, « La loi du 12 mars 2012 : halte au pillage des entreprises en difficulté », *JCP E*, 2012, et « La loi *Petroplus* : quelques réflexions… avec un peu de recul », *Rev. proc. coll.*, 2012, étude n° 16 ; G. Teboul, « La nouvelle loi sur les mesures conservatoires en matière de procédures collectives : une loi de circonstances ou une sanction préventive », *LPA*, 2 mars 2012, p. 5.

1413. Com., 31 mai 2011, n° 10-18472, *Bull. civ.*, II ; *D.*, 2011, act. n° 1613, obs. C. Lienhard ; *Rev. soc.*, 2011, p. 522, obs. Ph. Roussel Galle.

CHAPITRE II

Les saisies conservatoires

830 ***Domaine et traits communs.*** Il n'existe pas de saisie conservatoire des biens immobiliers ; ces derniers ne peuvent faire l'objet que d'une sûreté judiciaire, en l'occurrence l'hypothèque judiciaire conservatoire (voy. *infra*, n° 899). Les saisies conservatoires sont donc **réservées aux seuls biens mobiliers**, mais ils sont tous concernés, sans distinction, pourvu qu'ils soient la propriété du débiteur et qu'ils soient saisissables. Peu importe qu'ils soient corporels ou incorporels, qu'ils se trouvent entre les mains du débiteur ou entre les mains d'un tiers ou qu'ils aient déjà fait l'objet d'une saisie conservatoire antérieure (CPCE, art. L. et R. 521-1)[1414].

Les traits communs à toutes les saisies conservatoires sont qu'elles rendent les biens grevés indisponibles en attendant qu'elles puissent être converties en une mesure d'exécution forcée. Le régime de chacune d'elles s'inspire donc directement de la **mesure d'exécution forcée qu'elle préfigure** ; il faut ainsi distinguer entre les saisies des biens meubles corporels (Section I) et les saisies des biens meubles incorporels (Section II).

SECTION I

Les saisies des biens meubles corporels

À côté de la saisie conservatoire de droit commun qui préfigure toujours une saisie-vente (§ 1), il existe des saisies particulières dont la finalité n'est pas nécessairement une mesure d'exécution forcée avec vente (§ 2).

§ 1. La saisie conservatoire de droit commun

831 ***Créances monétaires et saisie-vente.*** La saisie conservatoire de droit commun des biens meubles corporels a pour finalité de **garantir le recouvrement de créances monétaires**. Il s'ensuit qu'elle a pour vocation de **se transformer en une saisie-vente**, car c'est la mesure d'exécution forcée applicable au recouvrement des créances monétaires sur les biens meubles corporels.

Elle est ouverte sur tous les biens meubles corporels du débiteur, même ceux qui ont déjà fait l'objet de saisies conservatoires antérieurement (voy. *supra*, n° 830). Aucun texte n'interdit non plus de pratiquer une saisie conservatoire après une saisie-vente, mais cette saisie serait inefficace selon l'article L. 221-5 du CPCE, sauf si la saisie-vente n'aboutissait pas. En revanche, il faut

1414. Sur le cas particulier des saisies conservatoires de créances monétaires, voy. *infra*, n° 882.

excepter les biens quasi-immobiliers, qui font l'objet de règles partiellement dérogatoires[1415].

Son régime, inspiré de la saisie-vente des biens meubles corporels, est prévu aux articles **R. 522-1 à R. 522-14 du CPCE**. Ils organisent les deux phases communes à toutes les saisies conservatoires : la phase de protection, qui correspond aux opérations de saisie (A), et la phase d'exécution, qui correspond à la conversion en saisie-vente (B).

A) Les opérations de saisie

832 ***Pas de commandement de payer.*** Contrairement à la saisie-vente des biens meubles corporels, leur saisie conservatoire n'est pas précédée d'un commandement de payer car il ruinerait l'effet de surprise, qui est le propre de toute mesure conservatoire.

Mais pour le surplus, les opérations de saisie sont très proches de cette mesure d'exécution forcée, que le bien à saisir se trouve entre les mains du débiteur lui-même (1) ou entre les mains d'un tiers (2) ou qu'il s'agisse des règles communes à ces deux situations (3).

1. La saisie entre les mains du débiteur

833 ***Acte de saisie.*** La saisie conservatoire entre les mains du débiteur est pratiquée par un acte d'huissier de justice qui doit, **à peine de nullité**, comporter, outre les mentions communes de l'article 648 du CPC, les mentions particulières prévues aux 1° à 8° de l'article R. 522-1 du CPCE. Comme pour l'acte de saisie-vente, elles peuvent être classées en quatre rubriques :

- celles **relatives aux conditions** de la saisie : la mention de l'autorisation du juge ou du titre en vertu duquel la saisie est pratiquée dont une copie est jointe (1°)[1416] ; en cas de pénétration forcée dans les lieux, l'indication des nom, prénom et qualité des personnes qui ont assisté aux opérations de saisie, lesquelles doivent apposer leur signature sur l'original et les copies ; s'ils refusent, il en est fait mention dans l'acte (7°) ;
- celles **relatives à l'objet** de la saisie : la désignation détaillée des biens saisis (2°), étant précisé que l'huissier de justice peut prendre des photographies comme pour la saisie-vente (CPCE, art. R. 221-12, sur renvoi de l'art. R. 522-1, al. 3) ;
- celles **relatives aux obligations** du débiteur saisi : d'une part, en caractères très apparents, celles liées à l'indisponibilité des biens saisis, sous peine des sanctions prévues à l'article 314-6 du Code pénal (4° ; voy. *infra*, n°s 511 à 513), qui doit être reproduit (8°) ; d'autre part, celle de faire

1415. Sur ces biens et les textes applicables, voy. *supra*, n° 495 en note.

1416. L'expression « titre » doit être prise dans son sens large et ne saurait être réduite aux seuls titres exécutoires. Elle désigne donc tous les cas de dispense prévus à l'article L. 511-2 du CPCE (voy. *supra*, n°s 797 et s.). Il s'ensuit qu'une copie du document fondant la saisie pratiquée sans autorisation préalable doit ainsi être jointe à l'acte de saisie : titre exécutoire, jugement non exécutoire, effet de commerce ou contrat écrit de location. Mais s'il s'agit d'un acte notarié ou d'une créance de l'État, des collectivités territoriales ou de leurs établissements publics, il est seulement fait mention de la date, de la nature du titre, ainsi que du montant de la dette, sans qu'aucune copie du titre ne soit à joindre.

connaître la saisie à tout créancier qui procéderait à une nouvelle saisie des mêmes biens (4°) ;

- celles **relatives aux droits** du débiteur saisi : en caractères très apparents, le droit de demander, si les conditions ne sont pas réunies, la mainlevée de la saisie au juge de l'exécution du lieu de son domicile (5°)[1417] et la désignation du juge compétent pour connaître des autres contestations (6°), avec la reproduction des articles R. 511-1 à R. 512-3 régissant les conditions de validité et les contestations ouvertes (8°).

L'acte de saisie ainsi dressé par l'huissier de justice est porté à la connaissance du débiteur selon des modalités qui varient suivant qu'il assiste ou non aux opérations.

834 ***Débiteur présent.*** Lorsque le débiteur est présent, l'huissier de justice doit suivre la chronologie suivante :

- il lui rappelle d'abord qu'il est tenu d'indiquer les biens qui auraient fait l'objet d'une saisie antérieure et d'en communiquer le procès-verbal (CPCE, art. R. 522-1, al. 1er) ;
- puis il dresse l'acte de saisie en y consignant la réponse du débiteur sur ce point (CPCE, art. R. 522-1-3°) ;
- enfin, il lui rappelle verbalement ses obligations et son droit de demander la mainlevée de la saisie, avant de lui remettre une copie de l'acte, ce qui vaut signification (CPCE, art. R. 522-2).

835 ***Débiteur absent.*** Lorsque le débiteur est absent, l'acte de saisie doit lui être signifié selon les règles de droit commun, en lui impartissant un délai de huit jours pour qu'il porte à la connaissance de l'huissier de justice toute information relative à l'existence d'une éventuelle saisie antérieure et qu'il lui en communique le procès-verbal (CPCE, art. R. 522-3).

2. La saisie entre les mains d'un tiers

836 ***Modalités.*** L'hypothèse est celle de biens appartenant au débiteur, mais qui se trouvent entre les mains d'un tiers auquel il les a confiés, à quelque titre que ce soit, **sans lui en transmettre la propriété**. Les modalités applicables sont celles de la saisie-vente pratiquée entre les mains d'un tiers, prévues aux articles R. 221-21 à R. 221-29 du CPCE (voy. *supra*, nos 506 à 510). Mais il faut excepter l'alinéa 1er de l'article R. 221-21 et l'article R. 221-26, qui ne sont pas applicables (CPCE, art. R. 522-5, al. 1er).

Le premier texte concerne le commandement de payer, qui n'est jamais requis pour pratiquer une saisie conservatoire (voy. *supra*, n° 832). Le second intéresse l'information du débiteur saisi. Sur ce point, il faut faire application de l'alinéa 2 de l'article R. 522-5, qui prévoit que la saisie est **dénoncée au débiteur** dans un **délai de huit jours** suivant l'acte de saisie, **à peine de**

1417. Curieusement, la compétence du président du tribunal de commerce du même lieu n'est pas visée, alors qu'il est seul compétent s'il a délivré l'autorisation invoquée ou il peut l'être en cas de dispense (voy. *supra*, n° 826).

caducité[1418]. La dénonciation s'opère par voie de signification, qui contient, à peine de nullité, outre l'acte de saisie :

- une copie de l'autorisation du juge ou du titre en vertu duquel la saisie a été pratiquée[1419] ;
- la mention, en caractères très apparents, du droit qui appartient au débiteur, si les conditions de validité de la saisie ne sont pas réunies, d'en demander la nullité au juge de l'exécution du lieu de son propre domicile[1420], avec la reproduction des articles R. 511-1 à R. 512-3.

3. Les règles communes

Que la saisie conservatoire soit pratiquée entre les mains du débiteur ou d'un tiers, elle est soumise à quelques règles communes intéressant les points suivants.

837 ***Pluralité de saisies.*** Si un bien meuble corporel, saisi à titre conservatoire, peut faire l'objet d'autres saisies conservatoires, encore faut-il veiller à protéger les saisissants antérieurs. C'est la raison pour laquelle une copie du procès-verbal de la saisie conservatoire doit toujours être signifiée à chacun des créanciers ayant pratiqué une telle saisie antérieurement (CPCE, art. R. 522-11)[1421].

838 ***Effets de la saisie conservatoire.*** La saisie conservatoire produit le **même effet d'indisponibilité** que la saisie-vente des biens meubles corporels (CPCE, art. R. 221-19, R. 221-23-5°, R. 221-27 et R. 221-29, sur renvoi des articles R. 522-4 et R. 522-5, al. 1er). Les biens saisis sont donc placés sous la garde du saisi (débiteur ou tiers saisi) ou du séquestre désigné, le cas échéant. Ce gardien doit veiller à leur conservation sous peine d'engager sa responsabilité civile selon les règles de droit commun[1422] ou pénale sur le fondement de l'article 314-6 du Code pénal. Le tiers saisi peut se prévaloir, le cas échéant, d'un droit de rétention sur le bien saisi (sur l'ensemble de la question, voy. *supra*, nos 511 à 513).

839 ***Contestations.*** Les contestations relatives à l'**exécution** de la saisie conservatoire, qui relèvent de la compétence du juge de l'exécution du lieu de situation des biens (CPCE, art. R. 512-3 ; voy. *supra*, n° 828), sont soumises, en tant que de besoin, aux articles R. 221-49 à R. 221-56 relatifs à la saisie-vente des biens meubles corporels (CPCE, art. R. 522-6). Il s'agit des contestations portant sur une irrégularité de fond ou de forme ou l'inobservation de délais propres à la saisie pratiquée, à l'exception des conditions de validité.

1418. Cette sanction a été ajoutée par le décret de codification du 30 mai 2012, car auparavant l'article 224 du décret de 1992 n'en prévoyait aucune.

1419. Voy. les observations formulées à propos de l'acte de saisie entre les mains du débiteur, en note sous n° 833.

1420. Comme pour la saisie conservatoire pratiquée entre les mains du débiteur, la compétence du président du tribunal de commerce n'est pas visée, alors qu'elle ne peut être écartée.

1421. Rappelons que c'est au saisi d'informer l'huissier de justice de l'existence de ces saisies.

1422. Civ. (1re ch.), 15 mai 2008, n° 07-11250, *Bull. civ.*, I, n° 138 ; *Procédures*, 2008, comm. n° 234, obs. R. Perrot, à propos du gérant d'une société débitrice, désigné séquestre du vin saisi à titre conservatoire dans des chais, dont il est apparu, au moment de la vente, qu'il était « piqué ».

Les **conditions de validité** sont celles communes à toutes les mesures conservatoires prévues aux articles R. 511-1 à R. 511-8 du CPCE. Leur contestation relève de la compétence du juge qui a autorisé la saisie conservatoire ou qui aurait été compétent faute de dispense (voy. *supra*, n°s 825 et 826).

B) La conversion en saisie-vente

840 ***Conditions.*** La conversion de la saisie conservatoire en saisie-vente correspond à la phase d'exécution, qui permet au créancier de recourir à l'exécution forcée. Elle suppose donc qu'il ait **obtenu le titre exécutoire** en vue duquel il a dû engager une procédure ou accomplir une formalité dans le mois de la saisie, sauf si le nécessaire avait été fait antérieurement ou s'il avait déjà un titre. S'il n'obtient pas ce titre, non seulement il ne pourra pas procéder à la conversion, mais de surcroît il devra donner mainlevée de la saisie conservatoire pratiquée, sous peine d'engager sa responsabilité.

À l'inverse, dès qu'il dispose d'un titre exécutoire, il peut mettre en œuvre la conversion en saisie-vente à condition que le débiteur n'ait pas fait l'objet dans l'intervalle d'une procédure collective (voy. *supra*, n° 821). Sous cette réserve, la conversion s'opère selon les règles prévues aux articles R. 522-7 à R. 522-14 du CPCE. Elle consiste à poursuivre la vente des biens saisis (2) après avoir accompli des formalités préalables (1).

1. Les formalités préalables à la vente

En vue de la vente, l'huissier de justice doit régulariser un acte de conversion, puis procéder à la vérification des biens saisis.

841 ***Acte de conversion.*** L'acte de conversion est un acte d'huissier de justice qui doit comporter, **à peine de nullité**, outre les mentions communes de l'article 648 du CPC, celles particulières prévues aux 1° à 4° de l'alinéa 1er de l'article R. 522-7 du CPCE :

- la référence au procès-verbal de saisie conservatoire ;
- l'énonciation du titre exécutoire ;
- le décompte distinct des sommes à payer, en principal, frais et intérêts échus, ainsi que l'indication du taux des intérêts ;
- un commandement d'avoir à payer cette somme dans un délai de huit jours, faute de quoi il sera procédé à la vente des biens saisis.

En principe, cet acte est signifié au débiteur après la notification du titre exécutoire. Mais ces deux actes peuvent aussi lui être signifiés en même temps. De plus, si la saisie conservatoire a été pratiquée entre les mains d'un tiers, une copie de l'acte de conversion doit lui être dénoncée (CPCE, R. 522-7, al. 2 et 3). Enfin, une copie de cet acte doit être signifiée aux créanciers ayant pratiqué antérieurement une saisie conservatoire sur les mêmes biens (CPCE, R. 522-12, al. 2).

La signification au débiteur fait courir un **délai de huit jours** dans lequel il lui appartient de payer les sommes dues. À défaut, la procédure se poursuit par la vérification des biens saisis.

842 ***Vérification des biens saisis.*** C'est à partir de l'expiration du délai de huit jours suivant l'acte de conversion que l'huissier de justice peut procéder à la

vérification des biens saisis (CPCE, R. 522-8, al. 1er). Mais encore faut-il qu'il puisse les localiser. C'est la raison pour laquelle, s'ils ne se trouvent plus au lieu où ils avaient été saisis, l'huissier de justice fait injonction au débiteur de l'informer dans un **délai de huit jours** du lieu où ils se trouvent et, s'ils ont fait l'objet d'une saisie-vente, de lui communiquer le nom et l'adresse soit de l'huissier de justice qui y a procédé, soit du créancier pour le compte de qui elle a été diligentée. À défaut de réponse, le créancier saisit le juge de l'exécution qui peut ordonner la remise de ces informations sous astreinte, le tout sans préjudice d'une action pénale pour détournement de biens saisis (CPCE, R. 522-9).

Le cas échéant, l'huissier de justice dresse acte des biens manquants ou dégradés et signifie toujours au débiteur l'acte de vérification avec l'indication qu'il dispose d'un délai d'un mois pour procéder à la vente amiable des biens saisis, dans les conditions des articles R. 221-30 à R. 221-32 du CPCE qui sont reproduits (CPCE, R. 522-8, al. 2)[1423].

2. La vente des biens saisis

Selon l'article R. 522-10 du CPCE, il est procédé à la vente forcée des biens saisis, à défaut de vente amiable dans le délai prévu.

843 ***Vente amiable.*** La vente amiable doit être conclue et réalisée dans les conditions fixées par les articles R. 221-30 à R. 221-32 du CPCE relatifs à la saisie-vente des biens meubles corporels (voy. *supra*, nos 515 à 519).

Il s'y ajoute l'article R. 522-13 régissant la pluralité de saisies, qui s'applique aussi bien à la saisie-vente directe qu'à la conversion en saisie-vente. Il s'ensuit que si des créanciers ont pratiqué des **saisies conservatoires avant l'acte de conversion**, le saisissant ayant accepté les propositions amiables du débiteur doit les leur communiquer par lettre recommandée avec demande d'avis de réception. Cette notification fait courir un **délai de 15 jours** dans lequel chacun des destinataires doit se prononcer sur la vente amiable et déclarer le montant et la nature de sa créance. À défaut, le créancier destinataire est réputé avoir accepté les propositions de vente amiable et surtout il est déchu de son droit de concourir à la distribution des deniers qui en résulteront, si la vente se réalise.

Ce n'est qu'à défaut de vente amiable dans les délais et conditions fixés que la vente forcée des biens saisis pourra être poursuivie.

844 ***Vente forcée.*** La vente forcée des biens saisis à titre conservatoire obéit aux mêmes règles, après conversion, que celles applicables à la saisie-vente des biens meubles corporels pratiquée directement (CPCE, art. R. 221-33 à R. 221-39, sur renvoi de l'article R. 522-10 ; voy. *supra*, nos 520 à 525).

De même, si des créanciers ont pratiqué des **saisies conservatoires avant l'acte de conversion**, l'enlèvement des biens saisis doit être porté à leur connaissance par lettre recommandée avec demande d'avis de réception. Cette notification fait courir un **délai de 15 jours** dans lequel chacun des destinataires doit déclarer la nature et le montant de sa créance. À défaut, comme en cas de vente amiable, il perd le droit de concourir à la distribution des deniers résultant de la vente forcée (CPCE, R. 522-14).

1423. Cette formalité n'est sans doute pas nécessaire s'ils devaient tous avoir disparu.

Cette distribution, quelle que soit la nature de la vente, s'opère toujours selon la procédure prévue aux articles R. 251-1 à R. 251-11 du CPCE (voy. *supra*, nos 597 et s.).

§ 2. Les saisies conservatoires particulières

845 ***Finalité.*** À côté de la saisie conservatoire de droit commun des biens meubles corporels, il existe deux saisies particulières à raison de leur finalité, qui n'est pas, ou pas nécessairement, la saisie-vente. Il s'agit de la saisie-revendication (A) et de la saisie conservatoire des biens placés dans un coffre-fort (B).

A) La saisie-revendication

846 ***Garantie de la remise d'un bien.*** La saisie-revendication est la saisie conservatoire par laquelle un bien meuble corporel est placé sous main de justice, non pas en vue de sa vente, mais **en vue de sa remise au saisissant** qui se prévaut d'un droit réel. Elle a donc pour objet de garantir une obligation de remise d'un bien meuble corporel[1424], de sorte qu'**elle a pour finalité** non la saisie-vente, mais **la saisie-appréhension**.

Elle est régie par les articles **L. 222-2 et R. 222-17 à R. 222-25 du CPCE**, qui sont applicables à tous les biens meubles corporels, sous réserve des biens placés dans un coffre-fort (voy. *infra*, nos 858 et s.).

Comme la saisie-revendication se distingue du droit commun des mesures conservatoires, car celui-ci n'envisage que la garantie des créances monétaires, il a fallu d'abord adapter les conditions de validité (1). Quant à son déroulement, il s'inspire tant de ces dispositions communes que des règles propres à la saisie conservatoire de droit commun et à la saisie-appréhension (2).

1. Les conditions de validité

847 ***Conditions de fond.*** Selon l'article L. 222-2 du CPCE, la saisie-revendication est ouverte à « toute personne apparemment fondée à requérir la délivrance ou la restitution d'un bien meuble corporel[1425] ». Cette condition de fond est la transposition de celle prévue en droit commun des mesures conservatoires où le créancier doit justifier d'une créance monétaire paraissant fondée en son principe (CPCE, L. 511-1). Comme pour la saisie-appréhension, le droit à invoquer est un droit réel portant sur un bien meuble corporel et conférant une **créance de restitution ou de livraison** à celui qui s'en prévaut. Mais ce droit n'a pas à exister de manière certaine, **il suffit qu'il paraisse fondé en son principe**. Cette apparence s'apprécie comme celle des créances monétaires en droit commun des mesures conservatoires. Elle relève donc du pouvoir

1424. Y compris un navire auquel la saisie-revendication est aussi applicable : Com., 15 décembre 2015, n° 14-12348, à paraître au Bull., *D.*, 2016, p. 1288, obs. A. Leborgne ; déjà en ce sens : Com., 16 septembre 2014, n° 13-17892, inédit.

1425. Ces dispositions étaient antérieurement contenues au premier alinéa de l'article 155 du décret de 1992 ; elles ont ainsi été transférées, à juste titre, dans la partie législative du CPCE s'agissant de fixer la condition de fond de cette mesure conservatoire.

souverain des juges du fond, qui s'exerce à partir des explications et pièces justificatives fournies par le créancier (voy. *supra*, n°s 789 et s.).

Mais contrairement au droit commun, **cette condition de fond est suffisante**, si bien que le créancier n'a pas à justifier de circonstances susceptibles de menacer la délivrance ou la restitution du bien en cause.

848 ***Autorisation judiciaire.*** La saisie-revendication est soumise à une autorisation judiciaire dont le domaine et le régime sont calqués sur ceux du droit commun des mesures conservatoires.

Ainsi, l'autorisation judiciaire est **requise sauf dans les cas de dispense** prévus à l'article L. 511-2 du CPCE, auquel l'alinéa 1er de l'article R. 222-17 renvoie. Mais ce renvoi est maladroit car tous les cas visés par ce texte ne sont pas applicables. En effet, seules deux dispenses sont envisageables : le **titre exécutoire** et la **décision de justice non encore exécutoire**. En revanche, celles en matière locative et d'effets de commerce sont totalement étrangères à la saisie-revendication, car elles concernent exclusivement des créances monétaires.

Le **régime** de l'autorisation requise est strictement **identique au droit commun**. Elle est sollicitée sur requête (CPCE, art. R. 222-17, al. 1er) et relève de la compétence du même juge, juge de l'exécution ou éventuellement président du tribunal de commerce du domicile du débiteur (CPCE, art. 511-2 et R. 511-3, sur renvoi de l'article R. 222-18, al. 1er, du CPCE). Quant à l'ordonnance, si elle autorise la saisie, elle doit désigner le bien et l'identité de la personne tenue de la remise, c'est-à-dire le débiteur de cette obligation (CPCE, art. R. 222-17, al. 2). Mais elle est opposable à tout détenteur (CPCE, art. R. 222-17, al. 2), car la saisie-revendication peut être pratiquée, comme toute saisie conservatoire, tant entre les mains du débiteur lui-même qu'entre les mains d'un tiers qui détient le bien à remettre.

849 ***Conditions de délais.*** **Tous les délais** de mise en œuvre des mesures conservatoires prévus aux articles R. 511-6 à R. 511-8 du CPCE **sont applicables** à la saisie-revendication par renvoi de l'alinéa 1er de l'article R. 222-18. Elle doit donc, à peine de caducité, être exécutée dans les trois mois de l'autorisation et une procédure en vue de l'obtention d'un titre exécutoire doit être engagée dans le mois de l'exécution[1426], avec dénonciation au tiers détenteur, le cas échéant, dans les huit jours. Ces délais impératifs rythment ainsi le déroulement de la saisie-revendication.

2. Le déroulement de la saisie

La saisie-revendication débute par les opérations de saisie (a) qui vont rendre le bien indisponible (b), sous réserve des contestations ouvertes (c) et en attendant qu'elle puisse être convertie en saisie-appréhension (d).

a) Les opérations de saisie

850 ***Détenteur.*** Selon l'article R. 222-20, alinéa 1er, du CPCE, la saisie-revendication peut être pratiquée « en tout lieu et entre les mains de tout détenteur

1426. À ce titre, le saisissant peut déposer une requête à fin d'injonction d'avoir à délivrer ou restituer le bien meuble corporel saisi au juge de l'exécution du lieu où demeure le débiteur (voy. *supra*, n°s 312 et s.).

du bien ». Le détenteur ainsi visé peut être le **débiteur de l'obligation de remettre ou un tiers**. Mais dans ce dernier cas, il faut faire application de règles particulières qui s'ajoutent à celles communes à ces deux situations, relatives à l'acte de saisie et à l'information du détenteur.

851 ***Acte de saisie.*** L'acte de saisie est dressé par l'huissier de justice sur présentation de l'autorisation judiciaire ou du titre qui en dispense (CPCE, art. R.222-20, al. 1er)[1427]. Il contient, **à peine de nullité**, outre les mentions communes de l'article 648 du CPC, celles particulières prévues aux 1° à 8° de l'alinéa 2 de l'article R. 222-21 du CPCE, qui sont très proches de celles de l'acte de saisie conservatoire de droit commun. Comme dans ce cas, elles peuvent être classées en quatre rubriques :

- celles **relatives aux conditions** de la saisie-revendication : la mention de l'autorisation du juge ou du titre en vertu duquel la saisie est pratiquée dont une copie est jointe (1°)[1428] et, en cas de pénétration forcée dans les lieux, l'indication des nom, prénom et qualité des personnes qui ont assisté aux opérations de saisie, lesquelles doivent apposer leur signature sur l'original et les copies, et si elles refusent, il en est fait mention dans l'acte (7°) ;
- celles **relatives à l'objet** de la saisie : la désignation détaillée du bien saisi (2°), étant précisé que l'huissier de justice peut prendre des photographies comme pour la saisie-vente (CPCE, art. R. 221-12, sur renvoi de l'article R. 222-21, al. 3) ;
- celles **relatives aux obligations** du détenteur : d'une part, en caractères très apparents, les mentions liées à l'indisponibilité des biens saisis (voy. *infra*, n° 854), sous peine des sanctions prévues à l'article 314-6 du Code pénal (4°), qui doit être reproduit (8°) ; d'autre part, celle de faire connaître la saisie-revendication à tout créancier qui procéderait à une nouvelle saisie du même bien (4°) ;
- celles **relatives aux droits** du débiteur saisi : en caractères très apparents, le droit de contester la validité de la saisie et d'en demander la mainlevée au juge compétent (5°) et la désignation de la juridiction compétente pour connaître des contestations relatives à l'exécution de la saisie (6e ; voy. *infra*, n° 855), avec la reproduction des articles L. 222-2, R. 222-17, R. 222-18 et R. 511-5 à R. 511-8 régissant les conditions de validité et les contestations ouvertes (8°).

L'acte de saisie ainsi dressé par l'huissier de justice est porté à la connaissance du détenteur selon des modalités qui varient suivant qu'il assiste ou non aux opérations.

852 ***Information du détenteur.*** **Si le détenteur est présent**, l'huissier de justice doit lui rappeler d'abord qu'il est tenu de lui indiquer si ce bien a fait l'objet d'une saisie antérieure et, le cas échéant, de lui en communiquer le procès-verbal. Puis il dresse l'acte de saisie en y ajoutant la réponse du détenteur (CPCE, art. R. 222-21-3°). Enfin, après lui avoir rappelé verbalement les mentions relatives à ses obligations et à son droit de contester la validité de la saisie, ce dont

---

1427. Pour la saisie-revendication, il ne peut s'agir que d'un titre exécutoire ou d'un jugement non encore exécutoire (voy. *supra*, n° 848).

1428. Mais s'il s'agit d'un acte notarié, il est seulement fait mention de la nature du titre.

il est fait aussi mention dans l'acte de saisie, il lui en remet une copie, ce qui vaut signification (CPCE, art. R. 222-22, al. 1er et 3).

Si le détenteur est absent, l'acte de saisie doit lui être signifié selon les règles de droit commun, en lui impartissant un délai de huit jours pour qu'il porte à la connaissance de l'huissier de justice toute information relative à l'existence d'une éventuelle saisie antérieure et qu'il lui en communique le procès-verbal (CPCE, art. R. 222-22, al. 4).

853 ***Tiers détenteur.*** Lorsque la saisie-revendication est pratiquée entre les mains d'un tiers, détenteur du bien à remettre, les **formalités complémentaires** suivantes sont requises :

- si le bien se trouve dans le local servant à **l'habitation du tiers** détenteur, la saisie n'est possible qu'avec une **autorisation spéciale** du juge de l'exécution (CPCE, art. R. 222-20, al. 2) ;
- l'acte de saisie doit être signifié au débiteur de l'obligation de remettre au plus tard dans un délai de **huit jours, à peine de caducité** (CPCE, art. R. 222-22, al. 2)[1429].

b) L'effet d'indisponibilité

854 ***Droit commun.*** Comme toutes les saisies, la saisie-revendication rend le bien indisponible (CPCE, L. 141-2 et L. 222-2). Il s'ensuit qu'il est placé **sous la garde du détenteur** qui en conserve l'usage, mais ne peut ni l'aliéner, ni le déplacer, si ce n'est pour cause légitime en informant préalablement le créancier du lieu où il sera placé (CPCE, art. R. 222-21-4°, qui renvoie à l'article R. 221-13 relatif à la saisie-vente des biens meubles corporels). À défaut, il encourt les sanctions prévues à l'article 314-6 du Code pénal.

Mais comme cette menace de sanctions peut s'avérer insuffisante pour protéger le créancier, le juge de l'exécution peut, à tout moment, autoriser sur requête la **remise du bien à un séquestre** qu'il désigne (CPCE, art. R. 222-23). C'est alors lui qui répondra des obligations du gardien sous les mêmes sanctions.

c) Les contestations

855 ***Contestations de droit commun.*** La saisie-revendication peut faire l'objet des mêmes contestations que toute autre mesure conservatoire.

Le débiteur peut donc en demander la mainlevée, à tout moment, si les **conditions de validité** ne sont pas réunies. Le juge compétent est celui qui l'a autorisée ou, à défaut d'autorisation, celui qui aurait été compétent pour la délivrer, c'est-à-dire le juge de l'exécution du domicile du débiteur ou le président du tribunal de commerce du même lieu, si le fondement de la saisie relève de la juridiction commerciale et si la contestation est élevée avant tout procès (voy. *supra*, nos 802 et 803). Le cas échéant, la décision de mainlevée ne prend effet que du jour de sa notification (CPCE, art. R. 222-18, al. 2 à 4)[1430].

1429. Cette sanction a été ajoutée par le décret de codification du 30 mai 2012, car l'article 160, alinéa 2, n'en prévoyait aucune.

1430. Lorsque la mainlevée est prononcée par un juge de l'exécution, il ne s'agit que du rappel de la règle générale prévue à l'article R. 121-18 du CPCE et elle ne joue que sous réserve d'une éventuelle demande de sursis en cas d'appel. Mais elle vaut aussi lorsque

Les autres contestations, et notamment celles relatives l'exécution de la saisie-revendication, sont portées devant le juge de l'exécution du lieu de situation des biens saisis (CPCE, art. R. 222-19), selon les règles de procédure applicable à toutes les mesures conservatoires (voy. *supra*, n° 828).

856 ***Droit propre du détenteur.*** Si le détenteur se prévaut d'un droit propre sur le bien saisi, il a un moyen plus simple de contester la saisie, prévu à l'article R. 222-24 du CPCE. Il lui suffit d'**informer l'huissier de justice** du droit qu'il prétend détenir (droit de propriété, de rétention, d'usage, etc.), soit au moment de la saisie, soit ultérieurement, par lettre recommandée avec demande d'avis de réception. **L'initiative revient alors au saisissant** lui-même s'il veut conserver le bénéfice de la saisie-revendication pratiquée. En effet, de deux choses l'une :

- ou bien, il porte cette contestation, **dans le délai d'un mois**, devant le juge de l'exécution du lieu où demeure le détenteur, et alors l'indisponibilité demeure durant toute l'instance ;
- ou bien, il omet d'agir dans ce délai et alors l'indisponibilité cesse de plein droit à l'expiration du délai d'un mois.

d) La conversion en saisie-appréhension

857 ***Remise du bien.*** Dès que le saisissant dispose d'un **titre exécutoire** prescrivant la délivrance ou la restitution du bien saisi, il peut directement en poursuivre la remise selon les règles de la saisie-appréhension prévues aux articles R. 222-2 à R. 222-10 du CPCE (sur renvoi de l'article R. 222-25). Les formalités à accomplir sont donc différentes selon que le bien à remettre a été rendu indisponible par la saisie-revendication entre les mains du débiteur de la remise ou entre les mains d'un tiers (voy. *supra*, n°s 300 et s.).

Mais lorsque le titre exécutoire est constitué d'une **injonction du juge de l'exécution**, il faut tenir compte des dérogations prévues aux alinéas 2 et 3 de l'article R. 222-16 du CPCE (voy. *supra*, n° 315), qui sont applicables (CPCE, art. R. 222-25). Il s'ensuit les deux conséquences suivantes :

- si le bien à remettre est entre les mains du débiteur, le commandement préalable de délivrer ou de restituer n'est pas requis lorsque la saisie-appréhension est entreprise **moins de deux mois** après que l'ordonnance a été rendue exécutoire (CPCE, art. R. 222-16, al. 2) ;
- si la saisie-revendication porte sur un **véhicule terrestre à moteur**, le créancier de la remise peut aussi pratiquer une saisie par immobilisation sur le fondement de l'injonction du juge ; mais alors l'appréhension devra s'opérer en vertu des règles propres à cette saisie mixte, inscrites aux articles R. 223-6, R. 223-8, R. 223-9, R. 223-12 et R. 223-13 du CPCE (voy. *supra*, n°s 748 et s.).

---

la mainlevée est prononcée en référé par le président d'un tribunal de commerce, sauf que dans ce cas, la procédure de sursis n'est pas applicable et le seul moyen du saisissant est alors de demander l'arrêt de l'exécution provisoire de droit sur le fondement de l'article 524, alinéa 4, du CPC.

B) La saisie conservatoire des biens placés dans un coffre-fort

858 *Saisie conservatoire mixte.* Un coffre-fort contient généralement des biens de valeurs qui ne peuvent laisser indifférent un créancier pour garantir ses droits en attendant qu'il dispose d'un titre exécutoire. **Lorsque le coffre-fort appartient au débiteur**, ces biens peuvent faire l'objet, selon le droit à garantir, d'une saisie conservatoire de droit commun ou d'une saisie-revendication. La seule difficulté réside dans l'ouverture du coffre-fort en cas d'absence ou de refus du débiteur. L'huissier de justice doit alors procéder comme pour l'ouverture forcée des portes d'un local privé (voy. *supra*, n°s 194 et s.).

En revanche, **lorsque le coffre-fort appartient à un tiers**, généralement un établissement bancaire, qui le loue au débiteur, il faut recourir à la saisie conservatoire particulière prévue aux articles **R. 525-1 à R. 525-5 du CPCE**. À l'image de la mesure d'exécution forcée ouverte sur les mêmes biens (voy. *supra*, n°s 766 et s.), il s'agit d'une saisie mixte, car elle permet de garantir tant une créance monétaire qu'une créance de remise d'un bien meuble corporel. C'est la raison pour laquelle son régime s'inspire à la fois de l'exécution forcée des biens placés dans un coffre-fort, du droit commun des mesures conservatoires ainsi que de la saisie conservatoire de droit commun des biens meubles corporels et de la saisie-revendication.

Comme toute mesure conservatoire, elle comprend deux phases successives : la phase de protection, qui correspond aux opérations de saisie (1), et la phase d'exécution, qui correspond à la conversion en une mesure d'exécution forcée (2).

1. Les opérations de saisie

859 *Textes.* Les opérations de saisie sont soumises aux articles R. 224-1, R. 224-2 et R. 511-1 à R. 512-3 (CPCE, art. R. 525-1). Le renvoi aux articles R. 511-1 à R. 512-3 signifie que cette saisie conservatoire particulière relève du **droit commun des mesures conservatoires**, qu'il s'agisse des conditions de validité ou des contestations[1431].

Les articles R. 224-1 et R. 224-2 intéressent l'exécution forcée des biens placés dans un coffre-fort. Complétés par les articles R. 525-2 à R. 525-4, ils déterminent le déroulement des opérations de saisie. Celles-ci débutent toujours, le coffre-fort étant fermé, par la saisie à l'aveugle de tous les biens qui s'y trouvent (a). Mais si le coffre-fort devait être ouvert avant l'obtention d'un titre exécutoire, il faudra procéder à la saisie des seuls biens sélectionnés en fonction de la créance à garantir (b).

a) Le coffre-fort fermé

860 *Acte de saisie.* La saisie conservatoire commence toujours par l'acte de saisie prévu à l'article R. 224-1 du CPCE pour l'exécution forcée des biens placés dans un coffre-fort, qui est signifié au tiers propriétaire. Il comporte donc

1431. Mais ce renvoi est incomplet car les conditions de fond et de forme n'intéressent que les créances monétaires, alors que cette saisie particulière permet aussi de garantir les créances de remise d'un bien placé dans un coffre-fort. Il faut donc admettre aussi l'application des articles L. 222-2 et R. 222-17 à R. 222-19 du CPCE car ils adaptent ces conditions à la saisie-revendication et renvoient pour le surplus aux mêmes dispositions communes.

rigoureusement les mêmes mentions. Mais le titre auquel il doit se référer n'est pas un titre exécutoire. Il s'agit de l'autorisation judiciaire délivrée au créancier ou de l'un des titres qui l'en dispense, conformément à l'article L. 511-2 du CPCE auquel renvoie l'article R. 511-1 (voy. *supra*, n°s 797 et s.).

861 ***Dénonciation au débiteur.*** Le **premier jour ouvrable suivant l'acte de saisie**, il doit être signifié au débiteur par l'acte d'huissier de justice prévu à l'article R. 525-2, contenant, à peine de nullité, outre les mentions communes de l'article 648 du CPC, celles particulières suivantes :

- la dénonciation de l'acte de saisie ;
- la mention de l'autorisation du juge ou du titre en vertu duquel la saisie est pratiquée, dont une copie est annexée à l'acte[1432] ;
- l'indication que l'accès au coffre lui est interdit, si ce n'est, sur sa demande, en présence de l'huissier de justice ;
- la mention, en caractères très apparents, du droit qui appartient au débiteur, si les conditions de validité de la saisie ne sont pas réunies, d'en demander la mainlevée au juge de l'exécution du lieu de son domicile, avec la reproduction des articles R. 511-1 à R. 512-3.

Cet acte de dénonciation de la saisie au débiteur remplace ainsi le commandement qui est prévu, dans le même délai, pour l'exécution forcée des biens placés dans un coffre-fort. Mais les effets sont strictement identiques.

862 ***Effets.*** Les effets sont ceux prévus à l'article R. 224-2 du CPCE. Il s'ensuit que dès la signification de l'acte de saisie au tiers propriétaire, **tout accès au coffre-fort est interdit** sans la présence de l'huissier de justice. Tous les biens présents dans le coffre-fort sont ainsi rendus indisponibles dès ce stade de la saisie, sans distinction. Mais comme l'huissier de justice en ignore le détail à ce moment, il lui sera très difficile de vérifier ultérieurement si cette indisponibilité a été respectée. C'est la raison pour laquelle il peut toujours décider d'**apposer des scellés** sur le coffre-fort.

En principe, ces effets durent jusqu'à l'obtention d'un titre exécutoire qui permettra au créancier de faire ouvrir le coffre-fort afin de poursuivre l'exécution forcée sur les biens pertinents (voy. *infra*, n° 870). Mais comme cette période peut être relativement longue, il a fallu prévoir aussi la possibilité d'ouvrir le coffre-fort plus tôt sans compromettre les droits du créancier.

b) Le coffre-fort ouvert

863 ***Cas d'ouverture.*** Après la signification de l'acte de saisie et avant l'obtention d'un titre exécutoire, le coffre-fort peut être ouvert, soit à la demande du débiteur (1), soit en cas de résiliation du contrat de location (2), mais uniquement dans les conditions prévues respectivement aux articles R. 525-3 et R. 525-4 du CPCE.

1) *À la demande du débiteur*

864 ***Ouverture du coffre-fort.*** Selon l'article R. 525-3, le débiteur peut demander, ***à tout moment***, l'ouverture du coffre-fort en présence de l'huissier de justice.

1432. Sur l'expression « titre », voy. *supra*, n° 833 et note.

Comme l'ouverture se fait alors contradictoirement, en présence et avec la collaboration du débiteur, elle ne pose aucune difficulté particulière, tant au plan juridique que technique.

Mais dès que le coffre-fort est ouvert, il appartient à l'huissier de justice, pour préserver les droits du créancier en attendant qu'il obtienne un titre exécutoire, de procéder à la saisie des biens sélectionnés.

865 ***Saisie des biens sélectionnés.*** Les règles de procédure applicables, prévues à l'article R. 525-3, sont identiques à celles de l'exécution forcée des biens placés dans un coffre-fort en présence du débiteur (voy. *supra*, n°s 778 et 779). Il s'ensuit que **l'huissier de justice sélectionne d'abord les biens** à saisir en fonction de la créance à garantir, monétaire ou de remise. Ces biens sont **alors immédiatement saisis et enlevés** pour être placés sous la garde de l'huissier de justice ou d'un séquestre. Les biens non saisis sont laissés à la disposition du débiteur, qui retrouve le libre usage du coffre-fort.

L'acte de saisie contient un **inventaire détaillé des biens saisis** que l'huissier de justice peut toujours photographier dans les conditions de l'article R. 221-12 du CPCE concernant la saisie-vente des biens meubles corporels. Une copie de cet acte est remise ou signifiée avec la désignation, à peine de nullité, du juge de l'exécution du lieu de la saisie devant lequel seront portées les contestations relatives aux opérations de saisie.

Pour le surplus, il faut faire application, selon les cas, des règles de la saisie conservatoire de droit commun des biens meubles corporels ou de la saisie-revendication.

2) *En cas de résiliation du contrat de location*

866 ***Ouverture du coffre-fort.*** Comme la phase de protection du créancier peut être relativement longue, il est possible que, dans l'intervalle, le contrat de location du coffre-fort soit résilié (CPCE, art. R. 525-4, al. 1er). Dans ce cas, il appartient au propriétaire d'en ***informer immédiatement l'huissier de justice*** afin qu'il puisse organiser l'ouverture et la libération du coffre-fort dans le respect des droits du saisissant.

Pour ce faire, il signifie au débiteur une **sommation d'être présent** aux lieu, jour et heure indiqués, en personne ou par tout mandataire, pour qu'il soit procédé à l'ouverture du coffre-fort, avec l'avertissement qu'en cas d'absence ou de refus d'ouverture, elle aura lieu par la force et à ses frais. La date ainsi fixée ne peut se situer à **moins de 15 jours** de la signification, mais le débiteur peut toujours demander que cette ouverture ait lieu à une date plus rapprochée (CPCE, art. R. 525-4, al. 2).

867 ***Saisie des biens sélectionnés.*** Dès l'ouverture du coffre-fort, il appartient à l'huissier de justice de sélectionner les biens selon la créance à garantir, puis de les saisir et de les enlever. Ces opérations s'effectuent exactement dans les mêmes conditions que pour l'exécution forcée des biens placés dans un coffre-fort, en distinguant **selon que le débiteur participe ou non à l'ouverture** (CPCE, art. R. 525-4, al. 3, qui renvoie aux articles R. 224-4, al. 2 et 3, et R. 224-5 à R. 224-7 ; voy. *supra*, n°s 778 et 779).

Les biens sélectionnés font ainsi l'objet, selon les cas, d'une saisie conservatoire de droit commun ou d'une saisie-revendication, ce qui explique que la conversion en une mesure d'exécution forcée se fera selon les règles de la saisie pratiquée, le moment venu.

2. La conversion en une mesure d'exécution forcée

868 ***Titre exécutoire.*** Comme toute mesure conservatoire, la conversion en une mesure d'exécution forcée est possible dès l'instant où le saisissant dispose d'un titre exécutoire. Mais comme cette saisie est mixte, ce titre peut constater une **créance monétaire ou une créance de remise** du bien meuble corporel saisi.

La mesure d'exécution forcée dans laquelle la conversion doit se faire dépend donc toujours de la créance consacrée par le titre, mais aussi de l'état du coffre-fort, selon qu'il a déjà été ouvert ou qu'il est encore fermé.

869 ***Coffre-fort déjà ouvert.*** Lorsque le coffre-fort a été ouvert pendant la phase de protection, les biens sélectionnés ont, par hypothèse, déjà été saisis selon les règles de la saisie conservatoire de droit commun ou de la saisie-revendication. C'est la raison pour laquelle la conversion se fait alors suivant les règles de la mesure conservatoire pratiquée :

- **en cas de saisie conservatoire**, il s'agit d'une conversion en une **saisie-vente** de biens meubles corporels dans les conditions prévues aux articles R. 522-7 à R. 522-14 du CPCE (CPCE, art. 525-5, al. 1er ; voy. *supra*, nos 840 et s.) ;
- **en cas de saisie-revendication**, il s'agit d'une conversion en une **saisie-appréhension** dans les conditions prévues à l'article R. 222-25 du CPCE (CPCE, art. 525-5, al. 1er ; voy. *supra*, n° 857).

870 ***Coffre-fort encore fermé.*** Lorsque le coffre-fort est encore fermé au moment où le saisissant dispose d'un titre exécutoire, la conversion immédiate en une saisie-vente ou en une saisie-appréhension, selon les cas, n'est pas possible, car il faut préalablement l'ouvrir, pour ensuite sélectionner et saisir les biens selon le titre obtenu. C'est la raison pour laquelle la saisie conservatoire des biens placés dans le coffre-fort est alors convertie en la mesure d'exécution forcée applicable à ces biens. Cette **conversion s'opère au stade du commandement** prévu aux articles R. 224-3 ou R. 224-10 du CPCE selon que le titre obtenu consacre une créance monétaire ou une créance de remise d'un bien meuble corporel. Il suffit donc de faire application des règles décrites plus haut (voy. *supra*, nos 774 et s.), qui se déroulent en quatre étapes :

- commandement au débiteur ;
- ouverture amiable ou forcée du coffre-fort ;
- sélection, saisie et enlèvement des biens présents selon le titre obtenu ;
- conversion en saisie-vente ou en saisie-appréhension, selon les cas.

SECTION II
Les saisies des biens meubles incorporels

871 ***Réglementation.*** Les articles L. et R. 521-1 du CPCE autorisent expressément la saisie conservatoire de tout bien meuble incorporel. Mais seules sont réglementées la saisie conservatoire des créances[1433] (§ 1) et la saisie conservatoire des droits d'associé et des valeurs mobilières (§ 2). Pour les autres biens incorporels, il faut donc raisonner par analogie comme pour les mesures d'exécution forcée sur ces mêmes biens (§ 3).

§ 1. La saisie conservatoire des créances

872 ***Créance-cause et créance-objet.*** La saisie conservatoire des créances est ouverte pour garantir le recouvrement menacé de toute créance monétaire paraissant fondée en son principe, conformément au droit commun des mesures conservatoires.

Elle peut être pratiquée sur toutes les créances monétaires, appelées créances-objets, **à l'exception des rémunérations du travail** qui ne peuvent faire l'objet d'une saisie conservatoire (C. trav., art. L. 3252-7)[1434]. Mais encore faut-il qu'elles soient saisissables, y compris lorsqu'elles sont versées à un compte en raison du principe du report d'insaisissabilité prévu à l'article L. 112-4 du CPCE. Le débiteur saisi peut donc toujours bénéficier des mécanismes de mise à disposition exposés à propos de la saisie-attribution (voy. *supra*, n°s 365 et s.), mais qui sont applicables à toute saisie d'un compte bancaire.

Elle est prévue aux articles **R. 523-1 à R. 523-10 du CPCE** qui régissent les opérations de saisie (A) et la conversion en saisie-attribution (B).

A) Les opérations de saisie

873 ***Saisie tripartite.*** La saisie conservatoire des créances est une saisie tripartite qui met en présence le créancier saisissant, le débiteur saisi et le tiers saisi, débiteur du débiteur saisi. Elle se réalise donc en deux temps, qui conditionnent ses effets (3) : d'abord, elle est pratiquée entre les mains du tiers saisi (1), puis elle est dénoncée au débiteur saisi (2).

1. La saisie entre les mains du tiers saisi

874 ***Acte de saisie.*** La saisie conservatoire des créances est pratiquée, selon l'article R. 523-1 du CPCE, « au moyen d'un acte d'huissier de justice signifié au

1433. À compter du 18 janvier 2017, le règlement (UE) du 15 mai 2014 portant création d'une procédure d'ordonnance européenne de saisie conservatoire des comptes bancaires sera applicable. Il permettra aux créanciers, dans les litiges transfrontaliers en matière civile et commerciale, d'obtenir une ordonnance de saisie conservatoire exécutoire sur tous les comptes bancaires détenus par le débiteur dans les États de l'Union européenne.

1434. En revanche, lorsque la rémunération a été versée sur un compte bancaire, l'interdiction ne joue plus : Civ. (2e ch.), 24 juin 2004, n° 02-14813, *Bull. civ.*, II, n° 323 ; *RTD Civ.*, 2004, p. 781, obs. R. Perrot.

tiers ». C'est l'acte de saisie qui doit comporter, à peine de nullité, outre les mentions générales de l'article 648 du CPC, celles particulières prévues aux 1° à 5° de ce texte. Elles peuvent être classées en deux rubriques :

- celles **relatives au débiteur saisi** : son identité, l'indication de l'autorisation ou du titre en vertu duquel la saisie est pratiquée ainsi que le décompte des sommes qui lui sont réclamées ;
- celles **relatives au tiers saisi** : la défense de disposer des sommes réclamées résultant des effets produits par la saisie avec la reproduction de l'alinéa 3 de l'article L. 141-2 (voy. *infra*, n°s 879 et s.), ainsi que de l'article L. 211-3 du CPCE relatif à l'obligation de renseignement qui lui incombe.

875 ***Obligation de renseignement.*** L'obligation de renseignement est prévue à l'article R. 523-4 du CPCE qui, comme l'article R. 211-4 relatif à la saisie-attribution, renvoie à l'article L. 211-3 du CPCE. Les renseignements à fournir sont donc strictement identiques (voy. *supra*, n° 326) et la déclaration faite par le tiers saisi doit être mentionnée dans l'acte. Mais lorsque la saisie porte sur des comptes bancaires, l'établissement de crédit devra procéder à la déclaration élargie prévue à l'alinéa 1er de l'article L. 162-1 applicable à toute saisie pratiquée entre les mains d'un établissement bancaire (voy. *supra,* n° 359)[1435].

Selon l'article R. 523-4, ces renseignements doivent être fournis **sur-le-champ** comme en matière de saisie-attribution. Le décret de codification du 30 mai 2012 a ainsi consacré la solution retenue antérieurement par la Cour de cassation dans le silence de l'article 237 du décret de 1992[1436].

Mais si postérieurement le tiers saisi s'aperçoit d'une erreur, il peut la rectifier à condition de le faire avant la conversion en saisie-attribution. À défaut, sa déclaration est réputée exacte pour les besoins de la saisie (CPCE, art. R. 523-6). Autrement dit, **la conversion purge la déclaration du tiers saisi** des inexactitudes qui pourraient l'affecter. Il doit alors payer les sommes déclarées, mais il pourra se retourner contre le débiteur, car ces rapports sont préservés. Mais cet effet de purge ne joue qu'à l'égard du saisi et non du saisissant[1437] ou d'un tiers à la procédure de saisie[1438], qui pourront toujours agir, même après la conversion.

1435. Il devra donc déclarer le solde de tous les comptes d'espèces détenues par le débiteur. Mais doit-il aussi déclarer la nature des comptes prévue par l'article R. 211-20 du CPCE en matière de saisie-attribution ? La prudence pourrait l'y inciter, mais force est de constater qu'aucun texte ne le prévoit pour la saisie conservatoire pratiquée en compte bancaire en l'absence de toute disposition commune et de tout renvoi à l'article R. 211-20.

1436. La Cour de cassation s'était prononcée en faveur d'une déclaration du tiers saisi sur-le-champ car elle devait être mentionnée dans l'acte de saisie : Civ. (2e ch.), 7 novembre 2002, n° 99-16322, *Bull. civ.*, II, n° 249 ; *D.*, 2003, somm., p. 1474, obs. G. Taormina ; *Procédures*, 2003, comm. n° 9, obs. R. Perrot ; *Dr. et procéd.*, 2003, p. 118, obs. Ph. Hoonakker.

1437. Civ. (2e ch.), 8 décembre 2011, n° 07-13167, *RTD Civ.*, 2012, p. 377, obs. R. Perrot, à propos d'un créancier saisissant ayant poursuivi un tiers saisi en paiement des causes de la saisie après la conversion en saisie-attribution car il n'avait fourni aucune information au moment de la saisie conservatoire.

1438. Civ. (2e ch.), 27 septembre 2012, n° 11-22570, *Gaz. Pal.*, 2013, p. 1043, obs. C. Brenner, à propos de l'action de l'épouse du débiteur, tenu d'un engagement de caution personnelle, en mainlevée de la saisie-attribution résultant de la conversion d'une saisie conservatoire pratiquée sur le prix de vente d'un bien commun, au motif qu'elle n'avait pas consenti au cautionnement, alors que le notaire, tiers saisi, n'avait émis aucune réserve quant à ses droits sur les fonds détenus et que cette déclaration n'avait pas été contestée avant la conversion.

876 ***Sanctions.*** Les sanctions sont prévues à l'article R. 523-5 du CPCE, qui envisage les deux mêmes hypothèses que l'article R. 211-5 relatif à la saisie-attribution. Les solutions dégagées à propos de cette saisie (voy. *supra*, n°s 328 à 331) sont donc aussi applicables à la saisie conservatoire des créances, sous les réserves suivantes.

La première hypothèse est celle où **aucune information n'est fournie** et où le tiers s'expose à devoir payer les causes de la saisie. Mais comme le saisissant à titre conservatoire ne dispose pas normalement d'une créance certaine, cette sanction n'est encourue que « si le débiteur est condamné » (CPCE, art. R.523-5, al. 1er). Sur ce point, elle se distingue donc de la saisie-attribution, mais elle la rejoint en cas de nullité ou de caducité, car celles-ci mettent aussi le tiers saisi à l'abri de cette sanction en faisant disparaître rétroactivement l'obligation de renseignement[1439].

La seconde hypothèse vise la **négligence fautive et les informations inexactes ou mensongères**. Le tiers saisi encourt alors une condamnation à des dommages et intérêts (CPCE, art. R. 523-5, al. 2). Mais cette sanction suppose la justification d'un préjudice occasionné par la faute commise. C'est la raison pour laquelle elle est exclue, comme la précédente, même si le texte ne le prévoit pas expressément, lorsque le saisissant ne dispose d'aucune créance contre le débiteur saisi. En revanche, et comme pour la saisie-attribution (voy. *supra*, n° 331), la caducité ne devrait pas exonérer automatiquement le tiers saisi de toute responsabilité. La caducité dont il s'agit correspond à la sanction prévue au niveau de la dénonciation de la saisie au débiteur.

2. La dénonciation au débiteur saisi

877 ***Modalités.*** Dans les **huit jours** de sa date, l'acte de saisie doit être dénoncé au débiteur[1440] par un acte d'huissier de justice qui doit comporter, à peine de nullité, les mentions générales de l'article 648 du CPCE et, selon les 1° à 5° de l'article R. 523-3 du CPCE :

- **deux annexes** : une copie de l'autorisation du juge[1441] ou du titre en vertu duquel la saisie a été pratiquée (1°)[1442] et une copie du procès-verbal de saisie (2°) ;
- **deux mentions particulières** relatives aux contestations ouvertes : d'une part, en caractères très apparents, le droit du débiteur, si les conditions de validité de la saisie ne sont pas réunies, d'en demander la mainlevée au juge de l'exécution du lieu de son domicile (3°) ; d'autre part, la désignation du juge de l'exécution du lieu de situation des créances saisies devant

1439. Cass. (avis), 21 juin 1999, n° 09-90008, *Bull.*, n° 5, *JCP*, 1999, II, 10160, note H. Croze et T. Moussa ; Civ. (2e ch.), 5 juillet 2000, n° 98-14875, *Bull. civ.*, II, n° 111, 21 décembre 2000, n° 98-21990, *Bull. civ.*, II, n° 179 ; Civ. (2e ch.), 6 mai 2004, n° 02-12484, *Bull. civ.*, II, n° 217, *Dr. et procéd.*, 2004, p. 284, obs. E. Putman.

1440. Lorsque la saisie conservatoire est pratiquée sur un compte bancaire joint, elle doit aussi être dénoncée aux titulaires du comptes autres que le débiteur, conformément à l'article R. 211-22 relatif à la saisie-attribution sur renvoi de l'article R. 523-10. Les mêmes règles sont donc applicables à cette dénonciation (voy. *supra*, n° 358).

1441. Il s'agit de l'ordonnance d'autorisation du juge et de la requête qui l'a saisi : voy. *supra*, n° 811.

1442. Sur l'expression « titre », voy. *supra*, n° 833 et note.

lequel seront portées les autres contestations (4°), avec la reproduction des articles R. 511-1 à R. 512-3 du CPCE (5°).

À cela s'ajoute, en cas de **saisie conservatoire d'un compte bancaire**, l'indication du montant de la somme à caractère alimentaire laissée à la disposition du débiteur en vertu du mécanisme du *RSA bancaire* prévu à l'article R. 162-2 ainsi que du ou des comptes sur lesquels cette mise à disposition est opérée (voy. *supra*, n°s 368 et s.).

878 ***Caducité.*** À défaut de dénonciation dans le **délai de huit jours**, la saisie conservatoire est caduque. La même sanction serait applicable si l'acte de dénonciation, régularisé dans ce délai, était annulé, car tout se passerait alors comme si la saisie n'avait pas eu lieu.

La caducité, comme l'annulation, produit un effet rétroactif[1443]. Il s'ensuit que la saisie conservatoire est censée n'avoir jamais produit aucun des effets qui y sont attachés.

3. Les effets de la saisie

879 ***Prescription et indisponibilité.*** La saisie conservatoire des créances produit des effets tant à l'égard de la créance-cause que de la créance-objet :

- **quant à la créance-cause**, la dénonciation de la saisie au débiteur interrompt sa prescription (C. civ., art. 2244) ;
- **quant à la créance-objet**, sa prescription est aussi interrompue (CPCE, art. L. 141-2, al. 3) mais, de surcroît et surtout, elle est rendue indisponible (CPCE, art. L. 521-1, al. 2 et L. 523-1) ; ce second effet, qui est le plus important, doit être précisé dans son étendue, ses modalités et ses conséquences.

880 ***Étendue de l'indisponibilité.*** L'indisponibilité est **limitée au montant de la créance-cause** de la saisie pour laquelle la saisie est pratiquée et qui doit, le cas échéant, figurer dans l'autorisation judiciaire (CPCE, art. L. 523-1). En conséquence, lorsque la créance-objet de la saisie est supérieure à la créance-cause, l'indisponibilité n'est que partielle et le débiteur saisi peut disposer de l'excédent[1444].

Mais il faut réserver les saisies conservatoires pratiquées entre les mains d'un **établissement bancaire** car elles sont soumises à l'article L. 162-1 du CPCE relatif aux saisies pratiquées en compte bancaire. Il s'ensuit que le tiers saisi peut procéder à la **régularisation des opérations en cours** et que, durant le délai de 15 jours ouvert à cette fin, c'est l'**intégralité du solde** créditeur du compte saisi qui est indisponible (voy. *supra*, n°s 361 et s.).

881 ***Modalités de l'indisponibilité.*** Du fait de l'indisponibilité, la créance saisie est bloquée entre les mains du tiers saisi auquel il est fait interdiction de la régler, sous quelque forme que ce soit et à qui que ce soit (CPCE, art. R. 523-1-4°).

1443. Voy. not. la jurisprudence citée à propos des sanctions de l'obligation de renseignement, *supra*, n° 876.

1444. Inversement, si la créance-cause est supérieure, la saisie conservatoire rend indisponible l'intégralité de la créance saisie : Civ (1re ch.), 20 décembre 2017, n° 16-20997, *Gaz. Pal.*, 2018, p. 471, obs. O. Salati, à propos d'une saisie conservatoire pratiquée sur un compte courant d'associé dans une SCP de notaires.

En pratique, lorsque la saisie est pratiquée en compte bancaire, les sommes saisies sont portées au crédit d'un compte spécial[1445] afin d'en assurer l'indisponibilité[1446].

Mais tout intéressé peut, à tout moment, demander que les sommes saisies soient versées entre les mains d'un séquestre qui est désigné, à défaut d'accord amiable, par le juge de l'exécution saisi sur requête. La remise des fonds au séquestre protège alors le saisissant contre toute insolvabilité du tiers saisi, mais elle arrête aussi le cours des intérêts qu'il doit (CPCE, art. R. 523-2).

882 ***Conséquences de l'indisponibilité.*** Les conséquences de l'indisponibilité ont été renforcées pour protéger au mieux les intérêts du créancier. En effet, la saisie emporte affectation spéciale des sommes indisponibles et confère au saisissant le **droit de préférence du créancier gagiste** (CPCE, art. L. 523-1)[1447]. Ce privilège protège le saisissant en cas de concours ultérieur avec d'autres saisissants.

Ainsi, une autre saisie conservatoire est possible sur la même créance, mais seulement « sous réserve des dispositions de l'article L. 523-1 » (CPCE, art. L. 521-1, al. 3). Cela signifie que le premier saisissant pourra faire valoir à l'égard du second son droit de préférence du créancier gagiste[1448]. De même, rien n'interdit de pratiquer une **mesure d'exécution forcée** sur une créance indisponible, qu'il s'agisse d'une saisie-attribution ou d'une saisie spéciale (demande de paiement direct des pensions alimentaires, avis ou opposition à tiers détenteur, par exemple). Mais dans ce cas, **l'effet attributif** attaché à ces saisies **ne se produit pas** et les saisissants viennent en concours selon leur rang (voy. *supra*, n°s 322 et 361). Le privilège conféré au saisissant à titre conservatoire revêt alors toute son importance car celui-ci ne peut être primé que par un saisissant **d'un rang supérieur**, comme un créancier d'aliments ou l'administration fiscale[1449].

Mais encore faut-il que ce saisissant puisse prétendre au paiement des fonds saisis, ce qui suppose qu'il obtienne un titre exécutoire lui ouvrant la voie de la conversion en saisie-attribution.

1445. Mais il ne s'agit pas d'un véritable compte, ce n'est qu'un simple cadre comptable dépourvu de caractère contractuel et donc d'autonomie, ce qui explique qu'en cas de mainlevée de la saisie conservatoire, notamment en cas d'ouverture d'une procédure collective, les sommes qui y sont inscrites peuvent être réintégrées dans le compte dont elles sont issues ; voy. Com., 4 octobre 2005, n° 04-16356.

1446. À défaut de rendre les sommes saisies effectivement indisponibles, le banquier engage sa responsabilité pour négligence fautive : CA Bordeaux, 19 octobre 2015, n° 13/07271, *Gaz. Pal.*, 2016, p. 971, obs. O. Salati.

1447. Selon ce texte, la saisie « produit les effets de la consignation prévues par l'article 2350 du Code civil ». Celui-ci régit la consignation judiciaire et prévoit qu'elle « emporte affectation spéciale et droit de préférence au sens de l'article 2333 du Code civil », lequel est relatif au créancier gagiste. Mais seul le droit de préférence étant visé, la saisie ne devrait pas conférer au saisissant les autres droits du créancier gagiste, droit de rétention et droit à l'attribution judiciaire.

1448. Civ. (2e ch.), 28 février 2006, n° 04-16396, *Bull. civ.*, II, n° 59 ; *Dr. et procéd.*, 2006, p. 279, obs. Ph. Hoonakker.

1449. Civ. (2e ch.), 18 janvier 2007, n° 06-10598, *Bull. civ.*, II, n° 14 ; *Procédures*, 2007, comm. n° 85, obs. R. Perrot ; *Gaz. Pal.*, 2007, somm., p. 3444, obs. C. Brenner ; *Dr. et procéd.*, 2007, p. 217, obs. C. Lefort ; voy. aussi CA Riom, 2 novembre 2006, *JCP E*, 2007, 1793.

B) La conversion en saisie-attribution

883 ***Titre exécutoire.*** Dès l'instant où le saisissant dispose d'un titre exécutoire consacrant sa créance, il peut convertir sa saisie conservatoire en une saisie-attribution[1450]. Pour ce faire, il lui appartient de notifier un acte de conversion (1) qui produira tous les effets de cette mesure d'exécution forcée (2).

1. L'acte de conversion

884 ***Modalités.*** La conversion s'opère par un acte d'huissier de justice, appelé acte de conversion, qui est **signifié au tiers saisi**[1451] et doit, **à peine de nullité**, contenir, outre les mentions générales de l'article 648 du CPC, celles particulières prévues aux 1° à 4° de l'article R. 523-7 du CPCE. Elles peuvent être classées en deux rubriques :

- celles **relatives à la conversion** : la référence au procès-verbal de saisie conservatoire (1°) et l'énonciation du titre exécutoire (2°) ;
- celles **relatives au paiement** : le décompte détaillé des sommes dues en vertu du titre exécutoire (3°) et la demande au tiers saisi de les payer dans la limite de ce qu'il doit au débiteur saisi (4°).

En outre, l'acte de conversion doit informer le tiers que, dans cette même limite, la demande entraîne attribution immédiate de la créance saisie au profit du créancier. Mais cette mention n'est pas imposée à peine de nullité.

Une copie de l'acte de conversion est **signifiée au débiteur** (CPCE, art. 523-8)[1452]. **Aucun formalisme** n'est prévu pour cette dénonciation et la Cour de cassation a jugé que l'article 680 du Code de procédure civile, imposant la mention de la voie de recours ouverte et de ses modalités, n'est pas applicable car elle ne concerne que la signification des jugements[1453]. De même, **aucun délai** n'est prévu et la Cour de cassation a exclu l'application par analogie de l'article 58 du décret de 1992, devenu l'article R. 211-3 du CPCE, qui impose la dénonciation au débiteur de la saisie-attribution dans un délai

1450. Il s'agit de la mesure d'exécution forcée que cette saisie conservatoire préfigure car la saisie-attribution peut porter sur toute créance monétaire autre qu'une rémunération du travail.

1451. Cet acte doit être signifié, à peine de nullité, par l'huissier de justice lui-même et non par un clerc assermenté : Civ. (2e ch.), 25 septembre 2014, n° 13-23552, D., 2015, p. 1342, obs. A. Leborgne.

1452. Si la saisie convertie porte sur un compte joint, il faut désormais faire application de l'article R. 211-22 du CPCE relatif à la saisie-attribution (CPCE, art. R. 523-10 ; cette disposition n'était pas visée par l'article 243 du décret de 1992). Il s'ensuit que l'acte de conversion devra être dénoncé à chacun des autres titulaires du compte selon les mêmes modalités (voy. *supra*, n° 358).

1453. Civ., 8 septembre 2011, n° 10-23003, *Dr. et procéd.*, 2011, p. 265, obs. O. Salati. Mais curieusement, cette décision relève que l'acte de conversion, signifié au débiteur, répondait aux exigences de l'article 242 du décret de 1992, devenu l'article R. 523-9 du CPCE, en ce qu'il contenait l'indication du délai de 15 jours pour contester l'acte de conversion et la désignation de la juridiction compétente pour en connaître. Or, l'article 242 hier, tout comme l'article R. 523-9 aujourd'hui, se contentait de fixer le régime des contestations ouvertes contre l'acte de conversion sans prescrire la moindre mention obligatoire. Faudrait-il alors conclure de cet arrêt que la dénonciation doit contenir au minimum ces mentions sans avoir à préciser les modalités du recours ouvert comme le prévoit l'article 680 du CPCE ? La solution pourrait se réclamer de l'article 6-1 du CEDH, mais force est de constater qu'il n'est nullement cité.

de huit jours à peine de caducité[1454]. Mais en tout état de cause, le saisissant a intérêt à procéder sans tarder à la dénonciation car elle fait courir le délai des contestations qui conditionnent le paiement.

885 ***Contestations.*** Les contestations de l'acte de conversion, prévues à l'article R. 523-9 du CPCE, sont soumises aux mêmes règles que celles applicables à la saisie-attribution, sous deux réserves :

- le **délai de contestation**, qui n'est pas d'un mois, mais de **15 jours suivant la dénonciation** au débiteur saisi ;
- l'**enrôlement de l'assignation** qui n'est **pas imposée à peine de caducité** au plus tard le jour de l'audience[1455].

Pour le surplus, les règles sont donc identiques. Il s'ensuit qu'à peine d'irrecevabilité, toute contestation doit être formée dans ce délai par acte d'assignation délivrée au saisissant et dénoncée, le même jour ou le premier jour ouvrable suivant[1456], par lettre recommandée avec demande d'avis de réception, à l'huissier de justice qui a procédé à la conversion. Le tiers saisi doit aussi être informé par lettre simple et il n'est prévu ni délai, ni sanction à ce titre. Comme pour la saisie-attribution, ces contestations conditionnent directement le paiement du saisissant, qui est l'un des effets attachés à la conversion.

2. Les effets de la conversion

La conversion produit les mêmes effets que la saisie-attribution. Il s'ensuit que la créance saisie est immédiatement attribuée au saisissant, mais son paiement est différé.

886 ***Attribution immédiate.*** Dès la signification de l'acte de conversion, la créance saisie est attribuée au saisissant dans la double limite de la créance-objet et de la créance-cause. Mais il s'agit nécessairement de la créance-cause résultant du titre exécutoire, qui peut être différente de celle pour laquelle la saisie conservatoire a été pratiquée[1457]. Il faut donc distinguer :

- si la créance consacrée par le titre exécutoire est **supérieure**, l'attribution ne saurait excéder le montant pour lequel la saisie conservatoire avait été pratiquée et il appartiendra au saisissant de pratiquer une saisie-attribution complémentaire pour le supplément ;
- si elle est **inférieure**, l'attribution sera limitée à ce montant nonobstant celui pour lequel la saisie conservatoire avait été pratiquée.

1454. Com., 2 mars 2010, n° 08-19898, *Bull. civ.*, IV, n° 45 ; *Dr. et procéd.*, 2010, p. 186, obs. Ph. Hoonakker ; *JCP G*, 2010, 761, note L. Lauvergnat ; *Gaz. Pal.*, 2010, p. 1568, note C. Lefrt.

1455. Le décret n° 2017-892 du 6 mai 2017, qui a introduit cette sanction pour la contestation de la saisie-attribution (voy. *supra*, n° 337), ne l'a pas étendue à la contestation de l'acte de conversion de la saisie conservatoire.

1456. Cette souplesse a été introduite par le décret n° 2017-892 du 6 mai 2017 comme en matière de saisie-attribution (voy. *supra*, n° 337).

1457. En cas de saisie conservatoire d'une créance libellée en monnaie étrangère (ici en dollars US), le tiers saisi est redevable, au moment de la conversion en saisie-attribution et dans la limite du titre exécutoire, de la somme déclarée en euros, nonobstant la fluctuation du cours du change dans l'intervalle ; autrement dit, le risque de change pèse sur le tiers saisi : Civ. (2e ch.), 31 mars 2011, n° 10-12269, *LEDB*, 2011, n° 88, obs. Ph. Hoonakker.

Sous ces réserves propres à la saisie conservatoire, l'effet attributif attaché à l'acte de conversion est strictement identique à celui de la saisie-attribution (voy. *supra*, n°s 340 et s.)[1458], tout comme le paiement incombant au tiers saisi qui est différé.

887 ***Paiement différé.*** Les modalités du paiement, la possibilité d'un paiement provisionnel en cas de contestation et les sanctions attachées au non-paiement, y compris en cas de créance-objet à exécution successive, obéissent aux mêmes règles que celles de la saisie-attribution par renvoi aux articles R. 211-7, R. 211-8, R. 211-9, R. 211-12 et R. 211-15, alinéa 2 (CPCE, art. R. 523-10 ; voy. *supra*, n°s 348, 351, 353 et 354). De même, comme pour cette saisie, le paiement par le tiers saisi est différé pour permettre au débiteur de faire valoir ses contestations.

À défaut de contestation, le tiers saisi doit payer les sommes saisies sur présentation d'un **certificat de non-contestation** délivré par le greffe ou par l'huissier de justice qui a procédé à la conversion. Le paiement peut même intervenir plus tôt si le débiteur saisi y consent par écrit en renonçant à toute contestation (CPCE, art. R. 523-9, al. 4 et 5).

En cas de contestation, le paiement ne pourra intervenir que sur présentation du jugement, préalablement notifié, qui les rejette. Mais ces contestations ne peuvent porter que **sur la conversion elle-même** et non sur la saisie convertie que le débiteur n'est plus recevable à contester, à ce stade. Autrement dit, **la conversion absorbe la saisie conservatoire et la purge ainsi des irrégularités ayant pu l'affecter**. Cette solution, que la Cour de cassation vient de généraliser en l'appliquant à une cause de caducité[1459], est née à propos d'une nullité encourue en cas d'ouverture d'une procédure collective à l'encontre du débiteur saisi.

888 ***Procédures collectives.*** Ces règles protectrices du créancier sont perturbées si une procédure collective est ouverte contre le débiteur postérieurement à la saisie conservatoire. Tout dépend alors de la date du jugement d'ouverture[1460].

Après le jugement d'ouverture, toute conversion est interdite, même si le titre exécutoire a été obtenu antérieurement[1461]. Pire encore, le créancier est privé aussi des effets du privilège du créancier gagiste. Cette solution s'impose si la saisie est postérieure à la cessation des paiements car toute mesure conservatoire pratiquée pendant la période suspecte est nulle en vertu de l'article L. 632-1-7° du Code de commerce (anc^t^ art. L. 621-107-7°). Mais elle est

1458. Ainsi, il a été jugé, en matière fiscale, que dès lors que la conversion a été pratiquée avant la réclamation assortie d'une demande de sursis de paiement par le débiteur, la suspension ne peut plus jouer car les sommes saisies avaient déjà été transférées dans le patrimoine de l'État si bien que ces fonds étaient devenus indisponibles et consignés entre les mains du tiers saisi : Com., 14 mai 2013, n° 12-20898, *D.*, 2013, p. 1285.

1459. Com., 2 mars 2010, préc., à propos d'une saisie conservatoire qui n'avait pas été suivie de la dénonciation au tiers saisi de la procédure introduite en vue de l'obtention d'un titre exécutoire, dans les huit jours prescrits par l'article 216 du décret de 1992, devenu l'article R. 511-8 du CPCE.

1460. Voy. not., sur l'ensemble de la question, C. Lefort, « Le sort d'une saisie conservatoire de créances pratiquée antérieurement au jugement d'ouverture d'une procédure collective », *Dr. et procéd.*, 2003, I.07, p. 204, et I.09, p. 272.

1461. Civ. (2e ch.), 19 mai 1999, n° 97-13 672, *Bull. civ.*, II, n° 97, *D. affaires*, 1999, p. 549, note J. Prévault.

aussi appliquée par la Cour de cassation aux saisies conservatoires pratiquées antérieurement[1462], ce qui est contestable[1463].

En revanche, **avant le jugement d'ouverture, la conversion est licite**. La solution ne pose aucune difficulté lorsque la saisie conservatoire a été pratiquée en dehors de la période suspecte. Mais elle était controversée pour les saisies conservatoires pratiquées en période suspecte et dont la conversion intervenait dans la même période. Se fondant sur l'article L. 621-107-7° du Code de commerce, la Cour de cassation avait jugé nulle une telle conversion[1464]. Autrement dit, la nullité de la saisie conservatoire se propageait à la conversion, ce qui était contestable car une saisie-attribution pratiquée directement était parfaitement valable[1465]. Finalement, la Cour de cassation a abandonné cette jurisprudence, en décidant que la conversion d'une saisie conservatoire pratiquée en période suspecte est valable dès lors qu'elle est opérée avant le jugement d'ouverture[1466]. Mais la portée de ce revirement est aujourd'hui limitée à cause de la **nullité facultative** introduite à l'article L. 632-2, alinéa 2, par la loi de sauvegarde du 26 juillet 2005 (voy. *supra*, n° 343). Certes, il ne vise expressément que la « saisie-attribution », mais il devrait s'appliquer aussi à la conversion d'une saisie conservatoire en saisie-attribution, lorsque la conversion a eu lieu en connaissance de la cessation des paiements[1467].

1462. Com., 22 avril 1997, n° 94-16 979, *Bull. civ.*, IV, n° 100 ; *D.*, 1997, IR, 127, *Rev. huissiers*, 1997, p. 432 ; Com., 31 mars 1998, n° 95-15749, *Procédures*, 1998, comm. n° 139, obs. R. Perrot ; Com., 15 octobre 2002, n° 99-17954, *Dict. perm. diff. entr.*, 2002, *Bull.*, n° 230, p. 5723, n° 133 a ; voy. aussi, en cas de substitution d'un séquestre judiciaire, Com., 6 mars 2001, n° 98-12266, *Bull. civ.*, IV, n° 48 ; *D.*, 2001, p. 11102, obs. A. Lienhard. Com., 15 octobre 2002, n° 99-17954, *Dict. perm. diff. entr.*, 2002, *Bull.*, n° 230, p. 5723, n° 133 a.

1463. Voy. not. Ph. Hoonakker, « La saisie conservatoire en compte bancaire », *Dr. et procéd.*, 2010, n° spécial, consacré aux actes du colloque de Lyon organisé par la revue *Droit et procédures* sur le thème de l'efficacité du recouvrement en Europe, sous la direction scientifique du professeur Fr. Ferrand, p. 10, n° 21. Mais la saisie conservatoire pratiquée en compte bancaire pourrait être préservée en cas d'acquiescement du débiteur avant l'ouverture de la procédure collective dès lors qu'elle se traduit par un paiement du banquier qui devrait être considéré comme un mode normal : *ibid.*, n° 21.

1464. Com., 12 octobre 1999, n° 96-13133, *Bull. civ.*, IV, n° 166 ; *D. affaires*, 1999, p. 45, obs. A. Lienhard, *RTD Com.*, 2000, p. 459, obs. A. Martin-Serf ; *Procédures*, 2000, comm. n° 3, obs. R. Perrot, et n° 14, obs. C. Laporte.

1465. En pratique, cette solution obligeait le saisissant à donner mainlevée de la saisie conservatoire et à pratiquer simultanément une saisie-attribution.

1466. Com., 10 décembre 2002, n° 99-16603, *Bull. civ.*, IV, n° 191 ; *D.*, 2003, act. jurispr., p. 68, obs. A. Lienhard ; *RTD Civ.*, 2003, p. 147, obs. R. Perrot ; *Dr. et procéd.*, 2003, p. 163, obs. P. Crocq ; Com., 29 avril 2003, n° 00-11912, *Bull. civ.*, IV, n° 63 ; *D.*, 2003, act. jurispr., p. 1364, obs. A. Lienhard.

1467. Outre ce risque de nullité facultative, le saisissant doit aussi se montrer vigilent en cas d'ouverture d'une procédure collective avant l'expiration du délai de contestation, car ce délai peut alors être interrompu exactement dans les mêmes conditions qu'en cas de saisie-attribution pratiquée directement (voy. *supra*, encadré E26).

§ 2. La saisie conservatoire des droits d'associé et des valeurs mobilières

889 ***Évolution.*** Sous l'empire du Code de procédure civile, la saisie de ces droits n'était pas spécialement réglementée et elle n'a été possible qu'au prix d'une adaptation prétorienne des textes de droit commun.

La réforme a remédié à cette lacune en organisant tant l'exécution forcée sous la forme de la saisie-vente des droits d'associé et des valeurs mobilières (voy. *supra*, n°s 555 et s.) que leur saisie conservatoire. Celle-ci est prévue aux articles **R. 524-1 à R. 524-6 du CPCE**, qui régissent les opérations de saisie (A) et la conversion en saisie-vente (B).

A) Les opérations de saisie

890 ***Saisie tripartite.*** Les droits d'associé et les valeurs mobilières[1468] étant toujours émis par un tiers, leur saisie conservatoire est tripartite et se réalise donc en deux temps, qui conditionnent ses effets : l'acte de saisie entre les mains du tiers et sa dénonciation au débiteur saisi.

891 ***Acte de saisie.*** Il s'agit d'un acte d'huissier de justice qui doit comporter, **à peine de nullité**, outre les mentions générales de l'article 648 du CPC, celles particulières prévues aux 1° à 5° de l'article R. 524-1 du CPCE, qui sont quasiment identiques à celles de l'acte de saisie-vente. Elles peuvent donc être classées selon les deux mêmes rubriques :

- celles **relatives au débiteur saisi** : son identité (1°), l'indication de l'autorisation ou du titre en vertu duquel la saisie est pratiquée (2°) avec le décompte des sommes pour lesquelles elle est pratiquée (3°) ;
- celles **relatives au tiers saisi** : l'indication que la saisie rend indisponibles les droits pécuniaires du débiteur saisi (voy. *infra*, n° 893) et la sommation de faire connaître l'existence d'éventuels nantissements ou saisies.

Ainsi rédigé, l'acte de saisie conservatoire doit être signifié, comme l'acte de saisie-vente, au tiers saisi désigné aux articles R. 232-1 à R. 232-4 du CPCE, qui selon les cas est la personne morale émettrice elle-même, son mandataire ou un intermédiaire habilité (voy. *supra*, encadré E44).

892 ***Dénonciation au débiteur.*** Dans les huit jours de la saisie, celle-ci doit être dénoncée au débiteur à peine de caducité (CPCE, art. R. 524-2). Cette dénonciation s'opère aussi par un acte d'huissier de justice qui contient, **à peine de nullité**, les mentions générales de l'article 648 du CPC et, selon les 1° à 5° de l'article R. 524-2 du CPCE, comme pour la dénonciation de la saisie conservatoire de créances :

- **deux annexes** : une copie de l'autorisation du juge ou du titre en vertu duquel la saisie a été pratiquée (1°)[1469] et une copie du procès-verbal de saisie (2°) ;
- **deux mentions particulières** relatives aux contestations ouvertes : d'une part, en caractères très apparents, le droit du débiteur, si les conditions

1468. Sur ces notions, voy. *supra*, encadré E43.

1469. Sur l'expression « titre », voy. *supra*, n° 833 et note.

de validité de la saisie ne sont pas réunies, d'en demander la mainlevée au juge de l'exécution du lieu de son domicile (3°) ; d'autre part, la désignation du juge de l'exécution du lieu de situation des biens saisis devant lequel seront portées les autres contestations (4°), avec la reproduction des articles R. 511-1 à R. 512-3 du CPCE (5°).

893 *Effets.* La saisie conservatoire des droits d'associé et des valeurs mobilières produit exactement les **mêmes effets que leur saisie-vente** (CPCE, art. R. 524-3 qui renvoie à l'article R. 232-8). Il s'ensuit qu'elle rend indisponibles tant les biens saisis eux-mêmes que tous les droits pécuniaires, nés et à naître[1470], qui y sont attachés. En revanche, elle n'affecte pas les droits extrapatrimoniaux que le débiteur saisi peut donc continuer à exercer, qu'il s'agisse du droit de vote ou du droit à l'information (voy. *supra*, n°s 562 et s.).

Mais le débiteur peut toujours retrouver la libre disponibilité des biens saisis en consignant auprès de la Caisse des dépôts et consignations une somme d'argent suffisante pour désintéresser le saisissant car celle-ci emportera mainlevée de la saisie conservatoire comme pour la saisie-vente (voy. *supra*, n° 568). À défaut, l'indisponibilité se prolongera jusqu'à l'obtention d'un titre exécutoire, qui permettra au saisissant de procéder à la conversion.

B) La conversion en saisie-vente

894 *Titre exécutoire.* Dès l'instant où le saisissant dispose d'un titre exécutoire consacrant sa créance, il peut convertir sa saisie conservatoire de droits d'associé ou de valeurs mobilières en saisie-vente. Pour ce faire, il lui appartient de notifier un acte de conversion qui lui permettra de poursuivre la vente des biens saisis.

895 *Acte de conversion.* L'acte de conversion est un acte d'huissier de justice qui doit comporter, à peine de nullité, outre les mentions générales de l'article 648 du CPC, celles particulières prévues aux 1° à 7° de l'article R. 524-4 du CPCE. Elles peuvent être classées en deux rubriques :

- celles **relatives à la saisie**[1471] : référence au procès-verbal de la saisie conservatoire (1°), énonciation du titre exécutoire (2°), décompte détaillé des sommes dues (3°) et commandement d'avoir à les payer[1472], faute de quoi il sera procédé à la vente des biens saisis (4°) ;
- celles **relatives à la vente**[1473] : d'une part, en caractères très apparents, l'indication que le débiteur dispose d'un délai d'un mois pour procéder

1470. Civ. (2e ch.), 21 juin 2007, n° 06-13386, *Bull. civ.*, II, n° 170 ; *Dr. et procéd.*, 2007, p. 350, obs. C. Lefort ; *Gaz. Pal.*, 2008, p. 3544, obs. C. Brenner ; *Defrénois*, 2008, chron. n° 38726, p. 423, obs. Ph. Théry, qui juge que les bénéfices distribuables constituent des droits pécuniaires et sont donc indisponibles dès la saisie conservatoire des parts sociales, même s'ils n'ont pas encore fait l'objet d'une décision de distribution, si bien qu'une saisie-attribution pratiquée ultérieurement ne saurait produire son effet attributif.

1471. Elles sont quasiment identiques à celles requises par l'article R. 522-7 pour la conversion en saisie-vente d'une saisie conservatoire de biens meubles corporels.

1472. Aucun délai n'est prévu contrairement à la conversion de la saisie conservatoire de biens meubles corporels où le paiement doit intervenir dans un délai de huit jours.

1473. Elles sont strictement identiques à celles prévues pour la dénonciation au débiteur de l'acte de saisie-vente de ces biens par les 4° à 6° de l'article R. 232-6 du CPCE.

à la vente amiable des biens saisis dans les conditions prescrites, selon les cas, aux articles R. 221-30 à R. 221-32 ou R. 233-3 du CPCE (5°), qui sont reproduits (7°) ; d'autre part, si la saisie porte sur des valeurs mobilières admises aux négociations sur un marché réglementé, l'indication qu'il peut, en cas de vente forcée et jusqu'à la réalisation de celle-ci, faire connaître au tiers saisi l'ordre dans lequel elles devront être vendues (6°).

Ainsi rédigé, l'acte de conversion est signifié au débiteur (CPCE, art. R. 524-4), ainsi qu'une copie au tiers saisi (CPCE, art. R. 524-5).

896 ***Vente des biens saisis.*** Faute de paiement des sommes dues en vertu du titre exécutoire, le saisissant peut poursuivre la vente des droits d'associé ou des valeurs mobilières saisies dans les conditions prévues aux articles R. 233-3 à R. 233-9 du CPCE, relatifs à la saisie-vente de ces biens (sur renvoi de l'article R. 524-6).

La vente peut donc être amiable et, à défaut, elle sera forcée. Mais les modalités sont distinctes selon que la saisie porte sur des droits d'associé ou des valeurs mobilières non cotées ou sur des valeurs mobilières cotées (voy. *supra*, n°s 571 et s.).

§ 3. La saisie conservatoire des autres biens incorporels

897 ***Renvois.*** Selon l'article L. 521-1 du CPCE, la saisie conservatoire peut porter sur tous les biens incorporels appartenant au débiteur, sans distinction. Mais seules la saisie conservatoire des créances et la saisie conservatoire des droits d'associé et des valeurs mobilières sont régies. La situation est donc strictement identique à celle de l'exécution forcée sur les autres biens incorporels. Les mêmes solutions peuvent donc être transposées, *mutatis mutandis*, à la saisie conservatoire, qu'il s'agisse de la saisissabilité ou du mode opératoire.

Concernant la saisissabilité, l'absence de réglementation ne saurait constituer le moindre obstacle. Il s'ensuit que tous les autres biens incorporels peuvent être saisis à titre conservatoire dès lors qu'une mesure d'exécution forcée est possible. Il en va ainsi pour l'essentiel des droits de propriété intellectuelle et des licences et autorisations administratives, à condition qu'ils présentent une valeur patrimoniale et qu'ils soient dissociables du fonds de commerce auxquels ils se rapportent, le cas échéant (voy. *supra*, n°s 590 et 591).

Concernant le mode opératoire, le modèle de référence est celui de la saisie conservatoire des droits d'associé et des valeurs mobilières, tout comme l'est la saisie-vente de ces biens pour l'exécution forcée (voy. *supra*, n°s 592 et s.). Sous réserve des mêmes adaptations qui sont transposables (voy. *supra*, n°s 595 et 596), il faut se référer aux règles suivantes :

- pour les opérations de saisie, aux articles R. 524-1 à R. 524-3 du CPCE (voy. *supra*, n°s 890 à 893) ;
- pour la conversion en saisie-vente, aux articles R. 524-4 et R. 525-5 du CPCE (voy. *supra*, n°s 894 à 896) ; mais la vente se fera uniquement selon les modalités fixées aux articles R. 233-3 à R. 233-8 applicables aux droits d'associé et aux valeurs mobilières non cotées (voy. *supra*, n°s 572 et s.).

CHAPITRE III

Les sûretés judiciaires

898 ***Notion.*** Les sûretés judiciaires sont prévues aux articles **L. 531-1 à L. 533-1 et R. 531-1 à R. 534-1 du CPCE**. Elles constituent la seconde variété de mesures conservatoires conçues pour garantir le recouvrement menacé de créances monétaires.

Elles datent de la loi du 12 novembre 1955 qui avait institué l'hypothèque judiciaire sur les immeubles et le nantissement judiciaire sur les fonds de commerce. La réforme de 1991/1992 les a réunies sous l'appellation de sûretés judiciaires pour signifier leur **nature commune de sûretés réelles**, qui les distingue des saisies conservatoires par leurs effets. Contrairement à celles-ci, elles ne rendent pas les biens grevés indisponibles, mais elles confèrent à leur titulaire, comme toute sûreté réelle, des **droits de préférence et de suite**. Pour autant, elles ne s'identifient pas aux autres sûretés réelles, conventionnelles et judiciaires, car elles s'en distinguent par leur domaine et leurs caractères.

899 ***Domaine.*** Le domaine des sûretés judiciaires est strictement limité aux biens énumérés. À l'origine, il s'agissait des **immeubles** et des **fonds de commerce**. La réforme y a ajouté les **parts sociales** et les **valeurs mobilières** (CPCE, art. L. et R. 531-1)[1474].

Ces biens doivent appartenir au débiteur. Mais comme ils ne sont rendus ni indisponibles, ni insaisissables, une sûreté judiciaire peut être inscrite sur la quote-part d'un débiteur indivisaire[1475], sur des biens grevés d'une clause d'inaliénabilité[1476] ou d'une clause statutaire d'agrément de toute cession[1477] ou sur un bien déclaré insaisissable[1478]. En revanche, les biens communs sont à l'abri lorsqu'il s'agit de garantir une créance née d'un emprunt ou d'un cautionnement personnel contracté par un époux sans le consentement de son conjoint, conformément à l'article 1415 du Code civil (voy. *supra*, n° 59).

1474. L'article L. 531-1 vise toujours les actions à côté des valeurs mobilières, comme auparavant l'article 77 de la loi de 1991. Or, il ne s'agit que d'une variété de valeurs mobilières qui sont ainsi seules citées à l'article R. 531-1 ayant repris, fidèlement et à juste titre, la rédaction de l'article 250 du décret de 1992.

1475. L'article 815-17 du C. civ. n'interdit que la saisie de la quote-part d'un indivisaire par ses créanciers personnels ; voy. *supra*, n° 60.

1476. Car une telle clause n'est pas tenue en échec par une sûreté judiciaire : Civ. (1re ch.), 20 décembre 1976, n° 74-14544, *Bull. civ.*, I, n° 414 ; Civ. (1re ch.), 9 octobre 1985, n° 84-13306, *Bull. civ.*, I, n° 252 ; *Defrénois*, 1987, 499, note L. Aynès.

1477. En ce sens : Civ. (2e ch.), 2 décembre 2010, n° 09-17495, *Bull. civ.*, II, n° 199 ; *Dr. et procéd.*, avril 2011, cahier « Droit du recouvrement », p. 7, n° 3, obs. O. Salati.

1478. Com., 11 juin 2014, n° 13-13643, *D.*, 2014, p. 610, obs. P. Crocq ; *RTD Civ.*, 2014, p. 693, obs. P. Croc ; *Dr. et procéd.*, février 2015, cahier « Droit du recourvrement », p. 6, obs. O. Salati. ; Com., 13 septembre 2016, n° 15-14088, NP.

900 *Caractères.* Les sûretés judiciaires se distinguent aussi des autres sûretés réelles par leurs caractères à la fois judiciaire et conservatoire.

Le caractère judiciaire signifie qu'elles sont soumises au contrôle du juge. En principe, il s'exerce *a priori* car une sûreté judiciaire, comme toute mesure conservatoire, requiert une autorisation préalable du juge compétent. Mais il s'exerce *a posteriori* dans les cas de dispense prévus à l'article L. 511-2 du CPCE, où la sûreté judiciaire peut alors être déférée au juge après son inscription (voy. *supra*, n°s 825 et 826).

Le caractère conservatoire s'explique par la finalité des sûretés judiciaires, qui est de protéger le créancier contre le risque d'insolvabilité de son débiteur en attendant qu'il obtienne un titre exécutoire[1479]. C'est ce qui explique qu'elles obéissent à un système original de double publicité, qui les distingue des autres sûretés réelles : une publicité provisoire (Section I), suivie d'une publicité définitive si le créancier obtient le titre exécutoire sollicité (Section II).

SECTION I
La publicité provisoire

901 *Conditions.* La publicité provisoire d'une sûreté judiciaire est subordonnée aux conditions de fond et de forme communes à toutes les mesures conservatoires. Au fond, le créancier doit donc justifier d'une créance paraissant fondée en son principe et menacée dans son recouvrement. En la forme, il doit disposer d'une autorisation judiciaire, sauf s'il détient l'un des titres qui l'en dispense conformément à l'article L. 511-2 du CPCE.

Il peut alors mettre en œuvre la publicité provisoire (§ 1) pour bénéficier de tous les effets qui y sont attachés (§ 2).

§ 1. La mise en œuvre de la publicité provisoire

902 *Déroulement.* La publicité provisoire commence toujours par l'inscription de la sûreté (A), laquelle doit être suivie de diligences postérieures imposées au créancier (B), qui peuvent conduire à des contestations du débiteur (C).

A) L'inscription de la sûreté

903 *Actes d'inscription.* La publicité provisoire de toutes les sûretés judiciaires requiert l'un des actes d'inscription prévus aux articles R. 532-1 à R. 532-4 du CPCE. Si leur forme dépend du type de sûreté à publier, les mentions requises sont similaires.

1479. C'est la raison pour laquelle il ne faut pas confondre l'hypothèque judiciaire conservatoire avec l'hypothèque judiciaire résultant des jugements de condamnation qui est prévue à l'article 2412 du C. civ. Celle-ci est en réalité une hypothèque légale dépourvue de tout caractère conservatoire ; en ce sens, voy. Civ. (3e ch.), 17 juin 2009, n°s 08-17065 et 08-10641, *JCP E*, 2009, 1783 et 1784 ; Civ. (1re ch.), 14 mars 2012, n° 10-28143, *RTD Civ.*, 2012, p. 345, obs. P. Crocq.

904 ***Forme.*** L'inscription de l'**hypothèque judiciaire conservatoire** s'opère par deux bordereaux déposés au service de la publicité foncière (CPCE, art. R. 532-1). Mais il faut excepter l'Alsace-Moselle, où s'appliquent les règles propres au livre foncier, de sorte que l'inscription y est sollicitée par requête au juge du livre foncier déposé à son greffe (CPCE, art. R. 534-1).

Quant au **nantissement judiciaire conservatoire**, il faut distinguer selon le bien à grever. Il s'agit :

- pour le **fonds de commerce**, de deux bordereaux sur papier libre déposés au greffe du tribunal de commerce (CPCE, art. R. 532-2)[1480] ;
- pour les **parts sociales**, d'un acte signifié à la société émettrice et publié au registre du commerce et des sociétés lorsqu'il s'agit d'une société civile immatriculée[1481] (CPCE, art. R. 532-3) ;
- pour les **valeurs mobilières**, d'une déclaration signifiée à l'une des personnes mentionnées aux articles R. 232-1 à R. 232-4 du CPCE (CPCE, art. R. 532-4) ; ces textes désignent le tiers auquel l'acte de saisie-vente de ces biens est signifié, qui selon les cas est la société émettrice elle-même, son mandataire ou un intermédiaire habilité (voy. *supra*, encadré E44).

905 ***Mentions.*** Tous ces actes d'inscription doivent comporter les mentions prévues respectivement à l'article R. 532-1 du CPCE qui renvoie à l'article 2428 du Code civil pour l'hypothèque judiciaire conservatoire et aux articles R. 532-2 à R. 532-4 du CPCE pour les autres sûretés judiciaires. Sans entrer dans le détail de ces mentions très semblables, elles peuvent être classées en trois rubriques :

- celles **relatives aux parties** : la désignation du créancier et du débiteur ; pour l'hypothèque judiciaire conservatoire, cette désignation comporte en outre l'élection de domicile du créancier prévue à l'article 55 du décret n° 55-1350 du 14 octobre 1955[1482] ; de même, pour le nantissement judiciaire d'un fonds de commerce, il faut indiquer en plus l'élection de domicile du créancier dans le ressort du tribunal de commerce où se trouve situé le fonds (CPCE, art. R. 532-2-1°) ;
- celles **relatives au fondement** de la sûreté : l'indication de l'autorisation ou du titre en vertu duquel l'inscription est requise ainsi que du capital de la créance et de ses accessoires ;
- celles **relatives aux biens grevés** : pour l'hypothèque judiciaire conservatoire, la désignation de l'immeuble doit se faire selon les règles de la publicité foncière ; en revanche, pour le nantissement judiciaire des fonds de commerce, la désignation du fonds n'est pas prévue car elle résulte de celle du débiteur ; quant aux parts sociales et aux valeurs mobilières, une

1480. Sauf en Alsace-Moselle où ils sont déposés au greffe de la chambre commerciale du tribunal de grande instance.

1481. Depuis la loi n° 78-9 du 4 janvier 1978, toutes les sociétés civiles nouvelles doivent être immatriculées. En revanche, les sociétés constituées avant 1978 pouvaient demeurer occultes. Mais ce régime dérogatoire a été supprimé par la loi NRE du 15 mai 2001 qui a prévu que toutes les sociétés civiles anciennes, non immatriculées à la date du 1er novembre 2002, perdent leur personnalité morale.

1482. L'article 2428, auquel renvoie l'article R. 532-1 du CPCE, prévoit que le contenu des bordereaux d'inscription est fixé par décret en Conseil d'État. Ce renvoi vise notamment l'article 55 du décret 55-1350 du 14 octobre 1955 pour l'application du décret 55-22 du 4 janvier 1955 portant réforme de la publicité foncière.

désignation n'est nécessaire que pour réduire l'assiette du nantissement à inscrire car il est présumé porté sur l'ensemble de ces biens (voy. *infra*, n° 911).

L'inscription ainsi prise oblige le créancier à accomplir des diligences postérieures imposées à peine de caducité.

B) Les diligences postérieures

906 ***Dénonciation au débiteur.*** Dans les **huit jours** de l'acte d'inscription[1483], le débiteur doit en être informé par un acte d'huissier de justice, qui contient, à peine de nullité, les mentions générales de l'article 648 du CPC et selon l'article R. 532-5 du CPCE :

- en annexe, une copie de l'ordonnance du juge ou du titre en vertu duquel la sûreté a été prise[1484] ;
- l'indication, en caractères très apparents, du droit de contestation du débiteur, avec la reproduction des articles R. 511-1 à R. 512-3 et R. 532-6 du CPCE (voy. *infra*, n°s 908 et 909).

À ces mentions légales, s'ajoute l'exigence posée par la jurisprudence d'informer le débiteur de l'accomplissement des formalités d'inscription de la sûreté judiciaire. À cette fin, l'acte de dénonciation doit mentionner la date de cette formalité, mais il n'est pas nécessaire d'y joindre une copie de l'acte d'inscription lui-même[1485]. À défaut, la caducité est encourue, tout comme en cas de dénonciation tardive ou nulle, ou encore en cas d'omission des formalités relatives à l'obtention d'un titre exécutoire.

907 ***Obtention d'un titre exécutoire.*** Toute sûreté judiciaire étant une mesure conservatoire, son inscription provisoire doit être suivie **dans le mois** à peine de caducité, conformément à l'article R. 511-7 du CPCE, de l'introduction d'une procédure ou de l'accomplissement des formalités nécessaires à l'obtention d'un titre exécutoire, à moins que la sûreté ait été prise avec un tel titre (voy. *supra*, n°s 812 à 814).

Mais la diligence ainsi accomplie doit-elle aussi faire l'objet de la **dénonciation** prévue par l'article R. 511-8 du CPCE, **dans les huit jours à peine de caducité**, lorsque la mesure est pratiquée entre les mains d'un tiers ? Sur ce point, la Cour de cassation a dit pour avis qu'il faut entendre par tiers au sens de ce texte uniquement les « personnes qui, se trouvant dans un rapport de droit avec le débiteur et à qui la mesure conservatoire pratiquée impose des obligations, ont intérêt à savoir si le créancier a effectué, dans les délais impartis, les diligences requises par la loi pour que la mesure conservatoire conserve son efficacité[1486] ». Elle en a tiré pour conséquence que le conserva-

---

1483. Il s'agit, selon le cas, de la date du dépôt des bordereaux ou de la signification de l'acte de nantissement, ou encore du dépôt de la requête au juge du livre foncier en Alsace-Moselle.

1484. Sur l'expression « titre », voy. *supra*, n° 833 et note.

1485. Civ. (2e ch.), 2 février 2012, n° 11-12308, *Dr. et procéd.*, 2012, p. 139, obs. M. Lefebvre, à propos d'une hypothèque judiciaire conservatoire où il est retenu l'absence de mention dans l'acte de dénonciation de l'accomplissement des formalités d'inscription et non le défaut de communication d'une copie des bordereaux d'inscription.

1486. Cass. (avis), 24 janvier 1994, n° 09-30020, *Bull. civ.*, avis n° 4 ; *JCP*, 1995, II, 22392, note Dagot et Malbosc-Cantegrill ; *RTD Civ.*, 1994, p. 428, obs. R. Perrot.

teur des hypothèques ne répond pas à cette définition, et la même solution vaut désormais pour le service de la publicité foncière, comme pour le greffier du tribunal de commerce[1487]. La dénonciation de l'article R. 511-8 n'est donc pas requise pour les sûretés judiciaires inscrites sur les immeubles et les fonds de commerce.

En revanche, elle doit être accomplie en cas de nantissement judiciaire conservatoire de parts sociales ou de valeurs mobilières, car la société émettrice, son mandataire ou l'intermédiaire habilité répondent à la définition prétorienne du tiers. À défaut, le nantissement inscrit encourt la caducité que le débiteur pourra faire valoir à l'appui d'une contestation.

C) Les contestations

908 ***Objet.*** L'article R. 532-5 du CPCE vise expressément au 2° le droit du débiteur de « demander la mainlevée de la sûreté comme il est dit à l'article R. 512-1 ». Ce texte vise les **contestations portant sur les conditions de validité** prévues aux articles L. 511-1 et R. 511-1 à R. 511-8 du CPCE (voy. *infra*, n° 825) : conditions de fond relatives à la créance et aux circonstances en menaçant le recouvrement, conditions de forme relatives à l'autorisation judiciaire et conditions de délais relatives aux diligences incombant au créancier pour la mise en œuvre des mesures conservatoires. Le débiteur peut ainsi faire valoir toutes ces contestations selon les règles de droit commun à l'appui d'une demande de mainlevée de la sûreté judiciaire inscrite sur l'un de ses biens (voy. *supra*, n°s 825 et 826).

Mais qu'en est-il des **autres contestations**, notamment celles relatives à l'exécution de la mesure, visées à l'article R. 512-3 ? Ce texte a sans doute vocation à s'appliquer comme toutes les dispositions communes aux mesures conservatoires, et il doit du reste être reproduit dans l'acte de dénonciation de la sûreté judiciaire au débiteur (CPCE, art. R. 532-5-3°). Cependant, l'exécution des sûretés se traduit essentiellement par des formalités de publicité qui présentent un caractère administratif, ce qui limite les autres contestations possibles. Mais cela ne les exclut pas complètement. Ainsi, le débiteur peut-il certainement élever une contestation relative à la dénonciation au débiteur de l'inscription de la sûreté judiciaire, prescrite à peine de caducité.

909 ***Délai.*** Conformément au droit commun des mesures conservatoires, ces contestations ne sont enfermées dans aucun délai. Mais elles doivent être élevées **avant la publicité définitive** de la sûreté judiciaire car celle-ci se substitue rétroactivement à la publicité provisoire (voy. *infra*, n° 926) et purge donc cette dernière des vices qui pouvaient l'affecter. Aussi, après la publicité définitive, les contestations ne sont plus recevables[1488]. Comme la publicité définitive n'est possible qu'à partir du moment où le créancier dispose d'un titre exécutoire et que celui-ci résulte dans la majorité des cas d'une décision judiciaire

---

1487. En Alsace-Moselle, pour le juge du livre foncier et le greffier de la chambre commerciale du tribunal de grande instance.

1488. Voy. not., R. Perrot et Ph. Théry, *op. cit.*, n° 1255 ; une solution analogue est appliquée à la conversion d'une saisie conservatoire de créance monétaire en saisie-attribution (voy. *supra*, n° 887 et jurisprudence citée).

obtenue postérieurement, qui doit être passée en force de chose jugée (voy. *infra*, n° 923), le droit de contestation du débiteur est ainsi largement ouvert.

Mais il faut réserver l'hypothèse où la publicité provisoire a été inscrite **en vertu d'un titre exécutoire**. Il aurait alors suffi que le créancier s'empresse de requérir la publicité définitive pour empêcher toute contestation du débiteur. C'est la raison pour laquelle l'article R. 532-6 du CPCE, tout en rappelant expressément qu'une mainlevée ne peut être demandée que jusqu'à la publicité définitive, impose un délai d'attente d'un mois pour la réaliser (voy. *infra*, n° 924). Le débiteur dispose ainsi d'un **délai minimum d'un mois** pour élever ses contestations, mais il devra toujours former sa demande avant la publicité définitive, à peine d'irrecevabilité[1489].

Si elles aboutissent, le juge prononcera la mainlevée de la publicité provisoire, qui sera alors privée des effets que la loi y attache.

§ 2. Les effets de la publicité provisoire

910 ***Rang de la publicité définitive.*** L'objet de la publicité provisoire est de donner rang immédiatement à la publicité définitive qui interviendra lorsque le créancier aura obtenu un titre exécutoire. Elle confère ainsi au créancier un rang tout à la fois anticipé (A) et temporaire (B).

A) Un rang anticipé

911 ***Biens grevés.*** La publicité provisoire assure un rang anticipé sur tous les biens grevés. Comme les immeubles et les fonds de commerce sont des biens indivisibles, ils sont toujours grevés **en leur entier**. En revanche, les parts sociales et les valeurs mobilières dont le débiteur est titulaire ne sont toutes grevées que si l'acte d'inscription n'en dispose pas autrement (CPCE, art. R. 532-3 et R. 532-4, al. 2). Le **créancier peut donc limiter** *ab initio* son inscription provisoire seulement à certains de ces biens afin de respecter le principe de proportionnalité. Mais il peut aussi y être contraint à l'initiative du débiteur par la technique du **cantonnement judiciaire**.

En effet, selon l'article R. 532-9 du CPCE, le débiteur peut demander au juge de limiter les effets de la publicité provisoire aux biens dont la valeur représente le double des sommes à garantir[1490]. Le débiteur peut ainsi obtenir la libération des parts sociales ou des valeurs mobilières dont la valeur excède ce plafond. Pour les autres sûretés judiciaires, ce cantonnement n'est possible que si elles grèvent plusieurs immeubles ou fonds de commerce[1491].

1489. Civ. (3e ch.), 23 juin 2015, n° 14-18924, à paraître au Bull., *Dr. et procéd.*, 2015, p. 163, obs. L. Lauvergnat.

1490. Il s'agit des sommes inscrites pour lesquelles la mesure conservatoire avait été autorisée et non le montant de la créance fixée ultérieurement par le titre exécutoire que le créancier a obtenu : Civ. (2e ch.), 21 mars 2013, n° 12-15071, *D.*, 2013, p. 1583, obs. A. Leborgne. À ce stade, si la créance constatée par le titre est inférieure à l'évaluation initiale, il faut se fonder sur les règles de l'abus de saisie prévue par l'article L. 111-7 du CPCE.

1491. Et il faut tenir compte, le cas échéant, des sûretés inscrites sur les biens grevés par d'autres créanciers : Civ. (3e ch.), 7 juillet 2004, n° 03-13533, *Bull. civ.*, III, n° 149 ; *D.*, 2005, p. 2087, obs. P. Crocq, à propos d'une hypothèque judiciaire conservatoire inscrite sur deux immeubles du débiteur.

912 ***Biens disponibles.*** Sous l'empire de l'ancien Code de procédure civile, la question de la disponibilité des biens grevés d'une inscription provisoire d'hypothèque ou de nantissement judiciaire était controversée[1492]. Elle a été réglée par l'alinéa 1er de l'article 79 de la loi de 1991, devenu l'article L. 531-2 du CPCE, qui prévoit que « les biens grevés d'une sûreté judiciaire **demeurent aliénables** ». La solution se justifie pleinement par le fait qu'il eût été incohérent de conférer plus de droits au créancier qui bénéficie d'une publicité provisoire qu'à celui qui a déjà inscrit une publicité définitive ou une sûreté légale ou conventionnelle, lesquelles ne rendent jamais le bien grevé indisponible. Mais du coup, il fallait aussi protéger le créancier en cas de cession anticipée.

913 ***Vente avant la publicité définitive.*** Selon l'article R. 532-8 du CPCE, le créancier titulaire de la sûreté judiciaire jouit des mêmes droits que le titulaire d'une sûreté conventionnelle ou légale, si le bien est vendu avant que la publicité définitive n'ait été accomplie. Toutefois, la part qui lui revient dans la distribution du prix est **consignée auprès de la Caisse des dépôts et consignations jusqu'à ce qu'il obtienne un titre exécutoire** et qu'il justifie de l'accomplissement de la publicité définitive dans le délai prévu (voy. *infra*, nos 922 et s.). À défaut, elle est distribuée aux autres créanciers selon leur rang ou remise au débiteur.

Il faut cependant réserver le cas des **valeurs mobilières inscrites sur un compte tenu et géré par un intermédiaire habilité**, grevées d'un nantissement judiciaire conservatoire. En cas de vente avant la publicité définitive, le prix peut être utilisé pour l'acquisition d'autres valeurs mobilières qui sont alors subrogées aux valeurs vendues (CPCE, art. L. 531-2, al. 2). Il s'ensuit que celles-ci seront immédiatement grevées avec le même rang, certes anticipé, mais aussi temporaire.

B) Un rang temporaire

914 ***Durée déterminée.*** Aux termes de l'article R. 532-7 du CPCE, la publicité provisoire ne conserve la sûreté que **pendant un délai de trois ans** courant à compter de son inscription. Ce délai a été fixé pour permettre au créancier d'obtenir un titre exécutoire. Mais comme il peut s'avérer insuffisant, le **créancier peut toujours renouveler** la publicité provisoire pour une durée identique et autant de fois que nécessaire[1493]. Le renouvellement s'opère dans les mêmes formes que la publicité provisoire, sauf pour l'hypothèque judiciaire conservatoire où elle est effectuée dans les conditions prévues aux articles 61 et s. du décret du 14 octobre 1955. Mais dans tous les cas, ce renouvellement doit intervenir avant l'expiration de la période en cours. À défaut, le créancier perd définitivement le bénéfice du rang anticipé assuré par la publicité provisoire.

Sous cette réserve, c'est dans ce délai, initial ou renouvelé, que se jouera toujours le sort définitif de la sûreté provisoire, selon que le créancier obtient ou non un titre exécutoire.

1492. Voy. not. R. Perrot et Ph. Théry, *op. cit.*, n° 1264.

1493. Si le bien grevé de la sûreté judiciaire a été vendu et le prix consigné (conformément à l'article R. 532-8 du CPCE) avant l'expiration de l'inscription provisoire, son renouvellement n'est pas nécessaire : Civ. (1re ch.), 22 mars 2012, n° 11-11081, *RLDA*, mai 2012, p. 45.

915 ***Sort de la sûreté provisoire.*** **Lorsque le créancier n'obtient pas le titre exécutoire** sollicité, quels qu'en soient la cause, l'extinction de l'instance introduite ou le rejet de la demande, la publicité provisoire **doit être radiée**. La radiation peut être demandée **au juge du fond** saisi de la demande du créancier et, à défaut, elle est ordonnée par le **juge de l'exécution** (CPCE, art. R. 533-6, al. 2). Une fois décidée, elle est opérée dans les mêmes conditions et avec les mêmes effets qu'en cas de caducité de la publicité provisoire à défaut de publicité définitive (voy. *infra*, n° 925).

C'est que la publicité provisoire doit toujours être confirmée par la publicité définitive **lorsque le créancier obtient le titre exécutoire** sollicité (CPCE, art. R. 533-1).

SECTION II
La publicité définitive

916 ***Titre exécutoire.*** Dès que le créancier dispose d'un titre exécutoire, il doit veiller à mettre en œuvre la publicité définitive (§ 1) de manière à consolider ses droits grâce aux effets qui y sont attachés (§ 2).

§ 1. La mise en œuvre de la publicité définitive

917 ***Conditions.*** La publicité définitive doit être mise en œuvre selon les formalités prescrites (A) et dans le délai imposé (B), le tout à peine de caducité de la publicité provisoire (C).

A) Les formalités

918 ***Distinction.*** Les formalités ne sont pas les mêmes selon que le bien grevé est toujours dans le patrimoine du débiteur (1) ou a déjà été vendu (2).

1. En l'absence de vente du bien grevé

919 ***Hypothèque et nantissement de fonds de commerce.*** Pour **l'hypothèque judiciaire conservatoire**, la publicité définitive est opérée conformément aux règles de **droit commun** prévues pour l'inscription des privilèges et hypothèques par l'article 2428 du Code civil (CPCE, art. R. 533-2). Mais en Alsace-Moselle, il faut faire application des règles de droit commun régissant l'inscription de ces droits au livre foncier (CPCE, art. R. 534-1).

Pour le nantissement judiciaire conservatoire d'un **fonds de commerce**, elle s'opère conformément aux règles de **droit commun** prévues aux articles L. 143-16 et R. 143-6 et s. du Code de commerce (CPCE, art. R. 533-2)[1494].

Comme la publicité définitive ne fait que confirmer la publicité provisoire (voy. *infra*, n° 927), il n'est dû, dans chacun de ces cas, qu'un seul

1494. Il s'agit des règles applicables à l'inscription et à la radiation du privilège du vendeur ou du créancier gagiste inscrit sur un fonds de commerce.

émolument ou qu'une seule contribution de sécurité immobilière prévue à l'article 879 du CGI pour les deux inscriptions.

920 ***Nantissement de parts sociales ou de valeurs mobilières.*** Pour le nantissement de parts sociales ou de valeurs mobilières, la publicité définitive répond aux **mêmes modalités que la publicité provisoire** (CPCE, art. R. 533-3, al. 1er). Il faut donc signifier à la personne auprès de laquelle la publicité provisoire a été opérée un acte comportant les mentions prévues aux articles R. 532-3 ou R. 532-4 du CPCE, selon les cas. Cet acte devra aussi être déposé au registre du commerce et des sociétés si la société émettrice des parts sociales grevées est une société civile immatriculée (voy. *supra*, nos 904 et 905).

Si le nantissement est soumis à l'agrément des associés selon les dispositions applicables du droit des sociétés, celui-ci pourra être sollicité après l'accomplissement de la publicité définitive (CPCE, art. R. 533-3, al. 2).

2. En cas de vente du bien grevé

921 ***Signification du titre exécutoire.*** Comme l'inscription de la publicité provisoire ne rend pas le bien grevé indisponible, son aliénation est possible avant la publicité définitive. Mais la part qui revient au créancier doit alors être consignée auprès de la Caisse des dépôts et consignations (voy. *supra*, n° 913). C'est la raison pour laquelle dans ce cas, et à condition que le prix de vente ait été régulièrement versé pour être distribué, la publicité définitive s'opère par la signification du titre exécutoire à la personne chargée de la répartition du prix de vente (CPCE, art. R. 533-5).

Mais cette formalité, comme celles prévues à défaut de vente du bien grevé, doivent toujours être accomplies dans le délai prévu.

B) Le délai

922 ***Durée de deux mois.*** Lorsque le créancier dispose d'un titre exécutoire, il doit impérativement inscrire la publicité définitive dans un délai de deux mois, dont le point de départ varie selon que ce titre est postérieur ou antérieur à la publicité provisoire (voy. *infra*, nos 923 et 924).

Mais il est toujours impératif, de sorte qu'une publicité définitive anticipée, c'est-à-dire avant que le délai n'ait commencé à courir, est nulle[1495]. Inversement, si la publicité définitive n'est pas sollicitée avant l'expiration du délai de deux mois, la publicité provisoire est caduque (voy. *infra*, n° 925). Autrement dit, **avant l'heure ce n'est pas l'heure et après l'heure ce n'est plus l'heure**.

923 ***Titre exécutoire postérieur.*** Dans la majorité des cas, les sûretés judiciaires sont inscrites sans titre exécutoire. Le délai de deux mois de la publicité définitive commence alors à courir du jour où la décision qui constate la créance, rendue par hypothèse après la publicité provisoire, est **passée en force de chose jugée** (CPCE, art. R. 533-4-1°)[1496]. Cela signifie qu'elle n'est pas ou plus

1495. En ce sens, voy. V. GEORGET, obs. sous Civ. (3e ch.), 21 janvier 2016, n° 14-29337, *D.*, 2016, p. 1032.

1496. En cas de pluralité de parties, cette condition s'apprécie exclusivement dans les rapports entre le créancier et le débiteur du chef duquel l'inscription a été prise, peu important donc que la décision ne soit pas passée en force de chose jugée à l'égard des autres parties :

susceptible d'une voie de recours suspensive (CPC, art. 500). Peu importe donc le caractère exécutoire du jugement rendu, seul compte son caractère définitif. Ainsi, lorsque le jugement rendu est frappé d'appel, le délai ne commence à courir qu'à compter de l'arrêt confirmatif rendu sur ce recours, même si le jugement rendu était assorti de l'exécution provisoire[1497]. Quant à l'arrêt d'appel, il a force de chose jugée dès son prononcé, indépendamment de sa notification, sauf les cas exceptionnels où le pourvoi en cassation produit un effet suspensif[1498].

Mais lorsque le titre exécutoire est soumis à une **procédure d'*exequatur***, le délai de deux mois ne commence à courir qu'à compter du jour où la décision qui l'accorde est elle-même passée en force de chose jugée (CPCE, art. R. 533-4-3°).

924 ***Titre exécutoire antérieur.*** Lorsque le titre exécutoire est antérieur à la publicité provisoire, le délai de deux mois commence à courir à compter de l'expiration du délai d'attente d'un mois prévu à l'article R. 532-6 (voy. *supra*, n° 909 ; CPCE, art. R. 533-4-2°). La publicité définitive doit donc être inscrite dans un délai compris **entre un et trois mois après la dénonciation de la publicité provisoire** au débiteur.

Mais il est dérogé à ce point de départ dans deux cas (CPCE, art. R.533-4-2°) :

- si le **débiteur élève une contestation** dans le délai d'attente d'un mois, le délai de la publicité définitive ne commence à courir qu'à compter du jour de la décision la rejetant ;
- si le titre exécutoire antérieur est **exécutoire par provision**, le délai court comme en cas de titre exécutoire postérieur à la publicité provisoire ; son point de départ est donc fixé au jour où la décision est passée en force de chose jugée.

C) La caducité

925 ***Radiation.*** Si la publicité définitive n'est pas inscrite régulièrement dans le délai de deux mois, la publicité provisoire est caduque[1499]. **La caducité fait perdre au créancier tous les droits** qui étaient attachés à la publicité provisoire et, en particulier, sa qualité de créancier privilégié[1500].

Civ. (3e ch.), 21 janvier 2016, n° 14-29337, à paraître au Bull., *D.*, 2016, p. 1032, obs. Georget.

1497. Civ. (2e ch.), 24 juin 1998, n° 96-14579, *RTD Civ.*, 1999.210, obs. R. Perrot.

1498. Civ. (2e ch.), 12 octobre 2006, n° 05-10511, *Bull. civ.*, II, n° 271 ; *Gaz. Pal.*, 2007, somm., p. 3436, obs. C. Brenner.

1499. Cette sanction peut s'appliquer aussi en cas d'inscription de la publicité définitive dans le délai d'attente d'un mois de l'article R. 532-6 car celle-ci est privée de tout effet. Il faut alors la réitérer à l'expiration de ce délai et au plus tard dans les deux mois qui suivent. À défaut, la caducité est encourue.

1500. Voy., à propos d'une procédure collective, Com., 12 mai 2009, n° 08-11421, *D.*, 2009, p. 1414 ; *Gaz. Pal.*, 26-28 juillet 2009, p. 30, obs. Ph. Roussel Galle.

Le débiteur peut alors en demander la radiation au juge de l'exécution (CPCE, art. R. 533-6, al. 1er)[1501]. Lorsqu'elle sera prononcée, elle pourra être effectuée sur simple présentation de la **décision passée en force de chose jugée** (CPCE, art. R. 533-6, al. 3). Tel est le cas des décisions du juge de l'exécution dès leur prononcé, car l'appel ouvert est dépourvu de tout effet suspensif[1502].

Les frais de la sûreté judiciaire sont alors supportés par le créancier et, si la part lui revenant avait été consignée en cas de vente avant la publicité définitive, elle sera, selon les cas, distribuée aux autres créanciers suivant leur rang ou remise au débiteur (CPCE, art. R. 533-6, al. 4 et 5).

À l'inverse, si la publicité définitive a été régulièrement inscrite dans le délai de deux mois, le créancier profitera de tous les effets qui y sont attachés.

§2. Les effets de la publicité définitive

Les effets de la publicité définitive sont dictés par ses deux caractères : rétroactif et confirmatif.

926 ***Caractère rétroactif.*** Selon l'article R. 533-1 du CPCE, la publicité définitive « donne rang à la sûreté à la date de la formalité initiale, dans la limite des sommes conservées par cette dernière ». Il s'ensuit qu'elle **consolide les droits du créancier** rétroactivement à la date de la publicité provisoire. Le créancier se trouve alors dans la même situation qu'un créancier titulaire d'une sûreté réelle, conventionnelle ou légale, inscrite à cette date.

Mais cette rétroactivité ne joue que dans la limite des sommes pour lesquelles la publicité provisoire a été prise. En conséquence, si le titre exécutoire constate une créance supérieure, le créancier devra inscrire une hypothèque judiciaire complémentaire, directement sur le fondement de ce titre, laquelle ne prendra rang qu'à compter de sa publication, sans aucune rétroactivité.

927 ***Caractère confirmatif.*** La publicité définitive ne fait que confirmer la publicité provisoire (CPCE, art. R. 533-1) et ne constitue donc **pas une inscription nouvelle**. C'est la raison pour laquelle elle reste possible même s'il survient un événement emportant arrêt du cours des inscriptions.

En particulier, elle peut être prise après la publication d'un commandement de payer valant saisie immobilière ou l'ouverture d'une procédure collective. Mais cela ne veut pas dire qu'une telle procédure sera toujours sans incidence sur une sûreté judiciaire.

928 ***Procédures collectives.*** Si une procédure collective est ouverte à l'encontre du débiteur, il faut distinguer selon la date à laquelle la **publicité provisoire** avait été inscrite :

1501. La procédure en radiation doit nécessairement être contradictoire à l'égard du créancier inscrit : Civ. (3e ch.), 31 mars 2010, n° 08-18387, *RJDA*, 2010, n° 1001.

1502. En revanche, si la radiation est prononcée par le juge saisi au fond en cas de rejet de la demande du créancier (voy. *supra*, n° 915), elle ne pourra être effectuée qu'à défaut d'appel ou sur présentation de l'arrêt de confirmation rendu en appel.

- **si elle est intervenue en période suspecte**, elle est **nulle** en vertu de l'article L. 632-1-7° du Code de commerce et, dans ce cas, toute publicité définitive est impossible ;
- en revanche, **si elle est antérieure à la date de la cessation des paiements**, la publicité définitive peut être **inscrite sans difficulté** et le créancier pourra ainsi se prévaloir dans la procédure collective de la qualité de créancier privilégié[1503] (voy. supra, n° 821); mais en vertu de **quel titre exécutoire** pourra-t-elle être prise alors que la suspension des poursuites frappe aussi les actions en paiement des créances antérieures (C. com., art. L. 622-21-I) ? La Cour de cassation a jugé que dans ce cas, l'inscription définitive s'opère dans les deux mois de la **décision d'admission ou de fixation de la créance** passée en force de chose jugée[1504].

1503. En ce sens : Com., 11 avril 1995, n° 92-21563, *Rev. huissiers*, 1996, p. 964, obs. R. Martin, rendu à propos du régime antérieur à la réforme de 1991/1992, mais dont la solution est transposable au régime actuel.

1504. Com., 3 mai 2016, n° 14-21556, à paraître au Bull.

INDEX

Les numéros indiqués sont ceux des paragraphes

D

E

F

G

H

I

J

L

M

N

O

P

Q – R

S

T

U

V

TABLE DES ENCADRÉS

TABLE DE MATIÈRES